FANTASY

*Autoren*

Allan Cole und Chris Bunch, Freunde seit dreißig Jahren, haben sich als Schöpfer der STEN-Saga, einer Science-fiction-Serie der Superlative, einen Namen gemacht; ihr Vietnam-Roman *A Reckoning For Kings* wurde für den Pulitzerpreis nominiert. Mit der Saga von den *Fernen Königreichen*, einer ebenso raffinierten wie epischen Mischung aus Magie, Mythen und Abenteuer, geben sie ihr Debüt in der Fantasy. Allan Cole und Chris Bunch leben im Staat Washington.

»Fantasy vom Feinsten – durchdacht und wunderbar erzählt.«

*Publishers Weekly*

»In ›Die Fernen Königreiche‹, einer Fantasy, wie man sie nur ganz selten zu lesen bekommt, lassen Allan Cole und Chris Bunch den Geist der großen Abenteuerromane wiederaufleben. Das Ergebnis kann man nur bewundernswert nennen.«

*Locus*

»Exzellent – und das in jeder Hinsicht.«

*SF Chronicle*

*Allan Coles & Chris Bunchs Saga von den Fernen Königreichen:*

Die Fernen Königreiche. Fantasy-Roman (24754) • Das Reich der Kriegerinnen. Fantasy-Roman (24755) • Das Reich der Finsternis. Fantasy-Roman (24756) • Die Rückkehr der Kriegerin. Fantasy-Roman (24757)

*Allan Coles & Chris Bunchs Sten-Chroniken:*

Sten 1: Stern der Rebellen (25000) • Sten 2: Kreuzfeuer (25001) • Sten 3: Das Tahn-Kommando (25002) • Sten 4: Division der Verlorenen (25003) • Sten 5: Feindgebiet (25004) • Sten 6: Morituri – Die Todgeweihten (25005) • Sten 7: Vortex – Zone der Verräter (25006) • Sten 8: Tod eines Unsterblichen (25007)

FANTASY

# Allan Cole

# DIE RÜCKKEHR DER KRIEGERIN

Fantasy-Roman

Aus dem Amerikanischen
von Jörn Ingwersen

GOLDMANN

Die amerikanische Originalausgabe
erschien 1996 unter dem Titel *The Warrior Returns*
bei Del Rey Books, New York

*Für alle,*
*die wissen,*
*warum Janos lachen mußte.*

*Umwelthinweis*
Alle bedruckten Materialien dieses Taschenbuches
sind chlorfrei und umweltschonend.
Das Papier enthält Recycling-Anteile.

Der Goldmann Verlag
ist ein Unternehmen der Verlagsgruppe Bertelsmann

Deutsche Taschenbuchausgabe 10/97

Umschlaggestaltung: Design Team München
Umschlagillustration: Gnemo
Satz: Uhl + Massopust, Aalen
Druck: Elsnerdruck, Berlin
Verlagsnummer: 24757
Redaktion: Regina Winter
V.B. · Herstellung: Peter Papenbrok
Made in Germany
ISBN 3-442-24757-8

1 3 5 7 9 10 8 6 4 2

# Erstes Buch
# Leierschwanz

Kapitel Eins

# *Zitadelle aus Eis*

*Mein Schwert ist die Feder,*
*Die Tinte das menschliche Blut,*
*Papier ist das Herz meiner Feinde.*
*Und mein Wort soll dein Schicksal sein,*
*Durchschreitest du das Tor,*
*Mein Buch die Summe deines Kummers.*

Ihr kennt mich als Rali Emilie Antero. In meinem ersten Leben war ich Kriegerin. Im zweiten Zauberin. Dann schlief ich fünfzig Jahre, bis meine Herrin Maranonia kam, um mich aus der Umarmung meiner Geliebten zu erwecken.

Obwohl sie die Göttin ist, die ich vor allen anderen verehre, erwachte ich nicht gleich.

Mein Grab war Eis. Auch die Burg, in der sich das Grab befand, war Eis und lag in einem Reich von starrem Stein, umgeben von erfrorener See. In meinen Träumen jedoch lebte ich in einem Land des ewigen Sommers, in dem meine Geliebte Salimar Königin war. Wir wohnten in einem kristallenen Palast voll plätschernder Brunnen und Rosengärten; die Blüten leuchteten rosa, rot und gelb. Es waren Tage des Lachens und Nächte süßer Seufzer, und ich haßte den Gedanken, sie hinter mir zu lassen.

Doch die Göttin sagte, ich müsse nun gehen.

Ich war erzürnt. »Es war meine Belohnung, o Herrin«, sagte ich, »nach all dem Leid, das ich in Euren Diensten erfahren mußte.«

Maranonia lächelte, und ihr Lächeln erhellte den Saal. Mein Schiff glänzte silbrig. Schatullen voller Juwelen erstrahlten im Glanz des Regenbogens, und auf dem Waffenständer glitzerte der scharfe Stahl. Ich rieb mein verbliebenes Auge, erschrocken von all dem Licht. Neben mir rührte sich Salimar unter ihrer Daunendecke und flüsterte meinen Namen.

In meinem linken Arm pochte es, und ich stöhnte unter dem Phantomschmerz. Dieser Schmerz machte mich nur zorniger. Ein Auge und eine Hand hatte ich meiner Göttin und meinem Volk geopfert. Eine goldene Klappe verdeckte die rechte Augenhöhle, und eine kleine Narbe überzog die Wange darunter. Ich trug eine goldene Zauberhand an Stelle meiner eigenen, die ich in den Minen von Koronos verloren hatte.

Obwohl sie mir weit besser diente als die, mit der ich geboren wurde, erinnerte sie mich doch schmerzlich an alles, was ich hatte erdulden müssen, um mir diesen Schlaf zu verdienen.

Ich wagte es, meiner Göttin den Rücken zuzuwenden, mich an Salimar zu kuscheln. Ich war entschlossen, erneut in unser Land der Sommerträume zu entschweben. Dort war ich heil. Dort war ich frisch. Dort war ich von allem Übel befreit. Dort war meine einzige Sorge die tägliche Gabe, die ich meiner Geliebten bringen wollte.

Sollte es ein Bouquet wilder Wiesenblumen sein, um ihr das Haar zu schmücken? Vielleicht ein Singvogel, der uns am Abend erfreute, bevor wir ihn befreiten, auf daß er unsere Umarmung segnete?

Maranonias Stimme drang zu mir durch: »Erhebe dich, Rali«, befahl sie. »Deine Schwestern brauchen dich.«

Die Garde in Gefahr? Ruckartig kam ich hoch.

Ich verbarg meine Sorge hinter einem Knurren: »Sagt ihnen, sie sollen sich eine andere suchen.«

»Es gibt keine andere«, antwortete die Göttin.

»Ich habe genug getan«, sagte ich. »Laßt mich ruhen.«

Doch schwang ich meine nackten Beine über den Rand des Sarges aus klarem, blauem Eis, in dem sich unser Bett befand.

Hinter mir hörte ich ein Schluchzen.

Es war Salimar, die dort im Schlaf weinte.

Maranonia war groß, ihr spitzer Helm berührte fast die hohe Decke der Gruft, und schwarze Locken fielen ihr auf die Schultern. In einer Hand hielt sie die Fackel der Wahrheit. In der anderen ihren Speer der Gerechtigkeit. Ihre Stiefel waren golden, die Tunika unter dem leichten Kettenhemd weiß. Ihre Augen glühten wie die Esse eines Waffenschmieds. Die Luft knisterte von ihrer Macht. Doch fürchtete ich sie nicht.

Ich hatte schon anderen Göttern getrotzt.

Die Göttin seufzte, und ihr Atem erfüllte den Raum mit Veilchenduft.

Sie lachte, und es war der Klang von fernen Glocken, die neuerlichen Krieg einläuteten. »Warum gebe ich mich überhaupt mit dir ab, Rali?«

Ich faßte mit der künstlichen Hand an meine Augenklappe. »Dieselbe Frage könnte ich Euch stellen, Herrin«, sagte ich. »Ich habe Euch mein Leben lang verehrt. Ich habe zugelassen, daß mein Körper in Euren Diensten verstümmelt wurde.«

Ich wandte mich um, deutete auf die unruhig gewordene Salimar. Silberne Tränen rollten aus ihren geschlossenen Augen. Ihre Wimpern waren dunkle Fächer auf sanften, olivenfarbigen Wangen. Die Decke fiel beiseite, setzte ihre süßen Brüste der Kälte aus.

Zärtlich bedeckte ich sie und sagte: »Warum könnt Ihr uns nicht in Frieden lassen?«

»Deine Schwestern werden sterben«, antwortete die Göttin.

Meine Antwort war ein Vorwurf. »Der Tod ist den Frauen der Maranonischen Garde kein Fremder, Herrin.

Wie viele Seelen habe ich allein Euch schon geschickt? Tausende? Zehntausende?

Wann werdet Ihr zufrieden sein?«

Maranonia überhörte das. »Orissa ist in Gefahr, Rali.«

Ich zuckte mit den Achseln. »Dann holt meinen Bruder. Amalric scheint seiner Bürgerpflichten nie müde zu werden.«

Beide wußten wir, daß meine harschen Worte Lügen waren. Es gab niemanden – nicht einmal Salimar –, den ich mehr liebte als Amalric. Unsere Mutter starb, als er ganz klein war, und ich hatte meine ganze Liebe über diesem Rotschopf ausgeschüttet. Der Gedanke ließ mich die Lippen zu einem schiefen Grinsen verziehen. Ungeachtet seines Alters, ungeachtet seiner Leistungen würde Amalric für mich stets ein kleiner Junge bleiben.

»Dein Bruder ist tot«, antwortete die Göttin.

Die Erinnerung riß eine Wunde auf, von der ich seit langem glaubte, sie wäre verheilt.

In einem Traumbild hatte ich gesehen, wie mein Bruder und Janela Greycloak sich das Leben nahmen. Obwohl ihr Todespakt voll Freude war und sie durch ihn ein anderes Leben in einer prächtigen Welt des Jenseits beginnen wollten, blutete mein Herz immer noch für ihn.

Ich versuchte, meinen Schmerz vor der Göttin zu verbergen.

»Dann holt einen anderen Antero«, sagte ich. »Es stehen doch eine Menge zur Auswahl. Ich stamme aus einer fortpflanzungsfreudigen Familie.«

Von mir selbst einmal abgesehen. Ich mag Kinder. Solange es die Kinder anderer sind. Mein eigener Muttertrieb ist eher kärglich ausgeprägt.

Doch stand ich nun neben dem Grab, nackt und bebend im riesigen Raum aus Eis.

»Alle Anteros sind tot«, sagte Maranonia. »Bis auf dich ...

... und eine andere.«

Ich schreckte vor dieser finsteren Nachricht zurück. Welche Katastrophe hatte meine Familie heimgesucht?

Die Göttin tat eine Geste, und plötzlich wurde mir warm. Ich blickte an mir hinab und sah, daß ich Umhang, Rock und Hose der Maranonischen Garde trug. Das Hauptmannsabzeichen steckte an meiner Schulter. Ich spürte, daß Ringe von meinen Ohrläppchen baumelten. Ich mußte nicht hinsehen, um herauszufinden, welchen Flitter meine Göttin gewählt hatte. Im einen Ohr steckte sicher Maranonias goldene Fackel, im anderen ihr Speer.

Ich seufzte. »Zeigt es mir«, sagte ich.

Wieder machte die Göttin eine Geste.

Eine Wolke von rotem Rauch stieg auf, dann teilte sie sich wie ein Vorhang. Ich blickte in eine Kammer. Ein Kind kauerte auf einem Bett. Zwei bewaffnete Frauen in der Uniform der Garde standen zu beiden Seiten Wache.

Es waren ergraute Frauen ... Soldatinnen, die ihre beste Zeit weit hinter sich hatten.

Ich hörte Schreie und das Klirren von Waffen in der Nähe.

Das Kind besaß Amalrics rotes Haar – langes Haar, das ein zartes Gesicht mit porzellanener Haut und Augen von der Farbe sonnengeküßter Meere umrahmte.

»Sie ist das Kind deines ermordeten Neffen«, sagte Maranonia mit sanfter Stimme.

»Man hat sie Emilie genannt . . . nach deiner Mutter.«

Ein Schauer lief mir über den Rücken, wenn auch diesmal nicht aufgrund der Kälte.

Man hörte das Krachen magischen Donners, und das Kind schrie auf, hob eine kleine, zitternde Hand in die Höhe, als wollte es einen Hieb abwehren.

Instinktiv trat ich einen Schritt vor, um mich dem zu stellen, was es bedrohte.

Rauch wirbelte auf, und das Bild verflog.

Fragen überschlugen sich in meinem Kopf. Wer würde einem solchen Kind ein Leid antun? Und warum?

Die Göttin, als läse sie meine Gedanken, sagte: »Emilie trägt den Keim großer Macht in sich, Rali.

Macht, die größer noch ist als die deine.

Auf *ihr* ruhen alle Hoffnungen Orissas.

Wenn sie getötet wird, wird alles, wofür ihr – dein Bruder und du – so vieles geopfert habt, verloren sein. Vielleicht für immer. Denn wo soll ich noch einen Antero finden, wenn du und sie, wenn ihr nicht mehr seid?«

»Wer hat das getan?« fragte ich.

Während ich noch auf die Antwort wartete, zuckte mein Blick über das Waffenregal, suchte nach dem Werkzeug meiner alten Kriegerzunft.

»Du kennst sie«, sagte die Göttin, »als Leierschwanz.«

Der Schreck war wie der Aufprall zweier gepanzerter Riesen.

»Novari? Aber ich habe sie getötet!«

Die Göttin überhörte es. »Wenn der nächste Schnee auf Orissa niedergeht«, sagte sie, »wird das Kind Emilie die erste Stufe seiner Macht erreichen.

Unsere Feinde sind entschlossen, das zu verhindern.«

Ich war entgeistert. »Mir bleibt ein Jahr?« sagte ich. »Mehr nicht?«

Dann plapperte ich nur noch, stellte die Geduld meiner Göttin zweifellos auf eine Probe, denn es war deutlich, daß mein Entschluß schon gefaßt war. »Es könnte fast so lange dauern, meine Heimat zu erreichen!«

»Dennoch«, sagte Maranonia, »hat man mir nicht erlaubt, dir mehr Zeit zu lassen.«

»Wer bestimmt diese Beschränkung?« bellte ich. »Welcher Narr hat denn heutzutage im Himmel das Sagen? Zeigt mir sein heiliges Antlitz, damit ich hineinspucken kann!«

Doch mein Zorn hämmerte ins Leere.

Die Göttin war verschwunden.

Ich zauberte Vorräte herbei und belud mein Schiff. Es war ein flinkes Ding, einmastig und bei jedem Wind von nur einem Menschen zu bedienen. Die Segel waren silbern, wie auch der Rumpf des Schiffes. Ich nannte sie meine *Ilumna*.

Ich wählte meine Waffen wohl, wickelte sie in Öltuch, sprach eine Beschwörung, um sie darüber hinaus noch gegen Rost zu schützen, und schloß sie in eine Truhe in meiner übervollen Kajüte, die mir sowohl als Quartier als auch als Segelspind diente.

Als ich fertig war, trat ich an das eisige Grab. Es war durchsichtig wie blaugefärbtes Glas. Salimar sah klein aus in dem riesenhaften Daunenbett, das uns eben noch beide beherbergt hatte. Ihr rostrotes Haar war auf dem Kissen ausgebreitet, und schmerzlich drängte es mich, sanft darüberzustreichen. Wir würden unsere Arme und Beine umeinander schlingen, und schon wäre ich wieder in jener Traumwelt verschwunden, in der wir bis in alle Ewigkeiten miteinander spielen konnten. Ein mißmutiger Ausdruck zog über ihr hübsches Gesicht, und ich küßte die Falten, um ihn zu vertreiben. Sie sagte meinen Namen und streckte die langen, schlanken Arme aus.

Aber ich konnte nicht bleiben.

Ich flüsterte ein Versprechen, von dem ich nicht sicher wußte, ob ich es würde halten können. Dann küßte ich sie noch einmal und schloß den gewölbten, eisigen Deckel, um sie vor allen Widrigkeiten zu schützen.

Ich ging an Deck meines Schiffes, packte die Ruderpinne und sprach den Zauber.

Blitze zuckten, und Donner grollte, erstickte mein letztes, geflüstertes Lebewohl. Dann segelte ich auf eisigen Meeren, den Wind im Rücken und Haß im Blick.

Ich hätte nicht gedacht, daß ich je wieder ein Tagebuch schreiben würde. Das erste – eine Geschichte, die als Abenteuer getarnt war – hat mir manche Schwierigkeit bereitet. Ich bin nicht gelehrt wie mein Bruder, und so bediente ich mich eines Schreibers, der meinen Kasernenton aufpolieren sollte. Es scheint gelungen zu sein, denn die Händler an den Bücherständen sangen mein Loblied noch so manchen Tag zum fröhlichen Klang klingender Münzschatullen.

Diesmal habe ich auf Schreiberlinge verzichtet. Sie sind ein kratzbürstiges, kurzsichtiges Völkchen, das mich mit seinen romantischen Phantastereien schier verrückt macht. Der erste Bursche ist schon lange tot, und ich habe nicht die Absicht, zuzulassen, daß sich mir der nächste in den Weg stellt. Außerdem gehe ich davon aus, daß ich in mehr als fünfzig Jahren etwas dazugelernt habe. Meine Worte mögen keine Perlen sein, doch sind sie auch keine Biberscheiße.

Seid dennoch gewarnt. Dieses Buch ist nichts für Sanftmütige. Und sollten euch gleichgeschlechtliche Neigungen stören, wendet euch ruhig ab. Liebe ist ebenso Teil dieser Geschichte wie die schrecklichen Warnungen, die sie enthält.

Allerdings scheint es angeraten, jemanden in eurem Haushalt diese Worte lesen zu lassen, damit er die anderen über die Warnungen in Kenntnis setzen kann.

Denn ich spreche für Maranonia.

Und die Göttin befiehlt, daß alle auf sie hören sollen.

Ignoriert sie – und mich – auf eigene Gefahr.

Ich segelte so manchen Tag auf jenen Meeren des Südens, doch kam ich kaum voran. Ich wich Stürmen aus, rumpelte über große Eisfelder und manövrierte einmal eine halbe Woche lang um einen Eisberg von der Größe einer großen Insel herum. Er war von rötlicher Farbe, mit blauen Streifen, und als ich etwas von seinem Eis in meinen Wein tat, blubberte und schäumte es und ergab einen köstlichen Trunk.

Obwohl ich weit fahren mußte – fünftausend Wegstunden oder mehr –, war es doch gut, daß sich die Reise in jenen ersten Tagen verzögerte. Noch war Sommer am unteren Ende der Welt, wo alle Jahreszeiten das Gegenteil von denen Orissas sind. Im Grunde gibt es überhaupt nur zwei Jahreszeiten: Winter und Sommer. Und es gibt nur einen einzigen Tag. Sechs Mondwechsel lang geht die Sonne niemals auf, und immer ist es Nacht, mit unvorstellbar wilden Stürmen, die von den Bergen herabdonnern und Fels und Eis zu alptraumhaften Formen meißeln. Es ist so bitter kalt, daß nur wenige Kreaturen überleben können. Und jene, die dort hausen, sind die widerstandsfähigsten und starrsinnigsten der ganzen Welt.

Die anderen sechs Mondwechsel sind Tag, und während dieser Zeit geht die Sonne niemals unter. Stürme sind weniger häufig, obwohl sie noch immer Winde bündeln, die einen losen Nagel durch schweren Panzer bohren könnten. Auch die Kälte ist leichter zu ertragen. Spucke friert noch immer, bevor sie in den Schnee fällt, doch explodiert sie nicht mit scharfem Knall wie Tropfen von geschmolzenem Eisen, wenn sie ins Löschwasser einer Schmiede fallen.

Ich nutzte die ersten Tage meiner Heimreise, um die Nachwirkungen meines langen Schlafes abzuschütteln. Ich war eine Frau gewesen, die sich ihrem vierzigsten Geburtstag näherte, als ich mit Salimar jenes Grab bestieg. Fünfzig Jahre waren in der Außenwelt vergangen. In Salimars Königreich entsprechen fünf Jahrzehnte fünf Monaten, und so war ich noch immer kaum vierzig Sommer alt, als ich wieder auferstand.

Meine Glieder waren steif, meine Bewegungen zögerlich, und für einige Zeit verlor ich allzu schnell den Halt, wenn ich an den Tauen zog, um die Segel zu bewegen. Außerdem war ich in Sorge, daß auch meine soldatischen Talente eingerostet wären, und ich wagte nicht, auf das plötzliche Auftauchen eines unbekannten Feindes zu warten, wenn ich sie prüfen wollte.

Wann immer ich konnte, folgte ich Gruppen von Delphinen zu großen, flachen Eisbergen, an denen sich Schwärme von saftigen Fischen sammelten, um meine schnatternden Freunde herauszufordern.

Dort kletterte ich dann mit einem Sack meiner schwersten Kampfausrüstung auf das Eis. Ich legte den Panzer an und trottete auf und ab und hin und her, bis ich keuchte wie eine alte Seelöwin in der Brunft. Wenn ich nicht mehr konnte, zog ich mich nackt aus, rieb meinen Leib mit Schnee ein und sprang herum wie eine Verrückte. Sicher war es ein wundersamer Anblick für all die Robben und Pinguine, die sich versammelt hatten, um das fleischig-rosafarbene Ding anzusehen, das mit jeder Unze seines Specks johlte und jodelte.

Es war die Sache sehr wohl wert. Jeden Tag sah ich in meinem Spiegel Muskeln schwellen. Meine Haut leuchtete gesund, und ich zupfte die Härchen und gönnte mir regelmäßige Massagen mit warmem, süßem Öl, das ich in die Poren einrieb. Ich hatte mein Haar lang wachsen lassen, um Salimar zu gefallen, die sagte, sie liebe es, die Wellen zu streicheln, die sie auf meinem Kissen machten, und nannte sie ihre güldenen Felder des Entzückens. Langes Haar mag gut für eine Geliebte sein, doch auch ein Feind hat Grund, es zu lobpreisen. Es gibt ihm etwas, das er packen kann, wenn er dir die Kehle durchschneidet. Mit Hilfe eines Topfes schnitt ich mein Haar so kurz, daß es unter einen Helm paßte. Vermutlich ließ es mich wie einen Jungen aussehen, auch wenn bisher noch niemand so dumm gewesen war, mich meiner Figur nach fälschlicherweise für einen solchen zu halten. Und mit meiner Augenklappe, der vernarbten Wange und der goldenen Hand hätten nur wenige den Mut, mein Stehvermögen zu testen, sollte ich in Rock und Umhang eines jungen Spundes eine Taverne betreten.

Als ich meine Seemannsbeine wiederhatte und leichtfüßiger über Deck springen konnte, um bei der Arbeit herumschwingenden Mastbäumen auszuweichen und über Rollen von Tau zu springen, begann ich den nächsten Teil meiner Übungen.

Heraus kamen die Waffen ... Schwert und Bogen und Dolch und Axt.

Polillo war die große Meisterin der Axt gewesen. Groß war sie gewesen, wenn auch mit der Figur einer holden Maid, falls sich eine Schönheit von zwei Meter zehn vorstellen läßt, die mit Leichtigkeit den Schlußstein einer Burg anheben kann. Ich hatte gesehen, wie meine Freundin eine Schildereihe attackierte, sie mit der Axt zerstob und dann die Männer in ihren Rüstungen zermalmte.

Bei den Göttern, dachte ich, wenn ich Polillo bei mir hätte, wäre die Aufgabe weit einfacher zu lösen. Doch sie war tot.

Ein mächtiger Zauberer wäre nötig gewesen, sie wieder zum Leben zu erwecken ... der letzte Archon von Lycanth.

Ich trauerte um sie, während ich meine Axt schliff und ein Zielobjekt aufbaute ... eine überzählige Decksluke von der Größe eines Menschen. Mein erster Wurf ging weit daneben, splitterte die Reling und ging beinah über Bord. Ich band einen langen Lederriemen an den Griff, das andere Ende an mein Handgelenk, damit ich die Axt nicht verlor, falls ich erneut danebentraf. Mein zweiter Wurf traf die Luke, doch die Waffe hatte zu sehr getaumelt und traf das Holz nicht mit der Klinge, sondern mit dem Griff.

Ich bedachte die zahlreichen Fehler, die ich in nur zwei Versuchen gemacht hatte. Ich dachte an Polillo und wie sie unsere grünen Truppen in der Kunst des Axtwerfens unterwiesen hatte.

»Was muß ich tun, daß du mir deine Aufmerksamkeit schenkst?« hatte sie eine verträumte Rekrutin angeknurrt. »Nimm endlich deine Titte aus dem Ohr und hör mir zu. Siehst du dein Ziel?« Da nickte die verängstigte Rekrutin. »Wie weit ist es entfernt?« Der wippende Kopf der Rekrutin schwankte von einer Seite zur anderen.

»Willst du mir sagen, du hast das verdammte Ding schon den ganzen Tag geworfen und weißt nicht, wie weit?« Es folgte beschämtes Nicken. »Dann schreite die Strecke ab.« Die Rekrutin maß den Abstand und trottete zurück, um Polillo das Ergebnis zu nennen. »Zwanzig Schritte, sagst du? Sehr gut. Dann sieh genau her.«

Polillo trat zurück und sprach dabei. »Betrachte deinen Wurfarm als Eisenstange. Vollkommen gerade. Beuge deinen Ellbogen nicht. Und um Te Dates willen beuge nie – ich wiederhole: nie – dein Handgelenk. Jetzt das Bein. Das Bein auf derselben Seite wie dein Wurfarm. Betrachte es als Verlängerung deines Armes ... des Eisenstangenarmes.

Dann, wenn du wirfst, tritt mit dem anderen Fuß ein Stück nach vorn. Nicht ganz einen Schritt. Mach die gesamte Körperseite fest. Nutze nicht nur die Kraft deines Armes und der Schulter. Dein Wurf wird so kraftlos sein wie der Bursche, der die Pißpötte in der Taverne putzt. Nutze die ganze Kraft deines Körpers, wenn du vortrittst ... und laß los ... genauso!«

Und dann ließ sie die Axt los. Diese drehte sich ganz langsam, dann schlug sie direkt ins Ziel und grub sich so tief ein, daß nur Polillo sie herausziehen konnte.

»Hast du gesehen, wie oft sie sich gedreht hat?« fragte sie dann. Die Rekrutin nickte, ja, und hielt einen einzelnen Finger in die Luft. »Das stimmt, einmal. Richtig geworfen dreht sich diese spezielle Axt also auf zwanzig Schritte nur einmal. Sind es vierzig, dreht sie sich zweimal. Zehn, ein halbes Mal. Dreißig, anderthalb. Kapiert?«

Reichlich eifriges Nicken begann, da die Rekrutin nun merkte, daß das Geheimnis nur darin lag, es einfach auszuprobieren. Wenn sie Polillos Anweisungen folgte, würde sie kaum je danebentreffen.

Ich erinnerte mich an Polillos gebellte Anweisungen, als ich meinen dritten Versuch unternahm. Wie weit? Zehn Schritte. Eine halbe Drehung also. Eisenstangenarm. Geschmiedet an das Bein. Keine Ellenbogenbeugung. Festes Handgelenk. Tritt mit dem anderen Fuß vor. Wirf.

Die Axt fraß sich tief in die Luke.

Eine Axt war nie meine Lieblingswaffe gewesen und sollte nur als allerletzte Reserve zum Einsatz kommen. Doch kann sie nützlich sein, wenn einen eine Überzahl bedrängt, und es gibt nur wenige Dinge, die einen schneller in Form bringen, als sie ein paarmal zu schwingen, wobei man regelmäßig die Hände wechseln sollte, um alle Körperteile ordentlich zu stärken.

Meine linke Hand, die künstliche, ist sehr stark. Somit muß ich sorgsam darauf achten, daß die Rechte alle Aufmerksamkeit bekommt, selbst wenn sie ihr niemals ebenbürtig sein wird, denn meine Linke besteht nicht nur aus Metall – aus goldbeschichtetem Stahl –, sondern aus verzaubertem Metall, geformt aus einer Substanz, die ich Novari gestohlen habe. Ich nenne sie meine Ätherhand.

Sie kann intensivste Hitze und Kälte überstehen. Mit dem Griff dieser Hand kann ich Stein zermahlen. Bemerkenswerter noch ist, daß sie sich kraft der Gedanken so steuern läßt, daß sie sich genau wie eine lebendige Hand verhält, die Finger biegt, den Daumen rotieren läßt ... nur das Knöchelknacken fehlt.

Meine Ätherhand ist tatsächlich ein Wunderding. Und doch vermisse ich ihre warme, schwächere Schwester. Sie war mir eine gute Hand gewesen, und durchtrennte Nerven wünschten sie zurück.

Ich blieb dabei, bis die Fehlschläge kaum noch ins Gewicht fielen.

Es brauchte Zeit, sich daran zu gewöhnen, denn mit nur einem Auge ist es schwierig, Entfernungen genau einzuschätzen. Dieses Gebrechen wird dadurch gemindert, daß die goldene Augenklappe, die ich trage, aus demselben Material wie meine Hand gefertigt ist. Mit ihr kann ich nach Wunsch in Anderwelten blicken, und das ohne einen Zauberspruch. Ich nenne es mein Ätherauge.

Dann kamen die Schwertübungen.

Da meine Kraft nun täglich wuchs, mußte ich mich auf Wendigkeit konzentrieren. Von jeher war das Schwert mein Liebling, und ich prahle nicht, wenn ich sage, daß ich noch nie einem Mann oder einer Frau begegnet war, die mich mit der Klinge bezwingen konnten. Natürlich gibt es einen solchen Menschen irgendwo. Das liegt im Wesen aller menschlichen Fähigkeiten. Wie gut man auch sein mag, es gibt immer jemanden, der einem gewachsen ist oder einen übertrifft. In meiner prahlerischen Tavernenjugend träumte ich oft davon, diesem Menschen zu begegnen, um endlich mein Talent auf die Probe zu stellen. Was nur beweist, daß man kein Mann sein muß – dessen Übermut von seinem Schwanz gesteuert wird –, um eine solche Dummheit zu begehen.

Während ich vor Anstrengung ächzte und stöhnte, war es sehr wichtig, daß ich mein anderweltliches Ich nicht vergaß. Und so nahm ich meine Zauberkiste hervor und packte die Schriftrollen und Salben und Pulver und sonstigen Hilfsmittel eines Geistersehers aus.

Zuerst übte ich meinen Verstand mit magischen Ziffern, addierte und subtrahierte, quadrierte und dividierte eine Reihe zunehmend komplexer Zahlenreihen, deren Ergebnis stets das magische Pi sein mußte. Dann zauberte ich kleine Dinge herbei... einen Glastropfen, ein brennendes Stück Pergament, einen Tropfen von so intensivem Parfum, daß es die ganze Kajüte mit seinem Duft erfüllte, einen großen Käfer mit grünschwarzen Flügeln, der so süß sang wie ein Vogel, während er nach einem Fluchtweg suchte. Dann verwandelte ich den Käfer in ein schimmerndes Collier aus juwelenbesetzten Skarabäen für Salimar, das auch als Spieluhr diente und betörend duftete.

Ich war erst spät in meinem Leben und höchst widerstrebend zur Kunst der Geisterseherei gekommen. Bedrohliche Umstände und ein blinder Meistergeisterseher zwangen mich, meinen Widerwillen dagegen aufzugeben. Schließlich war mir bewußt geworden, daß meine Fähigkeiten ein Erbe meiner Mutter waren. Und daß es ihre Seite der Familie war, von welcher einige Anteros das Talent zur Zauberei bekommen hatten. Ich hatte die Gabe genutzt, um die Archonten von Lycanth zu vernichten und diese uralte Bedrohung Orissas zu beenden.

Amalric war nicht mit Zauberkraft gesegnet – oder verflucht, je nachdem, wie man es sehen will – doch schien seine Gegenwart als Verstärker zu wirken, wenn er in Gesellschaft der beiden Greycloaks auftrat, erst Janos', dann Janelas. Mit Janos hatte er die Fernen Königreiche entdeckt, damals die größte Heldentat in der Geschichte unseres Volkes. Mit Janela hatte er selbst diese Leistung noch übertroffen, indem er zu den Königreichen der Nacht gereist war und gemeinsam mit dem Großen Alten den Dämonenkönig Ba'land besiegte, der die Menschheit tausend Jahre lang in Dunkelheit und Ignoranz gestürzt hatte. Als Abschiedsgabe an die Welt half er Janela Greycloak, das Prinzip zu entdecken, welches alle physischen Kräfte mit den magischen verbindet.

Seine letzte, schwierigste Expedition hatte er als alter Mann unternommen. Die Gefahren, denen er sich stellte, weckten mich so weit, daß ich sein Leid im Traume sah. Es war das einzige Mal in meinen fünfzig Jahren paradiesischen Schlafes, daß ich gestört wurde. Anfangs hatte ich keine Möglichkeit gesehen, ihm zu helfen. Dann sprach ich einen Zauber, der Amalric während seine Reise immer jünger werden ließ, bis er die Kraft und Standfestigkeit eines Mannes auf dem Höhepunkt seiner Leistungsfähigkeit besaß. Mein

Bruder hatte nie bemerkt, daß ich der Grund dafür war, doch hatte es ihn auch so wenig gewundert, daß ich mich manchmal frage, ob er es tief in seinem Inneren wohl doch wußte.

Ich hatte gedacht, wenn er erst seinen Frieden gefunden hätte und ich den meinen, würde alles in der Welt, die wir hinter uns gelassen hatten, zum Besten stehen. Eigentlich hätte ein Zeitalter großer Herausforderungen und allgemeiner Erleuchtung folgen sollen.

Als ich mich auf die Aufgaben vorbereitete, die auf mich zukamen, zermarterte ich mein Hirn nach einem Hinweis darauf, was falschgelaufen sein mochte.

Dann erinnerte ich mich an Amalrics Abschiedsworte. Als er diese in sein Tagebuch schrieb, waren sie so machtvoll, daß sie noch über die endlose Weite hallten, die uns trennte. Ich hörte sie in meiner eisigen Kammer so deutlich, als säße er neben mir und spräche ganz laut:

»*...Ich habe einen Pakt mit König Solaros geschlossen. Alles Wissen, was Janela hier gesammelt hat, wird mit Orissa geteilt. Eine Gruppe von Zauberern wird bald schon auf die Reise gehen, und ich bitte dich, sie in Orissa willkommen zu heißen. Sie bringen eine Wahrheit, die zwei Greycloaks den Göttern entrissen haben. Wenn diese Wahrheit freigiebig und großzügig allen geschenkt wird, werden wir endlich von unseren Herren befreit sein, die sie so eifersüchtig bewachen. Es wird nichts geben, das zu wagen ihr euch fürchten müßtet. Wird die Weisheit jedoch in der Schatzkammer eines Geizkragens verschlossen, wird eines Tages der schicksalsträchtige Tag kommen, an dem die Menschen diejenigen verfluchen, die Ba'land erschlugen, und in seinen Peitschenhieben strenge, väterliche Güte sehen.*«

Die Warnung meines Bruders war sehr deutlich gewesen. Hatte man sie etwa ignoriert? War dies der Grund, wieso meine Schwestern von der Garde in Gefahr waren? Der Grund, wieso – bis auf meine kleine Nichte Emilie – alle Anteros hatten sterben müssen?

Maranonia hatte es nicht gesagt. Ich spürte, wie mein Zorn erneut aufschäumte, als ich an die Göttin dachte. Warum hatte sie nicht offen zu mir sprechen können? Warum hatte sie so vieles im dunkeln gelassen und mir meine Aufgabe nicht einmal mit vagen Worten erklärt?

Mit wütendem Elan polierte ich meine Wurfknochen. Die Götter sind eine lästige Brut, dachte ich. Sie sitzen in ihren himmlischen Palästen, posieren auf ihren Thronen, richten dieses, strafen jenes, befehlen und verbieten den lieben langen Tag. Und es ist an uns armen Sterblichen, herumzuspringen und einen Sinn darin zu suchen.

Nun, in drei Punkten zumindest war sie offen gewesen:

Mir blieb ein Jahr, um die Sache zu regeln.

Mein Scheitern würde eine ungeheure Katastrophe nach sich ziehen.

Und hinter allem stand Leierschwanz.

Novari.

Der schöne und mächtige weibliche Sukkubus, der mich einst beinah vernichtet hatte. In jenem Krieg hatte ich Auge und Hand verloren.

Wenn Novari meine Feindin war, brauchte ich mehr Geist und Tricks, als selbst der letzte Archon von Lycanth erfordert hatte.

Ich machte mich wieder an meine Übungen, verdoppelte die Anstrengungen. Der Schlüssel zu Novari, so dachte ich, muß in den Ereignissen liegen, die zu unserer ersten Begegnung geführt hatten.

In Gedanken blickte ich zurück...

Erinnerte mich.

Kapitel Zwei

# *Amalric*

Es leben nur noch wenige, die meinen Bruder kannten. Er ist ein Mann, dessen meist in Büchern gedacht wird. Einige der Schätze von seinen Reisen sind in unseren Museen ausgestellt, und auf seinen Portraits, Büsten und Statuen in öffentlichen Anlagen sammelt sich der Vogelkot. Er hat kein Grab – keine prunkvolle Grabstätte –, wie es angesehene Orissaner üblicherweise auszeichnet, denn seine Asche wurde mit der Janela Greycloaks vermischt. Auf beider Wunsch wurde diese Asche im Wasser des Flusses verstreut, den er so liebte und der durch unsere Stadt bis zum Meer hin fließt.

Ich bezweifle, daß einfache Männer und Frauen seinen Namen oft im Munde führen, obwohl viele von ihnen Kinder und Enkel jener Sklaven sind, die er befreite.

Oh, hin und wieder hört man ihn in Phrasen, die sich in die

Sprache eingeschlichen haben. »Glück haben wie Amalric Antero«, ist einer. Und wenn man sagt: »Darauf gebe ich dir meinen Amalric«, ist damit ein verbürgtes Versprechen oder ein Schuldschein gemeint. Die meisten Leute kennen den Ursprung solcher Redensarten nicht einmal. Einer meiner liebsten Sarkasmen ist: »Glaubt, er wüßte mehr als Amalric Antero.« Mein Bruder würde den ironischen Doppelsinn einer solchen Redensart erkennen. Mehr als jeder andere freute sich Amalric an der Ironie.

Er hatte seinen Blick auf mehr Orten und Dingen ruhen lassen als jeder andere. Er hatte sich tausend Hindernissen und Gefahren gestellt und diese überwunden. Er hatte manche Trauer in seinem Leben erfahren, darunter den Verrat durch seinen besten Freund und später im Leben dann durch sein einziges Kind. Aber er hatte auch Liebe erfahren, innige, tiefe Liebe.

Amalric sagte oft, Janos Greycloak sei der weiseste Mann, dem er je begegnet war, weil der gelehrte Greycloak wußte, wie unwissend er in Wahrheit war. Das traf im doppelten Sinne auch auf meinen Bruder zu, der am Ende sogar mehr wußte als Janos.

Somit bin ich die Schwester einer Legende. Amalric Antero, der größte Abenteurer und Entdecker, Handelsfürst – und manche sagen sogar: Gelehrte – aller Zeiten.

Für mich wird er immer ein Junge bleiben, mit feurigem Haar und so heller Haut, daß sie jede seiner Gefühlsregungen anzeigte. Als Kind war er ein echter Racker, als Jugendlicher ein Prasser und sicher der freundlichste Mensch, den ich kannte.

Als Junge tat er Küchendienern und jungen Lords gleichermaßen gern Gefallen, wenn auch auf eine Art und Weise, daß der andere nie erfuhr, daß man ihm geholfen hatte, und es somit einfach seinem Glück zuschrieb. Als er älter wurde und den Versuchungen reicher Faulenzer widerstand, setzte er für Freundschaft alles aufs Spiel. Von Janos Greycloak wurde er auf eine derart finstere Art und Weise hintergangen, daß meiner Meinung nach Janos' Name einen

Fluch zieren sollte, der trügerische Freundschaften beschreibt. Dennoch war mein Bruder Greycloaks größter Verteidiger. Sein gesamtes späteres Leben verbrachte er damit, Janos' Verhalten zu verstehen, und am Ende vergab er ihm, da er zu dem Schluß kam, daß das Gute gegen das Böse überwog.

Trotz der zahlreichen Jahre, die uns trennten, waren Amalric und ich engste Freunde und Vertraute. Als Kind hielt er mich für eine Heldin, und ich muß sagen, daß es mir, als ich eine grüne Rekrutin war, ein gutes Gefühl vermittelte, den Stolz in seinen jungen Augen leuchten zu sehen. Wenn ich auf Urlaub heimkam, nachdem mir Sergeantinnen beim Drill wochenlang ob meiner Ungeschicklichkeit Blasen an die Ohren gebrüllt hatten, war er scheu in meine Kammer geschlichen, damit ich ihm einen neuen Schwerttrick zeigte.

Er fand es niemals seltsam, daß seine Schwester Soldatin war. Er hielt meine Vorliebe für Frauen für die natürlichste Sache der Welt. Tatsächlich nutzte er sie während seiner wilden, samenstreuenden Jugend zu seinem Vorteil, indem er mich über das Wesen der Frauen ausfragte, da er meinte, ich sei in dieser Hinsicht doppelt klug.

Instinktiv verstand er, daß Frauen in Orissa nur vier Rollen zugestanden wurden: Tochter, Mutter, Ehefrau und Hure. Nur wenigen war es – wie mir – gestattet, eine fünfte Rolle als Teil der nur aus Frauen bestehenden Maranonischen Garde einzunehmen, welche die Stadt seit vielen Generationen verteidigt und den Männern der Ehre wegen abgeschworen hatte. Für die meisten von uns hatte das kein Opfer bedeutet.

In späteren Jahren hatte mir Amalric eine sechste Möglichkeit eröffnet. Als ich von meinen Abenteuern im Westlichen Meer heimkehrte, wurde mir klar, daß mein Leben als Soldatin ein Ende haben mußte. Zuviel Blutvergießen hatte ich gesehen und war oft selbst der Anlaß dafür gewesen. Außerdem erwachte neben meinen neu entdeckten Fähigkeiten als Zauberin die Wanderlust, mit welcher die Familie Antero verflucht ist. Vertraute Horizonte langweilten mich sehr bald. Ich sehnte mich nach den duftenden Mysterien frischer Winde auf unbekannten Meeren, dem Sonnenlicht auf fernen Bergen, die kein Mann und keine Frau je überquert hatten.

Amalric besorgte mir eine Berufung als erster weiblicher Geisterseher, der je eine Expedition leiten durfte. Es war nicht so sehr sein Gefallen, der mich beeindruckte, sondern daß er überhaupt daran gedacht hatte. Ich hatte selbst nicht gewußt, was ich wollte ... was mich bedrückte. Nebenbei bemerkt möchte ich darauf hinweisen, daß es nicht das Verdienst der durchweg männlichen Führungsriege Orissas war, daß ich bis heute die einzige Frau bin, die einen solchen Posten innehatte.

Am deutlichsten ist mir von Amalric sein Lächeln in Erinnerung. Bei den Göttern, mein Bruder konnte lächeln! Es war so breit und weiß in diesem bartlosen Gesicht, und sein Gesicht konnte vor Freude, mich zu sehen, fast so rot werden wie sein Haar.

Fünfzig Jahre war es her, daß ich dieses Lächeln zuletzt gesehen hatte.

Mit vier Schiffen – bis zur Reling mit reicher Ladung bestückt – lief ich in Orissa ein. Ich hatte allen Grund, zufrieden mit mir zu sein. Die Handelsexpedition war meine bisher erfolgreichste gewesen. Inzwischen hatte ich vier solcher Reisen aufzuweisen, drei als Flottengeisterseherin und diese letzte darüber hinaus als leitende Kauffrau.

Es bedeutete, daß ich nicht nur für die Zauberei zuständig war, mit der wir unsere Seeleute, Schiffe und Güter schützen, sondern außerdem das Kommando über sämtliche Angelegenheiten innehatte, die den Handel betrafen. Natürlich lagen – wie bei orissanischen Handelsexpeditionen üblich – Segelei und Soldateska in der Obhut der Kapitäne und obersten Krieger. Da jedoch der einzige Grund für solche Reisen der Profit ist, hatte mein Wort in fast allen

Zusammenhängen Gewicht. Ich muß wohl nicht erst darauf hinweisen, daß mein Wort als eine Antero, die mit einer Flotte unter unserer Familienflagge segelte, wahrlich sehr ernst genommen wurde. Außerdem hatte ich eine Glückssträhne gehabt, und meine Lagerräume quollen über von allen möglichen seltenen Gütern ... farbenfrohen Teppichen und heilenden Kräutern, Duftwässerchen und seltenen Gemmen, edlen Metallen und großen Bündeln wundersamer Pelze.

All das ging auf mein Konto, und ich wußte, daß Amalric froh sein würde, jedermann in Orissa zu zeigen, wie recht er gehabt hatte, mit allen Traditionen zu brechen, als er mir diese Koje besorgte. Dieser Punkt würde doppelt zählen, da ich während des Volksfestes heimkehrte, mit welchem der Erntemonat endet. Wein, Laster, Schnaps und Geld gab es im Überfluß, während die ganze Stadt feierte. Wie jeder Kaufmann bestätigen kann, ist das ein ausgezeichnetes Klima, wenn man Gewinnspannen aushandeln will, was sich nur positiv auf meinen Ruf auswirken würde.

Doch mein Gefühlsbarometer – wie man so sagt – stand mehr auf Sturm als auf Schönwetter, als wir dem Anleger entgegensegelten. Ich tauschte meine Geisterseherrobe gegen unscheinbare Kleider, schlich davon, sobald wir nahe dem Lagerhaus der Anteros festgemacht hatten, und überließ das Entladen und die Hafeninspektion Carale, dem Kapitän unserer winzigen Flotte.

Es war ein warmer, sonniger Nachmittag, und in den Straßen und Tavernen drängten sich bereits die Feiernden. Ich lief durch das Armenviertel und über den großen Zentralmarkt.

Betrunkene Bauern torkelten die Straßen entlang, rotgesichtig vor Schnaps und Reichtum und reif, von den Bewohnern des Armenviertels gepflückt zu werden, die jedes Jahr um diese Zeit eine Ernte ganz anderer Art einfuhren.

Die Atmosphäre war ein schweres Gebräu aus Weihrauch, Opferqualm, Röstfleisch, Nüssen und dem Moschus von Frauen, die nur wenig mehr als Masken trugen und aus dunklen Gassen winkten, wo verhängte Kutschen warteten. Keine dieser Kutschen hatte Pferde, die sie hätten ziehen können, und so war leicht zu folgern, daß sie nur einen lustvollen Ritt auf den weichen Matratzen in ihrem Inneren zu bieten hatten.

Ich sah Hütchenspieler, die »Such die Bohne« mit raffgierig blickenden Bauern spielten. Schrilles Geschrei war aus Spieltavernen zu hören und kündigte Reichtümer an, die beim Würfeln zu machen seien, oder indem man »Geisterseher und Dämonen« mit Karten spielte, von denen jedem garantiert wurde, daß es sich um die ehrlichsten in ganz Orissa handelte. Taschendiebe arbeiteten in der Menge, stießen Leute an oder verwickelten sie in Gespräche, während ihre Komplizen nach den Geldbörsen tasteten.

Von überall erklang Musik, und es war nicht leicht, durch die Menge zu kommen, die sich dort versammelt hatte, um zuzusehen, wie auf Seilen hoch über den Straßen Artistengruppen jonglierten und grätschten und balancierten. Kleine Jungen bewarfen Unachtsame mit Rauchbomben, kleine Mädchen mit ernsten Mienen zupften an den Ärmeln ihrer Väter und bettelten darum, hochgehoben zu werden, damit sie sehen konnten. Stämmige Burschen spannten ihre Muskeln vor kichernden Mädchen in grellbunten Kleidern, die ihr Haar mit Bändern aus Blumen, Glöckchen und Perlen geschmückt hatten.

Die Hauptstraße war für die abendliche Parade gesperrt, bei welcher es Feuerwerk und Zauberdarbietungen für alle geben würde, was dann stets mit einer großen Kostümparade endete.

Ich zahlte zuviel Geld, um ein spatkrankes Pferd zu mieten, und brach zur Villa meines Bruders auf, die etwa eine Stunde Ritt von Orissa entfernt lag. Es lahmte nach etwa dem halben Weg, und ich mußte es die staubige Straße entlang führen. Wir boten einen erbärmlichen Anblick. Das Pferd hinkend, ich schwitzend in der Mittagssonne und taumelnd auf Beinen, die nach langen Monaten auf See unsicher waren. Als ich zu den langen, niedrigen Mauern des ausufernden Anwesens kam, hörte ich Omerye eine liebliche Melodie spielen und spürte, wie alle Müdigkeit von mir abfiel. Die Brise schien mir kühler, und die Luft hatte diesen Duft blühenden Weines und fruchttragender Bäume.

Omerye muß mein Kommen erahnt haben, denn ihr Lied wandelte sich zu einem Willkommensgruß an einen Seemann, mein Herz tat einen Sprung, und meine Arme sehnten sich danach, meine Familie an mich zu drücken. Amalric selbst begrüßte mich an der Tür, und seine Freude, mich zu sehen, war so groß, daß ich beinah den Grund vergaß, aus dem ich eigentlich gekommen war.

Nachdem ich den Dreck der Reise abgewaschen und mir eine saubere Robe von Omerye geliehen hatte, führten mein Bruder und seine Frau mich in den Garten zum Schrein meiner Mutter.

Die blühenden Blumen und Bäume waren eine der größten Freuden meiner Mutter gewesen, und nach ihrem Tod hatten sich erst mein Vater und dann Amalric sehr darum bemüht, alles so zu bewahren, wie es ihr am liebsten gewesen war. Statt der Perfektion, die man in den meisten großen Häusern sieht, hatte der Garten eine angenehme Unordnung an sich, wodurch er eher wie eine natürliche Lichtung wirkte, ohne die künstliche Vollkommenheit, die man in den meisten Gärten findet. Die Pfade waren ordentlich, die Beete sauber, doch Pflanzen und Bäume konnten sich ausbreiten, und manches durfte zwischen anderem wachsen, um absichtlich die Symmetrie zu stören.

Ich war verantwortlich für den Schrein meiner Mutter, ein schlichtes Steingefüge unter einem kleinen Rosenstock. Ein Zauber lockte tropfendes Wasser über den Stein, damit dort duftendes Moos wachsen konnte.

Amalric wußte, wie sehr ich diesen Ort liebte, daher hatte er die Diener eine Mahlzeit in der Nähe des Schreines vorbereiten lassen. Von Rosenpollen und Honig fette Bienen summten träge herum, und eine Wespe – benommen von gegorenen Trauben an einer nahen Laube – prallte gegen den Stein, verblüfft, daß er sich vor ihr nicht teilen wollte.

Meine Gastgeber mästeten mich mit Speis und Trank und Klatsch und Tratsch. Omerye war schön wie eh und je, mit langen, schlanken Armen, glatter Stirn und Locken so rot wie Amalrics. Sie trug eine kurze weiße Tunika mit schlichtem Kragen, und eine einfache Schärpe von hellem Grün hob ihre Figur hervor.

Dann sah ich das Funkeln der Geschichtenerzählerin in ihren Augen und wußte, daß sie es kaum erwarten konnte, mir vertraulichere Neuigkeiten mitzuteilen. Obwohl ihr Bauch flach wie der einer Jungfer war, sah ich, daß ihre Brüste unter der Tunika geschwollen waren. Und wenn sie sich umdrehte oder die Arme hob, tat sie es vorsichtig, als seien ihre Brüste übermäßig empfindlich. Um sicherzugehen, ob meine Diagnose stimmte, neigte ich den Kopf, machte eine knappe, magische Bewegung mit den Fingern und lauschte.

Ich hörte das Flattern eines kleinen schlagenden Herzens. Lächelnd hob ich den Kopf, und Omerye klatschte vor Freude in die Hände.

»Ich sehe, du hast unser kleines Geheimnis schon herausgefunden, Rali«, sagte sie.

Ich lachte. »Ich wäre keine Zauberin, wenn nicht«, sagte ich. »Auch wenn deine geröteten Wangen und das Leuchten deiner Augen das sicherste Anzeichen sind.«

Amalric sah erst sie an, dann mich. Seine Stirn legte sich in Falten, als er sich mühte, die vertraulichen Signale zu entziffern, die Omerye und ich austauschten. Dann lächelte er, als er verstand.

»Du wirst Tante, liebe Schwester«, sagte er. »Wenn es ein Mädchen wird, nennen wir sie nach dir.«

»Ihr solltet besser bald das nächste Kind zeugen«, sagte ich. »Denn wenn ich meine Zauberkräfte nicht vollständig verloren habe, dann ist die kleine Knospe, die dort in Omerye wächst, ganz sicher männlich.«

Omerye war hocherfreut. »Dann nennen wir ihn Cligus, nach meinem Großvater«, sagte sie. »Ich habe ihn nie kennengelernt – er starb, kurz bevor ich geboren wurde – aber er hat mir diesen Dudelsack hier hinterlassen.« Sie deutete auf das zierliche Instrument an ihrer Seite. »Er war Hofmusiker und hoffte, daß das Kind, das meine Mutter erwartete, die Tradition weiterführen würde.«

Omerye war eine Tochter Irayas', des Landes, das wir einst als die Fernen Königreiche kannten. Mein Bruder hatte sie kennen- und liebengelernt, als er mit Janos Greycloak zum ersten Mal in dieses Land kam.

»Cligus«, wiederholte ich. »Das hat einen hübschen, festen Klang.«

»In eurer Sprache bedeutet es ›auf immer treu‹«, sagte Omerye.

»Dann hast du jetzt also einen Sohn, der die Familiengeschäfte einmal übernehmen kann«, erklärte ich Amalric. »Nach und nach mußt du dann keine langen Reisen mehr machen, die dich nur von Omerye trennen.«

Mein Bruder lachte leise. »Du planst schon meinen Ruhestand, ja? Nun, der Junge wird lange warten müssen, denn ich habe die Absicht, so lange zu reisen, wie mir das Glück hold ist.«

»O, sag uns, große Geisterseherin«, intonierte Omerye halb im Scherz, »werden die Götter Cligus wohlgesonnen sein? Wirf uns sein Schicksal, sei so gut, ja, Rali?«

Ich murmelte, ich sei unvorbereitet gekommen, doch im stillen war ich stolz. Es war eine Ehre, als erste die Knochen für den Erben meines Bruders zu werfen. Ich fischte meine Lieblingsknochen hervor, die mir einmal der Meistergeisterseher Lord Gamelan gegeben hatte. Sie waren vom vielen Gebrauch so abgewetzt, daß die magischen Symbole kaum mehr zu erkennen waren. Aus meiner Ärmeltasche zog ich den faltbaren Wurfbecher, den ich stets bei mir trage, und entfaltete ihn. Gamelan hatte mich gelehrt, daß die Kunst der Geisterseher ebensoviel Unterhaltung wie Zauberei ist, und so bot ich eine gute Inszenierung.

Die Stirn vor Konzentration heftig gerunzelt, pustete ich auf die Knochen, flüsterte einen Spruch und ließ sie in den Becher fallen. Ich klapperte mit ihnen, dann verstreute ich die Knochen mit elegantem Schwung auf einem steinernen Tisch.

Gebannt von meinem kleinen Auftritt, beugten sich Amalric und Omerye eilig vor, um die Knochen zu betrachten, obwohl nur ein Zauberer oder eine sehr gute Hexe solche Dinge lesen können. Dann blickten mich beide an, ein leises Lächeln der Vorfreude auf ihren Gesichtern.

Es ist von Nutzen, daß man mich gelehrt hat, meine Miene bei solcherlei Gelegenheiten ohne Ausdruck zu belassen. Denn mein Bruder und seine liebe Frau wären verzweifelt gewesen, wenn sie in meinen Augen gesehen hätten, was ich tief im Herzen wußte.

Die blassen Symbole, die mich dort anstarrten, ließen nichts Gutes ahnen. Sie alle zeigten Dämonenhörner.

Ich grinste so breit ich konnte und nahm die Knochen auf.

»Euer Sohn wird Euch viel Ehre machen«, log ich. »Ein kleiner Bursche, der würdig ist, den Namen Antero zu tragen.«

Wie alle wissen, wuchs Cligus zu einem noch größeren Verräter meines Bruders heran, als Janos Greycloak je einer gewesen war. Doch wie konnte ich es ihm sagen? Und was hätten sie tun können, wenn ich es ihnen sagte? Den kleinen Mistkerl bei der Geburt ertränken?

Ich glaube kaum.

Mit einem Gebet an Te Date, daß meine seherischen Künste an jenem Tag ausgesetzt haben mochten, begrub ich eilig meine Ängste und ließ meine Lieben plappern, wie alle jungen Eltern es tun, indem sie mir von ihren Hoffnungen und Plänen für den Sprößling erzählten.

Als die Stunde des Abendessens näherkam, entschuldigte sich Omerye, weil sie den Koch und die Serviererinnen beaufsichtigen müsse. Amalric schenkte uns große Kelche jenes delikaten Weins ein, den unsere Familie auf eigenen Weinbergen anbaut. Wir lehnten uns zurück, und ich teilte ihm die geschäftlichen Einzelheiten meiner Reise mit.

»Das hast du sehr gut gemacht, Rali«, sagte er, als ich fertig war. »Nur ahne ich, daß du nicht so zufrieden bist, wie du es sein solltest.«

Ich schüttelte den Kopf. »Es gab einen kleinen Zwischenfall gegen Ende der Reise«, sagte ich, »und der macht mir Sorgen.«

Seine Augenbrauen zuckten in die Höhe, und er bat mich, doch bitte fortzufahren.

Was ich auch tat.

»Piraten haben uns überfallen«, begann ich, »vorn beim Dämonenstein. Nicht weit von der Antero Bay ...«

Auf meiner vorherigen Reise war ich weiter südlich vorgedrungen, als irgend jemand bis dahin je gefahren war. Ich war über das Reich der Ifora hinausgekommen, wo der trockene Sand der Wüste auf trostlose Kieselstrände trifft. Jenseits des weitesten Punktes, bis zu dem mein Vater in seiner Jugend gereist war. Er war der erste Orissaner gewesen, der die Eisbarbaren besuchte. Ich hatte sogar jene mystische Wasserscheide überquert, welche die Welt zu umschließen scheint, über der seltsame Sternenkonstellationen herrschen und sich Tornados und Wasserhosen in unterschiedlichen Richtungen drehen.

Bei dieser Mission hatte ich mich auf zukünftigen Handel konzentriert, nicht auf unmittelbaren Gewinn. So hatte ich manchen wilden und behaarten Häuptling umgarnt, geködert oder eingeschüchtert, damit er sich in die Gemeinde der Anterohändler einreihte. Ich hatte Handelsposten eingerichtet, die von kleinen Kontingenten unserer privaten Sicherungstruppe – allesamt ehemalige Wachmänner obersten Ranges – betreut wurden.

Meine Bemühungen hatten sich bei der vierten Handelsreise ganz erstaunlich ausgezahlt, und als wir uns dem Dämonenstein näherten, nahe dem ersten der südlichen Eisfelder, barsten die Laderäume der Schiffe schier vor Waren. Noch lagen zwei Handelsposten vor uns, die abgelegensten derer, die ich eingerichtet hatte. Der erste lag an der Antero Bay, die ich nach meiner Familie benannt hatte.

Als wir Kurs um die felsige Küste nahmen, die den Dämonenstein umschließt, sah ich mich in der merkwürdigen Situation konfrontiert, zu hoffen, daß die Geschäfte dieser beiden Posten nicht ebensogut gegangen waren wie die der anderen.

»Hätten wir doch nur ein fünftes Schiff mitgenommen«, stöhnte ich Kapitän Carale gegenüber.

Carale war ein dunkler, kleiner Mann mit wildem Bart und mißmutigem Temperament, das stets Übel sah, wo Gold glänzte.

»Aye, dann hätten wir noch eines mehr zu verlieren, Mylady«, sagte er. »Die teuflischen Götter müssen in ihren höllischen Tavernen wohl betrunken sein, daß sie uns so weit fahren lassen und wir die Haut noch auf den Knochen tragen.«

»Ach was, Carale«, erwiderte ich. »Mein Bruder hat ein Vermögen für Opfer ausgegeben, bevor die Reise begann. Und ich habe alle angeblichen Schamanen in sämtlichen Stroh- und Basthütten zwischen Lycanth und dem Höllenufer beschwichtigt. Die einzig schlechten Tage, die wir bisher hatten, war die eine Woche Flaute vor der Trümmerinsel.«

»Denkt an meine Worte, denkt gut daran«, sagte Carale, und schwarze Augenbrauen kreuzten über seiner kleinen, scharfkantigen Hakennase ihre Schwerter. »Zauberei oder schlechte Zeiten erwarten uns, Mylady. Wir werden noch wünschen, wir wären zu Hause geblieben, wenn die Götter erst mal nüchtern sind.«

Ich lachte. »Wir hatten mehr Glück, als gut für uns wäre. Das willst du mir sagen?«

»Lacht, soviel Ihr wollt, Mylady«, sagte Carale.»Aber die Tatsachen sind all jenen bekannt, denen das Schicksal bestimmt hat, auf salzigen Meeren zu segeln. Ein kleiner Schlag zu Beginn der Reise bringt Sonnenschein an ihrem Ende.«

»Mit dieser Logik«, sagte ich, »begann die erfolgreichste Reise, die Ihr je unternommen habt... mit dem Tod Eurer Mutter.«

»Es war meine Schwester, Lady«, antwortete Carale. »Ein echtes Biest war sie, wenn Ihr mir den Ausdruck verzeihen wollt. Ich war froh, sie im Grab zu sehen. Aber sie stand mir nahe genug, daß mir ihr vorzeitiger Tod tatsächlich die beste Zeit meines Lebens bescheren konnte.«

Trotz seines trübsinnigen Naturells war Carale einer der besten Kapitäne meines Bruders und wirklich sehenswert im Kampf – ein echter kleiner Wirbelwind mit Dolch und Schwert.

Wieder wollte ich lachen, doch fürchtete ich, damit nur noch mehr düstere Kommentare hervorzurufen. Statt dessen setzte ich eine finstere Miene auf und seufzte tief.

»Nun, uns bleibt nur, weiterzufahren«, sagte ich. »Sie erwarten uns, und wir müssen Briefe und Proviant abliefern.«

»Aye, das ist unsere Pflicht, Mylady«, sagte er eher traurig. »Und niemand soll je sagen können, ein Mann wie Kapitän Carale hätte sich vor seinen Pflichten gedrückt. Außerdem sind sie wahrscheinlich einsam... so weit von der Heimat. Uns zu sehen, wird ein wenig Freude in ihr Leben bringen.«

Mit diesen Worten zwirbelte er seine Bartspitzen, daß sie nach unten zeigten, dann stampfte er davon, um jemand anderem den Tag zu vermiesen. Als ich ihn davontrampeln sah, dachte ich, daß die Männer auf den Außenposten wohl eher mit der Versuchung ringen müßten, ihrem Leben ein Ende zu bereiten, wenn sie allzulange Carales finsterer Miene ausgesetzt waren. Ich beschloß, den

Besuch so kurz wie möglich zu halten. Vielleicht konnte ich sie dazu bewegen, die weniger wertvollen Waren, die sie getauscht hatten, zu verstecken. Für den Rest würde ich schon irgendwie Raum schaffen.

Als erstes fiel mir meine Kajüte ein, die geräumig genug war, und der Schiffszimmermann würde mir beim Eingang eine kleine Nische anlegen können, in der ich meine Geisterseherkisten unterbringen würde. Darüber wollte ich eine Hängematte spannen und so die Heimreise bequem überstehen.

Der Ausguck rief, und der Dämonenstein kam in Sicht.

Es handelte sich um einen kahlen Haufen Land, der aus einer trostlosen Bergkette aufragte. Wie schwarze Augen thronten weit oben zwei Höhlen, voneinander getrennt durch zwei mächtige, schwarze Felsen, die eine Hakennase bildeten. Ein verzogener Spalt darunter war der Mund, und zwei schwarze Speere wanden sich wie Hörner auf dem Kopf.

Der Dämonenstein war trefflich benannt, auch wenn ich nicht weiß, wer ihn zuerst zu sehen bekam. Ein Eisbarbar vielleicht, der aus einem fernen, kleinen Königreich heransegelte. Ein Bursche mit haarigen Schultern, verfilztem Bart und gelben Zähnen, die klapperten, als der Anblick jenes gräßlichen Landes sein wildes Herz erschrecken ließ.

Seefahrer, die die Gegend kannten, erklärten mir, nur selten sei die Sicht so gut, daß man den Dämonenstein erkennen könne. Gewöhnlich sei das Land hinter brodelnden Sturmwolken verborgen, in denen – einem alten Fahrensmann nach zu urteilen – Blitze krachten, die aufwärts, nicht abwärts schlugen. Die unberechenbaren Wellen in dieser Gegend sind ebenso berüchtigt wie die Stürme, und mancher erzählt, hier könne eine ganze Fischerflotte von Wogen verschluckt werden, die so hochgingen wie die Säulen Te Dates, welche an der Einfahrt zum Meer des Südens stehen.

Solcherart Stürme hatten während meiner drei Reisen jeden Blick auf den Stein versperrt, auch wenn die Böen nicht die Stärke erreichten, die den Legenden nach möglich waren. An diesem Tag nun war die See so glatt wie die makellose Stirn einer Novizin. Blaß hing die Sonne über dem Stein und ließ die kleinen, weißen Wolken über uns mit der Sanftmut einer Maid erstrahlen. Das Meer war still und blau, und als wir den Stein umfuhren, kam ein Trupp Delphine hervor, um uns zu begrüßen, sprang hoch und tat mit Geschrei seine Freude kund, in so einsamer Gegend Besuch zu bekommen.

Ich war friedvoller Stimmung, nachdenklich, und aus diesem Grunde traf es mich gänzlich unvorbereitet.

Zuerst legte sich der Wind, und ich hörte, wie Carale seinen Männern zurief, Änderungen an den Segeln vorzunehmen. Die Echos der Männer, die seinen Anweisungen folgten, verwehten unheimlich über dem gemächlichen Rauschen der rollenden See. Feuchte, grüne Blätter waren im Wind zu riechen, und ich fragte mich beiläufig, woher der angenehme Duft wohl kommen möge.

Seit Tagen hatte ich keinen Flecken Vegetation gesehen, nur ein kaltes, schwarzes Ufer voller Felsen und so von der See umspült, daß kein Baum oder Busch, der etwas auf sich hielt, auch nur einen Gedanken daran verschwendet hätte, an einem solchen Ort Wurzeln zu schlagen. Ich wußte, daß weiter im Inland eine große Wüste lag. Dahinter wiederum erstreckten sich hohe Kiefernwälder und einige Täler, in denen ein paar Wilde Pflöcke in den Boden rammten, um Knollen zu pflanzen, in der Hoffnung, daß sie wachsen mochten.

Nach Aussage anderer setzte sich die Küste noch manche Tagesreise in dieser Form fort. Später stellte ich fest, daß diese Behauptungen größtenteils zutrafen. Außerdem gibt es in einiger Entfernung eine Passage, die zum großen Meer des Ostens führt, von dessen Existenz bisher noch niemand gewußt hatte.

Während ich dort an Deck stand und über den magischen Duft staunte, den der Wind mitbrachte, hörte ich plötzlich Musik.

Ein zartes Schlagen wundersamer Saiten hing gespenstisch in der Luft. Es wärmte mich, lockte mich, erinnerte mich an das Kaminfeuer daheim.

Plötzlich wurde es ungemein wichtig, nachzusehen, was dort so lieblich spielte. Ich wandte mich Carale zu, um ihn zu bitten, einen Kurs einzunehmen, der uns näher an den Stein bringen sollte, als ich hörte, wie er seinen Männern genau das befahl, was ich ihm eben hatte sagen wollen.

Sein Schrei weckte das Mißtrauen in mir, doch mein Herz hatte den Thron bestiegen, und lange Zeit ignorierte ich das Flehen meines Verstandes, es drohe uns Gefahr.

Es ist nur Musik, sagte mein Herz, wunderbare Musik.

Hüte dich vor den Sirenen des Südens, hielt mein Hirn dagegen.

Doch die Sirenen singen nicht, spottete mein Herz, und falls Ihr es noch nicht bemerkt haben solltet, o Herrin über die Vernunft, so singt im Augenblick gar niemand. Nur sanfte Menschen könnten solcherlei Musik spielen. Zivilisierte Menschen mit Liebe im Herzen.

Meine Geistersehersinne bäumten sich auf, Sekunden, bevor ich das erste Schiff erspähte.

Es war eine breite, hohe Galeone von archaischer Form. Doch hatte ihre tödliche Geschwindigkeit nichts Primitives an sich. Dreierbänke von Ruderern wühlten sich im Wasser, hievten uns das Schiff mit besorgniserregender Geschwindigkeit entgegen. Ich hörte die Trommeln des Rudermeisters über den geheimnisvollen Saitenklang hinweg. Ich meinte, selbst das Peitschenknallen seiner Helfer hören zu können, während sie an den Bänken entlanggingen, um noch mehr Geschwindigkeit herauszupressen.

All das sah ich wie im Traum. Es war ein lebhafter Traum, soviel ist sicher. Komplett mit kauernden Bogenschützen im Bug der Galeone und nackten Schwertkämpfern, die an die Reling schwärmten.

Ein immenses Banner flatterte über dem Schiff. Auf schwarzem Untergrund erhob sich ein mächtiger, silberner Bär mit gebleckten Reißzähnen, die Tatzen ausgestreckt, um seinen Feind zu packen.

Eben befreite ich mich aus dem Zauber, als zwei weitere Galeonen in Sicht kamen. Ich rief Carale eine Warnung zu. Doch schon als ich es tat, wußte ich, daß die Warnung auf taube Ohren stoßen würde.

Wild sah ich mich nach etwas um, mit dem ich den magischen Angriff abwehren konnte. Die erste Galeone war fast schon bei uns, und ich konnte hören, daß meine Männer sie warmherzig willkommen hießen und das gräßliche Knurren der Piraten gar nicht hörten, die sich eben bereitmachten, uns zu entern.

Anblick und Ablauf der Schlacht brachen über mich herein, ich sah sie in den kleinsten Einzelheiten, und alle Bewegungen verlangsamten sich zum Tempo einer Nacktschnecke.

Doch raste mein Verstand in dem verzweifelten Versuch, die feindlichen Linien zu durchbrechen, wie ein Streitwagen.

Ein Schauer von Pfeilen regnete auf uns herab, verfehlte wundersamerweise jedoch alle bis auf einen Schiffsjungen, der mit einem Latrineneimer in der Hand reglos dastand. Ein Pfeil traf ihn in den Hals, er stöhnte und sank an Deck zusammen. Durch eine Laune des Schicksals fiel der Eimer nicht um, so daß nur wenig von seinem Inhalt verschüttet wurde.

In meinem überreizten Bewußtseinszustand ließ mich ein fauliger Windhauch vom Abwasser her die Nase krausen, und eine verrückte Lösung kam mir in den Sinn.

Ich rannte zu dem Jungen und dem Eimer, duckte mich unter einem weiteren Schwarm von Pfeilen, und mein sechster Sinn ließ mich zur Seite treten, gerade noch rechtzeitig, um einen Speer auszuweichen, der mir den Ärmel aufschlitzte.

Ich packte den Eimer, schwenkte ihn wie eine Hammerwerferin und schleuderte ihn hoch, der feindlichen Galeone entgegen.

Während er hoch und immer höher segelte – von meinem Willen weiter angetrieben – sang ich:

*»Fein mag faulig sein.*
*Süßes gar verflucht.*
*Faulig mag noch fauler sein.*
*Bis alles ... Scheiße wird!«*

Ich gebe zu, es war kein eleganter Zauberspruch. Manchmal drängen meine Kasernenmanieren und die entsprechenden Ausdrucksweise die Pose der Zauberin in den Hintergrund. Doch es war das Beste, was mir unter den gegebenen Umständen einfallen wollte.

Wichtiger war, daß es wirkte.

Eine Bö von kaltem, feuchtem Wind ließ uns erschauern, und ich sah den Latrineneimer anschwellen wie eine Schweinsblase. Dann explodierte er, und der Wind wehte unseren Feinden braunroten Kot ins Gesicht.

Ein so ekelhafter Gestank umfing uns, daß ich fast würgend auf die Knie sank. Überall um mich herum hörte ich Männer husten und fluchen. Die Piraten litten am meisten, und ich hörte, wie sie vor Qual aufheulten und die Götter anflehten, sie von diesem Übel zu befreien.

Ich zwang Luft in meine Lungen, bekämpfte das Gift, das ich einatmete. Dann blies ich die Wangen auf und sandte nicht eine Beschwörung aus, sondern ein Gebet zu den Göttern, uns von meiner Dummheit zu befreien.

Ich bezweifle, daß ich je wiederholen könnte, was als nächstes passierte.

Ich stieß meinen Atem hervor, und im selben Augenblick traf mich ein Wind von hinten. Das Schiff legte sich auf die Seite, als uns eine plötzliche Bö durchrüttelte.

Sie war fort, ehe wir uns wieder aufgerichtet hatten, doch als ich mich auf die Beine kämpfte, sah ich, daß es die Galeone zurückgetrieben hatte.

Die Verwirrung auf unseren Schiffen verflog, als sich alle voll bewußt wurden, was vor sich ging. Offiziere schrien, orissanische Krieger fügten sich und bauten erst eine Verteidigung, dann schließlich einen eigenen Angriff auf.

In der Vergangenheit war ich unseren Feinden eilig mit einem Schwert in der Hand und Feuer im Blick entgegengestürmt. Meine Arme und Beine zuckten vor Ungeduld, sich in den Kampf zu stürzen. Doch hatte ich nun schwerwiegendere Verantwortung zu tragen. Den physischen Teil des Kampfs soll ich anderen überlassen.

Ich nahm all meine Reserven zusammen und sandte meine Sinne aus. Bald fand ich, was ich suchte. Es war ein fauliges, stachliges Etwas mit nadelspitzen Zähnen und Klauen. Es roch nach heißem Schwefel wie verbrannte Spiegeleier an einem Marktstand in Orissas Armenviertel.

Das Wesen versuchte, zu fliehen und in die Anderwelten zu hoppeln, als ich näher kam. Aber ich trieb es in die Enge. Es schlug zurück, und mein geistiges Ich spürte das Zwicken spitzer Zähne. Bald jedoch sah ich, daß es nur ein aufgeblasenes, kleines Ding war... irgendeine Art Dämon.

Ich beschwor das Bild eines großen Besens herauf und zermalmte ihn.

Sobald er seinen letzten Quieker getan hatte, sprang ich in die reale Welt zurück. Ich sah, daß meine Männer die Oberhand gewonnen hatten und die Galeonen flohen. Carale stand bereit, die Verfolgung zu befehlen, um die Piraten zu jagen und zu bestrafen. Er wartete nur auf meine Zustimmung.

Ich schüttelte den Kopf und erklärte ihm, er solle es sein lassen. Für eine Jagd waren wir zu schwer beladen. Und wenn unser Feind so listig war, uns mit einem kleinen Dämon fast zu überrumpeln, so wollte ich ihn nicht noch einmal unterschätzen.

Dann erfuhren wir, daß eines unserer Schiffe im Kampf schwer beschädigt worden war. Ein Felsbrocken, abgefeuert vom Katapult des feindlichen Schiffes, hatte den Großmast getroffen. Reparaturen waren nötig. Und mit einer feindlichen Streitmacht in der Nähe würden wir uns einen sicheren Ort suchen müssen, um sie vorzunehmen. Das bedeutete, wir müßten unsere Reise abkürzen, Antero Bay und die anderen Posten auslassen und einen sicheren Ort finden, um unser Schwesterschiff zu reparieren.

Danach segelten wir umgehend heim.

»Wie du schon sagtest«, kommentierte mein Bruder, als ich fertig war, »handelt es sich um einen geringfügigen Zwischenfall. Du hast ihn erfolgreich gemeistert, und nach allem, was ich gehört habe, hast du auch danach alles richtig gemacht.«

Neugierig sah er mich an. »Warum sorgst du dich dennoch, liebste Schwester?«

Ich seufzte. »Wenn ich darüber nachdenke, gibt es mehrere Gründe. Der erste ist persönlicher Natur. Man hat mich im Schlaf erwischt. Das kränkt meinen Stolz. Der zweite ist ebenso persönlich. Der magische Angriff wurde von einem derart mickrigen Ding ausgeführt... wie konnte er beinah gelingen?

Dann ist mir klargeworden, daß der Dämon, dem ich begegnet bin, ein Günstling sein könnte. Ein Wesen, das die Befehle eines größeren Zauberers ausführt.«

»Glaubst du, das könnte der Fall sein?« fragte mein Bruder.

»Allerdings«, sagte ich. »Es gab kleine Hinweise darauf, soviel ist mir inzwischen klar. Keine Beweise. Nur der schwache Hauch von etwas Größerem. Tödlicherem. Mit Verstand und einem Ziel, das dieser kleine Dämon niemals haben könnte.«

»Die Flagge, die du gesehen hast«, sagte Amalric, »kommt mir bekannt vor. Nur kann ich mich nicht erinnern, wo ich sie schon gesehen habe.«

»Das ist die nächste Frage«, sagte ich. »Auf unserer Heimreise habe ich einen alten Schamanen besucht, mit dem ich schon länger befreundet bin. Als ich ihm die Flagge beschrieb, wurde er ganz aufgeregt. Er sagte, es sei das Banner des Eisbärenkönigs. Ein Häuptling aus dem Eis, den man nur aus Legenden kennt. Ein Piratentyrann, der die Gegend vor langer Zeit terrorisiert hat, jedoch schon mindestens hundert Jahre tot ist.

Der Schamane sagte, irgendein erfindungsreicher Schurke müsse die alte Standarte des Eisbärenkönigs wohl übernommen haben, um unwissende Narren einzuschüchtern.«

»Ich glaube, damit könnte er recht haben, meinst du nicht, Rali?« sagte mein Bruder.

Ich nickte. »Es ist die wahrscheinlichste Erklärung. Nur macht es diesen Schurken nicht ungefährlicher. Nicht nur die Täuschung stärkt ihm den Rücken. Er hat auch magische Fähigkeiten.«

»Außerdem machst du dir Sorgen um die Handelsposten, nicht?« sagte Amalric.

»Ich werde das Gefühl nicht los, daß ich sie im Stich gelassen habe, als ich umgekehrt bin«, sagte ich.

»Obwohl sie mehr als ausreichend Waffen und Soldaten zu ihrem Schutz haben?«

»Ja.«

»Und haben sie nicht außerdem zwei von Orissas begabtesten Geistersehern zum Schutz vor magischen Angriffen, wie du einen erlebt hast? Lord Serano und Lord Searbe, wenn ich mich recht erinnere.«

»Trotzdem«, sagte ich, »mache ich mir Sorgen um sie. Besonders um die Leute an der Antero Bay, wo Lord Searbe Posten bezogen hat. Die Antero Bay liegt nicht weit von dort, wo ich die Piraten gesichtet habe.«

»Es würde sehr teuer, eine außerplanmäßige Reise in diese Gegend zu unternehmen«, sagte Amalric. »Besonders eine, die mit genügend Truppen ausgerüstet wäre, um diesen angeblichen Eisbärenkönig zu überwältigen.«

»Das weiß ich«, sagte ich. »Und ich habe nicht genügend Beweise, um dich zu drängen, ein solches Risiko einzugehen.«

Eine Minute lang dachte Amalric nach. »Ich will dir was sagen«, meinte er schließlich. »Ich schicke ein schnelles Kundschafterboot aus. Ein kleines, das unbemerkt bleibt, aber fest zuschlagen kann, wenn es in der Falle sitzt. Die Besatzung kann etwas nach dem Rechten sehen und sich dann zu den beiden Handelsposten aufmachen, um sicherzugehen, daß alles in Ordnung ist.«

Ich hätte erleichtert sein sollen, war es aber nicht. Meine Stirn und meine Schultern schmerzten vor Anspannung.

Amalric, der meine Stimmung spürte, zog eine Grimasse. »Du möchtest den Kundschaftertrupp anführen, was, Rali?« rief er.

»Ich *muß* fahren, Amalric«, sagte ich. »Ich habe das Gefühl, für diese Leute verantwortlich zu sein.«

»Immer die Kriegerin«, grinste mein Bruder. »Das wird dir wohl immer im Blut bleiben, wie?«

»Sieht so aus«, sagte ich. »Und ich bin auch nicht sicher, ob es gut wäre. Ich habe uns diese Gegend erschlossen. Ich habe diese Leute im Stich gelassen. Und ich habe geschworen, daß ich wiederkommen würde.«

»Aber du hast ihnen nicht absolute Sicherheit versprochen«, erwiderte Amalric. »Es sind erfahrene Leute. Sie kennen das Risiko in so unerforschten Gegenden.«

»Dann will ich es mal so ausdrücken«, sagte ich. »Wenn du an meiner Stelle wärst ... was würdest du tun?«

Amalric antwortete zögernd: »Ich würde fordern, daß man mich gehen läßt.«

»Ich schätze, das werde ich dann wohl tun«, sagte ich. »Fordern, daß man mich gehen läßt.«

»Dann will ich dich nicht aufhalten, Schwesterherz«.

Einige Wochen später war das Kundschafterschiff ausgerüstet und abreisebereit. Ich nahm einen kleinen Trupp von zähen Kriegern mit. Es handelte sich ausschließlich um Männer, denn ehemalige Gardistinnen der Maranonischen Garde zu finden, ist fast unmöglich.

Die meisten von uns starben lieber, als die Waffenschwesternschaft zu verlassen. Ich gehöre zu den wenigen, die einen anderen Weg gewählt haben, und meine Gründe dafür habe ich bereits erwähnt. Und obwohl ich der Garde offiziell schon länger nicht mehr angehöre, werde ich im Herzen doch stets bei ihr sein.

Aus diesem Grunde unternahm ich eine kleine Pilgerreise, bevor ich abfuhr.

Wir von der Schwesternschaft haben einen kleinen Tempel in Galana, etwa drei Tage schnellen Rittes von Orissa entfernt. Es handelt sich um ein kleines Steingebäude in einem hübschen Wäldchen, eigentlich kaum mehr als ein Hain.

Die Gegend drumherum besteht aus wogenden Hügeln und Akkerland, bebaut von Gardistinnen, die nicht mehr kämpfen können. Manche haben Wunden am Leib davongetragen, manche an ihrer Seele, manche an beidem. Auch alte Kriegerinnen verleben ihre letzten Tage in Galana, und alle, die dazu noch in der Lage sind, kümmern sich um den Hof und ihre weniger glücklichen Schwestern.

Es war ein heißer Tag, ein trockener Tag, ein Tag raschelnder Blätter und prickelnder Haut, als man mich durch das Tor Galanas führte.

Es gab zahlreiche komfortable Kasernen, in denen die Frauen untergebracht waren, und mit professionellem Interesse bemerkte ich, daß zu diesem Lager ein niedriger Hügel mit einigen Höhleneingängen gehörte. Die ganze Gegend war von Hügeln und Bergen umgeben, und mir schien, Galana war gut gelegen, wenn man von diesen Anhöhen aus etwaige Angriffe abwehren mußte.

Ich führte ein höfliches Gespräch mit der weißhaarigen Kommandantin, lobte den Hof und inspizierte die kleine Truppe, die sie für den Fall bereithielt, daß sich eine unvorhergesehene Bedrohung einstellte. Ich machte ihr Komplimente für ihre Leute und die Sicherheitsvorkehrungen, obwohl ich kaum etwas oder jemanden sonderlich wahrnahm. Ich konnte es kaum erwarten, zum Tempel zu gelangen und das Orakel meiner Göttin zu befragen.

Ich ging allein hinein, schob einen Zettel in den Kasten am Eingang – auf dem ich einen fetten Ochsen zu opfern versprach – und näherte mich dem Altar.

Kühl war es im Tempel. Staubkörnchen tanzten im einzigen Lichtstrahl, der durch eine verglaste Öffnung im Kuppeldach hereinschien. Es war die Pforte, durch welche die Göttin ein- und ausging.

Alte, verblaßte Fresken schmückten die Wände, schilderten die zahlreichen Drangsale und Triumphe der Garde im Laufe der Jahrhunderte. Rechts vom Abbild der Göttin sah ich ein frisch gemaltes Bild, das meine eigene Schlacht gegen den Archon vor nicht allzu vielen Jahren zeigte.

Ich schnitt eine Grimasse, als ich das idealisierte Bild meiner selbst sah, das blutige Schwert in der Hand, der Kopf des Archons baumelnd in der anderen. So war es nicht gewesen, und ich wünschte, ich wäre so schön, wie das Bild mich zeigte, mit so schlanker Taille und Brüsten so hoch, daß manche Frauen an ihrer eigenen Figur verzweifelt wären, wenn sie solcher Perfektion gegenüberstand. Mir selbst ging es ganz sicher so. Und eigentlich sollte es doch *mich* zeigen.

Auf dem Weg zum Altar blieb ich an einem kleinen Becken stehen. Er war von einer niedrigen Marmormauer eingefaßt, und ich beugte mich über den Stein, um meine Finger mit dem Wasser zu benetzen. Ich spiegelte mich in der flachen, silbrigen Oberfläche. Darüber mußte ich lachen. Eine verschwommene Erinnerung daran, wie weit ich davon entfernt war, dieser Gestalt heroischer Perfektion zu entsprechen, welche auf dem Fries porträtiert war. Auch wenn ich mich nicht beklagen kann, denn ich komme aus einer gutaussehenden Familie. Ich hatte die blauen, weitblickenden Augen meines Vaters und war mit der schlanken Figur meiner Mutter gesegnet, ihrem blonden Haar und der hellen Haut.

Das Bild zerfloß, als ich das parfümierte heilige Wasser schöpfte. Ich besprenkelte mich, fühlte mich augenblicklich kühl und erfrischt und trat vor den Altar, auf welchem das Götzenbild Maranonias wartete.

Ich kniete auf den Stufen und blickte zur Statue der Maranonia in ihrer stets wachsamen, stets wahrheitssuchenden Pose auf. Ich flüsterte ein Gebet und bat um ihren Segen für die Reise, die ich unternehmen wollte.

Ich weiß nicht mehr genau, was ich damals überhaupt von Göttern hielt. Vielleicht war ich – wie viele Geisterseher – zynisch geworden, weil ich inzwischen selbst Wunder vollbracht hatte. Und ich erinnere mich daran, daß ich mir etwas lächerlich vorkam, als ich mein Flehen vortrug.

Einen kurzen Augenblick lang fragte ich mich, ob meine Gebete und mein Gehorsam nur einem hübschen Kunstwerk unterbreitet wurden, aus totem Stein gefertigt, nicht realer als mein Bild auf den Tempelmauern.

Doch als ich dort kniete und meine Knie auf den kalten, harten Stufen taub wurden, wurde der Lichtstrahl plötzlich breiter und tiefer. Ein Windhauch war zu spüren, das Rascheln von Roben zu hören, das Klirren von Waffen.

Dann sah ich, daß sich die Statue bewegte. Zuerst kam eine Hand hoch, dann trat ein Fuß im Stiefel vor. Ein Schimmer folgte, und Leben kam in das Götzenbild.

Die Göttin tat eine Geste.

Ein Funkenschauer regnete auf ihre Schultern, und ihre Kriegerkleidung und die Waffen wichen einer seidenen Robe von durchscheinendem Purpur, welche ihre elfenbeinerne Haut umschmiegte. Die Robe war links hoch geschlitzt, und wenn sie sich bewegte, wurde der weiche, weiße Schenkel verführerisch vom zarten Knöchel bis hinauf zur wohlgeformten Hüfte enthüllt.

Ich war sprachlos ob der Schönheit dieser Göttin und schämte mich meiner respektlosen Gedanken.

Ich muß wohl geglotzt haben wie ein armes Ding aus der Tiefe, gefangen in einer Flutlache.

Maranonia lachte bei meinem Anblick, und die Luft war erfüllt vom Duft ihres Veilchenodems.

Ich war erschrocken und verneigte mich tief, wobei mein Herz den Kopf bedrängte, doch gleich am Boden liegenzubleiben.

Noch nie hatte ich mit einer Göttin gesprochen. In der Zukunft, wie man noch sehen wird, sollte mein Staunen weniger respektvollen Empfindungen weichen.

»Du bittest um meinen Segen, Rali«, sagte die Göttin.

»Ja, wenn Ihr so gütig wäret, Herrin«, entgegnete ich mit bebender Stimme.

»Warum glaubst du, daß ich ihn dir geben könnte?« fragte die Göttin.

Ganz sicher bot ich einen komischen Anblick, als ich wie ein kleines Kind zu ihr emporglotzte, dem man eben erklärt hatte, seine Eltern seien nicht der Born aller Macht und Weisheit. Nie war mir in den Sinn gekommen, daß sie nicht tun konnte, was sie wollte. Sie war eine Göttin, oder nicht? Ich dachte, die einzige Frage wäre... *wollte* sie? Nicht *konnte* sie?

Die Göttin lachte leise über mein Unbehagen, und zum ersten Mal kam mir der Vergleich zwischen ihrem Lachen und Glocken, die den Krieg einläuten, in den Sinn.

Ihr Lachen ärgerte mich. Meine Knie schmerzten, und fast ließ ich mich von meinem aufbrausenden Wesen niederringen.

»Schön, daß ich ein solcher Quell der Freude für Euch bin, Herrin«, sagte ich ziemlich frostig für einen Menschen, der erst wenige Augenblicke zuvor ein bescheidener Bittsteller gewesen war.

Das ließ sie nur noch lauter lachen.

Ich knirschte mit den Zähnen, bis der Sturm göttlichen Humors vorüber war.

Dann sagte sie: »Du wirst auf dein aufbrausendes Temperament achten müssen, Rali. Es könnten uns beiden in Zukunft einige Probleme bereiten.«

Obwohl sie lächelte, war ihr Blick so stählern, daß ich wiederum in angemessenes Beben verfiel.

»Ja, Euer Gnaden«, sagte ich.

Die Göttin krümmte einen Finger, vor meinen Augen wirbelte der Raum herum, und alles wurde Finsternis, bis auf ihre strahlende Gestalt.

Sie sprach, und ihre Stimme schien aus meinem Inneren zu kommen.

»Ich kann dir nur folgendes sagen, Rali Emilie Antero«, sagte sie. »Du mußt diese Reise unternehmen. Sie ist für die Zukunft Orissas – des Volkes, das zu schützen ich geschworen habe – unabdingbar. Ich kann mich nicht offen auf deine Seite schlagen, doch will ich tun, was ich kann. Es gibt unter meinen himmlischen Vettern solche, die den Anteros nicht eben wohlgesonnen sind.

Und ich muß dich dringend davor warnen, auch nur ein Wort über mein Erscheinen hier am heutigen Tag oder das, was ich gesagt habe, verlauten zu lassen. Besonders dein Bruder darf nichts davon erfahren. Seine Stärke muß uns für einen späteren Zeitpunkt erhalten bleiben ... falls und wenn die letzte Schlacht naht.

So liegt es nun also an dir, Rali, dein Volk durch diese Krise zu führen.«

Ihr Bild begann zu verschwimmen.

»Ist das alles, was Ihr mir sagen könnt, Herrin?« rief ich. »Bitte. Verratet mir doch alles, was Ihr sicher sagen könnt. Ich gebe es niemandem weiter.«

Das Bild der Göttin festigte sich.

»Deine Reise wird voller Gefahren sein«, erklärte sie. »Mancher mag sterben. Mancher mag fliehen. Ob du erfolgreich bist oder nicht, wird an dir liegen, Rali. Nicht an den Göttern.

Und eines will ich dir noch sagen...

Drei Schiffe werden deine Geschicke bestimmen. Drei Schiffe werden dein Schicksal tragen.

Drei Segelschiffe... eines aus Silber, eines aus Kupfer und eines aus Gold.«

Ihr Bild verschwamm, und ohnmächtig sank ich zu Boden.

Bis zur Abreise war ich gänzlich wiederhergestellt. Als Amalric kam, um sich von mir zu verabschieden, war ich in der Lage, nichts als gute Laune zu versprühen.

Ich hatte sogar schon begonnen, mich zu fragen, ob meine Vision vielleicht eine Folge sauren Weines wäre, den ich in einer Taverne nahe der Siedlung getrunken hatte.

Wenn ich daran dachte, klang die ganze Sache unwahrscheinlich und weit hergeholt.

Amalric umarmte mich. »Mögest du stets den Wind im Rücken haben, Schwesterherz«, sagte er.

Ich küßte ihn, dann trat ich zurück, um ihn genauer zu betrachten.

In diesem Augenblick sah er wieder aus wie der ernste, kleine Junge, den ich einst gekannt und hinter mir zurückgelassen hatte, als ich in den Krieg zog. Und daher bat ich ihn, worum ich in jenen lang schon vergangenen Tagen mehr als einmal gebeten hatte.

»Zeig mir dein Lächeln, kleiner Bruder«, sagte ich. »Ein Lächeln, das ich in meinem Herzen tragen kann, wenn ich fort bin.«

Und Amalric schenkte mir sein strahlendstes, süßestes Lächeln.

Ich sah in sein Gesicht, prägte es mir ein. Ich glaube, er tat dasselbe mit mir.

In seinen Augen sah ich, daß dort eine Frage wuchs.

Würden wir einander jemals wiedersehen?

Ach, bei den Göttern, hätte ich die Antwort gewußt, hätte ich ihn noch einmal geküßt.

Kapitel Drei

# *Das Orakel von Pisidia*

Vor meiner Zeit und der meines Bruders war unsere Welt ein finsterer Ort, umgeben von schrecklichen Dingen. Wir waren wie Mäuse in ihrem Loch im Stall, reckten die Köpfe, wenn uns der Hunger trieb, und forderten die mächtige Eule auf den Dachsparren heraus, wenn wir umherhuschten, um uns von Pferdeäpfeln zu ernähren.

Amalrics Entdeckungsreisen öffneten den Osten bis hin zu den fernen Gipfeln von Tyrenia, welche jenes kahle Land überschauen, in dem die Dämonen und die Großen Alten über halbe Ewigkeiten Schlachten schlugen. Mein Feldzug gegen den letzten Archon von Lycanth entschleierte den geheimnisumwobenen Westen, Tausende von Wegstunden jenseits des brennenden Riffs, das einst das Ende der bekannten Welt darstellte.

Mit den Völkern in den heißen Gegenden des Nordens hatten wir schon immer Handel getrieben und eine ziemlich genaue Vorstellung davon, wie es dort aussah. Wenn auch nur wenige tatsächlich in den Norden gereist waren, so gab es doch detaillierte Karten, auf welchen diese wilde Gegend mit einiger Genauigkeit beschrieben wurde.

Mein Vater Paphos Antero hatte in seiner Jugend das Eisland des Südens erkundet, doch war er zu sehr damit beschäftigt gewesen, unser Familienvermögen zu vergrößern, als daß er seine sonstigen Entdeckungen hätte nutzen können.

Er war ein Grandseigneur der alten Schule gewesen, mit höflichen Manieren und sanftem Wesen, hinter dem er seine scharfsinnige Urteilskraft verbarg. Nie geizte er mit Lob, besonders nicht für mich. Ich erledigte irgendwelche Kleinigkeiten für ihn, wie etwa, ihm seine Lieblingsschale zu holen, damit er etwas Honigwein einschenken konnte, in welchen er sein Brot beim abendlichen Imbiß tunkte. Wenn ich die Schale vorsichtig auf seinem Schreibtisch abgestellt hatte, umarmte er mich und dankte mir, als hätte ich Berge und weite Meere überquert, um ihm diesen Gefallen zu tun.

»Ich danke dir, Tochter«, sagte er dann. »Und diesem einen Dank füge ich Zehntausende hinzu.«

Versteht ihr, was ich meine? Ein Dank allein war nicht genug. Nur Zehntausende genügten.

Obwohl meine Mutter den größeren Einfluß auf mich hatte – sie war es auch, von der ich mein magisches Talent geerbt habe –, weckte mein Vater die nobleren Empfindungen, formte und festigte meine Vorstellungen von Recht, Unrecht und Ehre. Durch ihn wurde ich außerdem mit dem Wahn unserer Familie infiziert, stets neue Länder erkunden und neue Dinge entdecken zu müssen. Und als meine Mutter meinen Wunsch weitergab und ihm erklärte, daß ich vor allen Dingen Soldatin werden wollte, sorgte mein Vater dafür, daß ich Gelegenheit erhielt, mir diesen Herzenswunsch zu erfüllen.

Immer war ich seine allerliebste Tochter, so rauh und jungenhaft mein Spiel auch ausfallen mochte. Als Kind saß ich spätabends stets auf seinem Knie und wickelte mir Strähnen seines Barts um die Finger, während Vater mir Geschichten seiner frühen Abenteuer in den Ländern des Südens erzählte.

Er berichtete von Austernbecken an der Straße von Madacar, wo die Perlen groß und schimmernd waren. Er zeigte mir eine seltene Perle, die er einmal gefunden hatte und die so groß war wie meine Kinderfaust und schwarz wie die tiefste Tiefsee. Er besaß eine kleine Fruchtbarkeitsfigur, eine winzige Figur mir großen Brüsten und überdimensionaler Vulva, die er von all seinen Schätzen am meisten liebte. Er sagte, sie stamme vom wahren Ende der Welt und sei durch viele Hände gegangen, eine Göttin des »Volkes am Rande«, das am Ende der Welt lebte. Sein Leben lang hatte er sich gewünscht, dorthin zu fahren, doch hat er nie die Zeit gefunden, eine solche Reise anzutreten.

Lange nach jenen Tagen der Pferdeschwänze und aufgeschlagenen Knie habe ich diese Orte besucht. Ich habe gesehen, was mein Vater so dringend hatte sehen wollen. Ich erinnere mich, wie ich zum ersten Mal auf dieses wilde und wundervolle Ödland hinausblickte und dachte, daß unter anderen Umständen Paphos Antero der erste große orissanische Entdecker geworden wäre, und nicht Amalric. Wer weiß, wie die Welt aussähe, wenn es so gekommen wäre?

Und wie lange es sie noch gäbe...

Vermutlich waren es seine Träume und Geschichten, die mich bewogen, mich nach Süden zu orientieren, nachdem ich die Maranonische Garde verlassen und mich meinem Bruder angeschlossen hatte. Jetzt weckte die Bedrohung durch den falschen Eisbärenkönig in mir die Sorge, jene Regionen könnten dem orissanischen Handel nicht offen bleiben.

Wie ich die Sache sah, war jeder Verlust, den uns dieser Piratenteufel zufügte, ebenso ein Schlag gegen meinen Vater wie einer gegen mich.

Als ich mich aufmachte, das Ausmaß der Gefahr zu untersuchen – falls überhaupt Gefahr bestand –, tat ich es mit größerer Entschlossenheit als jemand, der nur den Profit sucht.

Ich wollte verdammt sein, wenn ich zuließ, daß irgendein barbarischer Emporkömmling meine Pläne durchkreuzte. Und wenn er meinen Leuten Schaden zugefügt hatte, würde ich ihn verfolgen und das Antlitz der Erde von seinem flohzerbissenen Kadaver befreien.

Ich war eine Kriegerin in Geisterseherrobe, und bei den süßen Augen Maranonias schwor ich, in dieser Sache meinen Willen zu bekommen.

Wir stürmten gen Süden. Wir hißten keine Flaggen und verwendeten Segel in blassem Blau, damit sie sich am Horizont nicht absetzten. Und selbst den ungefährlichsten Begegnungen wichen wir aus.

Mein Schiff war die *Tern,* ein einmastiges, flaches Boot für schnelle Fahrt auf jedem Gewässer, von stürmischer See bis hin zu beschaulichen Flüssen. Die Mannschaft bestand aus zehn Mann, weit mehr, als ich zum Segeln brauchte, aber sie waren außerdem geübte Kämpfer, und so wären wir ein harter kleiner Trupp, falls sich jemand mit uns anlegen wollte. Auf beiden Seiten gab es eine einzelne Ruderbank, die uns helfen sollten, falls wir in eine Flaute gerieten. Und ich hatte das Schiff mit modernsten Gerätschaften ausgerüstet, wie etwa einer kleinen Pumpe, die eben erst aus den Werkstätten der Geisterseher kam und das Schiff bei jedem Wetter trocken und leicht halten sollte.

Die Pumpe arbeitete mit einem geringfügigen Funktionszauber, damit sie nicht bemannt sein mußte, abgesehen von jemandem, der den Schlauch reinigte, falls Werg oder Trümmerstücke ihn verstopften. Sie war nur eines von mehreren nützlichen Geräten, die Orissaner in den letzten Jahren erfunden hatten, wobei das magische Wissen, das mein Bruder aus den Fernen Königreichen mitbrachte, sich mit dem uns eigenen Einfallsreichtum für Mechanik verband.

Erneut hieß der Kapitän Carale, mit dem ich gern wieder segelte. Der Erste Maat war Donarius, ein großer, stürmischer Bursche von aufbrausendem Wesen, der einen wachen Blick fürs Wetter hatte. Außerdem schwang er sein doppelhändiges Schwert mit beeindrukkender Leichtigkeit, und obwohl er reichlich mürrisch war, befolgte er Befehle doch genau.

Nachdem ich mich mit meinem Bruder zusammengetan hatte, hatten wir begonnen, Männer und Frauen um uns zu scharen, die sowohl eine Ausbildung als Seeleute wie auch als Krieger besaßen. Während meiner Expedition gegen den Archon war mir sehr deutlich geworden, daß wir solche Leute brauchten. Die meisten Seeleute müssen sich von Zeit zu Zeit in den Kampf stürzen, doch schätzt man ihre Seemannskünste mehr als ihre kriegerischen Qualitäten. Niemand, der je auch nur den kleinsten Sturm auf See erlebt hat, würde dieser Praxis widersprechen.

Ich fand, man könne beides erreichen, und zwar auf hohem Qualitätsniveau, solange man den Maßstab klein hielt. Es stellte sich als die perfekte Lösung für ein Handelsunternehmen wie das unsrige heraus. Mein Bruder hatte sich stets eine schlagkräftige Sicherheitsmannschaft gehalten, die aus Soldaten und Mitgliedern von Eliteeinheiten bestand. Mit Amalrics Genehmigung hatte ich begonnen, meinen Plan in die Tat umzusetzen, und das Umland nach den besten Leuten durchgekämmt.

Ich hatte ihnen harten Drill, hohen Lohn und ein sauberes Leben versprochen, das sehr wohl kurz ausfallen mochte. Aus diesem Grund hatte ich einen ansehnlichen Fonds für jene angelegt, die verstümmelt oder zu alt wurden oder umkamen und eine Familie zurückließen. Ich war von Freiwilligen bestürmt worden, so daß ich die Wahl hatte. Zu meiner Freude waren viele Frauen dabei, obwohl ich besonders darauf achtete, den Wiederaufbau der Maranonischen Garde nicht zu behindern, welche im Krieg gegen Lycanth so furchtbar dezimiert worden war.

Sämtliche Freiwilligen wurden von den besten Kapitänen meines Bruders zu Seeleuten ausgebildet, und zu Soldaten von mir selbst. Später war ich so eingespannt, daß ich mich gezwungen sah, diese Pflicht einer pensionierten Gardistin zu überlassen, einer Sergeantin mit stählernen Muskeln, lahmem Bein und einer Nase für Schlafmützen. Manche brachten zusätzlich eine noch speziellere Ausbildung ein, wie etwa im Umgang mit Karawanentieren und im Wüstenkampf.

Als ich mich auf die Reise machte, waren die meisten dieser Männer und Frauen mit anderen Interessen der Anteros beschäftigt, und mir stand keine große Auswahl von Leuten zur Verfügung. Doch war ich zufrieden mit den Freiwilligen und bereute nur, daß keine Frauen frei gewesen waren.

Unter meinen Männern gab es auch ein Zwillingspaar: Talu und Talay. Sie waren blonde, gutaussehende Burschen, die sich in ihrem Aussehen, in Wesen und Sprache so sehr ähnelten, daß es zwecklos war, sie auseinanderhalten zu wollen. Daher nannten wir sie beide Talutalay. Oder kurz Talut. Man hatte sie für eine Eliteeinheit ausgebildet, doch die uralte, engstirnige Tradition der Armee hatte ihnen verboten, gemeinsam zu dienen. Also hatten sie die Armee nach ihrer ersten Dienstzeit wieder verlassen, und ich hatte sie abgefangen, noch bevor sie die erste Taverne erreichten, um dort ihren Kummer zu ertränken.

Ein weiteres, erwähnenswertes Mitglied der Mannschaft war der Koch. Er war über alle Maßen groß und blieb dürr wie eine Latte, so fett und reichlich er auch essen mochte. Er hatte einen langen Hals, einen kleinen Schädel und war an Kopf und Kinn ganz kahl. Er hatte den Tick, ständig seine Lippen zu lecken, eine schnelle, pfeilgleiche Bewegung mit der Zunge. Er war von fröhlichem Wesen, ein außergewöhnlich guter Koch, und konnte einen Speer erstaunlich weit werfen, indem er seinen langen, schlanken Körper wie einen Wurfstock nutzte. Er stammte aus einer Fischerfamilie, die schon früh mit dem Bazillus der Abenteuerlust infiziert worden war.

Seinen Namen habe ich vergessen, weil wir ihn alle »Echse« nannten – so hatte er sich uns vorgestellt, und seine Ähnlichkeit mit diesem Tier war ja auch unübersehbar. Sofern man sich eine Echse vorstellen kann, die freundlich wie der Welpe eines Tavernenwirtes ist.

Ich hatte den Männern die Einzelheiten der Reise vor der Abfahrt nicht genannt, sondern nur gesagt, daß es gefährlich werden würde. Obwohl ich einräumte, daß sie dreifachen Lohn erhalten sollten und der Bonus höchst ansehnlich ausfallen würde, spielte ich diesen Teil herunter und hob die Gefahr hervor.

Ich wollte nicht, daß Not oder Gier den Entschluß dieser Leute beeinflußten.

Kurz bevor wir zu den Säulen Te Dates kamen, rief ich alle zusammen, um ihnen zu erklären, was geschehen war und was wir planten.

Carale, der einzige, der mich auf der letzten Expedition begleitet hatte, seufzte schwer, als ich damit fertig war.

»Hab' mir schon gedacht, daß es etwas in der Art ist, Mylady«, sagte er. Seine sonst so verdrießliche Miene hellte sich tatsächlich auf, sofern man es als Aufhellen bezeichnen will, wenn sich ein Sturm zu schwerem Regen wandelt. »Die armen Kerle auf diesen Außenposten werden ziemlich froh sein, uns zu sehen. Ich jedenfalls wäre es.«

Die anderen nickten energisch. Eine Nebenwirkung dieser Mission – darin waren Amalric und ich uns einig – würde es sein, unseren Angestellten zu zeigen, daß die Anteros hinter ihnen standen, ganz gleich, wie weit unsere Geschäfte sie von der Heimat entfernten.

»Ich möchte betonen«, sagte ich, »daß wir auf unsere Worte achten müssen, wenn wir an Land gehen. Ich will nicht, daß der Knabe Angst bekommt.«

»Na, der ist nicht mehr als Schweinedung, Lady Antero«, sagte Donarius. »Wird nicht lange dauern, bis wir seinen Pelz an einen Schuppen nageln. Ich schätze, wir sind früh genug wieder zu Hause, um das erste Faß des Frühlings anzustechen.« Er schmatzte genüßlich. »Ich mag den Wein gern jung, Lady Antero.«

»Wie deine Frauen, was, Donarius?« scherzte ich. Es war allgemein bekannt, daß der große Erste Maat beim Anblick jeder erstbesten Tavernenschlampe weiche Knie bekam, sofern sie noch zu mädchenhaftem Kichern in der Lage war.

Alle lachten zustimmend. Vielleicht etwas lauter, als der müde Scherz erwarten ließ. Ich wollte, daß sie sich an meine Art gewöhnten. Es war früher leichter, als ich noch Soldatin in Uniform war und mein Hauptmannsabzeichen trug. Dann vergaßen die meisten Männer bald mein Geschlecht und akzeptierten mich als Kriegerin, die sich auf dem Schlachtfeld wie in der Taverne leicht mit ihnen messen konnte. Doch inzwischen war ich eine Geisterseherin, die man mit Lady Antero hier und Mylady da ansprach, bis ich fürchtete, sie würden vor lauter Bücklingen noch Rundrükken bekommen. Das Gelächter rief noch einige Scherze auf Kosten des Ersten Maates wach. Er errötete wie ein überdimensionaler Schuljunge, und ich hob eine Hand, um ihnen Einhalt zu gebieten, als ich zu sehen glaubte, daß sein Humor gleich in Zorn umschlagen würde.

Ich kehrte zum Thema des falschen Eisbärenkönigs zurück.

»Ich weiß nicht, ob dieser Pirat nur ein Dieb mit Phantasie ist«, sagte ich, »oder eine echte Bedrohung. Nach allem, was wir wissen, könnte es sein, daß er nur ein Schurke ist, der schlau genug war, diesen Dämon in die Falle zu locken, damit er für ihn arbeitet. Und als ich den Dämonen töten konnte, war seine kleine, magische Bewaffnung damit ausgelöscht.«

»Ich fürchte Schlimmeres, Mylady«, sagte Carale mit säuerlicher Miene. »Es ist allgemein bekannt, daß da, wo man einen Dämon findet, noch weitere zu finden sind.«

Das stimmte nicht. Ich war schon einzelnen Dämonen begegnet, wie etwa Lord Elam, der mich und meine Gefährten beinah verspeist hatte. Doch war es sinnlos, gegen Tavernenmythen anzustreiten, und ich gab auf. Außerdem zog ich Carales Wachsamkeit dem übersteigerten Selbstvertrauen meines Ersten Maates vor.

»Das ist ein ausgezeichneter Hinweis, Kapitän«, sagte ich. »Ich glaube, es wäre sicherer, wenn wir davon ausgingen, daß dieser Bursche die Inkarnation des Eisbärkönigs ist. Daß ihm ein ganzer Stall von Dämonen zur Verfügung steht und seine Piraten wilder sind als alle, denen wir je begegnet sind. Mit dieser Haltung können wir nichts falsch machen. Was zweifellos der Fall sein dürfte, wenn wir ihn unterschätzen.

Außerdem hat jeder Pirat, der etwas auf sich hält, in allen großen Häfen bezahlte Spione, die mögliche Opfer aufspüren sollen. Wir müssen davon ausgehen, daß er zumindest *das* tut.«

»Um lose Zungen müßt Ihr Euch nicht sorgen, Lady Antero«, sagte Donarius. Finster beäugte er seine Männer, und Brustkorb und Schultern schwollen an, als wäre er ein Ochsenfrosch. Er setzte seine grimmigste Miene auf... und zahlte es vielleicht jenen heim, die ihn geärgert hatten, als er an der Reihe war. »Kein Wort kommt über unsere Lippen, habe ich recht, Männer?«

Sie alle beeilten sich, murmelnd zuzustimmen.

»Eigentlich«, sagte ich, *»möchte* ich, daß ihr redet. Tatsächlich ist es um so besser, je mehr ihr ausplaudert.«

Sie alle sahen verwirrt aus. Doch bald schon wich die Verblüffung verschwörerischem Grinsen.

»Ich schlage vor, wir sehen aus wie leichte Beute«, sagte ich. »Wir wackeln in ein, zwei Häfen mit unseren runden Kaufmannshintern und locken ihn damit hervor.«

Carale zog ein miesepetriges Gesicht. »Zu welchem Zweck, wenn Ihr mir die Frage gestatten wollt, Mylady«, sagte er. »Wir haben hier nur ein Schiff und sind nicht mehr als elf, Euch eingeschlossen. Mein Verstand reicht nicht, mir unsere Chancen gegen eine ganze Piratenflotte auszurechnen, Zauberkräfte oder nicht. Ich kenne Euch gut genug, daß ich nicht glaube, Ihr wolltet vorschlagen, wir sollten die Schlacht Auge um Auge austragen. Aber ...«

»Aber was bleibt uns«, endete ich für ihn, »wenn wir ihn wissen lassen, wo er uns finden kann?«

Carale nickte. »Etwas in der Art, Mylady.«

»Ich beabsichtige zu lügen«, sagte ich. Augenblicklich sah Carale erleichtert aus. »Wir sagen, wir suchen nach Handelsmöglichkeiten, und speziell nach seltenen Gemmen. Was uns zu einer reichen Beute macht. Und dann sagen wir einfach, wir fahren südöstlich – doch tatsächlich fahren wir südwestlich. Zu den Handelsposten.«

Das rief breites Grinsen wach. Die meisten Menschen halten sich gern für potentielle Meister des Betruges, wenn man ihnen nur Gelegenheit dazu gibt. Deshalb sind sie so leichte Opfer für wirklich verschlagene Männer und Frauen. Die Diebe spielen damit, und ihre Opfer stolpern über ihre eigene List.

Die Geschichte, die ich mir zurechtgelegt hatte, war so simpel, daß jeder meiner Männer sie während der kurzen Aufenthalte, die ich eingeplant hatte, weitertragen konnte.

Wenn alles gutging, würden die Männer hochzufrieden mit sich selbst heimkehren. Und sie hätten dicke Börsen und obendrein haufenweise Prahlereien im Sack.

Unser erster Halt war Pisidia, das große Handelszentrum gleich jenseits der Säulen Te Dates, wo es die Einfahrt zur Straße von Madacar bewacht.

Pisidia war ein treffender Name. Schon manche Wegstunde vor der Ankunft konnte man es riechen.

Zum ersten Mal sah ich die Säulen Te Dates an einem himmlischen Morgen, und die See rauschte sanft zwischen den großen, steinernen Säulen, welche so hoch aufragten, daß sich leicht vorstellen ließ, auf ihnen ruhe das Gewölbe des Himmels. Ich wußte, daß gleich hinter diesen Säulen Pisidia lag, dessen breiter, natürlicher Hafen es zu einem Zentrum für allen Handel mit dem Süden machte. Doch dieser erste Anblick war schon vor langer Zeit verdorben, seit der Gestank aus Pisidias gigantischen Gerberfässern den Nachtwind verpestete.

Diesen Geruch hatte ich im Sinn gehabt, als ich den Gegenangriff auf die Piraten begann ... ein fauliger Duft, der nur durch Zauberhand noch zu verschlimmern wäre.

Nach dem Gestank war das zweite, was einem an Pisidia auffiel, der Umstand, daß es offenbar stets von dichten, wirbelnden Wolken verhüllt war. Das dritte dann war jenes leise Summen, das die Luft erfüllte, als lebten diese Wolken.

Angewidert erfuhr ich, daß dies tatsächlich der Fall war.

Die Wolken bestanden aus mächtigen Schwärmen von Fliegen, die über der Stadt schwebten, als wäre diese ein riesiges Kind mit klebrigen Wangen, das sich über ein Glas Marmelade hergemacht hat.

Pisidia war eine plumpe Stadt, errichtet auf kahlen Stämmen aus den dichten Kiefernwäldern, welche die sie umgebenden Berge überzogen. Sie war in vier Bezirke unterteilt. Es gab die Hafengegend, um die herum sich die Docks, Lagerhäuser und die hohen, wacklig wirkenden Mietshäuser erstreckten, in denen der Großteil der städtischen Arbeitskräfte untergebracht war. Diese Bauten ragten krumm und schief über so engen Straßen auf, daß es unten am Boden immer dunkel war. Zur Linken lagen die Gerbereien, säulenähnliche Holzgebäude, in denen bei Tag und Nacht Kessel groß wie

Bauernkarren brodelten und schäumten und qualmten. Auf den Höfen um die einzelnen Kesselhäuser herum wurde das ungegerbte Leder bearbeitet, dann wurden die Häute sortiert und für die Verschiffung gebündelt. Zur Rechten, auf einem sanft ansteigenden Ufer voller Gärten, lagen die feudalen Häuser und Villen der Leute, die ihr Vermögen mit all diesen stinkenden Häuten machten.

Sie waren ein eingebildetes Pack mit dem schlechten Geschmack von Neureichen, doch fand ich ihr hochtrabendes Benehmen amüsant, denn wenn der Wind sich drehte, stank es in diesen protzigen, grellbunten Häusern und den kunstvoll arrangierten Blumengärten wie das gewöhnliche Volk aus dem Hals. Doch fiel es ihnen gar nicht auf. Denn inmitten derart ekelhaften Gestanks zu leben, hieß, sich daran zu gewöhnen und schließlich zu glauben, die Luft wäre süß wie die Felder voller Lilien.

Eine liebliche Maid aus einer jener Familien hatte sich einmal in mich verguckt. Sie sorgte dafür, daß wir einander »zufällig« im Garten ihrer Familienvilla begegneten. Und dort saß sie inmitten von Sträußchen der erstaunlichsten Farben in ihrem freizügigsten Gewand. Sie war die willigste Jungfer, der ich je begegnet war, reichte mir einen großen Kelch mit Wein und lud mich ein, bei ihr zu sitzen, erklärte, ihre Familie sei an diesem Tag zum Markt gegangen und wir seien allein ... abgesehen von den Dienern natürlich.

Dann hatte sie mir kokett eine Blume gereicht, deren zarte, rosaweiße Blätter von höchst erregender Form waren. Sie errötete, doch das Erröten wurde zu einem neckischen Kichern, als ihr Gewand sich an der Schulter öffnete, so daß ich einen Blick auf ihre molligen Milchmädchenbrüste werfen konnte.

Wir schäkerten eine Weile, doch der Tag heizte sich schneller auf als meine Leidenschaft und lockte all diese Fliegen dort hervor, wohin sie sich verzogen hatten, um der kühlen Nachtluft zu entkommen. Dichte Wolken von ihnen stiegen auf, dazu der Gestank der Gerbereien.

Meine Möchtegerngeliebte muß erschrocken sein, als ich meine Nase ob des Duftes rümpfte. Und wahrscheinlich war sie zutiefst verletzt, als sie die Augen schloß und die Lippen zu einem Kuß schürzte, ich mich jedoch beim Anblick mehrerer Fliegen abwandte, die unbemerkt in den Winkeln dieses zarten Mündchens gelandet waren.

Ich konnte an nichts anderes denken als die Berge von Maden, mit denen die Pisidianer das verrottete Fleisch von den ungegerbten Häuten lösten, was der Grund für all die Fliegen war, welche die Stadt überzogen. Die Larve einer Fliege ist ein wundersames Wesen. Heilkundige preisen sie ebenso wie Gerber. Die häßlichen, kleinen Würmer verspeisen faules Fleisch und halten Wunden frei von Infektionen. Ich muß zugeben, daß wir die Götter für die Erschaffung solcher Kreaturen eher preisen als verspotten sollten.

Dennoch ist das Bild der Made nicht dazu geschaffen, romantische Regungen zu wecken. Ich konnte nur an große Haufen von ihnen denken, die sich auf der Haut eines armen, toten Tieren wanden. Mein Magen rebellierte, und eilig stand ich auf, stieß die eine oder andere Entschuldigung hervor ... und entfloh.

Derlei Vorfälle lassen das Leben oft keuscher ausfallen, als eine gesunde Frau es sich wünschen würde. Sie mögen gut für den Charakter sein, doch führen sie zu manch schlafloser Nacht, in der man verpaßten Gelegenheiten nachtrauert.

Hatte man den Geruch und die rauhen Sitten der Pisidianer jedoch verdaut, stellte man fest, daß sie ein standhafter Haufen waren, ehrbarer als die meisten, und sie besaßen diesen Freiheitsdrang der Menschen in Grenzgebieten. Ihre Ahnen waren wilde Viehtreiber gewesen, die ihr Talent zur Lederbearbeitung in ein Vermögen verwandelt hatten. Jeder, so arm die Familie auch sein mochte, konnte in Pisidia zu Vermögen kommen.

Darüber hinaus war die Hafenstadt der ideale Ausgangspunkt für meine Mission.

Sobald wir angelegt hatten, ließ ich zwei Mann als Wache auf dem Schiff zurück und sandte die anderen mit ein paar Extramünzen in den Börsen in die Tavernen aus, um unsere Gemmenjägermär zu verbreiten und sämtliche Informationen einzuholen, derer sie habhaft werden konnten.

Was mich anging, so plante ich, dem Orakel von Pisidia einen Besuch abzustatten.

Damals war es noch nicht so bekannt. Der große Tempel, der auf einem windigen Hügel außerhalb der Stadt thront, war gerade erst im Bau. Er würde das einzige Steingebäude weit und breit werden, und die Schiffsladungen von Leder, die man brauchte, um das Unternehmen finanzieren zu können, waren angeblich so zahlreich wie die Sterne einer klaren Nacht. Dank der Wohltätigkeit und der Schuldgefühle Pisidias neureicher Familien, sollte der Tempel einmal einer der berühmtesten seiner Art werden. Er wurde Te Date geweiht. Bittsteller aus allen südlichen Regionen besuchen ihn und bringen viel Gold in die Schatullen des Tempels, um einen Gefallen zu erbitten oder einen Blick auf ihr Schicksal zu werfen.

Als ich an jenem Tag dort eintraf, war der Tempel kaum mehr als ein Steinhaufen, den Arbeiter entsprechend den Zeichnungen der Architekten zu bearbeiten hatten.

Es war später Nachmittag, daher waren nur noch wenige Maurer dort. Ich drängte mich durch einen Pulk kräftiger Männer zu dem weitverzweigten Holzgebäude, in dem der ursprüngliche Tempel und die Quartiere für die Hohepriesterin und ihre Nonnen untergebracht waren.

Nur fünf Bittsteller warteten drinnen darauf, an die Reihe zu kommen. Drei davon waren junge Frauen mit geschwollenen Bäuchen – zweifellos anwesend, um das Orakel hinsichtlich ihrer ungeborenen Kinder zu befragen. Die anderen beiden waren alt und gebrechlich. Eine junge Nonne kümmerte sich um sie, führte sie nacheinander zu einem schwarzen Altarstein in der Mitte des Tempels. Es war der Orakelstein von Pisidia – für viele, die ihn zum ersten Mal sehen, eine Enttäuschung. Sicher hatten sie einen großen, schimmernden, ebenholzschwarzen Monolithen erwartet, nicht etwas so Schlichtes wie den dunklen Stein etwa von der Größe eines Wagenrades.

Eine gutaussehende Frau mittleren Alters – hoheitsvoll in der gelben, weitärmligen Robe mit der juwelenbesetzten Tiara, die sie als die Hohepriesterin auswies – kümmerte sich um die Gläubigen. Wenn diese vortraten, lauschte sie ihren geflüsterten Wünschen, nickte oder fragte weiter, ob es möglich sei, die Frage umzuformulieren, damit sie sich mit Ja oder Nein beantworten ließe.

Man einigte sich auf einen Preis – je nachdem, so wußte ich, was die Person bezahlen konnte – und während die junge Nonne das Geld einsammelte, machte sich die Hohepriesterin für den Wurf bereit. Wenn alles soweit war, reichte man dem Bittsteller eine dünne Metallplatte, die auf der einen Seite schwarz und auf der anderen weiß bemalt war.

Ich beobachtete, wie eine schwangere Frau, selbst noch nicht lange der Kindheit entwachsen, die Platte ergriff und bebend dastand, während sie wartete, was wohl als nächstes geschehen mochte.

Die Hohepriesterin sprenkelte Zauberkräuter auf den Stein. Leben kam in ihn, und die getrockneten Kräuter fingen Feuer. Blaßroter Qualm mit angenehmem Duft stieg auf. Die Priesterin fuhr mit einer Hand langsam durch den Rauch und ließ ihn langsam mehrmals über die junge Frau wehen, wobei sie ein kurzes Gebet murmelte. Dann gab sie ein Zeichen, und die junge Frau atmete tief, faßte sich und warf dann die Platte, so hoch sie konnte.

Die Nervosität war ihr anzumerken, denn fast wäre die Platte gegen das Holz der Decke geschlagen. Dann taumelte die Scheibe herab, wobei sie sich langsam drehte, und fiel klappernd zu Boden.

Ich sah, wie die Hohepriesterin ein Lächeln verbarg, als die junge Frau sah, daß die weiße Seite ihr entgegenstarrte, in die Hände klatschte und vor Freude aufschrie. Das kaum merkliche Lächeln wandelte sich zu tadelndem Stirnrunzeln, als wäre die Priesterin von derartigem Verhalten an heiligem Orte keineswegs begeistert. Das Mädchen stotterte eine Entschuldigung, fuhr herum und entfloh. Dennoch grinste sie breit, als sie an mir vorüberkam, und ich konnte sehen, daß sie es kaum erwarten konnte, ihrer Familie und den Freunden die gute Nachricht zu überbringen.

Als ich an der Reihe war, saß außer mir keiner mehr im Raum.

Die kleine Nonne eilte geschäftig heran, nach so vielen Stunden der Betreuung von Gläubigen noch immer voll jugendlicher Energie.

»Hier entlang, bitte«, sagte sie. »Mutter Daciar erwartet Euch.«

Die Nonne war ein hübsches Ding mit blitzenden, schwarzen Augen und kokettem Lächeln. Ich hatte ihren verstohlenen, abschätzenden Blick gesehen und wußte, daß ich sie faszinierte.

Ich muß zugeben, daß ich an jenem Tag eine strahlende Erscheinung war. Ich trug eine knielange, dunkelblaue Tunika mit passender Hose. An der Schulter war sie eingeschnitten und legte ein feines, silbernes Hemd mit bauschigen Ärmeln frei. Ein breiter Gürtel umschloß meine Taille – ein verzierter Dolch auf einer Seite in seinem Etui, die leere Scheide meines Schwertes auf der anderen. Diese Waffe hatte ich bei dem gelangweilten Wachmann draußen vor dem Tempel lassen müssen. Meine Beine steckten in hohen, eng anliegenden Stiefeln, weil ich sie eitlerweise für lang und wohlgeformt genug halte, daß ich so etwas tragen kann. Die Krönung meines Aufzugs war mein feiner Reiseumhang, den ich mir lässig über eine Schulter geworfen hatte und der von einer goldenen Nadel mit dem Symbol des Hauses Antero dort festgehalten wurde. Ich wußte, daß ich mit jeder Handbreit – trotz Veränderungen hier und Verzierungen da, meinem Geschlecht entsprechend – aussah wie ein Kaufmann, der gern unterwegs war und sich neuen Freunden und Erfahrungen gegenüber offen zeigte.

Bevor die Nonne kam, um mich abzuholen, hatte ich gesehen, wie sie ihre Robe zurechtzupfte, damit ihre Figur besser zur Geltung kam, und ihr Haar so befestigte, daß eine dunkle Locke über ein verführerisches Auge fiel.

Es tat meiner Seele gut, ein so junges Ding zu sehen, und ich konnte ihr nur zuzwinkern, als sie ihren Spruch aufsagte und mich bat, mit ihr zur großen Mutter Daciar zu kommen.

Als sie mich zwinkern sah, errötete sie auf liebenswerte Weise und hielt eine Hand vor den Mund, um ein überraschtes Kichern zu unterdrücken.

»Ich hoffe, die Hohepriesterin hat Geduld mit mir«, sagte ich leise. »Ein Blick auf dich, und ich kann mich nicht mehr an meine Frage erinnern.«

Die Nonne kräuselte ihr Näschen in gespielter Mißbilligung. »Tsk. Achtet auf Euer Benehmen, Mylady. Vergeßt nicht, wo Ihr seid!«

Ich verneigte mich und murmelte eine Entschuldigung, die sie zu überhören vorgab.

Sie legte ihre Hand leicht an meinen Ellbogen und führte mich so steif und ordentlich sie konnte. Doch als wir den Orakelstein erreichten, drückte sie kurz vielversprechend meinen Arm.

Mutter Daciars Rücken war mir noch zugewandt, als ich herantrat. Und bevor sie sich umdrehte, um sich um die letzte Bittstellerin eines langen, anstrengenden Tages zu kümmern, sah ich, daß sie einen Knoten in ihrer Schulter massierte. Und ich hörte sie seufzen, bevor sie sagte:

»Der Herr Te Date grüßt dich, Wanderin. Wenn deine Sache ehrlich ist und deine Gedanken rein, so mag er diesen Tag mit einer Antwort auf die Frage segnen, die dich quält.«

Eilig, bevor sie ihren Blick heben konnte, antwortete ich: »Frag ihn, ob du den Laden früher zumachen kannst, Daciar, damit ich einen ausgeben kann.«

Sie zuckte zusammen. Erschrocken. Dann sah sie mich, und vor Überraschung blieb ihr Mund weit offen. Schließlich klappte er zu und verzog sich zu einem freudigen Lächeln.

»Bei allen rotärschigen Feuern der Hölle«, knurrte sie mit leiser, rauchiger Stimme, »wenn das nicht Rali Antero ist!« Sie warf einen schuldbewußten Blick auf den Stein, zog eine Grimasse, dann zuckte sie die Schultern. »Tut mir leid, o großer Herr Te Date«, sagte sie. Dann zu mir gewandt: »Ach, na ja. Wahrscheinlich hat er schon Schlimmeres gehört.«

»Wenn nicht«, sagte ich, »verspreche ich, daß er es bald schon hören wird, wenn du nicht augenblicklich mit mir irgendwohin fliegst, wo der Wein schwer und die Luft lau ist. Weißt du nicht, was in den Verordnungen der Wahrsagergilde steht? Alle hundert Jahre bekommst du frei, um ordentlich zu sündigen, ob du willst oder nicht.«

Daciar lachte und umarmte mich. »Du bist der Teufel in Person, Rali«, sagte sie. »Und bei allen Göttern, deren Namen wir umsonst anrufen, bin ich froh, dich zu sehen!«

Leider war es für Daciar als heilige Hohepriesterin von Pisidia weder möglich noch schicklich, in eine Taverne einzukehren, ob diese nun gepflegt war oder nicht. Statt dessen stiegen wir mehrere Treppen in die Abgeschiedenheit ihrer Gemächer hinauf, wo sie einen ordentlichen Vorrat an starken Getränken verwahrte.

Daciar war die Tochter von Gastwirten und schon als Kind für ihre gegenwärtigen Pflichten auserwählt worden. Die Pisidianer glauben, wenn ihre Hohepriesterin stirbt, bleibt ihr Geist im Äther, bis ein passendes Kind auftaucht, dann richtet sich der Geist kurz nach der Geburt im Körper des Kindes ein.

Daciar wurde von Tempelältesten »entdeckt«, als sie kaum zehn

Sommer alt war, und wurde dann nach zwei Jahren der Prüfungen und Übungen voll in ihr Amt eingeführt. Sie hatte diesen Posten schon viele Jahre inne, als wir uns kennenlernten, und war so gesund und munter, daß nur Unfall oder Krankheit sie daran hindern konnten, noch viele Jahre zu regieren. Ihr Volk hatte mit ihr die bestmögliche Wahl getroffen, denn sie hatte sich nicht nur als fähige Wahrsagerin entpuppt, sondern war auch in allen möglichen Zauberkünsten bewandert. Unter anderem sprach sie Schutzzauber, um die Stadt insgesamt vor Übeltätern zu schützen. Bei meinem letzten Besuch hatten wir gemeinsam an diesen Beschwörungen gearbeitet und waren im Laufe der Zeit Freundinnen geworden.

»Vermutlich ist es eine große Ehre, die Hohepriesterin zu sein«, vertraute sie mir einmal an. »Aber trotzdem sehne ich mich nach dem einfachen Leben, das ich im Wirtshaus meiner Familie gehabt habe. Es war eine wunderbare Zeit, und ich war der Liebling aller. Ich wurde auf Knien geschaukelt, bekam Süßigkeiten und Geschenke und wurde fröhlich von jedem verwöhnt.

Ich liebe die Menschen, Rali, wirklich. Und es fehlt mir, ihnen als Gleiche unter Gleichen zu begegnen. Jetzt sehen mich die Leute nur als die heilige Mutter Daciar, während ich im Herzen doch ein derbes Weib mit einem Krug sein möchte, das dir deinen Kelch füllt.«

Genau das tat sie, sobald wir uns in die Abgeschiedenheit ihrer Gemächer zurückgezogen hatten und ich in ihrem weichen Sofa versunken war.

Die Kammer, in der wir saßen, war etwas schäbig und doch ganz komfortabel, mit allerlei heimeligen Schmuckstücken und Spuren, die Daciars einfache Herkunft verrieten: kleine, idealisierte Büsten ihrer Eltern, wie man sie bei Künstlern auf dem Markt nach einer kurzen Sitzung bekommt; Fetzen von halbfertigen Strickarbeiten aus Zeiten, in denen sie ihr Bild von sich als Frau verloren hatte und geschäftig blieb, indem sie »nützliche Dinge tat, um freie Zeit auszufüllen«, wie es eine gute Hausfrau nach Meinung ihrer Mutter zu tun hatte.

Ein seltsam geformtes Metallding hielt die Seiten in ihrem großen Orakelbuch offen, welches groß genug war, um mit ihm – wenn nötig – kleine Dämonen zu erschlagen. Das Metallding, sagte Daciar, war das liebste Werkzeug ihres Vaters zum Anstechen der Fässer gewesen, und sie behielt es zur Erinnerung an ihn. Getrocknete Blumen und Kräuter – auch solche mit magischen Kräften – ragten aus Töpfen auf und hingen an Bändern von Borden. Weihrauchschalen aller Größen und Formen standen hier und da, mit kleinen Beutelchen von Räucherwerk jeder Art, das man in diesen Schälchen verbrennen konnte. Ein paar hübsche Bilder hingen etwas schief, weil ihre Besitzerin auf einem Auge nicht gut sah.

Einige ihrer auffällig weitärmligen, gelben Roben hingen an Haken, in erreichbarer Nähe neben einer alten Porzellansitzwanne. Gleich daneben war ein Bord voller Fläschchen mit parfümierten Badeölen und schäumenden Zusätzen. Neben der Wanne stand ein Stuhl vor einem Spiegeltisch für ihre Bürsten und Kosmetika. Auf der anderen Seite des Raumes befand sich ein großer Kamin mit einem breiten Sims, auf dem sie die abgewetzten Puppen ihrer Kindheit plaziert hatte, dazu eine kleine Spieluhr, die sich mit einer Münze in Bewegung setzen ließ.

Ich mußte immer lachen, wenn ich diese Uhr sah. Dann schob ich eine Münze in den Schlitz – für gewöhnlich gutes Anterokupfer mit einem Schiff auf einer Seite und dem Zeichen des Hauses Antero auf der anderen. Sobald die Münze hineinfiel, platzte ein dickes Bauernweib aus dem kleinen Haus hervor und verfolgte ein quiekendes Schweinchen mit der Axt. Im Sockel des Spielzeugs gab es eine Inschrift, die besagte: »Das Essen ist gleich fertig, Liebster.«

Ich fand das komisch. Aber wahrscheinlich bin ich nur leicht zu amüsieren.

Zwischen all diesem freundlichen Schnickschnack fanden sich die verschiedensten Bücher: leichte Romanzen und Abenteuer, Gedichte, Historien und Philosophie, dazu dicke technische Handbücher voll magischer Symbole.

Gleich neben dem knisternden Kamin gab es einen vielfarbigen Vorhang vor einem Alkoven, den vollständig ein großes Federbett ausfüllte.

Größere Gemächer schlossen sich an diesen Raum an, Daciars offizielle Residenz, wo sie wichtige Leute empfing und ihren Geschäften nachging. Nur engen Freunden war es gestattet, sie hier in ihrem unordentlichen Refugium zu besuchen.

Nachdem sie uns Getränke besorgt hatte, legte sie ihre Tiara ab, löste ihr Haar – ließ es sich in silbrigen Wellen auf die Schultern fallen – und sank mir gegenüber in einen dicken Sessel. Die gelbe Robe rutschte ihr die sehenswerten Schenkel hinauf, als sie die Beine ausstreckte und ihre Füße auf den Tisch legte.

Dann hob sie ihren Becher zu einem Trinkspruch: »Auf den ersten Trunk des Tages«, sagte sie, »abgesehen vom Frühstück, was nicht zählt, und vom Mittag, das egal ist.«

Es war der fröhlichste erste Schluck, den ich seit langem genommen hatte. Ich lehnte mich auf dem Sofa zurück, erwärmt von so freundlicher Umgebung.

Eine Weile plauderten wir ziellos, leerten einen Becher und machten uns dann über den nächsten her. Dann erklärte ich Daciar den Grund für meinen Besuch. Sie hörte gut zu, als ich meine Begegnung mit den Piraten beschrieb und wie die magische Musik mich fast umgarnt hatte.

»Abgesehen von den alten Sagen, meine Liebe, weiß ich nichts von diesem Eisbärenburschen«, sagte sie, als ich fertig war. »Und ich habe auch nicht von mehr Piratenangriffen auf Kaufmannsschiffe als üblich gehört. Vielleicht macht er nur in den Gegenden Ärger, die du besucht hast. Falls dem so sein sollte, handelt es sich um einen Banditen aus der Region, der dir nicht sonderlich viel Schwierigkeiten machen dürfte.«

Das wollte ich gern glauben, Nur zu gern wollte ich davon ausgehen, daß in der Antero Bay und den anderen Außenposten, die wir noch besuchen wollten, alles zum besten stand. Wenn nötig, konnte ich eine schlagkräftige Truppe aus den Leuten zusammenstellen, die ich auf den Handelsposten hatte, den falschen Eisbärenkönig jagen und seine Anmaßungen zunichte machen. Aber wenn er nur ein Ärgernis war, mit dem man so leicht fertig werden konnte, warum war mir dann die Göttin Maranonia erschienen und hatte mich gewarnt, daß Orissa sich in großer Gefahr befände?

Daciar, die im Erkennen von Empfindungen hinter den Masken der Menschen geübt war, ahnte meine keimenden Zweifel.

»Es gibt da noch etwas anderes, nicht, Liebes?« sagte sie. »Etwas, von dem du mir noch nicht erzählt hast.«

»Ja«, gab ich zu. »Aber ich habe geschworen zu schweigen.«

»Dennoch«, sagte sie, »macht es mich stolz, wenn ich denke, daß du meinen Rat suchst. Nur weißt du noch nicht, wie du es anstellen sollst.«

»Das, liebe Freundin«, antwortete ich, »ist genau das Dilemma.«

Daciar legte ihre Stirn in Falten, dachte nach. Dann glättete sich ihre Stirn. Sie trat an den Kaminsims und murmelte vor sich hin, während sie zwischen Spielzeug, Büchern und Blumenvasen herumwühlte und schließlich mit einem großen, kristallenen Kelch zurückkam, auf dem Pentagramme und andere magische Symbole eingraviert waren. Sie blies den Staub fort, polierte ihn mit einem Ärmel und brachte ihn zu mir.

Auf halbem Wege blieb sie stehen. »Warte«, sagte sie. »Ich brauche etwas Weihwasser. Ich sage dir, Rali, manchmal weiß ich nicht mehr, wo ich meinen Kopf habe, wenn ich morgens meine Tiara aufsetzen will.«

Sie fand einen Tonkrug. Sie schnüffelte an dessen Inhalt, rümpfte die Nase und erklärte ihn für »heilig genug«.

Schließlich kehrte sie an ihren Platz zurück und setzte sich.

»Sehen wir mal, was ich in Erfahrung bringen kann, ohne deinen Eid zu gefährden«, sagte sie.

Daciar plazierte Kelch und Wasserkrug auf dem Tisch, der von einem alten Tuch mit verwaschenem, aber immer noch hübschem Muster verhüllt war. Sie ließ mich den Mund mit etwas Rotwein spülen und ihn in den Kelch spucken, den sie dann eilig mit Weihwasser auffüllte.

Sie legte die Hände aufs Glas, schloß die Augen und sang:

*»Wirf das Licht*
*Auf Heimlichkeiten nah und fern.*
*Zeig du den Pfad von Herz und Geist.*
*Sieh du die Botschaft,*
*Welche keine Zunge formen*
*Und auch kein Mund uns nennen kann.«*

Die rosige Flüssigkeit wirbelte herum. Muster entstanden, und ich beugte mich vor, um besser sehen zu können. Daciar, deren Augen noch immer geschlossen waren, spürte die Bewegung und winkte mich fort.

Als ich mich eben zurücklehnte, schoß die Flüssigkeit aus dem Glas hervor und drehte sich wild wie ein Wasserstrahl. Der Duft blühender Rosen erfüllte den Raum. Mein Körper prickelte vor magischer Energie, und ich spürte einen sanften Druck an meinen Schläfen ... wie Geisterfinger.

Ich hörte Daciar stöhnen und scharf einatmen.

Plötzlich verschwand die Wassersäule, und der Duft und das Prickeln waren verflogen.

Daciar schlug die Augen auf. »Das müßte genügen.«

Eilig nahm sie einen Schluck von ihrem Trunk, bevor sie sich wieder ans Werk machte.

Lächelnd rieb sie die Hände aneinander. »Kein Wunder, daß du den Mund nicht aufmachst, Rali, Liebste«, sagte sie. »Du hattest Besuch von einer Göttin.«

Fast hätte ich es ihr verraten, doch warnend hob sie eine Hand. »Reagiere nicht auf meine Worte, Liebes«, riet sie mir. »Sonst brichst du deinen Schwur. Der Zugang war versperrt von der Heiligkeit, die dich überkommen hat. Ich weiß, daß es ein Gott war oder eine Göttin. Wahrscheinlich nicht Te Date, denn den hätte ich erkannt. Mit ihm habe ich den Großteil meines Lebens zugebracht, und ich kenne seinen Duft.

Ratekunst – nicht Zauberkraft – sagen mir, daß dir eine Göttin erschienen ist... wahrscheinlich die Heilige, die du verehrst... Maranonia.«

Als ich noch über das Ergebnis dieser Verbindung aus Wahrsagerei und langer Erfahrung staunte, schloß Daciar erneut die Augen, um sich zu konzentrieren. Dann schlug sie sie wieder auf. Diesmal jedoch lächelte sie nicht, sondern wirkte etwas besorgt.

»Ich sehe große Gefahr«, sagte sie. »Und ich glaube, sie droht nicht nur dir und deinem Volk. Was diese Gefahr ist, kann ich nicht sagen. Die gute Nachricht – glaube ich – ist, daß ich außerdem drei Schiffe sehe, die eure Rettung sein könnten. Eines aus Kupfer, eines aus Gold, eines aus Silber.«

Maranonia hatte sie in anderer Reihenfolge genannt... sie hatte Silber, Kupfer und Gold gesagt... doch damals hielt ich es nur für einen kleinen Ausrutscher in Daciars ansonsten perfekter Prophezeiung.

»Außerdem sehe ich eine Art Vogel«, fuhr sie fort. »Ich weiß nicht, warum dieser Vogel so wichtig ist, aber er ist es.«

Das war neu. Maranonia hatte keine Vögel erwähnt... gar keine Tiere, um genau zu sein.

»Und dann ist da noch eine Frau«, fuhr sie fort. »Eine schöne Frau. Nein, es sind zwei. Eine ist königlich, die andere nicht. Ich weiß nicht, ob eine von beiden dir schaden will. Aber laß dir sagen, daß beide Frauen nicht von dieser Welt sind.«

Daciar kam zum Ende. Lange blieb sie still, starrte mich eindringlich an. Dann zuckte sie zusammen, und ihre Miene wurde fahl. Sie streckte eine zitternde Hand aus und berührte meine rechte Wange. Ich saß ganz still, als sie diese untersuchte und die Hand dann zögernd an mein Auge führte. Schließlich sank ihre Hand herab und berührte mein linkes Handgelenk. Dort blieben ihre Finger, dann zog sie sie langsam zurück. Tränen traten ihr in die Augen.

»Ich fürchte, du wirst Schmerz erleiden«, sagte sie mit gebrochener Stimme. »Es tut mir so leid, Rali.«

Ich spielte die Gleichgültige, obwohl mir die Furcht tief ins Herz stach.

»Ich habe schon früher Schmerzen erlitten«, sagte ich. »Solange ich noch lebe ... was macht es schon?«

»Das kann ich nicht versprechen, Rali«, sagte Daciar. »Ich wünschte, ich könnte es. Ich wünschte, ich könnte noch tiefer blicken. Doch der Pfad, wie ich schon sagte, ist versperrt.«

»Ich würde es ohnehin nicht wissen wollen«, gab ich zurück. Damals meinte ich, was ich sagte, dumm und sterblich wie ich war. »Wenn ich sterben soll, dann laß es so sein. Ich habe meinen Frieden mit dem Dunklen Sucher gemacht, als ich mich den Schwestern der Maranonischen Garde anschloß.«

»Ich wünschte, ich könnte dir raten umzukehren, Liebes«, sagte Daciar. »Um dem Leid zu entkommen, dem du dich stellen mußt. Aber ich glaube kaum, daß ich damit eine Chance habe.«

Ich hob die Schultern. »Dann soll es so sein«, sagte ich. »Sag mir nur eins, wenn du kannst. Ist der Eisbärenkönig mein eigentlicher Feind? Oder ist er nur jemand, mit dem ich mich auf dem Weg dorthin befassen muß?«

»Ich weiß es nicht«, sagte Daciar. »In letzter Zeit habe ich ganz allgemein gesehen, daß die Lage schwierig wird, mit einigen seltsamen Störungen in den Anderwelten.«

Vor Überraschung wanderten meine Augenbrauen in die Höhe. Ich sagte: »Ach, wirklich? Inwiefern seltsam? Die Lage in Orissa ist ziemlich normal, falls es einen solchen Zustand überhaupt gibt. Ich hatte mit meiner eigenen Zauberei keine Probleme, und auch keiner meiner magischen Kollegen hat mir gegenüber irgendwelche Schwierigkeiten erwähnt.«

Daciar lachte leise. »Deine Macht ist so groß, Rali«, sagte sie, »daß ich manchmal vergesse, wie neu das alles für dich ist. Natürlich würden sie dir nichts davon sagen. Wir sind im Kern ein mißtrauischer und neidischer Haufen und geben unsere Probleme anderen Nekromanten gegenüber nur sehr widerstrebend zu.

Was deine eigene unbelastete Erfahrung angeht, so bist du eine Antero. Und sollte mich mein kärglicher Verstand nicht gänzlich im Stich lassen, so bin ich doch sicher, daß die Anteros der Grund für diese Störungen sind. Alle möglichen Dinge sind in den spirituellen Bottichen aufgeschäumt, seit du mit deinem Bruder aufgetaucht bist. Es ist, als wären tausend kleine Käfige geöffnet worden und böse, kleine Dinger herausgehuscht.«

»Wie dieser Dämon, der Sklave eines Piraten war?« fragte ich.

»Ich glaube schon«, sagte Daciar.

»Es tut mir leid, daß wir der Grund für solche Schwierigkeiten sind«, sagte ich.

»Entschuldige dich nicht«, erwiderte Daciar. »Es gibt in der gesamten, zivilisierten Welt keinen einzigen Nekromanten, der dir und deinem Bruder nicht etwas verdankte. Wir wissen so vieles mehr, als wir noch vor wenigen Jahren wußten. Es ist, als wären wir alle eines Tages aufgewacht und hätten gemerkt, daß wir noch gestern blind und hirnlos waren. Ihr seid das Licht der Einsicht, das auf ein Kind strahlt und es zu Bewußtsein erhebt.«

Sie sagte es so ehrlich, daß ich mich danach nur besser fühlen konnte.

Später plauderten wir weiter über unwichtigere Dinge, tauschten den Wein gegen einen feinen Branntwein, der die Sorgen aus den Gedanken vertrieb und den Übermut im Leib weckte.

»Also sag mir, Rali«, sagte Daciar, und etwas von diesem Übermut tänzelte in ihrem Blick, »was macht die Suche nach der Liebe deines Lebens? Hast du sie nun endlich doch gefunden?«

Ich verzog das Gesicht. »Ich habe nicht mal eine vernünftige Orientierung in solchen Dingen«, sagte ich. »Um die Wahrheit zu sagen, habe ich es gerade aufgegeben. Ich hatte in der Liebe kein Glück mehr, seit ...«

Ich hielt inne. Die schmerzliche Erinnerung an Otara wollte ich nicht ausbreiten. Viele Jahre war sie meine Geliebte gewesen, und ihren Tod hatte ich nie verwunden.

Daciar wußte von Otara. In einer trunkenen Nacht hatte ich ihr von meinem Schmerz über den Verlust erzählt. Und so überbrückte sie elegant die drückende Stille, als sei diese nicht vorhanden.

»Na, du wirst doch ein Abenteuer, irgendeine Affäre gehabt haben«, sagte sie. »Komm schon. Erzähl mir davon. Ich könnte die eine oder andere aufreizende Mär gebrauchen, um den Frost aus meinen Träumen zu vertreiben.«

Ich lachte. »Es gab da eine oder zwei«, räumte ich ein.

»Nur eine oder zwei?« spottete Daciar. »Wo hast du dich versteckt, Frau? Es muß doch unzählige gut entwickelte, junge Dinger geben, die alles tun würden, um deine Bettstatt mit dir zu teilen.«

Sie lachte. Es war ein erfreulicher, derber Klang. »Ich habe gesehen, wie meine Assistentin dich gemustert hat. Liana würde sich als von der Göttin der Liebe gesegnet betrachten, wenn du mit ihr über die Laken rollst. Warum eigentlich lade ich sie nicht ein, uns bei einem Trunk Gesellschaft zu leisten? Damit wir sehen, ob ihr beide Funken sprüht, wie ich glaube?«

»Bitte nicht«, sagte ich. »Ich gebe zu, ich finde sie attraktiv. Wir haben sogar ein bißchen geschäkert. Das schadet nicht. Aber im Augenblick bin ich nicht in der Verfassung für weitere Belastungen. Und wenn ich mich nicht völlig täusche, würde sich die kleine Liana nur mit einem Sieg auf ganzer Linie zufriedengeben. Außerdem«, fuhr ich fort, »sieht sie so ... *energiegeladen* aus! Ich könnte die Zappelei nicht ertragen. Wahrscheinlich müßte ich lachen.«

Innerlich war mir nicht zum Lachen zumute. Plötzliche Einsamkeit packte mich, doch lächelte ich so breit ich konnte, um nicht die Freude zu verderben, die wir beide geweckt hatten.

Doch Daciar war nicht zu täuschen. Sie schüttelte den Kopf und sagte leise: »Arme Rali. Alles, was sie sucht, ist doch nur etwas Zärtlichkeit.«

Ich antwortete nicht. Statt dessen merkte ich, wie ich Daciar mit neuen Augen betrachtete. Sie war vielleicht fünfzehn Jahre älter als ich. Sie hatte schöne Haut, weiß und glatt wie Pergament. Ihre Augen waren groß, fast violett in der Farbe, und sie schienen leicht zu glühen wie die Kohlen eines sorgsam geschürten Feuers. Sie hatte ihr Haar geöffnet, und es fiel in langen, silbrigen Wellen. Noch immer trug sie ihre gelbe Dienstrobe, die aus Seide war und sich an eine sanfte, rundliche Figur schmiegte, die ich plötzlich unbedingt berühren wollte.

Mein Mund wurde trocken. Ich fürchtete mich, zu sprechen, denn meine Gedanken war alles andere als rein.

Daciar blickte zum verhangenen Alkoven hin, dann wieder zu mir. Die Kohlen, die ihre Augen waren, brannten lichterloh. Sie erhob sich und schwebte zu mir wie eine Wolke, nahm meine Hand und zog mich hoch. Ich konnte ihr Parfum riechen ... heiß und zitronig wie ein Glühwein.

»Komm, Rali, meine Liebe«, sagte sie.

Und führte mich zu ihrem Daunenbett.

Es war eine Nacht der Träume, eine Nacht stiller Magie.

Daciar vertrieb die Spannung aus meinem Körper, massierte jeden Zeh, dann arbeitete sie sich langsam und vorsichtig aufwärts, achtete sorgsam auf jede Falte und Höhlung. Unter ihren Händen wurde ich zu weichem Wachs, hilflos in meinem seligen Zustand, und konnte nicht mehr tun als zu stöhnen und mich hierhin oder dorthin zu wenden, wenn sie es mir sagte.

Dann liebte sie mich, trug uns beide fort zu schattigen Lichtungen in sonnigen Ländern. Danach kuschelten wir und streichelten einander eine Weile, und als wir zu uns kamen, liebten wir uns erneut. Ich glaube, einmal rief ich Otaras Namen, doch hielt mich Daciar nur fester und flüsterte sanfte Worte des Lobes, damit ich wußte, daß es ihr nichts machte.

Als wir erschöpft waren, schlief ich in ihren Armen, mein Kopf auf ihrem weichen Busen ruhend, während ihre Hand sanft meine Brüste streichelte.

Daciar hatte mir ein Geschenk gemacht, das alles Gold in den Schatullen der Götter wert war.

Im Morgengrauen erwachte ich zum süßen Klang einer Leier, die irgendwo in der Ferne spielte. Als ich dort lag und mich von den Wogen der Musik umspülen ließ, merkte ich, daß ich ihr schon lange lauschte.

Es war eine vertraute Melodie.

Dann hörte ich das Gellen einer großen Kriegstrompete. Die Glocken schlugen Alarm. Und als ich aufsprang, hörte ich Schreie.

Die Stadt wurde angegriffen.

Kapitel Vier

# *Die kriegerischen Riesen*

Nackt sprang ich aus dem Bett, wühlte wie verrückt nach meinem Dolch – der einzigen Waffe, die ich dabei hatte – und rannte zum Fenster.

Wir befanden uns mehrere Stockwerke über dem Tempelgrund, und das Fenster erlaubte einen guten Blick über den Hafen und die Straße, die sich den Hügel hinauf zum Tempel schlängelte. Kalter Wind wehte herein, und ich erschauerte. Doch nicht wegen der plötzlichen Kühle.

Im Hafen lag ein Schiff von solcher Größe, daß ich für einen Augenblick ganz durcheinander war, da ich mich wunderte, wie etwas, das in so weiter Ferne lag, so groß erscheinen konnte. Furcht vereiste meine Adern, als ich dann verstand, daß nur Riesen ein solches Ding segeln konnten.

Meine Gedanken standen Kopf, und dann lockte Schlachtenlärm meinen Blick zu den Werften hin. Drei mächtige Krieger ragten über wohl hundert pisidianischen Soldaten auf. Die Riesen trugen Helme, schwere Rüstungen und schwangen Schwerter mit Klingen, die so breit waren wie ein Mensch, und doppelt so lang. Die Pisidianer versuchten tapfer, sich heranzudrängen und die Riesen zu überwältigen.

Plötzlich griffen die drei gigantischen Krieger die Soldaten an, und so mancher Mann fiel in jenem wütenden und dennoch disziplinierten Angriff. Trotz ihres Erfolges schienen die Riesen ihre Attacke nicht nutzen zu wollen und fielen bald zurück, um ihr altes Territorium wieder zu verteidigen.

Dann bemerkte ich ein Beiboot von der Größe eines normalen Schiffes, welches fast am Ufer lag. Es war bemannt und wurde von vier weiteren Riesen bewacht. Schnell zählte ich zehn Doppelruder und wußte, daß noch mindestens dreizehn weitere feindliche Krieger unterwegs waren.

Ich spürte Daciars Nähe. Sie stand hinter mir, um zu sehen, was vor sich ging. Schweigend betrachteten wir die Vorgänge, dann sammelten wir Verstand und Willenskraft. Der Wind wehte noch kälter. Daciar reichte mir eine Robe, und ich zog sie über, stopfte meine Hände in die tiefen Ärmel. Dann sah ich, wie das Banner des feindlichen Schiffes im selben Windhauch flatterte.

Es trug das Zeichen des Eisbärenkönigs.

Die Kälte und der Anblick dieser Flagge schienen mir den Verstand zu schärfen, und eilig sortierte ich ein wirres Durcheinander von Gedanken und Fragen.

Wie hatten die Riesen Daciars Zauberschild durchbrochen? Die Antwort darauf war die Musik der Leier. Was – wie ich befürchtet hatte – bedeutete, daß hinter dem Piratenkapitän mehr Zauberkräfte standen als dieser eine kleine Dämon, dessen ich mich so problemlos hatte entledigen können.

Warum hatten wir dann nicht weitergeschlafen wie selige Sklaven der magischen Klänge? Die Antwort war einfach. Daciars Beschwörungen schwächten die Kraft der Leier. Was bedeutete, daß es sich um Magie handelte, die ich bekämpfen und hoffentlich bezwingen konnte.

Nächste Frage: Was hatten die Riesen vor? Die Stadt einnehmen? Nach allem, was ich gesehen hatte, war das unwahrscheinlich. Mit zwanzig Mann an Land, bereitliegendem Beiboot und wartendem Schiff mußten sie etwas vorhaben, von dem sie hofften, es schnell erledigen zu können, um sich dann bald wieder zurückzuziehen. Doch was mochte es sein?

Gleich unter uns hörte ich Schreie, dann gebellte Befehle von der Straße her. Große, mit Kettenpanzern behangene Gestalten trotteten die Straße herauf zur breiten Kuppe des Hügels.

Die Riesen griffen den Tempel an.

Es waren dreizehn. Einer von ihnen blieb zurück, um mit seinem stählernen Wanst die Straße zu blockieren. Er stellte sich mit gespreizten Beinen über die ganze Breite des Weges, den Schild auf Kinnhöhe, sein Schwert erhoben. Den pisidianischen Soldaten, die der Gruppe den Hügel hinauf gefolgt waren, brüllte er Beschimpfungen entgegen.

Die anderen marschierten zu jenem Gebäude, in dem wir uns befanden, und verteilten sich dabei.

Es gab nur zwei Tempelwachen. Wer wollte schon einen so heiligen Ort überfallen? Die Wachen waren alte Männer, und ich weiß nicht, ob man sie Helden oder Narren nennen sollte, denn trotz geringster Aussichten traten sie augenblicklich heraus, um sich den Riesen zu stellen.

Sie kämpften so gut sie konnten. Und sie starben so gut sie konnten. Manchmal denke ich an sie. Ich erinnere mich sehr gut an dieses Bild. Zwei, die sich Jahrzehnte nach ihren besten Zeiten – bekleidet mit nur ein paar Teilen eilig angelegter Rüstung – forsch dem Feind in den Weg stellten. Ihre Pflicht befahl ihnen, sich selbst einer Macht zu entgegenzuwerfen, die offensichtlich übermächtig war. Doch zögerten sie nicht. Wenn mir alles ohne Hoffnung scheint, wenn der Gegner unüberwindlich wirkt, ziehe ich Kraft aus dem Bild dieser grauhaarigen Krieger, die die Würfel des Schicksals warfen, und noch während sie es taten, wußten, daß diese elfenbeinernen Dinger gezinkt waren. In den Geschichten, die man nur erzählt hatte, als wir noch Kinder waren, wären ihr Mut und ihr Ehrgefühl von den Göttern belohnt worden. Irgendwie wären die Riesen gestürzt, die Wachen verschont, der Tempel gerettet worden.

Doch so kam es nicht.

Die Helden starben schnell und unter nur wenig Aufwand von seiten der Schurken. Die einzige Belohnung, die diese alten Soldaten bekamen, war ein leichteres Leben für ihre Geister.

Als die alten Männer blutend fielen, flog die Tür zum Zimmer auf, die verängstigten Priesterinnen drängten herein und flehten, Daciar möge sie retten.

Sie war barfuß, trug nur eine gelbe Robe, wie sie mir eine gegeben hatte, und ihr silbriges Haar war vom Schlaf zerzaust. Doch habe ich nie eine so gelassene und hoheitsvolle Gestalt wie Daciar gesehen, als sich die flehenden Frauen um sie drängten.

Daciar richtete sich auf und donnerte: »Ruhe!«

Und es war ruhig.

Sie winkte Liana. »Hol mir meine Tiara!«

Eilig lief Liana, um dem nachzukommen, und die Frauen traten zurück, um sie durchzulassen.

Daciar hielt die juwelenbesetzte Tiara hoch, entbot sie dem Himmel. Ich spürte, wie eine Woge von Energie vorüberfloß, während sie magische Kräfte sammelte, die ganze Macht der Hohepriesterin aufbrachte. Dann setzte sie die Tiara sorgsam auf den Kopf, und der Fluß beruhigte sich, umfing sie, bis sie eine Festung war.

Sie hob die Hände, um eine Beschwörung zu sprechen. Die Bewegung im Äther war, als würde ein großes Tier auf See vorüberschwimmen, und ich fühlte, wie mein magisches Ich durch die schweren, wechselnden Strömungen ins Wanken kam.

Als sie eben den Zauberspruch ausrufen wollte, traf mich plötzlich die Faust der Erkenntnis.

»Daciar, warte!« schrie ich.

Daciar war eine sanfte Zauberin, die ihrem Volk seit vielen Jahren diente. Als begeisterte Lehrerin war sie ein Quell des Wissens über magische Theorie, doch ihre Praxis beschränkte sich auf gute Taten für die Gläubigen. Sie war wie eine begabte Heilerin, die ihr Leben den gewöhnlichen Gebrechen kleiner Leute gewidmet hatte. Eine solche Heilerin mochte manches darüber wissen, wie man Seuchen bannte, welche gelegentlich unser Land überschwemmen. Sie mochte sogar Schutzmaßnahmen und Strategien von Heilern studiert haben, die in der Vergangenheit mit solchen Plagen zu tun gehabt hatten.

Doch von einer Sache zu wissen und sie tatsächlich zu erleben, ist so verschieden, wie ein Küchenmesser und ein Breitschwert unterschiedlich sind.

Daciar war noch nie im Krieg gewesen. Hatte noch nie einen Zauber im Zorn gesprochen, einen Gegenangriff abgewehrt oder das Doppelspiel eines verschlagenen Feindes bedacht, der einen töten wollte. Aber ich. Und ich spürte die Gefahr, als sie die Beschwörung sprechen wollte. Sie schleuderte den Spruch mit solcher Macht, wie ich sie nur vom Schlachtfeld kannte. Es war ein klassischer Spruch, so geschliffen, daß ich über seine klaren Ränder und wundersamen Winkel nur staunen konnte. Kein Meisterzauber, nicht einmal Janos Greycloak, hätte ihn besser sprechen können. Doch meine Bewunderung wurde erschüttert, als ich sah, wie die klassische Entgegnung aussehen mußte.

Mein Warnruf kam zu spät.

Die Riesen brüllten vor Schmerz, als Daciars Zauber sie schüttelte. Doch dann schoß ihr Zauber mit solcher Macht zurück – die Kraft verdoppelt –, daß meine Sinne in der Hitze schrumpften.

Daciar schrie und brach zusammen.

Während die Priesterinnen weinten, sah ich ein dünnes Rinnsal von Blut aus Daciars Mundwinkel laufen. Sie rührte sich nicht, als die Frauen sie mit ihren Leibern bedeckten und weinten.

Die Stimme eines Riesen donnerte durchs Fenster. »Ihr alle! Im Tempel! Wir wollen euch nichts tun. Wir wollen nur die Hohepriesterin. Schickt sie raus! Schickt sie raus, und euch wird nichts geschehen!«

Der Befehl des Riesen brachte alle im Raum zum Schweigen. Die Priesterinnen sahen einander an. Blicke wanderten von einem Gesicht zum nächsten. Ich fühlte, wie ihr Zorn wuchs, ihre gemeinsame Entschlossenheit stark wie die Wurzeln eines mächtigen Baumes wurde. Diese Frauen würden ihr Orakel nicht verraten. Sie würden sie nicht aufgeben, auch nicht, wenn sie nur noch eine leblose Hülle war.

Ich mußte schnell handeln.

Ich drängte mich zu Daciars Seite vor. Niemand sagte etwas, als ich neben der Leblosen kniete. Die Frauen protestierten nicht, als ich ihre Tiara entfernte.

Bevor ich sie aufsetzte, beugte ich mich vor und küßte Daciar auf die Lippen. Sie waren warm, und ich hoffte und betete, daß es ein schwacher Atemhauch gewesen war, den ich gespürt hatte, als sich unsere Lippen berührten.

Wieder rief der Riese. »Schickt sie raus, hab' ich gesagt! Schickt uns Mutter Daciar! Oder ihr müßt alle sterben!«

Ich trat ans Fenster und lehnte mich hinaus.

Die Scheusale kamen näher und waren fast auf Augenhöhe. Ich starrte in die Augen ihres Hauptmanns.

»Ich bin Mutter Daciar«, sagte ich. »Ich bin die Hohepriesterin.«

Ich fühlte mich wie ein Lamm, das zum Markt getrieben wird, als die Riesen mich in der Robe und mit der Tiara der Hohepriesterin von Pisidia den Hügel hinunterführten.

Ich war mit ihnen allein. In Daciars Namen hatte ich den pisidianischen Soldaten befohlen, sich zurückzuziehen, und sie gewarnt, man werde mich töten, wenn sie mir zu Hilfe kämen. Die Straße war leer, doch hörte ich, wie Fensterläden verriegelt wurden, und spürte, daß Leute herausspähten, um einen Blick auf die traurige Parade zu werfen.

Das machte mich nur noch einsamer und kleiner.

Ich fühlte mich hilflos neben den massigen Schatten. Man kann sich kaum vorstellen, wie riesenhaft sie wirkten. Es waren nicht nur ihre Länge, Breite und ihr Gewicht, die einen überwältigten. Sie rochen streng. Fauliger noch als der Gestank von Pisidia. Ihre Mägen rumorten vor Verdauungssäften, und ich hörte, wie die halbflüssigen Inhalte wie Kadaversuppe in eisernen Kesseln rumpelten. Ihr Atem drang pfeifend aus ihren Lungen wie der Wind in den Höhlen am Meer.

Wenn sie sich die schmierigen, hüftlangen Bärte kratzten, meinte ich zu sehen, wie graue, huschende Dinger von beängstigender Größe vor ihren Fingern entflohen.

Der Hauptmann fing eines mit seiner fleischigen Hand. Man hörte ein Knacken, als er es zwischen seinen dreckigen Fingernägeln zerquetschte, und ich sah, wie Blut spritzte. Er steckte die Finger in seinen Bart und leckte die sterblichen Reste der Kreatur ab.

Er rülpste laut, dann sagte er: »Ich mag, wie du gehst, kleine Mutter. Ich wette, du hast was Leckeres unter deiner Robe.«

Die anderen kicherten. Es klang, als rieben sich Eisschollen aneinander.

»Warum sehen wir nicht nach?« sagte ein anderer. »Ein Goldstück, daß sie eine Spalte hat, in die ein ganzes Regiment von Speerträgern paßt.«

»Ich setz zwei, daß sie ganz blond ist«, sagte ein dritter.

»Sie wird nackt hübsch sein, soviel ist klar«, sagte der Hauptmann. »Schade, daß sie so klein ist. Mehr als vier oder fünf von uns hält sie nicht durch.«

Ich reagierte auf nichts von alledem und konzentrierte mich darauf, einen Fuß vor den anderen zu setzen. Ihre groben Bemerkungen wurden immer übler, immer deutlicher, gewalttätiger. Ich durfte mich davon nicht beirren lassen. Sie wollten mich erniedrigen. Beschämen. Mich unter ihre Knute zwingen.

Ich wünschte, ich wäre Polillo. Sie war stark. Sie konnte hassen. Sie hätte die Schwänze der Riesen mit ihren Antworten zum Schrumpfen gebracht. Sie hätte sie überredet, die Hosen fallen zu lassen. Und ich schwöre, sie hätte ihnen die Eier abgerissen und zum Abendbrot verspeist.

Und ich dachte: Ach, Polillo, meine Freundin, wie ich dich vermisse. Und wie sehr ich mir wünsche, daß du jetzt bei mir wärst.

Und leise sang ich:

*»Geist. Süßer Geist.*
*Leb nun in mir.*
*Verlasse du dein Geisterheim*
*Und harre deiner Freundin*
*Die dich liebt.*
*Komm füll mich aus,*
*Meine Polillo.«*

Da kam sie in mich. Ich spürte, wie Polillos Gegenwart meine Adern, meine Knochen schwellen ließ, stählerne Bänder aus meinen Muskeln machte. Ich lachte, und es war Polillos Lachen. Derb und tief. Ich rollte meine Schultern und spürte die Woge von Polillos Kraft. Mit dem Frohsinn eines Berserkers stampfte ich auf. Und der Boden vibrierte unter Polillos Gewicht.

»He, du, was hast du vor?« fragte der riesenhafte Hauptmann.

Seine massige Pranke umfaßte meinen Hals und drehte mich herum.

Ich gab mich spröde. »Ach, nichts, Herr«, schluchzte ich. Ich brachte mich zum Zittern und vergoß die eine oder andere Träne. »Ich bin nur gestolpert, mehr nicht.«

»Wir haben sie ganz verwirrt, Hauptmann«, sagte einer seiner Kumpane. »Ihr zittern schon die Knie bei dem Gedanken, daß wir alle Mann dazwischenkommen.«

Der Hauptmann lachte schallend und ließ mich los. »Du wirst nicht lange warten müssen, kleine Mutter«, sagte er. Er deutete auf den bröckligen Deich, an dem das Beiboot und die riesenhaften Wachen warteten. »Ganz bestimmt nicht lange. Das versprech ich dir.«

Polillos Geist knurrte, doch hielt ich ihre Wut im Zaum. Ich warf einen geschulten Blick auf den lädierten Deich. Er schlängelte sich am Ufer entlang, bog sich manchmal so weit, daß Teile des Strandes dem Blick vom Beiboot aus verborgen blieben. Hätte ich Zeit gehabt, hätte ich Soldaten in einer dieser Buchten versteckt. Ich betrachtete die unterschiedliche Höhe des Walles, sah die Stellen, an denen er leicht zu erklimmen war.

All das tat ich gelassen, eher die intellektuelle Studie einer Militaristin als sonstwas. Denn inzwischen fürchtete ich diese Kreaturen nicht mehr. Sie würden mir nichts tun. Sie hatten den Befehl, mich irgendwohin zu irgendwem zu bringen. Nein, nicht mich. Nicht Rali Antero. Sondern Daciar. Die Hohepriesterin.

Nur wozu?

Auf wessen Befehl?

Und wie lange konnte ich diese Maske aufrechterhalten?

Polillos Geist sagte: »Geh nicht, Rali.«

Sie hatte recht.

Also ließ ich sie los.

Der Hauptmann stieß mich zum Boot, und wieder tat ich, als würde ich stolpern. Doch als ich vorwärts fiel, fuhr ich herum, fing mich und rannte zum höchsten Punkt des Deiches. Ich hörte, wie die Riesen Alarm auslösten und mir rumpelnd folgten, wobei ihre Kettenhemden ein gottloses Geklapper anstimmten.

Polillos Kraft bewegte meine Glieder, und mühelos lief ich den Wall hinauf. Als ich oben war, grub ich meine Zehen ein, um anzuhalten.

Ich warf einen Blick auf ein verblüfftes Gesicht, das mich anstarrte. Es war nur ein kurzes Aufblitzen, doch erstarrte das Bild für einen Moment. Es war ein häßliches Gesicht. Ein hageres Gesicht. Kahl an Kopf und Kinn. Eine lange, rosafarbene Zunge zuckte überrascht hervor.

Es war Echse.

Dann sah ich, wie die Schatten meiner anderen Männer in meine Richtung schwärmten.

Doch war ich längst auf meinen nächsten Schritt fixiert. Als meine Zehen gegen Stein schlugen, trug der Schwung meinen Körper weiter vor. Ich schwang die Arme in dieselbe Richtung, um diese Bewegung zu verstärken und zu steuern. Polillos Geist stöhnte vor Anstrengung, und meine Beine wurden zu mächtigen Federn, die alles Gewicht und alle Geschwindigkeit auffingen.

Dann machte ich eine Rolle rückwärts. Drehte mich in der Luft, versteifte meine Beine, bis sie wie Werftpflöcke waren.

Ich traf den Hauptmann voll, und beide stürzten wir, wobei seine Rüstung wie eine riesenhafte Maschine aus zahllosen Einzelteilen war, die nun in sich zusammenbrach.

Er brüllte vor Schmerz und Wut. Polillos Geist wollte, daß ich diesen Lärm erstickte und ihm das verdammte Genick brach.

Doch dann spürte ich, daß sich mir etwas näherte, und rollte weiter.

Dicht vor einem angreifenden Riesen sprang ich auf. Überrascht wich er zurück wie ein wühlender Keiler, der eine Maus erschnüffelt und dann fürchtet, daß sie ihm in die Nase beißt.

Polillos Geist lachte und ließ mich mit dem Fuß auftreten, damit ich ihm die Zehen brach. Als er schrie, sprang ich auf, packte seinen Bart und gab ihm einen Tritt wie ein Seemann, der an einen Mast spakt.

Ich hing an seinem Bart, schwang mich so weit wie möglich nach hinten, und schlug dann auf ... hart.

Meine Füße rutschten an einem gepanzerten Oberschenkel ab und traten in das Weiche gleich daneben.

Bei den Göttern, das war ein guter Tritt! Ein Tritt für Polillo.

Sein Jaulen war ein wundervoller Klang, Schwestern.

Es begann ganz tief, an diesem grollenden, grunzenden Ort, den die Viecher stolz vorführen und wo sie zwischen dicken, krummen Beinen furzen. Und es endete im Falsett mit einem so stechenden Ton, daß – wäre er aus Glas – der Himmel hätte zerspringen müssen.

Noch immer macht mir die Erinnerung daran Freude.

Doch blieb mir damals nicht viel Zeit, es zu genießen. Die anderen waren fast da. Und ihr Hauptmann hatte sich erholt, donnerte, sie sollten beiseite treten, als er heranstürmte, um mich mit seiner massiven Klinge in zwei Teile zu zerhacken.

Damals hätte ich sterben sollen. Ich hätte den Weg der beiden alten Tempelwächter gehen sollen. Ich fluchte, weil ich meinen allzu hastig gefaßten Plan nicht ausführen konnte. Und machte mich für diesen letzten Hieb bereit.

Dunkle Schatten flüsterten, und eine kleine Wolke aus Pfeilen traf den Hauptmann voll im Gesicht.

Er schrie und hielt sich die Augen zu, dann schrie er wieder und riß seine Hände fort. Mehrere Pfeile ragten aus seinen Augäpfeln.

Als er in sich zusammensank, brachen meine Männer in Jubel aus. Ich war stolz auf sie. Sie schrien wild durcheinander, blutrünstiges

Kriegsgeheul. Doch ihr Angriff hatte nichts Wildes oder Ungestümes an sich.

Sie waren zu siebt. Die Zwillinge und Echse waren mit einem Riesen beschäftigt, duckten sich und schlugen und halfen einander, wenn einer eine offene Deckung sah. Donarius und zwei weitere griffen eine zweite dieser gepanzerten Kreaturen an, während Kapitän Carale den Riesen tötete, den ich getreten hatte, und herübergelaufen kam, um an meiner Seite zu kämpfen. Ich hörte Schlachtenlärm vom Strand und wußte, daß sich der Rest meiner Männer mit den Beibootwachen beschäftigte.

So stolz ich war, wußte ich doch, daß die Riesen sich bald von dieser Überraschung erholen, sich neu formieren und uns dann überwältigen würden.

Ich rief Carale zu: »Hilf den anderen.«

Er fuhr herum und rannte zum Handgemenge am Beiboot.

Ich brauchte Zeit... nur etwas Zeit.

Ich kniete nieder und legte Daciars Tiara auf den Boden. Dann zog ich ihre Spieluhr aus dem Ärmel und stellte sie in den Juwelenring.

Das kleine Bauernhaus mit seiner verschlossenen Tür wirkte inmitten der wütenden Schlacht um mich herum etwas kläglich und kindisch.

Doch war es alles, was ich hatte vorbereiten können.

Ich nahm die Münze aus meinem Ärmel. Es war eine gute Anteromünze. Ich küßte das Bild des Schiffes, hauchte ein Gebet zu Maranonia und schob die Münze in den Spalt.

Meine Gedanken taumelten herum, suchten den richtigen Zauberspruch. Doch mein Kopf war so entsetzlich leer. Ich mußte den Zauberschild der Feinde durchdringen, sonst würde mir mein Spruch erneut entgegenfliegen und ich dasselbe Schicksal erleiden wie Daciar.

Der Singsang, den ich wählte, würde aus so unschuldigen Worten bestehen müssen, daß mein Gegner sie gar nicht bemerkte. Dann kam mir ein Kinderreim in den Sinn. Ich überprüfte ihn nicht, sorgte mich nicht, sondern flüsterte die Worte, wie sie mir in den Sinn kamen …

*»Schweinchen, Schweinchen, was hast du getan?*
*Schweinchen, Schweinchen, Dummerjan.*
*Hast Sahne, Butter aufgegessen,*
*Und dann noch die Katz gefressen.*
*Halt still, du Schweinchen klein,*
*Ich leg dich übers Knie ganz nett,*
*Dann stopf ich dich mit Knödeln aus*
*Und brate dich in heißem Fett.«*

Ich ließ die Münze fallen.

Es folgte ein mechanischer Wirbel, und ich sprang zurück, als die Tür aufsprang und die Bäuerin mit ihrer Spielzeugaxt über dem Kopf herausgestürmt kam.

Anstatt dem quiekenden Schwein hinterherzulaufen, rannte sie an den Rand der bemalten Plattform ihrer Spieluhr. Dort angekommen zögerte sie nicht, sondern sprang herab, und ihre winzigen Beinchen trugen sie zur Schlacht hinüber.

Ich machte eine Geste, und sie wurde größer. Ich machte wieder eine Geste, und sie wurde noch größer, blies sich immer weiter auf, bis sie so groß war wie die Riesen.

Sie schrie die Scheusale an, und ihr Schrei war, als explodierte der Himmel. Doch an Stelle eines Schlachtrufes war mein kleiner Kinderreim zu hören:

»SCHWEINCHEN, SCHWEINCHEN, WAS HAST DU GETAN?«

Augenblicklich erstarrten die Riesen vor dem heulenden Ungeheuer.

Die riesige Bäuerin gackerte wie manisch und schwenkte eine Axt von der Größe einer Hütte. Ihre voluminösen Röcke raschelten wie der Wind, während sie rannte. Mächtig wölbten sich ihre Augen in dem bemalten Gesicht, und ihr starres Grinsen war so voller Freude, daß es ganz erschreckend wirkte.

»SCHWEINCHEN, SCHWEINCHEN, DUMMERJAN!« donnerte die Bäuerin.

Dann war sie mitten zwischen ihnen, säbelte in alle Richtungen.

Ihre gnadenlose, nimmermüde, mechanische Wut war nicht zu bremsen. Die Riesen heulten vor Entsetzen wie gewaltige Schweine. Einer wurde in zwei Hälften gespalten. Einem anderen wurde ein Arm abgehackt. Ich sah, wie ein mächtiger, haariger Schädel von derben Schultern flog.

Die Bäuerin rannte mit ungeheurer Geschwindigkeit umher, hinterließ einen Strom von Blut in ihrem Fahrwasser.

Das Schlachten setzte sich bis hinab zum Beiboot fort, wo sie sich der Riesenwachen bald entledigte.

Dann standen wir alle da, sprachlos vor Entsetzen über all das vergossene Blut, als die Bäuerin ins Wasser sprang und begann, zum Schiff der Riesen hinüberzuschwimmen.

»HALT STILL, DU SCHWEINCHEN KLEIN ...«, schrie sie und stürmte dem Feind entgegen wie ein Kriegsschiff, »... ICH LEG DICH ÜBERS KNIE GANZ NETT!«

Ich kann mir nicht vorstellen, was den Riesen an Bord des Schiffes durch den Kopf ging, als das gigantische Spielzeug auf sie zukam. Ich betete, daß ihre Gedanken von Chaos bestimmt wären. Ich spürte, wie Zauberkraft die Luft zum Knistern brachte, und wußte, daß ich sie in der Hand hatte.

Eine mächtige Kugel von magischem Feuer flog vom feindlichen Schiff auf. Man roch den Schwefel und die bösen Absichten schon aus der Ferne.

Ich sang:

*»Ich rufe die Gerufenen,*
*Verfluche die Verfluchten.*
*Ich schleudere den Speer zurück.*
*Der Spiegel wird gespiegelt*
*Und erneut gespiegelt.«*

Und ich rief:

»So sei es!«

Der Feuerball traf das riesige Spielzeug, und alles verschwand in ungeheurem Dunst und Nebel, während die See brodelte und schäumte.

Plötzlich wurde das Wasser so ruhig und glatt, daß man glauben konnte, es sei nichts geschehen, daß alles nur ein Werk fiebriger Phantasie gewesen sei.

Dann wölbte sich das Wasser, als eine Gestalt auftauchte wie ein Schiff, das aus der Tiefe kam. Nur daß es kein Schiff war, was dort erschien, sondern der Bruder des Feuerballs, den die Riesen zuvor geschleudert hatten. Er zischte und dampfte und sprühte Funken, als er aus dem Wasser schoß.

Lange Sekunden schwebte der Feuerball, dann schoß er dorthin, woher er gekommen war.

Ich hörte, wie die Riesen Alarm gaben, als sie merkten, was geschah. Dem Alarm folgte hysterisches Brüllen, als dem Rest der Mannschaft deutlich wurde, daß alles verloren war.

Dann wurden alle Geräusche erstickt, als der Feuerball einschlug und eine Explosion das Schiff erschütterte.

Flammen schlugen an Deck auf, dann schossen sie die Masten und Webeleinen hoch, und schließlich fingen die Segel Feuer. Manche von der Besatzung versuchten, es zu bekämpfen. Andere rannten an die Reling.

Doch das Inferno schnitt ihnen den Weg ab, und die Luft war voller Schmerzensschreie.

Dann erstarben die Schreie, und wir hörten nur noch den Donner des wütenden Feuers. Rauch stieg auf, während das Schiff bis zur Wasserlinie herunterbrannte. Es versank mit langem, gedehntem Zischen, das bis oben auf den Hügeln zu hören war.

Und dann war alles still, bis auf das Pfeifen des Windes und das leise Rauschen der Brandung.

Einige Tage später besuchte ich Daciar in ihrer Kammer. Schwach und zerbrechlich sah sie unter ihrer Decke aus, litt noch immer unter dem magischen Hieb, der sie zu Fall gebracht hatte. Doch war ich überglücklich, als ich das helle Strahlen in ihren Augen sah, das mir zeigte, daß sie sich auf dem Weg der Besserung befand.

Sie schickte ihre Pflegerinnen fort, damit wir allein wären. Und dann umarmten wir einander, schluchzten all jene Dinge, die Menschen sagen, weil sie sich freuen, daß ein Freund nach einer schweren Katastrophe noch lebt.

Als der Gefühlssturm sich gelegt hatte, befeuchtete ich Daciars Lippen mit einem weingetränkten Schwamm. Ich hatte ein Stärkungsmittel aus Wein und magischen Kräutern gemischt und wurde mit Farbe auf ihren Wangen belohnt.

»Weißt du, warum das geschehen ist, Rali?« fragte sie.

Ich schüttelte den Kopf. »Ich habe nicht die leiseste Ahnung«, gab ich zu. »Ich habe lange darüber nachgedacht, aber die Fragen werden immer mehr als weniger.

Wir wissen, daß die Riesen das Banner des Eisbärenkönigs benutzten, also wird er wohl dafür verantwortlich sein. Wir wissen, daß die Riesen gezielt deinetwegen gekommen sind. Und daß man ihnen befohlen hat, dich einer oder mehreren Personen zu überbringen. Vielleicht sogar dem Eisbärenkönig höchstpersönlich. Wir können nur Vermutungen anstellen. Ohne daß diesen viel zugrunde läge.«

»Vielleicht dachte der Feind, Pisidia wäre ohne mich hilflos«, sagte Daciar. »Und daß eine große Armee ohne Widerstand einmarschieren und die Stadt besetzen könnte.«

»Daran habe ich gedacht«, sagte ich. »Aber es kommt mir ziemlich unwahrscheinlich vor. Es wäre für einen Piraten nicht ungewöhnlich, große Ideen zu entwickeln, sich zum König zu erklären und dann auf die Suche nach einem Reich zu machen, das er regieren könnte.«

»Es liegt so nahe«, sagte Daciar mit einem Lächeln, »daß du nicht daran glaubst.«

»Nicht wirklich«, sagte ich. »Ansonsten hätten sie versucht, dich zu töten, statt dich gefangen zu nehmen.«

»Nun welchem Zweck könnte ich dienen?« fragte sie.

»Ich vermute«, sagte ich, »sie wollten deine Macht. Sie wollen die Möglichkeit besitzen – oder es zumindest glauben –, deine Fähigkeiten zu ihren eigenen Zwecken einzusetzen.«

Daciar schnaubte. »Das ist nicht möglich«, sagte sie. »Es wurde in der Geschichte der Zauberei schon oft versucht. Man kann einen Zauber sprechen, um einen Zauber umzukehren. Wende ihn gegen deinen Angreifer. Wie es mir geschehen ist. Und ich fühle mich wie eine Närrin.

Aber man kann Zauberkraft nicht stehlen. Man kann sie nicht einmal als Geschenk übertragen bekommen.«

»Soweit ich weiß«, gab ich ihr recht, »ist das der Lauf der Dinge. Nur wer kann es schon sicher sagen? Zauberkraft ist alt, aber die Gesetze sind neu. Erst seit Greycloak wurden diese Dinge überprüft.«

Daciar nickte. Sie verstand, worauf ich hinaus wollte. Vor Janos Greycloak wurde alle Magie, waren sämtliche Zaubersprüche von einer Generation zur nächsten weitergereicht worden. Niemand hatte das Warum und Wozu in Frage gestellt. Glaube herrschte, nicht Verstand.

»Pisidias Führer und Generäle treffen sich gerade«, sagte sie, »um zu entscheiden, was zu tun ist. Morgen will ich, falls es mir bessergehen sollte, helfen, die wirre Hysterie, die augenblicklich vor sich geht, zu klären. Sag mir, Rali, was glaubst du, sollte getan werden?«

»Es steht mir nicht zu, mich dazu zu äußern«, antwortete ich. »Es ist deine Heimat, die geschändet wurde. Nur du und dein Volk können wissen, wieviel ihr zu riskieren bereit seid.

Muß Rache eingefordert werden? Wenn ja, welchen Blutzoll seid ihr bereit, für Rache zu zahlen, oder um sicherzustellen, daß andere nicht glauben, ihr wäret schwach geworden und leicht anzugreifen?«

Daciar überlegte, dann sagte sie: »Ich werde ihnen raten abzuwarten. Sich zu bewaffnen und alles zu tun, um auf eine Invasion vorbereitet zu sein. Aber weitere Informationen zu sammeln, bevor wir handeln.«

»Das scheint mir das Klügste«, meinte ich.

»Was willst du tun, liebe Rali?«

»Ganz einfach«, sagte ich. »Mein Auftrag lautete zu sehen, wie groß die Bedrohung durch den Eisbärenkönig ist. Das weiß ich jetzt. Sie ist sehr groß. Ich muß nicht das Meer des Südens durchsegeln, um das zu beweisen. Nur ist diese Bedrohung so groß, daß Orissa handeln sollte? Von uns aus betrachtet, ist er weit weg.

Ich glaube, ich werde – wie du – meinem Bruder raten, abzuwarten, wie sich die Lage entwickelt.«

»Dann willst du gleich heimreisen?« fragte sie.

»Nicht gleich«, sagte ich. »Vorher fahre ich direkt zu den Außenposten. Ich kann meine Leute in solcher Gefahr nicht allein lassen. Ich nehme sie mit, überlasse die Handelsposten, wenn es sein muß, dem Eisbärenkönig und fahre so schnell und sicher wie möglich nach Orissa zurück.«

Daciar lächelte. »Welch umsichtige Frau«, sagte sie.

Ich lachte. »Meine alte Sergeantin war absolut nicht deiner Meinung«, sagte ich. »Die hat mich immer angebrüllt, ich wäre ein hitzköpfiges Kind, was irgendein Feind eines Tages ausnutzen würde. Ich habe nicht auf sie gehört. Wahrscheinlich, weil nur *mein* Kopf auf dem Spiel stand.«

Daciar fragte mich nach den Einzelheiten meiner Auseinandersetzung mit den Riesen und der Beschwörung, mit der ich sie überwältigt hatte.

»Als man mir sagte, du hättest ein Spielzeug aus meiner Kindheit benutzt«, sagte sie, als ich fertig war, »dachte ich, meine Priesterinnen hätten sich wieder an dem verbotenen Wein zu schaffen gemacht. Doch weiß ich jetzt, daß es stimmt. Welch angemessenes Ende für diese Kreaturen.«

Vergnügt lächelte sie mich an.

Dann fragte sie: »Mit welcher Münze hast du die Spieluhr in Gang gesetzt?«

Ich erwiderte: »Ich habe es dir doch gesagt. Ein Antero-Kupferstück.«

»Mit einem Schiff darauf?« fragte sie.

»Ja, natürlich«, sagte ich. »Mit einem Schiff darauf.«

Ich war verblüfft, fragte mich, wieso sie so auf diesem Punkt beharrte.

Dann wurde es mir klar ... Maranonia hatte drei Schiffe in meiner Zukunft gesehen. Ein goldenes, ein silbernes und eines aus ... Kupfer! Ein kupfernes Schiff. Wie jenes auf der Münze.

Daciar grinste, doch drängte sie nicht weiter, wollte mein Schweigegelübde nicht gefährden. Niemand verbot mir jedoch, zurückzulächeln. In diesem Lächeln konnte Daciar lesen, was sie wollte. Und sie würde es richtig verstehen. Daran hatte ich keinen Zweifel.

Wir sprachen noch ein wenig, doch dann sah ich, daß meine Freundin müde wurde und Ruhe brauchte. Ich tupfte noch etwas von dem Stärkungstrunk auf ihre Lippen und ließ die Flasche für zukünftige Behandlungen bei ihr zurück.

Dann küßten wir uns zum Abschied, flüsterten leise Zärtlichkeiten, und jede drängte die andere, gut auf sich achtzugeben.

Ich fuhr am nächsten Tag.

Und sah sie nie mehr wieder.

Kapitel Fünf

# *Antero Bay*

Günstige Winde trieben uns wie im Flug gen Süden, unter einem Himmel, der so blau war, daß kaum zu glauben schien, welch Elend man darunter finden konnte.

Ich hatte zahllose Sorgen im Nacken, von denen die Sicherheit unserer Freunde an den Außenposten nicht eben die geringste war. In meinem Kopf schäumten grauenhafte Vorstellungen davon, was uns dort erwarten mochte. Doch eine Weile hielten mich frischer Wind und sonniger Himmel von diesen trüben Felsen fern.

Es gab auch Freudiges zu bedenken. Wir hatten bei unserer Begegnung mit den Riesen nur wenige Kratzer und Prellungen erlitten, und meine Männer waren bester Laune und gingen ihrer Arbeit derart fröhlich nach, daß es schon ansteckend war.

Und ich war leicht zu infizieren. Ich neige nicht zum Brüten. Ich nehme das Leben eher spielerisch ... richte meinen Kurs auf das Schlimmste ein, bete jedoch um das Beste und lasse die Knochen des Schicksals fallen, wie sie wollen. Denn wer kann schon sagen, was der Himmel für uns bereithält? Hütet euch vor Geistersehern, die anderes behaupten. Wie eine weise Frau einst sagte: »Ihr wollt die Götter lachen hören? Erzählt ihnen eure Pläne.«

Auf See kann das Leben gut sein. Auf Land lauern menschliche Sorgen: ein streitsüchtiger Mann, unfolgsame Kinder, träge Verwandte und drückende Schulden. Auf See liegen diese Probleme entweder hinter einem oder vor einem, und man kann nichts an ihnen ändern, bis man den nächsten Hafen anläuft. Wozu also sollte man sich Sorgen machen?

Ich erinnere mich besonders an einen Tag dieser Reise, als das Meer so klar war wie der Himmel. Es war, als segelten wir durch die Lüfte, und nur die Fische unten und die Vögel oben zeigten an, wo was war. Wir hatten die Last des Landlebens abgeschüttelt, alles, was zu verstauen war, verstaut und zur Stärkung eine ordentliche Fischmahlzeit im Magen.

Ich holte den Rum hervor, ein herzhaftes Gebräu, das von den Zuckerrohrinseln stammt, und reichte eine ordentliche Menge davon herum.

Nach einem bis zwei Bechern holte Donarius seinen Dudelsack hervor, und die Zwillinge unterhielten uns mit einem Tänzchen, zu dem er eine fröhliche Melodie spielte. Ich klatschte mit den anderen im Takt dazu und freute mich, daß ich mich in ihrer Gesellschaft so wohl fühlte.

Doch die große Überraschung kam, als Echse zu einem Lied anhob. Nun war Echse – was die äußerste Erscheinung anging – nicht eben Te Dates ansehnlichste Schöpfung. Schon immer habe ich geglaubt, daß unser Herr Te Date mit seinen Gedanken woanders gewesen sein muß, als er Echse aus Lehm formte. Und er hat geknetet und geknetet, bis etwas so Langes und Mageres dabei herauskam, daß kaum Platz für Beine und Arme blieb … und so glatt, daß kein Haar daran kleben wollte. Doch so seltsam Echse auch aussah, war seine Stimme doch noch seltsamer, denn sie entpuppte sich als der melodischste Bariton, den ich jemals im Leben gehört hatte.

Ich erinnere mich an meine Überraschung ebenso wie an die Worte von Echses derbem Seemannslied:

*»Sie war die hübscheste Maid von Orissa.*
*Nun hievt mich schon hoch, Jungs, hiev ho.*
*Nahm je ein Stück Kupfer für ihre Küsse.*
*Sagte: Hiev mich schon hoch, Jung, hiev ho.*

*Ich küßte sie oben, ich küßte sie unten.*
*Nun hievt mich schon hoch, Jungs, hiev ho.*
*Ich küßte die Titten, ich küßte die Zehen.*
*Sagte: Hievt mich schon hoch, Jungs, hiev ho.*

*Ich küßte die Schenkel und dann ihre Knie*
*Und alles dazwischen wie nie,*
*Sang: Hievt mich schon hoch, Jungs, hiev ho.*
*Seufzte: Hievt mich schon hoch, Jungs, hiev ho.*

*Doch ging mir das Geld aus,*
*Sie läutete laut,*
*Und schon kam ihr Lude gelaufen.*
*Rief: Hiev mich doch hoch, Jung, hiev ho.*
*Rief: Hiev mich ruhig hoch, Jung, hiev ho.«*

So verblüfft wir über seine volle Stimme waren, so sehr lachten wir über sein Lied. Um nicht überboten zu werden, schmetterte Donarius seine allerliebste Meeresballade in höchsten, heulenden Tönen:

*»Sie segelten auf trunkenen Meeren, mein Freund,*
*Im Wirtshaus bei der Lichtung.*
*Sie kosteten alles, was köstlich, mein Freund,*
*Im Wirtshaus bei der Lichtung.*
*Und tanzten und sangen,*
*Bis die Stimmung bald kochte,*
*Und orgelten sämtliche Mädchen . . .«*

So ging das Lied eine Weile lang weiter, wobei jede Strophe auf die nächstniedrigere Stufe der Obszönität abstieg. Einige Männer warfen mir Blicke zu, als Donarius sang, fragten sich ganz offenbar, ob ihre Geisterseherin gekränkt sei. Glaubt mir, ich habe weit üblere Dinge von meinen Schwestern in den Kasernen gehört und selbst in jungen Jahren die eine oder andere trunkene Ode an die Unzucht gesungen. Wie alle anderen klatschte ich zu Donarius' Reimen und amüsierte mich prächtig.

Es stellte sich heraus, daß Echse einen noch besseren Auftritt zu bieten hatte. Seine Stimme hatte er geölt, während Donarius sang, und als der Erste Maat fertig war, bat Echse um Ruhe. Er räusperte sich, dann sang er eine alte Ballade in Tönen, die so tief wie das Meer und so klar wie der Himmel über unseren Köpfen waren.

Und dies ist das Lied, das er an jenem Tag uns sang:

*»Es war einst ein Knabe, ein Knabe so schön,*
*Er war des Schmiedes Sohn.*
*Er wollte die Tochter des Wirtes freien,*
*Die wohnte in Castledon.*
*Die wohnte in Castledon.*

*Doch die Maid war eitel, die Maid war kalt*
*Und traute nicht seinem Gelübde:*
*Daß von allen Mädchen auf der Welt,*

*Er sie am meisten liebte.*
*Ja, sie am meisten liebte.*

*Sorgen hatte Vater schon,*
*Für Mutter war's ein großer Schmerz.*
*Sie fürchteten um ihren Sohn,*
*Es brach ihm bald das Herz.*
*Es brach ihm bald das Herz.*

*Sie schickten ihn fort nach Orissa.*
*Sechs Jahre blieb er dort bitter.*
*Manch Träne rang er traurig nieder*
*Und betete zu allen Göttern.*
*Und betete zu allen Göttern.*

*Dann ging unser Knabe hold,*
*Hinunter zum Fluß, um zu sterben.*
*Die Trauer war so jammervoll.*
*Und er starb für die Maid in Castledon,*
*Ja, er starb für die Maid von Castledon.*

*Die Tochter des Wirtes fing an, es zu reuen*
*Und ihre Dummheit zu beklagen.*
*Denn im ganzen Land war niemand so treu*
*Wie der Knabe aus uralten Tagen.*
*Wie der Knabe aus uralten Tagen.*

*Sie gab einer Hexe eine stattliche Münze,*
*Ein Silberstück für sie ganz allein.*
*Doch bedurfte es mehr als nur einer Münze,*
*Sie von dem Fluch zu befreien.*
*Sie von dem Fluch zu befreien.*

*So ging sie fort von Castledon*
*Und wanderte einsam von dannen.*
*Bei Tag war's heiß, die Felder braun,*
*Und nachts, da heulten Hunde.*
*Und nachts, da heulten Hunde.*

*Man sagt, sie wandert wohl noch heut,*
*Ein Geist, das Herz in Scherben,*
*Weil sie den Knaben tötete,*
*Nicht folgte dem Liebeswerben.*
*Nicht folgte dem Liebeswerben.*

Ich weinte ein wenig. Wir *alle* weinten ein wenig. Und es war tröstlich.

Es war ein altes Lied, eine hübsche, traurige Melodie, die uns fort in die Tage unserer Jugend entführte, in denen es schien, als sei das größte Unglück, das eine Maid oder einen Knaben befallen konnte, unerwiderte Liebe.

Es reinigte unsere Seelen mehr als jede Beschwörung, die ich hätte sprechen können, um die Erinnerung an die Schlacht zu heilen, die wir geschlagen hatten, und zu verstehen, was es zu bedeuten hätte.

Als ich dort saß, mir die Augen wischte und mich dem Applaus der anderen anschloß, stieg ein seltsames Gefühl in mir auf, als würde ich am Rande einer wichtigen Einsicht oder Entdeckung stehen.

Ich griff danach, doch war es, als versuchte ich, etwas vom Boden eines Teiches aufzusammeln: Sobald Hände die Wasseroberfläche durchbrechen, scheint sich der Winkel zu verändern, und das Ding selbst liegt nicht mehr an derselben Stelle wie vorher.

Dann verflog das Gefühl, und in mir blieb eine vage Ahnung von Verlust und Enttäuschung zurück.

In dieser Nacht kam Gamelan zu mir. Im Traum saß ich an Deck der *Tern* und schärfte mein Schwert. Keiner der Männer war da, was mir aus irgendeinem Grunde ganz normal vorkam. Außerdem schien es nur natürlich, daß ich hörte, wie mich Gamelans Stimme grüßte, und ich blickte auf, lächelte und gab eine beiläufige Antwort.

Jene, die noch nie von diesem Meisterzauberer gehört haben, sollten wissen, daß Gamelan zu Zeiten der Entdeckungen meines Bruders Orissas oberster Geisterseher war und mich auf der langen Jagd nach dem letzten Archon von Lycanth begleitete. Er war es gewesen, der mich drängte, die magische Seite meines Wesens zu erkennen und zu akzeptieren. Und er war mein Lehrer gewesen, hatte mich in die Zauberkünste eingeführt. Gamelan starb bei einer der größten Heldentaten unserer Stadt, und wäre er nicht gewesen, fiele deren Geschichte reichlich trostlos aus.

In meinem Traum war es, als hätte sich mein alter Freund nie dem Dunklen Sucher gefügt, sondern sei nur für eine Weile fortgegangen, um irgendwelchen Geschäften nachzugehen. Außerdem sah der Gamelan meiner Phantasie aus, wie er vor seiner Blendung durch den Archon ausgesehen hatte. Über seinem langen, weißen Bart waren die Wangen rot und gesund, und in seinen Augen blitzte sanftmütige Intelligenz.

»Was macht das Anglerglück auf dieser Fahrt, Rali?« fragte er. Gamelan, der Fischersohn, hatte sich sein Interesse an solchen Dingen bewahrt und manch angenehme Stunde mit Angel und köderbesetzten Haken zugebracht.

»Großartig, mein Freund«, erwiderte ich. »Schade, daß du nicht bei uns bist. Es gibt für einen Fischer keine besseren Gewässer als die des Südens.«

Im Traum lachte Gamelan, wirkte mit einer Hand, und plötzlich lag eine Leine mit fetten Barschen zwischen uns an Deck.

»Wie du siehst«, sagte er, »habe ich mein Glück schon versucht. Und es war nicht die Angelei, die ich meinte, wie du weißt.« Amüsiert schüttelte er den Kopf. »Du bist schon immer ausgewichen, meine Liebe, wenn es um Zauberkünste ging.«

Er tätschelte mein Knie, und der Traum war so wirklichkeitsnah, daß ich tatsächlich glaubte, die Wärme seiner zarten, alten Hand zu spüren.

»Welche Einsicht suchtest du«, fragte er, »nachdem du Echses Lied gelauscht hattest?«

»Ich bin mir nicht sicher, ob ich *überhaupt* so etwas wie eine Einsicht hatte«, sagte ich. »Wahrscheinlich war es nur ein Magengrimmen nach dem Essen.«

Mit dieser Ausflucht erntete ich nur trockenes, ungläubiges Kichern. »Komm schon, Rali«, sagte er. »Versuch nicht, einen alten Mann für dumm zu verkaufen.«

Urplötzlich kamen all meine Gedanken jenes Augenblicks zu mir zurück.

»Wahrscheinlich war es nichts«, sagte ich. »Aber mir wurde klar, daß an der Zauberei mehr dran sein könnte, als selbst der große Janos Greycloak vermutet hat.«

»Das ist sehr gut möglich, meine Liebe«, sagte Gamelan. »Greycloak hat neuen Boden betreten, soviel ist sicher. Aber es gibt noch viel zu lernen.

Was genau, glaubst du, hat er übersehen?«

»Na schön«, seufzte ich, »wenn ich dir unbedingt eröffnen soll, daß ich eine Närrin bin! Ich bin keine Philosophin, wie du weißt. Nur eine einfache Soldatin.«

Erneut gab Gamelan dieses trockene Glucksen von sich, setzte sich über meine Fassade hinweg. »Ich bin nur ein Traum, Rali«, sagte er. »Kein Grund, mir auszuweichen.«

Also ging ich darauf ein.

»Ich glaube, daß mehr an dem dran sein könnte, was Janos die Natürliche Welt genannt hat. Mehr Elemente, aus welchen sie sich zusammensetzt, meine ich.

Stell es dir vor, wenn du willst. Stell dir das Bild an diesem Nachmittag nur vor. Da saß ich und segelte in so heiterer Stimmung, wie die Götter sie einem gelegentlich schenken. Und war mit meinen Gefährten beschäftigt.

Klasse, Rang und Geschlecht hatte ich abgeschüttelt, um mich ihnen anzuschließen. Und in diesem Augenblick der Gemeinsamkeit rührte uns der häßlichste Mensch unserer Mannschaft wie kaum jemand zuvor. Na gut, er tat es mit einem Lied. Dennoch war es nicht eigentlich das Lied, sondern die Stimme – das menschliche Instrument –, was uns fing, was uns entführte. Dieser Mann hatte alles erfahren, was wir selbst erfahren hatten, um ihm dann durch feinen Ton und Rhythmus und dem Ausdruck auf seinem Gesicht Bedeutung zu verleihen. Eine Bedeutung, die uns allesamt zum Weinen brachte.«

»Ich freue mich, daß du eine so schöne Zeit hattest, Rali«, sagte Gamelan. »Nur war es mitnichten merkwürdig. Menschen kommen oft zu solcherart Gelegenheit zusammen. Von großen Konzerten und Festen bis hin zu trunkener Gesellschaft in einer Taverne. Was sollte das mit den Gesetzen der Magie zu tun haben?«

In meinem Traum seufzte ich so schwer wie ein begriffsstutziger Student, den plötzlich die offensichtlichste aller Fragen verblüfft.

»Bei meinem Leben«, sagte ich, »ich weiß es nicht. Wenn ich meine Gedanken wiederhole, fühle ich mich dabei noch dümmer, als hätte ich sie für mich behalten. Aber nachdem du mich nun schon getrieben hast, laß mich meinen albernen Weg auch weiterhin beschreiten.«

Gamelan nickte. »Fahre fort, meine Liebe«, sagte er.

Das tat ich. »Das Gefühl, welches ich mit der Mannschaft teilte, war so stark, daß es mir für einen Augenblick wie eine Kraft vorkam. Ebensosehr eine Kraft wie alles, was Janos Greycloak beschrieben hat.«

»Zählen wir die Kräfte auf«, sagte Gamelan im Traum, »und zwar auf allgemeine Weise, damit alles, was uns bei deinen Bemühungen einfällt, leichter einzufügen ist.

Janos Greycloak hat behauptet, die Kräfte, aus denen unsere Welt bestünde, seien Licht, Wärme, Anziehung, Bewegung und Bewegung in ruhendem Zustand. Außerdem hat er behauptet, daß die Magie, die Fähigkeit, etwas hervorzurufen oder zu verwandeln, eine ebenso natürliche Kraft sei wie die anderen. Am wichtigsten aber war, daß er sagte, diese Kräfte – einschließlich der Magie – seien im Grunde alle dieselbe Sache. Dieselbe Kraft. Nur in unterschiedlicher Form.«

»Danke, mein Freund«, sagte ich. »Das war eine bessere Zusammenfassung, als ich sie hätte geben können. Auch wenn sie nicht geholfen hat, das jämmerliche Ding, das ich Verstand nenne, vom Nebel zu befreien.«

Gamelan lachte, und dieser vertraute Klang traf mich auf zwei Ebenen. Auf der ersten – in meinem Traumzustand – empfand ich Freude über die warme Kameradschaft in seinem Ton. Auf der zweiten – dem Teil von mir, der wußte, daß ich träumte – spürte ich ungeheure Trauer. Bei den Göttern: Wie mir der weise, alte Geisterseher fehlte!

»Versuch nicht, bescheiden zu sein, Rali«, sagte er. »Es steht dir nicht. Erzähl mir einfach, was du dachtest, als du dem Lied gelauscht und die Kameradschaft deiner Männer genossen hast.«

»Ich versuche es, so gut ich kann«, sagte ich. »Mir schien – als ich durch die Verbindung von Szenerie, Sänger und Lied davongetragen wurde – als hätte sich Greycloak getäuscht, als er die wirkenden Kräfte einschränkte.

Ganz wie Janos sehe auch ich mich in erster Linie als Soldat. Eine Soldatin mag, was sie anfassen, hören, riechen, schmecken und denken kann – ungefähr in dieser Reihenfolge. Somit war es Janos' soldatisches Wesen, das ihn eine solche Liste aufstellen ließ, sozusagen eine Inventur der Magie. Mit anderen Worten waren seine

Theorien und Ideen von der Zauberei vielleicht ein Wunder. Aber dennoch mußte er wie ein Küchenunteroffizier Inventur machen, bevor er die mystische Seite seiner Natur arbeiten ließ.

In jenen Tagen, als ich durch die Ränge der Maranonischen Garde nach oben kletterte, trug ich als junge Offizierin für kurze Zeit die Verantwortung für die Verpflegung. So langweilig es sein mochte, so erhellend war es auch. Meine Pflicht bestand darin, dafür zu sorgen, daß die Küchenunteroffizierin und ihre Frauen die Bohnen und das Fleisch korrekt wogen und das Wasser ordentlich maßen. Es war ein Soldatendienst, von Vorgesetzten befohlen, von der Tradition verfügt, und er stand in direktem Zusammenhang mit jenen Dingen, mit denen man eine Armee antreibt und motiviert.

Doch bald schon merkte ich, daß außerdem eine gewisse Moral darin lag. Gewürze und Abwechslungsreichtum mußten einberechnet werden. Wie die alte Chefköchin immer zu sagen pflegte: »Eine hungernde Armee muß scheitern. Eine schlecht ernährte Armee muß nachgeben. Und eine Armee ohne Freude im Bauch und somit im Herzen wird vor beherzteren Truppen weichen.«

Im Traum strich sich Gamelan nachdenklich über den Bart. »Diese Wahrheit ist mir auch schon aufgefallen«, sagte er, »während der langen Belagerung Lycanths. Nur tut es mir leid, daß ich nicht sehe, worauf du hinaus willst.«

»Geduld, Zauberer«, stöhnte ich. »Geduld. Auch wenn ich nicht versprechen kann, daß sie belohnt wird.

Nahrung – gute, heiße, nahrhafte Speisen – sind ein wichtiger Faktor in der Kampfmoral einer Armee. Und diese Moral bildet einen Zusammenschluß des Willens, einen Geist, mit dem sich die Soldaten bewaffnen, um einem Feind zu begegnen.

Und bei den Göttern, die uns verhexen – dieser Wille kann eine so große Kraft sein wie jeder Blitz oder wütende Sturm oder Zauber, den ein Magier spricht. Diese Kraft ist ein Produkt des Lebens selbst und des obersten Wunsches aller Lebewesen, zu überleben ... zu leben.«

Plötzlich wurde Gamelan im Traum ganz unruhig, aufgeregt.

»Ja, ja«, sagte er. »Ich verstehe, worauf du anspielst. Du sagst, das hätte Greycloak bei seiner Liste der Kräfte vergessen. Das Leben und dessen Wunsch, diesen Zustand aufrechtzuerhalten. Du sagst, es wäre eine Kraft, eine Art der Energie wie alle anderen.«

Gamelan schlug sich vor Freude auf die Knie. »Weiter, Rali«, sagte er. »Ich glaube, du bist da einer Sache auf der Spur. Denken wir es weiter durch und ...«

In diesem Moment tauchten Echse und Donarius und die anderen plötzlich im Traum auf. Sie lachten und reichten eine Kelle mit Grog herum. Gamelan lachte mit ihnen, nahm einen Schluck und reichte die Kelle an mich weiter.

Im Traum stellte ich mich dumm an, verschüttete den Trunk auf meinem Schoß. Es folgte einiger Frohsinn auf meine Kosten, und mir blieb nichts anderes, als mich dieser Heiterkeit anzuschließen.

Kichernd erwachte ich.

Ich sah mich um und war – so wirklich war der Traum – überrascht, daß ich allein in meiner Kajüte lag und meine Hängematte mit dem Schiff hin und her schaukelte.

Mein Herz tat einen Sprung, als mir wieder einfiel, was in meinem Traum geschehen war. Panisch versuchte ich, mich zu erinnern und die Schlüsse nachzuvollziehen, die sich anscheinend aufdrängen wollten.

Doch waren sie fort.

Wenn sie überhaupt ja dagewesen waren.

In den folgenden Tagen versuchte ich immer wieder, an diesen Ort zurückzukehren, um nach etwas von Wert zu suchen, das vielleicht zurückgeblieben war.

Ich sah eine Gruppe von Delphinen, die vorn vor unserem Schiff spielten, und hatte die Erkenntnis beinah wieder im Griff. Ebenso, als ich einen Schwarm von Haifischen entdeckte, der sich in unserem Fahrwasser tummelte, während Echse die Kombüse putzte und Reste über Bord warf.

Doch jedesmal, wenn ich die Idee einholen wollte, glitt sie wieder durch die Maschen des Netzes.

Wir segelten so manchen Tag, und eine Weile schien es, als wären wir verzaubert.

Kein menschliches Leben, kein menschlicher Zwist war auf dem Meer zu sehen, und immer weiter lockte uns der Horizont. Jeder Sonnenaufgang war ein goldenes Wunder, jede Abenddämmerung eine rosige Wonne. Kleine Wolken tollten herum wie verspielte Füllen, und große Schwärme von silbernen Fischen wirbelten, lösten sich voneinander und formierten sich neu unter unserem Bug.

Wie ich im Traum zu Gamelan gesagt hatte, sind die Gewässer des Südens die reichsten der Welt. So selten wird hier gefischt, daß die Tiere, die hier leben, keinen Grund sehen, flossenlose Dinger wie uns zu fürchten. Sie schienen uns wie wahre Wunder zu betrachten und wichen von ihrem Kurs ab, um zu unserem Schiff zu kommen und uns aus der Nähe zu betrachten. Ich weiß nicht, wie oft ich gedankenverloren ins Wasser gestarrt habe und plötzlich ein fischiges Auge vor mir sah. Es musterte mich, und ich musterte es, und ich schwöre, daß ich manchmal den Schimmer einer Frage darin sah.

Einmal trafen wir eine Schule von Walen – mächtigen Tieren, mehrmals so lang wie unsere Schiffe – beim Grasen in den Gewässern, und sie bliesen riesige Säulen von Gischt durch ihre Atemlöcher in die Luft. Es war ein ruhiger Tag, doch schien es, als braute sich in der Ferne eine Sturm zusammen. Das Wasser war schieferfarben, und hier und da schwankten Eisbrocken in der trägen Dünung. Vögel mit immenser Spannweite stürzten herab, tauchten nach allen Lekkerbissen, die die mächtigen Leiber der Wale aufwühlten.

Ich beobachtete sie lange, staunte, wie so riesenhafte Geschöpfe derart anmutig sein konnten. Eine heftige Bö zog vorüber, besprühte mich mit kalten Tropfen, und schon wollte ich mich umdrehen, um Schutz zu suchen. Doch etwas hielt mich zurück ... ein seltsames Summen an meinen Nervenenden. Nicht unangenehm, aber auch nicht wirklich angenehm.

Dann sah ich, wie sich der größte der Wale aus der Gruppe löste, und als er in unsere Richtung kam, spürte ich plötzlich etwas Kraftvolles, Weibliches. Wogen der Trauer drangen herüber, spülten über mich hinweg.

»Was gibt es, Schwester?« fragte ich. »Was belastet dich?«

Als Antwort bekam ich eine weitere, klagende Welle, so machtvoll, daß sie mich beinah ertränkte. Alles war schwarz, warme und kalte Strömungen umspülten meinen Leib. Ich spürte das Deck unter meinen Füßen, die Reling des Schiffes unter meinen Händen, konnte sogar einige der Männer um mich hören. Doch war es, als wäre nur ein Teil von mir bei ihnen. Der Rest kämpfte gegen die rauhe See der Gefühle, die von diesem Tier ausgingen.

Ich drang hindurch, kam japsend an die Oberfläche.

Ich spürte Carale neben mir, hörte seine besorgte Stimme. »Was ist, Mylady? Was fehlt Euch?«

»Geh«, sagte ich. »Geh lieber.«

Ich bin nicht sicher, ob er gehorchte oder ob ich wirklich sprach. Denken und Sprache vermischten sich. Wurden eins.

»Wie kann ich dir helfen, Schwester?« rief ich der Walin zu. »Bitte. Was kann ich tun?«

Wieder brach die Woge der Gefühle über mich herein, als die Walin zu antworten versuchte.

Der Schmerz traf mich heftiger als alles, was ich je zuvor erlebt hatte. Ich mag geschrien haben ... ich kann es nicht sicher sagen. Schwach spürte ich Hände, die nach mir griffen. Schwach nahm ich Carale und die anderen wahr. Und ich wollte mich zurückziehen, dem Schmerz entfliehen.

Eben, als ich glaubte, ich könnte es nicht mehr ertragen, verging der Schmerz.

Ich fühlte ein sanftes Forschen, und wußte, es war die Walin. Sie erklärte, es tue ihr leid, sie wisse es nicht, und wenn ich ihr nicht helfen könne, würde sie sofort verschwinden. Aber ich bat sie zu bleiben, mir zu erzählen, was sie bedrückte.

Plötzlich verstand ich.

Ich formte meine Gedanken zu Fingern und tastete vorsichtig durch den großen Schmerz, den sie empfand. Ich spürte Leben, so zart, daß es beinah ein Geist war, und es pulsierte in ihrem Inneren.

»Ah«, sagte ich. »Armes Ding. Du trägst ein Kind in dir.«

»Hilf mir«, sagte sie, gebrauchte zum Sprechen ihre Gedanken, nicht so sehr ihre Seele. »Bitte.«

Da spürte ich den abgebrochenen Speer, der in ihr steckte. Mit meinem inneren Auge konnte ich sehen, daß seine gezackte Spitze in dem Kanal steckte, der das Walkind am Leben hielt.

Ich sprach einen Zauber, um meinen magischen Fingern die Gabe eines Wundarztes zu geben, und versuchte vorsichtig, die Speerspitze zu lösen. Die Walin erschauerte, als ich daran arbeitete, doch hielt sie still, obwohl ich ihr sicher sehr weh getan habe.

Die Speerspitze löste sich.

Mit Blut vermischtes Salzwasser spritzte hervor.

Ich spürte, wie sich das ungeborene Wesen rührte, wenn auch schwach... so schwach. Das Herz eines Kindes flatterte. Blieb stehen. Flatterte erneut.

Und dann fühlte ich, wie das Walkind starb.

Ich zog mich zurück. Zornig über mein Scheitern. Verfluchte mich selbst.

»Es tut mir leid, Schwester«, sagte ich. »So furchtbar leid.«

Ich spürte, wie die Trauer des Tieres schwerer wurde, als es merkte, was geschehen war. Doch dann berührten mich verzeihende Hände. Und ich wußte, daß wenigstens der große Schmerz vergangen war, wenn er auch einer anderen Art von Wunde hatte weichen müssen.

Und ich fragte sie: »Wer hat dir das angetan? Wer hat dein Kind getötet?«

»Hüte dich vor den Jägern«, sagte sie.

»Jäger? Welche Jäger?«

Ein Bild formte sich. Es war die Flagge des Eisbärenkönigs!

Dann ließ sie mich gehen. Ich fand mich an Deck des Schiffes wieder, glotzte das riesenhafte Tier an, als es langsam wieder zu seinen Artgenossen schwamm.

Sein Kielwasser war blutig.

Carale nahm mich bei den Schultern und riß mich herum. Seine Augen waren groß vor Sorge, seine Miene fahl.

»Was ist geschehen, Mylady?« fragte er. »Geht es Euch gut?«

Ich löste seine Hände von mir, trat zurück. Mit zittrigen Fingern wischte ich mir den Schweiß von der Stirn. Dann riß ich mich zusammen.

»Wir sollten uns bereit machen«, sagte ich. »Und wir sollten es bald tun. Ich weiß nicht, wieviel Zeit uns noch bleibt.«

Ich erzählte allen, was geschehen war, wenn auch nur kurz. Zauberei und Visionen erschrecken die Menschen, selbst wenn sie von jemandem kommen, der auf ihrer Seite ist. Und Männer neigen dazu, besonders vor dem Thema der Schwangerschaft zurückzuschrecken, besonders, wenn diese fehlgeschlagen ist. Mir fiel auf, daß sie – obwohl ich nicht auf die Einzelheiten der Qualen des Walweibchens einging, wie ich es vorgehabt hatte – allesamt grün um die Kiemen wurden.

Als ich fertig war, räusperte sich Carale, als wäre etwas Unangenehmes aus seinem Inneren aufgestiegen.

»Glaubt Ihr, sie warten schon auf uns, Mylady?« krächzte er.

»Ich weiß nicht«, sagte ich. »Aber nach dem, was ich erlebt

habe, sind sie ganz sicher erst vor kurzem in dieser Gegend gewesen.«

»Verzeiht, Lady Antero«, sagte Donarius. »Es bedeutet nicht zwingend, daß sie wüßten, wo wir sind.«

»Das stimmt allerdings«, sagte ich. »Nur sollten wir es nicht darauf ankommen lassen.«

Ich ließ sie die Decks räumen, damit sie zu tun hatten, während ich in meine Kajüte ging, um weiter nachzuforschen.

Ich war von meiner Begegnung mit der Walin geschwächt, und so braute ich in meiner kleinen Zauberpfanne eine dünne Brühe aus Fischgräten und fügte einen kräftigen Schluck Rum hinzu, um ihr etwas Dampf zu geben. Während ich die Brühe erwärmte, zog ich mich aus und rieb mich mit einem Stärkungsmittel ein, ganz ähnlich jenem, welches ich für Daciar angerührt hatte. Nach kurzer Zeit fühlte ich mich schon viel besser, glühte innerlich und äußerlich.

Ich legte eine weite Robe voll vergilbter, magischer Symbole an und zog meine Geisterseherkiste zur Pfanne hinüber. Ich klappte sie auf, wühlte in den eingebauten Schubladen und Ecken herum, bis ich die richtigen Zutaten gefunden hatte.

Die Nacht war über uns hereingebrochen, bis alles bereit stand. Ich hockte vor dem kleinen Messingständer und hauchte die Kohlen an, bis Leben in sie kam.

Ich streute Weihrauch ins Feuer, und gelblicher Qualm stieg auf. Ich atmete tief ein, schmeckte Blumen, dann atmete ich aus. Die Wände der Kajüte verschwanden, und mein geistiges Ich schwebte in die Sternennacht hinauf.

Ich wußte, daß es kalt und windig war, doch spürte ich nur ein drängendes Gefühl. Unter mir wurden die Lichter der *Tern* und die weiße Gischt der sich brechenden Wellen immer kleiner. Es war Vollmond, und ich fühlte, wie er kühl an meinem Innersten zupfte. Doch widerstand ich leicht, hielt mich gleich unter einer Wolkenbank. Die *Tern* war ein schimmernder Punkt weit unten. Am

Horizont sah ich hohe, eisbedeckte Gipfel, die das helle Mondlicht reflektierten. Ich sandte meine Sinne, so vorsichtig ich konnte, in diese Richtung. Es war, als schliche man durch eine mit Büschen zugewachsene Wasserrinne und versuchte, den wartenden Feind zu erahnen.

Ich spürte die gespenstische Berührung einer Ranke und wäre beinah zusammengezuckt. Doch die Bewegung hätte mich verraten, und so hielt ich still, leerte meine Gedanken so gut es ging. Die Ranke fuhr herum, berührte hier und da mein geistiges Ich. Dann wurde ihr langweilig, und sie zog von dannen.

Langsam wich ich zurück, wohl wissend, daß schon die leiseste Berührung mein Suchen verraten würde.

Schließlich war ich meiner Sache sicher. Ich schwebte wieder zum Schiff hinab. Die Wände der Kajüte formten sich um mich herum, und ich war wieder ganz, hockte vor den tänzelnden Flammen in der Messingschale.

Ich lächelte.

Unser Feind wartete. Doch wartete er genau dort, wo ich ihn haben wollte.

Am nächsten Morgen setzte ich mich mit Kapitän Carale zusammen, und wir brüteten über unseren Karten. Mit dem Finger zeichnete ich die Umrisse der nächstgelegenen Landmassen nach, die etwa eine Woche Seereise südwestlich von uns lagen. Es war ein dicker Wulst von einer Halbinsel, geformt – wie Carale scherzte – wie der Wanst eines fetten Mannes. Unter dem Wanst verlief die Küste manche Wegstunde im Bogen, bis sie sich schließlich zu kleinen Punkten des Kartenzeichners auflöste, wo das konkrete Wissen endete und das Rätselraten begann.

Vor meinen ersten Expeditionen hatte fast die gesamte Karte aus Linien und Punkten bestanden, die der Phantasie des Kartenzeichners entsprungen waren. Die dickleibige Halbinsel beispielsweise war Orissanern vor meiner ersten Reise in den Süden gänzlich unbekannt gewesen. Die gesamte Küstenlinie jenseits davon war erst während meiner späteren Reisen deutlich geworden.

Ich deutete auf eine Stelle, die ein Stück weit östlich der Halbinsel lag. »Hier habe ich sie gesehen«, sagte ich.

Carale sah näher hin. Die Stelle, auf welche ich gezeigt hatte, war als Reihe kleiner Inseln eingezeichnet, doch unseres Wissens nach waren diese so flach, daß sie bei schwerer See unter Wasser lagen.

»Aye«, sagte er. »Ganz, wie Ihr sagtet, Mylady. Es scheint, als hätten sie unseren hübschen Köder geschluckt.«

Der Köder, auf den er sich bezog, war die Geschichte um unsere Juwelensuche, welche die Mannschaft auf meine Bitte hin verbreitet hatte. Die Inseln lagen vor der Mündung eines Flusses, der die Halbinsel in westlicher Richtung durchschnitt. Zu dieser Jahreszeit wäre der Fluß fast eisfrei, und falls wir ihm folgten, würde er uns – nach den Volksstämmen zu urteilen, mit denen ich mich in der Gegend angefreundet hatte – zu wundersamen Wasserfällen führen, welche mit Juwelen übersäte Klippen hinunterstürzten.

Carale kratzte sich am Kinn. »Meint Ihr, daß an diesem Ort tatsächlich solche Reichtümer zu finden sind, Mylady?« fragte er.

»Ich weiß es nicht«, sagte ich. »Aber denk an die Smaragde, die sie uns gezeigt haben. Makellos und groß wie eine Faust. Der Häuptling sagte, sie hätten sie im Tausch von einem Stamm bekommen, der in dieser Gegend lebt.«

Carale lachte. »Ich erinnere mich gut, Mylady. Der Häuptling sagte, wir sollten uns von diesem Ort besser fernhalten. Überall nur Wilde, sagte er. Üble Burschen. Würdigten einen Fremden nur eines Blickes, wenn sie sehen wollen, ob er fett genug ist für den Dorfkochtopf.«

Die Erinnerung daran brachte auch mich zum Lachen. Der Häuptling, der die wilden Sitten des Volkes am Wasserfall beklagte, hatte rote Reißzähne auf seine Lippen und Hörner auf seinem geschorenen Schädel tätowiert, und als ich ihn in seinem Lederzelt besuchte, war er splitterfasernackt... und trug eine große, goldene Nadel durch den Penis.

»Mein Bruder hat mich vor solchem Gerede gewarnt«, sagte ich. »Er hat mich gelehrt, daß jeder Kaufmann bald herausfindet, daß – so mordlustig ein Kunde auch erscheinen mag – dieser doch behaupten wird, daß die wahren Wilden ein Stück flußaufwärts oder jenseits der nächsten Wüste lauern.«

Carale nickte. »Gute Methode, dafür zu sorgen, daß man Mittler bleibt, vermute ich. Man muß mit ihnen verhandeln, wenn man Waren will.«

»Nächstes Mal«, sagte ich, »besuchen wir vielleicht die Wasserfälle. Dann sehen wir selbst, wie wild diese Leute sind. Ich wette, wir werden wie Könige auf Staatsbesuch behandelt. Und sie mustern uns eher um der fetteren Profite als um der zarten Schenkel für ihren Eintopf willen.«

Carale wurde ernst. »Glaubt Ihr, es wird ein nächstes Mal geben, Mylady?« fragte er. »Was ist mit diesem Piraten, der sich mit den Riesen rumtreibt? Könnte einen Strich durch die Handelspläne machen.«

»Um den kümmern wir uns schon noch früh genug«, sagte ich. Damals war ich allen Ernstes dieser Ansicht. »Es ist mir egal, welche Art von Truppen ihm zur Verfügung stehen, ob Männer oder Magie. Die gesamte Region hat von dem Handel profitiert, den wir hier eröffnet haben.

Haben wir unsere Leute erst draußen, kann mein Bruder seinen Diplomatenrock anlegen und mit unseren Freunden über eine gemeinsame Aktion gegen diesen sogenannten Eisbärenkönig reden. Es wäre nicht das erste Mal – und auch nicht das letzte, wie ich vermute –, daß mein Bruder in einer solchen Angelegenheit vermittelt. Und bisher ist es noch immer geglückt.«

»Wahrhaftig, beim Herzen meiner lieben Frau, Mylady«, sagte Carale. »Doch wie Ihr schon sagtet, müssen wir zuerst unsere Freunde aus dem Schußfeld holen.«

Obwohl die Piraten auf meine List hereingefallen waren, würde es nicht leicht werden, an ihnen vorbeizukommen. Wenn wir auf direktem Weg zur Antero Bay, dem ersten unserer Außenposten, fuhren, würden sie uns den Weg versperren. Das beste wäre, sie in weitem Bogen zu umfahren, kurz die Außenposten anzulaufen und dann denselben Weg zurück zu nehmen.

Sofort bemerkte Carale das Problem mit diesem Plan. »Es ist etwas spät im Jahr, um ihnen einfach zu entkommen, Mylady«, sagte er. »Die Zeit der Stürme naht. Je länger wir brauchen, desto wahrscheinlicher wird es, daß wir Probleme bekommen. Vielleicht werden wir noch darum beten, daß die Piraten unsere einzige Sorge sind.«

An unserem gegenwärtigen Standpunkt befanden wir uns noch in den milderen Gefilden. Falls wir westlich segelten, würde sich das Land, das wir dort sahen, kaum vom Winter in Orissa unterscheiden. Die Winter dauern viel länger, doch gab es Bäume, und unter dem Schnee wartete Vegetation auf das Tauwetter des Frühlings. Weiter südlich jedoch wuchs – von dornigem Gras einmal abgesehen – nur wenig. Nie habe ich eine knospende Pflanze jenseits der Halbinsel gesehen. Gräser wichen bald schon nacktem, eisigem Fels, und das einzige Grün, das dort leben konnte, schien eine Art von schleimigem Moos in den geschützteren Tümpeln zu sein, welche die Flut zurückließ.

In dieser Gegend war nicht nur ständig Winter, dort herrschten auch die schlimmsten Windverhältnisse, die man sich nur vorstellen kann. Die Stürme sind der Stoff, aus dem die grausigsten Mythen geworden sind, welche man sich am Lagerfeuer erzählt. Und die Dämonen, die mit diesen Stürmen kommen – so hat man mir gesagt – sind die bösesten und mächtigsten Dämonen von allen.

Damals wußte ich nicht, wie zutreffend diese Märchen waren, doch es drängte mich auch nicht, es herauszufinden.

Carale und mir blieb nur, einen Kurs festzulegen, der uns gefährlich nah zu den wartenden Piraten brachte. Der Trick jedoch bestand nicht darin, sich an den menschlichen Feinden vorbeizuschmuggeln. Das wäre für einen erfahrenen Kapitän wie Carale kein Problem. Es waren die magischen Verbündeten unserer Feinde, die mir am meisten Sorgen machten.

Das magische Netz, das man ausgeworfen hatte, war mächtiger als jedes andere, das ich je gesehen hatte. In der Nacht zuvor hatte ich eine grobe Macht gespürt, der die Anmut unserer eigenen Geisterseher gänzlich abging.

Doch so grob und primitiv das Netz auch scheinen mochte, wußte ich doch, daß es schwierig werden würde, dort hindurchzuschlüpfen.

Der Tag, an dem wir uns ihnen näherten, war grau wie ein Topf, den man eben erst in Zinn getaucht hatte. Meer und Himmel verbanden sich zu einer durchgehenden Fläche, die jede Sicht unmöglich machte und bewirkte, daß wir uns leblos, körperlos fühlten. Zu hören war nur das Klatschen des Wassers unter unserem Bug und das Knarren der Segel, aber der Nebel war so dicht, daß er diese Geräusche fast verschluckte, bis alles kaum mehr als ein gespenstisches Rauschen war. Ich fühlte die prickelnden Ränder des magischen Netzes und flüsterte Carale Anweisungen zu, uns hierhin oder dorthin zu steuern, während wir die Gefahrenzone umfuhren.

Ich hatte den Nebel mit einem Elementenzauber angehoben, der so schlicht war, daß er sicher nicht bemerkt würde. Unter diesen Zauber hatte ich eine weitere, dünne Decke von Nekromantie gelegt, welche Neugier eher trübte, als sie abzuwehren. Sollte durch Zufall das Mißtrauen eines Zauberers geweckt werden, wenn etwa die Zwillinge ein Rundholz fallen ließen, hatte meine Beschwörung dem forschenden Zauberer eine eher langweilige Erklärung zu bieten. In diesem Fall ließ ich das dumpfe Schlagen von Holz klingen, als schwappte eine Welle gegen Felsen.

Der große Makel solcher Zaubersprüche – und der Hauptgrund, warum sie so selten benutzt werden – besteht darin, daß sie den Magier blenden, der sie spricht.

Mit anderen Worten war ich magisch so blind wie mein Feind.

Wir wichen an jenem Tag nicht nur den Piraten aus, sondern suchten vorsichtig einen Weg durch die Kette öder kleiner Inseln, die sich vor der Küste der Halbinsel erstreckte. Die Fähigkeiten meiner Mannschaft wurden bis an ihre Grenzen belastet, als wir durch den Nebel krochen, und alle hielten die Augen nach dem plötzlichen Auftauchen gezackter, schwarzer Felsen offen, welche aus dem Wasser ragen mochten.

Als ich glaubte, wir seien vor der Mündung des Flusses, der angeblich zu den märchenhaften Smaragdfeldern führen sollte, nahm ich das kleine Schiffsmodell hervor, das Donarius in der Woche zuvor geschnitzt hatte. Es war ein grobes Ebenbild der *Tern,* etwa so lang wie ein Speer und breit wie zwei Hände. An Deck befestigt war ein kleiner Smaragd aus meiner Schmuckkassette. Für einen solchen Zweck war das ein geringes Opfer. Außerdem hatte ich die passenden Ohrringe schon vor langer Zeit verloren.

Ich baute mich an der Reling auf – das Schiffsmodell in Händen – und sang:

*Schatzsucher sind wir,*
*Hungrig nach Reichtum, der uns bald erwartet.*
*Steine von leuchtendem Grün,*
*Juwelen für Königskronen,*
*Werden bald schon unsere Beutel füllen,*
*Und in Tavernen wird man singen*

*Und die Maiden werden schwärmen*
*Von so tapferen Burschen wie uns.*

Ich warf das Schiffsmodell ins Wasser. Eine Woge erfaßte es, warf es um, und ich hielt die Luft an, bis es sich wieder aufrichtete. Als das schließlich geschah, wendete das kleine Schiff, bis sein Bug in die richtige Richtung deutete.

Ich flüsterte einen zweiten Zauber, und die kleine *Tern* schaukelte davon, verschwand im trüben Licht.

Wir warteten noch eine Stunde oder länger. Das Rauschen der See, das Rumpeln des Eises an unserem Schiffsrumpf und der ferne Schrei einer Möwe ließen das Warten viel länger erscheinen.

Plötzlich taumelte ich rückwärts, als die Freude eines Zauberers mit Wucht die Stille erschütterte. Das Schiffsmodell war in die magische Falle getappt. Dann hörte ich, wie echte Schreie durch den Nebel drangen, als die Mannschaft der Piraten in Alarmbereitschaft versetzt wurde. Diesen folgten gebrüllte Befehle von den Piratenoffizieren, und schon war alles wieder still.

Ihr Ziel, das wußte ich, würde darin bestehen, dem zu folgen, was sie für die echte *Tern* hielten, und zwar zu jenen Smaragden, von denen meine Männer in Pisidia geprahlt hatten.

Dann wurde das magische Netz eingezogen. Augenblicke später hörten wir gedämpfte Geräusche von dem, was die Piraten für eine heimliche Verfolgung hielten.

Mein Trick hatte gewirkt. Der Feind war abgelenkt.

Ich gab leise Anweisungen, und wir setzten die Segel zum ersten Außenposten. Wenn uns die Götter nicht im Stich ließen, würden wir in wenigen Tagen dort sein.

Wir erreichten die Antero Bay im Morgengrauen. Ein malerischer Sonnenaufgang ließ die gesamte Küste zum Willkommensgruß erstrahlen. Unsere Erwartungen waren hoch, als wir die Biegung umfuhren. Wir alle waren begierig, unsere Kameraden wiederzusehen, und jeder, der nicht mit anderen Pflichten beschäftigt war, stand aufmerksamen Blickes an die Reling gelehnt.

Ich erwartete, Felder von hohem, gelbem Gras vorzufinden, welches sich von Ufer zu Ufer erstreckte und in der kühlen Brise wehte. In dessen Mitte würde sich der Anleger befinden. Um diesen herum stünden zwei Dutzend oder mehr verschlafene Häuschen, in denen unsere Freunde wohnten. Als ich sie zuletzt gesehen hatte, waren ihre Häuser eben fertiggestellt und zeigten stolz die farbenfrohen Dächer in Grün und Rot und Blau, welche sie an die Heimat erinnern sollten. Zu dieser Stunde würden nur einige Frühaufsteher unterwegs sein. Meine Nase zuckte in Vorfreude auf den Duft guten orissanischen Frühstücks, das vielleicht schon auf dem Feuer brutzelte.

Doch so gnädig waren uns die Götter nicht.

Unser Glück hatte ein Ende.

Mir brach fast das Herz, als wir uns der Siedlung näherten. Vor uns lagen qualmende Ruinen, Zeugen einer Katastrophe.

Jemand hatte den Außenposten an der Antero Bay überfallen und niedergebrannt.

Der Anblick war unheimlich, wie geschaffen dafür, eine Seele aus ihrer Verankerung zu reißen. Daß kein Blut zu sehen war, machte alles nur noch unheimlicher. Die Ruinen waren noch warm von den Bränden, die den Außenposten vernichtet hatten. Wir fanden keine Toten, aber die weißen, aschenen Umrisse, wo einmal Leichen gelegen hatten. Nur Schornsteine standen noch, nackte, steinerne Finger, die aus qualmenden Ruinen ragten. Im schwarzen Kern der Häuser fanden sich Scherben geborstener Tonkrüge, Eisenbeschläge von Kisten, die in der Hitze geschmolzen waren, hier und da ein Flecken Gold und Silber, von etwas, das einst Schmuck gewesen war, und Stücke von den farbenfrohen Ziegeln der Dächer.

Wir schwiegen, als wir die Ruinen nach einem Hinweis darauf durchkämmten, was unseren Freunden zugestoßen sein mochte.

Meine erste Entdeckung war, daß dieser Brand keinen natürlichen Ursprung hatte. Ich ahnte und wußte bald sicher, daß der Auslöser magischer Natur war. Man sah Stiefelabdrücke in der Asche, so viele, daß es schwierig wurde, einen vom anderen zu unterscheiden. Doch konnte kein Zweifel daran bestehen, daß ein großer Trupp Soldaten durchmarschiert war.

Als wir die Ruinen durchsuchten, sah ich Tränen in den Augen manches Kameraden, und einmal hörte ich Echse schluchzen. Er untersuchte einen verbeulten Kessel, in dem sich die steinharten Reste von etwas fanden, das einmal ein Haferbrei gewesen war. Keiner von uns dachte schlecht von ihm, weil er seine Gefühle zeigte. Denn als wir inmitten dieser Wüste standen, fühlte es sich an, als hätte der Schlag Orissa selbst gegolten. Eine Heimat fern der Heimat war geschändet, die Bürger gequält und gemeuchelt worden.

Die Luft war frisch, trotz klaren Himmels, was die Verwüstung nur noch krasser wirken ließ. Wir waren auf Frost eingestellt, hatten Pelze und warme, wasserabweisende Stiefel angezogen. Ein milder Wind verwehte ein paar Rauchfetzen, die von den größeren Schutthaufen aufstiegen.

Carale und ich stocherten in einer der qualmenden Brandstätten herum ... dem Haupthandelszentrum, in welchem die Wachen geschlafen hatten. Ganz wie an den anderen Stellen fanden sich auch hier keinerlei Hinweise auf einen Kampf, nur die weißen Umrisse von Männern und Frauen, die im Schlaf verbrannt waren.

An die Kaserne grenzte die Waffenkammer. Sie teilte ihren Kamin mit der Kaserne und war aus Stein gebaut. Die Wände waren im Feuer geborsten, die Waffen auf den Steinen zu unförmiger Masse geschmolzen. Schornstein und Kamin standen noch, gut doppelt so groß wie die Öfen in den ausgebrannten Häusern. Der Kamin war von beiden Seiten zu benutzen, und ein laues Lüftchen wehte flüsternd durch die Öffnung.

Das einzige Lebenszeichen kam von einem hysterischen Hund, der unter einem nahen Stein hervorkroch und ohne Unterlaß heulte und uns anbellte. Donarius, der eine Schwäche für Tiere hatte, versuchte, ihn zu beruhigen, handelte sich dabei jedoch nur einen verletzten Arm ein. Der Hund war derart benommen von dem, was hier geschehen war, daß er sich nicht trösten ließ. Er wollte nicht fressen, nichts trinken, heulte nur unablässig. Als er dafür keine Kraft mehr hatte, kauerte er in der Asche und zitterte so sehr, daß wir schon dachten, er würde sich dabei die Knochen brechen.

Schließlich versetzte Donarius ihm den Gnadenschuß. Danach dauerte es Stunden, bis der Mann wieder reden konnte.

Unten, bei den verkohlten Überresten dessen, was einst der Anleger gewesen war, fanden wir unzählige Fußabdrücke im Schlamm, wo die Angreifer an Land gegangen waren. Diese waren viel deutlicher zu erkennen als die anderen. Außerdem fanden sich tiefe Spuren von Beibooten, mindestens ein halbes Dutzend. Der Feind war übers Meer gekommen.

Carale stellte seinen Stiefel neben einen der Abdrücke. Sie waren in etwa von derselben Größe.

»Diesmal waren es keine Riesen, Mylady«, sagte er. »Es sei denn, wir hätten es hier mit kleinfüßigen Riesen zu tun.«

»Das überrascht mich nicht«, sagte ich. »Wie viele Riesen kann es schließlich geben? Als die Götter sie erschufen, haben sie die Anzahl vernünftigerweise klein gehalten. Ich bezweifle, daß es in der uns bekannten Welt insgesamt genügend gäbe, um eine Stadt von der Größe Orissas zu bevölkern.«

»Was soll daran vernünftig sein, Mylady?« protestierte Carale. »Es war nicht vernünftig, die Riesen überhaupt zu erschaffen. Und zweitens... na, es ist doch völlig dumm, würde ich sagen. Strohdumm!«

»Das würdest du nicht sagen, wenn du ein Riese wärst, mein Freund«, murmelte ich.

Carale hörte nicht. Er dachte über die Fußabdrücke nach.

»Was ist das, Mylady?« sagte er und deutete auf eine Stelle nah am Wasser.

Ich sah sie mir näher an, fand eine Ansammlung verworrener Abdrücke und wollte mich schon umdrehen und Carale fragen, was er denn meinte. Dann sah ich die spitze Schuhform, die mir aus dem Durcheinander entgegensprang. Am Absatz war das Symbol der Geistersehergilde zu erkennen. Ich bückte mich, strich mit einer Hand über mehrere spitze Abdrücke hinweg und fühlte ein schwaches, magisches Prickeln. Ich kannte diesen Geruch.

»Das müssen Spuren eines Geistersehers sein, Mylady ... es sei denn, ich wäre inzwischen blöd und blind wie die Götter«, sagte Carale.

»Du hast recht«, sagte ich. »Und dem Geruch nach zu urteilen hat kein anderer als Lord Searbe sie hinterlassen. Der Geisterseher, dem ich hier die Verantwortung übertragen hatte.«

»Macht nicht den Eindruck, als hätte er sich sonderlich gewehrt«, bemerkte Carale. Dann fügte er eilig hinzu: »Wahrscheinlich hat man ihm die Spitze eines Schwertes an die Kehle gehalten.«

Ich nickte, obwohl ich wußte, daß Drohungen möglicherweise gar nicht nötig gewesen waren. Searbe hatte sich in gewisser Hinsicht als Enttäuschung entpuppt. Wie ich war auch er erst spät zur Zauberei gekommen. Und wie ich hatte er sein Erwachsenenleben als Soldat begonnen. Er war eine eindringliche Persönlichkeit – laute Stimme, rüde Manieren und so unverblümt, wie man nur sein kann. Ehre bedeutete ihm viel, und er schien nach diesem Kodex auch zu leben. Ich hatte ihn ganz gern gemocht, empfand seinen Mangel an gesellschaftlichen Umgangsformen und seine offene Sprache erfrischend. Es stellte einen enormen Gegensatz zu den trockenen, herrischen Männern dar, die üblicherweise Geisterseher wurden. Als Searbe sich also freiwillig meldete, einem der Außenposten vorzustehen, hatte ich begeistert zugestimmt. Doch als ich ihn an der Antero Bay absetzte, hatte er augenblicklich den gewöhnlichen Arbeitern gegenüber eine so aufgeblasene Art und Weise an den Tag gelegt, daß es mir geraten schien, ihn zu ermahnen. Er hatte vielmals um Entschuldigung gebeten und gesagt, er wisse selbst nicht, was in ihn gefahren sei. Diese Entschuldigung hatte ich akzeptiert. Doch nach meiner Abreise hatte ich von Zeit zu Zeit an ihn denken müssen und mich gefragt, ob mir wohl ein Fehler unterlaufen sei. Eine derart kratzbürstige und protzige Persönlichkeit, die bei näherer Betrachtung darüber hinaus höchst ichbezogen wirkte, konnte das Leben der anderen unter solchen Bedingungen höchstbeschwerlich machen.

Als ich nun die Fußabdrücke betrachtete, kamen mir diese Zweifel erneut. Sollte ich mich in ihm getäuscht haben, konnte es ein gravierender Fehler gewesen sein. Wenn ein Mann wie Searbe – dem doch die Ehre angeblich soviel bedeutete – ein Betrüger war, dann hatte ich es mit einem Hund zu tun, nicht mit einem Menschen.

Und sollte dem so sein, befand sich dieser Hund nun in der Hand des Feindes.

Seine Spuren – gemeinsam mit vier weiteren Paaren – lösten sich von den anderen und führten am Wasser entlang. Searbes Spuren wurden von den anderen flankiert, offensichtlich denen seiner Wachen. Doch die Spuren der Stiefel ließen soviel Abstand, daß die Wachen einen ganz entspannten Eindruck machten. Die Abdrücke waren tief, von eisenbeschlagenen Stiefelabsätzen und stachelbesetzten Spitzen, die wie ausgefahrene Krallen einer Katze nach unten deuteten und sich in den Schlamm bohrten oder über die moosigen Felsen schabten.

Das Ufer und die Spuren verliefen in weitem Bogen zu einem breiten Feld dieses gelben Grases hin, welches für die Gegend typisch ist. Es ist dick und rauh und scheint selbst im kältesten Winter zu gedeihen. Verschiedene Tiere – darunter ein großer, flugunfähiger Vogel – bauen ihre Nester in diesem Gras. Als wir zu dem Feld kamen, stellte ich fest, daß das Gras niedergedrückt war und sich dort noch rauchende Lagerfeuer und Haufen von Tierdung fanden.

»Es sieht so aus, als hätte eine Art Karawane hier ihr Lager aufgeschlagen, Kapitän«, sagte ich zu Carale.

Er kratzte sich am Kopf. »Aye, Mylady, so ist es.« Er drehte sich zum Anleger um, wo wir die Spuren der feindlichen Boote entdeckt hatten. »Anscheinend waren es zwei Gruppen. Eine kam von See her. Die andere kam über Land, um sich mit ihr zu treffen.«

»Und aus irgendeinem Grund«, sagte ich, »hat die Gruppe, die per Schiff kam, unseren Geisterseher an die Karawane übergeben. Ich sehe, daß Searbes Spuren in dieses Feld führen, sehe aber beim besten Willen nicht, daß sie irgendwo wieder herauskommen.«

Ich spähte über das niedergewalzte Feld hinweg und fand den Pfad, über den die Karawane hinein- und wieder hinausgezogen war. Er führte in die steinige Wildnis, welche die Antero Bay umgab.

Ich wandte mich um und lief zu unseren Booten zurück. Mein Kapitän folgte mir.

»Wir sollten besser zu dem anderen Außenposten fahren«, rief ich Carale zu. »So schnell wir können.«

Als wir wieder am Ufer waren, hatte sich der Himmel von Blau zu stürmischem Schwarz verdunkelt.

Ohne Vorwarnung drängte der Wind von der Bucht herein und wurde von Minute zu Minute heftiger und kälter.

Ich rief nach den anderen, doch der Wind erstickte meine Stimme fast.

Dann schlug der Sturm mit seiner ganzen Wucht zu.

Und einen Monat lang ließ er nicht nach.

Kapitel Sechs

# *Der Sturm*

Er kam auf uns nieder wie ein stählerner Vorhang und kreiste uns von allen Seiten ein, so daß es kein Entrinnen gab.

Es war, als hätten sich alle Höllen der Eisdämonen geöffnet. Der Wind riß das Wasser aus dem Meer und warf es uns in Form langer Nadeln entgegen, die auf der Haut schmerzten. Dann wurde es immer kälter, und das Meerwasser wandelte sich erst zu Schneeregen, dann zu scharfen Kieseln von Hagel.

Die *Tern* ging schon in den ersten paar Minuten verloren.

Ich erinnere mich an ihren Untergang, als wäre es erst gestern gewesen. Denn in diesem schrecklichen Augenblick verloren wir neben drei Kameraden, die an Bord geblieben waren, all unsere Hoffnungen.

Als uns die erste Wucht des Sturmes traf, warfen wir uns auf den

Boden und suchten kriechend Schutz. Ich fand einen niedrigen Felshaufen und drückte mich an die Erde, um dieser eisigen Faust zu entkommen.

Ich hob den Kopf... und augenblicklich waren meine Wangen taub. Ich konnte kaum durch den stechenden Regen sehen und mußte mich mit gespreizten Händen schützen. Zuerst verlor ich alles Gefühl darin. Dann fingen sie an zu brennen, als hätte ich sie in flüssiges Feuer getaucht.

Dennoch mußte ich Zeugin dessen werden, was geschah. Ich biß die Zähne zusammen und spähte durch den Zaun, den meine Finger formten.

Mein Blick kam hoch, kroch das sturmgebeutelte Ufer entlang. Ich sah ein graues Brodeln von Schaum und Fels und Sand, wo Land und Meer sich trafen. Ich versuchte, einen Sinn in das Durcheinander zu bekommen, dann richtete ich mich auf und zwang mich, den Flutsaum abzusuchen.

Entsetzt sah ich, wie unsere Beiboote am Ufer zertrümmert wurden und das Meer erbarmungslos die Balken mit sich riß.

Alles ging so schnell, daß es ebenso reine Phantasie gewesen sein mochte, doch wußte ich, daß dem nicht so war. Ich ahnte, daß bald schon Schlimmeres geschehen würde.

Dann konnte ich mich der Elemente nicht mehr erwehren, duckte mich, atmete tief und rieb wieder Gefühl in Hände und Wangen. Ich erholte mich, flüsterte ein Gebet zu den Göttern, obwohl ich wußte, daß sie mich nicht hörten, und hob den Kopf erneut.

Mein Blick war eine Möwe im Orkan, kämpfte sich voran, ritt auf bockenden Winden, wußte, daß alles verloren wäre, wenn er der Natur ihren Lauf ließe.

Draußen auf See war ein weißer Glanz am Horizont zu sehen. Wie eine Grimasse leuchtete er in der Finsternis.

Und in dieser Grimasse sah ich die schwankende *Tern,* die dort mit ihrem Anker rang.

Eine lose Strähne meines Haars peitschte mir die Wangen, daß sie bluteten. Die Tropfen blendeten mich, und wieder mußte ich mich ducken, um mir die Augen zu wischen und Luft zu holen.

Als ich wieder hochkam, war nur noch die weiße Grimasse da. Die *Tern* war verschwunden.

Ich sackte in mich zusammen, kämpfte gegen die Ungeheuerlichkeit, die eben geschehen war. Acht von uns waren noch übrig. Der nächste Außenposten lag mehrere Tagesreisen entfernt. Und wir hatten kein Schiff mehr, mit dem wir hätten segeln können. Selbst wenn wir eines gehabt hätten, würde das Lager wahrscheinlich ebenso in Trümmern liegen. Andere Hilfe gab es nicht. Der Sturm mochte früh gekommen sein, doch bald schon würde der Winter hereinbrechen, und es würde einige Monate dauern, bis jemand kommen konnte, um nach uns zu suchen. Mit anderen Worten: Wir waren von der Außenwelt abgeschnitten.

Falls wir hier nicht ohnehin umkamen.

Ich verdrängte alle Gedanken, die nichts mit unserem Überleben zu tun hatten. Meine erste Pflicht bestand darin, dafür Sorge zu tragen, daß wir den Sturm überstanden. Dann erst würde ich Inventur machen.

Dringlichkeit trieb mich. Wenn ich nicht bald handelte, müßten wir allesamt an diesem Strand sterben.

Ich sandte meine Sinne aus, suchte eine magische Lösung. Doch schien es, als wären meine Sinne so taub wie meine Finger, und ich konnte sie kaum ausstrecken. Unbeholfen tastete ich im Äther herum. Anfangs schien mir der Sturm nur eine rohe Naturgewalt zu sein. Dann bemerkte ich einen Unterton von Zauberei. Gleich darauf kam die Kälte – sowohl realer als auch magischer Art –, und ich mußte weichen. Ich versuchte, zu durchdenken, was ich erlebt hatte, doch vernebelte mir der Sturm das Hirn. Es wurde deutlich, daß ich mich für den Augenblick auf meine physischen Kräfte würde beschränken müssen.

Na schön.

Was aber sollte ich tun?

Ich dachte ... Zuflucht zuerst. Ich mußte uns eine Zuflucht suchen.

Der größte und stärkste Windschutz, der mir einfallen wollte, waren der Schornstein und der Kamin im zerstörten Handelszentrum. Mit einigen Schwierigkeiten machte ich die anderen auf mich aufmerksam, und langsam zogen wir uns zurück.

Es dauerte lange, bis wir diesen Windschutz erreichten, und den Weg dorthin als eine Qual zu bezeichnen, hieße, ihn zu beschönigen. Alles geschah im Dunkeln, während der Wind mit groben Händen an uns riß, uns packte, durchschüttelte, Steine nach uns warf und uns mit einer eisigen Mischung aus Wasser und Sand durchweichte. Und, bei den Göttern ... es war kalt! Keiner von uns hatte je so schneidende Kälte erlebt. Selbst Carale und ich, die wir beide einige Erfahrung mit dieser Gegend hatten, wurden davon überrascht.

Der Sturm fegte vom Meer herein, als sei er vom höchsten, kältesten Berg herabgerollt, den ein Dämonenkönig nur erschaffen konnte. Er drang durch unsere Joppen, als wären sie leichte Sommerkleidung und nicht dickes Seehundfell, das man mit einem starken Wärmezauber versehen hatte.

Es war eine Erleichterung – wenn auch nur eine geringe –, als wir endlich hinter dem Schornstein kauerten. Der Sturm heulte durch das Auge des Kamins und versuchte, seine Finger um die steinernen Seiten zu legen. Es hatte keinen Sinn, gegen den Wind anzuschreien, und so gab ich Zeichen, um meine Anweisungen klarzumachen ... wir brauchten Steine, die wir stapeln konnten.

Ich weiß nicht, wie lange es dauerte. Es kam uns vor wie Tage oder sogar Wochen, obwohl ich hier nicht schreiben würde, wenn es länger als ein paar Stunden gedauert hätte. Schließlich hatten wir das Loch mit einer groben Steinmauer verstopft. Wind heulte durch die Spalten, doch war es schon viel besser. Dann stapelten wir weitere Steine an den Seiten auf, bauten eine niedrige Mauer, damit der Sturm nicht weiter auf uns einhieb.

Wir alle waren erschöpft, doch wußte ich, daß wir nicht rasten durften... noch nicht. Ich war derart von der Kälte geschwächt, daß ich die Einzelheiten meiner Umgebung kaum noch erkennen konnte. Von Minute zu Minute wurde ich schwächer. Es kam mir vor, als wäre ich im Kern schon fast gefroren und verlöre meinen Lebenswillen. Ich wußte, daß es den anderen genauso ging.

Ich mußte in Bewegung bleiben. Wir alle mußten in Bewegung bleiben.

Ich stellte Trupps zusammen, die in den eisigen Wind hinauskriechen und alles Brennholz sammeln sollten, das in den Ruinen des Zentrums zu finden war. Wir erledigten es in Etappen. Zuerst würde ein Trupp – die Zwillinge, zum Beispiel – einen qualmenden Stapel auskundschaften. Sie brachten mir, soviel sie konnten, trotzten dem Wind und der mörderischen Kälte. Zu sprechen war noch immer unmöglich. Der tosende Sturm schluckte jedes andere Geräusch. Wenn die Männer also etwas mitzuteilen hatten – eine Gefahr vielleicht, die der nächste Trupp umgehen sollte – mußten sie Handsignale geben. Doch manchmal waren sie so erfroren, daß sie die Finger nicht bewegen konnten und wir Zeit und kostbaren Brennstoff einsetzen mußten, um sie aufzutauen.

Dann war das nächste Paar an der Reihe, sich in den frostigen, Körper und Geist durchprügelnden Mahlstrom zu stürzen.

Wir bauten ein flaches Bett aus Kohlen, gerade breit genug, uns acht aufzunehmen, wenn wir nah beieinander blieben. Wir bedeckten die Kohlen mit Kieseln und streckten uns der Länge nach auf dieser felsigen Matratze aus. Die aufsteigende Wärme war himmlisch, doch mußten wir uns ständig umdrehen, da die den Elementen ausgesetzte Seite schnell taub wurde.

Ich wollte noch mehr tun, doch sah ich die Müdigkeit in den

faltigen Gesichtern meiner Kameraden und wußte, daß ich sie und mich nicht länger antreiben konnte. Wir mußten essen und rasten.

Da ein kurzer Aufenthalt geplant gewesen war, hatten wir nur Proviant für einen Tag dabei... höchstens eine einzige richtige Mahlzeit. Aus diesem Grund mußte ich meine nächste und vielleicht entscheidenste Entscheidung treffen. Entweder teilten wir uns den Proviant ein, damit er so lange wie möglich reichte. Oder wir konnten das tun, wozu ich mich dann entschloß. Nämlich alles aufzuessen, solange wir noch die Kraft hatten, Nutzen daraus zu ziehen. Dann schliefen wir, als wären wir bereits im Land der Toten, wobei der Sturm um uns heulte und die Steine beben ließ.

Es war der letzte tiefe Schlaf, den wir für so manchen Tag erleben sollten.

Ich wachte auf, weil der mächtige Hammer des Sturmes noch härter als zuvor auf uns einschlug. Feuchter Sand spritzte durch die Löcher in den Mauern, wie Wasser durch zu enge Rohre.

Ich weckte Carale, der die anderen wachrüttelte, und wir machten uns daran, unsere Zuflucht stabiler zu gestalten.

Ich hatte keine Ahnung, wie lange der Sturm dauern würde. Ein alter Freund aus dieser Gegend – der Schamane eines Stammes von Fischern – hatte einmal gesagt, man könne sich der Elemente nur erwehren, wenn man davon ausginge, daß man den Rest seines Lebens in der gegenwärtigen Situation verbringen müßte. Man dürfe keine vorübergehenden Lösungen suchen. Und jeder Fortschritt müsse sein, als hätte man ihn eben den Zähnen eines Tigerhais entrissen.

Ich ließ die Männer die Mauern der felsigen Zuflucht dicker und höher bauen, doch nicht so hoch, daß sie die wenige Hitze, die wir schaffen konnten, entkommen ließen. Wir bauten ein Dach aus flachen Felsen, die von aufeinandergestapelten Steinen gehalten wurden, was aus dem Innenraum des Windschutzes kleine Zimmer machte, falls man sich Zimmer in einem Bau vorstellen kann, der in etwa so breit ist wie ein Ziegenstall und hoch wie die Hüfte eines großen Menschen. Drinnen mußte man knien und kriechen, über seine Kameraden steigen.

Wir verstopften die Spalten zwischen den Steinen so gut es ging mit Trümmerstücken und Erde. Das entpuppte sich als dauerhafte Beschäftigung, da der Wind jedesmal, wenn wir eine Lücke verschlossen hatte, neue Stellen zu finden schien, die er bearbeiten konnte. Ein kleines Loch blieb oben im Dach, wo der Rauch austreten sollte. Wir mußten das Feuer klein halten ... es gab keine Möglichkeit, ausreichend Brennmaterialien zu finden, um das steinerne Hitzebett in Gang zu halten. Jeder Weg nach draußen auf der Suche nach Brennbarem war ein Gottesurteil, das einen fast das Leben kostete. Nur vier konnten sich zur gleichen Zeit um das Feuer drängen. Eine Seite wurde dann kaum warm, während die andere wie Eis blieb. Währenddessen bibberten und klapperten die Kameraden und warteten, daß sie an die Reihe kämen, sich des engen Raumes von erstickendem Qualm und lauer Wärme zu erfreuen.

Nach der Wärme – so es sie gab – kam die Nahrung. Das war noch schwieriger. Das Feuer hatte sämtliche Vorräte des Außenpostens vernichtet, so daß nur Brocken zu finden waren, die hauptsächlich aus den Resten des letzten Mahles unserer Kameraden bestanden. Es war das größte Elend, das sich vorstellen läßt, inmitten dieses eisigen Sturmes zu kauern und in den Feuerstellen nach derart kärglichen Resten zu scharren.

Meist waren sie verbrannt und so hart, daß wir sie mit Wasser aus geschmolzenem Eis vermischten, um Schleimsuppe daraus zu kochen. Diese war kaum genießbar, und hungrig wie ich war, fürchtete ich doch bald den Brei auf meiner Zunge. Wir konnten nur froh sein, daß die Brocken nicht verdorben waren. Selbst ohne diesen Sturm war es im Süden eigentlich immer zu kalt, daß etwas modern oder faulen konnte.

So verging wohl eine Woche ... eine Woche zunehmender Qualen, bis Echse zu mir kam.

»Entschuldigung, Mylady«, sagte er, und seine Stimme war im Wind kaum zu verstehen. »Ich habe über den Abfall nachgedacht.«

So kalt mir auch sein mochte, war doch noch so viel Leben in mir, daß ich mich fragte, wovon zum Teufel er eigentlich redete.

»Es gibt keinen Abfall, Echse«, sagte ich. »Wenn es welchen gäbe, hätten wir ihn schon gegessen. Was sollen wir uns um Zeug Gedanken machen, das wir gar nicht wegwerfen? Und wenn es einen Überschuß gäbe, müßten wir uns um Verschmutzung und Hygiene keine Sorgen machen. Dafür ist es viel zu kalt.«

Seine Felljoppe wippte in einer Geste der Zustimmung auf und ab. Vielleicht lächelte er sogar, aber wer konnte das schon sagen? Wahrscheinlich war es nur die ständige Grimasse, die wir alle zogen, starr im knirschenden Frost.

»Das hat mich drauf gebracht, Mylady«, sagte er. »Hier verrottet nichts. Was bedeutet, daß der Müll, den die anderen weggeworfen haben, noch in der Grube liegen müßte. Und er müßte noch so frisch sein wie an dem Tag und in der Stunde, als der Koch die Mahlzeit zubereitet hat.«

Mir wurde kein bißchen übel bei dem Gedanken, Abfälle zu essen. Im Gegenteil, mir lief vor Freude über das schmutzige Mahl das Wasser im Mund zusammen.

Das Problem bestand darin, die Müllgrube zu finden. Niemand konnte sagen, wo sie man sie ausgehoben hatte, besonders nicht, nachdem die Siedlung nun in Schutt und Asche lag. Wenn kein Sturm wütete, hätten wir danach suchen und sie irgendwann finden können. Doch jeder Ausflug außerhalb des Windschutzes war für den Ausflügler wie ein ganzes Leben, das sich mit Körnchen messen ließ, die in ein Glas rieselten.

Meine geisterseherischen Fähigkeiten waren gleich null. Die natürliche Gewalt des Sturmes – in Verbindung mit dem unterschwelligen Verwirrungszauber – verwässerte mein magisches Talent, so daß ich nur wenig Kraft aufbrachte, was Feinheiten anging. Zum Beispiel hätte ich ein Feuer entfachen können, falls unseres ausging. Nur hätte ich nicht genügend Energie aufgebracht, es am Brennen zu halten. Selbst der Wärmezauber in unserer Kaltwetterkleidung war zu einem Nichts verflogen. Und dieser Zauber war speziell von fähigen Geistersehern erdacht und gesprochen worden, die für die Gilde der Schiffsausrüster arbeiteten. Meine Kiste mit magischen Gegenständen war mit der *Tern* verlorengegangen, so daß ich nicht prüfen konnte, ob diese Materialien ebenfalls davon betroffen waren. Ich vermutete, sie wären es, so daß es eigentlich keinen Grund gab, ihren Verlust zu betrauern.

Was mich auf direktem Weg zurück zu meinem Dilemma brachte, wie die Müllgrube zu finden wäre. Eine physische Suche war unmöglich. Nur Zauberkraft würde uns helfen. Wie konnte ich eine solche Aufgabe unter den gegebenen Umständen erfüllen? Ich fühlte mich sehr klein im Angesicht der Macht des Sturmes.

Dann wurde mir klar, daß diese mangelnde Größe die Lösung sein konnte. Je länger ich darüber nachdachte, desto mehr schien mir, daß es besser wäre, möglichst wenig magische Angriffsfläche zu bieten.

Unser letzter Trupp war mit reicher Beute heimgekehrt, dem gefrorenen Kadaver einer Schiffsratte, die unter einem Ofenstein gelegen hatte. Donarius hatte ihn umgedreht, als er die Asche nach verbrannten Krumen von Speisen durchforstete. Wir alle hatten ihn für seinen Fund gelobt und nahmen begierig Anteil, als beschlossen wurde, die Ratte zu einer Brühe zu verkochen und die zermahlenen Knochen des Tiers unserem nächsten Schwung Schleimsuppe beizumengen. Es würde ein wahres Festmahl werden.

Man kann sich die fragenden Blicke vorstellen, als ich um die Ratte bat. Selbst disziplinierte Männer wie diese konnten sich des höchst menschlichen Mißtrauens nicht erwehren, daß ich mehr als meinen Anteil fordern könnte. Ich schenkte ihnen keine Beachtung und vertraute auf ihren Drill, daß sie nicht den Kopf verloren.

Ich zog mich in eine Ecke zurück, und die Männer machten sich wieder daran, reihum die Plätze am Feuer zu besetzen. Sie gaben sich alle Mühe, mich zu ignorieren, und ließen mich mit meinem Zauberwerk allein. Es wäre nicht schwierig. Der Wind brüllte um uns herum, machte normales Sprechen unmöglich. Es war einfacher, sich von dem Lärm vereinnahmen zu lassen, wenn man für den kurzen Zeitraum, der jedem zugeteilt war, vor diesem Feuer hockte. Einige Minuten lang konnte man einen Zustand träumerischer Erschöpfung finden, in dem die Außenwelt blaß und in weiter Ferne war.

Ich legte den grauen Kadaver vor mich. Ich fummelte meine Feuerperlen hervor und verteilte sie auf dem kleinen Körper. Ich machte mir nicht die Mühe, den kurzen Singsang anzustimmen, mit dem man die Perlen zum Leben erweckt. Ich hatte ihn schon ausprobiert und wußte, daß selbst dieser schlichte Zauberspruch, den jedes orissanische Kind kennt, nicht wirken würde. Doch dachte ich, ich könnte die Feuerperlen als Brennpunkt wie ein Vergrößerungsglas benutzen. Zumindest war das meine Theorie. Es bliebe zu beweisen, ob sich diese Theorie in die Tat umsetzen ließe.

Ich konzentrierte mich auf die Perlen auf dem toten Tier. Ich machte meinen Willen zu einem schmalen Strahl, dünn wie eine Nadel. Ich hielt das Bild aufrecht, formte die magische Nadel noch spitzer und dünner, mit einer breiten Öffnung, durch die sich der Faden ziehen ließ. So vorsichtig ich konnte, streckte ich die Nadel aus.

Ich spürte ein Summen im Äther. Etwas war aufmerksam geworden! Ich fühlte, wie mir forschende, kleine Partikel von Magie entgegenwehten. Doch war das Interesse gering, und nur wenige Stückchen – wie ein sanft wehender Schnee – wirbelten herum. Ich blieb still, bis sie fort waren.

Als es ungefährlich wurde, suchte ich wieder mit meiner magischen Nadel. Ich stach in eine Feuerperle, spürte ein minimales Leuchten von Energie und drückte die Nadel durch die Perle in den Rattenleib. Ich ließ die Zaubernadel im Kadaver stecken, trat langsam zurück und wickelte dabei langsam einen dünnen, magischen Faden aus dem Nadelöhr auf.

In meinem magischen Auge sah ich, wie sich der Faden abspulte, silberne Spinnweben, die im Wind des Äthers wehten. Meine geistigen Finger griffen nach dem Faden, und ich sang:

*Fell und Zähne,*
*Quieken, Kämpfen,*
*Huschen, immer*
*Huschen ...*
*Geschäftig dort im Bau.*
*Fell und Zähne,*
*Quieken, Kämpfen.*
*Such im Tod*
*Wie schon im Leben.*
*Huschen, immer*
*Huschen ...*
*Geschäftig dort im Bau,*
*Such ... such ... such!*

Die Ratte rührte sich. Erst zuckten ihre Schnurrhaare, dann ihre Nase, und kleine, rosafarbene Augen gingen flatternd auf. Die rosa Punkte pfeilten herum, dann sprang die Ratte plötzlich auf. Sie wartete nicht, zögerte nicht, sondern trippelte zum Fuß der steinernen Mauer. Dort war eine schmale Mulde zwischen einem Stein des Fundamentes und den festgefügten Kieseln des Bodens. Ich hielt mich am Faden fest, machte mich klein und ließ mich von der Ratte mitreißen.

Fest hielt ich den Faden, und dann wurde ich zur Ratte, die durch diese Mulde stob. Meine Pfoten blitzten auf, der Boden wurde fortgeschaufelt, und ich sah ein Loch auftauchen, doch war es klein, zu klein. Wieder begann mein kleiner Rattengeist, sich zu zwängen und zu zwängen, und dann war ich durch das Loch hindurch, drückte mich tiefer und tiefer, paddelte durch Kiesel und Sand, als wären sie Wasser. Schließlich verschwanden die Kiesel, und ich duckte mich unter einem irdenen Schauer hervor, dann huschte ich einen schmalen Tunnel entlang.

Die Zauberin in mir spürte, wie Spinnweben magischen Mißtrauens verwehten, als ich den Tunnel hinunterhastete. Ich war zu klein, als daß unser unbekannter Feind mich hätte bemerken können. Doch ruhte ich mich darauf nicht aus, da jede weitere geistige Aktivität Alarm auslösen konnte. Ich wurde so rattengleich wie möglich.

Ich dachte: »Futter. Futter. Finde Futter.«

Und ich trippelte davon, brennend vor Rattenenergie, alle Nervenenden glühend von der Vielfalt der Empfindungen. Ich hörte den Sturm über dem Bau tosen, doch bedeutete er mir nichts. Mir war warm, ich war schnell, ich war hungrig. Und plötzlich *wußte* ich den Weg und bog eilig nach links ein, wo ein anderer Bau aufragte. Ich konnte Futter riechen. Ich spürte weitere, die *Futter, Futter* dachten. Sie huschten andere Tunnel entlang, die wie der meine waren. Sie waren voller Gerüche von Herausforderern. Es wurde abgeschätzt, wie wild ich war, und so machte ich mich zur Wildesten von allen. Ein scharfer Geruch stieg von mir auf wie Qualm, und ich spürte, daß meine Herausforderer zurückwichen.

Bis auf eine.

Sie brach aus einem großen Tunnel hervor und schoß auf mich zu, schnell wie eine Katze, wendig wie eine Schlange.

Sie hatte ein Auge, ein narbiges Ohr und lange Zähne, die Stahl zerbeißen konnten. Sie war die Rattenkönigin und hatte in ihrem

Leben so manchen Wurf geboren, gefüttert und bewacht. Sie suchte sich die Männchen aus und das beste Futter aus der Müllgrube, welche ich gleich in ihrem Rücken witterte. Ich wußte, daß diese Rattenkönigin schon manchen Rivalen getötet und doppelt so viele Emporkömmlinge verstümmelt hatte, und nun war sie entschlossen, mir dasselbe anzutun.

Ich täuschte rechts an – ihre blinde Seite –, doch schlug ich links zu. Meine Zähne bohrten sich in Fell, dann Fleisch. Ich schlitzte ihre Schnauze auf, dann zielte mein Angriff abwärts, schlug nach ihrem Bauch. Ich fühlte, wie scharfe Zähne sich in meine Hinterpforte bohrten, doch achtete ich nicht darauf, drehte sie herum, bis ich ihr Rückgrat fand. Ich zerbrach es mit den Zähnen. Die Rattenkönigin quiekte vor Schmerz, dann war sie still.

Ich stürzte an ihr vorbei in den Tunnel, den sie bewacht hatte. Und dort fand ich den Schatz – die Müllgrube des Außenpostens.

Ich zerriß den magischen Faden, durchbrach den Zauber und war wieder ich selbst.

Alle Knochen und Muskeln schmerzten, als hätte ich eben die größte und erschöpfendste Aufgabe in der Geschichte der Magie beendet. Ich verzog das Gesicht. Solche Mühen, nur um eine Ratte zu sein.

Dann überbrachte ich meinen Kameraden die gute Neuigkeit. Ganz in der Nähe erwartete uns ein Bankett. Ein Festessen aus alten Schwarten, schimmeligen Schalen und Klumpen von körnigem Fett.

Das Wasser lief ihnen im Mund zusammen, als ich das beschrieb.

Wir hatten einiges zu durchleiden, bis wir diese Grube stürmen konnten, doch aßen wir jeden dreckigen Brocken davon und trauerten um den letzten Bissen, als dieser triste Augenblick schließlich nahte.

Nachdem alles verspeist war, kam die Sorge um das Brennmaterial. Unser Vorrat schwand, bis gerade noch ausreichend übrig war, um jedem von uns am Anfang und am Ende eines jeden Tages einen Becher heißen Wassers aufzuwärmen. Ich habe von anderen Seeleuten gehört, die ähnliches durchlitten haben. Einige von ihnen, das habe ich gelesen, kamen den Göttern näher und lobten bis zu ihrem Tode deren Namen, weil diese sie aus dem Elend befreit hatten. Meiner Ansicht nach verdienten die Götter wüste Flüche, weil sie mich so folterten.

Ich kann nicht beschreiben, wie kalt dieser Sturm war. Anfangs dachte ich, er wäre wie Messer, dann dachte ich, er wäre wie Blutegel, die mich meiner Kraft, meines Willens beraubten. Es läßt sich auch kaum beschreiben, wie hungrig wir wurden. Wiederum kamen mir zuerst Messer in den Sinn. Doch dann dachte ich, nein, es ist, als fräße etwas *mich*.

Auch andere Gefühle wurden geweckt, doch nur Kälte und Hunger bedeuteten etwas. In gewisser Weise verschleierten sie sogar den Schmerz.

Wir wurden wie Automaten, deren Uhrwerk langsam ablief. Jede Bewegung war eingeschränkt, wurde langsam, unter Schmerzen ausgeführt. Es gab keinen Ausbruch von Wut oder Hysterie, nicht, weil wir allesamt so tapfer gewesen wären, sondern weil wir für derartiges Verhalten keine Energie mehr hatten. Ein tiefes Knurren oder eine einzelne Träne mußten genügen.

Dann wachten wir eines Tages auf und stellten fest, daß einer fehlte. Priam war gestorben. Er war ein gutmütiger Seemann, doch hatte er sich während der Krise noch weiter als wir anderen in sich zurückgezogen, und keiner konnte sich erinnern, wann er zuletzt gesprochen hätte. Am einen Tag war er noch eine Tasse, die sich um ihre Ration heißen Wassers drängte ... am nächsten Tag war die Tasse nicht mehr da. Wir alle glotzten einander trübe an, fragten uns, was geschehen war. Dann merkten wir, wer fehlte.

Wir fanden Priam wie ein Kind in seiner Joppe zusammengerollt. Kalt und tot.

Vermutlich trauerten wir, doch kurz darauf spürte ich, wie die Stimmung umschlug. Männer warfen Blicke auf das Bündel, welches Priams Leiche war. Ich wußte, was sie im Schilde führten.

Ich rief alle zusammen. Glücklicherweise gab es einen dieser seltenen Momente, in denen der Sturm nachließ, und ich konnte mich verständlich machen.

»Ich will offen reden«, sagte ich. »Es macht keinen Sinn, höflich einem naheliegenden Thema auszuweichen.«

Ich deutete auf Priam. »Einer unser Kameraden ist tot. Und wir betrauern ihn. Dennoch wollen wir alle überleben. Priam hat keine weitere Verwendung für seinen Körper. Wir dagegen könnten ihn gebrauchen und auf diese Weise etwas länger leben.«

Ich sah mich um, aber niemand wollte meinem Blick begegnen. Sie alle ließen die Köpfe hängen, als schämten sie sich. Ich sah die Spannung an den Unterkiefern.

Carale räusperte sich. »Ich schätze, wir haben Ähnliches gedacht, Mylady... und uns gefragt, wie wohl Eure Meinung dazu wäre.«

»Zum Kannibalismus?« drängte ich. »Nennen wir das Kind beim Namen. Man kann ihm nicht entkommen, indem man ihm einen hübscheren Namen gibt.«

»Ja, Mylady«, unterbrach Donarius. »Und ich möchte auch von Fleisch sprechen, wenn Ihr nichts dagegen habt. Denn das ist alles, was vom alten Priam übrig ist. Fleisch.«

Ich zuckte mit den Schultern. »Da gebe ich dir recht«, sagte ich. »Und ich habe keinerlei Skrupel, Gebrauch davon zu machen.«

Alle lächelten, und ich konnte spüren, wie sie fast vorrückten und es sie juckte, ihre Messer zu zücken. Ich hob eine Hand, und sie alle erstarrten.

»Nur, glaube ich, sollten wir bedenken, was wir zu tun beabsichtigen«, warnte ich. »Wenn wir den armen Priam essen, haben wir dadurch eine oder zwei Mahlzeiten mehr. Dann sitzen wir wieder genauso da. Nur werden wir dann wissen, daß noch mehr Fleisch auf uns wartet. Gierig werden wir darauf warten, daß der nächste stirbt. Es könnte sogar sein, daß wir es fördern.«

»Keiner von uns ist ein Mörder, Mylady«, protestierte Carale.

»Aber könntest du einer werden?« fragte ich. »Was wäre, wenn wir es uns leicht machten? Was wäre, wenn ich vorschlagen würde, daß wir beim nächsten Mal Strohhalme ziehen und der mit dem kürzesten Halm sich opfert? Wir würden ihn töten und essen. So was ist schon passiert. Hin und wieder hat es sogar den einen oder anderen Überlebenden gegeben.«

Ein Schauer lief Donarius über den Rücken. »Ich habe solche Geschichten schon gehört, Lady Antero«, sagte er. »Wie wir alle. Keine davon war schön.«

Ich sagte: »Und nicht alle dieser Männer ... nennen wir sie ›Freiwillige‹ ... sind tapfer gestorben, nicht? Einige haben geschrien und um Gnade gefleht. Doch konnte es das Beil des Schlachters nicht aufhalten. Denn sie waren ja ... nur Fleisch.«

Ich nahm einen Becher und eine Handvoll Kieselsteine.

»An Stelle von Strohhalmen«, sagte ich, »könnten wir für unsere Lotterie auch Kiesel nehmen. Ich könnte eine Zahl auf jeden Stein schreiben und sie hineinwerfen. Einen nach dem anderen.«

Das tat ich, und das Klappern eines jeden Kiesels ließ die Männer zusammenzucken. Bei sieben hörte ich auf. Dann schüttelte ich den Becher und klapperte laut damit.

»Dann müssen wir nur noch ...« und zur Bekräftigung streckte ich den Becher aus, »... einen Stein auswählen.«

Alle schreckten vor dem Becher zurück, als wär die Wahl real und das Leben jedes einzelnen sei tatsächlich nur noch ein Stein in einem Becher.

»Aber ich glaube, wir sollten gemeinsam beschließen, was zu tun ist«, sagte ich.»Wir sollten abstimmen, wie wir vorgehen wollen.«

Ich sah zu Boden, damit die Spannung stieg.

»Nun«, sagte ich. »Wie entscheiden wir uns? Essen wir Priam oder nicht?«

Wie *ein* Mann sagten die Zwillinge: »Nicht!«

Dann Donarius und Carale: »Nicht!«

Auch die anderen nahmen teil, und alle stimmten mit nein.

Jemand seufzte, und die Männer entspannten sich, als wäre ihnen eine schwere Last genommen. Einer machte sogar einen Scherz. Ich weiß nicht mehr, was es war oder ob es eigentlich komisch war, doch wir alle lachten, als käme der Scherz vom Narren der Götter persönlich.

Die Flaute im Sturm setzte sich fort, und normalerweise hätten wir sie für eine eilige Futtermission genutzt. Nachdem Priams Leiche zur späteren Bestattung fortgeschafft worden war, rief ich die Männer erneut zu einer längst überfälligen Besprechung zusammen.

»Wir alle haben schon über unsere Lage gesprochen«, sagte ich, »wenn auch nur bruchstückhaft. Und ich bin nicht mal sicher, ob wir alle in derselben Gruppe waren und dasselbe wissen.«

»Für ein paar Worte von Euch wären wir dankbar, Mylady«, sagte Carale.

»Folgendermaßen steht es«, sagte ich. »Bis der Sturm sich legt, können wir nichts tun. Wenn es soweit ist, werden wir immer noch von der Außenwelt abgeschnitten sein. Der nächste Ort ist der andere Handelsposten. Nur denke ich, wir sollten davon ausgehen, daß der gleichermaßen ausgelöscht ist.«

»Sieht so aus, als müßten wir nach Hause laufen, Männer«, sagte Carale, wobei er sich Mühe gab, es von der heiteren Seite zu nehmen, jedoch kläglich scheiterte.

»Und höllisch kalt ist es auch«, sagte einer der Zwillinge. Die anderen murrten zustimmend.

»Was glaubt Ihr, wann sich der verfluchte Sturm legt, Mylady?« fragte Donarius.

Ich antwortete vorsichtig. Als ihre Geisterseherin und Befehlshaberin mußte ich dafür Sorge tragen, daß sie verstanden, ohne sich zu fürchten. Zauberei läßt manchmal selbst Zauberern eine Gänsehaut über den Rücken laufen.

»Ich empfange Hinweise darauf, daß er jeden Tag aufhören müßte«, sagte ich. »Ich spüre ein Nachlassen, wie etwa diese Flaute, in der wir stecken. Dann fängt er wieder an. Stärker als zuvor. Doch liegt einige Zeit dazwischen, was mir Hoffnung gibt.«

»Ist Hoffnung alles, was wir haben, Mylady?« knurrte Donarius.

»Mit anderen Worten: Wieso kann ich den Sturm nicht aufhalten oder zumindest schwächen?« sagte ich trocken.

Donarius nickte. »Ohne respektlos klingen zu wollen, Mylady«, sagte er, »aber das habe ich mich von Zeit zu Zeit schon gefragt.«

»Der Sturm mag früh gekommen sein«, sagte ich, »aber er *ist natürlich*. Nicht einmal sämtliche Geisterseher Orissas und alle Zauberer der Fernen Königreiche könnten einen solchen Sturm erschaffen. Und es handelt sich um einen derart starken Sturm, daß meine magischen Fähigkeiten ... eingeschränkt wurden. Es ist, als würden sie niedergewalzt ...«, und halb in Gedanken murmelte ich vor mich hin, »... zu einem Bogen nah am Horizont niedergewalzt ...«

»Wie war das, Lady Antero?« unterbrach mich Donarius. »Das mit dem Horizont? Was war nah am Horizont?«

»Egal«, sagte ich. »Das wird ein Gelehrter herausfinden müssen. Zurück zum Thema. Der Sturm hat meine Kräfte eingeschränkt. Wieso, kann ich nur raten. Aber außerdem spüre ich auch etwas *nicht ganz* Natürliches im Sturm.«

»Einen anderen Zauberer, Mylady?« fragte Carale.

»Fast sicher«, sagte ich.»Nur ist das Etwas, das ich spüre, eher wie ein ... Chor ..., und zwar ein schwacher Chor. Und dieser magische Chor nutzt irgendwie den Wind, um seinen Einfluß zu verstärken.«

»*Chor* hat so einen freundlichen Klang, Mylady«, sagte Carale. »Nur klingt ihr nicht so freundlich, wenn Ihr davon sprecht.«

Ich schüttelte den Kopf. »Er ist kein bißchen freundlich«, sagte ich. »Nein, er sucht etwas. Er sucht nach magischer Ausstrahlung, und alles, was er findet, wird... verbrannt, nur so kann ich es beschreiben.«

Nie zuvor hatte ich etwas Derartiges erlebt, doch spürte ich instinktiv, wie mir ein Schauer über die magische Haut lief, wenn sich mein Feind bemerkbar machte.

»Dadurch wurde es noch schwieriger, meine Kräfte zu nutzen«, sagte ich.

Ich legte eine Pause ein, dann: »Alles, was größer ist als ein Rattentrick, wird ihnen ermöglichen, mich zu finden. Und wenn sie mich kriegen, wissen sie auch, wo ihr seid. Sie werden wissen, was ihr vorhabt. Und das wird ihnen wahrscheinlich nicht gefallen.«

Donarius brummte. »Ich verstehe, was Ihr sagen wollt, Lady Antero«, sagte er. »Ich verstehe es genau.«

»Verzeiht, Lady«, hörte ich Echses Stimme. »Was machen wir, wenn der Sturm sich legt? Und Ihr Eure Kräfte wiederfindet? Was machen wir dann?«

»Wir zaubern uns eine Flasche Rum«, sagte ich, »und bringen dich dazu, uns ein ordentliches Sauflied zu singen.«

Die Männer lachten. Fast schien es in der Kammer aus eisigem Stein warm zu werden. Jemand begann, eine Geschichte zu erzählen. Ich beugte mich vor, um besser zu hören.

Dann heulte wieder der Sturm über uns hinweg, und eilig zog sich jeder hinter die Schneewehen seines Ichs zurück.

Ich träumte, ich stünde an einem langen, blauen Ufer und ein silbernes Schiff käme aus einer Nebelbank hervor. In meinem Traum fand ich es nicht ungewöhnlich, obwohl ich mit Interesse die strammen Segel betrachtete und dachte, daß der Tag doch windstill war. Dann sah ich ganz deutlich eine Frau am Ruder des Schiffes stehen. Sie war von elfenbeinerner Farbe, ein elfenbeinernes Kleid peitschte um sie und zeigte jede Rundung ihres Körpers. Sie hatte rotbraunes Haar, das in ihrem Rücken flatterte, und machte eine heldenhafte Figur, während sie das Schiff durch den magischen Orkan lenkte.

Dann sah ich, daß sie sich umwandte, eine Hand noch am Ruder, und sie schaute zum Ufer hin. Unsere Blicke trafen sich. Es war, als wären wir nur einen Herzschlag voneinander entfernt, und ich spürte, wie Donner mich bis ins Mark erschütterte. Ihre Augen waren dunkle Teiche, die mich in die Tiefe zogen. Dann weiteten sie sich vor Angst … sie war wieder auf dem silbernen Schiff, und ich wieder am Ufer.

Ich hörte, wie die Klänge einer Leier die Wolken schwellen ließen, sah die ferne Gestalt das Ruder herumreißen, dann fegte das Schiff in verzweifelter Flucht davon. Ich sah ihm nach, bis es am Horizont verschwand.

Die Klänge der Leier verstummten, und ich erwachte.

Ich rieb mir die Augen. Ich sah mich um, fühlte mich seltsam fehl am Platz. Desorientiert. Verwirrt. Irgend etwas stimmte nicht. Irgendwas war anders.

Dann merkte ich, was anders war.

Der Sturm hatte ein Ende.

Kapitel Sieben

# *Tod eines Geistersehers*

Blinzelnd traten wir in Sonnenlicht und Stille hinaus. Das Blau des Himmels brannte in den Augen, und am Boden häufte sich – dank des peitschenden Schneesturms, der noch vor der Flaute eingesetzt hatte – glitzernd weißes Pulver. Das Meer gab sich ruhig, gemustert wie graue Kacheln, und am Ufer war die schaumige Brandung mit Eisklumpen überzogen.

Schaudernd sog ich Luft in meine Lungen, fühlte mich bemerkenswert frei. Hunger und Frostbeulen mochte ich haben, aber – den Göttern kein Dank – ich war am Leben!

Dreimal noch holte ich Luft, dann sandte ich meine Sinne aus. Zart zuerst, dann stärker und aufstürmend in den Äther, wo ich weder Widerstand noch Fallen fand. Ich rieb mir die Hände. »Laßt uns ein Feuer machen. Ein hübsches Feuer.«

Die Männer lachten in sich hinein und kamen zusammen. Mit schwungvoller Geste beschrieb ich zwei Kreise, deutete auf eine Stelle von der Größe eines ordentlichen Lagerfeuers. Schlurfend traten die Männer beiseite, kicherten vor Freude.

Ich sang:

*»Feuer der Herde –*
*Feuer daheim –*
*Komm, wenn ich rufe,*
*Dann brenne warm und hell.«*

Ich gestikulierte, machte einen guten Geisterseherauftritt daraus und stärkte ihren Mut mit meinem Spruch. Dann riß ich eine Faust nach vorn, öffnete sie gerade im richtigen Moment, als würde ich Würfel werfen. Ein kleiner Feuerball sprang vor, verblüffte die Männer, so daß sie zurückschreckten. Dann fiel der Ball zu Boden, dampfend und zischend, als er im Schnee versank. Ich breitete die Arme aus, und sein Leuchten wurde heller und größer.

Dann klatschte ich in die Hände, und es wurde zu einem fröhlichen Freudenfeuer, das dort im Schnee knisterte. Der Duft von brennenden Blättern stieg auf ... Blättern von Bäumen, wie wir sie in Orissa kannten.

Die Männer jubelten, und wir versammelten uns nah am Feuer. Zum ersten Mal seit Wochen wurde uns wieder richtig warm. Ich mußte aufpassen, daß ich mir nicht die Haut versengte, so sehr genoß ich die Flammen. Bald schon erwachte mit meiner Hilfe auch der Zauber in unserer Winterkleidung wieder zum Leben, und uns wurde so gemütlich warm wie an jenem Tag, als wir aufgebrochen waren.

Das nächste Problem, das wir zu lösen hatten – und zwar bald – war die Verpflegung. *Diese* ließ sich nicht mit Zauberkraft erstellen. Zumindest nicht mit einem Fingerschnippen. Sicher konnte ich eine

Mahlzeit erscheinen lassen, so üppig, wie sie sich nur vorstellen läßt. Wenn es sein mußte, konnte ich ein ganzes Festbankett erschaffen. Nur hätten die Speisen keinerlei Substanz. Keinen Geschmack, keinen Nährwert, und soviel man davon auch essen mochte, wurde man doch nie satt. Wenn man ein Bankett aus der spirituellen Welt herüberholt, steht man so hungrig vom Tisch auf, wie man Platz genommen hat.

Ich fand eine ruhige Stelle mit schützenden Felsen, machte ein kleines Feuer und hockte mich davor. In Gedanken erschuf ich einen Jagdfalken mit einer Kappe auf dem Kopf. Ich zog die Kappe fort und ließ meinen Geist mitsamt dem Falken aufsteigen, als dieser durch die Lüfte flog.

Ich konnte die Männer sehen, die sich um das Lagerfeuer versammelt hatten. Von ihnen sah mich keiner, obwohl mein geistiges Falken-Ich so nah über sie hinwegfegte, daß ich ihr Haar hätte zerzausen können. Ich flog über die Schneehügel, unter denen sich die Ruinen des Außenpostens verbargen, und segelte am Ufer entlang zu jenem breiten Feld, auf dem das Lager der Karawane gestanden hatte. Über der niedergewalzten Stelle, die wie eine Mulde in der hohen Schneedecke auf dem hohen Gras aussah, schwenkte ich aus.

Ich sah ein Huschen, legte instinktiv die Flügel an und schoß hinab. Ich war ein Schatten, weniger noch als ein Schatten, der in kaum drei Fuß über das weiße Feld schoß. Dann explodierte vor mir der Schnee, und ich hörte ein heiseres Schreien, als ich über dieser Explosion aufstieg.

Ich kreiste, um nachzusehen, was ich gefunden hatte. Zuerst entdeckte ich den graugescheckten Fuchs, der am Eingang eines Baues zuschnappte. Ein Laufvogel – fast so groß wie der Fuchs und bewaffnet mit einem langen, schweren Schnabel – hieb nach seinem Verfolger. Der Vogel hatte keine Angst, was den Fuchs überrascht haben dürfte, denn sonst hätte er den Angriff nie gewagt. Statt dessen prügelte der Vogel mit seinen Stummelflügeln zornig auf den Fuchs ein und hackte mit dem Schnabel nach ihm. Der Fuchs ließ ab und floh, ließ den Vogel zurück, der nun vor sich hin schnatterte und aus seinem Bau räumte, was an Trümmern hineingefallen war.

Sanft brachte ich den geistigen Falken zurück, da ich den Schock eines allzu plötzlich unterbrochenen Zaubers vermeiden wollte. Dann war ich wieder ich selbst, rieb mir am Feuer die Hände. Mein Magen knurrte.

Wir würden essen.

Die Vögel waren köstlich. Vielleicht waren sie etwas sehnig und fischig, ganz sicher fischig, aber ich glaube nicht, daß ich jemals wieder etwas derart Köstliches gegessen habe wie diesen ersten Bissen Röstfleisch. Es ließ sich auch ein annehmbarer Eintopf aus ihnen kochen, was in den folgenden Tagen immer besser gelang, weil Echse ihren Organen Flüssigkeiten entnahm, um mit diesen die Speisen zu würzen. Ich fürchte, wir haben die Felder in kürzester Zeit leergejagt, gruben im Gras und zerrten die Vögel aus ihren Bauten. Wir erschlugen sie mit Knüppeln, zogen ihnen die Haut vom Leib, aßen uns satt, dann schlachteten wir Unmengen von ihnen und legten sie ein. Für *uns* war es eine Freude, am Leben zu sein, doch nicht so für die Vögel.

Dann kam Echse schüchtern mit einem Wunsch zu mir.

»Erinnert Ihr Euch an Euer Versprechen, Mylady?« fragte er. »Was das erste angeht, was Ihr tun wolltet, wenn der Sturm sich legt?«

Daran erinnerte ich mich allerdings. Ich hatte einen Eimer Rum versprochen, wenn er uns ein Lied sang.

Wie ich diesen Rum herstellen sollte, war allerdings eine andere Frage. Ich beschrieb Echse das Problem, bat ihn um Hilfe.

»Ich kann Rum beschaffen«, sagte ich, »aber es wird wie ein Phantasierum sein. Man sieht ihn, riecht, daß er süß ist, aber das ist auch schon alles. Wenn du allerdings etwas Ähnliches hättest, könnte ich es gegen das Echte tauschen.«

»Ihr meint Rum gegen Rum?« sagte er. Er kratzte sich am Kopf. »Was soll uns das bringen? Wenn wir Rum hätten, bräuchten wir ja keinen mehr zu zaubern, oder?«

»Es *muß* kein Rum sein«, sagte ich, »nur etwas, das wie Rum gegoren ist. Irgendwas. Wenn wir Essig hätten, könnte ich sogar einen ganz ordentlichen Wein machen.«

Echse strahlte. »Aye, Lady. Essig wollt Ihr? Warum sagt Ihr das nicht gleich?«

»Gut«, gab ich lachend zurück. »Dann sage ich es. Wir brauchen Essig. Nur weiß ich beim besten Willen nicht, woher ich den nehmen sollte. Wir haben keine Vorräte, wie du dich erinnern wirst.«

»Die haben wir sehr wohl«, sagte Echse. »Nicht alte Vorräte, aber neue.«

Er stürmte davon und kam nach einer Weile mit einem blutigen Ding wieder, das in seiner Faust schimmerte. Er schüttelte es in meine Richtung, und ein breites Grinsen spaltete sein unscheinbares Gesicht.

»Hier ist unser Essig, Lady«, sagte er.

Das blutige Ding, das er mir zeigte, war eine Art Blase. Echse stach sie mit seinem Messer an und preßte eine klare Flüssigkeit hervor. Etwas davon fing ich mit dem Finger auf und kostete.

»Es ist die Blase von einem dieser Vögel, Lady«, sagte er.

»Und schmeckt genau wie Essig«, gab ich zurück.

Bis zum Einbruch der Dämmerung hatten Echse und ich etwa eine Gallone von dem Zeug aus den Blasen der Vögel gepreßt. Kurz darauf hatte ich den nötigen Zauberspruch gefunden, und wir saßen alle gemeinsam um das Feuer und stießen mit dem vollmundigsten und schwersten Wein an, der sich nur vorstellen läßt.

Auch wenn er ein wenig fischig schmeckte.

Am nächsten Tag machten wir uns daran, Fluchtpläne zu schmieden. »Folgendermaßen könnte es gehen«, erklärte ich den Männern. »Wir könnten versuchen, den anderen Außenposten zu erreichen, und beten, daß die Leute dort noch leben.«

»Das ist unwahrscheinlich«, murmelte Carale.

»Und wir wären schlimmer dran als jetzt«, sagte ich. »Wir würden unsere letzte Kraft brauchen, um dorthin zu kommen«, fuhr ich fort, »und falls nicht ein Wunder unsere Freunde gerettet hat, wartet niemand mit Brennmaterial und Proviant auf uns. Wir wären verloren.«

»Wohin sonst könnten wir gehen, Lady Antero?« fragte Donarius. »Der nächste Ort, den wir kennen, liegt doppelt so weit entfernt. Und das ist ein Nomadenlager. Könnte sein, daß gar keiner da ist.«

»Unglücklicherweise«, sagte ich, »wird die nächstgelegene Zivilisation von unserem Feind beherrscht. Wir wissen nicht genau, wo sich dieses Lager befindet, aber wir haben Spuren einer Karawane gefunden, die hier durchkam. Und wir haben den Weg gesehen, den sie genommen hat. Irgendwo muß er enden. Höchstwahrscheinlich dürfte dieser Ort zivilisiert sein ... was für uns gut sein könnte oder schlecht.«

»Wahrscheinlich eher schlecht«, murmelte Donarius. Er blickte in die öde Landschaft, und die gefrorenen Vogelkadaver stapelten sich wie Scheite für ein Feuer. Ein Schauer lief ihm über den Rücken. »Vielleicht auch nicht«, sagte er.

»Was meint ihr also, Freunde?« fragte ich. »Marschieren wir direkt ins Feindesland? Versuchen wir, ein Schiff zu stehlen und – mit der Haut noch auf den Knochen – heimzusegeln?« Dann deutete auch ich auf die öde Landschaft, die Donarius einen Schauer über den Rücken geschickt hatte. »Oder bleiben wir hier? Es wird noch weitere Stürme geben, da bin ich mir ganz sicher. Noch steht der Winter erst bevor.«

Ich zeigte auf das knisternde Feuer, an dem wir uns erfreuten. »Ich kann es nicht erhalten«, sagte ich. »Ich brauche dafür magische Energie, die ich sowohl von anderer Stelle als auch aus mir selbst schöpfe, und das halte ich nicht endlos durch. Wenn ich außerdem mehr Energie verbrauche, als ich kurzfristig erneuern kann, habe ich, falls es einen Notfall gibt, vielleicht nicht mehr die Kraft zu reagieren.«

»Kleine Hexenweiber, die uns vielleicht anspringen mögen, sind mir egal, Mylady«, sagte Carale. »Der Mangel an Feuer hat mir mehr ausgemacht. Wenn ich in dieser Kälte hier sechs Monate länger lebe als auf dem Pfad dort, würde ich trotzdem lieber weiterziehen als hierbleiben, falls es Euch nichts ausmacht.«

»Das sehe ich wie Ihr, Käpt'n«, stimmte Donarius ihm zu. »Ich sage, wir sehen mal, wie weit uns der Weg führt. Vielleicht kann ich sogar noch den einen oder anderen Schädel spalten, bevor ich abtrete. Besser, als hier draußen im Wind zu baumeln.«

Ohne großen Nachdruck stimmten alle zu. Ein Aufruhr brach darüber aus, welche Vorbereitungen zu treffen wären, welche Art der Landschaft uns erwartete, welche Dinge zu tun wären, welche Vorräte wir mitnehmen sollten und so weiter und so fort. Es war wie in alten Zeiten. Als säßen wir in der Kaserne und machten uns für den langen Marsch bereit, der wahrscheinlich in einer Schlacht oder wahrscheinlicher noch mit dem Tod enden würde.

Das heiterte mich unendlich auf.

Wir brauchten etwas länger als eine Woche, um uns bereit zu machen. Wir kamen täglich mehr zu Kräften. Das Wetter blieb mild, und wir hatten reichlich Zeit, die Sache gewissenhaft anzugehen. Nur Carale und ich waren für den Winter geschult, doch die anderen kannten sich zumindest theoretisch mit dem Überleben in verschiedensten Gegenden aus. Ich hatte keine Bedenken, mit dieser Wildnis fertig zu werden. Zumindest war sie nicht schlammig.

Ich habe schon in Schlamm gekämpft, und das war schlimmer als im Schnee.

Wir fertigten Schneeschuhe aus den Kadavern der Vögel, verwendeten ihre gefiederten Häute als Sohlen und die Knochen als Überschuhe. Sie taten ihren Dienst ganz gut. Wer je gesehen hat, wie diese schwarzweißen Vögel auf ihren Bäuchen über den Schnee schliddern, kann sich vorstellen, wie leicht es für uns war, voranzukommen. Es glich eher einem Gleiten über den Schnee und hatte nichts davon, unbeholfen auf sperrigen Schuhen herumzuknirschen. Es gab mehrere Stürze, manche davon sogar komisch, bevor wir den richtigen Dreh raushatten. Als wir dann zum Abmarsch bereit waren, kamen alle ganz gut voran.

Außerdem nutzten wir die Vogelhäute als Bündel, nähten sie mit Darm aus Innereien und Nadeln aus Knochen zusammen. Wir fanden zwei kleine Bäume, die wir auf der Suche nach Brennmaterial übersehen hatten. Aus diesen bauten wir einen Schlitten für unsere Vorräte, die größtenteils aus Vogelfleisch und ungenutzten Häuten bestanden. Die Bäume hatten wir mit Seilen aus Sehnen zusammengebunden, spannten als Tragfläche Häute darüber... und fertig. Auch unsere geflickten Kleider waren ungemein von Vogelhäuten und Federn geprägt. Löcher wurden mit Federn geflickt, die Kleider mit ihnen von innen als Kälteschutz ausgestopft, und sogar Mützen bastelten wir aus dem Zeug, das wie schwarzweiße Nester auf unseren Rüben hockte. Wir zogen die Kapuzen unserer Mäntel über diese Federmützen und banden sie so fest, daß keine Luft eindringen konnte.

Inzwischen waren wir besessen von allem, was mit Wärme und Kälte zu tun hatte. Wählerisch schon bei den winzigsten Details... wie alte Soldaten im Schnapsladen. Ständig dabei, daß die Strümpfe über die Stiefel reichen und dann die Hosen reingestopft werden sollten. Als wären diese nichtigen Dinge die wichtigsten und interessantesten Themen der Welt.

Mit unserer Bewaffnung war ich nicht eben unzufrieden. Jeder von uns hatte ein Schwert und einen Dolch. Außerdem besaßen wir Bögen, Schleudern und Kampfäxte. Es gab noch verschiedene andere Waffen, wenn auch nicht viele. Schließlich hatten wir vorgehabt, nur diesen einen Tag an Land zu verbringen. Doch waren wir für den Kampf besser ausgerüstet als für Hungerzeiten, und so fand ich, daß wir nicht schlechter dran wären als bei unserer Abreise.

Die Fährte der Karawane zu finden und ihr zu folgen, war nicht so schwierig, wie es den Anschein haben mag. Es stimmt, daß inzwischen ein Monat vergangen war, ein schwerer Sturm die Gegend heimgesucht hatte und schließlich Schnee gefallen war. Doch wir alle waren geschickte Fährtensucher, besonders die Zwillinge, die den Schnee an vielversprechenden Stellen wegwischten und sichtbare Spuren fanden, denen wir folgen konnten. Hinzu kam der Geruch von Zauberkräften, den die Viehtreiber der Karawane und deren Tiere zurückgelassen hatten. Solcherlei Dinge konnte ich wahrnehmen, sie mit unserem greifbaren Wissen kombinieren und mir so ein ziemlich klares Bild vom Pfad machen.

Wir müssen einen seltsamen Anblick geboten haben, als wir die Ruinen des Außenpostens verließen, den verschneiten Pfad entlangschliddernd auf Vogelski mit schwarzweißen Federn, die aus unseren Kleidern ragten.

Doch keiner von uns lachte, und niemand drehte sich nach jenem Ort um, der unseren Geistern beinah eine Heimstatt zwischen Ruinen geworden wäre.

Die Landschaft, durch die wir kamen, war merkwürdig. Von der Kuppe eines Hügels sah sie aus wie rollende, weiße Dünung. Diese Wellen wirkten wie zarte Wolken, die sich an gezackte, schwarzbraungraue Gipfel klammerten. Diese Gipfel wiederum ragten hoch auf, von Wind und Zeit verformt, und sahen aus wie die Klauen eines Dämons. Dabei war der Himmel ein sich stetig wandelnder Wirbel von dicken weißen, schwarzen und grauen Wolken.

Hier und da brach ein blauer Flecken durch, ein Sonnenstrahl beleuchtete ein Stück Land und ließ es mit verblüffender Deutlichkeit hervorspringen.

So war der Blick von einem Hügel. Aus der Nähe sah alles anders aus. Zuerst einmal war der Schnee keine glatte Decke. Manche Gegenden waren eben, und wir kamen gut weiter, glitten auf unseren Vogelhäuten voran. Doch andere Gegenden waren trügerisch wie die schlimmste, von gefährlichen Riffen geschützte Küste.

Ich weiß noch, wie wir erst einen oder zwei Tage unterwegs waren und ich ganz vorn mit Höchstgeschwindigkeit den Pfad entlangstürmte. Die Männer hatten sich hinter mir aufgereiht, wobei die Zwillinge die Nachhut bildeten und Carale und Donarius zu beiden Seiten parallel zu uns liefen, um die Flanken zu sichern.

Die sichtbaren Zeichen der Fährte waren schwächer geworden, und ich hatte die Führung von den Zwillingen übernommen, um magische Spuren aufzufinden. Ich hatte eine starke Witterung von Searbe, unserem gefangenen Geisterseher, aufgenommen. Der Geruch weckte gemischte Gefühle. Zuerst war ich froh, daß er noch gelebt hatte, als die Karawane hier entlanggekommen war. Auf der anderen Seite machte ich mir Sorgen, wieso man ihn gefangen hatte und wie weit und zu welchem Zweck er kooperierte. Dennoch hatte mir die Spur, die ich von ihm aufnahm, einen Energieschub versetzt, und ich stürmte den Pfad mit hoher Geschwindigkeit voran.

Dann wurde ich müde. Die sichtbaren Spuren wurden deutlicher, und ich winkte den Zwillingen, sie sollten mich ablösen.

Während sie nach vorn kamen, ließ ich mich zurückfallen, wollte die anderen vorbeilassen, damit ich die Nachhut übernehmen und mich eine Weile ausruhen konnte. Die Zwillinge grinsten, als sie vorüberschossen, hoben ihre Daumen, um anzuzeigen, daß auch sie Searbes Spur gefunden hatten.

Dann begannen sie ein jungenhaftes Wettrennen, wobei Talu seinem Bruder Stück für Stück davonfuhr.

Lächelnd beobachtete ich ihr Spiel, bereit, sie an die Kandare zu nehmen, sobald ich befürchtete, daß ihre gute Laune sie allzusehr ermüden würde.

Talu sprintete voran, hatte es auf einen Felsen abgesehen, den beide offenbar als Ziel ansteuerten. Als er diesem näher kam, legte er sich in eine elegante Kurve und ließ Schnee regnen, damit er schliddernd zum Stehen kam. Dann hob er die Arme und stieß einen Schlachtruf aus, um den Sieg für sich in Anspruch zu nehmen.

Plötzlich brach der Schnee unter ihm ein, und der Schlachtruf wurde zu einem Angstschrei. Talu ruderte mit den Armen, dann sank er ein. Ich rannte so schnell es ging zu ihm, schaffte es aber nicht rechtzeitig.

In diesem Moment raste Talay heran, warf sich hin, packte seinen Bruder am Handgelenk und bremste dessen Fall.

Doch als ich eben erleichtert aufseufzen wollte, setzte sich der Schrecken fort. Talus Körpermasse brachte beide aus dem Gleichgewicht, und nun rutschten die Brüder ihrem Schicksal entgegen. Talu rief, Talay solle loslassen, um sich zu retten, doch der hörte nicht hin, hielt sich nur noch fester.

Dann warf ich mich hinterher, packte Talays Beine. Ich hing an seinen Knöcheln, grub meine Zehen ein, um uns zu halten. Sie schlidderten über eisigen Grund, und nun merkte ich, daß auch ich mit fortgerissen wurde. Plötzlich packten Donarius' starke Hände meine Waden, sein mächtiges Gewicht grub sich hinter mir ein, und wir rutschten nicht weiter.

So hingen wir reglos, bis unsere Kameraden kamen, einen nach dem anderen hinauf holten, und bald schon waren wir alle wieder auf den Beinen und glotzten in die verborgene Schlucht hinab, in die wir fast gefallen waren, ungläubig, daß alles so schnell gegangen war. Innerhalb weniger Augenblicke hatten wir alle dem Tod ins Angesicht geblickt.

Nach diesem Zwischenfall reisten wir mit größerer Sorgfalt. Es war gut, daß der Unfall frühzeitig geschehen war. Bald schon sahen wir, daß die gesamte Region von tiefen Schluchten durchzogen war, welche sich zwischen den wogenden Wellen von Schnee verbargen.

Der Karawanenpfad war eine Hilfe. Natürlich hatten sie die leichteste Route gewählt. Doch das Wetter hatte manches geändert, seit die Karawane durchgekommen war. Manchmal war der Pfad in einer Schlucht von Felsen versperrt, die heruntergestürzt waren. Die tückischsten Stellen jedoch waren meist solche, die am sichersten wirkten. Der Weg geradeaus schien eben und sicher. Doch mochte gleich vor unseren Füßen eine tiefe Schlucht lauern – überzogen von einer dünnen, schneebedeckten Eisschicht – und nur darauf warten, daß man seinen Fuß darauf setzte, damit sie einen verschlang.

Wir waren in Eile, so daß wir notwendigerweise manchmal dem Glück und unserer wachsenden Erfahrung trauen mußten, an verdächtigen Stellen mit unseren Speeren oder Schwertern herumstocherten und andere Gegenden schnell durchwanderten, in denen nur Gebete uns noch schützten.

Ich sah Unmengen von Lawinen, wenn auch glücklicherweise stets nur aus der Ferne.

Da sah man dann die stille Steilwand eines Berges hinauf und hörte ganz plötzlich ein Rumpeln. Dann löste sich der Schnee und fiel wie ein dicker, weißer Wasserfall den Berg hinab, warf Wolken von schaumigem Staub auf, während er in die Tiefe stürzte.

Die Sichtverhältnisse waren unter einem derart wirbelnden Himmel höchst seltsam. Manchmal schien der Pfad wie ein Strom von Wolkenschatten, die so schnell über den Boden zogen, daß man die Orientierung verlor und plötzlich wild mit den Armen ruderte, um sein Gleichgewicht wiederzufinden.

Im nächsten Augenblick lief man unter einem blauen Fetzen Himmel in so grellem Licht, daß es einen ganz verwirrte und man glotzend dastand wie ein dummes Tier, das sich plötzlich in einer anderen Welt wiederfand. Die Farben waren heller, die Dinge klarer, wenn auch nur in diesem einen Flecken Licht. Alles andere schien verschwommen und unwirklich.

Wild sahen wir selten. Ich spürte kleine Tiere, winzige, buddelnde Dinger. Nur nichts Großes. Obwohl ich einmal die Witterung eines großen Tieres aufnahm, das früher über diesen Pfad gekommen war. Das Tier war mürrisch und übellaunig gewesen. Vielleicht ein Bär, den der Sturm draußen vor seinem Bau erwischt hatte. Von Zeit zu Zeit stießen wir auf gefrorene Ströme oder Seen. An diesen Stellen nutzte ich einen Trick, den ich von einem Nomaden gelernt hatte, um unsere Kochtöpfe aufzufüllen.

Man brauchte keine Beschwörung für diesen Trick, es sei denn, man betrachtete die Wunder der Natur an sich schon als Zauberei. Allerdings bedurfte es so vieler Vermutungen, daß er der Zauberkunst sehr nahe kam.

Es gibt im fernen Süden Süßwasserfische, die im Winter steinhart frieren. Wenn der Frühling kommt, tauen sie auf und schwimmen, als sei nichts geschehen. Der Nomade behauptete, die Fische könnten auf diese Weise ohne Probleme jahrelang gefroren bleiben.

Der Trick bestand darin, zu raten, wo sie unter all dem Eis verborgen waren, und dann die Gegend rundherum aufzuhacken, um nachzusehen, ob man richtig geraten hatte. Der Nomade sagte, man müsse sich vorstellen, man wäre selbst ein Fisch, und dann Lücken im Ufer und Biegungen an seichten Stellen suchen, um herauszufinden, wo man sich als Fisch am liebsten verstecken würde. Die ersten paar Male hatte ich falsch geraten … für den Preis einiger unangenehmer Arbeit und böser Blicke meiner Kameraden, die sich fragten, ob Lady Antero vielleicht den Verstand und ihre magischen Sinne verloren hätte.

Doch arbeitete ich weiter und spornte meine Erinnerung an Gamelan an, der selbst ein geschickter Fischer gewesen war und ähnliche Methoden einsetzte, um unsere fischigen Vettern einzufangen.

Und als wir schließlich an der richtigen Stelle durchbrachen, wandelten sich die finsteren Mienen meiner Freunde zu breitem Grinsen. Ein Schwarm von etwa zwei Dutzend Fischen war unser erster Fund, und fast so viele unser zweiter. Dann hatten meine Gefährten den Kniff heraus, und die Fischmahlzeiten waren uns so sicher, als hätten wir vor der Reise Vorräte angelegt.

Brennmaterial war ein bleibendes Problem, auch wenn wir einigermaßen auskamen, indem wir im Vorüberziehen Zweige von Büschen oder auch gefrorenes Gras einsammelten. Vegetation war spärlich gesät, und manchmal endete der Tag auf dem blanken Eis gefrorener Felsen als Nachtlager. Einige Male, bei denen wir so im Kalten saßen, nutzte ich meine magischen Reserven, um uns zu wärmen. Bei anderen Gelegenheiten gruben wir tatsächlich den gefrorenen Tierkot der Karawane aus und verbrannten diesen, um der Wärme und des Hungers willen.

Wasser war ebenso schwierig zu beschaffen. Es gab keine frei fließenden Ströme, und wir mußten Eis oder Schnee schmelzen, um es zu bekommen. Das kostete Zeit, die wir nicht hatten, und immer wieder staunten wir, daß ein so großer Topf voll Schnee nur so wenig Flüssigkeit ergab.

Die magische Landschaft war so rauh wie die natürliche. Die Zauberhunde, die der Sturm von der Leine gelassen hatte, waren gnadenlose Mörder gewesen. Alle Wesen mit magischen Sinnen waren gerissen oder zermalmt worden, so klein und unschuldig sie auch gewesen sein mochten. Es mag überraschen, wenn man erfährt, daß einige Pflanzen und sogar ein paar gemeine Würmer geringe magische Fähigkeiten besitzen und den Äther anzapfen können, um am Leben zu bleiben. Für einen Zauberer summt und brummt der Äther stets von ihrer Gegenwart… wie Insekten in einem Garten. Doch als wir durch das erfrorene Land stapften, schien der Äther still und leblos zu sein, wie eine Wüste es auf den ersten Blick sein mag. Nur die Spuren und schwach leuchtenden Hülsen dessen, was zurückgeblieben war, waren noch zu erkennen.

Stück für Stück jedoch begann sich die Ätherlandschaft zu verändern. Ich fühlte, wie Magisches zu neuem Leben erwachte, wie Blumen, die nach einer schweren Frühjahrsflut im Schlamm erblühen. Wie ich waren auch einige meiner niedrigeren Vettern aus der magischen Welt gewarnt worden und schnell genug gewesen, sich an die Erde zu drücken und dort zu bleiben, bis die Gefahr vorüber war.

Obwohl die Karawanenspur sich drehte und wand, führte sie doch generell gen Süden zu einer gezackten Kette von schneebedeckten Bergen.

Wir erlebten während der ersten Tage unserer Reise ein paar Gewitter, doch nichts, was dem Sturm geglichen hätte, der uns fast getötet hatte. Jedesmal, wenn rauhes Wetter kam, dachte ich, jetzt käme unser Feind zurück. Dann kauerten wir uns in eine Rinne oder gruben Löcher in den Schnee, um uns zu schützen, bis der Sturm vorüber war. Einige Stunden später war die Wetterfront ohne größere Gefahr über uns hinweggezogen. Ich begann zu überlegen, ob ich mich getäuscht hätte, was den Sturm anging, der uns gefangen hatte. Vielleicht war er tatsächlich nicht mehr als ein verfrühter Winterausbruch gewesen.

»Ihr habt Euch noch nie geirrt, Mylady«, sagte Carale eines Tages, nachdem ich meine Zweifel geäußert hatte.

»Trotzdem«, sagte ich, »macht es mehr Sinn, wenn es diesmal so wäre. Wenn ein Feind hinter dem Sturm gestanden hat, wo ist dieser Feind dann jetzt? Wieso ist er nicht zurückgekommen und hat sich mit etwas Neuem und noch Tödlicherem über uns hergemacht?«

Carale zuckte mit den Schultern. »Vielleicht denkt er, er hat uns erledigt«, sagte er. »Ihr sagt ja selbst, daß sogar die winzigsten Tiere leiden mußten. Vielleicht denkt der Zauberer einfach, er hätte alles Notwendige getan.«

»Die Frage ist«, sagte ich, »was er – außer Mord – im Sinn hat?«

»Meint Ihr sicher, er wußte nicht, daß wir hier waren, Mylady?« fragte Carale.

Ich überlegte einen Augenblick, dann nickte ich. »Ganz bestimmt«, sagte ich. »Es war ein blinder Angriff. Es gab kein spezielles Ziel.«

»Und jetzt denkt Ihr, dieser Eispirat, hinter dem wir her waren, hätte was damit zu tun?«

»Da bin ich mir nicht sicher«, sagte ich. »Der Feind hat keinen erkennbaren Hinweis auf seine Identität hinterlassen.«

»Aber Ihr neigt dazu, den Eispiraten zu verdächtigen?« drängte Carale.

»Ja«, sagte ich. Ich klang sicherer, als ich es war. Nur kam mir diese kurze, knappe Antwort ganz von allein über die Lippen.

»Dann ist es wahrscheinlich, daß er es wohl ist«, sagte Carale. »Nehmt Eure erste Vermutung und haltet an ihr fest, das ist mein Rat an Euch, Mylady. Sie ist so gut wie jede andere.«

»Ja, aber wieso ist er nicht zurückgekommen?« fragte ich.

»Wer weiß?« sagte Carale. »Und es ist auch eigentlich nicht so wichtig. Wir werden es schon noch rausfinden.«

»Da ist noch etwas anderes«, sagte ich. »Wir haben fast Winter. Doch scheint mir das Wetter für diese Gegend zu mild.« Ich stieß ein bitteres Lachen aus. »Der finstere Himmel über unseren Köpfen gilt hier unten als schönes Wetter. Fast wie Frühling.«

Carale schnitt eine Grimasse. »Wozu den Ärger suchen, Mylady?« fragte er. »Warum die Götter mit solchen Fragen provozieren? Der Winter wird schon früh genug kommen. Und wenn er dieses Jahr spät dran ist, sollten wir die Götter preisen, weil sie uns wohlgesonnen sind.«

»Irgendwie«, brummte ich, »glaube ich nicht, daß es etwas mit wohlmeinender Haltung zu tun hat, besonders nicht von seiten der Götter.«

Carales Augenbrauen zuckten hoch. »Ihr glaubt, dahinter lauert ebenfalls Magie, Mylady?« fragte er besorgt.

Ärgerlich schüttelte ich den Kopf. »Ich weiß nicht«, sagte ich. »Und das macht mir am meisten Sorge. Ich weiß es ganz einfach nicht.«

Carale klopfte mir auf die Schulter. »Nur Mut, Mylady«, sagte er. »Wir werden es schon noch früh genug herausfinden ... auf die eine oder andere Weise.«

Mit einem Zweig stocherte er im Feuer herum, plötzlich finster geworden. »Trotzdem«, sagte er, »würde ich mich besser fühlen, wenn ich Planken unter meinen Füßen hätte. Ich muß Euch kein großes, persönliches Geheimnis verraten, Mylady, wenn ich Euch sage, daß ich nicht sonderlich gern zu Fuß auf Reisen bin.«

Ich lächelte. Es war der alte Streit zwischen Seeleuten und Soldaten.

»Ich gebe zu, daß ich das Meer inzwischen liebe«, sagte ich. »Nur war ich schon zu lange Soldatin, als daß ich mein Schicksal gern einem kleinen, abgeschlossenen Gefährt anvertraue.«

»Aye, das hattet Ihr bereits gesagt, Mylady«, sagte Carale. »Nur müßt Ihr eingestehen, daß wir nicht nach Hause laufen können.«

»Nein«, sagte ich. »Das stimmt. Aber denk nur, was geschehen wäre, wenn wir – anstatt an Land – an Bord der *Tern* gewesen wären. Wir wären so tot wie die anderen. Kein Schiff könnte einen solchen Sturm überstehen.«

Carale spitzte die Lippen, dachte nach. Dann sagte er: »Das mag ja stimmen. Aber wir werden es nie erfahren, oder? Ich habe schon immer auf meine seemännische Erfahrung gebaut, und die hat mich bisher noch nie im Stich gelassen.«

Er rieb an seinem Fuß herum und zuckte zusammen, als er an eine wunde Stelle kam. »Die Götter zeigten einen üblen Sinn für Humor, als sie uns diese Dinger gaben, Mylady«, sagte er. »Plumpe, häßliche Dinger. Nichts ist so häßlich wie ein Fuß, wenn man drüber nachdenkt. Und die Zehen sind so zart wie Zweige. Sie können brechen. Sie können erfrieren. Sie können sich schlicht abnutzen.

Wenn eine Decksplanke kaputtgeht, kann man sie mit einem Stück heilem Holz ausbessern. Mit Zehen kann man das nicht.«

»Nein, das kann man nicht«, gab ich ihm recht. »Aber man kann seine Schuhe anziehen und wie der Teufel rennen«, sagte ich.

Carale nickte. »Ihr habt recht, Mylady«, sagte er. »Nur kann man nicht besonders weit laufen. Die Hölle holt einen früh genug ein, wenn man zu Fuß unterwegs ist.«

Mehrere Wochen später stießen wir auf eine eisige Oase.

Anfangs war sie durch nichts zu erkennen. Jenseits des Horizontes schien sich ein Sturm zusammenzubrauen, und der Himmel war ein unheimlicher Strudel aus dicken, grauschwarzen Wolken, die die Sicht erschwerten. Alles Bunte war zu freudlosem Weiß, Grau und Schwarz geworden, was uns das Gefühl gab, Insekten zu sein, die über ein tintenbekleckstes Pergamentblatt krochen. Stundenlang waren wir marschiert und suchten nun nach einer Stelle, an der wir unsere müden Knochen betten konnten.

Wir kamen zu einem Tal, das von breiten, wulstigen Hügeln aus vulkanischem Gestein geschützt war. Die Spur der Karawane führte durch eine Öffnung zwischen zweien dieser Hügel hindurch, und wir folgten ihr zu einer Stelle, an der sie eine andere Spur kreuzte und mit dieser zu verschmelzen schien.

Nach allem, was zu erkennen war, schien die zweite Spur von einer anderen Karawane zu stammen. Sie war frischer als die erste, wenn auch nicht viel. Zwar rückten wir mit äußerster Vorsicht in das Tal ein, doch taten wir es aus reiner Gewohnheit, denn wir fanden keine Spur von Leben.

Wäre die Spur nicht gewesen, hätten wir das flache Gebäude in der Mitte des Tals gar nicht gesehen. Es war von Schnee bedeckt und sah aus wie ein Hügel unter vielen. Der Karawanenpfad führte direkt zu dem Gebäude, dann drumherum zur Südseite, wo wir einen Eingang fanden, eher breiter Tunnel als Tür oder Tor. Der Bogengang bestand aus dunklen, von Hand gehauenen Blöcken.

Wir hackten Eis und Schnee beiseite und stellten fest, daß der Rest des Gebäudes aus demselben Material zu bestehen schien. Wir gingen hinein, schlängelten uns an einer Reihe von freistehenden Wänden vorbei, von denen ich vermutete, daß man sie errichtet hatte, um den Wind aus dieser Richtung aufzuhalten. Je tiefer wir eindrangen, desto beißender wurden der abgestandene Tierduft und der säuerlichere Gestank ungewaschener Menschen.

Auf halbem Weg etwa blinkten schwache Lichter. Das Licht kam von kleinen Haufen von Kristallen. Sie lagen in dünnen Steinschälchen, welche man in Nischen der Tunnelwände eingelassen hatte. Bei näherer Betrachtung sah ich, daß diese Kristalle dem Zeug ähnlich waren, aus dem wir unsere Feuerperlen fertigten. Durch unsere bloße Anwesenheit wurden sie entzündet, ganz so wie wir die dunkleren Winkel unserer öffentlichen Gebäude in Orissa beleuchten.

Als wir den zentralen Raum mit seiner niedrigen Decke betraten, erstrahlte Licht von oben. Der Raum war in etwa so groß wie eine Hafenlagerhalle. Wände und Boden waren aus dunklem Gestein, doch war der Stein von – wie ich vermutete – jahrhundertelanger Benutzung fleckig und abgewetzt. Die Decke verjüngte sich nach oben hin zu etwas, das ich für einen ausgeklügelten Schornstein hielt, der allen Rauch abzog, jedoch verhinderte, daß die rauhen Elemente eindringen konnten.

Auf einer Seite befand sich ein großer, steinerner Pferch, in dem man Tiere gehalten hatte. Mir fiel auf, daß es eine ganze Menge alten Tierdung in diesem Stall gab, was uns Brennmaterial sicherte. Zwei Hauptschlafbereiche waren zu erkennen, mit erhöhten Steinpritschen für etwa hundert Leute oder mehr. In viele dieser Pritschen waren kleine Ofen eingebaut. Man mußte nur noch sein Bettzeug darauf legen, Holz oder ähnliches einwerfen, anzünden, warten, bis die Pritsche schön warm war, und dann unter den Decken in seligen Schlaf sinken.

Wir alle erkannten ihren Zweck sofort. Wir fühlten uns von ihnen mächtig angezogen, wie von einem Bann, doch trieben wir unsere Erkundung weiter voran, auch wenn zeitweise derart viel gegähnt und gegafft wurde, daß Donarius sagte, wir sähen alle aus wie »eine große Herde fauler Kamele«.

Es gab Alkoven von verschiedener Größe, in denen erhöhte Steinsockel standen. Wir vermuteten, daß man sie benutzte, um Karawanengüter darin zu verstauen, obwohl wir nur ein paar zerbrochene Lederharnische und einen durchgescheuerten Gürtel fanden, dessen Schnalle fehlte. In einem Raum fanden wir einen aufgerissenen Getreidesack. Augenblicklich begann Echse, das Korn einzuschaufeln, und wir alle sahen die heiße Hafergrütze zum Abendessen schon vor uns.

Noch weiter liefen wir im Kreis, fanden diesen oder jenen Hinweis. Als wir die Runde fast beendet hatten, witterte ich plötzlich einen Hauch von Zauberkräften. Ich winkte die anderen zurück und trat vor, sämtliche Sinne geschärft.

Ich stieß auf einen Raum mit seltsam geformtem Eingang, gut doppelt so groß und breit wie ich. Einen Moment lang stand ich vor dem Eingang, wunderte mich über dessen Form. Dann wurde mir klar, daß er aussah wie ein Bär, der sich mit hochgereckten Tatzen auf dem Rückzug befand.

Ich trat ein, wachsam, suchte nach der Falle eines Zauberers.

Der Raum war leer.

Dann sah ich an der gegenüberliegenden Mauer Ketten. Von diesen Ketten hing eine Leiche.

Ich sah sie mir näher an, bemühte mich, die schweren Verstümmelungen zu ignorieren, die man dem Mann zugefügt hatte.

Tränen traten mir in die Augen, als ich die vertrauten Kleider sah. Sie waren orissanisch.

Ich war traurig, aber kaum erschüttert. Schon seit wir die Antero Bay verlassen hatten, war ich in Sorge, daß wir so etwas finden würden.

Überraschend war nur, daß Searbe sich offenbar gewehrt hatte, bevor er gestorben war. Ich schalt mich dafür, daß ich den Geisterseher falsch beurteilt hatte. Unsere Feinde hatten ihn gefoltert, doch hatte er sich offenbar geweigert, sie zu unterstützen.

Die anderen halfen mir, die Leiche abzunehmen und respektvoll hinzulegen. Ich schickte sie alle fort, ein Lager einzurichten, bis auf Carale, der blieb, um mir dabei zu helfen, den Toten für die Bestattung vorzubereiten.

Schweigend waren wir eine Weile mit dieser Aufgabe beschäftigt. Dann kratzte sich Carale am Kopf und murmelte: »... scheint ein Stück geschrumpft zu sein.«

»Was sagst du?« fragte ich.

Carale deutete auf die Leiche. »War Lord Searbe nicht größer, Mylady?« sagte er. »Er hatte einen Spitzbauch. War für einen ordentlichen Schluck aus dem Faß wohl zu haben. Ich will ja nicht respektlos einem Toten gegenüber sein, aber er hat sich eher wie ein alter Zechbruder aufgeführt, nicht wie ein Zauberer.«

Verzeihend lächelte ich ihn an. »Wahrscheinlich hat er seinen Wanst durch Drill und gekürzte Rationen verloren«, sagte ich.

»Das ist wahr, Mylady«, sagte Carale. »Aber kleiner wird er wohl nicht geworden sein, oder?«

Noch einmal sah ich mir den Toten an. Wenn auch verstümmelt, wirkt er dennoch vertraut. Dann prüfte ich den Rest der Leiche. Allmählich dämmerte mir, daß Carale recht hatte. Searbe war etwas über einsachtzig gewesen, auch wenn er immer die dumme, kleine Lüge verbreitete, er sei noch größer. Außerdem hatte er einen langen Körper gehabt und kurze, stämmige Beine mit so kleinen Füßen, daß er zu stolpern schien, wenn er lief... im Grunde etwa wie ein zierliches Taumeln, vergleichbar einem schlampigen Waschweib, das versucht, wie eine zarte Milchmaid zu erscheinen.

Die Leiche, die ich hier betrachtete, war gut zwei Handbreit kürzer, und die Füße entsprachen im Verhältnis seiner Körpergröße. Dennoch wirkte er vertraut. Ganz wie mir die wenigen Reste magischer Energie, die um die Leiche schwebten, vertraut erschienen. Dies war ganz sicher die Leiche eines orissanischen Geistersehers.

In diesem Augenblick traf mich das verspätete Entsetzen.

»Das ist nicht Lord Searbe, habe ich recht, Mylady?« knurrte Carale.

»Nein«, sagte ich leise.

»Es ist der Geisterseher vom anderen Außenposten, nicht?« sagte er. »Ich war dabei, als Ihr ihn abgesetzt habt. Lord Serano war sein Name. Kleiner Bursche. Kahl war er. Mutig wie ein Löwe.«

»Ja«, antwortete ich. »Das ist Serano.«

»Jetzt wissen wir sicher«, fuhr Carale fort, »daß auch der andere Außenposten angegriffen wurde. Und höchstwahrscheinlich zerstört. Und nicht nur das, sondern alle wurden getötet, bis auf den Geisterseher. Genau wie in der Antero Bay. Und ihn haben sie gefangengenommen.«

Ich widersprach ihm nicht. Zärtlich legte Carale den zerfetzten Mantel über Seranos zermalmtes Gesicht.

»Armer Kerl«, sagte er. »Er war tapfer, das kann man wohl sagen.«

Wir ließen ihm die besten Riten zuteil werden, derer wir unter diesen Umständen fähig waren. Ich sprach für uns alle das Gebet, daß Seranos Geist im Leben nach dem Tode – falls es denn so etwas geben sollte – Frieden finden möge. Und wir stapelten Steine auf seine Leiche, da es unmöglich war, ein Grab zu schaufeln.

Dann zogen wir uns um ein Lagerfeuer zurück, das Echse nahe

der Schlafpodeste eingerichtet hatte. Er bereitete uns ein Abendessen, und die Atmosphäre war erfüllt vom satten Duft der Grütze aus dem Korn, das unsere Vorgänger zurückgelassen hatten. Es war Kleie, die möglicherweise als Tierfutter gedacht gewesen war, doch schmeckte sie uns wie reinster Nektar. Während wir aßen, besprach ich mich mit jedem einzelnen der Männer und fügte das, was sie gefunden hatten, meinen eigenen Feststellungen hinzu.

Dann sagte ich: »Meiner Meinung nach ist folgendes geschehen, und unterbrecht mich bitte, wenn ihr glaubt, daß ich mich täusche.«

Die Männer nickten, also fuhr ich fort.

»Beide unserer Handelsposten wurden überfallen und ausgelöscht. In beiden Fällen erfolgte der Angriff übers Meer. Doch wissen wir, daß sie zeitlich wahrscheinlich sehr genau geplant waren, da die Karawanen schon bald darauf eintrafen. Die Angreifer fingen und übergaben unsere beiden Geisterseher, Lord Searbe und Lord Serano.

Dann haben sich die Karawanen zu dieser Oase aufgemacht. Den Hinweisen nach zu urteilen kam diejenige, die Lord Searbe bei sich führte, zuerst hier an, während die zweite nicht mehr als vielleicht einen Tag später eintraf.«

»Seht ihr zwei das auch so?« fragte ich die Zwillinge.

Beide gaben mir recht und fügten hinzu, daß die beiden Gruppen hier für einige Zeit ihr Lager aufgeschlagen hätten. Mindestens einen Monat.

»Was bedeutet«, sagte ich, »daß sie den Sturm abgewartet haben. Wäre es nur eine Gruppe gewesen, würde ich sagen, sie hatten Glück, daß sie rechtzeitig hier ankamen. Aber da es zwei waren und der Zeitplan von Angriff und Reise so eng war, vermute ich, sie wußten, daß der Sturm aufkommen würde, und sind so schnell sie konnten hierhergekommen. Wenn das stimmt, war es ein vorab vereinbartes Treffen zu einem vorab festgelegten Zeitpunkt.

Als der Sturm vorüber war, sind sie zusammen weitergezogen.

Ich kann nur vermuten, daß sie dasselbe Ziel haben, aber ich glaube, diese Vermutung ist nicht unberechtigt.«

Carale unterbrach mich. »Wenn sie sich schon die Mühe gemacht haben, unsere Geisterseher gefangenzunehmen, Mylady«, sagte er, »wieso haben sie dann am Ende einen davon ermordet?«

»Ich weiß es nicht«, sagte ich. »Jedenfalls nicht sicher. Aber ich würde sagen, es wäre eine ganz treffende Mutmaßung, daß sie irgendein magisches Kunststück ausgeführt haben wollten.«

»Und Lord Serano hat sich geweigert?« sagte Carale.

»Ja«, sagte ich. »Er hat sich geweigert.«

Ungesagt blieb, daß Searbe sich gefügt haben mußte. Anderenfalls hätten wir auch seine Leiche hier gefunden.

»Wozu haben sie sich all die Mühe gemacht, Mylady?« fragte Donarius. »Ich kann verstehen, daß sie unsere Handelsposten auslöschen wollten. Aber wozu sollten sie sich die Mühe machen, unsere Geisterseher gefangenzunehmen und zu verschleppen?«

»Aus demselben Grund, aus dem die Riesen Pisidia angegriffen haben«, sagte ich. »Und der einzige Grund dafür – sofern ich mich nicht irren sollte – bestand darin, die Hohepriesterin Lady Daciar zu entführen.«

»Nur beantwortet er uns nicht das Warum, wenn Ihr mir verzeihen wollt, Mylady«, sagte Carale.

»Nein, das tut es nicht«, sagte ich. »Aber es zeigt ein System. Diese Piraten wollen mehr als nur Beute. Zumindest nicht nur die Sorte, die man ausgeben kann. Irgend jemand nimmt unendliche Mühen auf sich, so viele Zauberer wie möglich in die Hand zu bekommen. Zu welchem Zweck, kann ich nicht sagen. Wenn sie ihre Gegner schwächen wollten, bräuchten sie die Geisterseher nur zu töten. Aber es scheint, als wären sie jedesmal sorgsam darauf bedacht, die Zauberer am Leben zu erhalten.«

Alle Augen blickten hinüber zur anderen Seite des Raumes, wo der Steinhaufen lag, der Seranos Grab war.

»Haben sich nicht allzu große Mühe gegeben, *ihn* am Leben zu halten«, murmelte Echse.

»Wahrscheinlich war es ein Mißgeschick«, sagte ich. »Sie haben die Geduld verloren und versucht, es zu erzwingen. Worum es auch gegangen sein mag. Wenn ich mich nicht sehr täusche, werden sie mörderisch dafür bezahlen müssen, wenn sie ankommen, wohin sie wollen, und ihnen dort ein Geisterseher fehlt.«

»Sieht so aus«, sagte Donarius, »als hätten wir es mit Wilden zu tun, Lady. Die können kämpfen, das muß man ihnen lassen. Aber sie sind nicht sonderlich gut darin, Befehle zu befolgen.«

»Das habe ich noch gar nicht bedacht«, sagte ich. »Vielleicht ist das eine Schwäche, die wir nutzen können.«

»Aye, das machen wir, Lady«, knurrte Donarius. »Ehrlich gesagt, glaube ich nicht, daß wir große Hoffnung haben, es bis in die Heimat zu schaffen. Und wenn das der Fall sein sollte, möchte ich vorher noch den einen oder anderen nutzbringenden Schwerthieb an den Mann bringen.«

»Seien wir nicht tollkühn«, sagte ich. »Wir alle haben schon tief im Schlamassel gesteckt. Wir werden schon rauskommen.«

»So tief war ich noch nie im Schlamassel«, brummte Echse.

»Na, ich aber«, sagte ich. »Fast zwei Jahre bin ich durch den Westen geirrt. Die Leute, die ich – abgesehen von meinen Gardistinnen – bei mir hatte, waren schlecht ausgebildet und nicht eben motiviert. Ehrlich gesagt, hätten sie mir bei Nacht die Kehle durchgeschnitten, wenn ich nicht ihre einzige Hoffnung auf eine Rückkehr in die Heimat gewesen wäre. Obwohl man es sehr wohl versucht hat, als es so aussah, als wären wir bald zu Hause.

Hier sind wir in einer sehr viel besseren Lage. Wir *wissen*, welcher Weg nach Hause führt. Wir alle sind freiwillig hier, und es mangelt uns nicht an Ausbildung. Wir müssen nur in Bewegung bleiben. Wenn wir einen Hafen finden, finden wir auch ein Schiff. Dann bleibt nur noch die Frage, wie wir dieses Schiff in die Hände bekommen. Versteifen wir uns im Moment also nicht auf die Idee der Rache. Dafür ist noch reichlich Zeit. Und in Orissa werden wir dafür sicher Unterstützung finden.«

Carale umriß den steinernenen Raum mit einer Geste.

»Wenn sie Wilde sein sollen«, sagte er, »haben sie mehr Verstand als die meisten. Und wenn man sich diesen Bau hier ansieht, sind sie schon länger da als die meisten.«

»Das hier wurde nicht von der jetzigen Generation erbaut«, sagte ich. »Wie du schon sagtest, handelt es sich um einen alten Bau. Der Form des Eingangs nach zu urteilen, hinter dem wir den armen Lord Serano gefunden haben, wurde er zu Zeiten des ersten Eisbärenkönigs erbaut.«

Ich sammelte ein geborstenes Stück Pflasterstein auf. »Hier waren Zauberkräfte am Werk, ebenso wie Muskelkraft. Nur waren es alte Zauberkräfte. Ich will nicht sagen, daß unser Feind nicht in der Lage wäre, dasselbe zu tun. Nur glaube ich nicht, daß er schon lange genug da ist, um ein derart großes Objekt schaffen zu können. Ich wette eine fette Börse Gold, daß wir im Laufe unserer Reise noch weitere so komfortable Unterkünfte finden.

Ich vermute, wir haben es nach wie vor mit einem Emporkömmling zu tun. Mit jemandem, der versucht, sich das Mäntelchen eines großen und legendären Königs umzuhängen, der wiederum sein Leben damit zugebracht hat, das Werk zu vervollständigen, welches ein weiterer großer König vor ihm erschaffen hatte. Das hier ist der klägliche Rest eines Reiches.

Eines Reiches, das jemand neu errichten will.«

Kapitel Acht

# *Das Volk im Eis*

Zum ersten Mal bekamen wir sie in einer Nebelbank zu sehen, die über einem breiten, zugefrorenen See aufstieg.

Der Nebel hatte uns umfangen, als wir den Fuß aufs Eis setzten. Vier Tage hatten wir die Oase hinter uns, als wir auf den See stießen. Die Karawanenspur hatte sich am Ufer verlaufen, und wir verloren viele Stunden damit, dieses Ufer in beiden Richtungen abzusuchen, bevor wir sicher sein konnten, daß sie aufs Eis hinaus gegangen waren. Obwohl eine sehr viel größere Gruppe vor uns das Eis betreten hatte, waren wir voller Sorge, als wir unsere ersten, ängstlichen Schritte auf der gefrorenen Oberfläche taten.

Sie schien fest wie die Erde, doch das Wissen darum, daß wir an jeder dünneren Stelle einbrechen konnten, machte uns nervös. In so kaltem Wasser konnte ein Mensch schon nach wenigen Minuten sterben. Unsere gesamte Gruppe wäre in kürzester Zeit verschwunden, wenn wir einbrachen.

Die richtige Methode, das Eis zu überqueren, wäre es gewesen, eine lange Leine auszurollen, uns aneinander festzubinden und dann – mit soviel Abstand zueinander wie möglich – hinüberzugehen. Wenn einer reinfiel, konnten die anderen ihn sofort wieder rausziehen. Selbst wenn dieser Plan fehlschlug, wäre nur einer von uns verloren.

Nur hatten wir nicht genügend Seil, um solche Vorsichtsmaßnahmen zu ergreifen. Wir beschaffen soviel Seil wie möglich, was kaum für drei Leute mit vielleicht drei Metern Abstand zueinander reichte. Diese drei gingen voraus, prüften den trügerischen Pfad. Doch dann wurde der Nebel so dicht, daß sich selbst diese kleine Vorsichtsmaßnahme als nutzlos erwies. Wir waren gezwungen, dicht hinter unserem Vordermann zu bleiben, um uns nicht zu verirren.

Anscheinend waren wir gleich zu Anfang schon vom Weg abgekommen, denn einmal gerieten wir alle auf dünnes Eis.

Die erste Warnung war ein plötzliches, lautes Knirschen und Knacken, als brächen Knochen. Das Eis bewegte sich so plötzlich unter uns, daß keine Zeit mehr für einen Warnruf war.

Wir blieben stehen, was uns wie eine Ewigkeit erschien, während das Eis unter unseren Füßen schwankte. Erschreckender wurde es noch dadurch, daß wir die Gefahr nicht sehen konnten. Ich hörte das Klatschen offenen Wassers irgendwo voraus und roch den moderigen Gestank vom Boden des Sees.

Dann war alles still. Das Schieben und Knarren des Eises ließ nach.

Wir warteten so lange wir konnten, dann suchten wir uns vorsichtig einen Weg um die Stelle herum, an welcher wir den Riß vermuteten.

Etwa eine Stunde später nahm ich zu unserer großen Erleichterung eine schwache Witterung von Searbe auf. Dann fanden die Zwillinge Abfall von der Karawane. Da wir unserer Richtung nun sicherer waren, zogen wir schneller weiter, folgten der Spur.

Der Nebel wogte um uns, daß wir uns wie in einer Welt trüber Träume und erstickenden Alpdrucks fühlten. Der Wind war schwach, doch schien er in unseren Ohren ein gespenstisches Lied zu pfeifen. Die Wogen des Nebels formten monströse Gestalten, brachen entzwei und zeigten bald noch gräßlichere Bilder. Wir hatten keine Ahnung, wie weit wir schon gekommen waren oder wieviel weiter wir noch gehen mußten, bis wir ans andere Ufer kamen. Wir waren angespannt, schwitzten unter unseren Mänteln, stellten uns vor, daß jeden Augenblick unerwartete Gefahren vor uns auftauchen würden.

Ich ging ganz vorn, als wir sie sahen.

Zuerst spürte ich sie ... ein heftiger Druck in der Luft von einem großen, sich bewegenden Etwas. Dann teilte sich der Nebel, und ich sah etwas Breites und Graues hervortreten. Es schaukelte auf mich zu, dann fort.

Ich hörte eine seltsame Stimme einen Befehl rufen, und wir warfen uns flach aufs Eis. Schon hörte ich den nächsten Befehl und ein durchdringend schabendes Geräusch, als würde etwas Schweres übers Eis gezogen. Der Nebel verwehte zu einer Seite, und überrascht entdeckte ich, wie etwas, das wie ein Schiff aussah, wendete. Das Schiff neigte sich zur einen Seite, fing sich, dann richtete es sich wieder auf und verschwand im Nebel.

Ich wartete, bis alles wieder still war. Dann riß ich zweimal fest an meinem Seil, signalisierte den anderen, zu bleiben, wo sie waren. Ich löste das Seil und kroch voran. Ich hatte ein Schiff gesehen und glaubte, jeden Augenblick zum Rand des Eises kommen und auf Wasser stoßen zu müssen. Statt dessen blieb die Oberfläche fest und zugefroren. Meine Hand stieß gegen eine Kante im Eis. Ich kam auf die Knie und stierte auf das hinab, was ich gefunden hatte.

Dort war eine große Furche von drei Händen Breite im Eis. Ich rutschte ein Stück an dieser Furche entlang und sah, daß es sich eher um eine Spur als einen Riß handelte. Von dieser Spur aus entfernte ich mich kriechend auf einer Diagonalen. Etwa zehn Fuß von dieser Stelle kam ich zu einer zweiten Spur, die der ersten glich. Ich gab Zeichen, und die anderen rückten auf.

Im selben Augenblick, als sie bei mir waren, spürte ich, wie sich der Luftdruck änderte. Ich hörte, wie etwas Schweres auf dem Eis knirschte, und wir alle sprangen aus dem Weg, als der Nebel zerstob und ein Schatten sich über uns legte.

Ich hob den Kopf, als das Schiff auf mächtigen Holzkufen an uns vorbeisegelte.

Das Schiff sah gespenstisch aus, geisterhaft, mit all dem Nebel, der es umwehte, den schwach leuchtenden Masten, Segeln und Leinen. Sie sahen aus wie die Spuren, die Himmelskörper in sternenklaren Nächten ziehen, ein leises Flüstern vor den Augen, welches ein Muster zeichnet, das vielleicht schon nicht mehr da ist. Eispartikel schimmerten in diesem Muster, was das Schiff noch unheimlicher erscheinen ließ.

Ich sah eine riesenhafte Gestalt am Ruder, hörte sie laute Befehle ausstoßen, sah weitere menschenähnliche Schatten herbeieilen, um diese auszuführen. Niemand schaute in unsere Richtung, und ich bezweifle, daß sie uns hätten ausmachen können, wenn sie es getan hätten. Dann hob sich der Nebel wieder, verhüllte alles ... bis auf den Mann am Ruder.

Ein seltsamer Lichterschein ließ sein Gesicht plötzlich erschreckend deutlich aufblitzen. Es war lang und blaß wie junges Eis, und die Augen waren schwarz bemalte Kreise, dunkelblau und weiß umrandet. Blaue Striche hoben die hohen Wangenknochen hervor, und das Kinn war spitz und schwarz bemalt. Die Lippen waren blaugefleckt, und man sah schwarze Striche, die auf Reißzähne hindeuteten.

Ich spannte mich, als der Blick des Mannes über uns hinwegstrich, duckte mich, um seine Aufmerksamkeit nicht zu erregen. Dann fuhren sie weiter, und das Schiff war verschwunden.

Echse war mir am nächsten, so daß ich an seinem Ärmel zupfte, um die Parole auszugeben, daß wir uns zurückziehen und neu formieren sollten. Einige Augenblicke später zupfte dann Echse an meinem Ärmel. Alle waren bereit.

Schon begannen wir, zurückzurutschen, doch hielten wir inne, als eine Glocke erklang, deren Ton durch die eisige Luft rollte und dröhnte. Wieder warf ich mich aufs Eis, zögerte, fragte mich, wohin wir ausweichen sollten.

Die Glocke nahm ein gleichmäßiges Schlagen auf, etwa einmal alle zwei Atemzüge. Dann hörte ich, wie sich uns andere Geräusche näherten – zur Glocke strebten.

Diesmal konnte ich viele Stimmen erkennen, bellende Hunde und reichlich Bewegung. Eilig sprach ich einen Verwirrungszauber, der den Nebel unterstützen sollte, dann gab ich Echse Zeichen, den anderen zu sagen, daß sie sich verteilen sollten. Als er ging, hüpften überall um uns herum plötzlich Lichter, flatterten umher wie monströse Glühwürmchen.

Zwei Schatten sprangen auf mich zu. Ich drehte mich zur Seite, um so wenig Angriffsfläche wie möglich zu bieten. Die Schatten wurden zu Männern unter Fellen und Kapuzen, die mit hoher Geschwindigkeit übers Eis glitten. Sie waren nur wenige Schritte voneinander entfernt, und ich spannte mich, riß mein Messer hervor und machte mich dafür bereit, daß gleich einer von ihnen im Nebel über mich stürzen würde.

Kurz sah ich hölzerne Schlittschuhe, dann schossen die Männer zu beiden Seiten an mir vorbei. Einer von ihnen berührte mit seinem Schlittschuh meine Joppe, doch merkte er es nicht. Ich hörte, daß der eine Mann etwas zum anderen sagte. Es muß komisch gewesen sein, denn sein Gefährte lachte.

Hunde jaulten, eine Peitsche knallte, und dann kam eine ganze Meute von zottigen Gestalten in Sicht. Ein von Hunden gezogener Schlitten raste auf mich zu, und ich war mir sicher, daß die Hunde mich wittern und Alarm schlagen würden. Wieder knallte die Peitsche, und ich mußte mich auf die Seite rollen, als die Hunde und dann der Schlitten vorbeischossen.

Eine ganze Reihe von Stimmen folgten im Kielwasser des Schlittens. Ich atmete kaum, als eine Menge fellbekleideter Leute an mir vorüberglitten. Ihre Gespräche waren beiläufig. Ich hörte Klatsch und Tratsch. Bemerkungen zu Marktpreisen. Klagen über Ehemänner, Ehefrauen und Geliebte.

Stundenlang blieben wir flach auf dem Eis liegen. Kälte kroch uns in die Knochen, zwickte die brennenden Narben, die wir in der Antero Bay erlitten hatten. Mindestens zwanzig Hundeschlitten passierten uns, vielleicht hundert Leute oder mehr – sowohl in Gruppen als auch einzeln. Zwei weitere Eisschiffe segelten vorbei. Doch die ganze Zeit über sah uns niemand, und keiner ahnte auch nur, daß wir dort waren.

Hätte sich der Nebel verzogen, wären wir sicher entdeckt worden. Es war, als versteckte man sich in einem großen Feld mit hohem Korn, das eben geerntet werden sollte. Während wir warteten und den Augenblick unserer Entdeckung fürchteten, zog eine große Gruppe dieser Leute, von denen wir vermuteten, daß sie der Feind sein mochten, wie ein Rechen mit Zahnlücken über das Feld. Pures Glück mochte diese Lücken so breit ausfallen lassen, daß niemand uns finden würde.

Das Glück blieb uns hold, und schließlich dünnte sich die Menge zu ein paar Nachzüglern aus. Und dann verklang die Glocke.

Ich wagte eine Vermutung, welche Richtung Sicherheit versprach, und wir zogen uns so schnell und leise wie möglich zurück.

Wir schafften es gerade noch rechtzeitig, vom Eis zu kommen. Als wir das felsige Ufer erreichten, kam Wind auf, der den Nebel zu langen Fetzen verwehte, und wir mußten in den Schutz eines niedrigen, von Felsen übersäten Hügels hasten.

Ich schlidderte über die Kuppe, schnellte herum, und als meine Männer ebenfalls in Deckung waren, kam ich auf die Ellbogen, um einen Blick in die Gegend zu werfen, aus welcher wir uns eben zurückgezogen hatten.

Die Landschaft war wie eine Szenerie aus dem Traum eines Teufels. Der See war eine weite Ebene von Eis, umrandet von häßlichen, schwarzen Fingern der Zerstörung. So weit das Auge reichte, sahen die südlichen und nördlichen Ufer aus, als wären sie von riesenhaften Klauen ausgemeißelt.

Hügel waren abgetragen, Hänge von Feuer gesprengt. Eis und schmutziger Schnee umgaben diese Wunden, und hier und da sah ich zerklüftete Straßen und Pfade, die den Fels durchzogen. Diese führten zu den Eingängen mächtiger Höhlen, die offenbar von behauenen Steinen gestützt wurden. Weder auf den Straßen noch bei den Höhlen war Bewegung auszumachen, obwohl ich zu erkennen meinte, daß hier und da entfernt vertrautes Arbeitsgerät verstreut lag. Außerdem konnte ich Klötze größerer Steinbauten mit riesigen, schwarzen Schornsteinen erkennen. In einigen Schornsteinen glühten Feuer, doch war nur wenig Rauch zu sehen.

Dann hörte ich ein Rauschen, und hinter einer Biegung im Ufer des Sees kam ein eleganter Eisschoner hervor. Er war für den Kriegseinsatz gebaut, mit einem schweren Rammbock vorn am Bug und Schilden an den Seiten. Ich sah grellgekleidete Männer mit Speeren und anderen Waffen an Deck stehen.

Vom Mast flatterte die Flagge des Eisbärenkönigs.

Das Schiff lavierte zu der Stelle, an welcher der See eine Bucht bildete. Dort lag ein Eishafen mit schmutzigbraunen Anlegern und einem Labyrinth von Lagerhäusern. Mehrere kleinere Eisschoner wurden an die Docks geschleppt, und ich sah, wie Gestalten auf den längsten Pier stürmten, das einlaufende Schiff zu begrüßen.

Um den Hafen drängte sich ein Gewirr von Häusern und Gebäuden: eine kleine Stadt. Der Ort war sicher eine Meile lang und von buckligen, grauen Hügeln umringt, aus denen Finger von nacktem schwarzem Fels aufragten. Die Häuser und Gebäude waren schmal und schienen aus grobem Holz gebaut, mit hohen, spitzen Dächern, damit kein Schnee auf ihnen liegen blieb. Abgesehen von den Gestalten auf den Anlegern und dem Eisschoner konnte ich niemanden ausmachen.

Dann schlug die große Glocke wieder, mein Blick fuhr herum und fand die Quelle dieser Klänge.

Am anderen Ende der Stadt stand eine riesige, zottige Gestalt, sicher doppelt so groß wie die Gebäude.

Ich wich entsetzt zurück.

Es war ein Bär, ein gigantischer Bär, der auf seinen Hinterbeinen stand, das Maul weit zum Angriff aufgerissen.

Wieder schlug die Glocke, und plötzlich wurde mir klar, daß der Klang aus diesem mächtigen Maul kam, das aussah, als könne es ein ganzes Schiff verschlingen. Mein Atem ging ruhiger, und der Bär war besser zu erkennen.

Er war aus Stein gehauen, und eine breite Treppe führte von seinen Füßen zu einem großen Tor in seinem Wanst. Die Tore standen offen, und ich sah Leute ein und aus gehen.

»Was zum Teufel ist das, Mylady?« sagte Carale. Er war neben mich getreten.

»Eine Art Tempel, würde ich sagen«, murmelte ich, doch war ich mit meinen Gedanken nicht bei der Antwort.

Tatsächlich nahm ich den Kapitän nicht wahr. Statt dessen sammelte ich mich, um meine Sinne auszusenden. Ich gab Carale ein Zeichen, still zu sein, dann schickte ich vorsichtig einen Fühler aus wie einen Aal, der aus seinem Bau gleitet und das Wasser schmeckt, ob Beute in der Nähe ist.

Ich fing ein paar magische Partikel auf, die im Ätherwind trieben, bemerkte, daß sie von Searbe – unserem entführten Geisterseher – kamen, und folgte dieser Spur. Die Teilchen wurden zu einem frischen Spurenbündel, je näher ich dem Ort kam.

Ich zog mich zurück, holte ein paarmal tief Luft, um mein physisches Ich zu verankern, dann wandte ich mich Carale zu.

»Er ist noch da«, sagte ich und deutete auf den Ort.

»Lord Searbe, meint Ihr, Mylady?« sagte Carale. Ich nickte. »Versuchen wir, reinzugehen und ihn zu befreien?« fragte er.

Ich zögerte, sagte dann: »Ich wüßte keine andere Möglichkeit.«

Carale nickte mürrisch. »Das habe ich befürchtet«, sagte er.

Er blickte auf die Stadt und die öde Landschaft hinaus, die sie umgab.

»Bergbaustadt, so wie es aussieht«, sagte er. »Die geizigsten Leute auf der Welt, diese Minenbesitzer. Und es scheint, als hätten die hier schon gegraben, als Te Date noch in dreckigen Windeln lag.«

Ich konnte sehen, daß er recht hatte. Die Höhlen waren offenbar Eingänge zu Minen. Das herumliegende Arbeitsgerät war zum Schaufeln und Schleppen gedacht, unter anderem Wagen und Handkarren, mit denen das Erz über hölzerne Schienen bewegt wurde, welche in die Straßen eingelassen waren. Einige der Gebäude, da war ich mir inzwischen sicher, dienten dazu, das Erz zu zerkleinern und vom Stein zu befreien. Andere – die mit den aufragenden Schornsteinen – standen dort, wo das Erz zu metallenen Blöcken verarbeitet wurde.

So kahl die Landschaft war, machte sie nun doch Sinn. Sie diente einem Zweck, so ruinös dieser Zweck auch sein mochte.

Das einzige, was mich noch verwunderte, war das Fehlen jeglicher Aktivität in Minen und Gießereien. Nach allem, was ich sehen konnte, hatte sich die gesamte Bevölkerung in diesem gigantischen, bärenförmigen Bau versammelt.

Vielleicht war heute ein Festtag, eine Art religiöser Feier.

Was immer es sein mochte – es mußte von großer Bedeutung sein. Bergwerksbesitzer sind nicht eben für freundliche Gesten der Frömmigkeit bekannt, bei denen sie ihre Gießereien und Tunnel schließen, um ihren Arbeitern Zeit und Gelegenheit zu geben, den Göttern zu huldigen.

Dann kam aus dem Äther ein Sturm magischer Energie, der meine Geisterseherhaut versengte. Der Schmerz war furchtbar. Ich schmeckte Blut und merkte, daß ich meine Lippe fast durchbissen hatte, um einen Aufschrei zu verhindern. Eilig unterdrückte ich sämtliche magischen Sinne, zog alle Fühler ein wie ein Tintenfisch, der seine Tentakeln einholt, um dem Angriff einer Meeresechse zu entkommen.

Ich fühlte, wie Carales Hände mich bei den Schultern nahmen und merkte, daß ich vom Ansturm umgefallen war. Mit schwacher Geste winkte ich ab und hob den Kopf, um noch einmal hinzusehen.

Dann hörte ich das Donnern vieler Stimmen, die unisono etwas riefen, und mein Kopf zuckte nach rechts, mein Blick überschaute die Landzunge, an der das Schiff erschienen war. Von dort kam das Rollen dicker Trommeln, das rhythmische Schlagen von Schwertern, die auf stählerne Schilde geschlagen wurden, und dann traten aus dem Nebel, der das Ufer dort noch umfaßte, Unmengen fellbekleideter Krieger.

Wieder riefen sie etwas, und sie waren so zahlreich, daß der Schrei wie Donner klang. Hunderte wilder Krieger kamen um die Biegung und glitten mit langen, trügerisch langsamen Schritten, die sie in kurzer Zeit erstaunlich weit voran brachten, dem Hafen entgegen. Ihre Bärte waren dick und von ihrem dampfenden Atem weiß gefroren. Sie trugen spitze Helme, verziert mit den Pelzen kleiner Tiere, deren Köpfe noch dran und deren Mäuler zu einem bleibenden, zahnbesetzten Fletschen erstarrt waren. Sie trugen knielange Umhänge aus grobem Fell, das hinter ihnen wogte und ihre leichten

Kettenhemden, metallene Armschützer und weite, hakenbesetzte Panzerhandschuhe freilegte.

Während sie übers Eis glitten, schlugen sie mit kurzen Schwertern an ihre Schilde und brüllten dieses Lied:

*»Magon kommt –*
*Der Feind erzittert!*
*Magon kommt –*
*Der Feind, er flieht!*
*Magon kommt –*
*Mein Herz, sei froh!«*

Die Soldaten verteilten sich zu einer immer breiter werdenden Phalanx, in die sich bald auch andere Krieger einreihten, nur daß diese Männer ihre Schwerter in den Scheiden trugen und ihre Schilde um die Schultern geschlungen. Mit gepolsterten Knüppeln schlugen sie schwere, U-förmige Trommeln und stimmten in den donnernden Gesang mit ein...

*»Magon kommt –*
*Der Feind erzittert!*
*Magon kommt...«*

Ein Eisschiff tauchte auf, dann zwei, dann drei. Sie waren größer als das erste, grell bemalt und mit gefärbten Fellen bespannt. An Deck standen Soldaten, die wertvollere Kleider und Rüstungen zu tragen schienen als die Eisläufer, und die auch feinere Waffen schwangen. An allen Schiffen flatterte die Flagge des Eisbärenkönigs.

Lange, kanuähnliche Boote schossen hervor, sie alle voller Krieger – Speerträger und Bogenschützen meist – und allesamt angetrieben von stämmigen Männern in zerlumpten Fellen mit finsteren, unheimlichen Gesichtern. Sie liefen seitlich neben den Booten und schoben an schweren Stangen, die auf beiden Seiten des Kanus herausragten. Männer mit Peitschen liefen um sie herum, schlugen und beschimpften jeden Unglücksraben, von dem sie meinten, er bliebe zurück.

Dann segelte das erstaunlichste Schiff von allen ins Blickfeld. Es war eine Eisgaleone mit zwei Decks und einer Brücke, die über diesen Decks aufragte. Inzwischen war der Wind ziemlich frisch, und die Segel der Galeone blähten sich, trugen das Schiff auf mächtigen Kufen schnell übers Eis.

Ein riesenhafter, bärtiger Krieger posierte auf der Schiffsbrücke, hatte seinen Helm abgenommen, und langes Haar wehte in seinem Rücken. Er trug einen großen, weißen Umhang aus Bärenfell, den er über eine schwarz schimmernde, goldverzierte Rüstung geworfen hatte. In seiner linken Hand hielt er einen langen, schwarzen Speer. Zu seiner Rechten, geschützt in der Beuge des kräftigen Armes, saß eine Frau.

Ich staunte, als ich sie zum ersten Mal sah. Trotz der Kälte schien sie kaum mehr als ein paar Fetzen farbenfroher Seide um lohfarbene Hüften und Brüste zu tragen. Der Wind ließ die Seide flattern, legte mehr noch von der braunen Haut frei. Die Frau war klein und zart gebaut. Ihr Haar war golden wie das meine. Ihre nackten Arme waren lang und schlank, und in der Hand hielt sie einen Stab mit kristallener Kugel auf der Spitze. Die Kugel war ein wirbelndes Leuchten von magischer Macht.

Ich hatte keinen Zweifel daran, wer dieser Krieger war.

Magon, der Eisbärenkönig.

Nur wer, so fragte ich mich, war diese Frau?

Und noch etwas beunruhigte mich.

Das Eisschiff war aus Gold gebaut.

Es dauerte eine Weile, bis mir dieser Umstand dämmerte. Ich war vom magischen Ansturm derart erschüttert, daß sich mein Verstand ganz taub anfühlte. Doch als es endlich eingesickert war, erinnerte ich mich augenblicklich an Maranonias Prophezeiung von den drei metallenen Schiffen. Der Gedanke war flüchtig, eine bloße Beobachtung, bemerkt und für zukünftige Überlegungen verstaut. Meine zweite Reaktion war bloßes Staunen.

Die gesamte Galeone schien aus Gold zu sein, ein weicher, metallischer Schimmer vom Bug zum Heck. Selbst die Segel bestanden offenbar aus dem Zeug: eine Goldleinwand, die in der Brise flatterte und sich blähte, als wäre sie aus Stoff. Aber es war nicht die prahlerische Zurschaustellung der Reichtümer, die mich erstaunte. Barbarenkönige tun solche Dinge. Throne und Paläste und selbst komische Objekte wie Nachttöpfe bestehen an Barbarenhöfen gern aus juwelenbesetztem Gold.

Was mich zum Staunen brachte, war die Technik. Selbst wenn das Schiff eher vergoldet als aus purem Gold sein sollte, hätte es eigentlich auf seinen goldenen Kufen zusammenbrechen müssen. Und selbst wenn es das nicht tat, könnte auch der größte Sturm ein solches Gewicht keinen Schritt weit bewegen.

Dann schlug die große Glocke, lockte meine Aufmerksamkeit wieder zum Bärentempel. Menschen strömten aus den Toren und schwärmten zum Ufer hin. Sie trugen Banner und Flaggen, schlugen auf Trommeln ein und bliesen Trompeten. Sie schwärmten zu den Anlegern – Tausende von Leuten –, doch auf seltsam geordnete Weise, bildeten Schlangen mit kleinen Pulks reich gekleideter Leute an deren Spitzen, Männern, die ich für eine Art Beamte hielt.

Fast zwei Stunden lang sahen wir zu, wie die Menge König Magon und jene geheimnisvolle Frau begrüßte, die ich für seine Königin hielt. Es gab Ansprachen, auch wenn wir sie nicht hören konnten, und Hurrarufe, welche wir ganz deutlich vernahmen.

Große Weihrauchkübel wurden angesteckt, die dicke Rauchwolken von sich gaben. Deren Duft wehte von Zeit zu Zeit herüber und kitzelte uns in den Nasen. Drachen mit explodierenden

Schwänzen schwebten über den Himmel, leuchtende Ballons stiegen auf, und das Eingeborenenorchester der Stadt verursachte eine Kakophonie von Trommeln und Hörnern und Knochengeklapper.

Carale suchte um meine Aufmerksamkeit nach, wollte mich fortziehen, um mit den anderen unsere Lage zu besprechen. Doch brachte ich ihn zum Schweigen und gab Zeichen, daß niemand sprechen solle.

Selbst noch in diesem Lärm spürte ich etwas, das über uns schwebte... und lauschte.

Die Zeremonie am Hafen kam zum Ende, und die Menge marschierte in den Bärentempel zurück, mit König Magon und seiner Königin an der Spitze. Seine Soldaten blieben bei den Schiffen. Manche hockten sich hin, um auszuruhen, andere fuhren auf dem Eis herum und liefen in kleinen Gruppen Patrouille.

Einige Augenblicke später zischte Dampf aus der Nase des Bärentempels, und seine steinernen Augen leuchteten feurig rot. Plötzlich bekam ich ein ungutes Gefühl und gab meinen Leuten Zeichen, sich vom Hügel zurückzuziehen.

Ich warf noch einen letzten Blick hinüber, bevor ich hinunterglitt, um mich ihnen anzuschließen, und sah, wie sich Soldaten vom Anleger lösten.

Sie kamen in unsere Richtung.

Ich ruschte den Hang hinab und sprang auf. Stille war nun nicht mehr wichtig.

»Sie kommen«, rief ich den Männern zu.

Und in einer wilden Flucht führte ich sie durch den Schnee und fort vom See.

Sie jagten uns über Stunden. Wir versuchten alle Tricks, die wir kannten, um sie abzuschütteln, drückten uns in steinübersäte Wasserrinnen und sprangen von Fels zu Fels, stürmten über ausgetrocknete Buchten, um keine Spuren zu hinterlassen, und liefen zweimal in unsere eigenen Spuren zurück, um sie zu verwirren, versteckten uns, wenn Patrouillen kamen, und nutzten deren Spuren, um unsere eigenen zu verbergen.

Am Ende drängten sie uns gegen einen hohen Berg. Wir waren auf dem Eis, suchten nach einem Weg diesen Berg hinauf, als zwanzig Soldaten auf Schlittschuhen kamen. Dann gesellten sich zwanzig weitere dazu, und als sie sich formierten, reihten sich so viele ein, daß ich mit dem Zählen nicht mehr nachkam und wußte, daß wir verloren waren.

Sie warfen uns Beschimpfungen entgegen und schlugen mit den Schwertern an die Schilde.

Es blieb keine Zeit für Zauberei, und so zückte ich meine Klinge und trommelte meine Männer zusammen.

Wir waren nur wenige, doch zögerten wir das Ende der Schlacht hinaus.

Die Zwillinge starben zuerst. Sie waren gegen eine Masse von Männern angestürmt, durchbrachen deren Formation und ließen ein gutes Dutzend tot oder schwerverletzt auf dem Eis zurück. Doch dann hatten die Männer, denen ihr Angriff galt, sich neu formiert und sie überwältigt.

Ich habe nicht gesehen, wie Echse umkam. Doch sah ich seine Leiche auf dem Eis, die Kehle durchschnitten. Die liebliche Stimme für immer verstummt.

Dann waren nur noch Carale und Donarius und ich übrig. Wir waren erschöpft, doch kämpften wir weiter – Ellbogen an Ellbogen, die Klingen blutige, lebenzerstörende Ruten wedelnd vor uns ausgestreckt.

Der Feind unternahm seinen letzten Angriff. Eine undurchdringliche Mauer von gepanzerten Leibern überwältigte uns. Ich lag auf dem Rücken, das Schwert entrissen, und eine gigantische Gestalt ragte über mir auf. Sie hob ihr Schwert, um zuzuschlagen. Da hörte ich Musik. Liebliche Musik. Töne einer himmlischen Harfe.

Und alles wurde schwarz.

Kapitel Neun

# *Der Eisbärenkönig*

Ich erwachte in einer Finsternis, die so undurchdringlich war, daß mich für einen Augenblick die Furcht ergriff, man hätte mich geblendet. Ich wußte noch, wie hilflos Gamelan geworden war, als seine geisterseherischen Fähigkeiten gemeinsam mit dem Augenlicht versagten.

Ich hielt mir eine Hand vor das Gesicht, doch konnte ich nichts sehen, so nah ich sie auch hielt. Ich berührte meine Augen, fühlte die Wimpern unter meinen Fingerspitzen zucken, konnte jedoch keinerlei Wunden spüren. Ich fühlte etwas Klebriges an einer Wange, was ich für Blut hielt. Mein Kopf dröhnte, alle Knochen und Muskeln schmerzten, und ich spürte das Brennen von Schnitten und Kratzern, wenn ich mich bewegte. Doch schienen die Verletzungen gering.

Meine Füße waren nackt, meine Joppe nicht mehr da, und es schien, als trüge ich nurmehr meine Tunika und enge Hosen. Ich war naß bis auf die Knochen, daß meine Kleider unangenehm an mir klebten. Wenigstens war es nicht kalt. Tatsächlich traf eher das Gegenteil zu: Die Luft war stickig, und ich schwitzte heftig.

Mit schwacher Hoffnung flüsterte ich: »Carale?«

Keine Antwort.

Ich war allein.

Der steinerne Boden unter meinen Füßen war warm. Auch die Wände bestanden aus Stein und fühlten sich warm an. Ich hörte Wasser tropfen wie in einen Tümpel und rutschte in diese Richtung, die Hände schützend ausgestreckt. Ich tastete herum, bis ich den Tümpel fand, kaum mehr als eine Pfütze über dem verstopften Abfluß. Ich suchte herum, bis ich die Quelle fand ... ein langsames Tropfen von Kondenswasser, das an einer Wand herunterlief und in den Tümpel klatschte.

Ich nahm etwas Wasser auf und roch daran. Es schien moderig, wenn auch nicht verschmutzt. Ich probierte es. Es hatte einen schlammigen Geschmack, nicht gänzlich unangenehm. Plötzlich war ich so durstig, daß mir ganz übel wurde. Ich schöpfte Wasser und trank ohne üble Nebenwirkung.

Dann tastete ich mich ab. Sämtliche Waffen und sonstige Eigentümer waren mir genommen. Doch fand ich tief in meinem Ärmel ein Taschentuch, das man übersehen hatte. Ich tunkte es ins Wasser und wusch mich so gut es ging.

Als ich damit fertig war, untersuchte ich den Rest der Kammer, blindlings, Handbreit für Handbreit. Sie war klein, aus alten Steinblöcken gehauen, mit bröckelnden Spalten, in denen der Mörtel vermodert und herausgefallen war. Eine kleine Tür aus dickem Holz, von breiten Metallbändern gehalten, saß in einer Wand. Ich vermutete, daß auf der anderen Seite dieser Tür ein Korridor lag, obwohl ich nur meinen Atem und das *Tropftropftropf* des Wassers hörte. Unten an der Tür gab es eine vergitterte Öffnung, gerade groß genug, daß sich ein Eimer durchschieben ließ.

Ich sank auf Hände und Knie und versuchte, durch das Gitter zu spähen. Nichts. Nur Finsternis. Stumpfe, seelentötende Finsternis. Ich schob meine Finger durch das Gitter. Sie trafen auf Holz. Vor das Gitter hatte man eine Klappe gesetzt.

Ich suchte den Raum noch weiter ab, prüfte sorgsam jeden Riß und jede rauhe Stelle.

Es gab keine Pritsche, keine Decken, überhaupt keine Möbel irgendwelcher Art. In einer Ecke fand ich zwei leere Eimer. Ihr Zweck war offenbar. Einer stank nach menschlichen Exkrementen. Der andere hatte den schalen Geruch alter Lebensmittel.

Ich wußte, was zu tun war … ich hatte schon früher in Kerkern gesessen. Ich stellte den Esseneimer neben das Gitter, damit er gegen einen vollen getauscht würde, wenn und falls der Kerkermeister kam, um mich zu füttern. Den anderen stellte ich in die entfernteste Ecke, um ihn zu benutzen, wenn ich mich erleichtern mußte.

Ich machte leichte Übungen, um meine Muskeln zu dehnen. Sie waren wund, doch schienen sie ihre Arbeit zu tun, so daß ich ein paar Minuten herumlief und so tief wie möglich ein- und ausatmete, bis sich meine Nerven beruhigt hatten und mein Herz gleichmäßig schlug.

Dann hockte ich mich hin, lehnte mich an eine Wand, fand meine geisterseherische Mitte und sang:

*»Was ist Morgen?*
*Was ist Nacht?*
*Was ist Tag?*
*Was nicht?*
*Was ist Mond?*
*Was Licht?«*

Forsch rieb ich die Hände aneinander. Dann öffnete ich sie mit den Handflächen nach oben.

Ein schwaches Leuchten erschien.

Ich konnte sehen.

Im trüben Licht, das ich geschaffen hatte, fand ich einen großen Stein, der auf Brusthöhe aus der Mauer ragte. Ich rieb mit den Händen an der Wand herum, was Schlieren von Licht hervorrief. Ich rieb immer weiter, bis der ganze Steinblock leuchtete und nur noch wenige Teilchen magischen Lichts an meinen Handflächen klebten. Ich schnippte mit den Fingern, und das Licht wurde heller. Nicht viel, jedoch genug, um die nackte, graue Leere der Kammer erkennen zu können. Noch einmal schnippte ich, und das Licht ging aus. Noch einmal, und es kam zurück.

Gut, falls jemand kam, konnte ich das Licht schnell löschen.

Ich wußte nicht, wie lange ich ohne Bewußtsein gewesen war. Stunden? Tage? Nicht mehr als einen Tag, dachte ich. Ich tippte einen Finger an die leuchtenden Teilchen am Stein und machte für diesen Tag ein einzelnes Zeichen im freien Feld darunter. Dann machte ich ein Zeichen für den heutigen Tag.

Schließlich lehnte ich mich zurück, um nachzudenken, zu warten und mich vorzubereiten.

Irgendwann würde jemand kommen.

Dafür wollte ich bereit sein.

Sechs weitere Leuchtzeichen hatten sich zu den ersten beiden gesellt, bis sie zu mir kamen. Ich vermutete, es bedeutete »acht Tage seit meiner Gefangennahme«, obwohl man nicht wirklich sagen konnte, wann ein Tag endete und der nächste begann. Ich mußte mich auf die Anzahl der Male verlassen, bei denen das Gitter geöffnet wurde, man einen Futternapf durchreichte, um ihn gegen den leeren Napf und meinen Latrineneimer tauschte. Zwischen diesen Besuchen verstrich so viel Zeit, daß ich vermutete, es handele sich jeweils um einen neuen Tag. Das Essen war typischer Kerkerfraß, den man nicht kommentieren muß, abgesehen davon, daß es reichlich davon gab.

Es schien, als hätte man mich zum ersten Mal gefüttert, als ich erst wenige Stunden wieder bei Bewußtsein war, obwohl auch das eine reine Vermutung darstellt. Minuten können wie Stunden erscheinen, wenn man allein ist und in einer heißen, feuchten Zelle sitzt.

Es gab kaum eine Vorwarnung, keine Schritte von Stiefeln, die aus einem Korridor hereinhallten, kein Schlüsselklirren vom Wärter. Ich hörte nur das Schaben des Gitterrostes, als dieses beiseite geschoben wurde, und eilig schnippte ich mit den Fingern, um meine Zelle zu verdunkeln. Der leuchtende Stein war kaum verloschen, als ich einen trüben Lichtstrahl durch das Gitter sah.

Hockend blieb ich in der Ecke sitzen, die ich als Schlafplatz auserkoren hatte... schweigend. Ich hörte ein Atmen, sonst jedoch nichts. Ich hatte deutlich das Gefühl, daß jemand durch die Öffnung lugte. Dann wurde eine lange, leuchtende Stange hindurchgeschoben. Sie stocherte hierhin und dorthin, während die Spitze – wie ein einzelnes Auge – helleres Licht verströmte. Schließlich deutete es auf mich und hielt still. Ich wußte, daß man mich beobachtete.

Ich sagte nichts und tat nichts. Bis jetzt kannte ich die Regeln nicht, die hier galten. Und ich war auch nicht so dumm, ein leidenschaftliches Flehen oder hochmütige Flüche auszustoßen, um mich bei jemandem, der sicher nur ein kleiner Wärter war, ob meiner ungerechten Einkerkerung zu beklagen.

Dann wurde die Stange eingeholt.

»Willst du essen?« knurrte eine Stimme.

»Ja«, sagte ich.

»Gib deinen Eimer«, kam als Antwort.

Ich fügte mich, holte den alten Essenseimer und schob ihn durch die Öffnung. Meine Nase rümpfte sich beim säuerlichen Gestank moderigen Fleisches von selbst, und dann wurde ein Eimer voller Lebensmittel durchgeschoben. Ich stellte ihn beiseite.

»Du schon Latrine gemacht?« krächzte die Stimme.

»Ja«, sagte ich. »Ich habe mein Geschäft erledigt.«

»Gib her«, befahl die Stimme.

Ich schob den benutzten Eimer durch. Er wurde gegen einen leeren getauscht.

Dann schloß sich das Gitter, und das war alles.

Aus meiner Erfahrung in den Verliesen von Konya wußte ich, daß ich essen mußte, so ekelhaft das Mahl auch ausfallen mochte. Doch das Zeug roch verdorben, und ich wollte nicht, daß ich mich übergeben mußte. Von meinem Vater hatte ich gelernt, daß es in der Wildnis am besten ist, wenn man möglichst Heißgekochtes ißt, sofern man Krankheiten vermeiden möchte. Daher sprach ich einen Zauber, um ein kleines Feuer zu entfachen, und kochte den Inhalt des Essenseimers. Bald schon war die Zelle erfüllt vom strengen Duft verrotteten Gemüses und Schlachterreste.

Ich dachte an andere Dinge und zwang mich, so viel wie möglich davon zu verschlingen. Ich hatte kein Besteck, so daß ich mit den Händen essen mußte. Als ich fertig war, schien es, als wäre noch genug für eine weitere Mahlzeit übrig, und ich sparte es mir für später auf.

Ich fischte zwischen den Dingen im schmierigen Eintopf herum und fand den schmalen Splitter eines Knochens. Ich versuchte zu erraten, von welchem Tier er stammen mochte. Es war kein Geflügel, dessen war ich sicher. Ebensowenig kam er von Schwein oder Kuh. Dann war ich sicher, daß er von einer Echse stammen mußte. Ich stopfte mir den Knochen für spätere Zeiten in den Ärmel. Nach meiner nächsten Mahlzeit untersuchte ich den leeren Metalleimer genauer. Er war verrostet und hatte einen Tragegriff. Ich wußte, daß ich von Eimer und Griff kein Stück verwenden konnte, wenn ich eine Waffe fertigen wollte, da meine Wärter sofort merken würden, daß etwas abgebrochen war. Daher schabte ich etwas Rost ab, bis ich einen kleinen Haufen davon hatte, und wickelte ihn in einen Fetzen von meinem Taschentuch. Ich stopfte das Päckchen in meinen Ärmel, zusammen mit dem Echsenknochen.

Ich machte meine Übungen, löschte das Licht und schlief.

Als ich erwachte, machte ich wiederum meine Übungen, dann hockte ich mich hin, um meine Lage zu bedenken.

Ich sandte meine Geistersehersinne aus, stieß an die Mauer, drückte mich durch den Stein, dann wurde ich aufgehalten. Der Sperrzauber fühlte sich dick und schwammig an. Ich drängte fester, doch dieser Schwamm fing all meine Versuche ab. Ich gab auf. Ich befand mich im Revier eines feindlichen Zauberers, was in jedem Fall ein Problem darstellt, sofern dieser Zauberer nicht nur ein ignoranter Schamane ist. Allerdings sprach ich meinen eigenen Schutzzauber und sicherte mich so gut wie möglich vor einem Überraschungsangriff.

Dieser Angriff kam, kurz nachdem ich eingeschlafen war.

Wieder war ich in jenen alten Tagen, als ich den Archon gejagt und mich im Meer des Westens verirrt hatte. Ich lag in meinem Quartier, schaukelte in der Hängematte eines Schiffes, wurde vom gleichmäßigen Rollen des Schiffes auf den Wellen sanft gewiegt.

Dann klopfte Gamelan mit seinem Blindenstock in meine Träume.

»Es wird Zeit für eine weitere Lektion, liebe Freundin«, sagte er.

Er warf seinen Stock nach mir, und dieser wurde zu einer großen, geflügelten Schlange, die zischte, während von ihren Zähnen Gift tropfte.

Ich wollte zurückweichen. Jeder Nerv meines Körpers drängte mich zu springen. Aus der Hängematte zu rollen und diesen todbringenden Nadelspitzen zu entfliehen.

Statt dessen packte ich die Schlange hinter ihren Kiefern. Drehte sie zu Gamelan. Ich preßte zwei Finger in die Mulden zu beiden Seiten des Schlangenhalses, und grünes Gift trat aus.

Es spritzte auf eine schimmernde Fläche gleich vor Gamelan. Er schrie vor Schmerz, und es tat mir in der Seele weh, daß ich meinem Freund und Mentor so etwas angetan hatte.

Dann verschwamm sein Bild, sank die schimmernde Fläche hinab, als verliefe angewärmte Farbe über einen Spiegel.

Ruckartig war ich wach, mit klopfendem Herzen, die Sehnen vibrierend wie gezupfte Saiten. Mein Mund war trocken wie Pergament, die Lippen geschwollen und vom Durst verkrustet. Ich schnippte mit den Fingern, daß Licht wurde, und ging in die Ecke, wo Wasser in eine kleine Pfütze tropfte. Ich schöpfte etwas davon auf und trank. Ein schlammiger Geschmack legte sich auf meine Zunge, doch war mein Durst gelöscht. Ich kehrte in meine Ecke zurück und kauerte dort lange Zeit, bis ich mich wieder im Griff hatte. Dann ging ich schlafen.

Der Wärter kam. Eimer wurden getauscht. Ich machte ein weiteres Zeichen, trainierte, bis ich müde war, dann schlief ich.

Ich träumte, ich wäre in Amalrics Garten. Omerye spielte ihren Dudelsack. Mein Bruder schenkte mir einen Kelch voll Wein ein.

»Ich liebe dich, Schwesterherz«, sagte er. »Du weißt, daß ich es tue. Und deinen Mut habe ich schon immer bewundert. Nun, glaube ich, bist du geschlagen. Gib es zu. Dann nehmen wir noch einen Trunk, und du kannst nach Hause gehen.«

Ich nahm den Kelch aus seiner Hand. Er enthielt guten Anterowein, den besten Jahrgang unserer besten Hänge. Sein Bouquet weckte meine Sehnsucht nach Orissa. Plötzlich hatte ich solches Heimweh, daß ein Schluchzen in mir aufstieg und beinah herausplatzte.

Amalric breitete die Arme aus. »Komm, umarme mich, Rali«, sagte er. »Du fehlst mir so.«

Ich zerschlug den Kelch an der Gartenbank und hielt nur noch eine lange, gebogene Scherbe aus Kristall. Amalric streckte seine Hand aus, als flehe er mich an. Ich schlug mit der Scherbe nach der Hand. Er schrie auf, und Blut schoß aus der Wunde. Ich stand von der Bank auf, und er versuchte wegzulaufen, doch war ich bei ihm, bevor er auch nur ein paar Schritte getan hatte. Ich holte mit meinem gläsernen Dolch aus. Und vor den Augen seiner weinenden Omerye sank er tot zu Boden.

Tränen liefen mir übers Gesicht, als ich erneut erwachte. Ich unterdrückte mein Schluchzen, wischte die Tränen fort und ging hinüber zu der Pfütze, um erneut diesen plötzlichen, schrecklichen Durst zu löschen. Ich unterdrückte jedes Gefühl, alle Emotionen, und wischte meinen Kopf so leer wie die Schiefertafel eines faulen Schulmädchens.

Zeit verstrich. Der Wärter kam und ging. Weitere, leuchtende Zeichen wurden auf den Stein gemalt. Meine Träume blieben ungestört. Doch wußte ich, daß mein Gegner wiederkommen würde.

Ich schrieb noch weitere Zeichen an die Wand, bis der nächste Angriff erfolgte.

Wieder war ich in Amalrics Garten. Omerye beweinte meinen toten Bruder. Meine Hände waren voller Blut, und meine ganze weiße Robe war darin getränkt.

Plötzlich erschien meine Mutter, und ich war ein kleines Mädchen, bluttriefend und so sehr von Schuld geplagt, daß ich nicht mehr leben wollte.

»Was hast du getan, Rali?« weinte sie. »Wie konntest du deinen eigenen Bruder töten?«

Noch immer hielt ich den Kristall in Händen.

Ich tat, was ich zu tun hatte.

Hastig.

Und als sie tot war, tötete ich auch Omerye.

Das Blut floß über den Gartenweg und überschwemmte die Rosen.

Bebend schreckte ich aus meinem Traum hoch. Ich mußte zum Latrineneimer laufen, um mich dort zu übergeben.

Es dauerte Stunden, bis ich mich gefangen hatte. Und als es soweit war, wußte ich, daß ich eben den letzten Angriff aus der Ferne erlebt hatte.

Ich machte mich für das bereit, von dem ich vermutete, daß es als nächstes kommen würde.

Ich nahm den Echsenknochen vor und schärfte ihn am Stein, schliff die Spitze zu einer Nadel. Darauf nahm ich etwas von meinem Essen, um den Knochen zu beschmieren, damit er klebrig wurde. Dann streute ich die Rostpartikel darüber, bis der Knochen ganz davon bedeckt war. Ich sprach eine Beschwörung, dann versteckte ich den Knochen in meinem Ärmel.

Bevor ich wieder einschlief, wusch ich mich so sorgfältig wie möglich. Ich entwirrte die Knoten in meinem Haar und brachte es notdürftig in eine Art Form.

Es ist nicht gut, mit seinen persönlichen Geistern allein gelassen zu werden. All die alten Sünden und Fehler sammeln sich, um einen zu beschämen. Zwänge, denen man nachgegeben, kleine Missetaten, die man begangen hat, Sünden, die man anderen nicht verzeihen konnte. Eine nach der anderen geht man durch. Hinterfragt sie, beweint sich, rügt sich, dann verstaut man sie sorgsam – gelöst oder ungelöst –, damit sie bereitstehen, wenn es mal wieder an der Zeit für eine Selbstkasteiung ist. Ich habe solche Dinge durchlitten. Kauernd in meiner Ecke wurde ich hohläugig und leeren Herzens.

Noch einmal kam der Wärter mit dem Essenseimer. Ich machte noch ein Zeichen und fragte mich trübsinnig, wie viele Leuchtstriche ich dem groben Kalender meiner Einkerkerung wohl noch würde hinzufügen müssen.

Ich aß gerade und versuchte an anderes zu denken, als plötzlich die Zellentür aufgeworfen wurde.

Licht flutete herein, und als ich meine Augen davor schützte, brachen zwei große Schatten aus diesem Licht hervor und stürzten mir entgegen. Sie trugen ein Netz aus schimmerndem Gold und breiteten es weit aus.

Ich hatte meinen Plan, und somit leistete ich keinen Widerstand. Sie warfen das Netz über mich, und ich war in den glitzernden Maschen gefangen. Sie klebten wie das Netz einer mächtigen Spinne, umfaßten meine Arme und Beine so fest, daß ich sie nicht hätte abschütteln können, selbst wenn ich es gewollt hätte. Ich zog den Echsenknochen aus meinem Ärmel, als sie mich wie einen Teppich in diesem Netz einrollten. Ich hielt ihn fest in meiner Faust, doch rührte ich mich ansonsten nicht, lag absolut bewegungslos.

Dann packten die beiden Männer je ein Ende des Netzes, hoben rüde an und trugen mich davon.

Keiner sagte ein Wort, als ich durch die Gänge des Verlieses und die Treppen hinauf geschleppt wurde. Ich sah vergitterte Zellentüren, klobige Wachen, schleimig wie Sumpfungeheuer, nackte Gefangene, die in Ketten von den Wänden der Gänge hingen, dazu das schnaufende Gebrüll und die funkensprühende Glut eines Folterknechtes bei der Arbeit. Ich war erleichtert, als sie diesen Raum passierten, doch dann krampfte sich mein Herz zusammen, als ich jemanden schreien hörte. Ich konnte nicht sagen, ob es sich um Mann oder Frau handelte ... als ob es einen Unterschied gemacht hätte.

Wir kamen zu etwas, das wie eine unendliche lange Treppe anmutete. Als wir sie erklommen, zählte ich automatisch die Stufen. Es waren einhundertsiebzehn. Ich erinnere mich an diese nutzlose Zahl bis heute und habe die Stufen in meinen Träumen schon manches Mal gezählt.

Als wir oben ankamen, sah ich, daß die steinernen Wände dort endeten und nackten, ausgehöhlten Felsen wichen. Ich drehte meinen Kopf ein Stück, um zuzusehen, wie meine Häscher mich einem holzvergitterten Schacht entgegenhievten.

Sie hoben mich an, als stellten sie einen Balken auf, und trugen mich durch das Tor auf eine Plattform mit hölzernen Seiten und offenem Dach. Ich reckte den Hals, um aufzublicken, und erkannte einen Kran mit einer Art Kettenmechanismus, welcher in pechschwarze Finsternis führte, an deren Ende ein Lichtpunkt auszumachen war.

Die Hitze war fast überwältigend, dampfte überall um den Rand des hölzernen Käfigs herum. Schweiß lief mir übers Gesicht, brannte in Augen und aufgeplatzten Lippen.

Einer der Männer riß an einem Seil, und weit entfernt hörte ich eine Glocke läuten. Die Plattform ruckte unter mir, und mit mächtigem Gestöhn und Kettenrasseln wurden wir langsam hochgezogen. Die Reise des Käfigs begann schwerfällig, ruckend und schaukelnd, so daß wir an die Mauern schlugen, doch bald schon wurde der Rhythmus gleichmäßiger, das Rucken hörte auf, und wir fuhren schneller.

Steinerne Wände zogen vorüber, Feuchtigkeit und metallene Stücke blitzten im Licht der kleinen, gläsernen Schalen voll leuchtender Kristalle auf, die an einem der Pfosten des Käfigs hingen.

Die Oberfläche des Schachtes war hier und da von Tunneleingängen unterbrochen, an denen Männer darauf warteten, mitgenommen zu werden, und überrascht blinzelten, als wir weiterfuhren, anstatt anzuhalten. Die Öffnungen, das merkte ich nach einiger Zeit, führten zu Minen. Und mir wurde klar, wie tief meine Zelle unterhalb dessen begraben war, was sich als die tiefste aller Minen entpuppte.

Als man uns an diesen Minen vorüberzog, hörte ich das Prasseln von Feuer, das Schlagen von Metallwerkzeugen, das Krachen von Hämmern, die den Fels zertrümmerten, das Rumpeln von hölzernen Wagenrädern, die Flüche der Aufseher und das Gestöhn und Geschrei erzwungener Arbeit.

Der Aufstieg dauerte mehrere Stunden, und während dieser Zeit sprachen die Männer kein Wort miteinander und sahen mich nicht einmal an. Nach einiger Zeit nickte ich ein, benommen von der drückenden Hitze.

Ich spürte einen kühlen Lufthauch, und die Plattform kam mit einem Ruck zum Stehen.

Als ich die Augen öffnete, mußte ich gleich wieder blinzeln, da mir das Licht, das uns empfing, nach all den Tagen in der dunklen Zelle ziemlich grell erschien. Wachen rissen die Türen auf, und man schleppte mich in einen grauen Tag hinaus.

Bevor ich mich umsehen konnte, hatte man mir schon einen schwarzen Sack über den Kopf gezogen. Ein schwerer, erstickender Geruch stieg mir in die Nase, würgte mich. Ich rang um Atem, sog mehr noch von dem ekelhaften Gas in mich hinein.

Erneut umfing mich Finsternis.

Ich träumte, ich läge unter einer bewachsenen Laube in den Armen einer Geliebten. Sie war mir gleichzeitig fremd und doch vertraut, wobei sich Gesicht und Figur stets wandelten, wenn ich sie genauer betrachten wollte. Sie war süß und lieb und alles, was man sich von einer Geliebten wünscht, und als unsere Leidenschaft ihren Höhepunkt erreicht hatte, umfing mich eine köstlich freudige Mattigkeit. Im Traum nickte ich ein, mein Kopf auf ihrem Schoß.

Ich erwachte zu den fernen Klängen eines Dudelsacks, der eine friedvolle Melodie spielte. Duftwasser und Weihrauch wehten durch die Lüfte, und ich spürte wunderbar weiche Kissen unter mir.

Als ich wieder zu Bewußtsein kam, merkte ich, daß meine Faust noch immer fest um den Echsenknochen geballt war. Erleichterung erfaßte mich. Die Waffe war noch nicht gefunden worden.

Jemand sagte meinen Namen, und ich schlug die Augen auf, sah, daß sich zwei junge Mädchen über mich beugten. Sie waren hübsche Dinger mit einer Haut wie frische Sahne, gekleidet in hauchdünne Kleidchen mit goldenen Bändern um die schmalen Hüften.

Sie hatten Schwämme mit parfümiertem Wasser, um mir damit

die Stirn zu tupfen, und einen Krug mit leichtem Wein für meinen Durst. Sanft hoben sie mich von einem wundervoll bequemen Bett mit Brokatkissen und rosenfarbenen Vorhängen, die man zuziehen konnte, um das Licht auszusperren.

Sie nannten mich »Lady Antero« und sagten, ich müsse mich bereit machen, vor den König zu treten. Ich ließ mich von ihnen durch das Zimmer führen, schenkte ihren sanften Plaudereien aber keine Aufmerksamkeit, zumal es sich größtenteils um Klatsch und Tratsch hinsichtlich ihrer jungen Freunde handelte.

Neugierig sah ich mich um, als ich nackt über dicke Teppiche schritt. Die Wände des Zimmers waren mit wunderschönen Wandteppichen behangen, die ergötzliche Szenen von Feld, Wald und Flüssen zeigten. Es gab Bilder von schönen jungen Menschen beim Spiel. Auf der Hirschjagd, beim Tollen auf der Wiese oder in zärtlicher Umarmung unter den Bäumen. Obwohl sie nackt waren und einige der Liebesszenen ziemlich deutlich, blieb alles so geschmackvoll, daß man eher verzückt als verleitet oder abgestoßen wurde.

Die Mädchen führten mich zu einem tümpelgroßen Steinbad voll dampfenden, parfümierten Wassers. Ich trat die Stufen hinab in dieses Wasser, das mir etwa bis an die Hüfte reichte. Sie nahmen mich bei den Ellbogen und halfen mir, mich hinzusetzen, dann klatschten sie in die Hände, und weitere Mädchen – eines lieblicher als das andere – kamen hinter Vorhängen hervor. Sie waren alle so jung – Kinder eigentlich – und mir wurde warm ums Herz, als ich ihr unschuldiges Quieken der Freude hörte, da sie ihre Kleider ablegten und zu mir in die Wanne stiegen.

Dort bereitete man mir das denkbar wundervollste Bad. Sanfte Hände rieben hier und dort, wuschen und massierten und gossen dampfendes Wasser über mich. Sie wuschen mir das Haar, kneteten meinen Skalp und behandelten meine Verletzungen mit Mittelchen.

Es war, als hätte ich den Traum niemals verlassen, sondern wäre in ein kleines Paradies entschwebt, in dem für jedes meiner Bedürfnisse gesorgt war. Ein Paradies, in dem aus jeder Ecke der Bühne Gefahr drohte, und ich hatte die tragende Rolle einer Liebesszene. Ich spielte mit, lachte über kleine Scherze, kitzelte da und dort ein Kichern aus einem Mädchen hervor, nutzte all das, um den Echsenknochen zu bewegen, damit er nicht entdeckt würde.

Die Mädchen bemerkten meine geschickten Bewegungen nicht. Sie priesen mein Aussehen, beweinten meine Narben und sagten *ts, ts, ts, armes Ding,* während sie zärtlich für meinen müden Leib sorgten.

Sie trockneten mich ab, rieben meine Haut, bis diese glühte, dann wickelten sie mich in noch mehr dicke Handtücher und setzten mich vor einen kleinen Tisch, auf dem man Delikatessen ausgebreitet hatte, welche meinen Hunger stillen sollten.

Es gab eine klare Brühe, geröstetes Brot, von welchem Butter und Honig tropften, Schinkenstreifen, in Wein gedünstete Eier und Scheiben von gekühlten Früchten jeglicher Art. Ich aß mich satt, lächelte und antwortete den Mädchen, wenn sie mich fragten, was ich wollte, doch sagte ich sonst nichts außer »bitte« und »danke vielmals, meine Lieben«.

Dann wurde es Zeit, sich anzukleiden, und sie schoben einen Vorhang beiseite, enthüllten einen Schrank von der Größe eines kleinen Zimmers. In diesem Schrank gab es jede erdenkliche Art von Kleidung, mit passenden Schuhen, Sandalen oder Stiefeln. Ich sah sie mir an, machte Bemerkungen zur Qualität von diesem und der hübschen Farbe von jenem. Ich mußte nicht fragen oder die Kostüme anprobieren, um zu wissen, daß mir jedes davon wie angegossen passen würde.

Die ganze Atmosphäre war entspannt und natürlich. Wir waren alle Schwestern, die sich auf ein großes Fest vorbereiteten. Ich sagte und tat nichts, was diese Atmosphäre gestört hätte, ließ mich von den Ereignissen mitreißen und sammelte und bewahrte alles an Willen und Kraft, was ich erübrigen konnte.

Ich wählte eine schlichte Tunika und dazu passende Hosen mit einer weitärmligen Bluse, die ich unter dieser Tunika trug. Als ich sie überzog, verbarg ich den Echsenknochen im Ärmel. Dann setzte ich das Ankleiden fort.

Ich fand Hirschlederstiefel für meine Füße und einen Gürtel aus silbernen Kettengliedern für meine Taille. Die Mädchen öffneten eine samtbezogene Schatulle mit allerlei Geheimschubladen, die bis zum Rand mit jeder nur erdenklichen Sorte juwelenbesetzten Schmucks gefüllt waren, von Diademen bis zu schlichten Goldarmbändern und Ohrringen.

Ich äußerte Bedenken, sagte, ich mochte Schmuck nicht wirklich, was eine Lüge war. Schließlich war ich klug genug, weder Metall noch Kristall bei mir zu tragen, welches man mir im Reich eines mir unbekannten Zauberers gegeben hatte.

Die Mädchen zeigten keinerlei Reaktion auf meinen Entschluß, und als sie die Schatulle schlossen, fragte ich mich, ob ich mich täuschte und der Schmuck vielleicht doch sicher wäre.

Ich berührte den Deckel, gab vor, beim Schließen des Riegels helfen zu wollen, spürte das warnende Summen der Zauberkraft und wußte, daß es richtig gewesen war, mich zu verweigern.

Schließlich war ich bereit. Ich betrachtete mich im Spiegel, während die Mädchen noch an mir herumzupften, Säume und Falten meiner Kleidung arrangierten und lose Locken unter die kecke Kappe stopften, die ich als Sahnehäubchen meiner Kostümierung auserkoren hatte.

Harte Knöchel klopften an die Zimmertür. Eines der Mädchen öffnete, und zwei kettenhemdbewehrte Soldaten drangen ein.

Es wurde Zeit, vor den König zu treten.

Wir kamen durch so manchen Korridor, stiegen Treppen auf und ab, durchquerten mehr Hallen und Säle, als ich mir merken konnte, und standen schließlich vor zwei großen Holztüren, die von Posten mit Speeren bewacht wurden.

Gedämpfter Lärm war von jenseits der mächtigen Türen zu hören, wilde Musik, Gelächter und laute, undeutliche Prahlereien, gebellt aus trunkenen Kehlen.

Die Türen gingen auf, und man eskortierte mich in König Magons Festsaal.

Dieser war lang und schmal, mit groben Tischen und Bänken zu beiden Seiten eines breiten Ganges. Chaos herrschte an jenen Tischen, um welche stämmige Krieger saßen, Bratenstücke mit Dolchen und kurzen Schwertern aufspießten, ungeheure Mengen Bier soffen – der Schaum blieb ihnen in den Bärten hängen, wenn sie tranken – und sich um kleine Köstlichkeiten prügelten.

Diener beiderlei Geschlechts hasteten um die Tische, schleppten Krüge mit geistigen Getränken und Tranchierbretter voller Fleisch und geröstetem Gemüse, wichen Hieben und unbeholfenen Zärtlichkeiten aus. Artisten tänzelten zwischen den Tischen und auf dem Gang herum, jonglierten Messer und Pasteten, sprangen über Tische, schlugen Purzelbäume, balancierten auf Drähten, welche man über den Köpfen der Festgesellschaft gespannt hatte. Mit Meterbroten und selbst Schwertern stachen die Krieger im Scherz nach den Drahtseilakrobaten.

Der Lärm des Gelages war ohrenbetäubend, und die Musik, die von der Gruppe leidgeprüfter Musiker in einer Ecke kam, war bei offenen Türen irgendwie noch schwerer auszumachen.

Meine Eskorte schob mich voran, und ich schritt den langen Gang hinab, während die Feiernden zunehmend auf mich aufmerksam wurden, woraufhin ich mit höhnischen Kommentaren zu meiner physischen Erscheinung überhäuft wurde, die einige der Männer sicher für schmeichelhaft hielten. Zu anderer Zeit an anderem

Ort wäre ich stehengeblieben und hätte ihnen Manieren beigebracht. Statt dessen konzentrierte ich mich darauf, einen Fuß vor den anderen zu setzen und betrunkenen Kriegern und müden Akrobaten auszuweichen, ohne meine Wachen nervös zu machen.

Ich blieb unnahbar, beiläufig, unzugänglich. Ich hielt meine magischen Sinne fest um mich, gab nichts preis. Durch den Lärm der raufenden Männer konnte ich deutlich das Summen von etwas Magischem fühlen.

Je weiter ich diesen Gang hinabschritt, desto stärker wurde das Gefühl.

Am Ende des Saales lichtete sich die Menge, und ich sah den König.

Selbst ausgestreckt auf dem großen, thronähnlichen Stuhl vor seinem Eßtisch war der König noch so groß, wie ich ihn aus der Ferne in Erinnerung hatte. Er trug ein weites, weißes Hemd, rotbefleckt vom Wein, und hatte seine königliche Robe lässig um die Schultern geworfen. Die schwere, von Gemmen eingefaßte Krone saß gefährlich schief. Und seine Stiefel ragten unterm Tisch hervor, ein mächtiger Fuß ruhte auf dem anderen. In die hohe Lehne seines Stuhles war der Kopf eines Eisbären geschnitzt.

Eine kleine Gruppe hatte sich um den König versammelt, der so laut brüllte, daß ich ihn noch durch das Getöse hören konnte. Beim Sprechen schlug er mit fleischiger Faust auf den Tisch, um seine königliche Überzeugung noch zu unterstreichen.

Dann sah ich einen kleinen, zarten Mann, der sich zum König lehnte und ihm ins Ohr flüsterte. Der König nickte, und als er suchte, worauf der kleine Mann deutete, wischte er die schmierigen Finger an seinem Bart ab. Magons Blick fand mich, als ich zur Treppe des Podiums kam, auf welchem des Königs Eßtisch stand. Einer der Wachmänner zupfte an meinem Ärmel, und ich blieb stehen.

Der König brüllte um Ruhe, doch waren seine Worte schon

hinter mir kaum noch zu hören. Vor Ungeduld lief er rot an, kam auf die Beine und schlug mit seinem Weinkrug auf den Tisch.

»Ruhe!« donnerte er.

Der Krug zerbarst, und Wein verspritzte überall. Doch folgte die Ruhe, die er wollte.

Alle wandten sich dem König zu.

»Jungs«, sagte er, die Stimme rauh von Trunk und männlichen Genüssen, »wir haben hier heute einen ganz besonderen Gast. Kommt ganz vom Nordland, um uns hier unten zu besuchen.«

Er deutete auf mich, und alle reckten die Hälse, damit sie besser sehen konnten. Ich suchte nach der Quelle des magischen Summens, während er sprach. Er war es nicht. Der König war kein Zauberer. Es war auch nicht sein Berater, der kleine, zarte Mann. Und es war keiner von den Leuten um ihn herum.

Während ich suchte, sagte der König: »Und aus einer richtig reichen Familie kommt sie auch noch, Jungs. Soweit ich weiß, ist es die einflußreichste Familie im ganzen Norden. Ihr Bruder soll ein großer Handelsfürst oder so was sein. Entdecker auch noch. Das hat man mir wenigstens so erzählt.«

Er lächelte mich an.

»Habe ich bis hierhin recht?« fragte er.

Ich verneigte mich ein Stück weit. »So recht, wie man nur recht haben kann, Hoheit«, sagte ich.

»Außerdem seid Ihr eine Hexe, hat man mir gesagt«, so fuhr er fort, nur laut, daß alle ihn hören konnten.

»Eigentlich bin ich Geisterseherin, Hoheit«, sagte ich, »was in meiner Stadt ein offizielles Amt ist.«

»Egal, wie man es nennt«, sagte er, »bleibt es doch dasselbe.«

Ich lächelte, nahm seine königliche Korrektur hin. »Ja, Hoheit.«

Der König nickte, streckte abwesend eine Hand zum Weinkrug aus. Nur stand keiner in Reichweite. Augenblicklich nahm ein Diener einen vollen Kelch und drückte ihn dem König in die Hand.

Magon, der kaum wahrnahm, daß der Kelch bis eben gar nicht dagewesen war, stürzte den Wein herunter. Er ließ den Kelch baumeln, dann fallen. Derselbe Diener fing ihn aus der Luft, damit das Zerbrechen des Gefäßes die Ruhe seiner Majestät nicht störte.

Magon rülpste und wischte sich den Bart. Dann beugte er sich etwas vor, musterte mich und wartete auf eine Reaktion. Ich reagierte nicht. Mir wurde klar, daß vieles von dem, was ich hier sah, wahrscheinlich reine Pose war.

Dann fragte er: »Was führt Euch in unser Königreich?« Er winkte mit einer Hand, deutete auf seine Krieger. »Wir fühlen uns natürlich geehrt. Eine wichtige Persönlichkeit auf einer so weiten Reise. Hab ich nicht recht, Jungs?«

Seine Männer johlten gutgelaunt und riefen spöttisch Komplimente.

Der König sah mich an, sein Bart von einem sarkastischen Grinsen zerteilt. »Ihr seht, wie geehrt wir sind?«

Das rief einen weiteren Donnerschlag von Johlen und Gelächter hervor. Diesen ließ ich über mich hinwegbranden und hielt ein ruhiges Lächeln fest auf meiner Miene, als wäre alles ganz normal.

Als sie fertig waren, sagte ich: »Ich hoffe, es kränkt Euch nicht, Hoheit, doch bis zu dieser Reise hatte ich Euren erhabenen Namen noch nie gehört.«

Der König sah mich fragend an, und die schweren Brauen wankten über seine Stirn wie zwei Ruderboote, die auf hoher See beinahe kollidierten.

»Noch nie von König Magon gehört?« donnerte er.

»Nein, Hoheit«, erwiderte ich. »Wie Ihr schon sagtet: Ich komme von weit her.«

»Und ich nehme an, dann habt Ihr auch noch nie vom Eisbärenkönig gehört?«

Ich blickte zu dem geschnitzten Bärenkopf an seinem Thron auf, dann zuckte ich die Schultern.

»Bis vor kurzem nicht, Hoheit«, sagte ich. »Man sagte mir, er sei ein legendärer Monarch in dieser Gegend gewesen. Vor Hunderten von Jahren.«

Anstatt wütend zu werden, lächelte Magon über meine Antwort.

»Seht ihr, wie es steht, Jungs?« sagte er zu seinen Männern. »Seht Ihr, wie diese reichen Pelzjacken da draußen Lügen über uns verbreiten? Legende, ja? Vor Hunderten von Jahren, hm?«

Seine Krieger stießen wilde Flüche gegen die namenlosen »Pelzjacken« aus.

Magon wandte sich mir wieder zu. »König Magon«, sagte er, »und der Eisbärenkönig sind ein und derselbe.« Er schlug sich an die Brust. »Ihr seht ihn vor Euch.«

Ich neigte den Kopf zu einer knappen Verbeugung. »Ich fühle mich geehrt, nun sicher sein zu können, Hoheit«, sagte ich. »Danke, daß Ihr mich in dieser Frage aufgeklärt habt.«

»Aber seid Ihr nicht erstaunt?« fragte der König.

»Erstaunt, Hoheit?« sagte ich. »Warum sollte ich erstaunt sein?«

Magon legte seine Stirn in Falten. »Nun, eine lebende Legende von sich zu sehen?«

Ich zuckte die Achseln. Die Falten an seiner Stirn wurden tiefer. Achselzucken war an diesem Hof das Privileg des Königs.

»Tut mir leid, wenn ich Euch irgendwie beleidigt haben sollte, Hoheit«, sagte ich, ohne sonderlich zerknirscht zu klingen. »Sollte ich Erstaunen zeigen, wäre es eine Lüge, deren einziger Sinn darin bestünde, mich bei Euch einzuschmeicheln. Schließlich habe ich eben erst erfahren, daß Ihr existiert. Ganz wie Ihr erst kürzlich zum ersten Mal von mir gehört habt. So treffen wir hier gleichermaßen unwissend aufeinander.«

Des Königs Sinn für Humor war wiederhergestellt. Er wackelte mit dem Zeigefinger. »So gleich nun auch wieder nicht«, sagte er. »Ich weiß eine ganze Menge über Euch, Lady Antero.«

»Ich bin erleichtert, das zu hören, Hoheit«, sagte ich. »Denn wenn Ihr etwas über mich wißt, dann wißt Ihr auch um meine harmlosen Absichten.«

König Magon brüllte vor Lachen. »Harmlos?« bellte er. »Habt ihr das gehört, Jungs? Habt ihr gehört, was die Hexe gesagt hat?«

Seine Männer brummten.

Dann verflog des Königs humorige Maske. »Bestreitet Ihr, hierher gereist zu sein, um mein Reich auszubeuten?« donnerte er. »Daß Eure Stadt – dieses, dieses Orissa, oder wie es heißen mag – mit meinen Feinden gemeinsame Sache macht? Und mit Euren Verbündeten?«

»Ich habe keine Verbündeten, Eure Majestät«, sagte ich. »Ebenso wenig wie mein Bruder. Wir sind Kaufleute, nicht Staatsdiener. Und unser Ziel ist der Handel, nicht die Verschwörung.«

»Wenn Ihr handeln wolltet«, sagte der König, »wieso seid Ihr dann nicht zu mir gekommen? Um mich um Erlaubnis zu bitten und Zölle und Steuern und ähnliches zu zahlen?«

»Wie konnte ich, Hoheit?« sagte ich. »Erinnert Euch, ich hatte doch noch nie von Euch gehört. Und da Ihr das Thema der Steuern und Ermächtigungen ansprecht, so ist die ganze Sache doch nun viel einfacher geworden. Jetzt können wir Verhandlungen aufnehmen. Eine Art Vereinbarung ausarbeiten, die ich mit in die Heimat nehmen kann, damit mein Bruder sie bewilligt.«

»Dafür ist es jetzt wohl etwas zu spät, oder?« sagte der König.

»Wieso das, Hoheit?«

»Zwischen uns ist Blut geflossen«, sagte er.

»Ein tragischer Irrtum beiderseits, Hoheit«, sagte ich. »Sicher können wir eine Art Wiedergutmachung vereinbaren, um den Witwen und Waisen meiner Männer zu helfen. Zusammen mit einer angemessenen Entschuldigung von Eurer Seite dafür, daß ein so schreckliches – wenn auch unvermeidliches – Versehen geschehen ist. Schließlich wollen wir doch nicht, daß ein solcher Vorfall unsere zukünftigen Beziehungen belastet.

Wenn Ihr mir nun also nur meine Männer zurückgeben wollt, Hoheit, lassen wir das alles hinter uns. Wir arbeiten einen kleinen Handelspakt zwischen Euch und den Anteros aus. Und schon machen wir uns auf den Weg. Natürlich brauchen wir Kredit. Damit wir von Euch ein Schiff kaufen und in die Heimat fahren können. Allerdings ist gegenseitiger Kredit etwas, das in jedem Handelsabkommen vereinbart wird. Und ich bin sicher, wenn Ihr irgend etwas über die Anteros in Erfahrung gebracht habt, dann daß ihre Kreditwürdigkeit und ihr Wort verläßlich sind.«

»Einfach so...«, der König schnippte mit den Fingern, »... und alles ist vergeben und vergessen?«

»Warum nicht, Hoheit?« sagte ich. »So gehen zivilisierte Menschen miteinander um.«

»Wollt Ihr damit sagen, wir wären *nicht* zivilisiert?« brummte er.

Überrascht schob ich die Augenbrauen in die Höhe. »*Ich*, Hoheit? Das habe ich nie gesagt, Herr.«

»Aber Ihr habt angedeutet«, sagte er, »daß ich, wenn ich nicht darauf einginge, nicht besser als ein Wilder wäre.«

Er sah seine Männer an. »Hat sie das nicht gesagt, Jungs?«

Brüllend gaben seine Krieger ihm recht.

»Seht Ihr?« sagte er zu mir. »Hier gibt es keine Wilden.«

»Gut«, sagte ich, verdrehte das Gesagte ganz bewußt, um es mißzuverstehen. »Nachdem wir diese Frage nun geklärt haben, Hoheit, wäre ich froh, wenn Ihr mich bald mit meinen Gefährten wiedervereinigen würdet. Damit auch sie sich der Nachricht erfreuen können, daß sie sich in den sanften Händen eines weisen und zivilisierten Königs befinden.«

Der König wurde puterrot, und seine Miene über dem zottigen, weißen Bart lief dunkel an. Je näher ich ihn betrachtete, desto jünger wirkte sein Gesicht trotz des weißen Bartes. Seine Haut war grob, rauh von Wind und Wetter und schwerem Trunk. Doch seine Stirn war verhältnismäßig faltenlos, die Krähenfüße in den Augenwinkeln nur schwach ausgeprägt.

Dann sagte er: »Wir, äh, müssen vorher erst noch einige Dinge diskutieren. *Dann* sprechen wir über Eure Männer.«

Ich gab mich überrascht. »Ich wäre eine schlechte Kommandantin, Hoheit, wenn ich nicht die Interessen meiner Männer allen anderen voranstellen würde.«

Ich sah mich nach seinen Kriegern um, überflog ihre Mienen mit amüsiertem Blick.

»An der Treue und Hingabe Eurer eigenen Männer, Hoheit, sehe ich, daß auch Euch die Frage der Soldatenehre viel bedeutet.«

Der König stotterte etwas, doch dann verbarg er seine wütende Verwirrung, indem er einen weiteren Weinkelch leerte.

»Und nachdem ich mich um meine Männer gekümmert habe, Hoheit«, sagte ich, »möchte ich mir erlauben, auf eine weitere Gefahr zu sprechen zu kommen, und zwar eine Gefahr, die uns beide bedroht.«

»Gefahr?« sagte er. »Wie sollte *ich* gefährdet sein?«

»Es gibt eine Bande von Banditen in Eurem Reich, Hoheit«, sagte ich.

Seine Reaktion war heftig. »Banditen? Was für Banditen?«

»Diejenigen, die meine Handelsposten überfallen haben«, sagte ich. »Sie sind Haufen von Mordgesellen. Ungeheuer der übelsten Sorte. Unsere Leute wurden im Schlaf erschlagen.«

Der ganze Saal war totenstill. Finsteren Blickes starrte mich der König an. Aus irgendeinem Grunde wollte er seine Heuchelei nicht aufgeben.

»Ich bin erst kürzlich hergekommen«, sagte er. »Von diesen Dingen weiß ich nichts. Meine Hauptstadt liegt mitten im Meer, viele Tagesreisen von hier. Ihr habt Glück, daß ich gerade dabei bin, mein Reich zu bereisen. Sonst hätte ich meine Leute kaum daran hindern können, Euch zu töten. Wir trauen Fremden nicht sonderlich, das muß ich leider sagen. Ihr wart bewaffnet und lungertet – offen gesagt – herum. Höchst verdächtig, wenn man es recht bedenkt. Höchst verdächtig. Findet ihr nicht auch, Jungs?«

Seine Männer murmelten düster. Magon wandte sich mir wieder zu. Ernste, königliche Falten überzogen seine Stirn.

»Warum seid Ihr nicht einfach zu uns gekommen und habt gesagt, was Ihr wollt?«

Ich hob eine Hand, bat um Nachsicht. »Wir hatten uns im Nebel verirrt, Hoheit«, sagte ich. »Und ich weiß auch jetzt noch immer nicht, wo wir uns befinden. In welcher Stadt sind wir? Wie heißt Euer Königreich?«

»Die Stadt heißt Koronos«, sagte Magon. »Mein Volk fördert hier seltene Metalle. Das Land heißt Lofquistina. Was in unserer alten Sprache ›Land der Bären‹ bedeutet.«

»Dank für die Belehrung, Hoheit«, sagte ich. »Bei meiner Heimkehr will ich vor meinem Volk lobend Euren Namen und Euer Reich preisen.

Ich selbst bin aus folgendem Grund in Eurer Reich gekommen: Meine Familie hatte zwei Handelsposten am Meer eingerichtet, einige Wochen des Weges von hier. Wir haben ausschließlich mit den dort wohnenden Leuten Handel getrieben, Pelze und Dinge in der Art getauscht.

Sollten wir auf Eurem Territorium gewesen sein, so will ich mich dafür entschuldigen. Die Menschen dort sind wilde Burschen und dachten vielleicht nicht daran, mir zu sagen, wer ihr König war. Doch kannten wir die Gegend noch nicht gut, und ich bin mir sicher, daß wir schon bald von diesem Versäumnis erfahren hätten und mit angemessenen Gaben zu Euch gekommen wären, um Euch in aller Form um Verzeihung zu bitten.«

»Ihr sagt, diese beiden Außenposten wären überfallen worden?« fragte der König. Er gab vor, schockiert zu sein. Ich fragte mich, wieso er an dieser Lüge festhielt.

»Ja, Hoheit«, sagte ich. »Und es waren offensichtlich feige Übergriffe, deren Sinn einzig darin bestand, meine Leute zu berauben.«

Ich spuckte aus.

»Mordlüsterne Piraten«, sagte ich. »Ein ehrenhafter Gegner, dem unsere Anwesenheit widerstrebte, hätte uns einfach zur Abreise aufgefordert. Wären wir so dumm gewesen, uns zu weigern, so hätte es eine Schlacht gegeben. Doch wäre dies ein ehrenhafter Disput geworden, nicht von Schande besudelt. Obschon wir sicher Gefallene zu betrauern gehabt hätten.«

»Und was dann?« sagte der König schroff. »Was ist geschehen, nachdem Ihr Eure Handelsposten besucht und festgestellt hattet, daß sie überfallen worden waren?«

»Ich bin an nur einem Posten gewesen, Hoheit«, sagte ich. »Ich vermute nur, daß dem anderen gleiches zugestoßen ist. Ich habe einige Beweise dafür gefunden. Doch sicher kann ich mir nicht sein.«

»Weiter«, sagte der König.

»Wir waren in einem mächtigen Sturm gefangen, der sicher auch Eure Majestät heimgesucht hat«, sagte ich.

Der König nickte. »Ja. Ich weiß, welchen Sturm Ihr meint.«

»Einer unserer Männer«, sagte ich, »wurde gefangengenommen. Ein Geisterseher wie ich selbst. Er wurde einer Karawane übergeben. Als der Sturm vorüber war, folgten wir der Karawanenspur. Auf dem Weg fanden wir die Leiche des Geistersehers von unserem anderen Posten. Er war ermordet worden. Vorher gefoltert, wie ich hinzufügen möchte. Muß dieselbe Bande von Banditen gewesen sein, Hoheit. Wer sonst würde einen wehrlosen Mann foltern und töten?«

Finster blickte mich der König an, sagte jedoch nichts.

»Von dort, Hoheit«, sagte ich, »sind wir weiter der Spur gefolgt. In der Hoffnung, unseren Kameraden retten zu können. Mit dieser Suche waren wir beschäftigt, als wir uns im Nebel verirrten und auf Euer Volk stießen. Wodurch wir es unseligerweise beunruhigten.

Vielleicht könnt Ihr mir helfen, den Aufenthaltsort unseres Freundes in Erfahrung zu bringen, Hoheit«, sagte ich. »Den Hinweisen nach zu urteilen, die ich gefunden habe, bevor wir uns verirrten, befindet er sich irgendwo in dieser Gegend. Sein Name ist Searbe, Lord Searbe.«

Der König lehnte sich zur Seite und flüsterte seinem hageren Berater etwas zu. Der Berater flüsterte zurück. Der König nickte, während er sprach, und sah mich die ganze Zeit über an.

In diesem Moment entdeckte ich, woher das magische Summen kam. Gleich hinter dem König – am Rande des verhangenen Podiums, auf welchem sein Tisch stand – ruhte ein anmutiges Musikinstrument auf einem elfenbeinernen Ständer. Es war eine wundersame Leier, wunderschön geschwungen, mit zarten Saiten, die im Licht der Fackeln glitzerten.

Schließlich sprach der König, und ich mußte meinen Blick von dieser Leier reißen.

»Allem Anschein nach haben wir Euren Freund«, sagte er. »Er ist in Sicherheit. Und wohlauf.«

»Ich bin erleichtert, diese gute Neuigkeit zu hören, Hoheit«, sagte ich. »So kann ich den lieben Searbe wiedersehen, wenn Ihr mich zu meinen Männern bringt.

Oder sagt mir, wo sie sind, Majestät! Augenblicklich will ich gehen und mich um sie kümmern. Ihr könnt Euch die Mühe sparen, ermüdende Befehle auszugeben.«

Der König schreckte zurück, so daß die Haut um seinen Bart sich rötete.

Er stammelte: »Oh, ähm, das wird nicht möglich sein, ähm . . .«

»Ich führe sie in diesen Saal zurück«, sagte ich. »Und wir alle schließen uns dem Fest an. Welch großartiger Anlaß für eine Feier! Unsere Rettung durch einen so großen König. Ich habe einen

Troubadour unter meinen Männern. Einen fabelhaften Bänkelsänger, Hoheit. Sicher wird er sich geehrt fühlen, wenn er uns eine Ballade zu diesem großartigen Ereignis dichten darf.«

Ich wandte mich der Leier zu, riß die Augen auf, als ich vorgab, sie zum ersten Mal zu sehen.

»Nun, vielleicht könnte er die neue Ballade sogar auf dieser Leier spielen, Hoheit!« rief ich aus.

Dabei streckte ich meinen Zeigefinger aus, um darauf zu deuten, und schoß den Funken eines Suchzaubers von der Spitze ab. Dieser traf die Leier, ich fühlte das Brennen antwortender Zauberkraft und riß ihn zurück.

Ich lächelte den König an, so verbindlich wie möglich.

Ich sagte: »Ihr *mögt* doch Leiermusik, nicht, Hoheit?«

Bevor König Magon antworten konnte, begann die Leier plötzlich zu spielen. Die Saiten erzitterten, als Geisterhände über sie strichen und herrliche Musik durch den Festsaal des Königs hallte.

Dann brach grelles Licht aus der Leier hervor, erfüllte den Raum so vollständig, daß alle Farben verblaßten.

Die Musik wurde immer lauter, und ich sah zur Leier hin, wobei ich meine Augen so gut wie möglich schützte.

Nun war das Instrument eine mächtige Lichtfontäne, während die Saiten immer schneller schlugen und Musik und Licht uns umspülten und durchströmten.

Dann wurde die Leier zu einem Vogel mit wunderschönen, leuchtenden Flügeln und einem breiten, gespreizten Schwanz in allen Farben des Regenbogens. Der Vogel glitzerte, während die Musik noch weiterspielte, und schlug die Flügel langsam und gleichmäßig.

Dann brach die Musik ab, der Festsaal um mich herum verschwand, und plötzlich stand ich in einem Raum voll edler Teppiche, Kissen und Wandbilder.

König Magon lag ausgestreckt auf den weichen Kissen eines Sofas mit niedriger Lehne. Ein großes, weißes Bärenfell hing an der Wand jenseits der Liege und umrahmte ihn.

Ich sah mich um. Niemand sonst war im Raum. Doch spürte ich jemanden und blickte zum verhangenen Alkoven neben dem Bärenfell. Als ich dorthin sah, teilte sich der Vorhang, und eine Frau trat heraus.

Sie hielt inne, hielt den Saum des Vorhangs für nur einen Augenblick, posierte kurz, damit ihre Schönheit voll zur Geltung kam.

Es war die Frau, die ich schon auf König Magons Schiff gesehen hatte. Sie hatte ihre farbenfrohe Seide gegen Fetzen von hauchdünner Gaze getauscht, die nun auf ihrem nackten Körper schimmerte. Sie war klein und zart gebaut, was mir schon aufgefallen war, und so anmutig, daß ihre Nacktheit keineswegs schockierte, sondern eher kunstvolles Kostüm als plumpe Zurschaustellung ihrer Vorzüge war.

Ihre Haut war leicht gebräunt, als hätte sie ihr Leben lang frei unter warmer Sonne gelebt. Ihre Brüste waren voll und prall und wohlgeformt. Sie erinnerten mich an die süßen, goldenen Melonen, wie sie in warmen Ländern wachsen. Ihre Taille war so schmal, daß ich sie mit beiden Händen hätte umfassen können, und die Hüften wölbten sich wie die magische Leier, die sie spielte. Trotz der geringen Größe der Frau waren ihre Beine lang und schlank, von den zierlichen Füßen bis dorthin, wo ihre wohlgeformten Schenkel auf das goldene, flaumige Dreieck ihrer Scham trafen.

Die Frau lächelte mich an, dann trat sie leichtfüßig vom Vorhang weg, daß dieser wieder an seinen Platz fiel.

Der König seufzte schwer, nahm seine Krone ab und rieb sich die Stirn mit dicken, behaarten Knöcheln.

»Den Göttern sei Dank, daß du gekommen bist, Novari«, sagte er. »Mein Kopf bringt mich noch um.«

Sie warf mir einen Blick zu, die blassen Augen leer, und zuckte mit den Schultern, von Schwester zu Schwester ... verzeih, ich muß mich um diesen *Mann* kümmern.

»Du armes Ding«, murmelte Novari, als sie zu ihm hinüberschwebte und die Luft mit dem schwachen Duft eines höchst bemerkenswerten Parfüms durchwehte, welches alle Sinne weckte ... ein Hauch köstlicher Spannung.

Sie trat hinter ihn, nahm seinen Kopf in beide Hände und begann, seine Schläfen zu massieren. Der König schloß die Augen und stöhnte dankbar auf.

Dann sagte er: »Novari war böse auf mich.«

Sie küßte seinen Kopf und stieß ein Lachen wie Glockenklang hervor. »Nun, du bist ein böser Junge gewesen, Zuckerschnäuzchen«, sagte sie. Sie schmollte. »Hast die arme Rali in diesem schmutzigen Kerker warten lassen.« Ein Schauer lief ihr über den Rücken. »Das war sehr grob von dir, mein Liebster. Gib es zu. Du warst grob. Und ich finde, dafür solltest du dich auf der Stelle entschuldigen.«

Der König hob den Kopf, rollte die Augen nach oben, um sie anzusehen, während sie weiter seine Schläfen massierte.

»Ich finde, wir sollten sie töten, Novari«, jammerte er. »Sie wird uns nichts als Ärger machen.«

Novari drückte den Kopf des Königs an ihre Brüste. Er wand sich vor Wonne. »Habe ich dich je schlecht beraten, Zuckerschnäuzchen?« murmelte sie.

Er neigte den Kopf von einer Seite zur anderen, schmiegte sich an die goldbraunen Hügel ihrer Brust. »Niemals.«

»Dann tu mir diesen einen Gefallen, ja, Liebster?«

Wieder blickte der König auf. Ein verschlagenes Grinsen.

»Du willst sie zum Geschenk?« brummte er.

»Ja, Liebster«, sagte Novari. »Zum Geschenk.«

Als Antwort zog der König sie um das Sofa herum, bis sie vor ihm stand.

»Dann sollst du sie bekommen«, sagte er.

Er preßte sein Gesicht an ihren Bauch und begann, diese kleine, goldbraune Fläche zu liebkosen. Novari streichelte seinen Kopf, dann drehte sie sich um und sah mich an.

»Du solltest lieber gehen«, sagte sie. Sie deutete auf die gegenüberliegende Tür. »Dort wartet jemand, der dich in deine Gemächer bringt.«

Der König hielt sie noch fester, und ich ging. Ganz wie sie gesagt hatte, erwarteten mich auf der anderen Seite der Tür Wachmänner.

Als die Tür hinter mir ins Schloß fiel, hörte ich wieder diese Leier.

Und ich hörte den König seufzen, als hätte er eben das Paradies gefunden.

Wenn ich im nachhinein an diese Zeit denke, staune ich, wie kalt ich geworden war, wie tief ich mich nach innen zurückgezogen und alle Gefühle hinter mir in meinen Bau geholt hatte. Ich dachte überhaupt nicht nach, vermied jeden Gedanken an die Zukunft, konzentrierte mich vollkommen auf die vor mir liegenden Schritte. Ich war in einen Sturm geraten, die irdische Feuerattacke des Feindes hatte mich überrollt, und mir war kaum Gelegenheit geblieben, mich davon vollends zu erholen.

Ich hatte gesehen, was beinah mit Daciar geschehen war, und wußte, daß jeder große Zauber, den ich einsetzte, augenblicklich mit katastrophaler Wirkung auf mich zurückschlagen würde. Da ich mich nun gänzlich in Feindeshand befand, würde ich sogar noch umsichtiger vorgehen müssen.

Ebensowenig konnte ich das Ausmaß meiner Macht und meiner Fähigkeiten preisgeben, damit ich das Element der Überraschung auf meiner Seite hatte, falls ich je Gelegenheit bekommen sollte, es auch zu nutzen.

Bis dahin konnte ich nur nach einer Lücke in den feindlichen Linien suchen und dann diese Lücke nutzen und mit aller Kraft drauf einwirken, bis sie schließlich nachgab.

Zwei weitere Wochen räkelte ich mich in jenen prunkvollen Gemächern, die man mir zugewiesen hatte, in grandioser Gefangenschaft. Ich bekam die besten Speisen, trank edle Weine und geistige Getränke, und würde ohne Unterlaß von den Dienstmädchen verwöhnt. Ich sammelte Kraft, hamsterte jedes bißchen Energie, baute mit jeder Stunde, die verging, meine Kräfte aus. Ich sah es nicht als Schwäche meiner Feinde an.

Ich zweifelte nicht, daß man mich zum Schlachten mästete. Wenn es mir auch ein Rätsel blieb, wozu.

Im Laufe der Tage zweigte ich stets Augenblicke für mich ab. Immer nur ein paar Minuten. Doch diese Minuten genügten, um langsam einen Zauber zusammenzustellen, den nicht mal der wachsamste und feinfühligste Zauberer bemerkt hätte.

Mit Hilfe dieses Zaubers verwandelte ich den Echsenknochen in eine lange, goldene Haarnadel. Diese Nadel verbarg ich im Schmuckkästchen, dann tat ich eines Tages, als fände ich sie dort. Ich machte eine große Sache daraus, sagte, sie sei genau das Richtige für mein Haar.

Die Mädchen gaben mir recht, und eines von ihnen stieß sie eigenhändig durch mein Haar, dann hielt sie mir einen Spiegel hin, damit ich mich sehen konnte.

Ich betrachtete mich, als sei ich unsicher. Die Mädchen sagten, es sei einfach perfekt. Sie machten ein solches Theater um diese Nadel, beharrten darauf, sie sei so hübsch und ich müsse sie unbedingt immer tragen, daß ich wußte, wie recht ich damit gehabt hatte, alle metallenen Gegenstände zurückzuweisen, die man mir bot. Ich neckte sie, gab vor, mir nicht sicher zu sein. Doch willigte ich ein.

Von diesem Tag an trug ich sie stets in meinem Haar, bei Tag und Nacht.

Eines Abends nach dem Essen schäumten die Mädchen vor Unternehmungslust schier über.

Während ein hübsches Trio mich dazu beschwatzte, ein Bad zu nehmen – wobei sie das Wasser freizügig mit lieblichen Ölen, limonigen Düften und verdünnten Lösungen von warmem Wein und Honig würzten – huschten die anderen in den Gemächern umher und sorgten dafür, daß alles sauber und perfekt geordnet war.

Sie kleideten mich in eine schlichte, wenn auch elegante Robe, und während mein Haar getrocknet und gebürstet wurde, bis es glänzte, holten einige der Mädchen Erfrischungen auf einem Tablett und stellten sie neben den Kamin, wo sie Kissen ausbreiteten und das Feuer schürten, bis dieses einen warmen, freudigen Atem von sich gab. Sie ordneten mein Haar, richteten die goldene Nadel, bis alles zum besten war.

Ich fragte nicht, was los war, doch fiel mir auf, daß zwei verzierte Kelche auf dem Tablett mit den Getränken standen.

Dann drehten sie das Licht dunkler und zogen den Vorhang an der einen Wand zurück – es war das erste Mal, daß sie es taten – wobei sie ein großes Fenster enthüllten, das auf den zugefrorenen See hinausblickte. Der nächtliche Himmel war klar, angefüllt mit Tausenden von Sternen und einem Mond, der auf der eisigen Decke des Sees glitzerte.

Die Saiten einer Leier, leise und aus weiter Ferne, lockten mich zum Fenster, um die kahle, winterliche Schönheit zu erschauen.

Ich hörte seidiges Rascheln, und im Augenwinkel sah ich, daß sich die Mädchen schweigend zurückzogen.

Die Musik wurde lauter, wenn auch auf angenehme Weise, und ein Schauer wundersamer Töne regnete auf mich herab.

In der Ferne sah ich eine kleine Wolke übers Angesicht des Mondes gleiten. Sie hatte Flügel wie ein Vogel. Dann wurde die Wolke zu einem Vogel, und dieser schwenkte übers Eis, kam mit einem langen Sturzflug tief herab, bis er die schimmernd weiße Eisfläche beinah berührte, dann schoß er zum Fenster auf.

Er flog direkt auf das Glas zu, doch breitete er seine Flügel einen Augenblick vor dem Aufprall aus und schwebte dann dort.

Die Musik schwoll an, als der Schwanz der Kreatur sich spreizte und all die glorreichen Farben zeigte. Dann vibrierten die Federn, melodisch wie die Saiten einer Harfe.

Es war der Leierschwanz.

Der Vogel, den ich erwartet hatte.

Der Leierschwanz versprühte Licht, und während ich meine Augen schützte, schwebte er durchs Glas. Die Musik brach ab. Das Licht verglomm.

Und Novari stand vor mir.

Einen Herzschlag lang stand sie in Pose, verströmte ihre berauschende Schönheit wie seltene Musik. Seidene Schleier vielfältiger Farben umwehten ihre makellose Figur. Ein schmales Diadem – mit Diamanten besetzt – ruhte auf ihrem langen, blonden Haar. Sie lächelte, zeigte weiße Zähne, die durch weiche Lippen von der Farbe einer jungen Rose blitzten. Sie tat einen schwebenden Schritt nach vorn, hob eine zierliche Hand, um die meine zum Gruße zu berühren. Als sie sich bewegte, teilten sich die seidenen Schleier und erlaubten einen Blick auf honigsüße Haut.

Ich erbebte, als ihre Finger über meine Knöchel strichen. Sie lächelte wieder und blickte mir tief in die Augen, wie zur Bestätigung gegenseitigen Respekts. Ihre Augen waren trübe Spiegel, die mich drängten, zu sehen, was ich sehen wollte.

Ich ließ zu, daß ihr Lustzauber mir ein Lächeln zur Antwort entlockte. Ließ meine Lenden von Wärme prickeln, wie sie es geplant hatte. Fühlte, wie meine Haut als Reaktion auf ihre verführerische Aura kribbelte. Doch darunter hielt ich meine Barrikaden aufrecht, folgte meinem Instinkt durch das parfümierte Dickicht, das sie erschaffen hatte.

Novari spannte sich, und ich bemerkte ein Schmollen der Enttäuschung, weil ich offenbar von ihrem Charme so gänzlich unbeeindruckt blieb.

»Wie nett von Euch, daß Ihr mich besucht«, sagte ich. Ich deutete auf die Tabletts mit den Getränken und Delikatessen dort beim Feuer. »Obwohl es scheint, als hätte ich Euch erwartet.«

Ich spürte Energien kochen, als Leben in sie kam, sie den Kopf in den Nacken warf und lachte. Der Klang war satt, ihr Atem roch nach Mohn.

»Du willst die Wahrheit, Rali«, sagte sie. »Das ist meine Spezialität. Ich sage immer nur die Wahrheit. Ich kann nicht anders.«

Sie zwinkerte mir zu, lüstern und verschwörerisch.

»Komm, meine Süße. Frag mich, was du möchtest. Ich finde, dieser Gedanke hat etwas von ...«, sie hielt inne, erschauerte, als durchlebte sie eben einen sexuellen Höhepunkt, dann, »... von köstlicher Kapitulation.«

Sie hakte sich bei mir ein, preßte mein Handgelenk an ihre weiche Brust, dann führte sie mich zum Kamin, wo uns Erfrischungen und weiche Kissen erwarteten.

Sie machte viel Aufhebens um mich, als ich in die Kissen sank. Sie ordnete die Kissen neu, schüttelte sie auf, dann servierte sie mir persönlich einen kleinen Teller Leckerbissen und schenkte einen Kelch mit Branntwein voll.

Ich ließ sie machen. Ich *brachte* sie dazu, zu machen. Ich wollte ihr Spiel spielen ... es ihr zurückgeben, forderte Unterwerfung unter meine Weiblichkeit und übertrieb diesen Anspruch.

Ich beklagte kleine Dinge, sagte, einige der Leckerbissen seien Leber, und ich verabscheute Leber mehr als jede andere Speise, die die Götter uns erschaffen hatten. Obwohl ich, wie ich ihr in schwesterlichem Ton gestand, wenn ich meine Tage hatte, gern ein gutes Stückchen Herz verspeiste.

Prüde schob ich den Branntwein fort und erklärte, ich bevorzuge

Tee. Doch während ich dies tat, ließ ich zu, daß das Oberteil meiner Robe sich öffnete, und sah die Gier in ihrem Blick.

Ich errötete und zog die Robe fest, senkte meinen Blick und ließ die Wimpern wie zarte Flügel klimpern.

Und die ganze Zeit über lachte ich sie insgeheim nur aus, ein sonores Soldatenlachen, wenn es eine Stimme hätte haben können.

Novari wurde ganz nervös, und ihre Miene war gerötet vor Ärger und nicht geringer Lust.

»Wißt Ihr«, sagte ich, als sie mir eine Tasse Tee reichte, die sie eigenhändig auf dem Herd gebraut hatte, »vielleicht nehme ich doch einen kleinen Branntwein.«

Ein Schauer lief mir über den Rücken. »Es *ist* aber auch ein kühler Abend.«

Ich gab einen ordentlichen Schluck in die Teetasse, schnupperte das Aroma und trank.

Dann sah ich ihr mit ausdruckslosem Soldatenblick in die Augen.

»*Ich* kann Prinzessin spielen«, sagte ich barsch, »oder *du* kannst Prinzessin spielen. Solange wir beide wissen, daß beides nur ein Spiel ist.«

Die Lider ihrer blassen Augen zuckten, und obwohl ihr Gesicht eine sanfte Maske blieb, konnte ich doch sehen, daß mein kleiner Pfeil sein Ziel getroffen hatte.

Sie erholte sich, lachte wie ein Glöckchen.

»Du bist eine erstaunliche Frau, Rali Antero«, sagte sie.

»Die Weiblichste, die dir je begegnen wird, meine liebe Novari«, erwiderte ich, trank spöttisch auf ihr Wohl, stürzte alles mit einem großen Schluck herunter.

Ich nahm den Krug und füllte meinen Kelch nach.

Ich ließ mich in die Kissen sinken, legte die Füße übereinander und stellte den Kelch auf meine Brust.

Dann betrachtete ich sie, verzog amüsiert den Mund. »Du behauptest, du müßtest immer die Wahrheit sagen«, sagte ich.

»Ja«, sagte sie.

»Ich will nicht sagen, ob ich das glaube«, sagte ich. »Wir würden nur in ein langatmiges und nutzloses Streitgespräch über uralte Rätsel und philosophische Begriffe geraten.

Wann Wahrheit eine Lüge sein kann … und wann Lüge Wahrheit.«

»Soll ich dir meine Geschichte erzählen, Rali?« sagte sie. »Und dann bildest du dir dein eigenes Urteil?«

Ich zuckte mit den Schultern. »Wenn du willst. Ich stehe dir zur Verfügung.

Aber trotzdem werde ich nie wissen, ob es die Wahrheit ist, oder?«

»Ich erzähle dir die Geschichte dennoch«, sagte sie. »Dann sehen wir, ob du noch dasselbe sagst, wenn ich fertig bin.«

Das Feuer war erloschen.

Ich machte eine magische Geste, und erneut flackerte es fröhlich knisternd auf.

Novari lachte, und es klang wie die Saiten einer Leier.

»Ich nehme das als Zustimmung«, sagte sie.

Nachdenklich sah sie aus, die hübsche Stirn vor Konzentration in Falten gelegt.

Dann glättete sich ihre Stirn, und sie begann.

Kapitel Zehn

# Die Mär vom Leierschwanz

»Ich bin die einzige meiner Art«, sagte sie. »Soweit ich weiß, gibt es keine anderen ... *Wesen* ... wie mich.

Ich wurde lange vor dem ersten Eisbärenkönig erschaffen, vor tausend Jahren vielleicht ... oder mehr. Es war zu Zeiten des großen Dämonenkrieges, als die Altvorderen unter den ersten Angriffen zurückwichen. Zu jener Zeit wurden viele Mächte losgelassen, und zahlreiche Zauberer nutzten die allgemeine Verwirrung, um aufzusteigen.«

Novari zeigte ein schiefes Lächeln und tippte sich an die Brust. »*Ich* bin das Ergebnis einer solchen Bemühung eines Zauberers.

Es gab einen mächtigen Fürsten, der über diese Gegend herrschte. Er gehörte zum Uradel, und seiner Familie hatte man den gesamten Süden als Eigentum übertragen. Wobei sie Steuern an den obersten Herrscher entrichten mußte, wie ich vermute. Doch solange das pünktlich geschah, konnten sie mit ihren Untertanen und Ländereien ganz nach Belieben verfahren.

Der Fürst war ein grausamer Mensch mit so mancher Generation fürstlicher Dekadenz im Blut. Er war habgierig in seinem Verlangen, unersättlich, was sexuelle Befriedigung anging... in all ihren gemeinsten und niederträchtigsten Formen. Allerdings nur, solange er nicht selbst zum Objekt des Gemeinen und Niederträchtigen wurde.

Er vernachlässigte sein Reich, verlangte den Untertanen Steuern ab, bis sie hungern mußten, um seine Besessenheit finanzieren zu können. Er ließ einen mächtigen Lustpalast errichten und stattete den Harem mit Hunderten von Frauen aus, welche er mit komplizierten Maschinerien und ausgeklügelten Mechanismen folterte.

So ging es über Jahre. Ich weiß nicht, wie lange. Im Laufe der Zeit wurde er von seinen Vergnügungen derart in Anspruch genommen, daß er sein Reich unter den Einfluß eines mächtigen und ehrgeizigen Zauberers geraten ließ.

Dieser Zauberer erfüllte all seine Sehnsüchte, und wenn dem Fürsten die Ideen ausgingen, schuf der Zauberer neue sexuelle Abenteuer, um seinen Herrn mit diesen zu erfreuen.

Doch dem Zauberer war das alles nicht genug. Er wollte nicht allein die Krone, wie du dir denken kannst. Er war sehr wohl damit zufrieden, auf diese Weise zu herrschen, wenn auch nicht dem Namen nach. Es waren die Grenzen des Landes, die seinen Ehrgeiz erstickten. Er wollte ein größeres Reich. Viel größer. Was die magische Sphäre ebenso einschloß wie die sterbliche.

Um dieses Ziel erreichen zu können, mußte er seinen trägen Herrn zu Taten drängen. Armeen mußten aufgestellt, Heerscharen von Magiern dem Zauberer unterstellt werden. Feinde mußten ausgemacht, dann vernichtet und ihrer Heimat beraubt werden.«

Sie sah mich an. »Weißt du, welche Art Mann ich meine?«

Ich nickte. »Ich habe meine Erfahrungen mit solchen Zauberern«, sagte ich.

Novari zog eine Grimasse. »Du tust mir leid, wenn das stimmt. Auch wenn es meine Erklärungen vereinfacht.«

Sie trank. Nicht schüchtern wie zuvor, sondern lang und gierig. Ich sah, daß ihre makellose Wange vor schmerzlicher Erinnerung zuckte. Es war keine Schauspielerei. Die Gedanken waren ihr nicht angenehm.

Ich füllte ihren Kelch. Dankend nickte sie.

»Der Zauberer brauchte ein Medium, um seinen Einfluß zu perfektionieren«, sagte sie, als sie ihre Geschichte wieder aufnahm.

»Der Fürst – wenn auch träge, was Staatsangelegenheiten anging – war starrsinnig. Er hatte kein Interesse an Abenteuern in fremden Ländern.

Schlimmer noch: Er war ganz plötzlich schwermütig geworden. Voller Melancholie. Er behauptete, er habe alle großen Erregungen sexueller Freuden erlebt. Daß es nichts Frisches und Neues mehr gäbe, was ihn reizen könne. Er fing an, vor sich hin zu brüten... was gefährlich war. Manchmal explodierte er wegen eines vermuteten Affronts und ließ seine Wut an einem engen Berater oder fürstlichen Gefährten aus. Manch früherer Begleiter fand sich plötzlich auf der Streckbank wieder oder auf dem Scheiterhaufen im Folterhof, welchen der Fürst für solche Gelegenheiten unterhielt.

Je mehr Männer starben – einer nach dem anderen –, desto mehr begann der Zauberer, sich um sein eigenes Leben zu sorgen. So kam er auf eine großartige Idee. Die Lösung für beide Probleme. Seines. Und das des Fürsten.«

Novaris Stimme verklang. Sie hielt inne, nippte an ihrem Branntwein. Dann seufzte sie angesichts einer finsteren Erinnerung und fuhr fort.

»Der Zauberer versprach dem Fürsten, er wolle ihm die perfekte

Bettgefährtin erschaffen. Eine Frau, die ihn auf Arten und Weisen befriedigte, welche noch nicht einmal erfunden seien. Sie mußte ein magisches Wesen sein – auf ewig jungfräulich – und die Kunst der sexuellen Magie zu neuen Ufern führen. Jede Nacht mit ihr wäre ein Paradies. Und jeden Morgen wäre sie so frisch und unschuldig und jungfräulich wie zuvor. Bereit, erneut bestiegen zu werden. Unberührt von jedem Übel, das sie in Händen des Prinzen erfahren haben mochte.«

»Die perfekte Kurtisane«, sagte ich.

»Ja«, antwortete Novari. »Das bin ich.«

»Und mehr noch«, sagte ich.

Sie nickte. »Und mehr noch.«

Novari holte tief Luft. »Doch anfangs war ich weniger. Weit weniger.

Um mich zu erschaffen, suchte der Zauberer das Land nach dem perfekten Lehm ab. Er suchte die hübschesten, intelligentesten Jungfrauen. Sie mußten im Alter zwischen zehn und zwölf sein.

Er veranstaltete Wettbewerbe auf Jahrmärkten und Volksfesten. Den Siegerinnen und deren Familien versprach man Reichtümer und Ehrungen. Hunderte wurden auf diese Weise gefunden. Doch brauchte er noch weitere Hunderte, und so heuerte er Schurken an, die passende Maiden deren Familien entrissen.

Die Mädchen wurden allesamt entführt und im Harem des Prinzen eingesperrt. Bald war der Harem voll, und weitere Flügel des Palastes mußten diesem Zweck dienlich gemacht werden. Geschichten über jene Jungfrauen wurden bekannt, und die Menschen fürchteten sich, versteckten ihre kleinen Mädchen. Manchmal verstümmelten sie diese sogar, damit sie der Aufmerksamkeit des Zauberers entgingen. Für andere war es eine Zeit grausamer Gier. Eltern verkauften ihre Kinder zu enormen Preisen an die Einkäufer des Zauberers, wohl wissend, daß die Mädchen eine kurze, abscheuliche Zukunft vor sich haben würden.

Ich weiß nicht, wie viele eingefangen wurden. Zweitausend. Oder mehr. Als er sicher war, daß er genügend beisammen hatte, opferte der Zauberer die Mädchen in einem Tempel, den er speziell auf dem Grund und Boden des Palastes errichtet hatte. Das Blut floß in Strömen. Die Schreie der sterbenden Mädchen, so sagt man, seien so weit zu hören gewesen, daß die Dorfbewohner ihre Fenster verrammelten und die Türen verriegelten, da sie glaubten, ein schrecklicher Sturm braue sich dort zusammen.

Dann erschuf der Zauberer – unter Verwendung ihrer Substanz, ihrer Seelen, ihrer Qualen, ihrer Ganzheit – ein einziges Wesen. Eine Liebessklavin, die Freude an ihrem Sklavendasein empfand.«

Novari senkte ihren Blick. »Mich«, sagte sie.

»Hat der Zauberer das alles allein geschafft?« fragte ich.

»Nein«, sagte Novari. »Er hatte einen Vertrag mit einem Dämon ausgehandelt, einem Abtrünnigen, der sich von seinen Brüdern losgesagt hatte.«

Das hatte ich mir schon gedacht. Der Dämon klang wie Lord Elam, ein mächtiger, wilder Dämon, dem ich im Meer des Westens begegnet war.

»Was ist mit dem Dämon geschehen?« fragte ich.

Novari lachte. Diesmal war es keine Musik. Nur schroffer Zynismus. »Was schon?« sagte sie. »Der Zauberer hat ihn getötet, als er fertig war, dann hat er dessen Macht seiner eigenen hinzugefügt.«

»Und daraufhin war der Zauberer nicht nur mächtig«, sagte ich, »sondern er hatte auch dich.«

»Ja. Er hatte *mich*«, sagte Novari. »Doch um mich zu bekommen, mußte er meine Essenz mehrere Stufen durchleben lassen. Zuerst erschuf er eine magische Leier, da die Leier das wohlklingendste und gefühlvollste aller Instrumente ist. Ein Windhauch kann Saiten zum Singen bringen. Selbst ein sanfter Atem. Und die Musik, die sie erklingen läßt, weckt Gefühle, *befiehlt* sie manchmal sogar, wenn sie in den richtigen Händen ist.

Dann benutzte er das Instrument, um einen magischen Vogel zu erschaffen. Einen Leierschwanz. Um seiner Schönheit willen. Und seiner Fähigkeit, den Schrei eines jeden Tieres auf der Welt zu imitieren. In seinem magischen Zustand versteht er die tiefsten Motivationen und Sorgen und Nöte aller Wesen in seiner Nähe.

Schließlich nutzte er den Leierschwanz, um mich zu erschaffen. Einen Geist, dessen häufigste Gestalt eine Frau ist. Obwohl ich nach freiem Willen zwischen diesen drei Erscheinungsformen wechseln kann – Leier, Vogel und Sterbliche.«

»Und so wurdest du erschaffen, um den Fürsten zu bedienen«, sagte ich.

Novari antwortete: »Ja, um den Prinzen zu *bedienen*. Doch meine vordringlichste Pflicht war es, dem Zauberer zu *dienen*.

Als mich der Fürst zu seiner Liebessklavin machte, versklavte er sich selbst. Ich konnte ihm jede Freude bereiten – und tat es auch. Ich war genauso, wie der Zauberer es versprochen hatte, und mehr noch. Es gab keine Art des Geschlechsaktes, die ich nicht beherrschte oder sogar vorschlug. Und vom Augenblick der ersten Penetration eines jeden Tages – bei welcher ich mir ob des Schmerzes meiner Entjungferung auf die Lippen biß – wurde ich von Stunde zu Stunde derber und einfallsreicher. Gegen Ende des Tages hatte ich dann die quälendsten Techniken über mich ergehen lassen. Doch war ich am nächsten Morgen wieder frisch. Unschuldig in den Augen meines Fürsten. Bereit, verführt und erneut entjungfert zu werden.

Als perfekte Kurtisane bediente ich auch seinen Stolz. Ich lobte seine angeblichen Kräfte, übersah oder leugnete seine allzu zahlreichen Mängel. Er vertraute mir vollkommen, denn ich war sein ein und alles.

Ein Teil der Beschwörung, mit welcher ich erschaffen wurde, verlangte, daß ich stets die Wahrheit sagen müßte, und so vertraute er mir noch um so mehr. Natürlich kann die Wahrheit vielerlei Kostüm tragen. Manche angenehmer als andere. Und mein Herr und Zauberer sorgte dafür, daß ich in der Kunst, die Wahrheit einzufärben, seinen Zielen entsprach.

Auf Anweisung des Zauberers hin weckte ich im Fürsten Ehrgeiz. Ich schürte diesen Funken, bis er zu willigem Feuer wurde. Der Fürst zog aus, um ein großer Eroberer zu werden. Armeen marschierten. Kriegszauber wurden gesprochen. Und manches Königreich wurde gezwungen, das eigene Banner einzuholen und ein fremdes zu hissen.

Das alles erreichte er, ohne seinen Lustpalast zu verlassen. Ich machte ihn glücklich. Ich machte ihn fügsam. Während der Zauberer direkt die Kriege führte und sein wachsendes Reich beherrschte.«

»Und dann ging etwas daneben«, sagte ich.

»Oh, ja«, sagte Novari. »Und zwar schon ziemlich bald. Der Zauberer überforderte die Armeen, und das Königreich erlitt eine schmähliche Niederlage. Mehrere feindliche Monarchen schlossen sich zusammen, marschierten ein und nahmen den Fürsten und seinen Zauberer gefangen.«

»Und du?« fragte ich. »Haben sie auch dich gefangen?«

Novaris Miene verfinsterte sich angesichts einer schändlichen Erinnerung.

»Natürlich«, sagte sie. »Ich war ein Besitz. Wie konnte ich fliehen?«

»Und was haben die Könige getan?« fragte ich.

»Sie haben Gericht gehalten und den Fürsten und seinen Zauberer der Verbrechen gegen die Natur und die Götter verurteilt. Ich war ein wichtiger Bestandteil dieses Prozesses, wurde als böse Zauberin dargestellt. Ein weiblicher Sukkubus, der den Fürsten heimsuchte, um ihn dem Willen des Zauberers zu unterwerfen.

Die Öffentlichkeit haßte uns alle. Doch wurde ich zum meistgehaßten Symbol von allen. Mich machte man für die Sünden ihrer Monarchen verantwortlich.

Wir alle wurden schuldig gesprochen und verurteilt.

Der Fürst hatte Glück. Er wurde schnell getötet. Ohne Schmerzen.

Der Zauberer wurde mehrere Wochen lang gefoltert. Dann sprach man einen Bann, daß er am Leben bliebe, während man ihn in Stücke sägte und mich zwang, ihn Stück für Stück zu essen.«

Sie schwieg. Ihre Brust hob und senkte sich. Eine einzelne Träne lief über ihre Wange. Dann seufzte sie, und das Seufzen wurde zur traurigsten Musik, die ich je zuvor gehört hatte. Sie brach mir fast das Herz, berührte meine Gefühle, als wären sie Saiten.

Ich sprach einen Bann, und das Seufzen der Leier verklang.

Ich sagte: »Und dann?«

Sie schien meinen kalten Unterton nicht zu bemerken.

»Und dann haben sie mich vergewaltigt«, sagte sie tonlos. »Eine Massenvergewaltigung. Und jedem Mann, der sich an mir verging, war ich eine Jungfrau.«

Ihr langes Schweigen wurde nur vom Knistern des Feuers unterbrochen.

Ich sagte nichts. Ich weigerte mich, mir die Erniedrigung und die Qualen vorzustellen, die sie erlitten hatte. Doch wußte ich, daß sie die Wahrheit sagte. Und diese Erkenntnis war so mächtig, als hätte sie einen großen Zauber gesprochen, um mich zu erschüttern.

Mit plötzlich trockenem Mund sagte ich: »Aber sie haben dich nicht getötet. Irgendwie hast du es überlebt.«

Novari lächelte grimmig. »Vorher hatte stets der Zauberer Macht über mich gehabt. Ich war nicht in der Lage, einen Zauber zu bewirken, den er nicht befohlen hatte. Ich hatte keinerlei Kontrolle über irgendwas . . .«

Sie berührte ihre Brust. »Nicht meinen Körper.«

Sie berührte ihren Kopf. »Nicht meine Gedanken.«

Sie streichelte die Luft. Sanfte Saitenklänge. »Nicht meine Zauberkraft.«

Novari ließ den Klang verstummen, dann: »Doch während ich... gefoltert wurde... fand ich einen Funken meiner selbst. Aus diesem Funken schmiedete ich einen Willen. Und ich nahm etwas – etwas Kleines – von jedem Mann, der mich vergewaltigte. Dieses fügte ich meinem Kern hinzu, sammelte Kraft und Entschlossenheit. Ich sprach einen Zauber, der viel Mitleid hervorrief. Ich sprach einen noch schwereren, und aus dem Mitleid wurde die Gewißheit, daß jeder, der mich mordete, einem schrecklichen Fluch erliegen sollte, weil er einen so wundersamen Geist wie mich getötet hatte.

Dennoch herrschte nach wie vor eine starke Abneigung gegen mich, die ich nicht überwinden konnte. Daher versammelten sich die Zauberer, um eine Lösung zu ersinnen. Sie konnten mich nicht töten. Doch mußte sichergestellt werden, daß ich niemandem mehr eine Gefahr war.

Aus diesem Grunde brachten sie mich auf eine kleine Felseninsel, auf der ich für alle Zeiten in der Verbannung leben sollte. Sie rieten mir, meine spirituelle Gestalt anzunehmen, damit weder die Elemente noch der Hunger mein Leben bedrohten.

Dort blieb ich bis vor wenigen Jahren. Ich war ein einsamer Geist und schwebte über eine öde Insel, die ein Sterblicher in kaum zehn Minuten überquert hätte. Ich kannte jeden Zentimeter dieser Insel, bis ich darüber fast verrückt wurde. Viele Male war ich so verzweifelt, daß ich beinah meine sterbliche Gestalt angenommen hätte, damit mein Leben ein Ende fände. Doch wußte ich, daß es meine Verbannung nicht beenden würde. Denn viel Unrecht hatte man mir angetan.

Und ich wäre auf ewig dazu verdammt, ein zorniger Geist zu sein, der bis ans Ende aller Zeit gegen ein Nichts wütet.«

Sie sah mich an. »Kannst du dir etwas Schlimmeres vorstellen?«

Ich schüttelte den Kopf. Das konnte ich tatsächlich nicht.

Novari sagte: »Da mir dieser Frieden verwehrt war, wandte ich alle Bemühungen meinen magischen Talenten zu. Ich wurde ziemlich gut. Ziemlich mächtig.«

Sie kicherte. »Schließlich hatte ich reichlich Zeit zum Üben.«

Ich sagte: »Und zum Grübeln.«

Novari nickte ernst. »Oh, das habe ich getan. Jahrhundertelang habe ich gegrübelt.«

»Und du hast Rache geschworen?«

»Ja«, sagte sie tonlos.

»Diejenigen, die dir Schaden gefügt haben, sind lange tot«, sagte ich.

Novari zuckte mit den Schultern. »Inzwischen habe ich mehr Ehrgeiz als Rachegelüste in mir«, sagte sie.

»Du benutzt König Magon, um diesen Ehrgeiz umzusetzen?« fragte ich.

»Ja«, sagte sie.

»Als Sukkubus?« fragte ich. »Ich meine, dessen hat man dich beschuldigt. Aber das bist du doch auch, oder täusche ich mich?«

»Mehr oder weniger«, sagte sie. »Es ist komplizierter als ein schlichtes Ja oder Nein.«

»Wie bist du auf König Magon gestoßen?« fragte ich.

Novari grinste. »Eigentlich ist er zu mir gekommen«, sagte sie. »Er war ein kleiner Kriegsherr, der versuchte, sich einen Namen zu machen. Während eines Piratenstreifzugs ist er auf meine Insel gestoßen.«

»Und du bist in seine Träume eingedrungen und hast Besitz von ihm ergriffen«, sagte ich.

Sie kicherte mädchenhaft. »*So* schlimm ist es nun auch wieder nicht für ihn«, sagte sie.

»Und er ist rein *zufällig* auf deine Insel gekommen?« sagte ich, da ich einen solchen Zufall bezweifelte.

Novari schüttelte den Kopf. »Ich habe ihn dazu veranlaßt«, sagte sie. »Nicht *ihn* speziell, aber jemanden wie ihn.«

»Wie?« fragte ich. »Du sagtest, du wärst weit fort gewesen. Zu weit, als daß ein Zauber wirken konnte.«

»Ich habe den Bann vor einem Sturm gesprochen«, sagte sie, und ein Hauch von Stolz schimmerte hervor.

»Ich habe gelernt, Stürme für solche Dinge zu nutzen.«

Jetzt verstand ich, was geschehen war, als uns der Eissturm in der Antero Bay überrascht hatte. Dennoch unterscheidet sich ein Zauber, der einen Narren aus seiner fernen Heimat lockt, erheblich von dem magischen Feuersturm, den sie übers Land geschleudert hatte.

Ich war mir sicher, daß ein einzelner Zauberer so etwas niemals allein schaffen konnte.

»Nun kennst du meine Geschichte«, sagte Novari.

Ich antwortete nicht. Ich starrte ins Feuer, wartete.

Lange Sekunden verstrichen. Sie war enttäuscht.

»Willst du mich denn gar nichts dazu fragen?« fuhr sie mich an.

»Doch«, sagte ich.

Wiederum wartete ich.

Sie wurde unruhig. Dann: »Was für ein verrücktes Weib! Frag mich! Frag mich, was du willst!«

»Wo sind meine Männer?« wollte ich wissen.

Sie seufzte. »Ist das alles, woran du denken kannst? Deine heißgeliebten Männer?«

»Das sind sie«, sagte ich. »Zumindest für mich.«

»Und du?« fragte sie. »Interessiert es dich, welche Pläne ich mit dir haben könnte?«

Ich zuckte mit den Schultern. »Darum mache ich mir Sorgen, wenn ich mich um das Wohlergehen meiner Leute gekümmert habe.«

Spöttisch zog sie eine Augenbraue hoch. »Derart treue Sorge rührt mich doch«, sagte sie. »Eine Schande, daß sie umgekehrt nicht ebenso treu sind.

Einer von ihnen hat dich bereits verraten.«

Ich stellte die Wahrheit ihrer Behauptung nicht in Frage, so bitter sie auch sein mochte.

Ich zog ein säuerliches Gesicht. »Einen gibt es immer«, sagte ich. »Ich vermute, du beschuldigst Lord Searbe. Meinen Geisterseher.«

»Genau den«, sagte sie mit glitzernden Augen.

»Im Grunde überrascht mich, daß es nur einer ist«, sagte ich. »Schließlich bist du ein Sukkubus. Und das ist dein Metier. Die magische Verführung von Männern ... oder Frauen.«

Novaris Lippen teilten sich, feucht, höhnisch. »Du kennst mich, Schwester«, sagte sie schelmisch.

»Mehr als mir lieb ist«, sagte ich.

Sie schmollte. »Du brauchst nicht grob zu werden«, sagte sie. »Außerdem mußte dein heißgeliebter Geisterseher gar nicht erst verführt werden. Er war im selben Augenblick bereit, als meine Kapitäne ihn gefangen nahmen.«

Ich sprang in diese Bresche. »Du gibst es zu!« knurrte ich. »Du gibst zu, daß du meine Leute gezielt angegriffen hast. Sie abgeschlachtet hast und gefoltert hast, bis sie starben. Und einen anderen entführt.«

Höhnisch grinste ich. »Und du sprichst von grausamen Zauberern und Königen!«

Anstatt böse zu werden, errötete Novari vor Scham.

»Es tut mir leid«, sagte sie. »Ich habe es nicht aus Grausamkeit getan. Es war notwendig.«

»Folter war notwendig?« knurrte ich.

»Es war nicht mein Fehler«, fuhr sie mich an. »Er sollte mir unversehrt gebracht werden. Die Männer, die ihn gefangen nahmen, waren Wilde. Sie sind außer Kontrolle geraten. Und wenn es dich beruhigt – es hat sie das Leben gekostet. Dein Geisterseher wurde gerächt.«

Fast verlor ich die Geduld. Das wurde er keineswegs!

Als der Zorn in mir aufstieg und mir fast die Kehle versengte, spürte ich, wie Novari sich spannte, fühlte, wie der Äther aufwirbelte, als sie Kräfte sammelte, um mich zuerst zu schlagen, falls ich dumm genug sein sollte, sie angreifen zu wollen.

Ich kämpfte um meine Beherrschung. Fand sie wieder. Und fühlte, wie ihre Anspannung verflog.

So sanft ich konnte, sagte ich: »Was hat Lord Searbe dir verraten? Wenn es um den Sinn und Zweck meiner Mission geht, nun, der bestand darin, nachzusehen, wie groß die Bedrohung durch deinen versklavten König ist. Das ist sicher kein so unschuldiger Anlaß, wie ich anfangs behauptet habe. Aber sicher auch kaum eine einschneidende Enthüllung.«

Novari lachte, winkte ab. »Oh, er hat einfach drauflos geplappert«, stieß sie abschätzig aus. »Ehrlich gesagt, waren die Einzelheiten deiner Reise für mich nicht von Interesse.«

»Was hat dich dann interessiert?« fragte ich.

»Na, *du* natürlich«, sagte sie. »Rali Emilie Antero. Soldatin. Zauberin. Abenteurerin. Und wichtiger noch: Frau.«

Erwartungsvoll beugte sie sich vor. »Eine solche Frau mußte ich einfach kennenlernen«, sagte sie, glühend vor Erregung. »Soviel zu wagen und zu erreichen. Als Sterbliche, nicht als Geist. Nun, als ich von dir hörte, wußte ich augenblicklich, daß du die bist, nach der ich mich mein Leben lang gesehnt habe.«

Eine zarte Hand berührte mein Knie. »Wir könnten große Dinge zusammen tun, Rali«, sagte sie. »So große Dinge!«

Ich schob ihre Hand beiseite. Ich lachte schroff. »Falls du in mir deine künftige Lebensgefährtin siehst«, höhnte ich, »so hast du eine klägliche Art gewählt, mich zu becircen. Vermutlich kannst du nichts dafür. Du bist es so gewohnt, dich auf magische Verführungskünste zu verlassen, daß du aus deinem Liebesflehen als Sterbliche eine schreckliche Komödie machen würdest.«

Ich verzog den Mund. »Aber du hast es erst mit der Magie versucht, oder?« fragte ich mit vorwurfsvollem Unterton. »Du hast versucht, in meine Träume einzudringen. Du bist als mein Bruder zu mir gekommen. Und dann als die Frau meines Bruders, meine liebe Freundin. Und dann hast du die Unverfrorenheit besessen, meine tote Mutter gegen mich zu verwenden.

Doch bist du gescheitert! Bei *allen* Versuchen.«

Sie nickte. »Das hat mir gefallen«, sagte sie. »Es hätte alles verdorben, wenn du mit Zauberkraft so leicht zu überwältigen gewesen wärest.«

»Und daher bist du nun auf so charmante Hilfsmittel wie Drohungen und Einschüchterungen zurückgeworfen?« höhnte ich.

»Sieh über meine Unbeholfenheit hinweg, wenn du kannst, Rali«, flehte sie. »In diesen Dingen bin ich noch immer ein Kind. Ich kenne keine gesellschaftlichen Umgangsformen, abgesehen davon, wie sich ein Mädchen verhält, wenn man ihr den Hof macht.

Ich bin diese Hunderte und Aberhunderte junger Mädchen mit unbeholfenem Wesen und unbeholfenen Worten, aus denen man mich erschaffen hat.

Meine Zauberkräfte sind so groß, daß man fälschlicherweise glauben könnte, ich wäre dir hinsichtlich menschlicher Erfahrung gewachsen. Das bin ich nicht, Rali. Doch kann ich wachsen. Ich kann lernen.

Gib mir diese Chance!«

Sie glühte schier vor jugendlicher Wahrhaftigkeit, mit einem weichen Herz, das allzu leicht und unschuldig mir dargeboten wurde.

Ich nippte an meinem Branntwein und wandte meinen Blick dem Feuer zu, sagte jedoch nichts.

Schweigend saß sie eine Weile da, die Hände anmutig im Schoß gefaltet.

Dann sagte sie: »Ich habe etwas Großartiges gefunden.«

Ich blieb still.

»Ich hatte Hunderte von Jahren Zeit, zu experimentieren und aus diesen Experimenten zu lernen«, fuhr sie fort. »Ich hatte keine Bücher, keine Lehrer, keine Lehrzeit. Die Insel war ohne jedes Leben, abgesehen von Schalentieren in Tümpeln und Fischen im Meer. Mit anderen Worten blieb mir nur die rauhe Natur, mit der ich arbeiten konnte.

Ich hatte Licht, Hitze, Kälte, Luft, Wasser und die Kräfte, die aus ihrer... Bewegung entstehen. Ich bin mir des Wortes nicht sicher. Aber ›Bewegung‹ ist das einzige, was mir einfallen will, um die Partikel zu beschreiben, von denen ich spüre, daß sie in allen Elementen hierhin und dorthin schweben.«

Ich konnte nichts dagegen tun, daß mein Blick erneut von ihr angezogen wurde. Ihre Erklärung führte in das Reich, welches Janos Greycloak eröffnet hatte. Greycloak, der glaubte, daß alle natürlichen und magischen Kräfte nur verschiedener Ausdruck einer einzigen Kraft seien, die auf unterschiedliche Weise wirke.

Wie hatte sie zu einer derart großen Einsicht kommen können, die bis zu Greycloak noch nie jemandem gekommen war? Und das in vollkommener Abgeschiedenheit?

»Du weißt, wovon ich spreche, habe ich recht, Rali?« sagte sie.

»Ja«, antwortete ich.

»Dein treuer Geisterseher sagte mir, daß du es wissen würdest«, sagte sie. »Er hat mir alles von Orissa erzählt. Von Janos Greycloak. Deinem Bruder, deiner Mutter und der Familie. Den Fernen Königreichen. Deiner Schlacht mit den Archonten. Einfach alles. Es war eine aufwühlende Geschichte. Aber auch inspirierend.«

Lord Searbe, so dachte ich, war in den letzten Tagen ein fleißiger, kleiner Feigling gewesen.

Sie wechselte das Thema. »Du weißt, daß es noch andere Welten gibt, nicht?«

»Ja«, sagte ich.

»Lord Searbe sagte, du hättest in deiner Schlacht mit den Archonten einige davon besucht.«

»Wenn du es weißt«, sagte ich, »wieso fragst du dann?«

»Ich kann diese Welten anzapfen, um Energie zu schöpfen.«

»Das ist der Kern der Magie«, sagte ich achselzuckend. »Wir greifen in die anderen Welten und nehmen uns die Mittel, um unsere Beschwörungen sprechen zu können.«

»Nein, ich meine *wahre* Energien. Ich meine genug, um einen Berg zu sprengen.«

»Das kannst du nicht«, sagte ich. »Du hast doch selbst gesagt, daß du natürliche Kräfte wie einen aufkommenden Sturm genutzt hast, um deinen größten Bann zu sprechen. Und man kann sie nicht bündeln. Es ist in etwa so, als würde man Papierstückchen in den Wind werfen. Man bräuchte einen Schneesturm dieser Fetzen, um sicherzustellen, daß man sein Ziel trifft. Wie einen Hagel aus Pfeilen gegenüber gegnerischen Truppen.«

»Ich kann es jetzt nicht«, sagte sie. »Aber ich werde dazu in der Lage sein, sobald ich fertig bin. Und mehr noch. Nun, die Energie ist unbegrenzt. Ganze Bergketten könnten in Staub verwandelt werden.«

»Falls du es könntest«, sagte ich, »was ich bezweifle ... zu welchem Zweck? Warum solltest du all diese unschuldigen Berge sprengen wollen?«

Sie lachte. »Sei nicht albern«, sagte sie. »Was interessieren mich Berge? Es geht mir um die Macht. Die köstliche Macht. Aus ihr bestehen die Träume aller Zauberer.«

»Meine nicht«, sagte ich.

»Komm schon«, sagte sie. »Wie kannst du das sagen und behaupten, es wäre wahr? Denk doch, wie hart du gerungen hast, um dorthin zu kommen, wo du jetzt stehst! Denk doch, wie dich die Männer behandelt haben, die diese Welt regieren und allen Frauen befehlen, auf ihren Plätzen zu bleiben und ihren Wünschen zu folgen wie sklavische Tiere mit praktischen Öffnungen, die ihren Herren Freude bereiten.«

»Ach, ich verstehe«, gab ich zurück. »Du tust das alles nur im Namen aller Schwestern. Du greifst deine Nachbarn an, lauerst mit Piratenschiffen an den Handelsrouten, tötest meine Freunde oder verleitest sie zum Verrat, dringst in meine Träume ein, und das alles im Namen unserer lieben Schwestern, den Märtyrerinnen im Tempel der brutalen Männer.«

Sie wurde wütend, die hübsche Miene schwoll vor Zorn an. »Wieso sucht du so dringend Streit mit mir?« wollte sie wissen. »Ich habe dir doch alles *erklärt*. Jedes Wort aus meinem Munde war die Wahrheit! Du weißt, daß es stimmt. Und dennoch streitest du. Dennoch spottest du. Dennoch wendest du dich ab. Warum?«

»Wo sind meine Männer?« forderte ich zu wissen.

Sie war beleidigt. »Das schon wieder!«

»Ja«, sagte ich. »Das schon wieder. Wo sind sie?«

»Tot«, sagte sie.

*»Alle?«* fragte ich, gab mir Mühe, meine Gefühle zu verbergen.

»Bis auf deinen Geisterseher. Den brauchte ich für etwas anderes.«

»Und wenn ich dich verschmähe«, sagte ich, »wirst du mich wohl ebenso töten.«

»Das wird nicht geschehen«, sagte sie. »Ich brauche dich lebend. Willig oder nicht.«

»Aus demselben Grund wie Lord Searbe?« fragte ich. »Und Daciar? Und meinen anderen Geisterseher, Lord Serano?«

»Zum Teil«, sagte sie. »Obwohl ich für dich mehr Verwendung habe als für sie alle zusammen, einschließlich der anderen Nekromanten, die ich gefangen habe. Und ich habe eine ganz ansehnliche Sammlung von Zauberern zusammengestellt, seit König Magon seine Übergriffe begonnen hat.«

Darauf reagierte ich nicht. Es hätte mich nur tiefer in ihre Sphären gezogen.

»Willst du nicht wissen, wozu ich solche Mühen auf mich genommen habe, sie zu sammeln?« drängte sie.

Ich blieb still. Sie mußte es mir von allein erzählen. Nur dann würde die Erkenntnis ohne verzauberte Saiten erklingen.

Schließlich sagte sie: »Ich machte mit ihnen, was der Zauberer mit all den Mädchen gemacht hat. Nur wird das Etwas, das ich erschaffe, von *mir* gelenkt!«

Da wußte ich, wie sie in der Lage gewesen war, einen derart tödlichen Bann auf diesen Sturm zu legen. Irgendwie hatte sie die Kräfte all jener Zauberer gebündelt, die sie gefangen hatte, und dann zu einem Wesen umgeformt, das ihrem Willen folgte.

Ich ließ mir nicht anmerken, daß ich verstand. Gleichgültig leerte ich meinen Kelch und schenkte mir noch etwa einen Daumenbreit Branntwein ein. Dabei dachte ich an mein Gespräch mit Daciar, in dem ich erklärt hatte, es sei einem Zauberer nicht möglich, die Macht eines anderen zu stehlen. Novari, so schien es, hatte bewiesen, daß diese Behauptung falsch war.

»Mir scheint, ich habe zwei Möglichkeiten. Mich all diesen Zauberern anzuschließen und in die Hölle zu marschieren, die du ihnen zugedacht hast. Oder dir zur Seite zu stehen.«

Sie neigte den Kopf, ein kokettes Lächeln um die Lippen. »Ich hatte Intimeres im Sinn als Seite an Seite zu stehen«, sagte sie.

Übertrieben weiblich zupfte ich mein Haar zurecht, berührte die Haarnadel, als wollte ich sichergehen, daß sie noch an Ort und Stelle steckte. Sie war meine einzige Waffe.

Ich lächelte so kokett wie sie. »Warum nicht?«

Dann ließ ich das Lächeln zu einem breiten Grinsen werden und stellte den Kelch ab. Ich ließ meine Stimme rauh klingen, als ich sagte: »Gegen einen guten Fick habe ich ebensowenig einzuwenden wie jede andere Frau.«

Novari zuckte ob meiner Unflätigkeit zusammen.

»Bitte«, sagte sie mit bebender Stimme.

»Was willst du mehr?« sagte ich.

Sie rutschte näher, schimmernd im Feuerschein. Reglos lag ich da, sah sie nur an. Neben mir ließ sie sich nieder. Sie blickte mir tief in die Augen, und ich sah die Gefühle, die in den ihren glommen. Ihre Lippen waren voll und weich. Ihr Parfum hatte einen schweren Duft, der mich wärmte, als ich die Luft trank.

Sie berührte meinen Arm.

»Bitte«, sagte sie erneut.

Ich tat nichts.

Sie berührte meine Brust.

»Bitte.« Sanfter nun, beinah ein Flüstern.

Sie beugte sich über mich, ihr Haar strich über meine Wange, kitzelte meine Haut.

Ihre Lippen waren fast an den meinen, ihr Atem so süß wie ein blühendes Feld.

»Ich kann dir nicht geben, was ich nicht empfinde«, flüsterte ich.

Sie nickte. »Laß mich dir helfen«, kam ihre Antwort.

Mit ihrem Gesicht noch immer nah an meinem, streichelte sie meine Schläfen und sah mir tiefer in die Augen. Der Zauber ihres Parfums wurde stärker, und es war, als triebe ich durch warmen Honig. Ich spürte, wie die Hitze dort zunahm, wo ihr Leib sich gegen meinen preßte.

Leierklänge schwollen an, spülten sanft wie weiche Wellen gegen mich. Die Saiten sprachen zu mir von vergangener Liebe, uralter Trauer.

Ich fürchtete mich nicht, doch ließ ich mich von dem Lied forttragen, wohin es mich auch bringen mochte.

Fast schrie ich auf, als ich Otara fand.

Meine geliebte Otara. Meine einzig wahre Liebe. Die Frau, die mir alles gewesen war und deren Verlust eine Wunde brannte, die nie verheilen würde.

»Oh, Rali!« weinte Otara. »Du hast mir so gefehlt.«

Und sie kam in meine Arme, und all die Jahre zwischen uns verflogen.

Wir umarmten einander.

Wir küßten einander.

Und weinten.

Die Tränen kamen wie Bäche, und je mehr wir weinten, desto freudiger war mir zumute, und dann lachten wir und kitzelten einander wie Schulmädchen.

Leidenschaft flammte auf, und wir hielten, streichelten einander, und ich fühlte die süße Lust, die nur Otara in mir wecken konnte.

Dann waren wir auf dem Weg zum Bett, unserem großen, weichen, vertrauten Bett, das wir so viele Jahre lang geteilt hatten.

Als wir eben dort waren, blieb ich stehen. Ich löste mein Haar, ließ es mir in Wellen über meine Schultern fallen.

»Du hast mein Haar doch immer so gemocht«, sagte ich.

Otara lachte, tief und kehlig. Das Lachen, das ich so sehr liebte.

Dann zog sie mich aufs Bett und begann, mich zu entkleiden, küßte jede Stelle, die sie enthüllte.

Mein Herz schlug so fest, daß ich glaubte, meine Rippen müßten brechen. Meine Glieder waren wie Gelee, fügten sich jeder ihrer Berührungen. Jeder ihrer Zärtlichkeiten.

Doch hielt ich die goldene Nadel fest wie einen Dolch in meiner Hand.

Otara umarmte mich, schlang ihre Glieder um mich, und ich konnte die Hitze ihrer Lenden an meinem Oberschenkel spüren.

Ich nahm alle Liebe, die ich für Otara empfand, all die großen Gefühle, die Novari mit ihrem sukkubischen Zauber geweckt hatte, und machte sie zu meiner Stärke.

Und rammte ihr die goldene Nadel in den Nacken.

Sie schrie, und ihr Schrei war ein schriller Blitz, der mir das Gehör verbrannte.

Sie bäumte sich auf, rang darum, dem Schmerz der magischen Nadel zu entrinnen. Ich hielt sie fest, versuchte, die Nadel noch tiefer zu rammen.

Plötzlich wurde ich von zwei mächtigen Schwingen gerüttelt. Wie große, gepolsterte Knüppel schlugen sie nach meinem Kopf und meinen Seiten.

Der Leierschwanz kreischte und kämpfte und hieb mit seinen Sporen nach mir.

Ich rang um festen Halt, dann explodierte ein greller Blitz in meinem Gesicht. Ich spürte, wie eine immense Kraft mich stieß und meine Arme aufgebogen wurden. Plötzlich hob sich das Gewicht des Leierschwanzes, und ich hörte das Rauschen von Flügeln und spürte den Wind, den sie aufwirbelten.

Ich sprang auf, halb geblendet, nackt und um Atem ringend, schwenkte die goldene Nadel vor mir.

Schwach, wie durch einen Nebel, sah ich die glühende Gestalt des Leierschwanzes vor der gegenüberliegenden Wand der Kammer.

Sie schimmerte, mein Blick wurde klar, und aus dem Geistervogel wurde Novari.

Sie sank an der Wand in sich zusammen, dann kam sie hoch, schmierte Blut über den Stein. Es tropfte herab und sammelte sich um ihre Füße.

Tief griff ich in den Schatten dieses Augenblicks und suchte verzweifelt nach meiner alten Kraft. Bei all den Zaubersprüchen, die man über den Palast gesprochen hatte, war es, als tastete man im fließenden Schlamm nach etwas Verlorenem.

Während ich suchte, sah ich, daß sich Novaris Miene vom Schrecken zu einer Maske des Hasses verzog. Ihr nackter Leib schoß magische Funken des Zornes ab.

Sie wollte Rache, und ich sammelte alles, was ich an Kräften finden konnte, wich zurück, bevor sie mich in der Falle hatte.

Novari machte eine Geste, und ein Funke flog im Bogen. Der Funke wurde zu einem Feuerball, der mir wie vom Katapult eines Schiffes entgegenflog.

Mit der goldenen Nadel schuf ich einen Schild, und der Feuerball zerbarst daran. Weißglühende Kugeln prasselten gegen die Wände und zerbrachen den Stein, während die Kraft der Explosion auf Novari zurückschlug.

Ich ließ den Schild fallen, schleuderte einen Speer aus Feuer, dann hob ich den Schild erneut.

Novari war schnell, warf ihren eigenen Schild auf, brach die Macht des Hiebes und lenkte meinen Speer ab.

Ich ließ ihr nicht die Zeit, sich zu erholen, sondern stürmte voran, schleuderte meine magische Waffe gegen ihre Augen – sie schnitt tief ein – ein rotglühender Draht von Energie – und Novari zog ihren Schild hoch, um sie abzuwehren.

Ich kam unter ihre Deckung, sah ihre Augen vor Energie glühen und stach nach ihnen.

Sie riß den Kopf zurück, und die Spitze schnitt ihr in die Wange, ließ eine lange, blutverschmierte Spur auf dieser makellosen Miene zurück.

Novari schrie, und wieder stach ich zu, zielte auf die Augen.

Zielte auf ihre Energie.

Doch der Todeshieb erstarb, als schwere Hände mich von hinten packten, mich rückwärts zerrten, schwere Schläge auf mich niederregneten und ich auf die Knie sank.

Ich wehrte mich gegen drei, vielleicht vier Wachen. Ich brach einem Mann das Knie, als ich aufzustehen versuchte. Doch die anderen knüppelten mich wieder nieder.

Während ich kämpfte, versuchte ich verzweifelt, einen neuen Zauber zu erschaffen. Ich mußte zuschlagen, bevor Novari sich erholte.

Ich hatte den Bann schon halb gesprochen, als eine Explosion mich von den Beinen hob und ich rückwärts gegen eine Wand der Kammer geschleudert wurde. Schwere Gegenstände krachten auf mich nieder. Ich war verdutzt, lag mitten im Schutt. Ich versuchte, aufzustehen, benommen, entkräftet. Neben mir lagen tote Wachen.

Novari ragte über mir auf. Ich blinzelte sie an. Hilflos. Ausgebrannt von ihrem Angriff.

Sie sagte nichts, und ich hörte schwere Stiefel, als weitere Wachen erschienen. Novari deutete auf mich, und sie hoben mich an.

Dort hing ich zwischen zwei Männern, unfähig, mich auf den Beinen zu halten.

Ich sah, wie die hübschen Mädchen zu Novari eilten, die Wunde an ihrer Wange beweinten und das Blut fortwischten. Sie stand da und starrte mich an, während sie die Wunde abtupften und ihr ein Dreieckstuch umlegten.

Dann stieß sie die Mädchen von sich und trat vor, mit langen, langsamen Schritten. Vor mir blieb sie stehen.

»Wenn ich mir vor Augen führe, daß ich dachte, ich bräuchte dich«, sagte sie.

Ich antwortete nicht. Ich hätte es auch nicht gekonnt.

Novari berührte die Wunde an ihrer Wange. Tränen traten in ihre Augen. Sie wischte sie fort.

Dann sagte sie: »Du hattest es auf meine Augen abgesehen.«

In der folgenden Stille sah ich ein Flackern, als sie eine Art Entscheidung traf.

Novari zischte mich an: »Hure!«

Dann wandte sie sich den Wachen zu. »Bringt sie in die Minen«, sagte sie. »Dort wird man sicher eine nützliche Betätigung für sie finden.« Die Wachen wollten mich schon mit sich zerren.

»Oh, ja, eins noch«, sagte sie. Die Wachen blieben stehen. Warteten.

Und Novari sagte: »Bringt mir auf dem Rückweg eins ihrer Augen mit.«

Wieder berührte sie die rechte Wange, an der ich sie getroffen hatte.

»Bringt mir das rechte«, befahl sie, die Stimme heiser vor Zorn. »Achtet darauf. Nur das rechte Auge kann mir nützen.«

Kapitel Elf

# *Die Minen von Koronos*

Ich kann nicht viel zu dem sagen, was darauf geschah. Die folgenden Tage und Wochen waren ein Brodem von unablässigem Schrecken und Schmerz. Es war eine wilde Streitwagenfahrt durch einen Alptraum, der weder Anfang noch Ende hatte.

Ich erinnere mich nicht daran, wie und wann sie mir mein Auge nahmen. Ich erinnere mich nur, wie ich durch dichten Nebel merkte, daß es nicht mehr da war.

Es kam mir vor, als stiege ich vom Boden eines Schlammlochs der Martyrien auf. Keuchend kam ich hoch und hustete in der heißen, rußigen Luft, die mir die Lungen versengte. Ich fand mich an der Spitze einer Reihe von Kreaturen in verfilzten Lumpen wieder. Ich fühlte ein steifes Kratzen auf meiner Haut und wußte, daß ich ebenso gekleidet war wie sie.

Ich hörte Feuer aufröhren und das Pumpen eines Blasebalgs, und versuchte, meinen Kopf herumzudrehen, um hinzusehen.

Die Welt drehte sich, und ich taumelte gegen jemanden. Dieser Jemand verfluchte mich, und ich spürte ein hartes Zerren, hörte das Klirren von Ketten. Ich murmelte eine Entschuldigung und wurde mir dunkel der Tatsache bewußt, daß ich einen stählernen Ring um den Leib trug und mit dem Rest der Gruppe durch eine schwere Kette verbunden war, welche von einem Ring zum nächsten führte. Meine Arme und Beine waren jedoch frei.

Ich hörte den eisernen Klang eines Hammers auf dem Amboß – ein langsames, gleichmäßiges Schlagen. Wieder wollte ich hinsehen. Alles schien mir seltsam, verzerrt und eindimensional, was es schwierig machte, die Umrisse der Dinge zu erkennen, oder wieweit sie entfernt sein mochten.

Zögerlich berührte ich mein Gesicht. Ein Verband war um meine Stirn geschlungen, bedeckte die rechte Seite. Unter dem Verband fühlte ich das Pochen einer leeren Augenhöhle, gleich darunter das Stechen einer heilenden Wunde.

Meine Gedanken waren unsinniges Gebrabbel: »Mein Auge? Genau. Novari hat es. Sie hat befohlen, daß man es mir rausnehmen sollte.«

Was die Verstümmelung anging, so hatte ich dieser Hinsicht keinerlei Gefühle, nur dumpfes Interesse. Ich war zu benommen. Noch stand ich gänzlich unter dem tiefen Eindruck dessen, was man mir angetan hatte.

Jemand brüllte. Eine schwere Hand schlug mir auf die Schulter. Auf schmerzenden Beinen schlurfte ich voran. Die anderen folgten mir mit klirrenden Ketten.

Ein weiterer Hieb ließ mich innehalten. Jemand stolperte gegen mich. Instinktiv knurrte ich einen Fluch und erntete eine gemurmelte Entschuldigung. Woher ich wußte, wie man es machte, konnte ich nicht sagen. Doch wurde mir bewußt, daß ich schon seit einiger Zeit unter diesen Umständen lebte. Irgendwie hatte ich gelernt, was zu tun war, wenn man überleben wollte.

Der Schweiß lief mir in Strömen, und das Atmen fiel mir schwer. Mein Mund war völlig ausgetrocknet. Ich neigte den Kopf und sah mich vorsichtig mit meinem verbliebenen Auge um.

Ich stand in einer großen Schmiede. Die Wände waren mit Stükken von Eisen und Ketten behängt, dazwischen Regale mit Werkzeugen in verschiedensten Stadien von Reparatur oder Herstellung. Ich hörte das Zischen von Metall, das in einen Eimer mit Löschwasser getaucht wurde, und roch dampfendes Öl.

Der Blasebalg nahm sein Pumpen wieder auf, und ich ortete den Ofen. Ein Schmied mit feuervernarbter Schürze, die seine nackte Brust verhüllte, bediente den Blasebalg. Auf einer Seite der Esse stand sein Amboß, auf der anderen ein weiterer Mann in sauberen, teuren Kleidern. Er stand vor einem kleinen Tisch mit medizinischen Gerätschaften und einem Haufen dreckiger Lumpen, die wie Bandagen gefaltet waren. Eine Art Heilkundiger. Das dachte ich nicht, als ich ihn sah. Ich war zu benebelt, als daß ich selbst eine derart simple Vermutung hätte anstellen können. Ich *wußte* es einfach irgendwie. Jemand hatte es mir gesagt. Ich erinnerte mich nicht, wer oder wann.

Ein Wächter mit bösem Schweinsgesicht löste meine Kette, befreite mich von den anderen. Er stieß mich vorwärts, und ich wankte zum Feuer.

Vor dem Heiler brachte man mich zum Stehen.

»Zeig mir deinen Arm«, sagte er gelangweilt.

Ich mußte nicht fragen, welchen er meinte. Automatisch hob ich meine Linke.

Mit offenem Mund stand ich da. Der Arm endete am Handgelenk. Ein blutiges Lumpenknäuel war um das Ende gebunden.

Der Heiler löste die Lumpen und wickelte sie eilig ab, ohne einen Gedanken an den Schmerz, den er mir zufügte, als er sie abriß.

Dann starrte ich den rosafarbenen Stumpf an, wo einst meine linke Hand gewesen war. Zwei Metallbolzen hatte man durch den Stumpf getrieben, mit jeweils einem Gewinde, das auf beiden Seiten herausragte.

Der Heiler hielt meinen Arm an den Bolzen fest, drehte ihn hierhin und dorthin, um ihn sich genauestens anzusehen. Er roch an der Haut, fand keine Fäulnis und nickte zufrieden.

»Die hier ist soweit«, sagte er zum Schmied. »Ich hab sie ganz gut hinbekommen, auch wenn ich mich selbst loben muß.«

Höhnisch sah der Schmied ihn an. »Ist keine Kunst, sie abzuhakken«, sagte er. »Jeder Schlachter könnte das. Die echte Arbeit ist, sie wieder neu zu machen.«

»Sei nicht dumm«, schnaubte der Heiler. »Sie würde dir nichts nützen, wenn ihr Stumpf verfault wäre, oder?«

Er ließ den Stumpf los. Ich hielt ihn noch eine Minute ausgestreckt, blinzelte, um ihn besser sehen zu können. Alles Gefühl war in weiter Ferne. Nur staunte ich, daß ich glaubte, meine Hand noch spüren zu können. Gedankenverloren versuchte ich, meine Finger zu bewegen. Doch rief das nur ein brennendes Gefühl am Stumpf hervor.

Den packte der Schmied grob zu und zog mich zu sich. Es schmerzte höllisch, und ich versuchte, den Arm zurückzuziehen. Der Wächter schlug mir an den Hinterkopf.

»Bleib stehen, du Biest«, sagte er. »Er ist noch nicht fertig mit dir.«

Ich tat, wie man mir sagte.

Der Schmied betrachtete den Stumpf, schenkte den Bolzen jedoch mehr Aufmerksamkeit als meinem Fleisch. Er beschmierte die Gewinde mit einer Ölbürste, dann rief er über die Schulter hinweg seinem Lehrling etwas zu.

»Größe Sieben müßte passen«, sagte er.

Ich beobachtete, wie ein dicklicher, junger Mann zu einem Regal watschelte. Auf diesem sah ich eine Menge schwarzer Metallhände. Zwischen diesen suchte der dicke Lehrling herum, bis er eine gefunden hatte, von der er glaubte, sie werde seinen Meister zufriedenstellen. Er brachte sie dem Schmied, der die Befestigungen sauberwischte, mit einer runden Feile polierte und dann den Lehrling anwies, meinen Stumpf festzuhalten.

»Ruhig jetzt«, sagte er zu seinem Lehrling. »Beim letzten Mal hast du gezuckt und einen perfekten Stumpf ruiniert.«

Der Schmied machte eine Geste, deutete auf mich. »Kümmer dich nicht drum, ob es ihr weh tut«, wies er seinen Lehrling an. »Sie ist nur ein Tier. Hat keine Empfindungen, auf die wir Rücksicht nehmen müßten.«

Der Lehrling hielt fest, und der Schmied fettete das Innere der Eisenhand ein, dann zwang er sie auf den Stumpf, drehte sie hin und her. Der Schmerz war unbeschreiblich. Ich glaube, ich muß wohl aufgestöhnt haben. Nur bin ich mir nicht sicher.

»Das reicht fürs erste«, sagte der Schmied anerkennend. »Wird nicht viel Feinarbeit mehr brauchen.«

Hart riß er daran, und die Eisenhand löste sich. Fast verlor ich vor Schmerz das Bewußtsein. Ich muß getaumelt sein, denn wieder schlug mir der Wächter an den Hinterkopf und knurrte mich an, aufzustehen.

Der Schmied nahm die Hand in eine Zange und warf sie ins Feuer, pumpte am Blasebalg, bis das Feuer weiß aufloderte. Als die Eisenhand rotglühend war, nahm er sie heraus, legte sie auf den Amboß und schlug hier und dort mit einem kleinen Hammer darauf, nahm geringfügige Änderungen vor, wie er dem Lehrling erklärte.

Als er zufrieden war, hielt er die Hand in einen Eimer mit Löschwasser. Dampf von Wasser und Öl zischte in einer schmierigen Wolke auf. Er nahm die Hand heraus, glitzernd und düster.

Erneut hielt der Lehrling meinen Stumpf fest, während der

Schmied das Metall an Ort und Stelle drehte. Es war noch heiß vom Ofen, und jenseits des Schmerzes nahm ich schwach den Geruch von sengender Haut wahr. Ich hörte den Heiler sagen, nun bestünde nur noch geringe Gefahr einer Entzündung.

Die Gewindebolzen in meinem Stumpf ragten aus Öffnungen in der Eisenhand hervor. Ein durchbohrter Ring wurde über die Bolzen gezogen, schwere Muttern wurden mit einem Schraubenschlüssel festgedreht und dann verschweißt, damit sie nicht zu entfernen wären.

Ich verlor das Bewußtsein, als sie schweißten.

Vermutlich kam ich dann irgendwann wieder zu mir. Doch kehrte ich in diese trübe Welt der Qualen zurück, taumelte umher wie unter Drogen.

Als ich mir das nächste Mal der Welt um mich herum vage bewußt wurde, arbeitete ich neben einer kleinen, stämmigen Frau. Ich half ihr, eine Stange von purem Gold aus einer Presse zu ziehen. Die Stange qualmte vor Hitze, war noch weich und fast zehn Fuß lang. Wir benutzten unsere Eisenhände, um die Stange festzuhalten, und ich staunte, als mir klar wurde, daß ich das Ding hielt, als wäre die Hand echt und keineswegs künstlich. Sie fühlte sich an, als wäre sie die Hand eines anderen und würde meine Wünsche aus großer Entfernung umsetzen.

Die Frau und ich schleppten die Stange durch einen großen Raum, der aus dem Fels gehauen zu sein schien. Wände und Böden und auch die unregelmäßige Decke waren mit Öl, Fett und Ruß verschmiert. Es war heiß in diesem Raum, heißer als an jedem anderen Ort, an dem ich je gewesen war. Und man hörte steten Donner von schweren Maschinen bei der Arbeit. Ich sah andere Sklaven, Männer wie Frauen, die im Raum herumschlurften, von einer seltsamen Maschine zur nächsten gingen und kaum auswichen, wenn ein Ofen unerwarteterweise Rauch oder Feuer spie.

Sie alle hatten Metallhände wie die meine.

Die stämmige Frau und ich warfen die Stange auf einen großen Stapel. Wir blieben stehen, rangen um Atem.

Ich blickte auf meine Eisenhand. Ich bewegte die Finger hin und her, bog den Daumen über den Ballen. All diese Aufgaben vollführte sie zwar langsam, doch glitt sie in Knöcheln und Gelenken auf geschmierten Befestigungen. Ich fühlte eine kleine, warme Kugel in der Handfläche und wußte, daß es sich um Zauberkräfte handelte.

Sobald ich den Zauber witterte, weiteten sich meine Sinne – wenn auch nur wenig –, und ich roch den Ozongestank machtvoller Magie am Werk. Die Maschinen stanken danach, der Stein in Wänden und Böden war ganz rutschig davon. Selbst die sengende Luft, die ich in meine Lungen sog, roch stark nach dem faulen Atem eines Dämons.

Irgendwo schlug ein schwerer Gong, und die Maschinen schwiegen.

Meine Mitsklaven begannen, sich in langen Reihen aufzustellen, die den ganzen Raum bis hin zu den massiven Gittertüren durchmaßen.

Ich war verwirrt. Ich wußte nicht mehr, was ich tun sollte.

»Wir müssen gehen, Rali«, sagte die Frau, nahm mich beim Arm.

Plötzlich schien sie mir vertraut. Ohne Mühen kam mir ihr Name in den Sinn.

Ich nickte und ging mit ihr, sagte: »Wohin, Zalia?«

»Wohin wir jeden Abend gehen, Liebes«, sagte sie mit einer Stimme, die so sanft war, als spräche sie mit einem Kind. »In unsere Zellen.«

»Stimmt«, sagte ich, als ich mich vage erinnerte.

Ich reihte mich mit ihr ein. Befehle wurden gebrüllt. Wir alle schlurften voran – Hunderte von uns. Peitschen knallten, und Sklaven schrien auf.

»Wo sind wir?« fragte ich.

»Ich habe es dir schon oft erklärt«, sagte Zalia. »Aber ich werde es dir noch einmal sagen. Wir sind in den Minen von Koronos.«

Gefühle brodelten durch den Dunst, der mich umfing. Ich fühlte, wie mir Tränen in die Augen traten, und ich dachte: »Bei allen Göttern, hier komme ich nie wieder raus.«

Ich muß geschluchzt haben, denn Zalia klopfte mir tröstend auf die Schulter.

Dann prasselten alle möglichen neuen Geräusche, Gefühle und Anblicke auf mich ein, als ich im Trott durch die Minen geführt wurde.

Es war ein beklemmendes Labyrinth des Schreckens. Hämmer spalteten Fels, geschmolzenes Gold spritzte aus Rohren in große Bottiche, Maschinen mahlten und knarrten und spien Feuer, und überall, wohin ich blickte, stöhnten Arbeiter vor Schmerz. Manchmal mußten wir warten, wenn andere Sklavenkolonnen vorüberzogen. Dann wieder versperrten große Erzkarren unseren Weg, vor welche Sklaven gespannt waren, um sie über hölzerne Schienen zu ziehen.

Schließlich kamen wir zu einem Korridor mit vergitterten Zellen zu beiden Seiten.

Zalia führte mich in eine der Zellen, und ich sank auf einer steinernen Pritsche zusammen.

Sie ging zu einem Wassereimer und befeuchtete einen Lumpen. Sie kam zurück, setzte sich neben mich und hob sanft den Verband, der meine leere Augenhöhle bedeckte. Mit einem Schwamm wischte sie um die Wunde herum.

Obwohl ich mich an nichts erinnerte, nicht mal daran, sie kennengelernt zu haben, hatte die zarte Routine etwas Inniges an sich.

Ich spürte, daß ich ihr vertrauen konnte. Irgendwie war sie meine Gefährtin geworden und wahrscheinlich meine Freundin.

Als sie fertig war, stopfte sie den Verband zurück an Ort und Stelle, mit den Worten: »So ist es besser, Liebes.«

Sie trat an den Eimer, um sich selbst zu waschen.

Ich beobachtete sie, als sie ihre zerlumpte Tunika hob, um Ruß von ihren Beinen zu schaben. Langsam tröpfelnd kam mir die Erinnerung, und ich betrachtete sie näher. Ich *kannte* diese Frau. Doch bis zu diesem Augenblick, so schien es mir, war sie nur eine sanfte Stimme gewesen, die aus der Finsternis zu mir drang.

Zalia war untersetzt, mit Oberschenkeln vom Umfang meiner Taille. Ihr Haar hatte man zu rostroten Zotteln verunstaltet, und ihr Gesicht war groß und rund, wenn auch mit kleiner Nase und geschwungenen Lippen, die ein wenig fehl am Platze wirkten.

Darüber hinaus besaß sie eine seltsame Ausstrahlung, die mich weiter aus meiner Benommenheit erweckte.

Ich versuchte, den Rand ihrer Aura zu berühren.

Und war besorgt, als nichts geschah.

Ich versuchte es erneut. Ich spürte Widerstand, dann gab das, was meine Zauberkraft behinderte, langsam nach.

Ich drängte weiter, fühlte etwas Stoffähnliches reißen und kostete kaum einen Hauch von Zauberei, da packte mich der Schmerz.

Er schoß von meiner Eisenhand auf, marterte meinen Ellenbogen, als wäre ein Schlitten darüber gefahren, dann wurden Schultern, Nacken und Rücken von solchen Qualen heimgesucht, daß sich mir der Magen umdrehte.

Ich übergab mich auf dem Boden.

Plötzlich war Zalia neben mir, hielt meinen Kopf und rieb meinen Rücken, als ich mein Innerstes kniend auf dem Zellenboden nach außen kehrte.

»Armes Ding«, sagte sie, »armes Ding.«

Dann waren Schmerz und Übelkeit verflogen. Ich legte mich auf das steinerne Bett. Sie säuberte mich, legte mir einen kalten, feuchten Lappen auf die Stirn, dann wischte sie auf, was ich erbrochen hatte.

Schweigend lag ich da, und nur das Pochen meiner Augenhöhle blieb als Schmerz zurück. Ich schloß mein Auge.

Funken und leuchtende Formen schwebten durch das Schwarz.

Ich schlief.

Dann hörte ich, wie Holz gegen Metall schlug. Ich wachte auf und sah, daß Zalia einen Essenseimer durch die Zellentür schleppte. Ein großer Holzlöffel mit gebogenem Griff schlug an dessen Seite.

Plötzlich war ich sehr hungrig. Ich setzte mich auf, leckte meine Lippen, als sie dicke, gelbliche Schleimsuppe schöpfte und in eine Holzschüssel gab. Merkwürdige Brocken vom grünlichen Grau verdorbenen Fleisches trieben an die Oberfläche, als sie den Inhalt der Schüssel mit einem Blechlöffel umrührte.

Die Schleimsuppe roch köstlich. Das Wasser lief mir im Mund zusammen, und ich stand auf, um meine eigene Schüssel zu suchen.

»Das kannst du nicht essen, Liebes«, sagte sie. »Ich habe es dir doch schon gesagt.«

Sie schöpfte etwas für sich selbst heraus,als sie das sagte.

»Warum nicht?« fragte ich.

»Es ist nicht gut für dich, Rali«, antwortete sie.

»Du ißt es doch auch«, beschuldigte ich sie, zitternd wie ein Kind, dem ungerechterweise etwas vorenthalten wird, was alle anderen bekommen.

»Es macht dich fett und häßlich«, sagte sie. »Wie mich.«

»Das ist mir egal«, sagte ich. »Ich habe Hunger.«

»Sei nur geduldig, Rali«, sagte sie. »Ich will dich heute abend füttern. Wie ich es immer tue.«

Ich kämpfte, um mich daran zu erinnern, doch kamen keine Bilder.

Ich kehrte zu meiner Pritsche zurück und setzte mich.

Mir war bockig, beleidigt und widerspenstig zumute. Als ich mir dieser Empfindungen bewußt wurde, haderte ich mit mir selbst. Und ich dachte: »Was ist mit mir? Das sieht mir gar nicht ähnlich.«

Der Nebel hob sich etwas weiter, und ich wurde mir meiner Umgebung zunehmend bewußt. Die Tür zu meiner Zelle stand offen. Von meinem Platz aus konnte ich den Korridor erkennen. Auch die anderen Zellentüren standen offen, und ich konnte menschliche Umrisse ausmachen, die ihr Sklavenleben führten. Sie aßen oder stritten oder spielten Spiele mit kleinen Brocken aus Stein oder Knochen. Ich sah, wie sich ein Mann und eine Frau vor den Augen aller paarten, wobei sie hechelten und japsten wie die Hunde.

Ich wandte mich ab, erschüttert – der Hunger in meinem Magen wandelte sich zu Übelkeit.

Ich hörte das Klatschen nackter Füße auf Stein und drehte mich um, als mehrere Männer von einer schlurfenden Bestie in unsere Zelle gestoßen wurden.

Zalia blickte auf, doch aß sie weiter. Ihr dicker Leib wirkte entspannt, gelassen. Aber ich konnte die Spannung spüren, die plötzlich in der Luft lag.

»Ich komme wegen der Antwort«, knurrte der Schlurfer.

Zalia zog mit gespielter Überraschung eine Augenbraue in die Höhe.

»Und was«, sagte sie, »war die Frage?«

»Du weißt es«, grunzte der Schlurfer. Mit einem dicken, gekrümmten Finger deutete er auf mich. »Was willst du für die da?«

»Ach, *die* Frage!« sagte Zalia und riß die Augen auf, als erinnerte sie sich plötzlich.

Dann zuckte sie mit den Achseln. »Ich dachte, das hätten wir geregelt«, sagte sie. »Rali ist nicht zu verkaufen. Ich habe dich beim ersten Mal nicht abgewiesen, um einen besseren Preis zu erzielen. Aber es gibt keinen Preis, mein Freund. Sieh es ein, damit du wieder schlafen kannst.«

Zalia deutete auf die Zellentür. »Leb wohl. Es war nett, mit dir zu plaudern.«

Sie grinste unverhohlen und aß dann weiter.

Der Schlurfer trat vor, spannte die Muskeln und streckte seine Eisenhand aus.

Bevor er sie erreichen konnte, sprang Zalia von ihrer Pritsche, warf ihm die Schüssel ins Gesicht und packte ihn mit ihrer Eisenhand im Nacken.

Sie zog seinen Kopf herunter, und ein dickes Knie schoß hoch, stieß mit seinem Kinn zusammen. Sie ließ los, und er sank zu Boden.

Die anderen wollten sich über sie hermachen, und sie fuhr herum, um sich ihnen zu stellen.

Wut spülte den letzten Rest des Nebels fort, und ich sprang von meiner Bank auf und griff mir einen dieser Männer. Meine Eisenhand fühlte sich an, als hätte sie die Kraft eines Riesen, und ich packte ihn bei der Kehle, drückte, bis er gurgelte und schlug ihm meine andere Faust in den Magen.

Ich hörte, wie sich Zalia der anderen Männer entledigte, und plötzlich wurde mein Gegner schlaff. Gänzlich übermannt von meiner Wut, drückte ich immer weiter, dann zog mich ein unbändig starker Arm zurück, und ich ließ ihn fallen.

Ich fuhr herum – Tränen des Hasses auf den Wangen – und versuchte, mit Zalia zu ringen.

Sie umarmte mich, hielt mich so fest, daß ich nur auf ihren starken Rücken einhämmern konnte.

»Ruhig, Rali«, sagte sie. »Ganz ruhig, Liebes.«

Der Zorn verrauchte, und ich entspannte mich. Sie hob mich an und setzte mich wieder auf die Pritsche.

»Warte hier, Rali«, sagte sie. »Ich bin gleich wieder da.«

Sie zerrte die Männer einen nach dem anderen auf den Korridor und kam zurück.

Als sie sich neben mich setzte, sah ich, wie die Männer zu sich kamen und sich dann verzogen.

Zalia streichelte mich und sagte: »*Das* war aber eine Überraschung, Liebes. Ich habe dich noch nie so aggressiv gesehen.«

»Aggressiv?« sagte ich. »Diese Söhne pockennarbiger Huren wissen gar nicht, was aggressiv ist.«

Zalia seufzte. »Ich wünschte, es wäre ein Zeichen, daß es dir bald besser geht«, sagte sie.

Dann stand sie auf und ging zu ihrer Seite des Raumes und hockte sich auf ihren fetten Hintern, um den verschütteten Schleim aufzuwischen. Als sie fertig war, ließ sie sich auf ihrer Bank nieder und schloß die Augen. Sie schlief nicht, aber ich wollte sie nicht stören.

Eine Stunde etwa verging. Ich versuchte, nachzudenken, doch der Vorgang, der früher einmal automatisch vor sich gegangen war, wirkte nun unbeholfen, als käme ruckend Bewegung in rostige Zahnräder. Ich blieb dabei, und je mehr ich mich bemühte, desto einfacher wurde es. Ich sah immer noch keinen Sinn in meinem Dilemma, doch hegte ich den leisen Verdacht, daß große, sperrige Teile eines Bilderrätsels langsam ihre Plätze fanden. Ich wurde müde, und so gab ich auf. Zum ersten Mal merkte ich, daß das Licht dunkler geworden war und nur wenige Feuerperlen draußen auf dem Korridor noch leuchteten. Alles war still, bis auf das Schnarchen der anderen Sklaven.

Hunger brannte in meinem Magen, und ich blickte zu Zalia hinüber, als diese eben wach wurde.

Sie kratzte den Essenseimer aus, bis sie einen Klumpen beisammen hatte, und klebte diesen Klumpen neben ein Loch in der Zellenwand. Dort hockte sie lange so reglos, als wäre sie selbst ein Stein.

Schließlich zappelten Schnurrhaare in dem Loch. Dann lugte eine spitze Nase hervor. Die Nase zuckte, witterte keinerlei Gefahr, und einen Augenblick später kam eine dicke, fette Ratte hervor und knabberte am Köder.

Zalias Eisenhand schoß hervor, packte die Ratte und brach ihr das Genick.

Ich erinnerte mich, daß ich vor langer Zeit einmal genau dasselbe getan hatte. Es war an einem kalten Ort gewesen, draußen tobte ein Sturm, und ich fing Ratten, damit meine Freunde und ich etwas zu essen hatten.

Die Erinnerung verblaßte.

Mittlerweile hatte Zalia einen losen Stein aus der Wand gezogen, hinter dem ein ziemlich großes Versteck sichtbar wurde. In diesem waren mehrere kleine Bündel zu erkennen. Diese nahm sie hervor, wickelte eines nach dem anderen aus und baute sie auf. Bald schon brannte ein kleines Feuer unter dem Topf, sie hatte der Ratte das Fell abgezogen und sie zerteilt.

Als das Tier fertig gekocht war, brachte sie es mir in einer Schüssel, und ich war so ausgehungert, daß ich es komplett verschlang, die Schüssel auskratzte und das Mark aus den Knochen sog.

Sobald ich fertig war, fühlte ich mich bemerkenswert ausgefüllt, und Kraft durchströmte meine Adern.

»Was ist mit meiner Hand geschehen?« sagte ich. »Hat Novari sie an sich genommen?«

Müde verzog Zalia das Gesicht. »Diese Frage habe ich schon so oft beantwortet«, sagte sie.

»Sag es mir noch einmal«, beharrte ich. »Ich erinnere mich nicht.«

»Das tust du nie«, sagte sie.

»Sag es mir trotzdem.«

»Sie hacken allen eine Hand ab«, sagte sie.

Ich nickte. »Ich habe die anderen gesehen.«

»Und dann geben sie uns diese«, sagte sie und hob ihre eigene Eisenhand.

»Ja. Weiter.«

»Fleisch und Knochen, die sie uns nehmen, gehen an Novaris Zauberer. Mit deren Hilfe sprechen die Zauberer Beschwörungen, um die Eisenhände anzutreiben. Die Sklavenhände.«

Darüber dachte ich nach. Und kam zu einem plumpen Schluß.

»Also hat Novari meine Hand nicht«, sagte ich.

»Nein, hat sie nicht, Rali«, antwortete Zalia. »Sonst würde deine Hand nicht funktionieren. Und du wärst in den Minen zu nichts nutze.«

Etwas anderes fiel mir auf. »Warum hatte ich Schmerzen«, fragte ich, »als ich es mit Magie versucht habe?«

Zalia schüttelte den Kopf. Als hätte sie das alles schon viele Male erklärt. Doch war ihre Stimme geduldig.

»Die Hand kontrolliert uns alle«, sagte sie. »Wenn du zu fliehen versuchst, wird die Hand es spüren. Sie wird schmerzen, um dich aufzuhalten. Und sie wird dich töten, wenn du es nicht tust. Ebenso mit der Magie, Rali. Wenn du einen Bann sprechen willst, wird die Hand dein ärgster Feind.«

»Gut«, sagte ich. »Jetzt verstehe ich.«

»Ich wünschte, du tätest es tatsächlich«, sagte sie. »Jede Nacht erkläre ich dir dasselbe. Du sagst, daß du verstehst. Nur hast du es am nächsten Tag vergessen. Und gleich tust du dir wieder weh, weil du einen Zauber zu sprechen versuchst.«

»Keine Sorge, Zalia«, sagte ich. »Diesmal denk ich dran.«

Plötzlich wurde ich müde. Ich gähnte, streckte mich auf meiner Bank aus.

»Das wirst du sicher«, besänftigte mich Zalia. Doch konnte ich sehen, daß sie nicht daran glaubte.

»Ehrlich«, beharrte ich. »Ich werde dran denken.«

»Ach, Rali«, sagte Zalia. »Ich wünschte, es wäre wahr. Ich wünschte, du würdest morgen aufstehen und mir sagen, daß du dich an alles erinnerst, was du heute erlebt hast. Nur weiß ich, daß es nicht geschehen wird. Für lange Zeit nicht, wenn überhaupt jemals.«

Trotz meiner Begriffsstutzigkeit fiel mir auf, daß ihre Stimme gepflegt und melodisch klang. Das schien mir seltsam und unangemessen, da sie aus einem derart massigen Leib kam.

Dann verflog dieser Gedanke, und ich murmelte: »Du wirst es sehen...« und schloß meine Augen.

Ich schlief. Ich träumte nicht, doch wachte ich einmal auf, um mich über dem Latrineneimer zu erleichtern. Ich hörte Zalias schweren Atem, doch störte ich sie nicht. Ich ging wieder schlafen.

Viel später hörte ich einen Gong, und ich setzte mich auf. Ich drehte mich um und wandte mein verbliebenes Auge Zalia zu, die eben gähnend erwachte.

Ich sprach mit schroffer Stimme. »Ich glaube, du solltest mir lieber sagen, wer du bist.«

Zalia blinzelte, schreckte aus dem Halbschlaf hoch.

»Ich bin *Zalia*«, sagte sie. »Weißt du denn nicht mal das?«

Ich sagte: »Ich erinnere mich zumindest an gestern. Du hast dich wie eine Freundin benommen. Nur kann ich es nicht mit Bestimmtheit sagen. Denn von dem Augenblick, als ich an diesen Ort verbannt wurde, ist bis zum gestrigen Tag alles wie ein leeres Blatt.«

Zalia strahlte und freute sich. Zumindest gab sie sich erfreut. Doch in diesem Moment traute ich niemandem.

»Den Göttern sei Dank«, sagte sie. »Du wirst wieder normal.«

Sie wollte schon aufstehen, doch hob ich meine Eisenhand.

»Setz dich wieder hin«, sagte ich.

Sie tat, wie ich ihr befohlen hatte, doch schienen ihre Augen vor Interesse zu funkeln, nicht vor Widerwillen.

»Hör zu«, sagte ich. »Du bist stark. Das kann ich sehen. Nur gibt es nicht viel, was ich übers Töten nicht wüßte, also dürfte dir deine Kraft nichts nützen. Tu, was ich dir sage, und sollte sich herausstellen, daß ich ungerecht war, so werde ich mich in aller Form entschuldigen.«

»Gut, Rali«, sagte sie. »Ich will tun, was du sagst. Und das gern.«

»Gut«, sagte ich. »Du kannst damit beginnen, daß du mir erklärst, wer du bist.«

»Ich glaube kaum, daß wir Zeit für ausgiebige Erklärungen haben«, sagte sie. »In einer Stunde kommen sie, um uns in Arbeitstrupps einzuteilen.«

»Sag mir, wie ich zu deiner Gesellschaft komme«, sagte ich. »Das scheint mir ein guter Einstieg. Wenn du in einer Stunde noch lebst, glaube ich dir immerhin soweit, daß ich dich bis heute abend am Leben lasse.

Und dann kannst du mir den Rest erzählen.«

Zalia zuckte mit den Schultern. »Vielleicht hast du mir einfach leid getan«, sagte sie. »Du bist rumgelaufen und an Wände gestoßen, als stündest du unter Drogen. Die Wachen haben dich von einer Arbeit zur nächsten geschubst. Einmal bist du fast in eine Esse gefallen. Dann kamen die anderen Sklaven irgendwann auf dumme Gedanken, was dich anging. Vielleicht hast du mir leid getan, und deshalb habe ich dich unter meine Fittiche genommen.«

Sie funkelte mich an. »Falls das der Fall sein sollte«, sagte sie, »werde ich für mein Mitleid schlecht entlohnt.«

»Ist es der Fall?« wollte ich wissen.

Zalia bebte vor Wut. »Vielleicht nicht«, knurrte sie. »Vielleicht hatte ich eigene Pläne mit dir. Vielleicht wollte ich dich zu meiner eigenen Sklavin machen, damit du bei Tage für mich arbeitest und mir bei Nacht Freude bereitest. Und der Kampf gestern, an dem du dich beteiligt hast, fand statt, weil ich mein Eigentum verteidigen mußte.«

»Das *wäre nicht* die schlimmste Möglichkeit für ein Motiv«, sagte ich.

Zalias Augen weiteten sich überrascht, dann wich Überraschung zynischem Hohngrinsen. »Oh, wahrscheinlich denkst du, ich wäre eine Spionin?« sagte sie. »Daß ich für Novari arbeite und dein Vertrauen gewinnen will, damit ich dich verraten kann?«

»Es wäre eine Möglichkeit«, sagte ich. »Außerdem könntest du schließlich auch Novari selbst sein.«

»Das ist dumm«, sagte sie. Sie schwenkte einen fleischigen Arm herum, deutete auf unsere Umgebung. »Kannst du dir vorstellen, daß sich Novari solchen Bedingungen unterwirft?«

»Ich habe gesehen, wie Menschen zu Schaden kamen«, sagte ich, »weil sie dumme Möglichkeiten ignoriert haben.«

»Nun, das läßt sich weder auf die eine noch die andere Art beweisen«, sagte sie. »Dafür bräuchtest du Zauberkraft. Und diese Hand dort wird dich töten, wenn du es versuchst.«

»Dann werden wir uns auf deine Überredungskünste verlassen müssen«, sagte ich. »Und ich werde dich noch einmal fragen ... was hattest du mit mir vor?«

»Dich gesundpflegen, wenn möglich«, sagte sie. »Damit wir beide fliehen konnten.«

Lange starrte sie mich unverhohlen an, als forderte sie mich heraus, sie eine Lügnerin zu schimpfen.

Ich erwiderte den starren Blick, ebensolange und ebenso schroff.

Dann sagte ich: »Das reicht mir vorerst. Den Rest kannst du mir heute abend erzählen.«

»Zum Teufel mit dir«, knurrte sie. »Glaub, was du willst. Es ist mir egal.

Verschwinde! Such dir ein eigenes Zuhause. Ich will nichts mehr mit dir zu schaffen haben!«

»Wir unterhalten uns heute abend«, sagte ich noch einmal. »Dann werden wir sehen, was als nächstes geschieht.«

Der folgende Tag war einer der seltsamsten in meinem ganzen Leben. Es war, als erwachte ich aus einem Alptraum, nur um festzustellen, daß dieser Alptraum sich im Wachzustand fortsetzte. Sämtliche Empfindungen waren vertraut und fremd zur selben Zeit.

Vor allem sah ich nur mit einem Auge, was die Wirklichkeit verzerrte, bis ich mich an den Verlust gewöhnte und das Fehlen meines anderen Auges auszugleichen lernte. Unter Schock hatte ich irgendwie die Gewohnheit angenommen, meinen Kopf zur Seite sacken zu lassen, wenn ich etwas betrachten wollte. Immer wieder mußte ich ihn hochreißen, was die Wachen anfangs nervös machte und sie dann über meine lächerlichen Mätzchen lachen ließ. Ihr Spott war mir Antrieb genug, diese Gewohnheit auszumerzen.

Das seltsame Grundgefühl wurde durch die künstliche Hand nur noch verstärkt. Sie war ein gefühlloses Objekt, das dort vom Ende meines linken Armes hing. Die Hand bewegte sich wie sterbliches Fleisch, griff nach Dingen, wenn ich es wollte. Griff sie und ließ sie auf mein Kommando hin wieder los. Doch eine Zeitlang hinkten die Bewegungen etwas hinterher, als wären die Gedanken Finger, die durch Wasser strichen. Wenn sich die Hand schließlich rührte, gab es anfänglich ein leichtes Zögern, dann schoß sie vor, als hätte mein Befehl sie eben eingeholt. Manchmal wieder mußte ich das Ding tatsächlich mit Willenskraft verlangsamen, damit ich nicht etwas umstieß.

Außerdem war die Eisenhand viel stärker als ihre sterbliche Schwester, und ich mußte aufpassen, daß ich Dinge nicht versehentlich zerdrückte, wenn ich sie nahm. Darüber hinaus war sie hitzebeständig, und man erwartete von uns, diese Funktion zu nutzen, indem wir in Schmelzbottiche griffen oder weißglühende Metallbarren aufsammelten. Jedesmal, wenn ich mit solchen Aufgaben betraut wurde, mußte ich mich dazu zwingen, meine Instinkte zu überwinden. Ich wußte, daß es nicht schmerzen würde. Doch etwas zu wissen und es zu tun können verschiedene Dinge sein. Die Wachen ließen mich leiden, bis ich lernte, meine natürlichen Ängste zu überwinden.

Das Seltsamste allerdings war, daß ich alles, was ich jetzt erlebte, schon früher erlebt hatte, mich jedoch nicht daran erinnerte. Dennoch hatte meine Umgebung etwas düster Vertrautes an sich, als wäre ich einst an diesem Ort ein Geist gewesen.

Was ja auch zutraf.

Als die Wachen kamen, um uns an unseren Arbeitsplatz zu

bringen, lenkten mich diese geisterhaften Eindrücke, und automatisch folgte ich Zalia auf den Korridor hinaus. Mit etwa dreißig weiteren Sklaven aus unserem Bau – wie ein Verbund von Zellen genannt wurde – reihten wir uns auf. Als ich mich in die Reihe stellte, wußte ich, ohne nachzudenken, daß Zalia hinter mir stehen würde. Irgendwie hatte ich mich an diese Konstellation gewöhnt. Ich fühlte mich sicherer, wenn sie dort war, obwohl ich nicht sagen konnte, wieso ich so empfand.

Als ich mir dessen bewußt wurde, zermürbte es mich geradezu. Und ich fragte mich, wie lange ich mich schon in den Minen befand und was mir noch so alles zugestoßen war.

Dann wurde mir die ganze Auswirkung jener Verstümmelungen klar, die man mir angetan hatte, und mein Herz spielte verrückt, schlug an meine Rippen wie ein Vorschlaghammer, und plötzlich fiel mir das Atmen schwer. Fast hätte ich das Bewußtsein verloren, und dann spürte ich, wie Zalias dicke Arme mich umfaßten und drückten – losließen, drückten, losließen, drückten – bis ich wieder normal atmen konnte, mein Herz sich beruhigte ... und die Panik verging.

In diesem Moment brüllten die Wachen, knallten mit den Peitschen, und schlurfend kamen wir alle in Gang und marschierten aus dem Bau.

Anstatt in die Werkstatt zurückzukehren, in der ich tags zuvor zu mir gekommen war, ließ man uns ein kurzes Stück zu einem riesenhaften Fahrstuhl marschieren, in welchen wir getrieben wurden. Etwa zehn Minuten fuhren wir in die Tiefe, dann kam der Käfig ächzend zum Stehen.

Die Käfigtür ging rasselnd auf, und man stieß uns in einen unterirdischen Hof hinaus, wo sich leere Erzkarren auf Schienen aneinanderreihten. Vorschlaghämmer, lange Eisenstangen und andere Bergarbeitergerätschaften hingen von deren Seiten. Wir wurden in zwei Gruppen eingeteilt, von denen jede Gruppe einen Erzkarren bekam.

Zalia half mir, ein Lederband anzulegen, an welchem in der Mitte ein Reflektor mit einer einzelnen Feuerperle angebracht war, damit das Licht im schmalen Strahl geworfen wurde. Alle anderen Sklaven wurden gleichermaßen ausgerüstet.

Dann spannte man uns vor den Karren, lange Peitschen stießen schlängelnd vor, um nach uns zu schnappen, und man zwang uns in Bewegung, damit wir die schweren Karren über grobe Schienen zogen.

Ich mühte mich fast eine Stunde lang, Beine und Schultern schmerzend von der Last, und das Geschirr bohrte sich so tief in meine Brust, daß jeder Atemzug ein Keuchen war. Als schließlich ein Halt befohlen wurde, glaubte ich, am Ende meiner Kraft zu sein. Doch war das erst der Anfang meines Tages.

Zuerst mußten wir den Karren mit Golderz beladen.

Dann mußten wir ihn wieder auf den Hof schleppen und für die Zerkleinerungsmaschine entladen.

Und schon fing das Ganze wieder von vorn an.

Allein das Beladen des Karrens bedurfte enormer Anstrengungen. Mit Hilfe von Vorschlaghämmern und langen, spitzen Stangen mußten wir Felsbrocken aus der Tunnelwand brechen. Die Brokken mußten mit den Hämmern in kleinere Stücken gehauen werden. Und die Trümmer schließlich kamen in den Karren.

Jede dieser Aufgaben erforderte unsere ganze Kraft . . . und mehr.

Zalia gab mir eine der Stangen in die Hand, nahm einen Vorschlaghammer und führte mich zur Tunnelwand. Die Goldader war sogar im trüben Licht der Fackeln und Feuerperlen auszumachen. Es handelte sich um ein breites, glitzerndes Band in Schulterhöhe. Zalia zeigte mir einen Spalt, in den ich die Spitze der Stange schieben konnte, und sagte, ich solle stillhalten.

Ich tat, was sie sagte, war mir nur dunkel bewußt, was als nächstes kommen würde. Ich drehte meinen Kopf und sah, daß sie mit dem Hammer ausholte, sein Gewicht mit ihrer Eisenhand bewegte, als wäre er ein Zweig. Dann sah ich den Hammer vorwärtsschießen, direkt auf mich zu, verschwommen von der Wucht ihres Hiebes. Mir blieb keine Zeit zu reagieren, geschweige denn auszuweichen. Statt mich zu treffen, schlug er auf die Eisenstange. Die Stange bohrte sich tief in den Spalt, und ein dicker Brocken brach heraus und krachte zu Boden.

Zalia grinste. »Du müßtest dein Gesicht sehen«, sagte sie hochzufrieden. »Jetzt weißt du, daß ich dich hätte töten können, wann immer ich wollte.«

Ich leckte meine trockenen Lippen. »Das beweist überhaupt nichts«, sagte ich.

Zalia lachte. »Nein. Aber du hast etwas, worüber du nachdenken kannst. Das reicht für den Augenblick.«

»Jetzt«, kommandierte sie. »Halt still.«

Und sie holte aus, um noch einmal zuzuschlagen.

»Nicht zucken«, sagte sie. »Sonst könnte es einen höchst bedauernswerten Unfall geben.«

Sie schlug zu.

Und ich zuckte mit keiner Wimper.

Als sich der Tag dem Ende neigte, taumelten wir auf den Hof zurück, wo man uns in tiefe Rinnen stellte, während andere Sklaven uns mit Wasser abspritzten, das so kalt war, als käme es von Gletschern.

Die Dusche fand nicht uns zuliebe statt, sondern um den Goldstaub abzuwaschen, der uns allesamt bedeckte. Haut und Gesichter funkelten am Ende des Tages von dem Zeug. Augen und Zähne strahlten unheimlich zwischen diesem Glitzern hervor. Die Rinnen spülten den glitzernden Dreck in flache Teiche, wo andere Sklaven ihn auswuschen, damit nichts verloren ging.

Als ich schließlich in unsere Zelle kam, war ich so müde, daß sie mir fast wie ein hübsches Zuhause vorkam. Erleichtert seufzte ich, als ich auf meine Steinbank sank und mich so selig ausstreckte, als wäre der Stein weich wie ein Daunenbett.

Augenblicklich sank ich in tiefen Schlaf. Viel später erst erwachte ich vom Duft kochenden Fleisches und sah, daß Zalia mein abendliches Mahl bereitete.

Obwohl ich ihr noch immer nicht recht traute, nahm ich die Schüssel ohne Zögern entgegen und aß jeden Brocken, sog alle Nahrung aus den Knochen.

Während ich aß, beobachtete ich Zalia, die auf ihrer Pritsche lag, die Augen geschlossen, die Arme vor ihrem mächtigen Busen verschränkt. Ich wußte, daß sie nicht schlief. Ich dachte, wenn sie glaubt, sie könnte mich weich kriegen, wird sie noch eine ganze Menge über Rali Antero lernen müssen.

Als ich fertig war, sagte ich: »Willst du mir jetzt die Einzelheiten erklären?«

Sie sprach mit geschlossenen Augen. »Ich bin seit sieben Monaten hier. Einen Monat länger als du. Drei dieser Monate bist du in meiner Obhut.«

Ich war verblüfft. »So lange?« sagte ich.

Zalia setzte sich auf. »Ja, Rali«, sagte sie, und die Feindseligkeit war aus ihrer Stimme verflogen. »Sechs Monate bist du schon hier. Sechs Monate, in denen du hilflos wie ein Kleinkind warst. Ich hätte dir schon früher geholfen, nur mußte ich erst selbst einiges über diesen Ort hier in Erfahrung bringen, bevor ich es schaffen konnte. Regeln mußten umgangen, Gefallen mußten getan werden.«

Sie deutete auf die Zelle, die uns umgab. »Na, ich habe den Gegenwert einer Wochenration bezahlt, um uns diesen Palast zu besorgen.«

»Das hast du gut gemacht«, sagte ich trocken.

Zalia sah mich pikiert an. »Falls du glauben solltest, daß ich lüge«, sagte sie, »können die anderen es dir bestätigen. Du kannst fragen, wen du willst.«

»Das werde ich ganz sicher tun«, sagte ich.

»Gut«, sagte sie. »Du wirst es sehen.« Mit fleischiger Pranke wischte sie sich über die Augen.

»Wie kommst du hierher?« fragte ich.

»Ich wurde gefangengenommen«, sagte sie. »Ich war auf einer Mission für meine Königin. Novari und ihr Spielzeug, König Magon, hatten uns einige Schwierigkeiten bereitet. Aber während meiner Mission geriet ich in einen Sturm... den ich nur allein überlebte.«

Sie rieb an ihren Augen herum, als die Erinnerung Tränen aufsteigen ließ. Zumindest war das der Eindruck, den sie mir vermitteln wollte.

»Dann haben sich Magons Soldaten über mich hergemacht, und ich wurde festgenommen.«

»Du hast Novari gesehen?« fragte ich.

»Ja«, sagte sie.

»Was hat sie dich gefragt?«

»Sie wollte den Anlaß meiner Mission erfahren«, sagte Zalia. »Und verschiedene Einzelheiten über meine Königin.«

»Was hast du ihr geantwortet?« fragte ich.

Zalia zog die Mundwinkel in die Höhe. »Wie du siehst«, gab sie zurück, »hat mir das, was ich gesagt habe, nicht eben Novaris Zuneigung eingebracht.«

Ich ignorierte den Sarkasmus, starrte sie offen an, wartete auf Antwort.

Schließlich seufzte sie und sagte: »Gar nichts habe ich ihr gesagt. Novari hat versucht, mich mit Magie zu zwingen, nur hatte meine Königin einen Schutzzauber über mich gesprochen, der sie abschmetterte.

Ich war in der Lage, meine Pose einer Unschuld vom Lande aufrechtzuerhalten, die sich in Magons Gewässer verirrt hatte. In Magons Reich bringt einen diese Art der Unschuld lebenslange Haft in den Goldminen des Königs ein.

Der einzige Lichtblick dabei ist, daß in den Minen von Koronos niemand sonderlich lange lebt.«

Ich überlegte einen Augenblick, suchte nach einer Möglichkeit, sie auf die Probe zu stellen. Dann sagte ich: »Erzähl mir eine Lüge.«

Ihre grobe Stirn legte sich vor Verwunderung in Falten. »Eine Lüge? Was soll das heißen?«

»Novari kann nicht lügen«, sagte ich. »Solltest du Novari sein . . .«

Zalia unterbrach mich. »*Das* schon wieder!«

»Ja, *das* schon wieder«, gab ich zurück. »Albern oder nicht, ist es doch eine Möglichkeit, dich auf die Probe zu stellen.

Und nun erzähl mir etwas, von dem wir beide wissen, daß es eine Lüge ist.«

»Ich kann mehr beweisen, indem ich dir eine Wahrheit erzähle«, sagte sie.

»Zum Beispiel?«

Zalia beugte sich vor und flüsterte: »Man hat mir gesagt, falls ich dich träfe, sollte ich etwas erwähnen . . . das Schiff aus Silber.«

Das kippte mich beinahe von der Bank. Nur die Göttin und Daciar wußten, daß dieses Wort mir etwas bedeutete.

»Wer hat dir gesagt, daß du es erwähnen sollst?« wollte ich wissen.

»In meinem Reich«, sagte sie, »verehren wir die Göttin Maranonia. Bevor ich zu meiner Mission aufbrach, habe ich ihr Orakel befragt.«

Sie zögerte, dann fügte sie hinzu. »Es gibt einige Dinge, die zu erwähnen mir verboten sind. Doch darf ich dir erzählen, daß mir Maranonia erschienen ist. Daß sie mir Anweisungen gegeben hat. Und sie hat vorhergesagt, daß ich dir begegnen würde. Wenn ich es täte, so sagte sie, sollte ich den Ausdruck ›Schiff aus Silber‹ benutzen, um mich vorzustellen. Damit wir zusammenarbeiten könnten.«

»Zu welchem Zweck?« fragte ich.

»Nun, um Novari niederzuringen«, sagte Zalia mit einiger Verwunderung. »Welchen anderen Zweck könnte es denn sonst geben?«

Fast knurrte ich: »Warum hat sie mir das nicht gesagt?« Doch beherrschte ich mich. Die Göttin hatte mir strikte Anweisung gegeben, nicht zu verraten, daß sie mir erschienen war. Doch trieb es mich zum Wahnsinn, zu erfahren, daß sie jemand anderem erschienen war und ihm anscheinend mehr erzählt hatte.

Zalia sagte: »Maranonia ist auch dir erschienen, habe ich recht?«

Ich schüttelte den Kopf. »Ich darf nicht antworten.«

Zalia nickte. »Das sagt mir alles. Anderenfalls hättest du einfach ›nein‹ gesagt.«

Ich ging darüber hinweg und sagte: »Erzähl mir von der Flucht.«

»Dann glaubst du mir?« sagte Zalia.

»Ich weiß nicht, ob ich dir glaube oder nicht«, antwortete ich. »Im Augenblick neige ich dazu, dir zu trauen... wenn auch mit einigem Zögern.«

»Vielen Dank«, schnarrte Zalia.

»Mehr kann ich nicht tun«, sagte ich. »Es tut mir leid. Ich bin eine mißtrauische Frau. Und das werde ich auch bleiben.«

Zalia wütende Miene glättete sich. Sie rümpfte ihre kleine Nase. »Wahrscheinlich kann ich dir keinen Vorwurf daraus machen«, sagte sie. »Du hast viel durchgemacht.«

»Die Flucht«, drängte ich. »Ich möchte lieber einen Plan als Mitleid hören.«

»Also schön«, stieß Zalia gekränkt hervor. »Wenn du lieber Fakten als mein Mitgefühl erfahren möchtest, meinetwegen. Obwohl du ohne mein Mitgefühl ziemlich am Ende wärst, soviel ist mal sicher.«

»Erzähl es mir einfach«, sagte ich.

»Folgendermaßen soll es gehen«, sagte sie. »Bevor man mich

gefangennahm, wußte ich schon, daß Magons Soldaten mich holen würden. Daher habe ich mein Schiff versteckt. Wenn wir aus den Minen fliehen und es bis dorthin schaffen können, sind wir schon so gut wie unterwegs.«

Ihr Tonfall zeugte von Stolz, als sie fortfuhr: »Es ist ein sehr schnelles Schiff. Sind wir erst auf der Reise, kann uns keiner mehr einholen. Nicht, solange *ich* am Ruder stehe.«

»Wie weit ist dein Schiff von hier?« fragte ich.

»Drei Tagesmärsche«, sagte sie. »Vielleicht vier. Wir müssen westlich über den See zu einer Reihe von flachen Hügeln. Das Meer liegt gleich dahinter. Sind wir erst dort, liegt mein Schiff ganz in der Nähe verborgen.«

»Schön und gut«, sagte ich. »Aber vorher müssen wir noch den Minen entkommen. Wie sollen wir das schaffen?«

Zalia machte eine Pause, dann sagte sie zögerlich: »Das habe ich bisher noch nicht rausfinden können.«

Ich fürchte, ich grinste höhnisch, als sie das sagte. »Da wird uns das Schiff ja eine Menge nützen«, sagte ich.

Zalias Miene rötete sich. »Ich war damit beschäftigt, uns *beide* am Leben zu erhalten«, sagte sie.

Sie wollte noch mehr sagen – mich wahrscheinlich ordentlich zurechtweisen –, doch hielt sie inne. Ihr Zorn verrauchte, und sie seufzte. »Du hast recht. Monatelang habe ich mein Hirn gemartert und bin auf keine einzige Idee gestoßen.«

Sie ließ den Kopf sinken und sagte: »Ich frage mich schon, ob es nicht eigentlich unmöglich ist.«

Ihr Bekenntnis zum Zweifel hatte die seltsame Wirkung, Hoffnung in mir zu wecken.

»Es muß eine Möglichkeit geben«, sagte ich. »Aus allem, in das man hinein kann, muß man auch wieder herauskönnen ... im Laufe der Zeit.«

Zalia lachte. »Davon haben wir reichlich«, sagte sie.

»Ich bin mir nicht sicher, ob *ich* Zeit habe«, sagte ich. »Jeden Augenblick könnte Novari mich holen lassen. Sie könnte plötzlich zu dem Schluß kommen, daß diese Strafe nicht genügt. Oder sie könnte eine neue, vielversprechende Methode entdecken, mit der sie versucht, mich ihrem Willen zu unterwerfen.«

»Dann solltest du dich besser ans Werk machen«, sagte Zalia schroff.

Ich verspottete sie. »Was?« sagte ich. »Wo bleibt dein Mitgefühl?«

Zalia zuckte die Achseln. »Du wirst es dir verdienen«, sagte sie, »sobald du lernst, mir zu vertrauen.«

»Das wird vielleicht niemals geschehen«, gab ich zurück.

»Könnte sein ... könnte auch nicht sein«, sagte sie mit entschiedenem Mangel an Interesse.

Sie legte sich auf ihre Bank zurück und schloß die Augen.

»Von jetzt an«, sagte sie, »kannst du dir dein Essen selbst bereiten.«

Sie hatte es als abschließenden, sarkastischen Pfeil gemeint, bevor sie einschlief, doch kaum waren die Worte gesagt, da schreckte sie schon wieder hoch.

»Ich habe vergessen, dir vom Essen zu erzählen«, sagte sie voll Sorge. »Der Haferschleim, den man uns gibt, ist verzaubert.

Obwohl es sich um den denkbar ekelhaftesten Fraß handelt, den man nicht mal an die Schweine verfüttern würde, schmeckt und riecht er im Grunde köstlich. Und zwar so sehr, daß er süchtig macht, und diejenigen, die ihn essen, nichts anderes mehr wollen. Er macht einen stark ... und sogar dick. Doch kettet er alle Gefangenen an die Minen. Der bloße Gedanke daran, ohne ihn zu sein, weckt ein unkontrollierbares Verlangen, das deinen Willen lähmt.«

Sie deutete auf ihre Eisenhand. »Außerdem wirkt er sich irgendwie auf dieses Ding hier aus. Stärkt den Gehorsamszauber. Unüberwindlich.«

»Deshalb hast du mich also daran gehindert, das Zeug zu essen«, sagte ich.

Zalia nickte. »Als ich dich zu mir nahm«, sagte sie, »warst du schon süchtig nach dem Zeug. Ich hatte einige Mühe, dich davon zu befreien. Ich glaube, das Essen war schuld daran, daß du so lange hilflos warst. Und als ich dich langsam davon entwöhnt habe, konnte ich sehen, wie dein Bewußtsein langsam wiederkehrte.«

»Was ist mit dir?« fragte ich. »Du ißt den Schleim ohne erkennbare Sorge.«

»Der Bann, den meine Königin zu meinem Schutz gesprochen hat«, sagte sie, »verhindert, daß ich davon betroffen bin. Und das ist gut so. Wenn wir uns beide von Ratten ernähren würden, müßten die Wachen bald merken, daß wir den Schleim nicht essen. Es läßt sich schon schwer genug verbergen.«

Sie lachte. »Außerdem«, sagte sie, »macht es mir nichts aus, zuzunehmen. Darin liegt die Kraft, die ich suche. Ich will so stark wie möglich sein, wenn wir unsere Flucht endlich antreten.«

Ich sah auf meine künstliche Hand mit den häßlichen Bolzen, die aus dem Handgelenk aufragten. Ich erinnerte mich der Schmerzen, die sie hervorgerufen hatten, als ich einen kleinen Bann hatte sprechen wollen. Dennoch erklärte mir Zalia, daß die Zauberkraft, die meine Hand – und somit mich – kontrollierte, geringer war, weil sie mir die Rationen verweigert hatte, die alle anderen Gefangenen essen mußten.

Ein Schauer lief mir über den Rücken, als mir klar wurde, was hätte geschehen können, wenn sie das Rätsel unserer Mahlzeiten nicht gelöst hätte.

Mit neuerlicher Bewunderung betrachtete ich Zalia, wenn auch noch immer widerstrebend.

»Danke«, sagte ich.

Zalia nickte zufrieden. »Nicht schlecht für den Anfang. Wer weiß ... bis wir draußen sind, könnten wir Freundinnen sein.«

»Wir werden sehen«, sagte ich.

»Ja«, sagte sie, »das werden wir wohl.«

Damit wandte sie sich ab und schlief übergangslos ein. Einige Augenblicke später folgte ich ihr in diese Dunkelheit. Vorerst war es die einzig mögliche Flucht aus den Minen von Koronos.

Morgen wollte ich sehen, ob sich noch andere Möglichkeiten boten.

Kapitel Zwölf

# *Die Flucht*

Wenn man einen Fluchtplan schmiedet, kann die Zeit sowohl der größte Feind als auch der beste Verbündete sein.

Ich habe mit orissanischen Kriegsgefangenen gesprochen, nachdem die Armee sie befreit hatte, und sie alle schwören, sie seien vom Augenblick ihrer Gefangennahme an zur Flucht entschlossen gewesen. Jedoch berichteten sie, während man so prüfe und denke und wieder prüfe, um den perfekten Plan zu finden, könnten aus Tagen Monate werden und aus Monaten Jahre. Inzwischen, so sagten sie, setze eine seltsame Lethargie ein, und mit dieser käme Verwirrung und ein Mangel an Zutrauen, so daß jede Idee allzu schnell verworfen würfe.

Mit anderen Worten: Je länger man mit der Flucht wartet, desto unwahrscheinlicher wird es, daß man den Willen dazu behält.

Andererseits ist jemand, der dich einkerkert, in der ersten Phase deiner Gefangenschaft am wachsamsten. Fluchten, die nur Tage oder Wochen nach der Gefangennahme unternommen werden, gelingen fast nie. Für gewöhnlich enden sie mit dem Tode, da man dich wahrscheinlich als abschreckendes Beispiel für die anderen benutzen will.

Später jedoch wird dein Feind seine Wachsamkeit einbüßen. Um dann allmählich zu der Überzeugung zu gelangen, daß du nicht mehr in der Lage bist, ihn zu bedrohen.

An diesem Punkt glaubte ich zu stehen, als ich aus meiner langen Apathie erwachte und mich in den Minen von Koronos wiederfand. Obwohl ich schon seit Monaten dort war, war mein Wille zur Flucht noch immer vorhanden.

Die Zeit hatte sich noch auf andere Weise als Verbündete erwiesen. Die Monate, die ich als schlurfendes, hirnloses Wrack verbrachte, hatten den seltsamen Effekt, mich vor den Schrecken der Minen zu bewahren. Der emotionale Schock, verstümmelt zu sein, war wie von einem Kissen gedämpft, da ich mich der Taten nicht erinnern konnte. Dieses Kissen hatte mir außerdem eine unbewußte Phase der Trauer um meine Mannschaft beschert.

Sie waren meine Freunde gewesen und aufrecht in meinen Diensten gestorben. Ich war schwer erschüttert. Doch war die Wunde während dieser Zeit getrübter Wahrnehmung zum Teil verheilt.

Außerdem glaubte ich, einen weiteren Vorteil auf meiner Seite zu haben. Inzwischen war Novari sicher nicht mehr ganz so auf der Hut. Es war nur ein kleiner Vorteil, doch war ich entschlossen, ihn soweit wie möglich zu nutzen.

Mancher Tag verstrich, bis ich den ersten Schimmer eines Planes hatte. Bis dahin war ich nur ein weiterer willenloser Klotz, der in den Minen von Koronos zerrieben wurde.

Man peitschte uns von einer gefahrvollen, hirn- und seelentötenden Arbeit zur nächsten. Abends taumelten wir in unsere Zellen zurück, gebeugt von der Erschöpfung. Es kostete unglaubliche Mühen, die Gedanken in eine Richtung zu lenken und mein Ziel im Blick zu behalten. Alles in mir sehnte sich danach, in Schlaf zu sinken. Manchmal war ich so müde, daß Selbstmitleid mich übermannte und mir unkontrolliert Tränen in die Augen stiegen.

Ich lernte zu schätzen, wie enorm Zalias Willenskraft in jenen zurückliegenden Monaten, in denen sie mich gepflegt hatte, gewesen sein mußte. Was nicht bedeutete, daß ich ihr vollkommen vertraute. Trotz allem, was sie sagte, konnte sie noch immer Novaris Spionin sein. Ich mußte hinnehmen, daß ich mit ihr ein gefährliches Risiko einging. Nachdem diese Grenze jedoch überschritten war, konnte ich meinen menschlichen Empfindungen keinen Einhalt mehr gebieten... und eine davon war wachsende Bewunderung. Mein Hauptproblem bestand darin, diese Empfindungen im Griff zu behalten, damit ich einer Frau gegenüber, die mir nach wie vor fremd war, nicht allzu vieles preisgab.

Davon einmal abgesehen wurde augenblicklich deutlich, daß Zalias Wille so stark und stur war wie ihr muskulöser, untersetzter Körper.

Eines Tages sah ich, wie sie einer Frau das Leben rettete, als wir in der Schmelzkammer waren. Irgendwie war ein Stapel schwerer Goldstangen über der Frau zusammengebrochen und drohte, sie zu zermalmen. Mehrere kräftige Sklaven arbeiteten daran, die schreiende Frau zu befreien, doch ohne Erfolg. Zalia eilte hinüber, stieß die anderen beiseite und hob die Stangen an, wobei ihre Gelenke unter dem Gewicht knackten und knirschten. Unglücklicherweise war die Frau so schwer verletzt, daß unsere Herren keine weitere Verwendung für sie hatten und die Wachen sie einige Tage später verschleppten, um sich ihrer wie eines erschöpften Lastentieres zu entledigen.

Wenn wir direkt im Bergbau arbeiteten, brach Zalia erztragenden Fels mit einem einzigen Hieb und legte neue Goldadern frei, die so dick wie ihre fleischigen Handgelenke waren. Wenn wir die Erzkarren steile, unterirdische Gefälle hinaufzerrten, war es Zalia, die uns sicher bis nach oben brachte und dann als Anker wirkte, um uns auch sicher wieder hinunter zu bringen. Irgendwann zählte ich nicht mehr mit, wie oft jemand stolperte, das Seil verlor und Zalia uns alle davor bewahrte, der schwerverletzten Frau in die Müllgrube zu folgen.

Außerdem konnte sie bemerkenswert zartfühlend sein. Wie etwa, wenn sie jeden Abend meine Wunden wusch, sanft den Schmutz abtupfte, der unter die Bandagen geraten war, und die Augenhöhle mit so leichtem Druck reinigte, daß ich ihn kaum spürte. Wichtiger noch war, daß sie sich nicht anmerken ließ, wie entsetzlich meine Wunden auf sie gewirkt haben müssen. Sie machte sich ans Werk, als wäre es die natürlichste Sache der Welt.

Einmal wollte ich das Ausmaß der Wunde selbst betrachten und suchte nach einer spiegelnden Oberfläche, um die Verletzung zu betrachten. Nur wenig spiegelnde Dinge gab es in den Minen... vom Gold einmal abgesehen, war alles zerkratzt oder verbeult.

Gold selbst hat keine brauchbare Oberfläche. Es saugt alle Bilder in sich auf und wirft nur den Schatten zurück. Das allein schon sollte Goldsuchern eine Warnung sein, wenn sie von all den Dingen träumen, die es ihnen bringen soll. Es ist nur der Glanz, der sie verführt, nicht die Materie.

Eines Tages fand ich einen großen, glänzenden Löffel und versuchte, mich in dessen Mulde zu erkennen, nahm dabei den Verband ab. Doch Zalia ging dazwischen, nahm mir den Löffel sanft aus der Hand und zupfte den Verband zurück an Ort und Stelle.

»Das solltest du jetzt nicht tun«, sagte sie.

»Bin ich so häßlich?« fragte ich.

Meine Stimme bebte, was mich überraschte.

»Ich bin die einzige häßliche Frau in dieser Zelle, Rali«, sagte sie. »Warte nur noch etwas. Bis es besser verheilt ist.«

Sie legte den Löffel zurück in unser Versteck hinter dem losen Stein.

»Wir holen ihn später wieder hervor«, versprach sie, »wenn die Zeit gekommen ist.«

Ich fühlte mich getröstet ... und erleichtert. Ich hatte mein verwüstetes Gesicht sehen wollen, doch lugte ein furchtsames Kind hinter diesem Wunsch hervor. Ich war zu ängstlich hinzusehen. Und fürchtete ebenso, es nicht zu tun. Zalia nahm mir diese Entscheidung ab und verschob sie auf einen späteren Zeitpunkt, wenn ich mutiger wäre.

Dieser Tag sollte bald kommen.

Eines Abends sagte sie, als meine Wunden gewaschen waren: »Es macht gute Fortschritte, Rali. Du müßtest es sehen. Das müßtest du wirklich.«

Mein Herz tat einen Ruck, als sie das sagte. Doch bevor ich eine Antwort stammeln konnte, ging sie zu unserem Versteck und holte den Löffel und ein winziges Bündel hervor. Dann kam sie zurück, wickelte das Bündel aus und hielt mir dessen Inhalt hin.

Es war eine goldene Augenklappe, die an einem goldenen Riemen hing.

Diese zog sie mir über den Kopf und richtete die Klappe ein, bis sie bequem saß. Leicht und weich wie feinste Seide fühlte sie sich an und schien sich ganz natürlich der Augenhöhle anzupassen. Sobald sie an Ort und Stelle saß, verflog das leere, pochende Gefühl, und ich fühlte mich seltsam vollständig.

Zalia polierte den Löffel mit dem Ärmel ihrer Tunika und hielt ihn hoch, damit ich mich darin betrachten konnte. Kalter Schweiß trat mir auf die Stirn. Mein Herz flatterte wie die Flügel eines Kolibris.

Doch sah ich hin.

Anfangs schien mein Gesicht noch gänzlich unvertraut. Es war schmaler als ich es in Erinnerung hatte, weit mehr von Sorgen gezeichnet, und mein Haar ein struppiger Besen, ganz wie Zalias.

Schließlich erkannte ich die Züge, die helle Haut und das einzelne, blaue Auge, das mich anstarrte. Es hatte diesen durchdringenden Blick aller Anteros.

Dann sah ich, daß die goldene Klappe die Stelle bedeckte, an welcher einst mein anderes Auge gewesen war. Gleich unter der Klappe befand sich eine kleine, gebogene Narbe, an der das Messer des Wundarztes abgeglitten sein mußte.

»Es gibt dir etwas Piratenhaftes«, sagte Zalia mit freudiger Stimme.

Ich schenkte ihr ein nervöses Lächeln, dann schaute ich wieder hin.

Es war nicht halb so schlimm, wie ich es mir vorgestellt hatte.

»Wirklich flott. Und romantisch«, sagte Zalia, noch immer in dem Versuch, mir Mut zu machen.

Eigentlich, so dachte ich, als ich zum letzten Mal in die Mulde des Löffels blickte, hatte sie recht. Mit dem Haar auf einer Seite, engen Hosen, losem, weitem Hemd und einer breiten Schärpe, könnte ich eine ganz gute Figur machen.

Doch war ich zu schüchtern, um es direkt zuzugeben. »Ich weiß nicht«, sagte ich. Und dann versuchte ich, einen Witz darüber zu machen. »Ich sehe so gräßlich aus, daß die Hälfte aller Jungfern in Orissa hysterisch kreischend auf die Straßen laufen würden.«

Zalia lachte. »Und die andere Hälfte«, sagte sie, »was die interessantere Hälfte sein dürfte, wird bei dir bleiben wollen. Um herauszufinden, ob du im Bett so aufregend bist, wie du aussiehst.«

»Sicher«, sagte ich. »Wer's glaubt, wird selig.«

Insgeheim war ich erleichtert. Ich ging sogar so weit, sie zu umarmen und ihr für das Geschenk zu danken. Es war uns beiden ein merkwürdiger Augenblick, und eilig lösten wir diese Umarmung.

Ich berührte die Augenklappe, staunte über die Wirkung, die sie auf mich hatte.

»Woher hast du die nur?« fragte ich.

»Ich habe sie gemacht«, sagte sie. »Während der Zeit, als du gegen die Wände gerannt bist. Ich habe nur gewartet, bis dein... Gesicht verheilt... um sie dir dann zu geben.«

»Gemacht?« sagte ich.

Ich betastete das Material.

»Wie? Und woraus besteht der Stoff? Er sieht aus wie Gold. Er fühlt sich an wie Seide, nur von einer Qualität, wie ich sie noch nie gesehen habe. Meine Familie handelt seit Jahren mit Seide. Und ich habe alle Sorten schon gesehen, die es gibt.«

»Sie ist aus dem Gold gemacht, das wir hier abbauen«, sagte Zalia.

Ich war erstaunt. »Gold? Es fühlt sich nicht wie Gold an!«

»Aber genau das ist es«, sagte Zalia. »Du hast gesagt, du hättest König Magons goldenes Schiff gesehen, bevor man dich gefangen nahm?«

»Ja«, sagte ich. »Damals habe ich mich gefragt, wie es sein eigenes Gewicht tragen konnte. Außerdem habe ich mich über seine goldenen Segel gewundert.«

Zalia deutete auf die Augenklappe. »Es ist genau dasselbe Material«, sagte sie. »Eines Tages wirst du selbst sehen, wie sie es machen.«

Ein Schauer lief ihr über den Rücken. »Es ist das Schlimmste in den Minen«, erklärte sie. »Wir kommen noch früh genug an die Reihe.«

Dann fügte sie hinzu: »Nach allem, was ich weiß, stammt die Kunst, dieses Material herzustellen, noch aus der Zeit des wahren Eisbärenkönigs.

Sie ging verloren, als sein Königreich zerstört wurde.«

»Und wartete all die Jahrhunderte nur darauf«, sagte ich, »daß Novari kam und sie wiederentdeckte.«

Zalia nickte.»Sie hat die Kunst erlernt, als König Magon die

Minen wiedereröffnete, um seine Feldzüge auszurüsten und die Verbündeten und Söldner dazu zu bewegen, sein Banner zu hissen.

Doch der magische Prozeß, das Material zu erschaffen, entpuppte sich als weit wertvoller als bloßes Gold. Inzwischen kommt alles Gold, das wir aus diesen Bergen graben, in altertümliche Maschinen, die Novari zu neuem Leben erweckt hat.«

Sie beugte sich vor. »Und man braucht so manchen Karren reinen Goldes, um nur eine Unze von dem Zeug zu fertigen.«

»Eine ungeheure Menge von Energie wäre dafür nötig«, wandte ich ein. »Ich kenne keinen Zauberer auf dieser Welt, der das schaffen könnte.«

»Nicht allein«, sagte Zalia.

»Ah, ja«, sagte ich, als ich mich an Novaris Entführungen erinnerte, denen auch meine Geisterseher zum Opfer gefallen waren.

»Die Dinge, die sie aus diesem Material herstellen«, sagte Zalia, »kommen der Magie so nahe, wie man ihr in der realen Welt nur kommen kann. Waffen, die niemals brechen oder stumpf werden. Schilde, die von keinem Hieb zu durchdringen sind. Gigantische Schiffe, die so leicht sind, als wären sie aus Kiefernholzfurnier, und in Wahrheit unzerstörbar sind wie Stahl.

Nach den Mengen zu urteilen, die wir hier abbauen, scheint Novari die größte Armee aller Zeiten auszurüsten. Und zudem ist ihr ein hohlköpfiger Mann zu Willen, der diese Armee lenkt.«

Ich fühlte mich wie eine Närrin, als ich mich meiner tapferen Worte an Novari erinnerte. Ich hatte sie dazu heausgefordert, Orissa anzugreifen und die Rache meines Volkes zu erfahren. Welches, wie ich glaubte, weit überlegene Truppen besaß, gegen die ein bloßer Eisbarbar wie Magon keine Chance hätte.

Und als könne sie meine Gedanken lesen, sagte Zalia: »Unser beider Heimatländer sind in großer Gefahr, Rali. Deshalb bin ich hergekommen.«

»Deshalb hat man dich geschickt?« sagte ich.

Sie zögerte, dann sagte sie: »Ja. Deshalb hat ... meine Königin ... mir befohlen, diese Reise anzutreten.«

»Wäre es nicht an der Zeit«, sagte ich, »daß du mir von deinem Königreich erzählst? Ich weiß nicht einmal, wo es liegt. Oder den Namen deiner Königin, oder wie sie aussieht, oder was ihr Begehren ist. Oder auch andere Einzelheiten zu deiner Heimat, wie zum Beispiel, warum dein Volk Maranonia verehrt.

Sie ist eine Kriegsgöttin. Und der Krieg ist nur in seiner Anfangsphase beliebt. Sobald Blut fließt, hat nur ein Soldat – und auch nur eine besondere Sorte – den Mumm, Maranonia zu preisen.«

»Ich muß dich enttäuschen«, sagte Zalia. »Und es tut mir nicht mal leid. Ich werde dir erst etwas erzählen, wenn der Tag gekommen ist, an dem du schwörst, daß du mir traust.«

»Du hast das Wort der Göttin Maranonia persönlich«, sagte ich, »die meine Ehrlichkeit bezeugt. Deinen Worten nach zu urteilen, ist sie dir im Traum erschienen und hat gesagt, du sollst mich suchen.«

Höhnisch grinste Zalia. »Erstens«, erwiderte sie, »weißt du sehr genau, daß ich dir nicht mehr von diesem Traumbild erzählen darf, als ich ohnehin schon preisgegeben habe. Außerdem weißt du, daß es mir verboten ist, dir zu erzählen, ob sie gesagt hat, ich solle dir vertrauen oder nur sicherstellen, daß ich dich finde, um ein bestimmtes Wort zu sagen. ›Das silberne Schiff‹, waren Maranonias Worte. ›Wenn du Rali triffst, erwähne das silberne Schiff. Dann weiß sie, was ich meine.‹«

»Du weichst dem Thema aus wie ein Politiker am Königshof«, sagte ich. »Es ist dieses. Es ist jenes. Es ist, was immer du gerade brauchen kannst. Maranonias Besuch bei dir bedeutet ohne Zweifel, daß sie dir befiehlt, mir zu vertrauen.«

Spöttisch verzog Zalia den Mund. »*Du* bist es, die wie ein Politiker klingt«, sagte sie. »Dir kommt das Wort *Vertrauen* allzu schnell über die Lippen, wenn es um *dich* geht«, sagte sie, »und nicht schnell genug, wenn es um *mich* geht.

Du kannst nicht beides haben, Rali. Das Vertrauen muß gegenseitig sein. Anderenfalls könnte es passieren, daß ich meine Königin und meine Heimat durch dein zweifelhaftes Wort in Gefahr bringe.

Nein, ich glaube, ich werde mich auf den Status einer Kriegsgefangenen berufen. Darüber weißt du Bescheid, so daß du kaum Einwände äußern dürftest. Namen und Rang bekommst du von mir, mehr nicht. Novari hat auch nicht mehr erfahren. Du erfährst dasselbe. Ansonsten erzähle ich dir, was ich dich wissen lassen möchte, wenn ich es für angeraten halte.

Und das, meine mißtrauische Freundin, wäre alles.«

Ich fummelte an der Augenklappe herum und beschloß, den Streit, wenn möglich, vorüberziehen zu lassen, und sei es nur um des Geschenkes willen.

»Trotzdem danke dafür«, sagte ich.

Schon wollte ich sie abnehmen und zurückgeben. »Und du kannst sicher sein, daß ich dir jeden Abend wieder danken werde, wenn ich sie aufsetze.«

»Laß sie, wo sie ist«, sagte sie, überrascht von meinem Vorhaben. »Warum sie nur bei Nacht benutzen? Ich habe sie nicht nur aus kosmetischen Gründen angefertigt. In erster Linie soll sie die Heilung beschleunigen und Schmutz und Entzündungen fernhalten. Du wirst noch merken, daß sie magische Fähigkeiten besitzt, die Staub und Ruß und alle anderen lästigen Dinge abwehren. Deshalb habe ich mir solche Mühe gemacht und nicht geringe Gefahren auf mich genommen, um das Material dafür zu stehlen.«

»Aber die Wachen werden die Augenklappe sofort bemerken«, protestierte ich. »Nicht einmal ein Dummkopf könnte sie übersehen. Schließlich ist sie aus Gold. Und dazu noch aus magischem Gold.«

»Nur um die Farbe mußt du dich sorgen«, sagte sie. »Und die läßt sich leicht verändern. Du mußt nur an einen bestimmten Farbton denken, diesen Gedanken einen Moment lang festhalten ... und schon nimmt die Augenklappe diese Farbe an. Denk Schwarz, und sie wird schwarz. Rot, und sie wird rot.

Es liegt im Wesen des Materials. Und da sie hier hergestellt wurde, mit Hilfe von Novaris Maschinen, wird auch der feinsinnigste Zauberer sie übersehen. Es wurde keine Energie entwendet, nur ... entliehen ... und dann in anderer Form zurückgegeben.«

Ich war neugierig. »Jede Farbe, die ich mir wünsche?« fragte ich.

»Versuch es«, sagte sie.

Ich nahm die Augenklappe ab und ließ sie vor mir baumeln. Ich stellte sie mir schwarz vor, und augenblicklich wechselte sie von Gold zu Schwarz. Ich versuchte Rot und Grün und die anderen reinen Farben, und jedesmal wandelte sie sich genau in dem Moment, in dem ich an die Farbe dachte. Ich ließ sie wieder schwarz werden – ein eher rußiges Schwarz, das zur Mine paßte – und setzte sie wieder auf.

Sie fühlte sich noch weicher und bequemer an als zuvor. Und ich spürte nicht mehr den Drang, meinen Kopf auf die Schulter sinken zu lassen, um Dinge mit dem gesunden Auge zu betrachten.

»Ich wollte schon immer Piratin sein«, sagte ich. »Jetzt sehe ich zumindest wie eine aus.«

Zalia musterte mich ausgiebig. »Was du wirklich brauchst«, sagte sie schließlich, »sind ein paar Ohrringe. Einen Stecker auf der einen Seite und einen großen Ring auf der anderen. Das würde die Augenklappe wirklich hervorheben.

So etwas würde nur die anspruchsvollste Piratin tragen.«

Die Augenklappe veränderte nicht nur mein Äußeres. Im Laufe der Tage bemerkte ich, daß mir die Dinge klarer erschienen und mehr Tiefe besaßen. Mir wurde nicht mehr schwindlig, wenn ich etwas allzu schnell betrachtete.

Obwohl ich nur ein Auge hatte, schien die Höhle hinter der

Augenklappe einem spirituellen Zweck zu dienen. Als spähte sie in den Äther, um dem verbliebenen Auge zu helfen, sich auf die physische Welt zu konzentrieren und mir so eine doppelte Perspektive zu geben.

Dann wurde mir eines Tages klar, daß ich tatsächlich in den Anderwelten deutlicher »sehen« konnte.

Es war Nacht – kurz nach meinem Ratteneintopf –, und ich putzte Ruß von meiner Eisenhand, während Zalia schlief. Ich bekam Staub ins Auge und blinzelte einige Male, um das störende Körnchen zu entfernen.

Als ich jedoch das Auge schloß, flimmerte ein seltsames Bild an die Oberfläche... anscheinend aus dem Nichts.

Ich schlug mein Auge auf, und das Bild verflog. War es nur Einbildung gewesen?

Ich schloß mein gesundes Auge, und wieder wurde das verschwommene Bild deutlich. Ich erkannte vage Umrisse, im Grunde ein Skelett von Fingern und einem Daumen. Ich bewegte meine künstliche Hand, und sah, wie sich das geisterhafte Abbild ebenfalls bewegte.

Ich schlug mein Auge auf und sah nur meine Eisenhand... die Sklavenhand. Doch nun konnte ich ganz deutlich den Schatten meiner echten Hand spüren, den Teil von mir, der für Novaris Zaubereintopf abgeschlagen worden war.

Noch einmal schloß ich das Auge, wandte meinen Kopf hierhin und dorthin. Alle möglichen Glitzerdinge schienen herumzuflattern. Ich merkte, daß ich fast ohne Mühe in den Äther blicken konnte. Ich mußte nur mein Auge schließen und *den Blick verändern,* und schon legte sich mir die magische Welt offen dar.

«Zalia«, sagte ich. »Wach auf!«

Ruckartig kam sie von ihrem Steinbett hoch. »Was ist passiert?« sagte sie besorgt.

»Nichts ist passiert«, erwiderte ich. »Ich muß mit dir reden.«

Zalia stöhnte, müde vom langen Tagewerk des Steineklopfens. »Kann das nicht warten?« sagte sie.

»Nicht einen Augenblick«, gab ich zurück.

»Was willst du?« fragte sie gähnend, wenn auch schicksalsergeben.

»Erklär mir noch einmal, wie du die Augenklappe angefertigt hast«, sagte ich. »Jede Einzelheit. Laß nichts aus. Und wenn du schon dabei bist, denk scharf nach.«

»Worüber?«

Ich fummelte an der Augenklappe herum. »Wie wir zum richtigen Arbeitstrupp kommen, um noch mehr von diesem Zeug stehlen zu können.«

Zalia brauchte besorgniserregend wenig Zeit, um zu tun, worum ich sie gebeten hatte.

Die beiden Sklaven, an welche wir herangetreten waren, rafften gierig das Bestechungsgeld, das wir ihnen boten. Bereitwillig ließen sie sich darauf ein, mit uns die Plätze zu tauschen. Sie schworen, sie würden kein Wort darüber verlieren und uns auf jede erdenkliche Art und Weise helfen, den kleinen Tausch zu verbergen. Ihre Versicherungen waren mit solcher Inbrunst vorgetragen, daß ich keine Zweifel an ihrer Verläßlichkeit hatte. Ich knurrte ein paar angemessene Drohungen, was ihnen geschehen würde, falls sie uns betrügen sollten, doch schienen diese kaum nötig zu sein. Sie waren einfach überglücklich.

Dies war das erste Anzeichen dafür, daß Zalia mitnichten übertrieben hatte, als sie sagte, es sei die schlimmste Arbeit in der Mine.

Die Bestätigung dafür kam einen Tag später, als ein Wächter seinen Kopf in unseren Bau steckte und rief: »Zwei für den Höllenpfuhl! Antero! Zalia! Schafft eure Ärsche hier raus.«

Wir stolperten aus unseren Zellen, und ich warf Zalia einen Blick zu, flüsterte: *»Höllenpfuhl?«*

Sie zog eine Grimasse. »Es war *deine* Idee«, flüsterte sie zurück. »Daß du es nicht vergißt!«

Ich vergaß es nicht.

Ihr Flüstern hing über meinem Kopf wie ein dämonischer Narr, der mich verhöhnte, als wir mit einer weiteren Gruppe beklagenswerter Sklaven in Reih und Glied geprügelt wurden. Als sämtliche Ketten mit sämtlichen Bauchringen verbunden waren, hörte ich die Schlösser mit unnatürlicher Deutlichkeit zuschnappen.

Peitschen knallten, und wir schlurften voran. Sklaven anderer Trupps sahen uns im Vorübergehen an und schüttelten mitleidig die Köpfe oder grinsten über unser Elend.

Etwa eine Stunde wurden wir getrieben, durch eine Reihe gewundener Tunnel und Gänge, und wir fuhren mit verschiedenen Fahrstühlen auf und ab.

Schließlich öffnete sich rasselnd ein Tor, und wir taumelten aus den Minen plötzlich ins grelle Sonnenlicht hinaus.

Zum ersten Mal seit Monaten war ich nicht umgeben von Tonnen ausgehöhlter Felsen.

Die Luft war frisch und kalt, und meine Muskeln zuckten unkontrolliert im flüchtigen Duft der Freiheit.

Ich hörte, daß andere Sklaven Flüche brummten, knurrte fast schon selbst, doch biß ich mir auf die Lippen, als Zalia warnend meinen Arm drückte.

Die Wachen brüllten auf, machten sich über diejenigen her, die zu fluchen gewagt hatten, und prügelten sie bald zum Gehorsam. Sie taten es mit derart eingeübter Leichtigkeit, daß ich wußte, dieser Zwischenfall war auf dem Weg zum Höllenpfuhl reine Routine.

Es war nur ein Vorgeschmack auf das, was uns erwartete.

Wir wurden über einen großen Hof getrieben, den man in die Wand eines Berges gehauen hatte, welcher sich vor uns so weit erhob, wie ich sehen konnte, ohne meinen Hals zu recken und mir einen Peitschenhieb von einem aufmerksamen Wächter einzufangen. Der Hof war von hölzernen Schienen überzogen, und Karren wurden von Sklaven über diese Schienen gezerrt. Unser Weg führte uns über den Hof zu einer Schotterstraße, die sich die Felswand hinunterschlängelte.

Als wir dort ankamen, sah ich kurz den Bärentempel in der Ferne, sah die Anleger auf den zugefrorenen See hinausragen und Schiffe mit vollen Segeln zügig übers Eis gleiten. Der Himmel über unseren Köpfen war erschreckend blau.

Dieser ungeheure Ausblick erweckte in mir einen fast unbändigen Drang zu flüchten und – wenn nötig – über die Klippen zu springen.

Zalia hielt meinen Arm, und ich holte tief Luft, um meine Nerven zu beruhigen.

Während ich mich zur Ruhe zwang, erinnerte ich mich, daß ich diesen Hof und die Bergstraße aus anderer Perspektive kannte. Ich spähte auf den See hinaus und sah das vertraute Felsenufer, an dem ich mich vor so langer Zeit mit meinen Männern versteckt hatte, als ich die Minen und Gießereien von Koronos zum ersten Mal sah.

Wieder schaute ich zu den Anlegern hinüber und bemerkte das Fehlen von Magons goldenem Schiff. Ich vermutete, daß er fort war, und fragte mich, ob Novari wohl mit ihm in seine Hauptstadt heimgekehrt sei.

Der Gedanke an Novari half mir, mich zu beruhigen, und bald schon war ich in der Lage, unbeteiligt mit den anderen voranzutrotten, äußerlich eine schwerfällige, schlurfende Sklavin, während ich innerlich vor Neugier brannte und jede Einzelheit beobachtete und festhielt, falls ich sie später brauchen konnte.

Als wir um eine Biegung kamen, sah ich den Bärentempel über der Stadt aufragen. Er wirkte ruhig. Vielleicht sogar leer. Dann spürte ich ein Summen von Magie und wußte, daß Zauberer am Werk sein mußten. Doch nicht Novari. *Sie* hätte ich sofort erkannt. Und ich fragte mich: Wo ist sie? Was hat sie vor?

Es war ein Marsch von etwa einer Meile bis nach unten, und dann noch eine weitere Meile bis zu unserem Ziel.

Die Fabrik, zu der man uns brachte, war aus schlichten, groben Steinblöcken gebaut. Sie hatte weder einen Schornstein, noch sonstwelche äußerlichen Merkmale, abgesehen von den großen Doppeltoren, die wir ansteuerten. Der Bau war lang und extrem niedrig, doch als wir eintraten, sah ich, daß der Großteil des Gebäudes unterirdisch war. Sechs Stockwerke insgesamt, so erfuhr ich, denn so viele Treppen stiegen wir hinab, bis wir die Hauptschmiede erreichten.

Es war ein entsetzlicher Ort. Das trübe Licht besaß einen unheimlichen, orangenen Farbton, und das ganze Gebäude pulsierte rhythmisch, als schlüge ein riesenhaftes Herz hinter den Mauern. Man hörte ein mächtiges Trommeln, dazu das Kreischen von heißem Metall, das in Wasser tauchte, zischendem Dampf, hämmernden Hämmern und – so fern, daß es auch aus den Anderwelten kommen mochte – etwas, das wie leise Schreie klang.

Wir schlurften durch den riesigen Raum mit Regalen voll goldener Schwerter und Speere und Schilde. Ich fühlte, daß sie Zauberkräfte aussandten, und wußte, daß sie aus demselben Material gefertigt waren wie meine Augenklappe. Einmal kamen wir nah an einen solchen Schwertständer heran, und ich warf einen begierigen Blick auf die scharfen Schneiden und die offensichtlich leichte Balance der Waffen. Es drängte mich, zu dem Regal zu stürzen, mir eine Waffe zu greifen und die Wachen niederzustrecken.

Dieser Drang wich der plötzlichen Ahnung, daß der Feind diese Waffen womöglich schon in kurzer Zeit gegen mein eigenes Volk richten würde. Die Sorge ließ mich meinen Schritt beschleunigen. Ich mußte handeln ... und zwar bald.

Ich stieß den Sklaven vor mir an, und er knurrte: »Wozu die Eile, Schwester? Du gehst in den Höllenpfuhl! Was glaubst du, wo wir hier sind? In der Schlange vor der Essensausgabe?«

Ich verlangsamte meinen Schritt, doch sah ich mich weiterhin um, begutachtete die Übermacht meiner Gegnerin, und meine Sorge wuchs mit jedem Gegenstand, den ich sah.

Im sechsten und letzten Stockwerk kamen wir an mächtige, goldene Türen, die in von schwarzen Fett- und Rußflecken überzogenem Stein verankert waren. Die Türen blendeten so sehr, sahen so poliert und sauber aus, daß ich wußte, sie müßten aus Novaris magischem Material gefertigt sein.

Wir standen da, während die Wachen unsere Ketten lösten. »Denk daran, was ich dir gesagt habe, Rali«, zischte Zalia. »Tu immer genau, was ich dir sage.«

Ich nickte, und zwei riesenhafte Wächter – nackt bis zu den Hüften und schweißnaß – öffneten mit Kraft die Türen.

Die heiße Woge warf mich fast um. Beißender Gestank in der Luft erstickte mich beinah. Er verbrannte mir die Kehle und sengte mir die Lippen.

Bevor ich wieder zu mir kam, wurden wir allesamt durch die Türen getreten und gestoßen. Verblüfft sah ich, daß die Wachen eilig wieder nach draußen traten. Sie schrien uns an, die Arbeit aufzunehmen, dann knallten sie die Türen zu und schlossen uns ein.

Der Höllenpfuhl war so heiß, daß man sich dort nicht länger als eine Stunde plagen konnte. Jede Schicht in diesem Raum war auf eine Stunde begrenzt. Dann hatte man eine Stunde Ruhe, während ein anderer Sklaventrupp drinnen litt, bis man selbst wieder in den Schmiederaum gestoßen wurde, um deren Plätze einzunehmen.

Sklaven wurden bis zum Zusammenbruch angetrieben, gebeutelt von speziellen Wachen, die alle fünfzehn Minuten wechselten. Andere Sklaven schleppten einen zur Ruhepause hinaus, während eine zweite Gruppe die Essen besetzte. In unseren Ruhephasen gab man uns reichlich kaltes Wasser, das wir trinken und über unsere Leiber gießen konnten. Dies war keine freundliche Geste unserer Herren. Es war eine Notwendigkeit. Ohne die Ruhe und das Wasser wären wir bald umgekommen, und wer hätte dann die Arbeit machen sollen?

Der Raum war riesig, angefüllt mit Maschinen, die Feuer und Rauch spuckten. Sklaven stolperten vorbei, schoben hölzerne Plattformen auf Rollen, auf denen sich lange, dicke Barren von reinem Gold stapelten.

Die Stangen wurden in eine mächtige Maschine gehievt, die eine ganze Seite des Schmiederaumes einnahm. Sie wurden auf ein breites, klapperndes Förderband von der Form einer flachen Furche geladen, welches die Stangen in den flammenden Schlund der Maschine trug. Ein weiteres Förderband führte hinter der Maschine durch ein großes Areal, das glühte und leuchtete, so daß es aussah, als liefe das Förderband durch Vorhänge.

Doch anstelle von goldenen Rohren war der Boden der Furche bedeckt mit einer Schicht von glitzerndem Staub.

Aus diesem Staub, so erklärte mir Zalia später, würde jenes magische Material hergestellt. Das Material, aus dem Magons Schiff und diese Waffen bestünden ... und auch meine wundersame Augenklappe.

Sklaven liefen am hinteren Ende des Förderbandes herum, schleppten große, tragbare Blasebälge auf Rollen, die ein Ventil besaßen, so daß der Luftzug umgekehrt wurde. Bewegliche Schläuche sogen den Goldstaub auf, welcher in große, graue Krüge rieselte, von denen Zalia später sagte, sie bestünden aus Zucker. Diese Krüge wurden in eine weitere Esse gegeben, der Zucker verschwand, und der Staub wurde zu einem dünnen, goldenen Tuch, das sich wie Stoff besticken oder aber wie Metall bearbeiten und formen ließ. Die Schwerter beispielsweise wurden aus zahlreichen Schichten hergestellt, welche man wiederholt übereinander faltete, bis die Klingen perfekt waren.

Ich sah den Raum in trüben Fetzen, die sich über etwas erstreckten, das mir wie jene Ewigkeit erschien, welche die Götter den

Verdammten vorbehalten haben. Unter Zalias Anleitung be- und entlud ich Barren. Half, den Staub aufzusaugen, und schleppte die vollen Krüge – welche erstaunlich leicht waren – zu anderen Sklaven, die sie zur Lagerung fortbrachten.

Hitze und Lärm kosteten jedes bißchen Energie, so daß man sich fühlte, als schwämme man in heißem Haferbrei. Es kostete Mühe, allein nur den Arm zu heben, ganz zu schweigen von den mörderisch schweren Stangen. Ich war doppelt gestraft, weil die Zauberkräfte, die der magischen Esse entströmten, meine Sinne versengten und sie fast verkümmern ließ.

Irgendwie schaffte ich es, die Qual zu überwinden. Am Ende des Tages war einem der anderen Sklaven solches nicht vergönnt. Es war der Bursche, der mich verflucht hatte, weil ich es offenbar so eilig hatte. Er hatte in der letzten Stunde einen Kollaps erlitten und lag dort zuckend am Boden, bis ein gelangweilter Wächter uns träge winkte, ihn fortzuschaffen. Er tat den letzten Atemzug, als ich seine Arme hob. Es war ein langer Seufzer, und in meiner Phantasie war dieser angefüllt mit dem Klang ungeheurer Erleichterung.

Als ich das hörte, dachte ich: »Mögen dir die Götter beistehen, Bruder. Wohin und du auch gehst, es kann nicht schlimmer sein als das hier.«

Sie spritzten uns mit einer Art Chemikalie ab, die in der Nase brannte und die Haut rot und wund werden ließ, als hätten wir eine Woche unter praller Wüstensonne zugebracht.

Der Seufzer des Mannes hallte noch in meinen Gedanken nach, als der Tag vorüber war, ich endlich in meine Zelle taumelte und auf meiner steinernen Pritsche zusammenbrach.

Ich hörte Zalia stöhnen, als sie auf die ihre sank.

»Was, im Namen aller Götter, die uns verfluchen, hat es uns gebracht?« stöhnte sie. »Abgesehen davon, daß wir unsere Gräber tiefer ausgehoben haben.«

Ich zwang mich hoch, spürte wunde Muskeln, von deren Existenz ich bis zu meinem Gang in den Höllenpfuhl nichts gewußt hatte.

Doch meine Zuversicht kehrte zurück, und ich brachte ein Grinsen zustande, als ich sagte: »Wirf einen Blick auf das hier, meine Freundin.«

Und ich streckte meine sterbliche Hand aus.

Zalias Augen weiteten sich, als sie den Goldstaub dick unter meinen Fingernägeln sah.

»Müßte einen hübschen, kleinen Haufen bringen, wenn ich sie saubermache«, sagte ich.

»Ich dachte, du wolltest ein Stück von dem fertigen Material stehlen«, sagte sie verblüfft.

»Das habe ich getan«, sagte ich. »Nur habe ich gleich gesehen, daß es nicht dem Zweck dient, den ich im Sinn hatte. Außerdem bräuchte man im fertigen Zustand zuviel davon. Novari oder einer ihrer Speichellecker würden das Fehlen bemerken.«

»Du willst den *Staub* benutzen?« fragte sie mit ungläubigem Blick.

»Genau das habe ich vor«, sagte ich. »Und es dürften nicht mehr als ein Dutzend Tage nötig sein, um genügend zu bekommen.«

Zalia war entgeistert. »Ein *Dutzend* Tage!«

»Vielleicht auch mehr«, sagte ich. »Auch wenn ich es nicht hoffe.«

»Ich *bete* darum«, keuchte Zalia. »Ich bete zu allen Göttern, vergangenen, gegenwärtigen und zukünftigen … falls es eine Zukunft gibt, die es zu erleben lohnt.«

Ich lachte, versuchte, unser Martyrium auf die leichte Schulter zu nehmen, doch klang es irgendwie hohl.

Später, als ich den Goldstaub unter meinen Fingernägeln hervorgeputzt hatte, ergab sich daraus ein Häufchen, das deprimierend klein war.

Wie Zalia befürchtet hatte, waren mehr als zwölf Tage im Höllenpfuhl nötig, um zu bekommen, was ich brauchte. Am Ende dauerte es fast doppelt so lang, und jede Stunde, die wir in dem Schmiederaum zubrachten, war eine Folter, an die ich mich nicht gern erinnere.

Ich tröstete mich mit dem Gedanken, daß ich zumindest noch so lebendig war, dieses Erlebnis zu verfluchen. Obwohl mir nach wie vor nicht klar war, wieso Novari mich hatte leben lassen.

War ihrer Rache tatsächlich eher Genüge getan, wenn sie mich in den Minen weichkochen wollte, damit ich mich ihrem Willen unterwarf ... wie bald würde sie kommen, um mich zu holen? Es gab noch viele weitere Fragen, allesamt Variationen desselben Themas, dessen Grundlage das Staunen darüber war, daß ich noch lebte.

Zalia hatte noch eine andere Theorie. »Vielleicht kann Novari dich nicht töten«, sagte sie. »Nicht, ohne selbst zu Schaden zu kommen.«

Anfangs spottete ich darüber, sagte: »Das glaube ich kaum, meine Liebe. Sie war absolut dazu in der Lage, mich zu töten, wann immer sie wollte. Schließlich hat sie mich fast erschlagen, als ich sie angegriffen habe. Mehrere ihrer eigenen Männer kamen um, als sie diesen Zauber sprach. Und da ich ihm ausgesetzt war, kann ich auf jedes heilige Ding deiner Wahl schwören, daß es *definitiv* nicht nur tödlich war, sondern mir galt.«

»Ja, aber *du* hast *sie* angegriffen«, hob Zalia hervor. »Das beweist nur, daß sie sich gegen dich wehren kann. Aber vielleicht ist es ihr verboten – zum Beispiel durch eine Art Fluch – direkt zu handeln. Sie kann deinen Tod nicht befehlen. Aber sie kann dich in Lebensumstände versetzen, die garantiert zum Tode führen.«

»Das wäre eine Möglichkeit«, räumte ich ein. »Wenn auch nur eine vage.«

»Das ist kein schlechterer Grund als alle, die *du* nennst«, sagte Zalia. »Vielleicht sogar ein besserer. Ich hatte viel mehr Zeit, sie zu beobachten. Schließlich ist es mein Königreich, das sie direkt bedroht.«

Mit meinem einen Auge sah ich sie an. »*Dein* Königreich?« sagte ich.

»Ich, äh, meine das Reich meiner Königin«, stotterte sie. »Königin Salimar.«

»Aha!« gluckste ich. »So heißt sie also? Bei den Göttern, Frau, endlich habe ich *etwas* aus dir herausgeholt!«

Sie errötete. »Na und?« murmelte sie. »Das wollte ich dir sowieso erzählen.«

Schadenfroh lachte ich: »Natürlich!«

Zalia preßte die Lippen zusammen und sagte an diesem Abend kein Wort mehr.

Ich wußte, daß mein Sieg kindisch war. Doch schien er mir damals in Koronos strahlender als alles, was ich seit langem erlebt hatte. Ich war sogar kindisch genug, Befriedigung aus der Erkenntnis zu ziehen, daß auch Zalia infantil gewesen war, als sie jammerte: »Das wollte ich dir sowieso erzählen.«

Na, da lachen ja die Hühner, Frau, dachte ich.

Da lachen ja die Hühner.

Während ich den Staub sammelte, sammelte ich außerdem Informationen über unser Gefängnis.

Sofort fiel mir eine gewisse Nachlässigkeit in den Sicherheitsmaßnahmen der Mine auf. Natürlich gab es überall Wachen. Und immer wieder waren wir aneinander gekettet, besonders, wenn wir aus den Minen kamen und zum Höllenpfuhl getrieben wurden.

Doch schienen mir die Gründe dafür, angekettet zu sein, nur wenig mit der Angst vor unserem Entkommen zu tun zu haben. Die künstlichen Hände würden selbst den entschlossensten Sklaven endgültig aufhalten. Hinzu kam die magische Schleimsuppe, von der alle Sklaven – außer Zalia und mir – abhängig waren. Nein, die Ketten waren dazu da, uns davon abzuhalten, den Wachen oder uns selbst Schaden zuzufügen, wenn die Freiheit lockte oder eine Hysterie einsetzte.

Wenn wir uns im Bau aufhielten, ließ man uns während der Stunden, die zum Essen und Schlafen vorgesehen waren, allein. Und es war ziemlich einfach, die anderen, benachbarten Bauten zu besuchen. Man mußte nur an ein paar gelangweilten Wachen vorüberlaufen, die einen träge betrachteten und dann durchwinkten. Oft genug waren diese Wachen kurz abwesend oder eingeschlafen. Niemand schien sich darum zu kümmern. Die Eisenhand, die man uns ans Handgelenk geschraubt hatte, würde jeden *echten* Unfrieden verhindern.

Insbesondere neigte man dazu, »Veteraninnen« zu ignorieren. Die Todesrate war so hoch, daß jede, die ein Jahr überlebte, durch ihr bloßes Durchhaltevermögen als sicher galt. Eine Veteranin konnte aus dem Mundwinkel heraus sprechen und nur von derjenigen gehört oder beobachtet werden, zu der sie sprach. Eine Veteranin wußte, wie man einen Schlag oder Peitschenhieb abfing und dabei nur geringen Schaden nahm. Eine Veteranin wußte, wie man sich ein paar Sekunden Ruhe verschaffte, wie man die Launen der Wachen erkannte und wußte, wann eine unverfrorene Pause geduldet würde. Veteraninnen kannten das System. Und das System arbeitete am besten, wenn man mit dem Strom schwamm und nach kleinen Möglichkeiten suchte, etwas mehr Essen zu bekommen, etwas mehr Bequemlichkeit, etwas mehr Leben. Man konnte den kleinen Vorrat an zusätzlichem Leben addieren, Sekunde für Sekunde.

Wie die Körnchen von magischem Gold, die ich aus Novaris Schmiede stahl.

Während ich den Staub sammelte, fertigte ich ein Werkzeug. Es war ein gewöhnlicher Rattenknochen, lang, dünn und ziemlich gerade. Ich sog das Mark heraus, damit er innen hohl war. Dann polierte ich den Hohlraum mit einem groben Faden, den ich aus meinem Kittel genommen hatte. Abend für Abend zog ich den Faden durch den Knochen hin und her, bis der Knochen fast so dünn war wie Papier. Eine Zeitlang beobachtete mich Zalia neugierig. Doch hatte ich klargestellt, daß ich jede ihrer Fragen abschmettern würde, und bald schon verlor sie das Interesse.

Daciar hatte recht. Heimlichtuerei ist für eine Zauberin so natürlich wie der Äther, den sie befiehlt.

Eines Abends kehrte ich so erschöpft vom Höllenpfuhl zurück, daß ich kaum essen konnte. Das magische Feuer in der Esse war an diesem Tag besonders intensiv gewesen, und meine Gedanken waren wie zerstampftes Erz, das eine steinerne Rutsche hinunterglitt.

Ich schlief ein, bevor ich noch den kostbaren Staub unter meinen Fingernägeln hervorgeholt hatte. Ich streckte mich einfach auf meinem Steinbett aus, und Dunkelheit kam über mich und trug mich mit sich fort.

Traumlos trieb ich scheinbar lange Zeit.

Dann kroch ein leiser Schrei in meinen friedlichen Schlummer. Er war fern, ein Echo und voller Schmerz, wie die Schreie, die man hörte, wenn man den Höllenpfuhl betrat. In meinem Traum spürte ich den plötzlichen Drang, nachzusehen, diesen Menschen zu suchen und zu trösten. Ich streckte meine Hand aus – die Hand mit dem goldenen Dreck unter den Nägeln – und spürte eine Kraft, die mich zog, wie der Mond das Meer zieht und die Gezeiten macht.

Ich ließ mich davon mitreißen, und mein geistiges Ich löste sich von mir, schwebte über meinem schlafenden Körper.

Wieder hörte ich den fernen Schrei. Im Geiste flog ich zu dem Geräusch, glitt durch die steinernen Mauern, bewegte mich so frei, als stiege ich vom Grund eines tiefen Sees auf.

Ich brach an die Oberfläche durch, tauchte unter dem Vollmond wieder auf. Ich spürte, daß der Mond an meiner Hand zog, und ich hob sie an und sah, daß meine Finger leuchteten. Ich staunte über das glitzernde Pulver, fühlte Kräfte und Willen wachsen.

Für die müden Wachen unsichtbar schwebte ich die Bergstraße hinab und folgte dem Weg, bis ich den Höllenpfuhl erreichte. Er war schwarz im hellen Mondlicht, flach und bedrohlich wie ein Eisberg, der von einem gefährlichen Gletscher abgebrochen ist.

Die Schmiede riß noch kräftiger an mir als der Mond, und ich löste mich und flog dorthin, drang durch Stein und Eisentüren, bis ich bei der großen Maschine war.

Der Raum war leer, das Förderband stand still. Doch brannten die magischen Feuer noch immer, zogen mich zum schimmernden Vorhang, der diese Welt vom Äther trennte.

Dort hielt ich inne, stemmte mich gegen die Energie, die an mir riß.

Erneut hörte ich den Schrei. Er schien nun näher zu sein. Dann gesellte sich ein anderer Schrei zum ersten, und dann noch einer und wieder einer, bis es ein ganzer Chor gequälter Seelen war, die aus der Hölle heulten.

Ich schloß mein Auge und stellte fest, daß ich durch den Vorhang sehen konnte. Es war, als blickte man mit einem Ätherauge durch ein Teleskop in die Anderwelten.

Anfangs war alles loderndes Feuer, dann wurde die Szenerie ganz deutlich erkennbar.

Dort waren Unmengen, wohl Hunderte von Seelen, die sich vor Qualen wanden, während blaue, grüne, gelbe Flammen von allen Seiten an ihnen leckten. Sie wurden von magischen Ketten an ihrem Platz gehalten, obwohl sie sich ohne Unterlaß dagegen wehrten. Manche waren von Ketten umwickelt und schluchzten furchterregend. Die Seelen gehörten Männern und Frauen und Wesen, deren Gestalt ich nicht erkennen konnte, und sie alle schrien und stöhnten vor grauenhaften Schmerzen.

Augenblicklich wußte ich, daß sie Zauberer und andere Wesen mit Zauberkräften waren. Und jede Kette war ein Bann, den Novari gesprochen hatte, um sie in Gefangenschaft zu halten.

Diese Seelen der Zauberer waren allesamt Sklaven, die sich in Novaris privater Hölle quälten.

Ganz wie ich mich in ihren Minen quälte.

Doch – bei den Göttern – dies war schlimmer. Schlimmer als ich es je mit Worten beschreiben könnte.

Einer der Geister wurde meiner gewahr und schrie noch lauter. Ich sah mit meinem Ätherauge näher hin und erkannte erschrocken das vertraute Gesicht Searbes.

Mein vermißter Geisterseher war nicht länger vermißt.

Er kämpfte sich zu mir herüber, rief meinen Namen. Ich wollte ihm helfen, doch durfte ich mich nicht in Novaris private Hölle ziehen lassen. Er spannte die Kette, kämpfte darum, näher zu kommen.

Dann schrie er unter noch größerer Pein und drängte sich nach vorn, bis die magische Kette stramm war und er direkt unter dem schimmernden Vorhang hing. Er war so nah, daß ich ihn hätte berühren können, wenn wir uns in der wirklichen Welt befunden hätten.

»Rettet mich, Lady Antero!« weinte er. »Rettet mich!«

»Das will ich tun, wenn ich kann, mein Freund«, sagte ich so ruhig es ging. »Nur will ich dich nicht mit Versprechen quälen. Ich weiß nicht einmal, ob ich mich selbst retten kann.«

Trotz seiner Schmerzen zeigte sich plötzlich ein verschlagener Blick in seinen Geisteraugen. »Ich kann Euch eine große Hilfe sein, Lady Antero«, sagte er. »Ich kenne Novaris Plan.«

Ich hatte vergessen, wie durchschaubar Searbe sein konnte. Und ich wunderte mich ernstlich, wie ich ihm je hatte trauen können.

»Dann sag ihn mir«, sagte ich. »Das Wissen könnte helfen, dich zu befreien.«

»Oh, *so* leicht könnt Ihr mich nicht reinlegen«, sagte Searbe.

»Warum sollte ich das tun?« sagte ich. »Du bist doch einer der Meinen.«

»Weil ich Euch verraten habe«, sagte er mit nur einem Hauch von Scham. »Und auch Orissa habe ich verraten.«

»Man hat dich gezwungen«, sagte ich. »Ich werde nichts von dem, was du Novari verraten hast, gegen dich verwenden.«

Searbe ließ den Kopf hängen. »Ich war schwach«, sagte er. »Ich hatte Angst. Und dann hat sie versprochen ... sie hat versprochen ...«

»Du mußt mir nicht erklären, welche Art von Versprechen ein Sukkubus macht, Searbe«, sagte ich. »Ich wünschte, du wärest dem nicht so leicht erlegen. Nur sind wir nicht alle gleich stark. Ich jedenfalls will nicht darüber richten, wieviel Druck ein anderer ertragen kann.«

»Ich bin kein Feigling!« protestierte Searbe. »Das dürft Ihr nicht von mir denken!«

»Es ist egal, was du bist oder nicht bist«, sagte ich. »Sag mir ihren Plan, und du wirst von deinen Sünden reingewaschen. Zumindest in meinen Augen.«

Er zögerte, wand sich hinter dem leuchtenden Vorhang hin und her. Dann schossen die Flammen höher, die Schreie wurden schriller, und an seiner Kette wurde fest gerissen. Searbe hielt dagegen, kämpfte darum, stehenzubleiben.

»Ich sage es Euch!« kreischte er. »Aber Ihr müßt mich befreien ... danach.«

»Schnell«, rief ich. »Bevor es zu spät ist.«

»Diese Maschine ist die Quelle ihrer Macht«, haspelte er. »Alles kommt aus dieser Hölle. Sie füttert diese Maschine mit allen Zauberern und Hexen, derer sie habhaft werden kann. Sie kann sich überall und jederzeit davon bedienen. Und täglich kommen neue Seelen hinzu und machen sie stärker als zuvor.«

Ich mußte nicht raten, was sie mit dieser Macht anfangen wollte. Alle, die so etwas wollen, sind verrückt und denken eingleisig. Je mehr Macht sie bekommen, desto mehr wollen sie. Verbindet man das mit dem ewigen Drang eines jeden Sukkubus, alles Gefühl zum eigenen Vergnügen zu verzehren, so bekommt man den ureigensten aller Unterdrücker ... Novari, den Leierschwanz.

»Sie wußte nichts von ... Orissa, bis ich ... ihr davon erzählt habe«, sagte Searbe. Er schien sich zu schämen und sprach zögerlich, als wäre es ein schwieriges Geständnis. »Nichts Wichtiges ... aber sie zeigte ... Interesse ... als sie von all den ... den ... Entdekkungen erfuhr, die wir gemacht haben.«

»Orissa ist in weiter Ferne«, sagte ich. »Es gibt viele andere Königreiche, die sie bedrohen kann, bevor unser Volk sich mit ihr messen muß.«

»Nein, nein, nein«, heulte Searbe. »So ist es nicht! Es gibt einen anderen Weg. Um nach Orissa zu gelangen. Ein Portal oder etwas in der Art. Ich bin nicht sicher. Aber es führt durch eine Welt und kommt in Orissa wieder raus.«

»Warum tut sie es dann nicht einfach?« sagte ich.

»Sie kann nicht«, sagte Searbe. »Ein anderes ... Königreich ... oder so etwas ... ist im Weg. Eine mächtige Königin. Sie trotzt Novari. Sie dachte, sie hätte sie vor einer Weile schon geschlagen, doch die Königin konnte fliehen. Novari weiß nicht, wo sie ist. Sie fürchtet sich, anzugreifen, bevor sie sie gefunden hat.

Oder genügend Seelen beisammen hat, daß sie einfach durchbrechen und Orissa angreifen kann.«

Dann sagte er: »Ich wurde erst ... mh ... vor einer Weile hergebracht. Vor einer Woche vielleicht. Bei den Göttern, es kommt mir vor wie tausend Jahre!«

»Wirklich?« sagte ich mit verblassendem Mitgefühl. »Eine Woche erst, ja? Und was hast du getan, mein Freund, daß ihre Rache über dich kam?«

»Sie hat einfach ... sie sagte, sie hätte keine ... ich meine, ich war ihr nicht mehr von Nutzen. Deshalb hat sie mich reingeworfen. Hat mit ihrem Finger auf mich gezeigt und mich hergeweht.

Aber ich glaube, sie ist der Verzweiflung nah, Lady Antero. Der König hat Entführungstrupps ausgesandt, die alles absuchen, um genügend Zauberer aufzutreiben, mit denen sie diese Höllenmaschine befeuern können. Deshalb hat sie mich hier reingeworfen. Sie brauchte meine Macht. Mehr, als sie mich lebendig brauchte.«

»Sag mir nur eins, mein Freund«, sagte ich. »Warum bin ich nicht bei euch da drinnen?«

»Weil Ihr eine Antero seid«, sagte er und knirschte mit den Zähnen. Nicht aus Schmerz, wie mir auffiel, sondern in kaum verhohlener Abscheu. »*Ihr* müßtet willentlich herkommen. Hereingelockt werden. Sie sagt, Ihr hättet eine Kraft, die es verhindern würde. Eine uralte Kraft, die nur über viele Generationen weitergereicht werden kann. Sie hat zugegeben, daß sie ... verletzt ... wurde, als sie zum ersten Mal wirklich versuchte, Euch niederzuringen.«

Ich erinnerte mich ihres Angriffs auf meine Träume, als ich im Kerker saß und nur mit meinem Stück Echsenknochen bewaffnet war. Und jetzt wußte ich, daß ich mit meinen blutigen Attacken auf die Abbilder meines Bruders und Omeryes nur Novari verwundet hatte. Die in Gestalt meiner Lieben zu mir gekommen war.

Ich stellte mir ihren Schmerz vor. Und es gefiel mir.

»Mehr weiß ich nicht«, sagte Searbe. »Und jetzt holt mich raus. Wie Ihr es versprochen habt.«

»So bald ich kann, mein Freund«, sagte ich.

Es folgte ein weiterer Ruck an seiner Kette, und er wurde rückwärts in die lodernden Flammen gerissen.

Er schrie, kämpfte darum, wieder zum Vorhang zu kommen.

»Bitte, Lady Antero!« heulte er. »Rettet mich jetzt!«

»Ich kann nicht«, rief ich. »Ich kann nicht!«

Die magischen Feuer schlugen noch wütender auf als zuvor, und Searbe wurde – kreischend vor Schmerz und Angst – in die Menge der gequälten Seelen zurückgerissen.

»Ich versuche es!« schrie ich. »Ich versuche es!«

Dann wurde ich wachgerüttelt, und Zalia hielt mich in ihren starken Armen, und ich weinte an ihrer Schulter, völlig aufgelöst.

Als ich mich wieder gefangen hatte, erzählte ich Zalia alles, was geschehen war. Ohne Frage akzeptierte sie, daß es sich um ein reales Erlebnis handelte, auch wenn es im Traum oder in einer Vision stattgefunden hatte.

Als ich fertig war, sagte ich, so freundlich ich konnte: »Die Rede ist von deinem Königreich, ja? Deshalb hat dich deine Königin – Königin Salimar – auf diese Mission geschickt.«

»Ja, so ist es, Rali«, sagte sie. »Und ich bin nicht von dieser Welt, falls du darauf anspielst. Mein Königreich befindet sich auf einer anderen... Ebene ist das einzige Wort, was mir dazu einfallen will. Wir standen bereits unter großem Druck, bevor sie von euch in Orissa erfahren hat. Inzwischen muß es noch weit schlimmer sein.«

»Eure Königin wird vermißt«, sagte ich. »Was könnte schlimmer sein als das?«

Zalia zuckte mit den Schultern, anscheinend ungerührt. »Sie nicht zu finden, vermutlich«, sagte sie mit heller, fast fröhlicher Stimme.

Dann plötzlich grimmig: »Wir *müssen* hier raus, Rali!«

»Ich weiß«, sagte ich.

»Novari könnte ihren Angriff jeden Augenblick beginnen.«

»Auch das weiß ich.«

Sie schlug mit der Eisenhand gegen die Bank. Stein brach davon ab.

»Ich fühle mich hier drinnen wie blind«, sagte sie. »Ich weiß nicht, was los ist! Was sie tut! Was sie denkt!«

Nun war sie an der Reihe, zu weinen. Es waren Tränen der Wut. So bittere Tränen, daß sie einen See in Salz verwandelt hätten.

Ich hielt sie, tröstete sie, bis sie aufhörte.

Sie lag in meinen Armen, seltsam leicht trotz ihrer Größe.

Leise sagte ich: »Erzähl mir von deinem Reich, Zalia. Was für ein Land ist es?«

Und sie murmelte: »Es heißt Khalilow. Und es ist ein Land, in dem immer Sommer zu sein scheint. Bäume und Blumen, wohin man auch sieht. Menschen und Tiere wandern frei umher. Der Himmel ist immer blau. Und immer scheint die Sonne.«

»Was ist mit eurer Königin?« fragte ich. »Ist Salimar weise? Ist sie schön?«

»Vielleicht kannst du sie eines Tages selbst sehen«, murmelte sie. »Nur eines will ich dir sagen: Sie wohnt in einem Kristallpalast mit plätschernden Brunnen, Obstbäumen und einer Bibliothek. An die Bibliothek kann ich mich am besten erinnern. Dort gibt es Bücher... mehr Bücher, als eine Frau in tausend Lebensspannen lesen könnte.«

»Schon jetzt gefällt sie mir«, sagte ich. »Kristallpaläste sind schön. Ebenso Brunnen und Obstbäume.

Aber Bücher? Ah, die sind ein Schatz, für den ich meine linke...«

Ich hielt inne. Dann lachend: »Ich weiß nicht so genau, welchen Teil von mir ich freiwillig dafür geben würde. Ich kann mich nicht erinnern, auf welcher Seite am meisten von mir übrig ist.«

Zalia kicherte.

»Ach Rali, meine Liebe«, seufzte sie. »Wären wir einander nur... zu einer anderen Zeit begegnet.«

Dann schloß sie die Augen und schlief ein. Ein leises Lächeln lag auf ihren Lippen. Fast sah sie hübsch aus.

Und ich dachte, wie schade es war, daß ich mich nicht länger auf unsere Flucht konzentrieren konnte.

Es wäre schön, in Zalias Land zu reisen. Paläste und Gärten und Bücher und die anmutige Salimar zu sehen. Und vielleicht sogar Zalia unter angenehmeren Umständen besser kennenzulernen.

Doch stand die Flucht nicht länger ganz oben auf der Liste.

Irgendwie, auf irgendeine Art und Weise, mußte ich Novari aufhalten.

Ich mußte ihre Maschine zerstören.

Ich sagte Zalia nichts davon. Ich fühlte mich deshalb schuldig. Denn inzwischen war ich sicher, daß ich ihr vollkommen trauen konnte.

Doch was, wenn ich mich täuschte? Der Fehler konnte viele Orissaner das Leben kosten. Daher begrub ich meine Schuld. Dieser Friedhof war groß und fast voll, doch fand ich eine kleine Ecke, in der ich eine weitere meiner Sünden hineinquetschen konnte.

Zuerst mußte ich das Problem mit den häßlichen Metallklumpen lösen, die uns versklavten ... die künstlichen Hände.

Ich besaß genügend Goldstaub von Novari, um das zu schaffen, doch der Bann, den ich im Sinn hatte, war so stark, daß er garantiert Novaris Zauberer warnen würde.

Um nicht entdeckt zu werden, brauchte ich Zalias Hilfe.

Sie beschämte mich erneut, als ich ihr diesen Teil meines Planes eröffnete.

Zalia klatschte vor Freude in die Hände, als ich davon erzählte, und sagte: »Endlich! Du hast beschlossen, mir zu vertrauen!«

Sie schniefte und wischte sich die Augen. »Ich wußte, daß es eines Tages soweit sein würde, Rali«, sagte sie und erniedrigte mich mit jedem ihrer Worte. »Ich habe mir immer wieder gesagt, du leidest noch unter all dem, was dir zugestoßen ist. Und wenn ich so geduldig wäre, wie ich könnte, würdest du schließlich einsehen, daß wir einander vertrauen *müssen*.«

Zalia grinste mich verlegen an. »Ich muß zugeben, daß ich nicht immer so geduldig war, Rali«, sagte sie. »Ich weiß, daß ich zänkische Dinge zu dir gesagt habe. Und ich hoffe, daß du meine Bitte um Entschuldigung annimmst.«

Ich zog den Kopf ein und murmelte: »Eine Entschuldigung ist unnötig«, dann kehrte ich eilig zum Thema zurück.

»Das Problem«, sagte ich, »ist, daß wir über eine Stunde in der Schmiede brauchen. Die Arbeit wird mindestens so lange dauern. Meine Frage ist folgende: Können wir zwei Stunden durchhalten?«

Zalia runzelte die Stirn. »Ich kann mir nicht vorstellen, daß es so lange geht«, sagte sie. »Jedesmal, wenn wir aus der Schmiede kommen, denke ich, daß ich sterben muß, sollte ich auch nur eine Minute länger bleiben müssen.«

»Das ist nicht meine Frage«, sagte ich. »Meine Frage ist: Wäre es möglich? Glaubst *du,* daß *du* es schaffen kannst?«

»Das weiß ich erst«, sagte sie, »wenn ich es versucht habe.«

»Bist du bereit?«

»Bei den Göttern, ja!« sagte sie mit leuchtenden Augen. »Ich würde alles tun, um hier rauszukommen.«

Ich nahm sie beim Wort. Vereinbarungen für den nächsten Tag wurden getroffen, und ein paar Tage später schlossen wir uns einem Arbeitstrupp zum Höllenpfuhl an.

Als wir die Minen an diesem Tag verließen, war die Luft besonders süß, das Licht so klar, wie ich es noch nie gesehen hatte. Ich hörte ein Rufen vom See her. Wir drehten uns alle um, weil wir sehen wollten, was vor sich ging, Sklaven und Wachen gleichermaßen.

Draußen auf dem zugefrorenen See sah ich ein goldenes Schiff, das die Docks von Koronos ansteuerte. Soldaten liefen vor dem Schiff auf dem Eis umher, hämmerten auf ihre Schilde und sangen ein vertrautes Lied:

*»Magon kommt –*
*Der Feind erzittert!*
*Magon kommt –*
*Der Feind, er flieht!*
*Magon kommt –*
*Mein Herz, sei froh!«*

Obwohl es zu weit entfernt war, um die Gestalten an Deck des großen Schiffes zu erkennen, wußte ich doch, daß Novari unter ihnen war. Ich konnte den Duft ihrer Zauberkraft im Wind riechen. Meine Erinnerung reagierte auf ihren magischen Duft, und ich fühlte die sanften Zärtlichkeiten des Sukkubus' an meinen Schenkeln und Brüsten. Ich erschauerte. Widerwillen wuchs, das Gefühl wandelte sich zu Übelkeit in meiner Magengrube, und würgend wandte ich mich ab.

Ich spürte Zalias Arm an meiner Schulter. »Was ist los, Rali?« fragte sie.

Ich schüttelte den Kopf. Ich konnte nicht antworten.

Schließlich war der Augenblick vergangen, ich riß mich zusammen und wischte mir mit dem Ärmel meines Kittels das Gesicht. Da wurden die Wachen darauf aufmerksam, daß wir zu lange stehenblieben, und sie peitschten uns in Reih und Glied, trieben uns den Berg hinab zum Höllenpfuhl.

Als wir um die Biegung über dem Bärentempel schlurften, kam Leben in die mächtige Glocke, die die Ankunft König Magons und seiner Gemahlin Novari verkündete. Schon legte das goldene Schiff an, und ich sah Würdenträger aus dem Tempel und dann die Straße hinunter eilen, um ihren König zu begrüßen.

Sie können nicht gewußt haben, daß ihre Herrscher kommen, dachte ich. Sonst hätte die Glocke schon geläutet, und es hätte eine große Willkommensschau für Magon und Novari gegeben.

Zalia zupfte an meinem Ärmel und flüsterte: »Ändert das unsere Pläne?«

Ich schüttelte den Kopf. Tatsächlich hoffte ich, daß sie dadurch beschleunigt würden. Doch ich wußte nicht, wie.

Als die Türen der Schmiede sich donnernd öffneten und die heiße, stinkende Luft meine Lungen faulen ließ, vergaß ich alles, was Novari betraf. Ich stählte mich, als die Türen krachend zufielen und uns einschlossen.

Nun standen mir zwei Stunden im Sumpf des Höllenpfuhls bevor.

Die Peitsche eines Wächters brannte mir über den Rücken, und er brüllte, ich solle an die Arbeit gehen.

Ich kämpfte mich zu einem Stapel goldener Stangen hinüber. Jeder Schritt stellte meine Entschlossenheit auf die Probe. Nach Minuten schon bezweifelte ich, daß ich auch nur eine Stunde würde überleben können, schon gar nicht zwei.

Zalia half, die Stangen auf einem Karren zu stapeln. Diesen schoben wir zum Förderband, welches Novaris Maschine fütterte.

Schon früher war mir aufgefallen, daß wir alle, Wachen und Sklaven gleichermaßen, versuchten, der Maschine so weit wie möglich fern zu bleiben. Je näher man ihr kam, desto drückender wurden Hitze und Pein. Normalerweise rollten wir die Karren zum abgewandten Ende des Förderbandes, beluden es so schnell wie möglich und entfernten uns dann eilig von den magischen Flammen.

Es war der einzige Zeitpunkt, an dem irgend jemand in der Schmiede sich schneller als langsam schlurfend fortbewegte. Es gab einen schmalen Gang zwischen dem Förderband und den Wänden der Schmiede. Diesen benutzte niemand. Wir alle nahmen den weiteren Weg auf der anderen Seite. Ich hatte es jedoch aus der Nähe betrachtet und die unheimlich springenden Schatten gesehen, die der magische Vorhang warf.

Bei meinem letzten Besuch hatte ich die Tiefe dieser Schatten ausgelotet. Als niemand mich beobachtete, hatte ich meinem leeren Karren einen festen Stoß gegeben, er war den schmalen Gang entlanggerollt und am Rande der Esse mit einem Ruck zum Stehen gekommen.

Mein Herz tat einen Sprung, als ich sah, daß der Karren vollständig hinter den tanzenden Formen des leuchtenden Vorhangs verborgen war. Wenn Zalia und ich in diese Schatten kriechen würden, so dachte ich, könnte uns niemand sehen. Wir könnten tun und lassen, was wir wollten, solange wir dort blieben.

Doch das war nur ein Test. Diesen Bereich tatsächlich zu betreten, entpuppte sich als eine ganz andere Sache.

Die Todesstrahlen prügelten auf uns ein, als wir uns dem Förderband näherten. Ich blickte mich um, sah niemanden in der Nähe und gab Zalia ein Zeichen. Anstatt stehenzubleiben und abzuladen, schoben wir den Karren eilig den schmalen Gang hinab und dann ins Dunkel.

Zähneknirschend vor Schmerz sah ich nach, ob jemand uns bemerkt hatte. Ich bemerkte, wie der Blick eines Wächters, ohne stehenzubleiben, über uns hinwegstrich, und wußte, daß wir gut versteckt waren.

Meine Haut fühlte sich an, als würde sie mir von der Hitze abgezogen, und in meinen Ohren heulte das Lied vom rauschenden Blut. Das Atmen fiel schwer. Ich mußte meine Rippen zwingen, sich zu bewegen, um jeden stinkenden Atemzug aufzunehmen. Meine Glieder fühlten sich an wie Brei, und mein Herz war eine offene Wunde, in die man heiße Spieße warf.

Ich hörte Zalia stöhnen, sah, wie ihr Gesicht so blaß wurde, daß sie wie ein blutleeres Nachtwesen aussah. Ich winkte Zalia, sich neben mich zu hocken. Sie nickte, schnappte wie ein Fisch nach Luft und ließ sich nieder.

Ich zog ein Bündel aus meinem Kittel und rollte es am Boden aus. Es enthielt das ausgehöhlte Röhrchen und einen kleinen Haufen von Novaris Staub. Zalia reichte mir eine kurze, stumpfe Feile, die wir aus den Minen gestohlen hatten.

Ich legte die Finger der Eisenhand – der linken – fest um eines der Beine des Förderbandes. Mit meiner Rechten begann ich, an den Bolzen herumzufeilen, die die Linke am Stumpf festhielten. Jede Bewegung war eine Qual, ein langsamer Tod. Unermüdlich schuftete ich wie ein jämmerlicher Automat.

Es war beängstigend, wie schnell ich ermüdete. Zalia übernahm, grunzend vor Anstrengung. Bald sank sie zurück, keuchend, nicht in der Lage, fortzufahren.

Ich wäre fast verzweifelt, als ich sah, wie wenig wir vorangekommen waren.

Ich mußte weitermachen. Der einzig sichere Ort, die Hand zu entfernen, war der magische Schatten des großen Feuers.

Kein Zauberer, kein Bund von Zauberern, so mächtig oder zahlreich sie auch sein mochten, konnte ahnen, was ich unter dieser tödlichen Decke tat.

Ich löste einen Bolzen und durchtrennte eben den letzten Faden des zweiten, als die Schicht wechselte.

Wir sahen, wie die anderen Sklaven hinausgingen und eine neue Gruppe hereingetrieben wurde.

Eine Stunde war vergangen.

Und wir hatten noch eine Stunde vor uns.

Ich verfluchte die Zeit, verfluchte mich selbst, verfluchte Novari und alle hassenswerten Leute, die mir einfielen. Und aus diesem Zorn zog ich genügend Kraft, um weitermachen zu können.

Niemand würde uns vermissen. Die Wachen waren zu müde von ihren eigenen, weit kürzeren Schichten und stellten erst am Ende des Tages die Vollzähligkeit fest, bevor wir in unseren Bau geführt wurden.

Denn wer wollte schon länger als nötig in der Schmiede bleiben? Es gab keinen Grund, anzunehmen, daß jemand freiwillig zurückblieb und auf die dringend notwendige Pause verzichtete.

Ich riß meinen Stumpf aus der Eisenhand, ließ das Ding am Bein des Förderbands zurück.

Ich hielt den Stumpf vor meine Augen. Er bot einen häßlichen Anblick, doch war ich vom magischen Ansturm allzu benommen, um von dem entsetzt zu sein, was man mir angetan hatte.

Ich schloß mein Auge, wechselte meinen »Blick« zu dem, was ich inzwischen als mein »Ätherauge« betrachtete, und sah die geistigen Finger aufsteigen.

Sie schienen fester als zuvor, verbessert durch die Gegenwart von soviel Zauberkraft.

Gedanklich befahl ich den Geisterfingern, sich zu spreizen und zu spannen, und sie taten alles, worum ich bat. Ganz so, als wären sie lebendig.

Ich schlug mein Auge auf, nahm das Knochenröhrchen und kniete über dem Goldstaub. Ich gab etwas Staub in das Röhrchen, dann schloß ich mein Auge wieder, damit ich die Geisterfinger sehen konnte. In den Anderwelten war das Röhrchen durchsichtig, und ich konnte das verwandelte Gold darin glitzern sehen.

Sanft blies ich, überzog die Finger mit Staub.

Der Staub klebte an ihnen fest, formte den goldenen Schatten einer Hand.

Als ich das Röhrchen wieder füllte, bemerkte ich, daß die Umrisse der Hand langsam Form annahmen. Sie sah aus wie eine dunstige Wolke, die Finger und Nägel und sogar eine Handfläche mit einer vertrauten Lebenslinie formte, als ich die Geisterhand umdrehte.

Ich versuchte, sie zu bewegen.

Nichts geschah.

Doch war ich ermutigt und fuhr fort, füllte das Röhrchen und leerte es dreimal, bis ich fertig war ... die Haut über der Geisterhand bedeckt, damit die Bolzenlöcher überzogen waren und allesamt hübsch mit meinem Handgelenk verschmolzen, so daß man nicht sehen konnte, wo das eine endete und das andere begann.

Meinem Menschenauge kam es jedoch nicht ganz so hübsch vor. Statt von sanftem Gold schien meine linke Hand wie ein fleckiger, grobkörnig goldener Handschuh. Noch immer weigerte sie sich, mir in dieser Welt zu gehorchen. Nur in den Anderwelten bewegte sie sich. Allerdings war sie so leicht, daß ich sie kaum spürte.

Ich hatte mir einen eleganten Zauber ausgedacht, kunstvolle Worte über das Licht jenseits der Finsternis oder etwas in der Art.

Doch als ich sie im stillen flüstern wollte, waren meine Gedanken zu benommen von den Schlägen, die ich einsteckte, daß alle Worte wie gefroren waren.

Statt dessen knurrte ich: »Sei eine Hand, verdammtes Ding! Sei eine Hand!«

Das genügte schon.

Ich spürte einen Energieschub, und plötzlich schien das Hämmern des Feuers erträglicher.

Meine ganze linke Seite fühlte sich unglaublich kräftig an, und als ich meine neue Hand betrachtete, kam sie mir wie ein goldenes Wunder vor, das mich voller Staunen aus der Benommenheit erweckte.

Ich versuchte, eine Faust zu ballen, und die Finger bewegten sich sanft, ohne zu zögern. Ich spreizte sie, drehte sie hierhin und dorthin, und wären da nicht die Kraft und der Schimmer von Gold gewesen, hätte ich sie nicht von jener unterscheiden können, die ich verloren hatte.

Ich blickte zu Zalia auf, die nickte und sich alle Mühe gab, zu lächeln.

Eine schwere Last war mir nun von den Schultern genommen, und seit Ewigkeiten fühlte ich mich erstmals wieder frei. Die Esse war noch immer eine Qual, sog noch immer alles Leben aus mir. Doch es war mir egal. Bei den Göttern, wenn ich jetzt starb, dann war ich zumindest von Novaris Sklavenzauber befreit.

Ich packte Zalias Eisenhand und begann, an den Bolzen herumzusägen.

Ich war kräftig genug, um der Feile einen Schneidezauber hinzuzufügen, und nach kurzer Zeit schon hatte ich das garstige Ding und blies Goldstaub über Zalias Geisterhand.

Diesmal machte ich mir nicht die Mühe, mich der Worte des

Zauberspruches zu erinnern, und befahl der Hand einfach, eine Hand zu sein, verdammt noch mal, und auch Zalia war frei.

Dann hörte ich, daß die großen Tore der Schmiede aufgeworfen wurden.

Die zweite Stunde war verstrichen.

Und wir waren nicht nur am Leben geblieben, sondern stärker als zuvor.

Eilig nahm Zalia einen Lumpen, den sie in ihrem Kittel verborgen hatte. Er war mit dickem, schwarzem Öl verschmiert.

Unser Plan – zumindest jener Teil, den ich ihr verraten hatte – bestand darin, unsere magischen Hände zu verbergen, indem wir sie mit diesem Öl verschmierten. Niemand würde bemerken, was direkt vor ihren Augen war, sofern wir es so dreckig wie die Sklavenhände machten.

Wir hatten vor, uns der Gruppe anzuschließen, welche die Schmiede verließ, und darum zu beten, daß eine Stunde Pause genügend Zeit wäre, uns für die nächste Schicht zu erholen. Den Rest des Tages wollten wir so normal wie möglich weitermachen. Danach konnten wir den Rest unserer Flucht in der relativen Abgeschiedenheit unserer Zelle planen.

Zalia warf mir den Lumpen zu und sprang auf, drängte mich zur Eile.

Statt dessen ließ ich den Lumpen fallen, erhob mich vor Novaris Esse und suchte mit dem Ätherauge.

Ich konnte die Höllenfeuer jenseits des schimmernden Vorhangs brennen sehen. Ich sah die sich krümmenden Seelen und hörte ihre schrecklichen Schreie.

Ich sprang auf das Förderband. Es ruckte voran.

Ich rief Zalia zu: »Hier entlang! Novari wartet!«

Ich sah sie zögern. Sah, wie der Schreck der Überlegung, dann der Entschlossenheit wich. Dann stieß sie einen Schlachtruf aus und sprang neben mir hoch.

Wir nahmen uns bei den Menschenhänden. Hielten unsere goldenen Fäuste in die Höhe.

Und wir fuhren durch den flammenden Vorhang in Novaris Hölle ein.

Kapitel Dreizehn

# *Königreich der Träume*

Feuer loderte. Donner grollte. Qualmende Wirbelstürme röhrten zu beiden Seiten. Die Luft war der stinkende Atem eines Dämons, stinkend nach Leichen und brennendem Fleisch. Alle Farben waren zu schreiendem Rot oder Schwarz geworden.

Das Heulen der verlorenen Seelen war eine dunkle Flut der Qual, die uns immer tiefer in Novaris Maschine zog.

Das Förderband brachte uns zu einem flammenden Strudel von Energie. Um diesen herum schrien Hunderte von Geistersklaven. Mit magischen Ketten waren sie ans Bodengitter gekettet, rissen mit blutigen Nägeln daran.

Ich sah Searbe unter ihnen, hörte seinen gequälten Schrei, sah, wie Flammen Haut und Knochen verkohlten, die dann beim nächsten Durchgang wieder ganz waren.

Über allem klang das Lied des Leierschwanzes. Doch sangen die Saiten nicht von Freuden und verführerischen Träumen. Die Musik war ein irrwitziger Mißklang von Tönen, die sich formten, zersprangen und zu schrillem Kreischen von zunehmender Intensität wurden.

Alle Seelen wandten sich, tanzten im Rhythmus der Musik, und ihre Pein fütterte den Strudel des Feuers.

Vor mir sah ich, wie ein Stapel goldener Stangen durch den Strudel gezogen wurde. Funken stoben in alle Richtungen. Auf der anderen Seite des Strudels sah ich das Förderband wieder aufsteigen, und in der Furche glitzerte eine feine Schicht von Novaris magischem Staub.

Ich hielt Zalias Hand, gewann mit jedem Vorwärtsruck des Förderbandes mehr Energie. Ich war ein Zauberschwamm, sog magische Kräfte auf, bis Körper und Seele vollständig davon erfüllt waren.

Ich spürte, wie ein Ruck der Kraft von Zalia auf mich übersprang, und plötzlich nahm ich mehr Energie auf, als ich für möglich gehalten hätte. Allzu erfüllt war ich von der überraschenden Freude über diese neue Quelle der Kraft, als daß ich die Frage gestellt hätte, wieso Zalia mir plötzlich als Zauberin zur Schwester geworden war.

Ich warf den Kopf zurück und rief meinen Bann in die Flammen des Höllenpfuhls:

*Du, die diese Melodie der Schmerzen spielst;*
*Du, die den Stachel der Tücke lockst;*
*Du, die alle Liebe aus der Leidenschaft verzehrst,*
*Alle Anmut aus dem Eifer,*
*Alles, was zart ist.*
*Höre mich, Novari! Ich bin der Feind!*
*Ich bin das Schwert an deiner Kehle.*
*Der Stiefel an deinem Arsch.*

*Das magische Ungeheuer,*
*Das dich in deinen Träumen verfolgt*
*Bis in alle Ewigkeit*
*Wenn du mich nicht erschlägst!*
*Komm, Novari!*
*Komm, stelle dich der letzten Prüfung!*

Diese Herausforderung schleuderte ich in den Äther. Feuer barst aus unseren goldenen Fäusten. Blitze zuckten vom Himmel herab, um sich mit dem Feuer zu verbinden, und unsere magischen Hände glühten und knisterten vor Energie.

Meine Kraft war ungeheuer. Ich fühlte, wie auch Zalias Kräfte wuchsen und sich zu etwas anderem formten. Ich hörte, wie sie trotzig schrie. Ein glorreicher Duft machte die Luft ganz plötzlich süß. Und der Griff ihrer dicken Finger wurde zu einem schlanken, stählernen Band, das mir ins Handgelenk schnitt.

Doch spürte ich keine Gefahr. Ihre Kraft war noch immer meine Kraft. Und meine wurde die ihre.

Als wir eben in den rasenden Strudel kamen, entdeckte uns Searbe und schrie um Hilfe. Er stürzte voran, rang mit seiner Kette, und ich streckte meine goldene Hand aus und hob ihn ohne Mühe auf das Förderband. Ich zerriß die magische Kette mit einem Ruck der Ätherhand und befreite ihn.

Und wir alle wurden direkt ins Auge des Höllenpfuhls befördert.

Dann schwebte ich in grellweißer Leere. Alles war still, bis auf ein schwaches Echo der Leiersaiten. Jetzt war die Musik sanfter, feucht vor Verlockung. Nur galt diese Verlockung nicht mir.

Ich war allein, doch konnte ich Zalias Finger noch immer fest um die meinen spüren. Ich drehte mich um, sah aber niemanden. Dann wurde ihr geisterhafter Griff noch fester, als wäre sie besorgt, und ein riesenhafter Krebs kam auf mich zu.

Er war doppelt so groß wie ich und besaß eine mächtige Schere, die sich mit wilder Geschwindigkeit öffnete und schloß. Sein gefleckter Panzer war von grünlichem Grau und hockte auf gelben säbelförmigen Beinen. Eine ekelhafte Flüssigkeit trat aus seinem Maul hervor.

Die Stielaugen des Krebses zuckten im Rhythmus zur leisen Musik hin und her. Dann fuhren sie herum und fanden mich.

Ein lauter, scharfer Ton kam von der Leier.

Der Krebs eilte zu mir herüber, und seine mächtige Schere klack-klack-klackte auf dem Weg.

Ich griff mit meiner Ätherhand in die Anderwelt. Ich stellte mir Novaris Arsenal mit seinen Regalen goldener Waffen vor. Ich nahm ein Schwert, riß daran. Ich kämpfte wie gegen Treibsand, der mich in die Tiefe reißen wollte. Dann löste sich das Schwert mit einem lauten Knacken.

Ich riß es hoch, als der Krebs eben zum Sprung ansetzte. Die magische Klinge bohrte sich tief hinein, durchschlug den Panzer des Krebses. Ich hörte einen allzu menschlichen Schrei. Schleim und Blut spritzten aus der Wunde, und der Krebs wich zurück.

Kopf und Torso eines Mannes brachen zwischen den wankenden Stielaugen hervor wie ein platzendes Geschwür.

Es war Searbe, teils Krebs, teils Mensch, teils Geisterseher.

Und gänzlich Novaris williger Sklave.

»Ich töte dich, Antero«, sabberte er mit wild klappernder Schere.

»Laß mich dir helfen, Freund«, flehte ich ihn an. »Sie hat dich in der Hand. Aber wenn du mir Gelegenheit dazu gibst, kann ich dich für alle Zeiten von ihr befreien.«

»Du bist nicht meine Freundin, Antero«, zeterte er. »Du hast mich verraten!«

»Wann?« sagte ich. »Wann habe ich dich verraten? Ich habe dir einen guten Posten gegeben. Eine respektable Stellung. Du warst oberster Geisterseher eines wichtigen Außenpostens. Deine Zukunft war gesichert. Deine Möglichkeiten unbegrenzt.«

»Du dachtest immer, ich wäre nur ein plumper Bauer«, schrie er am Rande der Hysterie. »Ein wertloser Angeber.«

»Du hast Fehler«, sagte ich. »Aber ich war bereit, über sie hinwegzusehen. Ich dachte, du hättest ein Talent, das diese Fehler mehr als ausglich.«

»Du bist eine Expertin im Verdrehen von Tatsachen, Antero«, faselte er. »Du hast mich auf diesen Außenposten verbannt und allem Übel ausgesetzt, das da einfallen wollte. Du hast dich geweigert, mir Einblick in deine Macht zu gewähren, damit ich mich hätte schützen können.«

»Ich habe dir nie etwas verweigert«, sagte ich.

»Das ist nicht wahr«, schrie er. »Das ist eine Lüge! Und für deine Lügen sollst du mir bezahlen.«

»Hör mir zu«, beharrte ich. »Ich habe dich eben in der einen Welt gerettet. Ich kann es hier noch einmal tun. Arbeite nicht gegen mich. Wir sind Kameraden, Freunde. Orissaner. Wir können zusammenarbeiten, um das Problem zu lösen.«

Plötzlich war Searbe ganz still. Argwöhnisch schielte er mich an. »Ich arbeite nun schon seit geraumer Zeit in meinem eigenen Interesse«, knurrte er. »Genau wie *du*. Wie alle Anteros es tun.«

Die Leierklänge schwollen an, erfüllten die Leere mit einem spöttischen Lied.

Searbe winkte mit seiner Krebsschere. »Hörst du das?« krähte er. »Novari sagt, es tue ihr leid. Sie liebt mich. Sie hat mich immer geliebt. Sie wollte mir nicht weh tun. Nur hatte sie keine Wahl.

Du hast sie dazu gezwungen, Antero! Du hast Novari dazu gebracht, mich zu verletzen!«

Ich wollte protestieren. Ihm noch eine letzte Chance geben, bevor er angriff.

Plötzlich schoß die große Schere vor, um mich zu zermalmen.

Ich blieb stehen. Ließ sie kommen.

Und im letzten Augenblick schlug ich zu.

Mein goldenes Schwert durchschnitt die Schere, als wäre sie aus Stoff und nicht gepanzert.

Searbe heulte, wollte seinen Stumpf zurückziehen.

Ich schlug nach seiner Seite, und das Heulen wurde zu einem Gurgeln, als die Klinge seine Kehle durchtrennte.

Noch einmal schlug ich zu, um sicherzustellen, daß er tot war, doch mitten im Hieb löste sich die Leere zu einer plötzlichen Woge des Lichts auf.

Und ich fand mich auf einer mit Steinen übersäten Ebene wieder, während Searbes Todeskeuchen noch in meinen Ohren hallte und sein Blut mein Schwert befleckte.

Zalias Hand war meinem Griff entglitten, und ich wandte mich um, weil ich sie suchen wollte. Ich sah den Schatten einer Frau ausgestreckt unter dem kalten, weißen Licht, das von brodelndem Himmel herabstrahlte. Ich rief: »Zalia?«

Ich glaubte, ihre Antwort zu hören. Glaubte, die Antwort käme von dem weiblichen Schatten. Ich hörte Leierklänge, und der Schatten verschwand.

Ich wandte mich den Klängen zu. Weit drüben auf der Ebene sah ich eine schwarze, gedrungene Maschine auf kahlem Boden. Aus ihrer Mitte spie Feuer, und unter einem Sturzbach von Leiertönen konnte ich das Klappern des Förderbandes hören.

Ich hörte Novari rufen: »Komm zu mir, Antero! Komm zu mir, meine Süße! Ich warte, Rali. Warte auf deine Umarmung.«

Ich packte mein Schwert noch fester und machte mich zu der Maschine auf.

Blendendes Licht strahlte vor mir auf.

Und aus diesem Licht trat die Göttin Maranonia, den Speer erhoben, dessen Spitze von himmlischem Feuer erglühte.

Ich seufzte, sank müde gegen einen Felsen.

»Nun habt Ihr Euch also doch endlich entschlossen, mir zu helfen«, sagte ich.

Die Göttin lachte. Es klang wie berstendes Glas.

»In diesem Augenblick«, sagte sie, »würden die meisten Sterblichen zu Boden sinken, sich kasteien, meinen Namen preisen und mich um Vergebung ihrer Sünden bitten, seien diese nun wirklich oder eingebildet.«

»Sieh mich an«, sagte ich. »Fehlen mir nicht schon genügend Körperteile, daß alle Missetaten ausgeglichen sind? Oder braucht Ihr auch noch meine andere Hand und eine vollständige Erblindung?«

Wiederum lachte die Göttin. Es klang kalt und zynisch und fühlte sich an wie eine winterliche Bö.

»Ich gestehe dir zu, wütend auf mich zu sein, Rali«, sagte sie. »Und ich vergebe dir. Anders zu reagieren, würde mich wahrlich zu einer schlechten Göttin machen.«

Ich wollte ihr schon sagen, wohin sie sich ihre Vergebung meinetwegen stecken konnte. Doch gab es Dringenderes zu tun.

»Was wollt Ihr denn von mir, meine Göttin?« fragte ich. Ich deutete über die Ebene auf die geduckten, schwarzen Umrisse. »Mein Ziel war es, diese Todesmaschine zu zerstören.«

»Das ist der weiseste Weg, Rali«, sagte sie. »Zerstöre sie, und Orissa ist gerettet.«

»Ich könnte etwas Hilfe dabei gebrauchen, wenn es Euch nichts ausmacht«, sagte ich. »Vielleicht könntet Ihr das verdammte Ding mit Eurer göttlichen Sprengkraft dem Erdboden gleichmachen. Dann nehme ich mir Novari vor.«

»So direkt kann ich dir nicht helfen, Rali«, sagte sie. »Wenn ich es täte, würde mehr als nur Orissa bei dem Rückschlag zerstört. Die Feinde sind auf jedes Eingreifen von meiner Seite vorbereitet.«

»Na, großartig. Wirklich großartig«, knurrte ich. »Wozu seid Ihr dann gekommen, o große Göttin? Eine Rede am Abend vor der Schlacht, um mein Blut in Wallung zu bringen? Woraufhin Ihr Euch anmutig in die heiligen Hallen der Götter zurückzieht und die

Kampfhandlungen bei einem guten Jahrgang Eurer himmlischen Weinberge genießt?«

Maranonia ignorierte meinen Sarkasmus. »Meine Absicht, Rali«, sagte sie, »war es, dich zu warnen. Und gerechterweise muß ich dir die Wahl zwischen zwei Übeln anbieten.«

»Und die wären?« fragte ich.

»Zuerst«, sagte sie, »laß mich unsere Schwester holen.«

Sie deutete mit ihrem Speer, warmer Wind wehte auf, und dann zerriß ein Schimmer von Licht die Luft.

Eine Frau trat durch diesen schimmernden Spalt und stellte sich vor uns.

So müde und allem überdrüssig, wie ich war, blieb mir doch nur, ihre Schönheit zu bewundern.

Sie war groß und gertenschlank, mit elfenbeinerner Haut, herzförmigem Gesicht und Augen so groß und dunkel und geheimnisvoll wie eine sternenklare Nacht. Der Wind ließ ihr kastanienbraunes Haar wehen wie die Mähne einer großen, wilden Stute, und ihr Kittel wurde an den Leib gepreßt und zeigte jede Kurve, jede Wölbung.

Es war die Frau, die ich vor langer Zeit im Traum gesehen hatte. Die Frau, die das silberne Schiff über den Himmel der Antero Bay gesegelt hatte, verfolgt von irgendeiner schrecklichen Macht.

Die Frau streckte eine goldene Hand aus.

Und als sie sprach, sprach sie mit Zalias Stimme:

»Kennst du mich nicht, Rali?«

»Zalia!« hauchte ich. »Wie kann das sein?«

Maranonia lachte leise. »Königin Salimar«, sagte sie, »ist im Verkleiden so begabt wie du mit deinen Waffen, Rali.«

Mein Mund stand so weit offen, daß ich fürchte, ich muß wohl wie ein alter, schlammspuckender Tümpelfisch ausgesehen haben.

»Königin Salimar?« fragte ich. »Ihr meint, Zalia ist eigentlich...«

»Es tut mir leid«, sagte Salimar. »Ich glaubte, die Verstellung wäre nötig.«

Sie warf Maranonia einen kalten Blick zu. »Fast hättet Ihr uns zu Feindinnen gemacht, Göttin«, sagte sie, »nicht zu Freundinnen.«

Anstatt gekränkt zu sein, schien Maranonia zufrieden. »Welch inspirierte Frauen!« sagte sie. »Kein Wunder, daß sich die Schlacht zu meinen Gunsten neigt. Welcher andere Gott kann sich zweier Frauen wie euch rühmen?«

»Ich habe gehört, wie Rali Euch um Hilfe bat, Göttin«, sagte Salimar. »Außerdem habe ich Eure Antwort gehört. Von welchen Möglichkeiten sprecht Ihr? Und was steht auf dem Spiel?«

Ihre kultivierte und melodiöse Stimme, die in der derben Verkleidung seltsam geklungen hatte, wirkte nun vollkommen natürlich. Es war nicht zu überhören, daß Maranonia mit einer Königin sprach.

Die Göttin stach ihren Speer zweimal in die Luft, und zwei leuchtende Portale waren zu sehen. Die Portale standen nebeneinander, und die Fenster blickten auf zwei verschiedene Welten hinaus.

Das nächstgelegene Portal blickte aus großer Höhe auf Orissa hinab. Mein Herz sehnte sich danach, den hübschen Fluß an meiner Stadt vorüberfließen zu sehen. Ich sah die Anleger und Schiffe mit der Flagge der Anteros. Ich sah das große Amphitheater, in dem ich sowohl gekämpft hatte als auch geehrt worden war. Ich sah den Palast der Geisterseher auf dem Hügel über der Stadt und das magische Leuchten der Geisterseher bei der Arbeit. Weit dahinter, jenseits der gewundenen Straße und sanften Wälder, sah ich die Umrisse von Amalrics Villa. Ich roch die Rosenknospen, die überall um den Schrein meiner Mutter herum erblühten. Hörte das Plätschern des Brunnens. Und die sanften Klänge aus Omeryes wundervollem Dudelsack.

Ich sah meinen Bruder und Omerye auf einer nahen Weide

spielen, lachen und ein kleines Kind in die Lüfte werfen. Ihr Sohn, so dachte ich. Der Junge, mit dem Omerye schwanger war, als ich die Heimat verließ. Ich staunte, wie er bereits gewachsen war. Und ich fragte mich, ob sie ihn wohl Cligus getauft hatten, wie es geplant gewesen war. Ich erinnerte mich meiner Vorahnung, als der Name erwähnt wurde. Ich sehnte mich danach, bei ihnen zu sein, zu helfen, dieses unschuldige Kind an den Untiefen vorbeizuführen, von denen ich fürchtete, daß seine Seele eines Tages daran stranden würde.

Ich spürte Tränen auf meinen Wangen und rieb an meinem Auge herum. Neben mir hörte ich Salimar leise weinen und wußte, sie sah ähnliche Dinge in ihrer Heimat. Ich ging zu ihr und legte ihr tröstend einen Arm um die Schultern. Es war ein merkwürdiges Gefühl. Meine untersetzte Freundin war einer Frau von großer Schönheit gewichen. Die Frau, die ich berührte, war fremd und zur selben Zeit vertraut. Einen Moment lang sank sie gegen mich, und ich hielt sie noch fester.

Ich sah durch das Portal auf ihre Welt... Khalilow. Es war genauso, wie sie es beschrieben hatte, vom eleganten Palast und den Gärten bis hin zu blauem Himmel und den ewig sommerlichen Wolken wie von Buttermilch.

Dann flüsterte Maranonia: »Hinfort«, und beide Portale verschwanden.

Ich fühlte mich, als hätte ich an einem Faden gehangen, und wäre beinah abgestürzt. Salimar stützte mich. Ich sah in ihre Augen. Sie waren feucht und voller Sehnsucht.

»Ich glaube, das war unser letzter Blick auf die Heimat«, murmelte sie.

Ich wandte mich der Göttin zu. Sie wirkte traurig, was beängstigend war, da ich wußte, daß die Trauer nur für Salimar und mich gedacht war.

»Was wollt Ihr von uns, Herrin?« sagte ich. Inzwischen war ich ehrerbietiger. Ihre Trauer weckte mein Mitgefühl für sie. Ich wußte, daß es dumm war, so zu empfinden. Wir waren es, die zum Leiden verdammt schienen, nicht Maranonia.

»Ich möchte, daß du genau das tust, was du vorhattest, Rali«, sagte sie. »Ich möchte, daß du Novaris Maschine zerstörst.«

»Ihr sagtet etwas von verschiedenen Möglichkeiten«, erinnerte ich sie. »Wie sähen diese aus?«

»Die erste Möglichkeit«, sagte die Göttin, »wäre es, euch beide jetzt nach Haus zu schicken. Jede könnte für sich ihre Armee aufstellen und hoffen, daß ihr Novari niederringt, wenn sie kommt. Die Chancen für Sieg oder Niederlage sind diesmal völlig ausgeglichen. Wie es später wäre, weiß ich nicht. Der Leierschwanz ist eine primitive Macht, eine wilde Macht. Aber mit jedem Tag wird sie weiser und mächtiger.

Ob ihr nun siegt oder verliert, es bliebe euch zumindest der Trost, bei euren Familien und Freunden sein zu können.«

Schroff sagte ich: »Was wäre die andere Möglichkeit?«

»Ihr könntet kämpfen«, sagte die Göttin. »Wenn die Maschine zerstört ist, endet damit die Bedrohung eurer beider Städte. Und die Tore durch den Äther, die Orissa und Khalilow miteinander verbinden, werden auf immer zerstört sein.«

Sie zögerte, dann sagte sie: »Nur ist es unwahrscheinlich, daß eine von euch Frauen die Zerstörung überlebt.«

Meine Antwort war ein Achselzucken.

Soweit es mich anging, so gab es keine erste Möglichkeit. Doch fragte ich mich, was Salimar wohl sagen würde. Wäre die Königin so leicht bereit, ein Soldatenschicksal zu akzeptieren?

Barsch hörte ich sie sagen: »Dann muß ich eben sterben. Die Zukunft meines Volkes steht auf dem Spiel. Ich will sie nicht gefährden. Außerdem lebt mein Reich auch ohne mich weiter.«

Maranonia nickte lächelnd. »Ich habe mit euch beiden eine gute Wahl getroffen. Ich bin sehr zufrieden!«

Sie schnippte mit den Fingern, und ein gepanzerter Streitwagen erschien, vier schwarze Streitrösser schnaubten und stampften.

Die Göttin warf mir ihren Speer zu. Unbeholfen fing ich ihn mit meiner lebendigen Hand. Der Speer bebte vor Energie, und plötzlich spürte ich, wie mein Blut vor rasendem Zorn kochte.

»Geht«, befahl uns Maranonia. »Zieht in die Schlacht für euer Schicksal.«

Ich reichte Salimar mein Schwert, nahm den Speer in meine goldene Hand und sprang auf den Streitwagen. Salimar sprang neben mir auf, als ich die Zügel nahm und die Pferde plötzlich voranstürmten.

Mit unfaßbarer Geschwindigkeit fegten wir über die Ebene, glitten über Steine und Felsen, als führen wir über festen Sand.

Die große Maschine ragte immer gigantischer auf, Flammen schossen höher, dann stürmte eine Armee dort aus dem Feuer.

Ihre Standarte war die Bärenflagge, und es waren Magons Soldaten, die uns entgegenkamen, eine rollende Woge von Rüstungen, Schwertern und Speeren.

Wir trafen die Woge mitten ins Zentrum. Ich hörte Schreie, stach mit dem Speer zu, trieb die Pferde weiter an. Magisches Feuer flog im Bogen von meinem Speer, versengte alles, was es berührte. Schmolz Rüstung, Haut und Knochen. Salimar hieb und stach, und Blut spritzte überall um uns herum, ein grauenhafter Regen.

Dann waren wir hindurch, zermalmten Männer unter unseren Rädern, das glühende Tor zur Schmiede war gleich dort vor uns, und das große Förderband führte ratternd in sein Maul.

Ich sprach einen Bann, stach mit dem Speer, und eine mächtige Explosion erschütterte die Esse, riß das Förderband in Stücke, ließ geschmolzenes Metall in alle Richtungen regnen.

Wir donnerten durch das Tor zur Schmiede – kehrten in Novaris private Hölle zurück –, und erneut war alles Feuer und Rauch und stöhnende Seelen.

Ich rief nach Novari. Aus der Ferne hörte ich sie überrascht ausrufen: »Rali?« Und dann ein weiteres körperloses Stöhnen. »Salimar? Wo hast du dich versteckt?«

»Unter deinen Augen, Hexe!« rief Salimar.

Novari kreischte vor Wut... es klang wie der Schrei eines Geiers.

Plötzlich schmolz die Schmiede um uns herum, und Streitwagen und Pferde waren verschwunden, mein Magen rebellierte, und wir stürzten durch die Luft. Der Sturz war kurz, und mir blieb die Luft weg, als ich hart aufs Pflaster schlug.

Ich sprang auf, und im selben Augenblick stand Salimar an meiner Seite auf.

Wir waren in Novaris Waffenkammer im Höllenpfuhl. An allen Wänden hingen Waffen.

Ein Kreischen dissonanter Leiersaiten zerriß die Luft, und König Magon platzte durch die Tür. Er war groß wie ein Riese, und seine Rüstung klapperte wie eine Belagerungsmaschine, die zu den Mauern des Feindes gerollt wird.

Ich stach mit Maranonias Speer zu. Ein Kugelblitz flog dem nahenden König entgegen.

Rüstung und Schild fingen den größten Teil des Hiebes ab. Dennoch wurde Magon hart getroffen, stürzte fast zu Boden. Er taumelte benommen, Rauch stieg von seiner Rüstung auf.

Als ich den nächsten Hieb vorbereitete, hob er den Kopf und schrie gequält: »Novari! Wenn du mich liebst, so hilf mir!«

Ich hörte Novari lachen. In ihrem Spott war kein Raum für Liebe.

Dann kreischten die Leiersaiten wieder auf, als würden sie von einer Klauenhand geschlagen.

Waffen lösten sich von den Regalen. Novaris Macht hob Schwerter und Speere an, schleuderte sie uns entgegen.

Doch war ich bereit, und nun konnte *ich* lachen.

Die Waffen wurden von meinem Zauberschild aufgefangen und dann wieder durch den Raum geschickt.

Magon schrie entsetzlich, als ein Dutzend oder mehr durch seine Rüstung schlugen.

Er brach zusammen. Tot.

Plötzlich fühlte ich mich leer. Aller Kraft beraubt. Hilfloser sterblich, als ich es je gewesen war. Ich sank zusammen, fiel auf ein Knie. Rang ebenso um Luft wie um Kraft.

Ich spürte Salimars Hand an meiner Schulter. Grelles Licht kam von irgendwo, und ich fühlte, wie ihr Griff fester wurde.

Novari stand vor uns. Süß und unschuldig in einem wallenden Kleid von unschuldigem Weiß.

Doch lag keine Unschuld in ihrer Miene. Sie sah erst mich an, höhnisch grinsend, dann Salimar.

»Schweine wart ihr«, sagte sie. »Schweine sollt ihr bleiben.«

Sie hob einen schlanken Finger, und Salimar taumelte rückwärts, als der magische Hieb sie traf. Sie fiel zu Boden, wie tödlich verwundet.

Und zu ihrer endgültigen Erniedrigung war ihr Leib verwandelt worden. Dort am Boden lag Zalia, meine, arme, häßliche Zalia. Vierschrötiger Körper. Anmutige Seele.

Novari wandte sich mir zu.

»Nun zu dir, Rali«, sagte sie.

Ich suchte nach meiner Kraft, fühlte Fäden davon wiederkehren. Doch war es zu spät.

Novari sprach ihren Bann.

Eine kalte, blaue Welle rollte auf mich zu.

Kurz bevor diese mich traf, kam Zalia plötzlich hoch, tauchte vor mir ein.

Sie bekam die volle Wucht zu spüren, schrie, dann stürzte sie rückwärts. Noch einmal erbebte sie. Dann war sie still.

Ich sah Novari an. Fühlte, daß ein Grinsen meine Lippen spannte. Ich konnte ihre Leere spüren und wußte, daß sie sich bei dem Versuch, mich zu töten, übernommen hatte. Nun war es der

Leierschwanz, der seine Kraft zusammenscharren, gegen die Zeit ankämpfen mußte, ganz so wie ich.

Ich wagte es. Ich riß das letzte bißchen Energie hoch und warf Maranonias Speer.

Er flog mir aus der Hand, doch anstatt vorwärts zu fliegen, schien er zu schweben. Langsam, so verdammt langsam. Bohrte sich durch den Schild meiner Feindin.

Und nun sammelte Novari Kräfte. Sie verwandelte sich in den Leierschwanz, und große Schwingen schlugen einen Sturmwind, als sie sich erhob. Der Speer, der noch immer langsam schwebte, änderte seine Bahn und folgte ihr, als sie zur Decke hinaufstieg.

Ich sah ein Leuchten rund um den mächtigen Vogel. Hörte die Leierklänge zu einem großen Crescendo anschwellen.

Der Speer traf sie, als sie eben ihren todbringenden Zauber sprach.

Zwei Mächte trafen aufeinander, streitende Flutwellen von reiner Energie.

Die Welt wurde weiß. Es gab keine anderen Empfindungen als dieses grelle Weiß. Kein Geräusch. Keine Berührung, keinen Geschmack, keinen Geruch.

Das Weiß verflog. Gefühle kehrten zurück. Ich fand mich draußen auf dem zugefrorenen See vor Koronos wieder.

Der große Eisbärentempel war eine qualmende Ruine. Die Stadt war nur noch ein verkohlter Haufen Holz und Stein. Die Anleger waren eingestürzt und Magons Schiff von Flammen umschlossen. Die Gießereien und Essen, darunter der Höllenpfuhl selbst, war nur noch Schutt. Alle Minen waren eingebrochen, und Rauch zischte aus Hunderten von Felsspalten auf dem Angesicht des Berges. Ich sah nichts Lebendes, auch wenn einige qualmende Leichen auf dem Geröll verstreut lagen.

Neben mir auf dem Eis lag die reglose Gestalt Zalias.

Ich hörte den Leierschwanz schreien. Ich blickte auf und sah die riesige Kreatur vom Himmel fallen, wild taumelnd im Todessturz. Der Vogel verwandelte sich in Novari. Sie schrie meinen Namen, während sie fiel, und das weiße Kleid flatterte.

»Rali«, schrie sie. »Salimar!«

Und dann war sie nicht mehr da.

Mitten in der Luft verschwunden.

Ich kniete neben Zalia. Sie atmete noch... wenn auch nur schwach. Ihre Augenlider flatterten, doch schlug sie sie nicht auf. Ich nahm ihre Hand. Ihre Finger zuckten – ein schwaches Zeichen des Erkennens. Sie wollte sprechen, doch bewegten sich die Lippen kaum. Ich beugte mich herab, um sie zu verstehen.

»Ich liebe dich«, flüsterte sie. »Schon immer.«

Und dann sank sie zurück.

Ich hatte keinerlei Gefühl und auch keine Tränen zu vergießen.

Dann wehte eine sich auftürmende Wolke über den See. Und aus dieser Wolke kam ein silbernes Schiff hervor. Es war das Traumschiff, an dessen Ruder ich Salimar hatte stehen sehen, damals, in meinem Traum.

Maranonia stand nun am Ruder.

Das schlanke Schiff blieb vor mir stehen.

Die Göttin winkte mir. »Komm«, befahl sie. »Bring Salimar herauf.«

Ich sah hinab, und die reglose Gestalt Zalias hatte sich erneut in die liebliche Salimar verwandelt. Ich hob sie an, und sie war warm und leicht in meinen Armen.

Ich trug sie zum Schiff, doch meine Beine brachen fast unter mir zusammen. Maranonia machte eine Geste, und ich schwebte mit Salimar in meinen Armen zum Deck hinauf. Ich setzte sie, so sanft ich konnte, ab.

Die Göttin streckte eine lange, schlanke Hand aus und berührte sie... die Augen konzentriert zusammengekniffen. Sie schüttelte den Kopf und zog die Hand zurück.

»Sie kann von Novaris Bann niemals erwachen«, sagte Maranonia. »So wird sie schlafen, bis alle Lebensfunktionen aussetzen. Dann wird ihr Geist für immer ruhen.«

Salimar stöhnte, sie zuckte vor Schmerz, und ich wußte, daß sie litt.

»Ihre Träume sind nicht gut, Rali«, sagte die Göttin. »Ich fürchte, ihr langer Schlaf wird eine Folter sein.«

»Was kann man tun?« sagte ich benommen.

Maranonia sah mich an, und wieder waren ihre Augen voller Trauer, was mich ängstigte.

»Ich kann Salimar ihr Königreich zurückgeben«, sagte sie. »Obwohl es nur in ihren Träumen existieren wird. Doch werden diese Träume stets freudig, voll nie endender Sommer sein.«

»Dann tut es«, sagte ich. »Nach allem, was sie für Euch getan hat, hat sie es sicherlich verdient.«

»Und für alles, was sie für dich getan hat«, sagte die Göttin. »Sie hat dir das Leben gerettet.«

»Ein wertlos Ding ist das«, sagte ich. »Ich bin der Kriege und der Schmerzen müde. Des Todes und der Magie.« Ich hob die Hand, umriß die eisige Einöde. »Ich hab von alledem genug.«

Maranonia lächelte sanft. »Dann willst du dich ihr anschließen, Rali? Willst du in ihrem langen Schlaf bei ihr sein? Es wäre die einzige Möglichkeit, ihr das Geschenk des Friedens zu machen. Du mußt an ihrer Seite sein. Das kann ich dir versprechen, falls du es willst. Es wäre ein Paradies. Oder zumindest soviel vom Paradies, wie ihr beiden in eurem gemeinsamen Traum verwirklichen könnt.«

Ich sah auf Salimar hinab, fragte mich, wie es um meine Gefühle dieser schönen Königin gegenüber bestellt war. War sie die Frau, mit der ich eine Ewigkeit verbringen wollte? Dann sah ich Zalia hinter der liebreizenden Maske. Sah in der Erinnerung die groben Züge, die kleine Nase, den gebogenen Mund und die starken Arme, die so sanft wie die einer Jungfer waren.

»Nun, Rali?« drängte Maranonia.

»Bitte«, sagte ich. »Gewährt uns diese Gunst.«

Ich sah Tränen in den Augen der Göttin glitzern. Dann nickte sie und nahm das Ruder des Schiffes in die Hand.

Die Segel füllten sich mit magischem Wind, und das silberne Schiff fegte vom Eis und in den Himmel auf.

Wir flogen über kahle Länder und zugefrorene Meere. Wir flogen ewig und doch ohne Zeit. Und bald schon kamen wir zu einer ungeheuren Zitadelle aus Eis, glitzernd und durchscheinend unter fahler Sonne.

Die Tore der Zitadelle gingen donnernd auf, und wir segelten hinein.

Dann standen wir neben dem Schiff in einem unermeßlich großen Raum. Salimar lag in meinen Armen.

Goldene Waffen hingen an den Wänden – Novaris Waffen, die nun meine waren. Meine Siegesbeute.

In der Mitte des Raumes stand ein großer Sarg mit einem runden Deckel aus reinem Eis. Der Deckel stand offen.

Ich trug Salimar dorthin und breitete sie auf den weichen, weißen Kissen aus. Sie seufzte und lächelte, murmelte meinen Namen im Schlaf.

Ich kroch neben sie, und sie rührte sich, so daß ich sie in meinen Armen halten konnte.

Sie paßte wunderbar hinein.

Dann stand Maranonia über uns gebeugt, die Hand am Deckel des Sarges.

Sie lächelte und sagte: »Nun, Rali, darfst du deine Belohnung empfangen.« Und als sie den Deckel schloß, flüsterte sie: »Träume süß, meine Kriegerin.

Träume süß.«

Die Dunkelheit kam bald. Und genauso bald löste sie sich in Licht auf.

Salimar und ich betraten ihr Traumkönigreich gemeinsam. Dort war die Sonne stets warm, der Wind stets sanft und duftig. Dort machten wir einander den Hof und wurden bald schon zu Geliebten.

Eine Liebe, die eine Ewigkeit von Träumen dauern sollte.

Dann kehrte die Göttin Maranonia zurück, weckte mich und nahm mir meine Träume. Sie sagte, Novari lebe noch.

Und habe alle Anteros getötet, bis auf eine.

Und dieses Kind jage sie nun.

Ein Kind namens Emilie.

# Zweites Buch
# Emilie

Kapitel Vierzehn

# *Zeichen und Wunder*

Ich hatte reichlich Zeit, diese Geschehnisse zu überdenken. Schließlich segelte ich vom alleruntersten Ende der Welt nach Orissa. Ich nahm die Begebenheiten auseinander, untersuchte alle Einzelteile aus verschiedensten Blickwinkeln und setzte sie dann neu zusammen, um sie im ganzen zu betrachten. Ich lernte viel und erntete etwas Frieden und einige Entschlossenheit, als ich diese Geschichte vom Anfang bis zum Ende überdachte.

Auch Novari selbst blieb kein so unerklärliches Geheimnis mehr.

Ich habe sie als »böse« bezeichnet. Tatsächlich verleiht ihr dieses Wort mehr menschliche Qualitäten, als sie in Wahrheit besaß. Der Leierschwanz war eher eine Seuche. Eine Seuche lebt vom Töten. Wenn alles um sie gestorben ist, reist sie per Schiff oder Karawane in andere Länder, um ihr Festmahl fortzusetzen. Schließlich, wenn die potentiellen Opfer zahlenmäßig zu gering oder in zu weiter Ferne sind, brennt die Seuche sich selbst aus. Und wartet auf die nächste Gelegenheit.

Novari hatte schon einmal jahrhundertelang gewartet. Diesmal, so schien es, hatte sie nicht einmal fünfzig Jahre gebraucht. Sie hatte allen Anlaß, Rachegeist zu sein. Ein Massenmord war nötig gewesen, um sie zu erschaffen. Sie war die Vereinigung Hunderter unschuldiger Mädchen, deren Geister sicher allesamt Rache forderten. Das konnte ich verstehen. Zum Teil hatte ich sogar Mitleid. Wahnsinn erzeugt Wahnsinn. Es war logisch und verständlich, daß ihre Gedanken und Handlungen insgesamt um Rache und das Ziel kreisten, so viel Macht zu sammeln, daß niemand ihr mehr schaden konnte.

Einmal hatte sie es bereits versucht und war gescheitert. Verraten – von ihrem Blickwinkel aus gesehen – von einer Frau. Einer Frau, die sie zu lieben glaubte. Die sie verschmäht und dann zu Fall gebracht hatte.

Diesmal wäre Novari nur noch wütender und rachsüchtiger als zuvor. Und sie wäre gerissener, so dachte ich. Viel gerissener. Ich bezweifelte, daß sie die Dinge erneut direkt angehen würde. Sie würde versuchen, über einen Seitenweg ans Ziel zu kommen, ihr Vorgehen abwägen und sich mäßigen.

Beim letzten Mal hatte ich alle Kraft und allen Verstand gebraucht, sie zu besiegen. Während meines langen Schlafes bei Salimar waren meine Kräfte gewachsen. Ich fühlte einen immensen Quell magischer Energien, die für mich stets in greifbarer Nähe waren.

Doch würde das genügen?

Lange Zeit sah ich kein sterbliches Wesen, begegnete keiner intelligenzbegabten Kreatur, während ich das eisige, sturmgebeutelte Meer des fernen Südens durchsegelte.

Dann umfuhr ich eines Tages – noch Wochen vor Pisidia – einen gigantischen Eisberg mit aufragenden, klippenähnlichen Rändern, die Wind und Wasser zu seltsamsten Formen geschliffen hatten. Der Eisberg war von fahlem Grün, und als ich daran vorübersegelte, bestaunte ich die phantastischen Figuren, die dort entstanden waren.

Ich umfuhr den Berg in weitem Bogen, um bedrohlichen Kanten zu entgehen. Ich richtete meinen Kurs neu ein und spähte gen Norden, betrachtete den vor mir liegenden Weg. In der Ferne sah ich Wasser in die Höhe spritzen. Dann entdeckte ich weitere Fontänen, sah lange, graue Schatten und wußte, daß ich inmitten einer Schule von Walen war.

Ich lächelte leise, dann verdrängte ich sie aus meinen Gedanken. Doch die Wale steuerten mein Schiff an, zweifellos aus Neugier. Als sie näher kamen, sah ich, wie sich ein riesiges, schwarzes Tier von den anderen löste und zu mir kam.

Es war ein Weibchen, so alt wie eine Ewigkeit, mit Krebsen an ihren Flanken und Seetang, der in allen Richtungen von ihr trieb. Sanft bewegte sie sich neben meinem Schiff, lugte mit einem Auge zu mir auf.

Ich sah näher hin, erkannte das Leuchten von Intelligenz und spürte eine vage Woge der Erinnerung.

Augenblicklich formte sich um mich herum ein warmes Etwas. Eine Stimme drang in meine Gedanken, voll und tief.

»Ich kenne dich, Schwester.«

»Und ich kenne dich«, antwortete ich und sprach mit meinen Gedanken, nicht mit meiner Stimme. Diese Fähigkeit kam in Gegenwart dieser weisen, alten Weiblichkeit ganz von allein.

Wieder drang die Stimme der Walin in meine Gedanken ein: »Vor vielen Sangeszyklen bist du hier entlang gekommen. Als ich in Schwierigkeiten war.«

»Ich erinnere mich, Schwester«, sagte ich. »Es war eine schreckliche Zeit. Du hast ein Kind an Magons Jäger verloren.«

»Die Jäger sind schon viele Sangeszyklen nicht mehr gekommen«, sagte sie. »Nicht mehr, seit du den Größten unter ihnen getötet hast.«

»Woher weißt du davon, Schwester?«

»Wir sprechen mit Robben und Seelöwen«, antwortete sie. »Und die sprechen mit den Vögeln. Die wiederum mit allen sprechen ... Vögel sind eine solche Plage. Sie reden zuviel. Obwohl ich manchen Sangeszyklus mit einem Albatros befreundet war. Er hat mich immer besucht, wenn er in diese Gegend kam. Ein weiser, alter Vogel. Nur sehr redselig, wie alle Vögel. Dann wurde er vergeßlich. Und unachtsam, wen er besuchte und mit wem er sprach. Ich habe ihn schon eine Weile nicht gesehen. Ich fürchte, ein Hai könnte ihn gefressen haben.«

Es folgte eine Pause. Ein Gefühl leichter Verlegenheit.

»Ich bin alt«, sagte die Walin. »Mindestens fünfzig Sangeszyklen älter als damals, als ich dich zuletzt gesehen habe. Als du auf dem Weg warst, Magon und den Leierschwanz zu töten. Seither war in diesen Wassern alles friedlich. Und auch die Landtiere berichten, daß alles ruhig ist. Nach Magons Tod ist das Leben sowohl auf See als auch in der Tundra wieder lebenswert. Es gibt so manchen, der dich dafür preist, Schwester. Mütter erzählen ihren Kindern von der Kriegerin, die uns vor Magons Grausamkeit gerettet hat.«

Ich sagte nichts. Ich spürte, daß dieses Treffen kein Zufall war. Ich spürte große Entfernungen und starke Strömungen, die überwunden worden waren, um diese Begegnung zu ermöglichen.

»Ich suche dich schon lange Zeit, Schwester«, sagte die Walin. »Man sagte mir, du würdest den Leierschwanz wieder jagen. Ich komme, um dir zu sagen, daß eine meiner Enkelinnen sie vor nicht vielen Sangeszyklen gesehen hat.«

»Wo wurde sie gesehen, Schwester?« fragte ich. »Und wann?«

»Ich weiß nicht genau, wann«, sagte die Walin. »Meine Enkelin erinnerte sich nur daran, als sie die Neuigkeit hörte, daß du den

Leierschwanz jagst. Sieben oder acht Sangeszyklen mag es wohl her sein.

Meine Enkelin sagte, sie habe sie nahe der schwarzen Küste, einen halben Zyklus südlich von hier, gesehen. Sie sagte, sie habe gesehen, wie das Schiff auf einem Riff gefangen war. Die Haie waren froh. Trunken vom Blut. Alle Mann müssen vom Schiff gefallen sein. Meine Enkelin sagte, ein großer, goldener Vogel habe auf dem höchsten Mast gehockt.

Sie sagte, der Vogel habe sie mit Musik gelockt. Mit wunderschöner Musik. Fast so schön wie das Lied eines Wals. Doch fürchtete sich meine Enkelin, und sie kam nicht näher, wie der Vogel es gewollt hatte. Sie weiß nicht mehr, wovor sie sich fürchtete. Oder auch, was man von ihr wollte. Nur, daß ihr die Gegend plötzlich gefährlich erschien. Daher ließ sie diese hinter sich.

Ich habe andere befragt und eine Großnichte gefunden, die zur Zeit des Schiffsunglücks ebenfalls nahe der schwarzen Küste war. Sie sagte, sie sei nach dem Unglück weiter im Norden gewesen. Sie wußte nicht, wie lange danach, doch sagte sie, sicher hätten die Gezeiten noch nicht oft gewechselt. Sie sagte, sie habe ein Schiff gen Norden fahren sehen, das aus der Gegend des Unglücks kam. Sie erinnerte sich daran, weil auch sie wundersame Musik gehört hat. Obwohl sie nicht glaubte, daß sie ihr gegolten habe, sondern eher den Männern an Bord des Schiffes.

Und sie sah auch keinen goldenen Vogel, sondern nur eine Frau, die Musik auf einem Instrument spielte. Die Frau spielte für die Männer, und meine Nichte sagte, es habe damals den Anschein gehabt, als stünden sie allesamt im Bann der Musik und der Frau. Einige Aufregung lag in der Luft. Die Aufregung der Paarungszeit, wie meine Nichte vermutete. Auch wenn sie der Meinung war, die Frau habe keineswegs die Absicht gehabt, sich mit einem von ihnen zu paaren. Daß sie keinen menschlichen Bullen unter ihnen als würdig empfand.«

Das klang ganz sicher nach Novari. Offenbar hatte sie die Seeleute umgarnt, sie vom Wrack zu holen. Sicher hatte sie die Männer dazu benutzt, sie an einen Ort zu bringen, an welchem sie reichere und mächtigere Opfer finden konnte. Und von dort aus würde sie über Land stürmen, bis sie nach Orissa kam.

Es mochte einige Jahre gedauert haben, dorthin zu gelangen. Als sie es jedoch geschafft hatte, fand sie sicher auch dort genügend gierige, mächtige Männer, an denen sie sich weiden konnte.

Ich befragte das weise, alte Tier noch eine Weile, doch wußte sie nichts mehr, was mir geholfen hätte. Schließlich dankte ich ihr und sagte ihr Lebewohl.

Als ich davonsegelte, sandte sie mir ihren Segen nach.

Und lange noch, nachdem ich sie und ihre Gefährten aus den Augen verloren hatte, hörte ich ihr Lied, das im silbernen Deck des Schiffes vibrierte.

Nach nicht allzu vielen Wochen kam ich nach Pisidia. Es war Vormittag, die Sonne schien, das Meer kräuselte sich sacht, und der Wind wehte frisch und gleichmäßig. Ich umsegelte eine Biegung an der Küste, die früher bewaldet gewesen war, und die Stadt lag vor mir.

Pisidia hatte sich im Lauf der Jahre sehr verändert. Fast hätte ich es nicht wiedererkannt, blickte instinktiv in meine Karten, um nachzusehen, ob mir ein schwerer navigatorischer Fehler unterlaufen sei. Die erste große Veränderung bestand im Fehlen der geruchsintensiven Ausstrahlung, dieses schrecklichen Gestanks von den Gerbereien, welcher Seeleute in vergangenen Jahren schon Tage, bevor sie die Stadt erreichten, begrüßt hatte. Jetzt war die Luft ganz angenehm, voll reicher Düfte einer gesunden Hafenstadt. Der Grund dafür war, daß es keine Gerbereien mehr gab.

Außerdem war die Stadt im Laufe der Jahre immens gewachsen, hatte ihre Flügel weit über die Küste ausgebreitet, die Wälder durchzogen und Knäuel von Häusern und Dörfern in ihrem Fahrwasser zurückgelassen. Auch der Hafen war viel größer und geschäftiger. Ich sah mich unter den Handelsschiffen um und war enttäuscht, als ich sah, daß an keinem die Flagge der Anteros wehte.

Abgesehen von seinem Standort erkannte ich Pisidia hauptsächlich an seinem imposanten Tempel auf dem altbekannten Hügel über der Stadt. Der morsche Holzbau, in dem Daciar, die Hohepriesterin, gewohnt hatte, war verschwunden. Der steinerne Tempel, welcher an seine Stelle getreten war, hatte sich im Bau befunden, als ich zuletzt hier gewesen war. Inzwischen sah auch er sehr alt aus. Eine eindrückliche Erinnerung daran, wie viele Jahrzehnte vergangen waren, seit Daciar und ich Magons kriegerischen Riesen gegenübergestanden hatten.

Ich hißte eine unbestimmbare Freihandelsflagge und sprach einen Zauber, um mein silbernes Schiff zu tarnen, so daß es aussah wie aus schlichtem Holz. Ich rief keine übermäßige Aufmerksamkeit hervor, als ich anlegte, und der Hafenoffizier interessierte sich nur für die Höhe des Bestechungsgeldes, das ich ihm zahlte, um sicherzustellen, daß mein Schiff einen guten, geschützten Liegeplatz bekam.

Mit Sorgfalt wählte ich meine Kleider. Hose, Tunika und schwerer Umhang waren von feiner Qualität, doch unauffällig: Grau und Schwarz gemischt und ohne jeden Schmuck, bis auf schlichte, goldene Ringe an meinen Ohren. Und ich trug Handschuhe bis zu den Ellbogen, um meine goldene Hand zu verbergen. Die Augenklappe gab mir etwas Verwegenes, so daß ich leicht dieselbe Pose wie früher einnehmen konnte. Ich war eine handeltreibende Abenteurerin, die nach neuen Möglichkeiten Ausschau hielt.

Es fiel mir absolut nicht schwer, mich in das neue Pisidia einzufügen. Tauschfieber lag in der Luft, und jedermann erweckte den Eindruck großer Entschlossenheit. Die meisten Häuser und Läden waren nun auf reichere Kunden eingestellt, und es gab manch neues Viertel von gepflegten Häusern für all die Handwerker und Ladenbesitzer. Darüber hinaus reihten sich viele Häuser auf den Hängen aneinander. Offenbar war Pisidia nicht nur reicher, sondern auch reifer geworden.

Ich fand eine Taverne in der Nähe eines beliebten Schiffsausrüsters, dessen Kunden – wohlhabend gekleidete Kapitäne – sich offenbar nicht für die Preise interessierten, die sie für die Versorgung ihrer Schiffe zahlen mußten. Jüngere Kaufleute, ganz ähnlich gekleidet wie ich, besuchten die Taverne, und erfreut stellte ich fest, daß manche unter ihnen Frauen waren.

Kaufmannstratsch erfüllte die Taverne, und ich quetschte mich auf einen freien Platz an einem der langen, groben Eichentische. Eine hübsche Tavernenmaid, rosig von der Arbeit, brachte mir schließlich einen Krug mit gutem Wein und schmackhaften Speckkuchen. Es war Jahre her, daß ich solche Kost genossen hatte, und ich verdrückte jeden Tropfen Wein und jeden Krümel der soßengetränkten Kruste.

Um die Wahrheit zu sagen, war ich etwas benommen von soviel menschlicher Gesellschaft. Der Lärm des dichten Verkehrs, die brüllenden Tiere und knarrenden Karren, dazu die lauten Gespräche in der Taverne gaben mir das Gefühl, seltsam allein und fehl am Platze zu sein.

Doch während ich dem Gerede um mich herum lauschte, fand ich langsam meine Fassung wieder.

»Wie steht es um den Lederhandel?« fragte ich den Nachbarn zu meiner Rechten, einen rotgesichtigen Jungen mit Stoppelbart und freundlichem Lächeln.

»Nicht so gut, wenn man nicht reichlich investieren kann«, sagte das Rotgesicht. »Der Preis pro Bündel ist so hoch wie nie. Es lassen sich nur dann gute Gewinne machen, wenn deine Unkosten gering sind und dein Markt in weiter Ferne liegt.«

Die junge Frau zu meiner Linken hörte, was er sagte, schüttelte den Kopf und unterbrach ihn. »Ich würde keinen blanken Heller auf Leder setzen, wenn ich an deiner Stelle wäre, Schwester«, sagte sie. »Die Qualität läßt dieses Jahr zu wünschen übrig. Besonders wenn man kleine Mengen kauft. Sie verderben, wenn man weit fahren muß. Du machst die Ladeluken auf und erntest nur Maden und Gestank für deine Mühen.«

»Ach, das ist nicht so schlimm«, sagte das Rotgesicht und verteidigte seine Ansichten. »Man muß nur wissen, was man sucht. Man muß das Leder kennen.«

»Früher war das anders«, sagte der alte, beleibte Bursche gegenüber. Obwohl seine Kaufmannsrobe von Weinflecken übersät war, war sie doch von guter Qualität, und schwere Goldketten hingen um seinen fetten Nacken. »Zu meiner Zeit war Leder das größte«, fuhr er fort. »Beste Qualität der Welt. Kein Makel unter Tausenden.«

Er stürzte den Wein hinunter, und sein Stirnrunzeln zeigte an, daß er der Ansicht war, die Zeiten seien seit damals trostloser geworden.

»Nur haben sie dann angefangen, die Gerbereien aus der Stadt zu verbannen«, sagte er. »Haben sie allesamt raus nach Neu-Pisidia gebracht. Meilenweit hinter den Hügeln. Und danach ging die Qualität zum Teufel. Neues Verfahren, wie man sagt. Magisches Verfahren. Ohne Fliegen und Dreckwasser zur Reinigung des Leders, wie sie behaupten.«

Finster blickte er mich an. »Man braucht einen reifen Duft, um gutes Leder herzustellen«, sagte er. »Da kann mich keiner vom Gegenteil überzeugen.«

Meine Gefährten lachten ihn aus. »Wen kümmert es?« sagte die Frau. Sie war klein und verkündete ihre Ansichten mit grimmigem Nachdruck. »Die Stadt hat damals schrecklich gestunken, hat meine Oma erzählt. Es war kein Leben. Jetzt haben wir mehr Handel, als wir bewältigen können. Das Leder macht nur noch einen geringen Teil davon aus. Sieh dich um, alter Mann. Die Luft ist frisch. Die

Straßen sind sauber. Und heutzutage gibt es für jedermann in Pisidia eine Chance.«

Sie zwinkerte mir zu. »Schätze, deine Mutter war so erstaunt wie meine«, sagte sie, »als du Kauffrau wurdest. In den guten alten, stinkenden Zeiten war so was in Pisidia nicht möglich.«

Ich lächelte und nickte zustimmend. »Ich bin nicht sicher, wo ich mein Geld anlegen soll«, sagte ich. »Ich hatte daran gedacht, euer Orakel zu befragen.«

»Eine weise Entscheidung, meine Freundin«, sagte das Rotgesicht. »Unser Orakel ist noch immer das Beste auf der Welt.« Finster sah er den dicken Mann an. »Das kann niemand bestreiten.«

»Das stimmt wohl«, sagte der alte Mann. »Auch wenn die oberste Priesterin nicht im Ansatz so gut ist, wie Mutter Daciar es war.« Er schüttelte den Kopf. »Starb, als ich noch ein Junge war. Seither haben wir zwei Hohepriesterinnen gehabt. Die jetzige ist für meinen Geschmack noch ein bißchen jung. Und das können meinetwegen alle hören.«

Das Rotgesicht grinste mich an. »Hört nicht auf ihn«, sagte er. »Geh und besuch die Hohepriesterin. Sie ist nicht jünger als ich und zehnmal so weise wie jeder Mann oder jede Frau in ganz Pisidia. Sie wird dich auf den rechten Weg bringen, ganz gleich, ob du nun Liebe oder Profit suchst.«

»Oder beides«, kicherte die Frau. »Falls du das Glück hast, das Geschäft mit dem Vergnügen verbinden zu können.«

Ein ansehnlicher Kellner kam mit einem Tablett vorbei. Die Frau zwinkerte ihm lüstern zu und machte eine kneifende Bewegung mit den Fingern, als wolle sie prüfen, wie reif er war.

Die Zeiten hatten sich ganz offenbar gewandelt ... zumindest in Pisidia.

Ich hatte ohnehin die Absicht gehabt, das Orakel zu besuchen, doch tat ich so, als hätte ihr Rat den Ausschlag gegeben, konsultierte sie hinsichtlich der Sitten, wie ein solcher Besuch vonstatten zu gehen hatte, und ließ mir den Preis und den Namen der Hohepriesterin nennen, welcher Hana war.

Ich war zu müde, den Besuch noch am selben Tag anzugehen, und daher nahm ich mir ein Zimmer nahe der Taverne. Ich gab einem Jungen eine Münze und schickte ihn zu den Bücherständen, damit er mir eine Ausgabe des letzten Reiseberichts meines Bruders erstand. Die entscheidenden Teile seines Abenteuers mit Janela Greycloak hatte ich in eindringlichen Traumbildern gesehen, doch wollte ich eine bessere Grundlage als das. Und was konnte besser sein als Amalrics eigene Worte? Die Ereignisse, die er beschrieb, hatten nur wenige Jahre vor meiner Erweckung durch die Göttin stattgefunden.

Der Junge kehrte mit einer zerfledderten, eselsohrigen Ausgabe zurück. Offensichtlich war sie schon durch viele interessierte Hände gegangen.

Ich badete, nahm eine leichte Mahlzeit zu mir und las dabei ununterbrochen. Ich fand nicht viel Ruhe. Ich war so sehr von meinem Bruder in Bann gezogen, daß ich die halbe Nacht lang weiterlas. Es bewegte mich natürlich ganz besonders, weil ich ihn so sehr liebte. Ich durchlebte seinen Schmerz um Cligus, den Sohn, dessen Verrat ich gespürt hatte, als ich vor so vielen Jahren die Knochen in Amalrics Villa warf. Ich kämpfte mich mit ihm und Janela jenen erstaunlichen Fluß hinauf, über den gespenstischen See hinweg, auf welchem Azbaas wartete. Ich fühlte mich, als wäre ich an seiner Seite, als sie sich über Berg und Ebenen hin zur Faust der Götter kämpften, wo Tyrenia – die wahren Fernen Königreiche – lagen. Ich teilte seine Verzweiflung, als er fast geschlagen wurde, und seine Freude, als der endgültige Sieg über Ba'land, den Dämonenkönig, errungen war. Und ich weinte, als ich seine letzten, liebenden Worte las, Augenblicke bevor Janela und er ihren Pakt der Liebe besiegelten und sich das Leben nahmen. Ich betete darum, daß sie tatsächlich die Anderwelt gefunden hatten, die sie suchten.

Als ich endlich schlief, träumte ich, ich reiste mit ihnen in jene Welt, und was wir gemeinsam in meinem Traum erblickten, war so wundersam, daß ich es mit Worten nur verderben würde.

Ich schlief lange – der ungewohnte Luxus zu Lande verleitete dazu –, dann kleidete ich mich wie zuvor. Ich mietete eine Sänfte und ließ mich den Hügel hinauf zum Tempel tragen.

Als ich dort ankam, war der Tag schon fast vorüber. Die letzten Gläubigen gingen gerade, und nachdem ich eine angemessene Spende zur Unterstützung der Opfer für die Armen gemacht hatte, führte man mich zu Mutter Hana.

Ihre Räume lagen auf der anderen Seite des Tempels, und als ich durch den heiligen Palast geführt wurde und versuchte, in all dem Weihrauch nicht zu niesen, fiel mir auf, daß die Wände mit kunstvollen Reliefs bedeckt waren, die Szenen aus der Geschichte Pisidias und seines Orakels zeigten. Ich versuchte, einen genaueren Blick darauf zu werfen, als ich vor der Tür der Hohepriesterin stand, doch sobald die Priesterin angeklopft hatte, forderte uns eine Stimme auf einzutreten.

Die vielbeschäftigte Hohepriesterin warf eilig ihre heilige Robe über, um mich zu begrüßen. Ich konnte sehen, daß sie sich eben bereit gemacht hatte, ein wenig auszuspannen, bevor sie sich ihren abendlichen Pflichten widmete. Dann war ich gekommen und hatte eine Spende gemacht, die eine Privataudienz verdiente.

Mutter Hana war eine gutaussehende Frau von etwa fünfunddreißig Sommern. Sie wirkte hoheitsvoll, mit dunklen Brauen, Patriziernase und bohrendem Blick. Sie besaß dieses gezwungene Lächeln, das heilige Leute sich auf das Gesicht malen, wenn sie Reichtümer für ihre leeren Klingelbeutel wittern.

Ich wußte, daß sie dachte: »Ich werde nett sein, auch wenn sie nur ein reiches Bauerntrampel ist. Denk nur an all die hungernden Kinder, die satt werden müssen, und lächle, Hana, lächle.«

Ich verneigte mich tief und sagte: »Ich fühle mich zutiefst geehrt, heilige Mutter. Und danke Euch, eine Fremde so kurzfristig noch zu empfangen.«

Sie murmelte eine höfliche Erwiderung, doch als ich von diesem Diener hochkam, warf sie mir plötzlich einen seltsamen Blick zu. Ich sah darüber hinweg, dachte, es sei meine goldene Augenklappe, die ihre Aufmerksamkeit erregt habe.

»Ich stehe an einem Kreuzweg meines Lebens, heilige Mutter«, sagte ich. »Und ich bin gekommen, um Euch um Euren weisen Rat zu ersuchen. Falls Ihr meine Ziele für wert erachtet, könnte ich Euch vielleicht dazu überreden, das Orakel zu konsultieren, damit ich den rechten Weg wähle.«

Statt mir zu antworten, betrachtete sie mich nur noch eingehender.

Dann stürzte sie plötzlich zur Tür und rief: »Wartet!«

Ich war beunruhigt. Was war los? Hatte ich sie gekränkt? Oder war es etwas Schlimmeres? Eben überlegte ich, ob es ein Fehler gewesen war, meine Waffen an der Tür zurückzulassen, als Hana erneut hereinplatzte. Der Ausdruck auf ihrem Gesicht zeigte Verwunderung.

»Ich *wußte*, daß da eine Ähnlichkeit bestand!« rief sie aus. »Ihr seid eine Antero, nicht?«

Fast hätte ich lahme Ausflüchte hervorgestottert. Dann besann ich mich eines besseren und fragte statt dessen: »Woher wußtet Ihr?«

»Nun, selbst mit dieser, mh, Augenklappe ist es zu erkennen.« Sie packte meinen Ellbogen und zerrte mich zur offenen Tür.

»Seht«, befahl sie und deutete auf den größten Fries an der Wand.

Dort war in doppelter Lebensgröße eine idealisierte Szene von Kriegerinnen eingemeißelt, die gegen riesenhafte Soldaten kämpften. Das Gesicht der Frau war offensichtlich das meine, ohne die Augenklappe natürlich. Eine andere Frau kämpfte an ihrer Seite. Es war Daciar, mit heiliger Krone und Robe.

»Ihr könntet Rali Anteros Zwillingsschwester sein!« sagte Hana. »Kommt. Ihr könnt offen sprechen, Freundin. Wenn Ihr gekommen seid, hier Zuflucht zu erbitten, so sei sie Euch ohne Frage gewährt. Ganz Pisidia wird es als größte Ehre ansehen, die letzte Antero vor Schaden zu bewahren.«

Mein Herz setzte aus. »Was meint Ihr damit: die letzte Antero?« sagte ich. »Es gab noch ein Kind. Emilie Antero. Die Tochter meines Neffen.«

»Ich fürchte, sie könnte tot sein, meine arme Freundin«, sagte Hana. »Ich dachte, alle Anteros wären von diesen üblen Orissanern erschlagen worden.

Doch seht! Da steht Ihr! Offensichtlich eine Antero. Vielleicht gibt es noch andere, meine Liebe. Vielleicht ist das Kind noch gar nicht tot.

Orissa ist weit. Nachrichten brauchen lange und werden auf ihrem Weg durch so viele Münder manchmal verschlüsselt und verdreht.«

Gerücht oder Wahrheit, wurde ich doch von der Befürchtung heimgesucht, die Schlacht verloren zu haben, bevor sie überhaupt begonnen hatte. Hana führte mich zu einem bequemen Sofa und holte mir einen Branntwein, um meine Nerven zu beruhigen.

Ich würde noch Monate bis nach Orissa brauchen, um die Wahrheit selbst zu sehen. Sollte Emilie tot sein, mußte ich mir einen anderen Plan ausdenken. Ein bitteres Lachen hallte in meinem Schädel nach. Ich dachte: Welchen Plan, Rali? Noch hatte ich die Planungsphase nicht einmal erreicht.

Hana saß mir gegenüber auf einem weichen Sessel. Wir befanden uns im marmornen Empfangsraum, einem traditionell kühlen Ort. Aber sie hatte sich die Mühe gemacht, bequeme Möbel und ein paar Wandteppiche in beruhigenden Farbtönen zu verteilen. Ich vermutete, daß ihre persönlichen Gemächer weniger überladen wären als Daciars, wenn auch nicht weniger anheimelnd.

»Nennt mir doch Euren Namen, bitte«, sagte sie mit warmem Lächeln. »Ich kann Euch nicht einfach Antero nennen. Es klingt so... ich weiß nicht... militärisch!«

Ich zeigte ein schiefes Grinsen. »Ihr wißt gar nicht, wie nah Ihr daran wart, recht zu haben, heilige Mutter«, sagte ich.

»Nennt mich doch Hana, bitte«, mahnte sie. »Sonst nehme ich den Branntwein wieder an mich.«

»Dann also Hana«, sagte ich. Und hob mein Glas, um sie um mehr zu bitten.

Mein emotionales Gleichgewicht war wiederhergestellt, und ich überlegte, wie ich ihr am besten antworten konnte.

Endlich beschloß ich, die Wahrheit zu sagen... wenn auch auf die umständliche Weise einer Zauberin.

»Ich glaube, es wäre das beste, wenn Ihr selbst herausfändet, wer ich bin«, sagte ich.

Ich neigte den Kelch, goß seinen Inhalt langsam in meinen Handschuh. Der Branntwein kam als Schauer von silbrigen Flocken heraus. Diese bildeten einen kleinen, schimmernden Haufen in meiner Handfläche. Dann streute ich sie zurück, und sie wurden wieder zu Branntwein, der in den Kelch spritzte. Während ich das tat, fühlte ich, wie Hanas magische Sinne erst überrascht zurückwichen und dann wieder hervorkrochen, um den Äther zu schmecken.

Sie grinste, und ihre Augen blitzten wissend. »So seid Ihr also entkommen«, sagte sie. »Ihr seid eine Zauberin! Wie Eure große Vorfahrin Rali Antero.«

»Ich bin mehr als das«, sagte ich.

Ich ließ alle Schilde sinken, legte mich ihr offen dar, lud sie ein, die Wahrheit zu erforschen. Ich spürte, wie sie meine Einladung erkannte, dann fühlte ich, wie ein sanftes Etwas in meine Aura drang. Neugierige Finger tasteten hier und dort, gingen sanft alten Wunden und noch älteren Sünden aus dem Weg, bis hin zum Zentrum meines Aura-Ichs. Sie zitterten, erschrocken über das, was sie gefunden hatten. Versuchten es noch einmal. Dann zogen sie sich zurück.

Hanas Augen waren große Monde des Erstaunens.

»Ihr seid Rali Emilie Antero selbst!« sagte sie. »Wie kann das sein? Träume ich? Wenn ja, so weckt mich nicht, denn ich habe offenbar meinen Verstand verloren!«

»Alle Verrückten wohnen im Himmel und sitzen auf göttlichen Thronen«, sagte ich. »Nur Namen will ich keine nennen, damit die Blitze mir nicht allzu nahe kommen.«

Dann füllte ich unsere Kelche und erzählte ihr meine Geschichte. Der Ausrufer verkündete manch neue Stunde, bis ich fertig war.

Hana wischte sich die Tränen aus den Augen. »Solches Leid, solche Tragödie«, sagte sie. »Und doch fällt mir als erstes Eure geliebte Salimar ein. Wie einsam sie ohne Euch sein muß! Wie schrecklich Ihr Euch fühlen müßt, von ihrer Seite gerissen zu sein!

Und solltet Ihr scheitern, werdet Ihr vielleicht nie mehr vereint.«

»Das mag ebenso geschehen, wenn ich nicht scheitere«, sagte ich mit kaum verhohlener Bitterkeit. »Der Sieg könnte sehr wohl meinen Tod erfordern.«

Ich zuckte mit den Schultern. »Ich dachte schon vor langer Zeit, ich hätte meinen Frieden mit dem Dunklen Sucher geschlossen«, sagte ich. »Ich habe den Tod nicht begierig gesucht. Und sicher hatte ich eine ganz natürliche Angst davor. Aber jetzt...« Meine Stimme erstarb. Ich schüttelte den Kopf.

»Jetzt habt Ihr etwas ganz Persönliches zu verlieren, Rali«, sagte sie. »Ihr habt Salimar. Bisher habt Ihr für Eure Heimat gekämpft, für Eure Familie. Doch hattet Ihr nichts ganz für Euch allein.

Geld? Ich glaube kaum, daß Geld Euch etwas bedeutet. Macht? Ich kenne Eure Geschichte. Ich habe Euer Buch gelesen und beide Bücher Eures Bruders, und fand in Euch beiden keinen Hang dazu.

Doch hat Euer Bruder die Liebe gefunden. Bleibende Liebe. Und bis Ihr Salimar traft … hattet Ihr nur traurige Erinnerungen an Eure erste echte Geliebte.«

»Otara«, sagte ich.

Hana nickte. »Ja, das war ihr Name. Jetzt erinnere ich mich … Otara. Nachdem Ihr sie verloren hattet, wurde aus Eurem Tagebuch ganz deutlich, daß Ihr nicht erwartet habt, eine solche Liebe noch einmal zu finden.«

»Das stimmt«, sagte ich.

»Dann muß ich morgen ein Opfer bringen«, sagte Hana. »Ganz Pisidia wird daran teilnehmen. Und wir werden fordern, daß die Götter Euch auf Eurer Mission unterstützen. Nichts Geringeres hat Rali Antero verdient.«

»Bitte, erlaubt mir, diese große Ehre abzulehnen«, sagte ich. »Niemand darf wissen, daß ich zurückgekehrt bin. Ich will nicht, daß Novari auch nur den geringsten Verdacht hegt, daß ich lebe.«

Hana seufzte, doch nickte sie. »Ich verstehe«, sagte sie. »Nur, wenn alles im geheimen geschehen muß, wie können wir Euch dann helfen? Sagt es nur, und es wird geschehen. Ich werde dafür sorgen, daß keine Fragen gestellt werden.«

»Was ich im Augenblick am liebsten hätte«, sagte ich, »wären Informationen von jemandem, dem ich trauen kann. Erzählt mir bitte, was Ihr von den Vorkommnissen in Orissa wißt. Und wie diese Einfluß auf den Rest der Welt genommen haben.«

»Letzteres ist am einfachsten zu erzählen«, sagte sie. »Die gesamte zivilisierte Welt ist schlicht schockiert. Denn Eure Heimat wurde von einem blutigen Bürgerkrieg heimgesucht, der allen Handel unterbrochen und alle Bündnisse zerschlagen hat, so daß mancher Schurke nun um finsteren Profit ringt, der aus solchen Dingen kommt.

Wir sind von diesen Schwierigkeiten derart weit entfernt, daß die einzige Auswirkung auf Pisidia ein zunehmender Strom von Kaufleuten ist, die neue Handelsrouten suchen, bis die Lage sich beruhigt. Doch lauschen wir aufmerksam allen Neuigkeiten, die wir hören, da wir in Gedanken natürlich bei den Leuten von Orissa und besonders bei den Anteros sind.«

»Wie lange dauert dieser Bürgerkrieg nun schon?« fragte ich.

»Über zwei Jahre«, sagte Hana. »Er begann, als ein verbrecherischer Geisterseher – Kato – in den hohen Rat gewählt wurde. Umgehend entfernte er alle außer seinen Spießgesellen aus dem Rat und riß die Macht als oberster Ratsherr an sich. Er verkündete das Kriegsrecht und machte sich selbst zum Kriegsminister, fror die Rechte aller Bürger ein.«

»Einem solchen Joch wird sich mein Volk nur schwerlich unterwerfen«, sagte ich.

»Sie wollten nicht«, erwiderte Hana. »Tatsächlich hat der Großteil der Bevölkerung revoltiert. Sie wurden von zwei Männern angeführt. Der erste – und bei den Massen beliebteste – war Euer eigener Neffe Hermias Antero.

Und der zweite war Euer oberster Geisterseher Lord Palmeras.«

Ich zwinkerte, als ich den Namen erkannte. Palmeras war schon oberster Geisterseher gewesen, als Amalric sich auf seine letzte Reise machte. Aus dem Tagebuch meines Bruders hatte ich entnommen, daß er große Stücke auf ihn hielt.

»Eine von Katos ersten Handlungen, müßt Ihr wissen«, berichtete Hana, »war es, den Palast der Geisterseher einzunehmen. Er hatte es natürlich auf die Werkstätten abgesehen, in denen täglich neue Entdeckungen – basierend auf den Entdeckungen Janela Greycloaks – gemacht werden. Palmeras wurde vertrieben, doch nahm er einen kleinen Haufen seiner Geisterseher mit.«

Ein trauriges, zynisches Lächeln verzerrte mein Gesicht. »Es überrascht mich nicht, daß es nur ein kleiner Haufen war«, sagte ich. »Wir Zauberer sind eine gierige Bande.«

Hana lächelte. »Was sie suchen«, sagte sie, »ist die feste Kontrolle über etwas, das die Gelehrten unter uns ›Greycloaks Gesetz der Vereinheitlichung‹ nennen.«

Ich konnte nur kichern. Gelehrte schafften es immer wieder, den erstaunlichsten Ideen die tristesten Überschriften zu verpassen.

»Die Reihen der Geisterseher Orissas durchzog ein tiefer Graben«, sagte Hana, »doch die meisten einfachen Leute unterstützten Euren Neffen und Palmeras. Es gab zahlreiche Kundgebungen und Zwischenfälle, die eine Zeitlang drohten, Katos Herrschaft schon bald zu unterbrechen.

Unseligerweise zählten zur Minderheit des Kriegsministers die einflußreichsten Männer des Militärs. Daher hatte er einen Gutteil der Armee unter seiner Kontrolle.«

»Nur nicht die Maranonische Garde«, sagte ich. »Die hätte sich niemals auf so etwas eingelassen.«

»Dann werdet Ihr gern hören, daß Eure Schwestern Euch nicht enttäuschten. Sie haben sich dem rebellischen Teil der Armee angeschlossen ... Spezialtruppen, nach allem, was ich höre. Bergkämpfer und andere gut ausgebildete Soldaten. Sie stellten das kleinere Heer, doch so wild und fähig, daß es für kurze Zeit so aussah, als könnten sie die Oberhand gewinnen. Das letzte, was ich hörte, war jedoch, daß Kato sie langsam, aber sicher überwältigt.

Zuerst wurde Hermias getötet, als er einen Angriff auf den Palast der Geisterseher führte, in welchem Kato hofhält. Es war ein Attentäter, kein Soldat, der ihn erschlug, so hat man mir erzählt.

Dann ging eine wichtige Schlacht in den Außenbezirken der Stadt verloren, und die Rebellenarmee mußte fliehen. Palmeras und die meisten seiner Geisterseher entkamen. Ebenso Eure Schwestern von der Garde. Der Rest der Armee erlitt schwere Verluste. Sie wurden vom Schlachtfeld geführt, so hat man es gemeldet, von einem General namens Quartervals. Man hat es als Bilderbuchrückzug bezeichnet, und wer immer etwas davon verstand, spricht davon mit einiger Bewunderung.«

Das war ein weiterer Name, den ich kannte. Quartervals war die starke rechte Hand meines Bruders auf der Reise nach Tyrenia gewesen, damals bekannt als »Königreich der Nacht«. Quartervals hatte außerdem zu den vier Leuten jener besonderen Mission gehört, die Amalrics Tagebuch zurück nach Orissa bringen sollten, Stück für Stück.

»Ganz Orissa und der Großteil des Umlandes stehen nun unter Minister Katos Herrschaft. Man sagte mir, er verwende den Begriff ›befriedet‹. Was bedeutet, daß alle, die sich ihm entgegengestellt haben, gefunden und getötet sind. Und deren Familien und alle Freunde. Die Anteros standen ganz oben auf dieser Todesliste.

Ihr solltet wissen, daß ganz Pisidia von diesen Übergriffen auf Eure Familie entsetzt war, meine Liebe. Wir haben geweint und manches Gebet für Euren Geist gesprochen. Männer und Frauen, selbst Kinder wurden getötet. Bis alle Anteros, wie Gerüchte behaupten, vom Antlitz der Erde entfernt waren.«

»Was ist mit Emilie?« sagte ich. »Meine Großnichte. Wißt Ihr ganz sicher, daß sie getötet wurde? Ist ihr Name gefallen?«

Ich verlor fast meinen Mut, als sie nickte.

»Das allein ist eine tragische Geschichte, fürchte ich«, sagte sie. »Eine der vertrauenswürdigsten Kapitäninnen Eures Bruders starb bei dem Versuch, Eure kleine Emilie zu retten. Ihr Name war Kele, wie Ihr Euch aus dem Buch Eures Bruders erinnern werdet.«

Ja, ich wußte es nur zu gut. Kele war seine treueste und fähigste Kapitänin gewesen. Sie hatte die Flotte kommandiert, die ihn nach Tyrenia brachte. Und ihr Vater L'ur hatte die erste Reise meines Bruders auf der Suche nach den Fernen Königreichen als Kapitän mitgemacht.

»Kele ließ Emilie aus der Stadt verschwinden, als der Zusammenbruch kam und die Meuchelmörder Eure Familie jagten. Sie wollte sie den Fluß hinauf zur Festung der Rebellen bringen, versteckte sich wochenlang vor Katos Truppen.

Ich glaube, die Festung nennt sich Galana. Vielleicht kennt Ihr diesen Ort?«

Ich nickte. Es war der kleine Tempel von Galana, in welchem mein Tagebuch vor fünfzig Jahren eigentlich begonnen hatte. Darüber hinaus war es der Ruhesitz der Maranonischen Garde für alte Soldatinnen und wäre ein idealer Ort, um einer Belagerung zu trotzen.

»Käpt'n Kele«, fuhr Hana fort, »wurde gestellt, bevor sie an ihr Ziel kam. Sie wollte kämpfen, schickte andere mit der kleinen Emilie nach Galana. Am Ende wurde Kele erschlagen, und das Mädchen war in Sicherheit. Wenn auch nur vorübergehend. Das zumindest war das letzte, was ich hörte. Wie ich schon sagte, kann es ebensosehr Gerücht sein wie Wahrheit.

Was momentan die Runde macht, ist die Nachricht, daß die Befestigungsanlagen von Galana durchbrochen wurden, und wenn man die Verteidiger auch nicht überwältigen konnte, so wurde doch das Kind entführt.«

»Und getötet?« fragte ich. »Sagt man, daß es getötet wurde?«

Hana machte eine Handbewegung, hilflos. Sie wollte keine falschen Hoffnungen wecken. Doch wollte sie mich auch nicht über Gebühr beunruhigen.

»Ja, das sagt man. Allerdings ist es reine Vermutung. Da bin ich sicher«, sagte sie. »Obwohl... welches Schicksal sollte sie denn sonst erwarten?«

»Wenn Novari sie hat«, sagte ich, »bin ich mir nicht sicher. Der Tod könnte vielleicht kein so schlechtes Ende sein, falls das der Fall sein sollte.«

Hana verzog das Gesicht. Neben meiner eigenen Geschichte hatte ich ihr erzählt, was Maranonia hinsichtlich der angeborenen Macht des Kindes gesagt hatte. Eine Macht, die Novari unbedingt besitzen wollte. Und es ließ sich denken, welche Mittel der Leierschwanz einsetzen würde, um dieses Ziel zu erreichen.

»Selbst mit einem Kind?« fragte sie.

»Ja«, sagte ich. »Selbst mit einem Kind.«

Dann fragte ich: »Was ist mit Novari? Welche Rolle hat sie gespielt, abgesehen davon, daß sie die Kraft hinter alledem ist?«

»Ich fürchte, Eure Vermutung beruht auf einem Irrtum, meine liebe Rali«, sagte sie. »Der Leierschwanz hält sich alles andere als im Hintergrund. Tatsächlich steht sie mitten auf der Bühne. Wartet, ich will es Euch zeigen...«

Sie stand auf, um in einer Kiste herumzuwühlen, und brachte eine Rolle von blauem Tuch mit. Diese entrollte sie mit den Worten: »Ein Kaufmann hat mir das hier vor einigen Wochen gebracht.«

Sie hielt es hoch. Man sah das Bild eines wundersamen, goldenen Vogels, der auf einer alten Harfe hockte.

Es war Novari. Der Leierschwanz.

Und Hana sagte: »Das ist die Flagge, die über Eurer Stadt flattert.

Man hat sie in Orissa zur lebenden Göttin erklärt, und es ist ihr Banner, welches Kato trägt und für das er allen zu kämpfen und zu sterben befiehlt.«

Hana knüllte das Banner zusammen und warf es zu Boden. Sie trat es zur Seite und sank wieder in ihren Sessel.

»Viele sind von ihrer Göttlichkeit überzeugt, wie ich leider anmerken muß«, sagte Hana. »Ihre Zauberkraft *ist* von sehr großer Macht. Besonders seit die Werkstätten der Geisterseher in ihren Händen sind. Das Gesetz der Vereinheitlichung ist ein Stab, den zu schwingen sie immer besser beherrscht. Es ist erstaunlich, daß Palmeras und die Rebellen sich so lange gegen sie halten konnten.«

»Es ist Emilie«, sagte ich. »Die kleine Emilie schützt sie vor der vollen Konsequenz.«

Ich blickte zu ihr auf. »Doch wenn sie tot ist...«

Hana seufzte. »Ja. Dann ist alles verloren. Beten wir, daß es nicht der Fall sein möge. Und wenn die Götter uns gnädig sind, werdet Ihr bald an ihrer Seite stehen.«

Ich segelte am nächsten Tag zum Klang der Glocken von Pisidia. Noch immer fühlte ich Hanas Abschiedskuß auf meiner Wange und hörte ihr geflüstertes Gebet an meinem Ohr.

Die Winde waren mit mir, und die Gedanken der Götter woanders, denn ich segelte so manchen Tag und manche Nacht ohne Zwischenfall.

Es war eine triste Zeit. Tag für Tag marterte ich mein Hirn über das, was mit meiner Stadt geschehen war. Immer niedergeschlagener wurde ich, während das, was meiner Familie zugestoßen war, seine Klauen mit jeder Meile, die ich reiste, immer tiefer in mich schlug.

Meine gesamte Familie war erschlagen worden, hatte Hana gesagt. So viele Leben, soviel Kampf und Schmerz, um diese Familie und den Namen zu erhalten.

Von Novari ausgelöscht.

Ich brütete die ganze Reise. Polierte meine Waffen und hielt mich bereit für das, was kommen würde.

Kapitel Fünfzehn

# *Rückkehr nach Orissa*

Es war Spätsommer, fast schon Herbst, als ich die Mündung des Flusses vor Orissa erreichte.

Ich näherte mich mit äußerster Vorsicht. Mehrmals schon war ich Schwärmen von Patrouillenbooten ausgewichen, an denen die Flagge des Leierschwanzes flatterte. Auf ihnen wimmelte es von bewaffneten Männern, und jedes hatte einen Geisterseher an Bord, der magische Schmuggelware aufspüren sollte. Doch kannte ich das Delta des Flusses gut. Ich wußte, wo die Nebelbänke und verborgenen Buchten höchstwahrscheinlich zu finden wären, und wo die Küste am verlassensten war und den besten Schutz bieten würde.

Wie ein Frosch sprang ich von Bucht zu Bucht, von Nebelbank zu Nebelbank. Mehrmals fuhr ich in Buchten ein und erklomm den nächsten Hügel, um Wachboote auszukundschaften. Einmal sah ich, wie ein Patrouillenboot einen kleinen Schmuggler abfing. Man enterte das Schiff, durchsuchte es und holte einige Ladungen aus dem Frachtraum.

Das war nicht so ungewöhnlich. Jedes zivilisierte Volk hat Regeln, mit denen es seinen Handel schützt. Nach orissanischem Gesetz – im Orissa, wie ich es vor fünf Jahrzehnten gekannt hatte – wären das Schiff, sein Kapitän und die Mannschaft festgesetzt und vor Gericht gebracht worden. Die Strafen reichten von schweren Geldbußen bis hin zum Gefängnis. Vielleicht sogar bis zur Verbannung, falls die Schmuggler Bürger der Stadt waren.

Was jedoch als nächstes geschah, war nicht nur ungewöhnlich, sondern grauenvoll. Durch mein Teleskop sah ich, wie der Geisterseher des Schiffes die Waren besonders versiegelte. Dann wurden Kapitän und Mannschaft auf der Stelle enthauptet und ihre Leichen auf das Schmuggelschiff geworfen, welches man gleich an Ort und Stelle verbrannte. Zwei Tage lang beobachtete ich ein weiteres dieser Wachboote. Ich sah, wie seine Besatzung ein Schiff nach dem anderen enterte. Fast alle durften schadlos weiterfahren, wenn die Durchsuchung beendet war. Doch einige wenige endeten so unglücklich wie die ersten, die ich gesehen hatte.

Wollte ich diesem Schicksal entgehen, würde ich mich Orissa auf dem Landweg nähern müssen. Eine Woche Fußmarsch war es vom Delta bis in die Stadt. Vier Tage zu Pferde. In jedem Fall brauchte ich eine Verkleidung, die mir an den zahlreichen Kontrollpunkten half, welche Novari und Kato vermutlich an sämtlichen Hauptstraßen postiert hatten.

Der schmerzlichste Teil meines Entschlusses war die Einsicht, daß ich mein Schiff nicht zurücklassen konnte. Es gab kein Versteck, dem vollends zu vertrauen war. Falls jemand darüber stolperte, würden sich Novaris Geisterseher darüber hermachen und bald schon meine Spur aufnehmen, zumal diese für den Leierschwanz leicht zu erkennen war.

Ich fand einen passenden Flußarm, der diesem Zweck dienlich zu sein schien, und brachte das Boot ans Ufer. Dann schnitt ich ein Stück Silberspäne aus dem Mast. Falls ich tatsächlich überleben sollte, konnte ich es aus diesem Splitter wiederherstellen und heim zu Salimar entfliehen. Was ich für eher unwahrscheinlich hielt; aber ich tat es trotzdem.

Dann bat ich die Seele des Schiffes mit einem Gebet um Verzeihung und sprach einen Zauber, der es zerstörte. Kalte, blaue Flammen leckten überall an ihm. Man sah keinen Rauch, doch als die einzelnen Teile des Schiffes Feuer fingen, schimmerte die Luft, dann war ein scharfes Knacken zu hören, als sie sich in nichts auflösten.

Als ich mich auf den Weg machte, war nichts mehr übrig, nur noch die Spur im Sand, wo ich das Boot an Land geschoben hatte.

Zwei Tage später kam ich von den Hügeln herab und fand die Hauptstraße nach Orissa. Ich ritt auf einem fetten, alten Roß, einer Stute, die ihre besten Tage weit hinter sich hatte. Sie paßte perfekt zu meiner Verkleidung.

Ich gab mich als Gardistin aus, die wegen der Wunden, die sie im Kampf für Orissa erlitten hatte, in Pension gegangen war. Aus diesem Grunde hatte ich meine goldene Hand abgenommen, sie in sauberes, weißes Tuch gewickelt und in meiner Satteltasche verstaut. Ich bedeckte den Stumpf mit einer hölzernen Kugel, die für eben diesen Zweck geschnitzt war. Sie besaß eine Vorrichtung, mit welcher ich den Bogen halten konnte, den ich um meine Schulter trug. Ich ließ die magische Augenklappe aussehen wie stabiles Leder von dunkelbrauner Farbe und rieb etwas Wangenrot in die Narbe darunter, damit sie besser hervorstach.

Meine Kleidung war ein entsprechender Mischmasch: Militärumhang und -stiefel, Hemd und Hosen zivil, dazu die ausgebeulte, breitkrempige Kappe einer Bogenschützin. Ich sprach verschiedene Beschwörungen, damit mein Schwert und die anderen Waffen eher zu einer gewöhnlichen Sergeantin paßten. Neben Schwert und Bogen hatte ich verschiedene Messer und Dolche am Leib versteckt und eine ganze Menge weiterer unangenehmer Überraschungen in meinen Satteltaschen und Bündeln.

Mit dem Fluß zu meiner Linken ritt ich etwa eine Stunde, während welcher ich die Straße für mich ganz allein hatte.

Ich genoß diese kurze Zeit. Es war einer jener seltenen Augenblicke im Leben, in denen inmitten größter Widrigkeiten all deine Sorgen plötzlich weggewischt sind und du Frieden findest.

Ich ritt unter der warmen orissanischen Sonne, während der Geruch des altvertrauten Flusses mit dem Wind herüberwehte. Einige wenige Fischer warfen in der Mitte ihre Netze aus, und Vögel kreisten, riefen ihre Brüder und Schwestern, daß sie sich dieses wundervolle Festmahl ansehen sollten. Zu meiner Rechten lagen Feld und Wald und Wiesen. Kleine Tiere huschten aus den Büschen hervor, erschraken meinetwegen und erstarrten einen Augenblick, dann huschten sie zurück. Vieh stand nah bei den Zäunen, muhte, wenn ich vorüberzog. Der Duft von Oliven, Trauben und Orangen mischte sich mit dem Wind vom Fluß her und schuf das einzigartigste aller Parfums ... den Duft der Heimat.

Ich labte mich daran wie ein tumbes Tier, das Freude sucht, wann und wo es sie nur finden kann.

Dann sah ich einen Bauernkarren in meine Richtung kommen, und schon brach die Wirklichkeit über mich herein.

Doch kurz bevor der Karren bei mir war, flüsterte ich leise vor mich hin: »Willkommen daheim, Rali.«

Der schwerbeladene Karren wurde von einem widerspenstigen Maultier gezogen. Ein graubärtiger Bauer lief daneben, schlug das Maultier mit einem Stock jedesmal hinters Ohr, wenn ihm danach war. Und das Tier bleckte dann jedesmal die Zähne, wenn es geschlagen wurde, als wollte es ihn beißen. Was den alten Mann nur wütend machte und dem Maultier einen weiteren Hieb hinter die Ohren einbrachte. Als ich näher kam, sah ich, daß die beiden am Ende ihrer Nerven waren.

»Guten Morgen, Gevatter«, sagte ich.

Der alte Mann und das Maultier zuckten zusammen. Sie waren derart in ihre Fehde vertieft, daß sie mich nicht bemerkt hatten. Beide sahen mich mißtrauisch an.

»Morgen«, erwiderte der Bauer schroff.

»Gibt es ein Dorf hier in der Nähe, Gevatter?« fragte ich. »Einen Ort, an dem eine alte Sergeantin die Beine hochlegen und ihre ausgedörrte Kehle befeuchten kann, wenn Ihr versteht, was ich meine?«

Mittlerweile hatte der Bauer meine Narben gesehen und meine militärische Haltung bemerkt. Plötzlich grinste er mich freundlich an.

»Gut eine Stunde den Weg hinab gibt es ein Wirtshaus, Sergeantin«, sagte er. »Achtet nur darauf, was der Wirt Euch einschenkt. Bei Fremden ist er knauserig.«

»Er sollte mich besser nicht um einen ordentlichen Trunk bringen«, knurrte ich. »Von Lügnern und Betrügern habe ich genug. Möge Te Date auf all die fettärschigen Schweinehunde niederkommen, die arme Soldaten ihres Solds berauben.«

»Ich weiß, was Ihr meint, Sergeantin«, sagte der Bauer. »Ich war einmal Soldat. Ein Knabe noch. Nicht so großartig wie eine von der Garde. Aber ich habe meinen Dienst getan. Jawohl, das habe ich. Und als man mich entließ, erntete ich nichts als Kummer.«

»Verfluchte Zahlmeister«, brummte ich. »Betrügen einen um die rechtmäßige Pension.« Ich deutete auf meinen Stumpf. »Dafür sollte ich etwas extra bekommen«, sagte ich. Ich faßte an meine Augenklappe. »Und für mein verlorenes Augenlicht auch. Halb blind bin ich, Herr!

Nicht, daß der Hungerlohn, den man für fehlende Körperteile

bekommt, je den Verlust ausgleichen könnte. Wohl kaum. Aber es ist wenigstens *etwas*. Falls man es überhaupt bekommt...«

Ich schnaubte. »Ich bin auf dem Weg nach Orissa, um einem der Zahlmeister den Kopf zurechtzurücken. Und ich habe geradesoviel in meiner Börse, daß ich hin- und wieder zurückkommen kann, den einen oder anderen Trunk eingerechnet, um meine Nerven zu beruhigen. Dieser Wirt sollte mir also besser ordentlich einen einschenken. Denn ich werde an Zahlmeister und ausbleibende Pensionen denken, wenn ich mein Glas betrachte. Und ich schwöre: Ich bin für die Folgen nicht verantwortlich, wenn er mich betrügt!«

»Kann man Euch nicht verdenken, Sergeantin«, sagte der Bauer. »Ich wünschte, ich könnte mitkommen und sehen, ob er es richtig macht.« Er kicherte. »Und vielleicht, um zu sehen, was passiert, wenn er es nicht tut.«

Er hatte einen Krug an seinem Gürtel hängen, und den hob er jetzt, entkorkte ihn und reichte ihn herüber. »Hier ist ein Tropfen, mit dem Ihr Eure Kehle benetzen könnt, bis Ihr dort seid, Sergeantin«, sagte er.

Ich lächelte dankbar und nahm einen langen, gurgelnden Zug. Feuer brannte abwärts und loderte bis zu meiner Schädeldecke auf.

»Uuui!« sagte ich mit immer breiterem Grinsen. »Meine Kehle ist nicht feucht... sie steht in Flammen!«

Der Bauer lachte, und ich nahm noch einen Zug.

»Das ist Apfelschnaps, wie er einem König der Dämonen gebührt«, sagte ich. »Bin schon so manches Jahr von keinem Trunk mehr versengt worden.«

»Alle sagen, ich mache guten Apfelschnaps«, sagte er.

»Wenn sie es nicht täten«, sagte ich, »wären sie Lügner und müßten sich vor mir verantworten, Herr. Und ich nehme Meinungsverschiedenheiten nicht auf die leichte Schulter.«

Der Bauer musterte mich. Er zögerte, dann setzte er sich über sein Zögern hinweg.

»Seid vorsichtig in Orissa, Sergeantin«, sagte er. »Die Dinge stehen nicht gut, müßt Ihr wissen.«

»Ihr meint wegen dieser Hundesöhne, die den Laden jetzt führen?« sagte ich.

Obwohl meilenweit niemand zu sehen war, blickte der Bauer instinktiv über seine Schulter. Dann sagte er: »So ungefähr, Sergeantin. Hört zu, am besten redet Ihr in Orissa nicht so. Nennt die Bleibenden Mächte nicht Hundesöhne und so.«

Ich schnaubte, zog jedoch den Kopf ein, als habe er mich zur Einsicht gebracht. »Ich werde auf mein loses Mundwerk achten, Gevatter«, sagte ich. »Obwohl ich nicht weiß, was aus dieser Welt noch werden soll, wenn ein Soldat sich nicht beklagen darf. Das ist unser gutes Recht, verdammt!«

»Nur nicht bei diesem Haufen«, sagte der Bauer. Er seufzte. »Ich gehe denen aus dem Weg. Verstecke Korn und Tiere, wenn die Steuereintreiber kommen. Zahle ihnen für das, mit dem sie mich erwischen. Und grinse dabei so breit ich kann. Denn diesen Jungs ist es mit dem Geld todernst.

Hab gehört, sie hätten ein paar Bauern ermordet und auf den Dorfplätzen aufgehängt, damit alle verstehen, was gemeint ist. Na, ich hab es genau verstanden. Beherrsch dich. Zahl, was du zu zahlen hast, und halt den Mund.«

»Ich weiche einem Kampf nicht aus«, sagte ich. »Dieser Zahlmeister wird von mir hören. Strick oder nicht.«

»Nennt nur seine Obersten nicht Hundesöhne, wenn Ihr es tut«, flehte der Bauer. »Und wenn Ihr auf diesem Weg zurückkommt, würde ich mich freuen, Euch einen Trunk spendieren zu dürfen. Dann könnt Ihr mir alles erzählen.«

Ich tippte zum Gruß an meine Hutkrempe.

»Danke für die Warnung, Gevatter«, sagte ich. »Und danke für den Trunk in meinem Bauch und den anderen, den Ihr mir versprochen habt.«

Schon wollte ich ihm den Krug zurückgeben. Er winkte ab. »Behaltet ihn«, sagte er. »Falls ich Eure Rückkehr versäumen sollte. In dem Fall würde mir mein Versprechen schwer auf der Seele liegen.«

Noch einmal dankte ich und sagte ihm Lebewohl.

Ich war in Eile, und so ließ ich den Gasthof, den er erwähnt hatte, links liegen, und freute mich, daß ich den Krug bei mir hatte. Ich brauchte ihn auch ganz dringend, als ich auf die erste Patrouille traf.

Glücklicherweise sah ich sie rechtzeitig und konnte mich darauf vorbereiten. Der Wachtrupp kam langsam um eine Biegung getrabt, die so scharf war, daß die Straße im Fluß zu verschwinden schien. Meine erste Warnung war das flatternde, blaugoldene Banner des Leierschwanzes. Dann hörte ich das Klappern von Rüstungen, das Dröhnen von Pferdehufen, und die ganze Patrouille kam in Sicht. Ich sah, wie der Bannerträger in meine Richtung deutete und sich umdrehte, um etwas nach hinten zu rufen.

Die Patrouille beschleunigte ihren Schritt und kam in meine Richtung.

Sie waren insgesamt zu zehnt. Acht zu Pferde. Zwei auf einem offenen Wagen, der mit Teilen einer Barrikade vollbeladen war. Zweifellos waren sie auf dem Weg zu einer Kreuzung, um dort einen Posten aufzustellen.

Hinter dem Standartenträger befanden sich die Truppführer ... ein ergrauter Sergeant und ein flaumwangiger Geisterseher.

Ich hielt an, als sie sich näherten, entkorkte den Krug und nahm einen großen Schluck. Ich schwankte leicht in meinem Sattel.

Der Sergeant brüllte den Befehl zum Anhalten, dann galoppierte er gemeinsam mit dem Geisterseher langsam herüber, um mich zu inspizieren.

Ich versuchte, zu salutieren, holte gefährlich weit aus.

»'n Abend, Sergeant«, lallte ich. »Ich bin selbst Sergeantin, müßt

Ihr wissen. Deshalb freue ich mich, Eure Bekannt ... ähm ... Bekannt ... Euch kennenzulernen.«

Ich rülpste, nahm noch einen Schluck aus dem Krug, was mich aus dem Gleichgewicht brachte, so daß ich mit den Armen wedeln mußte, um wieder aufrecht im Sattel zu sitzen.

Dann tat ich, als sähe ich den Geisterseher erst jetzt. Ich riß die Augen weit auf und hickste peinlich berührt. »'tschuldigung, Eure Heiligkeit«, sagte ich. »Hab Euch nicht gleich gesehen.«

Ich faßte an mein fehlendes Auge. »Wo mir doch mein Augenlicht fast fehlt und so.«

Der junge Geisterseher hatte eine milchige Gesichtsfarbe und böse, wache, kleine Augen. Er grinste höhnisch, wie nur Junge und Verwöhnte grinsen können.

»Seht euch den Krug an, den sie an ihre Brust drückt«, sagte er zum Sergeanten. »Offensichtlich ist sie halb blind ... halb blind gesoffen allerdings.« Er lachte. Es war ein hohes Wiehern ... hihihi.

Der Sergeant zuckte zusammen, als hätte man ihn gezwungen, diesem kreischenden Gelächter zu lauschen, bis er es nicht mehr ertragen konnte.

»Solche wie sie sind eine Verschwendung der Pensionen, die wir ihnen zahlen müssen«, sagte der Geisterseher.

Er geruhte, mich anzusehen. Ich rülpste, versuchte, aufrecht zu sitzen und schlug mir – bei dem Versuch zu salutieren – an die Stirn.

Wieder stieß der Geisterseher dieses heulende Gewieher aus ... hihihi.

Dem Sergeanten lief ein Schauer über den Rücken, dann brachte er eiligst ein schwaches Lächeln auf seine Lippen und nickte zustimmend.

»So sind ihresgleichen nun mal, Geisterseher Jhanns«, sagte er, »wie Ihr uns nun schon fast einen Monat lang belehrt.« Der junge Zauberer legte seine Stirn in Falten, und der Sergeant fuhr eilig fort. »Zu unserer Erleuchtung natürlich, Geisterseher Jhanns. Und die

Jungs sind alle ganz gerührt, daß Ihr so große Stücke auf uns haltet. Daß Ihr diese spezielle Erleuchtung bei jeder Gelegenheit wiederholt. Damit wir sie auch ja nicht vergessen.«

Der Sergeant trat sein Pferd und bellte: »Was treibt Ihr hier, Sergeantin?« Doch sein Gebrüll war nicht echt. Ich sah Verständnis in den müden, alten Augen dieses Unteroffiziers.

»Was er gesagt hat«, erwiderte ich. Nickte dem Geisterseher zu und hickste.

Der Sergeant schien verblüfft. »Euch betrinken, meint Ihr?«

Heftig schüttelte ich den Kopf, verlor dabei fast das Gleichgewicht. Mein Pferd schnaubte lang und bebend und machte einen Seitenschritt, um mir zu helfen. Die alte Mähre war wegen meines plötzlichen Wandels ziemlich irritiert.

»Nein, das andere«, sagte ich. »Das mit den Pensionen und so. Und daß eine Soldatin bekommt, was ihr zusteht.«

Geisterseher Jhanns lachte ... hihihi. »Versucht mal, daraus einen Sinn zu machen, Sergeant«, kicherte er.

Ich setzte mich aufrechter ... trunkener Stolz, gekränkt. »Isss doch gansss einfach«, sagte ich. »Man hat mich bessrogen. Um meine rechtmäßige Pension. Ich will zum Zahlmeister in Orissa, um dassu ... dassu ... klären!«

Jhanns gackerte. »Besoffene Gans«, sagte er.

Dann wurde er ernst. »Es führt einem vor Augen, welche schreckliche Last unsere Führer zu tragen haben. Minister Kato und die Göttin Novari sind die großzügigsten aller Herrscher. Und Leute wie diese betrunkene Soldatin sind die ersten, die diese Großzügigkeit ausnutzen.«

»Auch das habt Ihr bereits gesagt, Geisterseher Jhanns«, sagte der Sergeant. »Und diese Worte sind so weise, Herr, wie sie es schon waren, als Ihr sie zum ersten Male spracht.«

Jhanns' jungenhaftes Gesicht strahlte vor Freude. Doch sah ich, wie einige Soldaten die Augen verdrehten und ein Grinsen verbargen, als sie sich über die verborgene Beleidigung ihres Sergeanten freuten.

»Was ist mit *ihr,* Geisterseher Jhanns?« sagte der Sergeant. »Soll ich sie durchlassen? Sie mag betrunken sein, aber Schaden dürfte sie kaum anrichten.«

Der Geisterseher zuckte mit den Achseln und wollte sein Pferd schon umkehren lassen. »Wahrscheinlich habt Ihr recht, Sergeant«, sagte er. »Bis wir strengere Gesetze gegen Landstreicher bekommen, fürchte ich, müssen wir uns mit solchem Gesindel auf den Straßen der Göttin Novari abfinden.«

Ich verbarg meine Erleichterung. Sie war von kurzer Dauer, denn der Geisterseher zögerte und drehte sich wieder um. Ich spürte das warnende Prickeln von Magie und wußte, daß er überlegte, ob er mich und meine Sachen nach magischer Schmuggelware durchsuchen sollte.

»Vielleicht sollte ich, mh…«, murmelte er, »…erst untersuchen…«

Eilig ließ ich den Inhalt meiner Satteltaschen und der Bündel wie die vollgekotzte Kleidung einer Trinkerin erscheinen.

Ich fühlte, wie er forschte, auf den Ekelzauber traf und sich schnell zurückzog.

Geisterseher Jhanns' Miene hatte den Ausdruck eines Mannes, der seine Hand versehentlich in einen Abtritt gesteckt hatte.

Finster funkelte er mich an. Ich begegnete diesem Funkeln mit breitem, unschuldigem Grinsen, als wollte ich sagen: »Wer? Ich?« Dann rülpste ich, und er wandte sich ab, bellte: »Laßt sie gehen, Sergeant!«

Der Sergeant zog einen dreckigen Stapel von Pässen aus der prallvollen Tasche in seinem Waffenrock. Einen davon schälte er ab und reichte ihn mir.

»Das wird Euch helfen, dorthin zu gelangen, wohin Ihr wollt, Sergeantin«, sagte er. »Und viel Glück dabei!«

Er deutete auf die Straße nach Orissa. »Setzt Euch lieber in Bewegung, Schwester«, sagte er. »Bevor seine Scheinheiligkeit es sich anders überlegt.«

Ich rülpste meinen Dank hervor, nahm einen ordentlichen Schluck aus dem Krug und trat meine Mähre in Gang.

Und schon waren wir unterwegs, torkelnd, trinkend und mit dem liebsten Sauflied meines alten Ersten Maats auf den Lippen.

*»Sie segelten auf trunkenen Meeren, mein Freund,*
*Im Wirtshaus bei der Lichtung.*
*Sie kosteten alles, was köstlich, mein Freund,*
*Im Wirtshaus bei der Lichtung.*
*Und tanzten und sangen,*
*Bis die Stimmung bald kochte,*
*Und orgelten sämtliche Mädchen.*
*Und orgelten sämtliche Mädchen ...«*

Im Laufe der nächsten paar Tage tauschte ich auf meinem Weg in die Stadt diesen Paß gegen verschiedene andere. Die einst freien Straßen meiner Heimat wurden nun an jeder größeren Kreuzung bewacht. An jedem Posten mußte man seine Absichten erklären und den Paß vorzeigen, der es einem erlaubt hatte, in das entsprechende Gebiet vorzudringen. Dieser wurde gestempelt, und man bekam einen anderen ausgehändigt, welcher am nächsten Posten geprüft wurde. Somit entpuppte sich die verständnisvolle Geste des Sergeanten als weit wertvoller als ursprünglich angenommen.

Die meisten Wachmänner an den Posten widmeten mir nur einen flüchtigen Blick, ungeduldig, als ich ihnen mein trunkenes Leid klagte und bitterlich diesen Schweinehund von einem Zahlmeister in Orissa verfluchte. Manche waren nicht so einfach. Doch mit Hilfe von etwas Magie zur Unterstützung meines Schauspiels einer wütenden Pensionistin wurde ich stets durchgewunken.«

Je näher ich Orissa kam, desto entmutigender wurde die Umgebung.

In seiner ganzen Geschichte hatte Orissa niemals die Knute eines Unterdrückers zu spüren gehabt. Unsere Feinde waren früher schon nah dran gewesen, uns niederzuringen, doch hatten wir noch jedesmal das Blatt zu unseren Gunsten gewendet.

Diesmal hatten wir nicht nur verloren, sondern die Niederlage war aus den eigenen Reihen entstanden.

Die Narben des Bürgerkrieges, den man hier ausgetragen hatte, waren überall zu sehen: zerstörte Dörfer, Felder und Wälder, von Schlachten vernichtet.

Und die Flagge des Leierschwanzes flatterte an jedem offiziellen Mast.

Das Deprimierendste von allem war, was der Bürgerkrieg meinem Volk angetan hatte. Orissaner sind für gewöhnlich warme und offenherzige Leute, bekannt für ihre Großzügigkeit Fremden gegenüber. Doch nun huschten alle herum, die Schultern ängstlich eingezogen und Mißtrauen in den Blicken.

An den gierigen Augen und zuckenden Ohren der Spione auf den Märkten und in den Tavernen wurde deutlich, daß es klug wäre, den Mund zu halten. Ich sah die Leichen von Männern und Frauen auf öffentlichen Plätzen an Galgen hängen, was solche Überlegungen untermauerte. Am erschreckendsten waren die Trupps zusammengeketteter Arbeiter, die unter den Peitschen von Novaris Soldaten schufteten. Man hatte die Sklaverei in Orissa wieder eingeführt, mit all den Grausamkeiten, die sie mit sich bringt. Unter Novari und Kato war der Verlust der Freiheit die geringste aller Strafen für Ungehorsam, und an der Menge der Sklaven sah ich, daß diese Gesetze mit tragischer Leichtigkeit zu übertreten waren.

Anscheinend war nicht nur meine Familie ausgelöscht, sondern auch das Werk, das die Anteros vor allen anderen auszeichnete: die Sklaverei in Orissa abgeschafft zu haben.

Ich hörte nichts von den Kämpfen in Galana. Dieses Thema hätte nicht einmal ein Dorftrottel angeschnitten. Besonders nicht vor einer Fremden. Daher hatte ich keine Ahnung, ob die Gerüchte, die ich von Mutter Hana erfahren hatte, der Wahrheit entsprachen. Hatten Quartervals' Soldaten und die Überlebenden der Maranonischen Garde tatsächlich vor Katos und Novaris Truppen weichen müssen? War Emilie gefangen und getötet worden? Oder war sie noch am Leben? Und wütete der Kampf nach wie vor? Palmeras, soviel erinnerte ich mich aus Amalrics Buch, war nicht nur ein mächtiger Geisterseher, sondern auch so gerissen, wie man nur sein kann. Meines Wissens hatte er einen Zauberschild errichtet, um Novari abzuwehren.

Auf dem Lande war es unmöglich, Antworten auf diese Fragen zu bekommen.

Sie würden warten müssen, bis ich in Orissa war.

Alle Tore wurden streng bewacht, als ich am Markttag in die Stadt kam, verborgen zwischen Unmengen von Bauern und Dörflern, die Orissa dreimal die Woche überfluten. Ich hatte mein Pferd und den Großteil meiner Habseligkeiten draußen vor der Stadt versteckt, so daß ich zu Fuß war und somit noch unauffälliger.

Der Tag war warm und sonnig, der Himmel wegen des übel riechenden Nebels vom Fluß her jedoch von schmutzigem Grau. Er stank nach Abfall und überquellenden Latrinen, ein Zustand, den kein anständiger Orissaner normalerweise toleriert hätte. Den Fluß zu verunreinigen war das größte Sakrileg. Aber auch die Straßen waren voller Müll und dreckiger Lachen: ein weiteres Zeichen dafür, daß die neue Regierung nicht gut arbeitete. Lumpensammler, Schrotthändler und Schweinehirten hatten im Auftrag der Stadtverwaltung die Stadt sauberzuhalten. Schmutzige Straßen bedeuteten, daß selbst diese simple, effiziente Vereinbarung gebrochen war.

Die Menge gab sich seltsam gefügig und drängte mit gesenkten Köpfen und fast schweigend durch die Tore. Bald schon sah ich den Grund dafür, als wir zwischen zwei mächtigen Statuen zu beiden Seiten der Marktstraße hindurchkamen.

Die eine war die heroische, gepanzerte Gestalt eines muskulösen Mannes mit einer Standarte in der einen und erhobenem Schwert in der anderen Hand. Die Standarte trug das Banner des Leierschwanzes. In den Sockel der Statue waren folgende Worte gemeißelt: »KATO – BESCHÜTZER DER GÖTTIN NOVARI«.

Die andere Statue zeigte Novari höchstselbst. Sie saß, das steinerne Gesicht sanft und versunken, die Hände erhoben, um eine herrliche Leier zu schlagen.

Das Herz hämmerte mir gegen die Rippen, als ich unter ihrer Statue hindurchging.

Ich spannte mich an, als ein Schnüffelzauber über die Menge hinwegwehte. Er kam von Novaris Statue, stöberte überall um uns nach Anzeichen drohender Magie. Ich hatte einen so starken Schild geschaffen, daß niemand ihn durchbrechen konnte. Dennoch war ich nervös, erwartete, daß einer der herumstehenden Soldaten plötzlich eine Anschuldigung brüllte und in meine Richtung stürmte. Dann war der Augenblick verflogen, und ich stieß einen Seufzer der Erleichterung aus. Mein Zauber hatte gewirkt. Diesmal war ich auf Novari vorbereitet. Um sicher zu sein, mußte ich mich mit meinen Zauberkünsten zurückhalten. Ich durfte mich nicht allzu offensichtlich geben. Aber diesmal sollten mir meine Kräfte voll zur Verfügung stehen.

Ich blieb beim Hauptteil der Menge, welcher den Zentralmarkt ansteuerte. Selbst die Tiere schwiegen, als wir zu dem Schatten kamen, den der Palast der Geisterseher warf. Kein Huhn gackerte, kein Esel schrie. Noch im hellen Tageslicht wirkte der Palast düster und bedrohlich. Die Fenster leuchteten, und die Luft stank nach Ozon. Ich neigte den Kopf und spähte mit meinem Ätherauge nach oben. Ein roter Schimmer lag um den Palast. Gespenstische Gestalten wirbelten herum, manche stöhnend, manche lachend. Ich konzentrierte mich und hörte schwach die Saiten einer Leier. Und dazu ein tiefes Rumpeln wie von einem großen Feuer, das in weiter Ferne wütete.

Ich zog mich in die Normalität zurück, ließ mich von den Gerüchen und Geräuschen der Menge in der natürlichen Welt verwurzeln. Doch in dieser kurzen Zeit hatte ich eine deutliche Ahnung bekommen, daß etwas im Gange war. Novari war so mächtig wie eh und je, vielleicht sogar noch mächtiger. Ich hatte jedoch das Gefühl, als sei sie mit ihren Gedanken woanders.

Die Stadt brodelte vor Verachtung und Verschwörung. Viele Läden und Wohnhäuser waren im Bürgerkrieg ausgebrannt. Die Menschen sahen hungrig und gepeinigt aus. Ich sah Kinder, die allein in Gassen standen, nackt und scheinbar grundlos weinend. Ich sah, wie Soldaten auf einen alten Mann einprügelten. Die Menge schob sich kommentarlos an ihnen vorbei, doch die Blicke, die sie den Soldaten zuwarfen, glühten vor Haß. Galgen waren auf dem Hauptplatz vor dem Markt errichtet worden. Leichen hingen in Ketten von den Galgen, grausige Mahnungen daran, was jedem drohte, der sich den neuen Herrschern nicht fügte.

Eilig hasteten alle an den Leichen vorüber und kamen auf den großen Zentralmarkt.

Hier war – während wir noch von den gräßlichen Anblicken bebten – alles ganz normal. Bald schon verdrängten die Anblicke, Geräusche und Gerüche des großen Basars von Orissa den Schrekken. Die Atmosphäre war aufgeregt, vielleicht mehr noch als gewöhnlich, denn sie hatte einen hysterischen Beiklang der Erleichterung.

Händler riefen hinter ihren Ständen, während ich vorüberging:

»Pasteten! Frische Fleischpasteten! Kartoffeln und Hack und schöne, dicke Soße!«

»Honig! Süßorangenhonig! Direkt aus dem Bienenstock!«

»Birnen! Willst du meine Birnen probieren, Liebchen? Sechs für nur ein Kupferstück!«

Letzteres kam von einer alten Vettel, und ich blieb an ihrem Stand stehen, um mir ein saftiges Stück Frucht gegen den säuerlichen Geschmack in meinem Mund zu holen. Sie hatte die Birnen auf Eis, und ich suchte mir eine dicke aus, in die ich beißen konnte. Ich zahlte ihr ein Kupferstück, winkte ab, als sie mir Wechselgeld geben wollte, und schlenderte weiter, wobei ich birnekauenderweise sicher einen entspannten und unschuldigen Eindruck machte.

Ich hatte meine Pose für den Stadtbesuch ein wenig abgewandelt. Noch immer war ich eine Exsergeantin mit schweren, alten Wunden und von der Pensionskasse schlecht behandelt. Doch nun tat ich, als seien meine Ansprüche zum Teil erfüllt. Ich hatte gebadet, bessere Kleidung angelegt und die hölzerne Kugel, welche meinen Stumpf bedeckte, ordentlich poliert. Mein Geldbeutel war prallvoll mit Münzen, und ich gab vor, daß ich entschlossen war, mich zu amüsieren, nachdem man mir dieses so lange und so ungerechterweise verweigert hatte.

Sorgfältig betrachtete ich die Menge, suchte die fettgesichtigen Bauern, die Dorfburschen und -mädchen mit den großen Augen nach einem geeigneten Opfer ab. Bald schon wurde ich belohnt.

Ich sah einen Straßenhändler und seinen Kumpan mit ihrem Karren einen betrunkenen Bauerntölpel anrempeln. Obst kullerte zu Boden, ebenso wie der Tölpel, und der Straßenhändler entschuldigte sich überschwenglich für seine Ungeschicklichkeit. Er half dem Trunkenbold auf und klopfte dabei den Staub von dessen Kleidern. Ich sah, wie er dem Mann die Börse stahl und schnell an seinen Freund weiterreichte, welcher sie in der Tasche seines Umhangs verbarg.

Das alles war so geschickt gemacht, daß niemand es bemerkte, besonders nicht der Bauerntölpel, der auf die Beine gestellt und mit einem abschließenden Schulterklopfen auf die Reise geschickt wurde. Diese Geste – in Verbindung mit einem seitlichen Stoß – kostete ihn sein Halstuch.

Es war ermutigend zu sehen, daß zumindest einige Traditionen Orissas Novari und ihrem derzeitigen Spielgefährten nicht zum Opfer gefallen waren. Diebe waren nach wie vor so zahlreich wie die Fliegen im alten Pisidia.

Ich folgte den beiden Straßenhändlern auf ihrem Weg über den Markt, wobei sie innerhalb einer halben Stunde vier weitere Bauern schröpften. Am anderen Ende des Zentralmarktes lagen die altbekannten Mietskasernen des Armenviertels, in denen ganze Dynastien von Dieben seit Orissas Anbeginn blühten und gediehen. Während meiner Zeit als junge Soldatin war ich auf meinen Streifzügen oft in diese Gegend gekommen und hatte dort mit meinen Freundinnen gezecht, und es hatte mich einiges gekostet, die Methoden der Ganoven zu durchschauen.

Im Armenviertel, das hoffte ich, sollten sich diese teuren Lektionen in den Spielhöllen und Spelunken endlich auszahlen. Und ich würde die nötige Hilfe finden, die ich brauchte, um meinen Plan ausführen zu können.

Je näher ich kam, desto rauher wurde es. Auf den Ständen stapelten sich alle möglichen Waren, meist Haushaltsgüter von feiner Qualität. Ich wußte, daß es sich um Hehlerware von nächtlichen Raubzügen in die reiche Nachbarschaft handelte. Brave Bürger drängten sich hier neben Gaunern, begierig, vom Nachteil eines anderen zu profitieren.

Schlepper ließen vom Rand her Tiraden auf sie los, brüllten die verlockenden Namen berüchtigter Kneipen, Bordelle und Spielhallen.

Die beiden Straßenhändler steuerten geradewegs auf einen Tisch zu, an dem sich zehn oder zwölf Bauerntölpel um einen schlaksigen Hütchenspieler versammelt hatten. Der Hütchenspieler schob drei

Nußschalen hin und her und feuerte sein begeistertes Publikum an, zu raten, unter welcher sich die Bohne verbarg. Die Obstkarrenjungs blieben am Tisch stehen und flüsterten mit einem grellgekleideten Ganoven, der den Hütchenspieler beobachtet hatte. Straßenhändler sind die Augen und Ohren der Unterweltfürsten Orissas. Sie schaffen alles mögliche von einem Ort zum anderen, bewerkstelligten ihre eigenen, kleinen Diebstähle und spionierten gleichzeitig jedermann aus.

Der grellgekleidete Ganove lauschte aufmerksam, was die beiden zu sagen hatten, nickte dann, steckte ihnen eine Münze zu und schickte sie fort. Ich ließ sie gehen und schob mich zum Tisch des Hütchenspielers durch und stieß den Gecken an, um sicherzugehen, daß er mich bemerkte.

»Laßt mich mal an die Hütchen ran, Jungs«, donnerte ich, als ich mich zum Tisch durchdrängelte. »Ich hab ein neues Silberstück, und das sagt mir, ich finde die Bohne sofort.«

Ich rülpste dem Hütchenspieler ins Gesicht, damit er einen ordentlichen Eindruck von meinem Atem bekam, und rasselte mit meinem Geldbeutel in seine Richtung.

»Sergeantin Rali mein Name, Freund«, rief ich. »Und Hütchen sind mein Lieblingsspiel.«

Der Hütchenspieler zögerte. Er hatte jemand anderen angepeilt und wollte nur widerstrebend mitten im Wurf umschwenken. Ich knallte eine Silbermünze auf den Tisch, um seine Aufmerksamkeit zu bekommen.

»Leg hin, mein Freund«, sagte ich. »Laß deine Hütchen sehen.«

Seine Augen funkelten die Münze an. Noch einmal schüttelte ich meine Börse. Er hörte das Klimpern, und sein Grinsen breitete sich bis zu den gestutzten Diebesohren aus.

»Es ist mir ein Vergnügen, Sergeant«, sagte er, und seine Stimme war ölig von geheucheltem Respekt. »Liebend gern würde ich sehen, wie Ihr mir das Geld abnehmt. Kommt mir vor, als wär es meine Pflicht. Wo Ihr doch für das gute, alte Orissa verwundet wurdet...«

Er legte seine Schurkenhand aufs Herz, und alle Bauerntölpel applaudierten seinen großzügigen Worten.

»Ab mit den Hütchen«, sagte ich. »Dann werden wir sehen, ob die Götter der guten, alten Sergeantin Rali lächeln oder nicht.«

Er machte eine große Sache daraus. Verteilte die drei hohlen Nußschalen auf dem Tisch. Fuchtelte mit der harten, grünen Bohne zwischen den Fingern herum. Brachte seine Hütchenspielersprüche: »Ins erste Bettchen geht sie rein, nur ist es kalt. Im zweiten Bettchen will sie sein. Dann rüber zu dem dritten Burschen, denn der zweite war zu klein. Leider ist sein Würstchen weich, also zurück, wo's kalt und steif.«

Die Bohne rollte von Nuß zu Nuß. Ich machte mir nicht die Mühe aufzupassen. Ich konnte die Bohne ganz deutlich mit dem Ätherauge sehen. Außerdem würde er mich die erste Runde gewinnen lassen, damit ich auf den Geschmack kam.

Sobald er anhielt, brüllte ich: »Da ist sie!« Ich schlug mit der Hand auf das mittlere Hütchen. »Wartet schon auf mich wie eine brave Bohne!«

Der Hütchenspieler hob die Nuß, um die Bohne zu zeigen, und schlug sich an den Kopf, als wäre er ebenso überrascht wie alle anderen. »Sie hat mich erwischt, Jungs«, rief er der Menge zu. Diese johlte vor Freude über mein Spielerglück.

»Versuch's noch einmal, Schwester«, sagte der Hütchenspieler. »Ihr mögt vielleicht nur eine Lampe haben, Sergeantin, aber die ist mehr wert als die üblichen zivilen Gucker.«

Ich lachte, schob meinen Gewinn zu einem Haufen zusammen, dann träufelte ich noch ein paar Silbermünzen obendrauf.

»Te Date ist mir heute gnädig, Freund«, gluckste ich. »Hab dem verfluchten Zahlmeister aus dem Kreuz geleiert, was er mir schuldete.« Ich wog meine fette Börse, damit alle sie sehen konnten.

»Hier drinnen war vor zwei Stunden noch Ebbe«, verkündete ich allen. »Aber jetzt ist Flut. Eine Rückzahlung über vier Jahre, um die sie mich betrogen haben, Jungs. Vier gottverdammte Jahre!«

Ich schlug auf den Tisch. »Wie wär's, wenn ich acht draus mache?« sagte ich. »Zeig mir deine Bohne!«

Der Hütchenspieler pries mein Glück, schob dabei die Bohne zwischen den Nußschalen hin und her. Nur tat er es diesmal langsam. Unbeholfen. Als wollte er sicherstellen, daß ich die richtige erriet, wenn er aufhörte. Mein Ätherauge sah, wie er die Bohne beim letzten Tausch an sich nahm. Seine Bewegungen jedoch ließen es so aussehen, als läge sie wieder unter der mittleren Nuß.

»Nun nehmt schon, Sergeantin«, bellte er, als er innehielt. »Nehmt mein Geld. Holt Euch die kleine Bohne.«

Ich schlug mit der Hand auf das mittlere Hütchen. »Hier ist sie«, rief ich. »Versteckt sich im selben Bett.«

Schon verzog der Hütchenspieler seine Miene aus Mitgefühl für meinen Verlust, als er nach der mittleren Nuß griff. Ich wußte, er würde die Bohne unter die dritte Nuß schieben, während ich noch mit dem Schrecken rang.

Doch als er das Hütchen umdrehte, starrte ihn die Bohne an. Die Zuschauer grölten vor Freude, während er noch wie ein Fisch nach Luft schnappte. Ich sah, wie er die Faust ballte, in welcher er die echte Bohne zu halten glaubte. Sein Schrecken wurde noch größer, als er bemerkte, daß diese fort war. Er glotzte die aufgedeckte Bohne auf dem Tisch an und fragte sich, wie ihm ein solcher Fehler hatte unterlaufen können.

»Seht euch das an, Jungs!« rief ich meinen neuen Freunden zu. »Sergeantin Ralis Glück hält an. Versuchen wir es noch einmal, was sagt ihr, Männer?«

Die Bauerntölpel waren allesamt dafür. Nur der Hütchenspieler, der noch immer herauszufinden suchte, was geschehen war, wirkte zögerlich und wich von dem Tisch zurück. Ich sah den grellgekleideten Ganoven näher kommen, neugierig, was vor sich ging, und nickte dem Hütchenspieler zu, fortzufahren, als die Bauern mürrisch auf sein Zögern reagierten.

Viermal noch fand ich die Bohne, bis ich seinen Geldbeutel geleert hatte. Jedesmal wurden Topf und Menge um den Tisch größer.

Schließlich hob der Hütchenspieler die Hände. »Ich bin pleite, Jungs«, sagte er. Er wollte gutmütig lächeln, sah aber eher wie eine grinsende Schlange aus. »Aber heute abend will ich den Göttern ein Dankesgebet sprechen, Freunde. Hab vielleicht viel Geld verloren, das aber für einen guten Zweck.«

Er klopfte mir auf die Schulter. »Schön für Euch, Sergeantin! Ihr seid eine echte Spielerin, soviel steht mal fest.«

Schon löste sich die Menge auf, und der Hütchenspieler reichte mir einen Krug.

»Ich bin so frei, Herr«, sagte ich und nahm einen tiefen Zug.

»Ich möchte Euch einen Freund von mir vorstellen«, sagte er und deutete auf den grellgekleideten Ganoven, der alle Zähne zeigte, als er lächelte.

Ich lächelte zurück, und er kam näher. Aalglatt und tödlich. Eine Hand zum Gruße ausgestreckt, die andere an seiner Seite, wo er zweifellos eine passende Waffe trug. Als sich unsere Hände berührten, spürte ich, daß er mich musterte, meine Gebrechen registrierte, die Qualität meiner Waffen jedoch noch genauer in Augenschein nahm. Er hatte es auf den Inhalt meiner Börse abgesehen, wurde jedoch vorsichtig, als er mein abgewetztes Schwert sah.

»Mein Name ist Legg«, sagte er freundlich, wenn auch kühl. »Bin selbst ein Freund des echten Wettstreits, Sergeantin Rali«, sagte er. »Nur sind Hütchen nicht meine Sache. Mir fehlt der Mumm, diese Bohne zu jagen. Gratuliere, Sergeantin, zu Eurer Nervenkraft. Es war eine Freude, Euch zuzusehen.«

Er leerte den Krug und warf ihn dem Hütchenspieler zu. Ich

grinste, trunken und selig. »Hab auch noch nie versucht, die Hütchen zu schlagen«, sagte ich. »Mit Können hat das nichts zu tun. Nur mit dem Glück einer tumben Soldatin. Wovon ich in letzter Zeit zu wenig hatte.« Zur Bekräftigung schlug ich die Holzkugel mit meinem Stumpf gegen den Tisch.

»Zufällig kenne ich einen kleinen, aber ehrlichen Laden in der Nähe«, sagte Legg, während er einen Fussel von seinem Umhang strich. »Würfel und Karten spielt man dort. Saubere Knochen und ein ungezinktes Blatt.«

Ich zögerte, als sei ich in Versuchung. Dann schüttelte ich den Kopf. »Ich halte mich von fremden Tavernen fern, Legg«, sagte ich mit ernster Miene, wenn auch leise schwankend. »Die wissen, wie man eine arme Soldatin ausnimmt, solange sie allein ist, ohne einen Freund, der ihr den Rücken deckt.«

»Dann habt Ihr einen Freund in mir, Sergeantin Rali«, sagte er und klopfte mir auf die Schulter. »Ich sag Euch was. Ihr habt eine Glückssträhne. Vielleicht begleiten mein Freund und ich Euch ein Stück des Wegs.«

Mißtrauisch blickte ich ihn an. »Was habt Ihr vor?«

»Warum erkläre ich es Euch nicht bei einem Spritzer Rum?« sagte er. Er nickte zu einem kleinen Stand gegenüber. »Falls Euch mein Angebot nicht gefällt, nun, nichts für ungut. Und Ihr bekommt umsonst etwas Frohsinn in den Bauch, zusätzlich zu der Glückssträhne, die Ihr heute ohnehin schon habt.«

Ich ging darauf ein, und zu dritt steuerten wir den Schnapsstand an. Vier oder fünf Becher später waren wir die allerbesten Freunde, Legg, der Hütchenspieler und ich. Ich erzählte ihnen meine Geschichte. Daß ich den ganzen Weg vom Delta heraufgekommen war, um meine Pension einzukassieren, um die man mich betrogen hatte. Daß dieser Schweinehund von einem Zahlmeister schließlich nachgegeben und mich ausgezahlt hatte, nachdem er für sich selbst eine dicke Scheibe eingefordert und erhalten hatte. Sie fühlten mit mir. Sorgten sich mit mir, daß die Summe, die ich kassiert hatte, nicht lange reichen und ich dann wieder arm sein würde. Daraufhin verschworen wir uns, mir einen sanfteren Ruhestand zu sichern.

Jeder von uns sollte gleich viel einbringen. Der Einsatz, den sie sich leisten konnten, entsprach zufälligerweise genau dem, was sich in meiner Börse befand. So gut waren sie beim Stehlen. Mit dem einen oder anderen Blick hatten sie eingeschätzt, wie prall die Börse war, und den Wert ihres Inhalts erraten. Ich sollte alle Einsätze verwahren... so weit ginge ihr Vertrauen, sagten sie. Und wir sollten gemeinsam zur Spielhalle im Armenviertel gehen. Es schien sich um einen derart ehrlichen Laden zu handeln, daß ein Glückspilz wie ich ganz sicher mit einem Vermögen davonspazieren würde, das für uns alle reichte.

Ich stimmte zu. Und schon war ich mit meinen neuen Freunden unterwegs, ihre Börsen an meinem Gürtel und ihre Arme um meine Schultern, was deutlich ihre Freundschaft dokumentieren sollte. Immer wenn ich zögerte, merkte ich, wie ihre Arme sich strafften, um sicherzustellen, daß ich mit ihrem Geld nicht stiften ging.

Der »kleine, aber ehrliche Laden« entpuppte sich als Spielhölle der niedersten Kategorie. Sie lag in einem Labyrinth dunkler, enger Straßen, die einst als »Mördergasse« bekannt waren, weil hier ein idealer Ort war, um jemandem die Kehle durchzuschneiden oder einen ausgeraubten Toten loszuwerden.

Ein verschrammtes Schild wies auf den Eingang, eine wacklige Treppe führte in den Keller unter einem alten Mietshaus. Auf dem Schild sah man abblätternde Buchstaben, die besagten: »Zum Keilerodem«. Der Name war treffend, denn genauso roch der schlecht beleuchtete Laden, als sich die Tür öffnete, um uns einzulassen. Er hatte eine niedrige Decke, und öliger Qualm stieg vom Herdfeuer auf, die Holzsäulen hoch. Echsen schwärmten durch den Qualm, auf der Jagd nach Käfern, von denen es genug zu geben schien, daß ihre Häute stets prallvoll blieben.

Trotz des Drecks und Gestanks kamen Diebe offenbar gern hierher. Alle möglichen Arten rattenäugiger Schurken saßen an den Tischen, tranken und prahlten mit ihren letzten Heldentaten. Ich fand es ganz amüsant, daß ich mit meiner Augenklappe und dem Armstumpf kaum fehl am Platze wirkte. Eine Seite des breiten Kellers wurde von Karten- und Würfeltischen eingenommen, die in Gruben eingelassen waren, und Männer und Frauen standen Arsch an Lende über diese Tische gebeugt und feuerten die Spieler an.

»Da drüben scheint was los zu sein«, sagte ich zu Legg und dem Hütchenspieler gewandt.

Legg nickte. »Ihr seid ein kluges Köpfchen, Sergeantin«, sagte er. »Warum geht ihr beiden nicht rüber und seht nach, was da passiert, während ich uns was zu trinken hole und meine Freunde begrüße.«

Der Hütchenspieler schob mich zur Würfelgrube, während Legg zurückblieb, um einem untersetzten, muskulösen Schurken etwas ins Ohr zu flüstern, der mit Unmengen unpassender Schmuckstücke behängt war. Vier oder fünf Ohrringe trug er in jedem Ohr, zwei durch die Nase, einen an der Wange, ein Dutzend oder mehr schwere Gold- und Silberketten um den Hals, und seine Stummelfinger steckten voller Ringe. Er nickte, lächelte mich an, als Legg ihm ins Ohr flüsterte, und in seinem Mund sah ich zwei Goldzähne mit eingearbeiteten Diamanten aufblitzen.

Der Hütchenspieler zerrte mich voran, und wir drängten uns durch die Menge der Diebe. Es war, als stolpere man in das Versteck einer Krähe. Der Reichtum halb Orissas schien an den Männern und Frauen ausgestellt zu sein, die sich in diesem Keller versammelt hatten. Und die andere Hälfte lief Gefahr, von den Verschwörern, die an den Tischen neue Abenteuer planten, ausgenommen zu werden. Schönheiten beiderlei Geschlechts hielten hof in kärglichem Staat, der ihre narbengesichtigen und stutzohrigen Freier beinah in Ohnmacht fallen ließ. Schläger mit harten Mienen steckten an den Tischen die Köpfe zusammen. Betrunkene Straßenhändler tanzten zu den Klängen heiserer Musik von einem Trio schwitzender Musiker. Und alle schrien und hämmerten auf die Tische und verlangten mehr Getränke von den herumwieselnden Bedienungen.

Bei einem der Kartentische, an denen man »Geisterseher und Dämonen« spielte, blieben wir stehen, um zuzusehen. Ein großer Topf stand auf dem Tisch, und ein Dutzend Gauner und Damen waren voll bei der Sache, knallten abwechselnd ihre Karten auf den Tisch und brüllten herausfordernd.

»Dämonenkönig schlägt den Drachen!«

»Traumfänger hat Dämonenkönig im Netz!«

»Kriegergeisterseher kriegt sie alle!«

Sie liefen um den Tisch, knallten kunstvoll bemalte Karten mit zunehmender Kraft aufs Holz. Der Kartengeber schob die ersten beiden Runden, doch blieb er im Spiel, indem er den Einsatz der Bank erhöhte, mit dem jeder Spieler gleichziehen oder den er überbieten mußte. Ich wußte, daß der Geber bei der dritten Runde handeln mußte, was bedeutete, daß die Bank den Topf verdoppelte. Und dann wurde es wirklich wild.

Ich flüsterte den Lügenzauber und sah dem Geber in die Karten. Er hatte nur eine Markthexe, von allen bedroht, nur nicht von den gemeinsten Bauernkarten. Füße scharrten unter dem Tisch, eine Hand kam hoch, um einen Knöchel zu kratzen. Ein Zucken, und die Markthexe war gegen den allmächtigen Harlekin getauscht. Eine Trumpfkarte, die garantiert jeden Topf kassierte. Es war eine ausgezeichnete Darbietung eines Kartentricks: Karte zwischen Knie und Tisch geklemmt, das Knie zurückgezogen, wenn man die Karte braucht, dann eine gegen die andere getauscht. Und keiner hat's gemerkt.

Ich schüttelte den Kopf. »Ich glaube nicht, daß mir die Karten heute Glück bringen, Freund«, sagte ich. »Wieso versuchen wir es nicht mit den Würfeln?«

In diesem Augenblick rief der Geber: »Der Harlekin narrt alle! Die Bank bekommt den Topf!« Seine Ansage war von lautem Stöhnen auf seiten der Verlierer begleitet.

Als der Hütchenspieler das hörte, wirkte er sehr enttäuscht. Doch fing er sich bald wieder, sagte, ich sollte meinem Gefühl folgen, und er führte mich zum Würfeltisch.

Legg gesellte sich am mittleren Tisch zu uns, an welchem sich die größte Menge versammelt hatte, um zuzusehen, wie die Spieler die Würfel schüttelten und an die Punktewand schleuderten. Bei ihm war der untersetzte Mann, mit dem ich ihn hatte reden sehen.

»Sergeantin Rali«, sagte er. »Ich möchte Euch einen guten, alten Freund vorstellen, den Besitzer dieses feinen Etablissements.«

Der untersetzte Mann grinste, legte gefeilte Zähne frei. »Fiorox der Name, Sergeantin Rali«, sagte er. »Hab diesen Laden nun schon fast zehn Jahre. Mit Stolz kann ich sagen, daß mir das Militär von jeher willkommen war. Man kann gar nicht genug tun für all die Leute, die die Uniform unserer stolzen Stadt tragen.«

Ich hauchte ihn mit stinkender Fahne an, als wir uns zum Gruß die Hände reichten, und lallte ein wenig, als ich meiner Freude Ausdruck verlieh, ihn kennenlernen zu dürfen. Er grinste immer breiter und zeigte eine flächige, rosafarbene Zunge, auf die eine nackte, blaue Frau tätowiert war.

»Legg sagt, Ihr wollt gemeinsam mit dem Hütchenspieler die Bank sprengen«, sagte er.

Legg kicherte. »Natürlich immer ehrlich«, sagte er. »Ich bin stolz auf meine Ehrlichkeit.«

»Klar doch, klar doch«, sagte Fiorox und erwiderte das Lachen. Der Hütchenspieler stimmte in das Gelächter mit ein. Und bald schon kicherten wir alle vier, obwohl ganz offensichtlich war, daß der einzige Scherz, der gemacht worden war, ausschließlich auf meine Kosten ging.

»Wo liegt das Limit?« fragte ich Fiorox.

»Was hättet Ihr denn gern?«

»Ich hätte gern«, sagte ich, »alles, was Ihr habt!«

Und, oh, wie sie darüber lachten.

Vier Stunden später war ich die einzige, die immer noch lachte. Die meisten im Raum hatten sich um meinen Tisch versammelt, feuerten mich an und bestaunten den großen Haufen Goldes, der sich in meinem Einsatzkasten angesammelt hatte.

Fiorox, der Besitzer, zog ein grimmiges Gesicht und warf dem gleichermaßen bedrückten Legg böse Blicke zu, während der Hütchenspieler ihm Beteuerungen ins Ohr flüsterte.

Eben hatte ich einen prüfenden Wurf getan, und die Würfelfrau, eine Schlampe mit langen Fingernägeln und einem Kleid, das ihre geschminkten Brüste preisgab, reichte mir die Knochen.

»Sechs!« erklärte sie. »Fünf Striche und ein Punkt.« Sie leierte meine Vorgabe so laut herunter, daß alle sie hören konnten.

»Jede Kombination bringt gleiches Geld. Wenn's schwierig wird, das Doppelte. Hohe Markierungen dreifach. Was hättet Ihr gern?«

Ich überhörte die Ratschläge aus der Menge und nahm mir Zeit, darüber nachzudenken. Ich spielte die Betrunkene, nahm einen großen Schluck aus meinem stets vollen Glas mit starkem, wenn auch undefinierbarem Schnaps.

»Machen wir's auf die harte Tour«, sagte ich. »Fünf Striche und ein Punkt. Bei hohem Punktewurf. Mit weniger gebe ich mich nicht zufrieden.«

Das rief einiges Stöhnen und Glotzen in der Menge hervor. Ich wettete, daß ich sechs auf die schwerstmögliche Weise bekommen würde... fünf Striche auf dem Strichwürfel und einen Punkt auf dem Punktewürfel. Und nicht nur das, sondern ich würde die Würfel von der höchsten Markierung an der Punktewand abprallen lassen. Um das Drama komplett zu machen, tat ich eine weite Geste über meinen Einsatzkasten. Und kippte dabei beinah um.

»Alles!« verkündete ich. »Den ganzen Plunder!«

Die Menge kreischte vor Freude über meinen Wagemut, und sie riefen die Bedingungen meiner Wette all jenen zu, die mich weder sehen noch hören konnten.

Die Würfelfrau runzelte die Stirn, dann sah sie zu Fiorox auf. Er zögerte. Legg flüsterte ihm etwas zu, und schließlich nickte er zustimmend.

Doch dann sagte er: »Die Bank meldet einen Würfelwechsel an.«

Meine Ganovenfreunde krähten mißbilligend. Alle wußten, daß man mich reinlegen und mir ein paar gezinkte Würfel unterschieben würde. Manche riefen mir sogar Warnungen zu.

Ich winkte ihnen, tat, als würde ich nicht hören.

»Ab die Post!« rief ich und nahm die neuen Knochen, welche die Würfelfrau mir gegeben hatte.

Als ich die Würfel kurz ansah, bemerkte ich gleich die verräterische, allzu lange Oberfläche auf dem Punktwürfel. Und den wächsernen Glanz auf dem Strichwürfel. Ich grinste.

»Scheint mir für's erste gut genug zu sein«, sagte ich und rollte sie in meiner Faust.

»Nichts geht mehr«, bellte ich und warf die gezinkten Würfel an die höchste Marke auf der Punktewand, rief: »Gebt mir sechs, meine Süßen ... auf die harte Tour!«

Gedanklich lenkte ich die Würfel in ihrem Flug, überredete den einen zu fünf Strichen und den anderen zu einem einzelnen Punkt. Sie trafen die Wand, und als ich spürte, wie der lange Würfel vom gesetzten Ziel abweichen wollte, biß ich die Zähne zusammen und zwang ihn zurück. Die Würfel blieben liegen.

Alles war still, als die Menge das Unmögliche anstarrte. Fünf Striche auf dem einen Würfel. Ein einzelner Punkt auf dem anderen. Die Würfelfrau glotzte mich an.

Dann rief jemand aus der Menge mit einer Stimme voller Staunen: »Eine Sechs, bei den Göttern, eine Sechs! Fünf Striche und ein Punkt dazu!«

Und der ganze Laden spielte verrückt. Ich sah, wie Fiorox Legg und dem Hütchenspieler wütend etwas zuflüsterte. Wild schüttelten sie die Köpfe, beteuerten ihre Unschuld. Ich wußte, daß sie ihm versichert hatten, ich sei es, die abgezogen werden sollte. Nicht der stolze Besitzer des »Keilerodems«.

Ich stopfte den Gewinn in mein Bündel und schlang es um meine Schulter. Ich gab mich wie ein Komiker und tat, als würde ich – zur Freude aller Gratulanten – unter dem Gewicht ins Taumeln geraten, sehr zur Demütigung des juwelenbehangenen Fiorox, dessen Gold es einst gewesen war.

»Genug gewürfelt«, verkündete ich. »Ich geh nach Hause! Muß schlafen.«

Ein Stöhnen der Enttäuschung war zu hören. Fiorox' Miene war purpurrot vor Wut. Legg sprang zu mir heran.

»Ihr könnt jetzt nicht aufhören, Sergeantin«, flehte er.

»Wieso das denn nicht?« sagte ich. »Wir sind doch reich genug, oder? Wir teilen, sobald wir draußen sind.«

Legg nahm mich bei der Schulter und drückte mich, als wäre er mein weiser, alter Onkel.

»Aber denk doch nur an deine Glückssträhne, Schwester«, mahnte er. »Du kannst jetzt nicht aufhören, sonst wäre es eine ... eine ... Gotteslästerung, das wäre es. Genau das!«

»Ich will nicht, daß die Götter sauer werden«, sagte ich. Ich hob meinen Armstumpf an, zeigte ihm die Holzkugel. »Verflucht noch eins, das hab ich schon mal getan. Die haben es mir ganz schön heimgezahlt.«

Ich wandte mich Legg zu und schwankte nach vorn, bis mein Gesicht nur Zentimeter vor dem seinen war. Er gab sich Mühe, nicht meinem stinkenden Atem auszuweichen.

»Hör zu, hör gut zu«, sagte ich. »Ich habe einen Rat für dich.«

Ich hielt inne. Er wartete, daß ich fortfuhr. Dann sagte ich: »Hörst du zu?«

»Ich hör dir zu«, versicherte er mir. »Spuck's aus.«

Ich schwankte zurück, gab mich erschrocken. »Du willst, daß ich dich anspucke?«

»Nein, nein, nein«, sagte Legg, kochend vor Ungeduld. »Nicht spucken. Sag's mir einfach, ja?«

Ich zog eine Augenbraue hoch. »Was sagen?«

Legg gab ein ersticktes Geräusch von sich. Ich ignorierte ihn, fuhr herum, um mir die Würfelgrube anzusehen.

»Ich will die Götter nicht verärgern«, verkündete ich. »Lieber versuch ich es noch mal.«

Und zu Leggs unendlicher Erleichterung packte ich die Würfel, und das Spiel begann von neuem. Fünfmal ließ Fiorox die Würfel in den folgenden Stunden auswechseln. Gebürstete Würfel, gewachste Würfel und selbst die berüchtigten, unschlagbaren gestreiften Würfel drehte man mir an. Doch jedesmal bediente ich mich der Zauberei, um die Knochen so zu kippen, daß sie jedes Ziel erreichten. Meine Gewinne waren so hoch, daß zwei weitere Einsatzkästen geholt werden mußten, um alles aufnehmen zu können.

Fiorox hegte Mordgedanken, und ich sah, daß mehrere seiner Schläger zu ihm kamen, die blutunterlaufenen Blicke auf Legg und den Hütchenspieler gerichtet, die ängstlich mit ihm stritten. Ich wußte, was los war. Legg und der Hütchenspieler hatten mich in den »Keilerodem« gebracht, damit ich hier ordentlich geschoren würde. Vereinbart war sicher, daß sie einen hübschen Prozentsatz von der Bank bekämen, weil sie mich hergebracht hatten. Doch für Fiorox sah es nun so aus, als hätten sie sich mit mir verbündet, *ihn* zu berauben. Sicher beschworen sie ihn, daß es nicht so wäre. Daß mein Glück für sie ebenso überraschend käme wie für Fiorox und sie nicht die leiseste Idee hätten, wie meine Glückssträhne gezinkte Würfel überleben könne.

Wahrscheinlich hätte Fiorox uns am liebsten von seinen Schlägern die Kehlen durchschneiden, die Geldbeutel einsacken und uns irgendwo liegen lassen. Doch die Menge meiner neuen Gaunerfreunde war von mir derart begeistert, daß er es nicht wagen konnte. Sie würden den Laden auseinandernehmen, falls mir in ihrer Gegenwart etwas geschehen sollte.

Ich setzte zu meinem letzten Wurf an, und das Gebrüll der Menge war so laut, daß Echsen von der niedrigen Kellerdecke fielen und einigen der Dirnen schrilles Kreischen entlockten, während sie Tänzchen aufführten, um die kleinen Teufel loszuwerden, die in ihren tiefeingeschnitteten Leibchen gelandet waren.

Ich winkte triumphierend, dann sagte ich: »Es reicht. Ich gebe auf. Wirklich, ehrlich, ich geb's auf. Bin zu betrunken, um weiterzuspielen.«

Die Menge johlte, als ich schwankend aus der Grube kletterte.

Doch Fiorox war mit mir noch nicht fertig. Verzweifelt wollte er sein Geld zurück. Gemeinsam mit Legg und dem Hütchenspieler machte er sich über mich her.

»Einfach unglaublich!« Fiorox zwang sich zu einem seligen Lächeln. »Eine solche Glückssträhne habe ich noch nie gesehen.« Er legte mir einen Arm um die Schulter. »Aber Ihr müßt mir Gelegenheit geben, etwas von meinem Geld zurückzugewinnen.«

»Es wäre unhöflich, das nicht zu tun, Sergeantin«, riet mir der Hütchenspieler.

»Wäre einfach nicht ehrenhaft, einem so feinen Mann wie Fiorox nicht eine Chance zu lassen«, stimmte Legg ihm zu.

»Wie wäre es mit einem Kartenspielchen, beste Freundin?« schlug Fiorox vor. »Ich wette, die Karten warten schon auf Euch.«

Ich schüttelte den Kopf. »Ich mag keine Karten«, sagte ich. »Ist nicht mein Spiel. War es noch nie.«

Fiorox' Schläger drängten sich so dicht an mich, daß ich die Dolche unter ihren Kleidern spüren konnte.

»Ach, seid keine Spielverderberin, Sergeantin«, sagte Fiorox. »Ich teil die Karten selber aus. Um sicherzustellen, daß man Euch ehrlich behandelt.«

Er lächelte, doch blitzte der Tod in seinen Augen. Er nahm meinen Arm und führte mich zu einem der Kartentische.

»Na guuut«, sagte ich. Dann lachte ich und schlug ihm auf die Schulter. »Ihr seid ein Guter«, sagte ich. »Ihr habt noch eine Chance gegen mich verdient.«

Das ganze Haus folgte uns zur mittleren Grube, die von Fiorox' Schlägern geräumt worden war. Jemand half mir auf den Stuhl gegenüber von Fiorox. Ein anderer holte mir etwas zu trinken. Ich witterte den scharfen Geruch von Betäubungstropfen, welcher aus dem Glas aufstieg.

Ich hob das Glas zu einem trunkenen Trinkspruch auf Fiorox. »Auf Euer Wohl«, sagte ich. Gleichzeitig sprach ich den Zauber, mit dem ich den ganzen Abend schon Alkohol in reines Wasser verwandelt hatte, und verstärkte den Zauber nur noch ein wenig, um die Betäubungstropfen auszuschalten. Ich kippte den Trunk unter dem lauten Beifall der Menge, die schon den ganzen Abend meine Standfestigkeit bestaunte.

Dann stellte ich meine Gewinne auf den Tisch.

»Ihr seid so ein Guter«, sagte ich zu Fiorox gewandt. »Ich werde alles setzen. Damit Ihr eine Chance habt.«

Das verblüffte Fiorox. Er beäugte den großen Haufen, von dem ursprünglich einmal fast alles ihm gehört hatte. Ich bezweifelte stark, daß er noch genug in der Hausbank hatte, um dem etwas entgegenhalten zu können. Ich sah, wie er seinen Kopf anhob, den Blick über die Menge schweifen ließ. Ein großer Bursche mit müder, würdevoller Aura stand am Rand der Menge. Seine teuren Kleider, die gebieterische Haltung und der weite Raum, den die Umstehenden ihm ließen, hoben seine Bedeutung und seinen Rang im Armenviertel hervor.

Der Ganovenhäuptling nickte Fiorox zu. Er bürgte für sein Spiel. Ein bärtiger Schläger, offensichtlich in Diensten des herrschaftlichen Burschen, nahm einen schweren Geldbeutel. Er stellte ihn auf den Kopf, und die Menge stöhnte auf, als ein Strom seltener Edelsteine hervorkam und im trüben Licht glitzerte.

Fiorox kicherte und schob eine Handvoll Gemmen in die Mitte. »Und nun zu Euch, Sergeantin«, sagte er.

Und er begann, zwei Blätter »Geisterseher und Dämonen« zu verteilen, was das härteste, intelligenteste und aufreibendste Spiel Orissas ist. In den erlauchtesten Kreisen der Dekadenten waren dadurch nicht nur Vermögen verlorengegangen, in alten Zeiten hatten Adlige die Freiheit ihrer gesamten Familien auf eine Karte gesetzt und Vettern dritten und vierten Grades zur Sklaverei verdammt.

Ich grinste betrunken, nahm meine Karten eine nach der anderen auf. Ich richtete meine Augenklappe und warf mit meinem Ätherauge einen gezielten Blick auf Fiorox' Blatt. Mein Gastgeber war ein geschickter Betrüger, und obwohl meine Karten gut waren, waren die seinen dank der fragwürdigen Mischtechnik und der Angewohnheit, immer von unten zu geben, besser. Ich konzentrierte mich, griff ins Nichts und tauschte meine Karten gegen ein Blatt, welches das seine schlug, sofern ich es geschickt ausspielte. Ich erinnerte mich meines Talents als Schrecken der Kaserne und lenkte das Spiel mit jeder Karte, die ich ablegte, zu meiner Falle hin.

Ich zwang ihn zu einem klassischen Hexentausch. Ich spielte die Markthexe, und freudig stach er diese mit seiner Akolutenkarte. Doch schloß ich die Klauen meiner Falle, indem ich einen Zauberfund ablegte, der die Macht der Hexe mehrte und Fiorox blockierte.

Dann ließ ich zu, daß das Spiel über mehrere Stunden schwankte. Manchmal lag Fiorox vorn. Doch meist war ich in Führung, trank alles, was man mir gab, und ließ meine Lider auf Halbmast sinken, als könne ich sie kaum noch offenhalten. Fiorox wurde immer wütender. Schrie vor jedem Spiel nach neuen Karten. Brüllte seine Leute ohne erkennbaren Grund an. Obwohl wir beide wußten, daß die Karten, die ich spielte, nicht dieselben waren wie jene, die er mir gegeben hatte, kam er nicht darauf, wie ich es machte. Und er wartete, daß ich von den präparierten Getränken umkippte, die man mir eintrichterte. Schließlich hatte er sein Leben lang Betrunkene ausgenommen und konnte sich nicht vorstellen, wieso es diesmal nicht funktionierte.

Ich hatte ihn bei seiner Gier und der Angst vor seinem Geldgeber gepackt, da er gezwungen war, einen atemberaubenden Edelstein nach dem anderen in die Mitte zu schieben, nur um wieder zu verlieren. Und jedesmal setzte ich sämtliche Gewinne und gab ihm so die ständige Hoffnung, er könne Geld und Ehre zurückgewinnen.

Der herrschaftliche Halunke hatte sich zu uns gesellt. Er stand hinter Fiorox, flankiert von dem Bärtigen und einem weiteren Schläger. Jedesmal, wenn Fiorox ein weiteres Blatt verlor und seine Juwelen in meinen Besitz übergingen, verzog er das Gesicht und tippte Fiorox leicht an die Schulter. Und mit jedem Tippen wurde Fiorox blasser, entschlossener, alles zurückzugewinnen, da inzwischen auch sein eigenes Wohlbefinden auf dem Spiel stand.

Dann endlich kam der entscheidende Moment. Ich wartete, bis Fiorox und sein »Freund« nichts mehr besaßen, was sie hätten setzen können. Die Mitte des Tisches war mit Münzen und Edelsteinen überhäuft. Fiorox bereitete seinen Todesstoß vor. Er hatte mir ein schwaches Blatt gegeben. Ich hatte ihn damit überrascht, daß ich es so schlecht wie möglich spielte. Zum ersten Mal wurden die richtigen Karten umgedreht. Er war zuversichtlich, flüsterte dem hoheitsvollen Halunken zu, daß er mich diesmal hätte. Der Halunke nickte ihm zu. Ich wußte wieso, denn um sicherzugehen, hatte Fiorox einen Tausch eingefädelt. Er hielt eine Harlekinkarte zwischen Knie und Tisch eingeklemmt.

Nachdem er sich mit dem hochherrschaftlichen Halunken besprochen hatte, gab er das Spiel zweimal verloren und verdoppelte so das Risiko der Bank.

Erneut hatte ich auf die Markthexe und den Zauberfund gebaut, um ihn abzublocken. Eine Karte war mir noch geblieben, nur eine Gänsemagd. Was er wußte, da er dafür gesorgt hatte, daß ich sie bekam. Dank meines Ätherauges wußte ich, daß er die gleiche Karte hatte, weshalb es im Spiel zwischen uns unentschieden stand. Doch bei »Geisterseher und Dämonen« bedeutet – wie alle wissen – ein Unentschieden, daß derjenige gewonnen hat, der für die Bank spielt. Fiorox war sich seiner Sache ganz sicher.

Er mußte nur noch seine Gänsemagd gegen den Harlekin austauschen, und ich wäre geliefert.

Beide knallten wir unsere letzten Karten verdeckt auf den Tisch. Ich sah ihm in die Augen, grinste, als ich meine Karte umdrehte. Siegessicher lachte er, als er die seine aufdeckte. Und ohne sich die Karten anzusehen, griff er nach dem Topf.

»Nichso hasstich, mein Freund«, lallte ich.

Ich schob meine Karte vor. »Hab schließlich einen Harlekin«, verkündete ich. »Unner Harlekin macht aus der Hexe ssusammen mit dem Zauberfund einen oberssen Geisserseher.«

»Du bist besoffen«, knurrte er. »Alles, was du hast, ist eine Gänsemagd.« Er deutete auf meine Karte. »Siehst du? Eine gottverfluchte Gänsemagd.«

Dann sackte seine Kinnlade herab, als ich ihm statt einer Gänsemagd einen Harlekin zeigte, und sie sackte immer weiter herab, als er seine eigene Karte ansah und die milchgesichtige Maid erkannte, die da ihre Gänse zu Markte trieb.

»Gottverfluchte Gänsemagd, schtimmt genau«, kicherte ich. »Aber das war *Eure* Karte!«

Fast wäre es in jener Nacht im »Keilerodem« zu einem waschechten Tumult gekommen. Nach meinem Sieg spielte die Menge verrückt. Meine Gewinne wurden eingesammelt und in meinem Beutel verstaut. Dann hoben sie mich auf ihre Schultern und trugen mich zum Tresen. Ich war jedermanns Heldin, und es hieß Sergeantin hier und Sergeantin da, und laßt mich Euch noch einen Trunk spendieren, Sergeantin, denn noch nie haben wir gesehen, daß jemand so die Karten spielt!

Ich lachte, trank bei bester Laune und langte tief in meine Taschen, um eine Faustvoll Geld hervorzuholen und auf sie herabregnen zu lassen, damit sie sahen, wie großzügig ich war. Bald schon schleuderte ich Leuten mit jedem Wurf Münzen entgegen, und diese Würfe tätigte ich mit zunehmender Häufigkeit. Gleichzeitig fischte ich ein rundes Bündel aus der Tiefe des Beutels und schob es in meine Umhangtasche.

Dann kam der erwartete Augenblick, und als ich mein Glas hob, begegnete meinem letzten, lautstarken Trinkspruch eine beklemmende Stille.

Ich spähte in die Runde und sah den Grund für diese Stille.

Ein halbes Dutzend Mordgesellen drängte sich am Eingang. Der hochherrschaftliche Halunke stand an ihrer Spitze. Die Menge starrte sie an. Manche leckten sich vor Angst die Lippen. Es war deutlich, daß die Ganoven diese Mörder kannten. Der herrschaftliche Halunke und seine Männer standen schweigend da. Mit ihren Blicken suchten sie einzelne heraus und starrten sie an, ausdruckslos, tödlich. Die Menge begann, sich aufzulösen. Langsam erst. Mit lauten Ausreden, daß es nun spät geworden sei oder sie sich gar nicht wohl fühlten. Der tröpfchenweise Abschied wurde zu einem Schauder, dann zu einem Sturzbach.

Und dann war der »Keilerodem« leer. Fiorox schloß die Türen und verriegelte sie. Legg und der Hütchenspieler standen zu beiden Seiten neben mir, lehnten sich an den Tresen.

Fiorox flüsterte dem hoheitsvollen Halunken etwas zu, und dieser nickte. Dann trat er vor, dicht gefolgt von seiner Mordbande.

Legg und der Hütchenspieler entfernten sich von mir, hielten ihre Hände hoch, beteuerten ihre Unschuld.

»Wir haben sie noch nie vorher im Leben gesehen, Eriz, ehrlich nicht«, sagte der Hütchenspieler, dem hoheitsvollen Halunken zugewandt.

»Weiß selber nicht, was sie im Schilde führt, Eriz«, jammerte Legg. »Aber sie ist ein schlaues Biest. Hat mich ganz schön reingelegt. Und mich legt man nicht so leicht rein.«

Eriz ignorierte die beiden und blieb dicht vor mir stehen.

»Wer bist du?« wollte er wissen. »Und wer bürgt für dein Spiel?«

Er beugte sich vor, die Nase einen Daumenbreit vor der meinen. Sein Atem roch nach faulen Zähnen und Minze.

»Dir bleiben nicht mehr als zwei Atemzüge für die Antwort, Soldatin«, knurrte er. »Dann schneide ich dir das andere Auge höchstpersönlich raus.«

»Das würde ich nicht wollen«, sagte ich. »Ist schwer genug, mit einem Auge durchzukommen.«

Ich griff nach meinem Umhang. Eriz spannte sich, und seine Mörder kamen vor.

»Warte«, sagte ich und hob meine gesunde Hand. »Was ihr sucht, habe ich hier in meiner Umhangtasche. Hier. Seht selbst.«

Ich breitete die Arme aus. Eriz zögerte, dann schob er seine Hand in meine Tasche. Seine Finger fanden das Bündel und holten es hervor. Er starrte die Lumpen an. Dann sah er auf und grinste höhnisch.

»Was ist das? Deine Brotzeit?«

»Wickel es aus«, drängte ich.

Das tat er. Langsam. Vorsichtig. Löste die Lagen weißer Lumpen ab. Die anderen kamen näher. Manche standen sogar auf Zehenspitzen, damit sie sehen konnten.

Das letzte Stückchen Tuch löste sich, enthüllte meine goldene

Hand... das magische Material glitzerte selbst noch in diesem trüben Licht.

»Was bei allen Höllen...«, setzte Eriz an.

Und ich bellte: »Hand! Pack ihn!«

Eriz wich zurück, doch war es schon zu spät. Die goldene Hand schoß vor, und ihre Finger krallten sich in seinen Hals. Überrascht schrien die Männer auf, als er in die Luft gehoben wurde, gurgelnd, da die Finger immer fester drückten.

»Zurück«, brüllte ich, »oder ich töte ihn.«

Ich löste die Finger so weit, daß Eriz um Gnade flehen konnte. Dann spannte ich sie wieder, bis er wild ins Leere trat und heulend um Atem rang.

»Tut, was sie sagt«, schrie Fiorox.

Und sie alle traten zurück.

»Jetzt laßt die Waffen fallen«, befahl ich.

Ein Klappern folgte, als sie sich fügten.

Ich trat zu Eriz, zückte meinen Dolch. Ich schnitt einen Splitter vom Holz der Kugel an meinem Armstumpf.

»Ich suche einen Mann«, sagte ich mit nüchterner Stimme. »Ich will, daß deine Männer ihn für mich finden und herbringen.«

Ich setzte die Spitze meines Dolches an seine Weichteile, und er kreischte und wand sich.

»Kleiner als ich dachte«, sagte ich.

Ich drückte fester zu, und Eriz zuckte, als würde er versengt.

»In einer Stunde tritt er an«, sagte ich. »Sonst wird sein Ding hier immer kleiner.«

Kapitel Sechzehn

# *Der König der Diebe*

Sie stritten mit mir, zu meiner großen Erleichterung. Fiorox und die anderen erschraken, als ich den Namen des Mannes nannte, den ich suchte, und sagten, er würde niemals einwilligen herzukommen. Da erst wußte ich sicher, daß es ihn noch immer gab. Ich ließ sie jammern, brachte Eriz dazu, uns mit seinem Quieken und ein wenig Blut – nur um der Dringlichkeit willen – noch etwas zu erfreuen. Und schickte sie los.

Als sie fort waren und wir den Laden für uns hatten, ließ ich Eriz frei. Er kauerte am Boden, keuchte und massierte seinen Hals. Staunend sah er zu, wie ich die Holzkugel entfernte und meine Ätherhand befestigte, die ich dann unter einem schwarzen, ledernen Stulpenhandschuh verbarg.

Dann schlug ich auf den Tresen, versetzte dem Holz einen ordentlichen Hieb mit meiner Ätherhand, daß der Dreck und Eriz hüpften.

»Gib mir was Vernünftiges zu trinken«, befahl ich. »Den ganzen Abend sauf ich nichts als Wasser, und ich bin schon ganz ausgedörrt.«

Eriz gab sich alle Mühe, mir zu genügen. Ich trank, umfaßte den Becher mit der Ätherhand. Ich seufzte und entspannte mich, als der scharfe Branntwein ein warmes Bett aus bunten Blüten in meinem Magen baute. Seit Tagen hatte ich mich nicht mehr wie ein Mensch gefühlt.

Und ich lehnte mich zurück, um zu warten.

Er kam noch in der nächsten Stunde.

Zu meinem Erstaunen drängte sich eine ganze Gesellschaft der reichsten Schurken aus dem Armenviertel kalten Blickes aus der Nacht in den »Keilerodem« hinab. Sie blieben am Eingang stehen, um sicherzugehen, daß nur Eriz und ich dort waren. Der größte Schurke flüsterte jemandem in seinem Rücken etwas zu, dann trat er mit einer übertriebenen Geste des Respekts beiseite, um diesen Jemand durchzulassen.

Ich sah geradeaus, fand jedoch nichts und ließ meinen Blick weiter sinken. Und dann noch weiter, bis ich die Spitze eines hohen Hutes sah.

Unter diesem Hut stand Pip!

Obwohl wir einander nie begegnet waren, erkannte ich ihn nach der Beschreibung im Tagebuch meines Bruders doch sofort.

Nur als ich ihn sah, war mein erster Gedanke ... ich wußte, daß er klein war, aber nicht *so* klein! Von seiner Stirn bis zu den Stiefeln mit den hohen Absätzen maß er keine fünf Fuß.

Der Gedanke verflog augenblicklich, als Pip mit seinem Stock aufstampfte und die schmalen Schultern streckte, bis sie den Stoff seines pelzbesetzten Umhangs aus majestätischem Grün spannten.

Er hatte ein langes, schmales Gesicht, kleine Augen und eine zukkende, spitze Mäusenase. Er stand da wie eine königliche Miniatur.

Was auch zutraf. Denn zu meiner unendlichen Überraschung war Pip inzwischen ein König.

Der König der Diebe im Armenviertel.

»Was holt Ihr mich hierher, Schwester?« knurrte er hochmütig. »Raus damit und schnell, sonst tret ich Euch die Kehle ein!«

Ich richtete mich auf, schüttelte den letzten Rest meiner Verstellung ab.

»Ihr habt Euch gemacht, Pip«, sagte ich und nickte zu seinem Stock hin, der den smaragdäugigen Katzenschädel des Königs der Diebe trug. »Auch wenn ich staune, welchen Weg Ihr eingeschlagen habt.«

Pip erbebte unter dem unerwarteten Stich. Er kam näher, winkte seine Männer zurück. Er betrachtete mich verblüfft.

»Kenn ich Euch, Schwester?« fragte er.

»Wir sind uns nie begegnet«, sagte ich. »Aber ich vermute, Ihr werdet von mir gehört haben. Ganz wie ich von Euch gehört habe. Ihr habt so manches Jahr im Dienste Amalric Anteros gestanden, nicht?«

Pips kleine Augen wurden schwarz, seine Hand krallte sich um den Katzenschädelstock.

»Nennt nicht diesen Namen in Gegenwart von meinesgleichen, Schwester«, knurrte er. »Amalric Antero war der beste Mann, der je gelebt hat. Ich werd nicht zulassen, daß eine betrunkene Soldatin seinen Namen mißbraucht!«

»Ich habe mehr Recht, seinen Namen auszusprechen als jeder andere, Pip«, sagte ich. »Deshalb bin ich zu Euch gekommen. Ihr wart einer der Männer, denen Amalric vertraute. Ihr wart Kundschafter auf seiner letzten Expedition hin zu den wahren Fernen Königreichen. Ihr gehörtet zu denen, die mit seinen letzten Worten an die Welt nach Orissa heimkehrten. Ich denke, Ihr wurdet für diesen Dienst im Namen der Anteros reichlich entlohnt. Obwohl kein Geld Euch je für all die Risiken entschädigen könnte, die Ihr eingegangen seid.«

Ich wartete, ließ meinen Blick von oben bis unten über ihn schweifen, sah mir diesen kleinen Mann an, der inzwischen das Kommando über Orissas Unterwelt führte.

»Bei den Göttern, die uns plagen«, sagte ich mit unverhohlenem Staunen. »Ich hätte nie gedacht, daß Ihr Eure Belohnung *dafür* benutzt.

Pip. König der Diebe!

Mein armer Bruder würde vor Lachen ein zweites Mal zu Tode kommen!«

Pip zuckte zusammen. »Bruder?« rief er glotzend. »Sagtet Ihr ›Bruder‹?«

»Das habe ich gesagt, Pip«, gab ich mit einem Lächeln zurück.

Dann sprach ich mit lauter Stimme, daß alle mich hören konnten.

»Ich bin Rali Antero. Und ich bin gekommen, um den König der Diebe zu bitten, mit mir gemeinsam Orissa zu retten.«

Es herrschte absolute Stille, unterbrochen nur vom Klappern des Katzenschädelstocks, als dieser Pip aus der Hand glitt.

Der Name Antero wird von einigen geliebt, von anderen gehaßt, von manchem gefürchtet, doch von allen respektiert. Für Männer und Frauen wie Pip hat er überdies den Beiklang wahrer Magie, guter Magie.

Es strapazierte seinen Aberglauben und seine romantische Seele kein bißchen, als er hörte, daß eine Antero von den Toten auferstanden war und ihn bat, sie auf eine weitere Expedition zu begleiten.

Pip hatte mit Amalric und Janela Greycloak im fernen Tyrenia Seite an Seite gestanden. Dieser kleine Mann hatte mit ihnen den Dämonenkönig bekämpft. In der Geschichtsschreibung ernten stets Generäle und Führer allen Ruhm; der kleine Soldat oder tapfere Zivilist wird übersehen, obwohl sie ebenso zu großen Ereignissen beigetragen haben wie die großen Menschen, die sie lenken. Und vielleicht sogar noch mehr. Denn schließlich sind *sie* der Schlüssel, der das Schloß bewegt.

Pip mochte als Dieb im Armenviertel geboren sein, doch stand er den großen Helden Orissas in nichts nach.

Und wie sich herausstellte, hatte er darauf gewartet und darum gebetet, daß eines Tages ein Augenblick kommen würde wie jener, als ich vor ihm stand und ihm erklärte, ich sei Rali Antero. Und käme, um ihn zu bitten, mit mir in die Schlacht zu ziehen.

Natürlich gab es einiges Hin und Her. Einige scharfe Fragen und nachdenkliche Antworten. Am Ende glaubte Pip, weil er es so wollte.

Er sank auf die Knie, und weinend hielt er meine Hand.

»Bei den Läusen, die Te Dates Bart bewohnen«, rief er: »Ihr seid es tatsächlich. Rali Antero!«

Dann drehte er sich um und fixierte den feuchten Blick auf seine Männer. »Und ich beiß die Nase aus jedem Gesicht, das das Gegenteil behauptet.«

Nervös scharrten die Männer mit den Füßen, sagten: »Klar, Pip. Klar. Was immer du sagst, wird sie wohl sein.«

Er sah mich wieder an. Augenblicklich verwandelte er sich vom König zum treuen Untertanen. Seine Augen glühten leidenschaftlich, als er schwor: »Ich folge Euch, Lady Antero, genau wie ich Eurem lieben Bruder gefolgt bin. Ich schwöre es bei allen miesen Göttern, die Ihr mir nennt. Holt sie ran, und ich sag mein Sprüchlein auf.«

Ich selbst gestattete mir die eine oder andere Träne, dann hob ich ihn auf die Beine.

»Regel Nummer eins«, sagte ich. »Kein Kniefall.«

Pip lachte, entspannte sich. »Und was ist Regel Nummer zwei, Lady Antero?«

»Laßt das mit der ›Lady‹. Es hat mir noch nie gefallen. Und das wird sich nicht ändern.«

Pip nickte, grinste. »Wie wär's mit ›Hauptmann‹?« fragte er. »Ihr wart mal Hauptmann, oder? Kommandantin der Maranonischen Garde.«

»Das gefällt mir«, sagte ich. »Dann also Hauptmann Antero.«

Und, bei den Göttern, es war ein gutes Gefühl, wieder so angesprochen zu werden. Es war, als zöge man eine alte Paradeuniform an und stellte zur überschwenglichen Freude fest, daß sie wie angegossen paßte. Wenn man nur ein bißchen in den Spiegel zwinkerte.

Pip nickte, sammelte seinen Katzenschädelstock auf und wandte sich seinen Männern zu.

»Du da... Wanze! Und du... Trefinger! Besorgt uns einen Klapperkasten. Und zwar einen ordentlichen. Mit Vorhängen. Wie eine Dirnenschaukel. Damit die Schnüffler uns nicht sehen.«

Die beiden Männer – einer mit einem Gesicht, als hätte sich jemand mit seinem Messer daran geübt, der andere mit einer dreifingrigen Klaue als Hand – machten einen Diener und riefen im Chor: »Klar, Pip! Sofort, Pip!« Und schon kamen sie seinen Wünschen nach.

Für all jene, die mit der Diebessprache nicht vertraut sind, will ich übersetzen. Pip hatte Wanze, den Mann mit dem zerschnittenen Gesicht, und Trefinger, dem anderen mit den fehlenden Fingern, befohlen, uns eine Kutsche zu besorgen. Einen »Klapperkasten«. Er wollte einen hübschen, doch bestand er darauf, daß er Vorhänge haben sollte. Damit die »Schnüffler« – Novaris und Katos Spione – nicht sähen, wer drinnen saß. Da Dirnen ihrem Gewerbe oft genug in dieser Art von Kutsche nachgehen, schlug Pip vor, eine »Dirnenschaukel« zu besorgen. Was eigentlich ein »Klapperkasten« ist, nur mit weicheren Federn. Und die »Dirnenschaukel« war seiner Ansicht nach perfekt, da um diese Uhrzeit leicht zu finden und mit Vorhängen und allerlei Bequemlichkeit ausgestattet.

All das mit einem kurzen Schwall barscher Worte. Bei den Göttern! Da war ein König in Aktion. Selbst wenn er den Stab eines Diebes schwang.

Pip wollte beweisen, daß er alles war, worum ich gebetet hatte, und mehr noch.

Pips Königspalast war die städtische Kloake.

Orissa war immer schon eine reinliche Stadt mit pedantischen Methoden gewesen. Wir ähnelten den Wasserratten, die an den Ufern unseres Flusses lebten, in den Gewohnheiten reinlich wie Katzen. Stets putzten wir uns im Sonnenlicht und vergruben unserer Exkremente so tief und heimlich wie möglich. Die ersten Abwasserkanäle wurden schon vor Urzeiten gebaut. Je weiter die Stadt wuchs, desto mehr Schichten von Kloaken entstanden. Die meisten sind schon lange nicht mehr in Gebrauch und somit vergessen. Nur nicht von den Bewohnern des Armenviertels.

Als geborene Orissanerin wußte ich ein wenig davon. Doch als ich mit Pip in die verbrecherische Unterwelt Orissas hinabstieg, wurde mir staunend klar, wie *unter* diese Unterwelt tatsächlich war.

Die alten Abwasserkanäle bildeten ein feinmaschiges Labyrinth unter unserer Stadt. Es gab Hunderte von großen, alten Tonröhren und Tunneln und Kammern, die überallhin führten. An manchen Stellen, so erfuhr ich, mochten die Wände der Röhren oder Tunnel eingebrochen sein, doch konnte man diese Barrikaden stets umgehen, indem man andere Wege ging.

Solltet ihr dieses Buch zufällig lesen, während ihr auf dem Lokus sitzt, so seid gewarnt. Was ich als nächstes sage, könnte euch aufschrecken lassen, so daß ihr euch besudelt. Beim Diebstahl, müßt ihr wissen, können eure Wertsachen keinen besseren Weg gehen als durch die Kloake Orissas. Denn Tür und Tor liegen sozusagen gleich unter euch. Während meiner Zeit mit Pip im Armenviertel erfuhr ich, daß es spezielle Diebesbanden gibt, die man »Rattenjungen« nennt und die den Abtritt nutzen, um sich Eintritt in die Häuser der Reichen und Mittelreichen zu verschaffen. Wenn ihr das bedenkt – und falls diese finanzielle Beschreibung auf euch paßt – wäre es klug, auf alle scharrenden Geräusche zu achten, die ihr aus dem Abfluß kommen hört. Es könnte einer von Pips besten Rattenjungen sein.

Wir fuhren nicht direkt zu seinem Versteck. Mehrmals wechselten wir die Kutschen, legten jedesmal nur ein kurzes Stück des Weges zurück und nahmen große Umwege durch die Gassen und Straßen des Armenviertels auf uns. Die ganze Zeit war Pips Bande vor und hinter uns, bewegte sich wie ein Schwarm von Chimären. Fensterläden wurden überall um uns zugeschlagen, damit die Menschen drinnen deutlich zeigen konnten, daß sie nicht gesehen hatten, wer unter ihrem Fenster durchgekommen war. So groß waren Angst und Ehrfurcht vor dem König der Diebe.

Die letzte Etappe unserer Reise führte uns in die Tiefen einer Mietskaserne. Eine Mauer gab nach, und wir stiegen in einen breiten Tunnel hinab, hell beleuchtet von Feuerperlen, die von im Stein verankerten Haken hingen. Zwei Sänften mit vier Grobianen, die sie tragen sollten, warteten dort schon auf uns. Wir bestiegen die Sitze, und nach barschem Befehl von Pip waren wir unterwegs, stürmten mit beängstigender Geschwindigkeit voran.

Bald schon kamen wir in einen mächtigen steinernen Saal. Der Stein war allerdings in einen dicken Pelz von Teppichen, Gobelins und Kissen von erstaunlichem Muster und Wert gehüllt. Der Raum selbst war mit allen nur denbkaren Arten exotischer Gegenstände und Möbel angefüllt. Es gab Stühle, Liegen und Tische, geschnitzt in Form phantastischer Tiere. Alles war mit wundersamen Intarsien geschmückt und durch Elfenbein, dünne Schichten seltener Metalle und dem Staub schimmernder Edelsteine verziert. Auf manchen Tischen stapelten sich Halsketten und Perlenstränge neben teuren Bestecken und anderen wertvollen Haushaltsdingen.

Pip führte mich in diesen glitzernden Garten von Diebesgut. Statuen waren mit gestohlenen Kleidern behängt, aus offenen Truhen quollen Seide und Pelze, Fässer mit geraubtem Weihrauch und Duftölen versüßten die Luft.

Wir kamen zu einem erhöhten Podium, das mit einer doppelten Schicht dickster Kissen bedeckt war.

Pip blieb stehen, sah sich noch einmal um. Dann lächelte er, deutete auf die Umgebung. »Nett hier, was, Hauptmann?«

»Für einen Piraten«, sagte ich.

Pip kicherte, rieb sich die Hände. »So was hatte ich im Sinn, Hauptmann«, sagte er. »Hab im Meer des Ostens ein paar Piraten gesehen. Trauriger Haufen. Enttäuschend, wenn Ihr die Wahrheit wissen wollt. Ich dachte, sie wären ...«, er holte weit aus, vage, »... ich weiß nicht, großartiger irgendwie.«

Er zuckte die Schultern und deutete auf die Kammer mit dem Beutegut, das von Handelsschiffen und aus den großen Häusern von Orissa stammte.

»Ich dachte mir, ich richte mir hier eine echte Piratenhöhle ein«, sagte er. »Wie in den Büchern, wenn Ihr wißt, was ich meine.«

Ich wußte es und war seltsam gerührt, als wir in die weichen Kissen sanken. Pip seufzte, als er sich setzte, und gab sich große Mühe, die Kissen unter sich zu arrangieren.

»Hab mein Leben lang hart gesessen, Hauptmann«, sagte er. »Besonders auf dem Weg nach Tyrenia. Ich hab meinen armen Hintern auf so viele Felsen plaziert, daß er schon dachte, er wär selbst aus Stein. Die Wüste ist nicht übel, weil es da Sand gibt. Ich hasse Wälder. Zu viele Schlangen, was für einen guten, ehrlichen, gottesfürchtigen Arsch wie den meinen nicht gesund ist.«

Ich lachte. Pip teilte meine Sicht des Lebens. Achte auf deine Füße und deinen Hintern, und der Rest von dir wird höchstwahrscheinlich heil und mit dem Großteil seiner restlichen Bestandteile ans Ziel kommen.

»In einem kritischen Augenblick«, erklärte er, »habe ich meinem Allerwertesten lebenslange Bequemlichkeit versprochen, wenn er dranbleibt und mich nicht im Stich läßt.« Er klopfte auf eines der Kissen. »Das ist seine Belohnung, Hauptmann«, sagte er. »Weil er zu mir gehalten hat.«

Als ich noch darüber lachte, winkte er, und ein derbes Weibsbild mit blitzenden, schwarzen Augen und raschelnden Röcken kam mit einem breiten Tablett herein. Sie stellte es zwischen uns.

»Ich hab hier was von dem guten Rum, den du wolltest, Pip«, sagte sie und deutete auf eine große, kristallene Karaffe. »Und was zu essen.« Sie lächelte mich an und zuckte die Schultern. »Wußte nicht, was Ihr wolltet, Lady«, sagte sie. »Da hab ich gedacht, was soll's, versuch von allem was.«

Sie deutete auf das Dutzend zugedeckter, kostbarer Teller. Als sie die Deckel anhob, lagen dort alle möglichen Dinge, die meinen Appetit in Versuchung führten. Gedünstete Austern, feinster Käse und Schinken, scharf gebratenes Fleisch.

»Oh, ich glaube, damit bin ich wohl bedient, vielen Dank«, sagte ich.

Das Weibsbild errötete und machte einen Knicks. Sie drehte sich zu Pip um und stemmte eine Hand in ihre Hüfte.

»Ein schöner König der Diebe bist du«, sagte sie. »Sagst nicht mal Bescheid, wenn du jemanden zum Essen bringst, und dann noch so eine feine Dame.«

»Paß auf«, sagte Pip. »Achte auf deine Manieren. Gib Papa einen Kuß und kümmer dich um deine eigenen Angelegenheiten.«

Er fischte eine große Kette aus seinem Ärmel, als er das sagte, und ließ sie vor ihrer Nase baumeln.

Das Weibsbild juchzte vor Vergnügen, schnappte sich die Kette, gab ihm einen Kuß auf die Wange und raschelte davon.

»Ist sie Eure Tochter?« fragte ich.

Pip hustete. »Oh, nein, Hauptmann, nichts dergleichen. Jung ist sie. Ruft mich aus tiefer Zuneigung ›Papa‹. Aber wir sind nicht verwandt ... sofern man Vettern und Cousinen nicht mit einrechnet. In gewisser Hinsicht ist sie eine meiner Frauen.«

Bei dieser Beschreibung starrte ich ihn an. »In gewisser Weise?« sagte ich. »Frauen?«

Pip zögerte, dann sagte er: »Meine Lage ist etwas prekär, Hauptmann Antero. Als König der Diebe trage ich alle möglichen Verantwortungen. Verschiedene Gilden von Halsabschneidern, um die ich mich zu kümmern habe. Vom zerlumptesten Bettler bis zum galantesten Straßenräuber.

Manchmal wird es – wie gesagt – prekär. Muß die Lage manchmal schlichten. Besonders, wenn sich die Familien einmischen. Deshalb heirate ich ziemlich oft. Und werde noch öfter geheiratet. Und so hab ich irgendwie Frauen und Fraufrauen, mit ein paar Mädels dazwischen, von denen ich selbst nicht so recht weiß, wie sie dazu passen. Aber ich sag nichts, solange sie sich im Bett zu benehmen wissen.«

Pip sah zu mir auf, mit ernster Miene. »Eine weiche, stille Bettstatt ist wichtig, Hauptmann Antero«, sagte er.

»Wie die Kissen?« fragte ich.

Pip lächelte, froh, daß ich verstand.

»Genau wie die Kissen, Hauptmann«, sagte er. »Ganz genau.«

In diesem Augenblick wurde ein wichtiger Bund mit Bemerkungen und Gesten bestätigt, die an der Oberfläche höchst trivial anmuteten.

Aber für Pip und mich war das anders.

Also erzählte ich ihm meine Geschichte, wobei ich nur Dinge ausließ, um mich kurz zu fassen. Und ich erzählte ihm von meiner Mission.

Als ich fertig war, rieb Pip sich die Hände und sagte: »Was geschehen ist, tut mir leid, Hauptmann. Auch wenn das nicht mal die Bohne eines Hütchenspielers wert ist. Aber ich will Euch etwas anderes sagen, und das wird Euer verbliebenes Auge zum Leuchten bringen.«

Er beugte sich vor, und sein schmales Gesicht zuckte wie das einer Maus.

»Eure Emilie lebt, Hauptmann Antero«, verkündete er.

Pip grinste breit über meine freudige Reaktion. Er plusterte sich auf, stolz und bester Dinge, der Überbringer solch freudiger Kunde sein zu dürfen.

»Nicht nur das«, sagte er, »sondern sie ist außerdem in der Obhut Eurer eigenen Maranonischen Garde.

Und die hält nach wie vor zu Quartervals und Lord Palmeras, die den gerechten Kampf bei der Belagerung von Galana kämpfen.«

Ich packte seinen Arm. »Seid Ihr sicher?« sagte ich, weil ich fürchtete, es könne sich am Ende doch als bloßes Gerücht herausstellen. »Wie könnt Ihr sicher sein?«

»Niemand könnte sicherer sein, Hauptmann Antero«, sagte er. »Denn ist es nicht Pip höchstpersönlich, der seinen Kameraden in Galana Augen und Ohren leiht?

Und ist es nicht Pip, der Waffen und Proviant einschmuggelt, damit sie weiterkämpfen können? Proviant, den meine Gauner direkt unter den Nasen dieser Arschgevatter Novari und Kato stehlen.

Und ist es nicht Pip, der jeden Tag den Kampf hier in Orissa kämpft? Die kriegen eins reingewürgt, wann immer meine Spießgesellen Gelegenheit dazu bekommen. ›Laß ihnen keine Ruhe‹, ist Pips Motto.

Schlag zu, wann immer sie die Augen schließen.«

Pip deutete auf ein großes, verziertes Stundenglas, das direkt vom Kaminsims eines alten Handelsfürsten stammen mußte.

»Aufgemerkt, Hauptmann«, sagte er. »Seht Euch an, wo der Sand liegt. In etwa einer Stunde werdet Ihr merken, daß Pip mehr als nur ein Großmaul ist.«

»Ich hab das Großmaul«, sagte ich. »Mein Mund steht weit offen vor Erstaunen.

Ich erfahre, daß meine geliebte, kleine Nichte noch lebt. Und solange das der Fall ist, müssen wir Novari aufhalten.

Dann wird mir unterbreitet, daß der Kampfgeist Orissas ebenfalls noch lebt. Ich war wirklich verzweifelt, als ich all die dumpfen Bürger auf den Straßen sah. Sie wirkten geprügelt, gebrochen. Nicht wie Orissaner.«

»Seid nicht zu hart gegen sie, Hauptmann«, sagte Pip. »Manche haben es verdient. Andere nicht. Die es nicht tun, helfen mir, Novari und Kato das Leben schwerzumachen. Ihr wäret überrascht, welche Risiken sie eingehen. Und wer diese Risiken eingeht.«

»Das glaube ich unbesehen«, sagte ich. »Aber eines schwöre ich. Wenn ich überlebe, werden die habgierigen Männer und Frauen, die sich von Novari haben verführen lassen, einen hohen Preis zahlen.

Orissa hat ein Geschenk bekommen, von dessen Existenz nicht mal die Götter wußten.

Dieses Geschenk kam von meinem Bruder und Janela Greycloak. Klug genutzt und freizügig geteilt, hätte niemand mehr leiden müssen.

Aber sie haben nicht auf meinen Bruder gehört und darüber hinaus sogar zugelassen, daß meine Familie zugunsten ihrer schalen Träume ausgelöscht wurde.«

»Aye, Hauptmann«, sagte Pip grimmig. »Es wird einen hohen Blutzoll geben, den irgendwer begleichen muß.«

»Aber ich werde vorsichtig sein müssen«, sagte ich, »daß der Zorn mir nicht den Blick trübt.«

Ich sah hinüber zum Stundenglas. Der Sand nur weniger Minuten war hindurchgerieselt.

»Vielleicht solltet Ihr mir besser erzählen, was geschehen ist, Pip«, sagte ich. »Es war ein langer Weg bis zu diesem Schiff, und wenn ich das Ruder in die Hand nehmen soll, muß ich den Kurs kennen.«

Pip dachte einen Augenblick nach, dann nickte er. Er trank einen Schluck Wein. Um seine Kehle freizuspülen, wie er sagte. Dann begann er.

»Otavi und ich waren die letzten, die Tyrenia verließen«, sagte er. »Euer Bruder gab uns den letzten Teil seines Tagebuchs und sagte: ›Seht zu, daß es nach Hause kommt. Ich zähl auf euch.‹

Also sind Otavi und ich los nach Orissa und haben diese Seiten bewacht, als hätten die Götter selbst sie bemalt. Und vielleicht war es auch so, wenn man bedenkt, was draufstand. Es war kein Sonntagsspaziergang. Unmengen von Halunken hatten es auf uns abgesehen. Und ein paar hungrige Viecher hielten uns von Zeit zu Zeit fälschlicherweise für ihr Abendessen. Aber wir sind heil nach Haus gekommen. Und das war das Wichtigste.

Natürlich waren wir große Helden. Na ja, wenn eine Kakerlake mit Lord Antero zu den Königreichen der Nacht gezogen und unzerquetscht heimgekehrt wäre, hätte man auch die zum Helden gemacht.

Wir haben das Buch an Hermias übergeben, genau wie Euer Bruder es wollte. Nachdem Lord Antero nicht mehr war, hatte man Hermias zum Oberhaupt der Familie gemacht, da Cligus für Euren Bruder eine solche Enttäuschung gewesen war und das alles.«

Pip wischte sich eine Träne fort. »Es war hart für die Familie, daß Lord Antero einen derart verräterischen Schweinehund zum Sohn hatte. Für uns alle in seiner Mannschaft war es ein fast ebenso schwerer Schlag wie für ihn selbst. Euer Bruder war ein feiner Mann, und die Götter sollten sich schämen, daß sie ihm Cligus als Sohn aufgebürdet haben.

Aber euer Bruder hatte gut gewählt, als er einen anderen bestimmte. Hermias Antero war mehr sein Sohn, als Cligus es je sein konnte. Und er war der beste Mann für das Familienunternehmen.

Jedenfalls haben wir Hermias das Buch gegeben. Und er hat uns freundlich gedankt und unsere Bündel mit so viel Gold bepackt, daß es hundert Männer reich gemacht hätte. Und er hat dafür gesorgt, daß wir für die Rolle, die wir – wie er sagte – in der Geschichte Orissas gespielt hatten, zu angemessenen Ehrungen kamen.«

Pip schüttelte den Kopf und grinste. »Seit ich denken kann, hat meine alte Mutter gesagt, ich wär zu Höherem geboren. Ich dachte, sie meinte den Galgen, da meine Familie schon aus rechtschaffenen Gaunern bestand, als Te Date noch in die Hosen machte.

Als ich mich aber mit Eurem Bruder zusammengetan hatte, wußte ich, daß der alte Pip für Besseres geschaffen war. Als ich nach Tyrenia kam und Dinge sah, die kein Mann und keine Frau je zuvor gesehen hatte, bekam ich eine Ahnung davon, was *besser* heißen mochte.

Und dann haben wir dem Dämon in den Arsch getreten und die Welt wieder ins Lot gebracht. Na ja, das ist lange her!«

Er schlug sich an die Brust. »Und Pip war dabei!«

»Ich kam also als Held nach Hause, wie gesagt. Und es stellte sich heraus, daß ein Held eine Menge mehr Verantwortung zu tragen hat als andere Leute. Und es lag am alten Pip, dafür zu sorgen, daß was Recht ist, auch Recht bleibt. Und was falsch ist, ausgemerzt wird.«

Pip legte eine Pause ein, um seine Kehle zu ölen, dann fuhr er fort.

»Aber das wußte der alte Pip nicht, als er wiederkam. Zuerst haben alle Euren Bruder betrauert. Die ganze Stadt ging zu seiner und Janelas Trauerfeier. Seltsam war es. Weil es schließlich keine Leichen gab. Aber trotzdem es war großartig. Nicht nur Orissaner kamen, sondern Leute von überall her. Könige, Königinnen und Prinzen waren da. Standen neben alten Omas und Opas, die früher mal Sklaven gewesen waren, bevor Euer Bruder sie befreit hat. Und alle zollten ihm Respekt.

Nachdem das erledigt war, und das ganz ordentlich, lud Euer Neffe Hermias zu einem großen Fest. Sagte, Amalric Antero und Janela Greycloak wollten, daß wir alle fröhlich wären. Und sie seien an einen besseren Ort gegangen, um dort glücklich zu sein. Und vielleicht beobachteten sie uns genau in diesem Augenblick und hofften, wir würden uns des Lebens freuen. Fast einen Monat haben wir gefeiert.

Danach lief eine Weile alles wunderbar. Lord Palmeras setzte sich mit König Solaros Zauberern zusammen, und es hieß, sie wollten die Welt wieder ins Lot bringen, und zwar mit dem Zeug, das Euer Bruder und Lady Greycloak entdeckt hatten. Irgendein vereinheitlichtes Gesetz oder so was. Weiß nicht viel darüber, nur daß es für meine Ohren gut klang. Besonders, da die Lage sich besserte.

Zum Teil lag es daran, daß wir König Ba'land besiegt hatten. Es gab keine Dämonen mehr, die uns hätten bedrängen können. Das Beste aber kam aus den Werkstätten der Geisterseher. Neue Mittel gegen Seuchen. Neue Methoden, damit wir schönes Wetter hatten. Neue Dinge, um das Leben für die arbeitenden Männer und Frauen zu erleichtern. Ja, eine Zeitlang sah es tatsächlich so aus, als stünden uns nur noch sonnige Tage bevor.

Aber da kam diese Novari und verbündete sich mit Kato. Und die ganze Sache war im Eimer. Platter als der Geldbeutel eines ausgeraubten Trunkenboldes.«

Er schnippte mit den Fingern. »So schnell ging das. So schnell.

Uns, die mit Lord Antero in Tyrenia gewesen waren, ging es gut. Deshalb haben sie uns erwischt, als wir auf unseren roten Hintern saßen. Unser Leben war ziemlich nett, ja? Ich hatte ein Haus hier im Armenviertel. Mächtiger Bau. Hab noch so eins für meine Mama und meinen Papa gekauft. Hatte eine ganze Straße für meine Familie.

Die anderen haben es ähnlich gemacht. Otavi hatte sich einen großen Bauernhof zugelegt. Quartervals hatte sich mit Käpt'n Kele zusammengetan und eine Flotte von Handelsschiffen gekauft. Zahlreiche Abenteuer hatten sie geplant, nach allem, was ich gehört habe. Und die anderen machten es ebenso oder ähnlich. Wir haben das gute Leben genossen und geglaubt, wir hätten es verdient.«

Pip schnaubte. »Ein Haufen Schwachköpfe waren wir. Hab selten willigere Opfer gesehen. Wir haben es der Hinterlist zu leicht gemacht. Wie Dorftrottel mit dicken Börsen, die in nebliger Nacht einen kleinen Spaziergang durchs Armenviertel machen.

Ich bin von Natur aus nicht gerade ein politischer Mensch, Hauptmann. Daher ist mir dieser Kato nicht gleich aufgefallen. Er war Ratsherr. Erst war er Geisterseher, aber dann hat er sich irgendwie wählen lassen.

Bevor er Ratsherr wurde, gehörte er zu den Geistersehern, die Cligus den Rücken gestärkt hatten, als der sich gegen Euren Bruder wandte. Keine Ahnung, wie er sein Amt behalten konnte, als rauskam, was Cligus alles angerichtet hat.

Sicher, er fiel in Ungnade. Aber es gibt mehr Verbrecher in den Häusern der Reichen als im ganzen Armenviertel, und das ist die verdammte Wahrheit, Hauptmann Antero. Das ist die verdammte Wahrheit.«

Pip schenkte uns beiden neuen Wein ein. »Echte Raffschlunde, diese Reichen. Und unter Kato haben sie mächtig gerafft. Dann kam das neue Zauberzeug von den Geistersehern, und sie waren reichlich verärgert. Denn Lord Palmeras und Euer Neffe Hermias haben dafür gesorgt, daß einfache Leute genausoviel wie alle anderen bekamen. Ganz wie Lord Antero es gesagt hatte.

Aber Kato und seine Schurken wollten das Zeug unter ihre Kontrolle bekommen. Behaupteten, Palmeras habe sich mit den Anteros verschworen, um die alten Familien zu sprengen. Hat die Massen aufgewiegelt. Den Pöbel. Und sie selbst allen voran. Hatten alles im Griff.

Die meisten Orissaner haben es durchschaut. Haben sie ausgelacht. Nur die reichen, alten Schweinehunde haben nicht gelacht. Kein bißchen, Hauptmann. Da könnt Ihr den alten Pip beim Wort nehmen. Sie haben genickt und zugesehen, wie all die Reichtümer unter den Leuten verteilt wurden, haben mit den Zähnen geknirscht, sofern sie welche hatte, oder mit den Gaumen geschmatzt, wenn nicht. Sie wollten es unbedingt für sich allein.

Dann hat sich Kato auf irgendeine angeblich heilige Mission gemacht. Hat eine Flotte zusammengestellt. Mit Geld von diesen reichen, alten Schurken. Hat sich aufgeführt, als wäre er Lord Amalric Antero persönlich auf Entdeckungsreise.

Ist nicht weit gekommen, wie sich später herausstellte. Hat an einer Insel vor Lycanth gehalten. Sagte, er hätte dort eine Vision gehabt. Sagte, er wisse die Wahrheit. Und als er wiederkam, gab es eine große Inszenierung. Im Amphitheater. Die ganze Stadt war da. Auch Palmeras und die Geisterseher.

Kato hat eine große Rede über sein Traumbild geschwungen. Sagte, es gäbe Beweise, daß Cligus von Anfang an recht gehabt hätte. Daß Amalric Antero sich mit den Dämonen verschworen habe, um all die Probleme zu schaffen, mit denen wir nun zu kämpfen hatten. Sagte, Amalric habe einen Pakt mit König Ba'land selbst geschlossen. Und daß Cligus versucht habe, ihn aufzuhalten, doch dann als großer Held gestorben sei.

Wir haben über diesen Unsinn alle nur den Kopf geschüttelt. Doch war da diese Musik. Leierklänge, wie sich herausstellte. Und dieser große, gottverfluchte Vogel tauchte aus dem Nichts auf. Hockte sich neben Kato. Dann zuckten wir alle zusammen, denn es gab einen Blitz, und der Vogel wurde zu dieser Frau.«

Pips Augen funkelten. »Hatte noch nie so eine Frau gesehen. Da kräuseln sich einem die Schamhaare beim bloßen Ansehen. Und sie spielte auf dieser Leier. Wunderschöne Musik. Gefährlich. Verrührte einem das Hirn wie Eigelb.

Wir haben sie alle angeglotzt, Frauen und Männer gleichermaßen. Und sie hat die Leier gespielt und dieses Lied über die Anteros angestimmt. Daß die schon immer unsere Seelen den Dämonen verkaufen wollten. Was der Grund dafür sei, wieso die Anteros so reich wären. Und warum so viele von ihnen große Taten vollbracht hätten. Die keine großen Taten seien, sondern bloß erstunken und erlogen.

Aber selbst bei dieser Zaubermusik wollte sich das einfache Volk nicht auf diese Geschichte einlassen. Die Leute haben den Kopf verloren. Haben Sachen gerufen. Sachen geworfen. Man beleidigt vor Orissanern keine Anteros, müßt Ihr wissen. Zumindest war es damals so.

Da wurde sie noch wütender als ein Taschendieb, der Kupfer in der Hand hält, wenn er doch dachte, er klaut Gold. Ihre Stimme wurde laut wie Donner.

Sie schrie, Orissa sei verloren, wenn wir nicht unsere Haltung änderten. Und daß sie, Novari, sich von uns abwenden und auf Gnade oder Ungnade den Teufeln der Anteros ausliefern würde.

Und paff! War sie verschwunden. Kato kriegte einen Anfall und stakste da raus wie ein Mordgeselle, der eben merkt, daß sein Dolch zu stumpf ist.

Wir haben gelacht, aber während wir noch lachten, haben wir nicht gemerkt, was vor sich ging. Daß zum Beispiel alle reichen, alten Knaben mit ihm gingen. Und auch ein paar Generäle. Sogar ein paar Geisterseher. Gesichter wie aus dem Verbrecheralbum. Und alles alte Kumpane von Cligus. Alte Freunde, die man abgesägt hatte, als Cligus fiel.

Nur haben wir es nicht gemerkt. Schande über uns. Als nächstes wird uns klar, daß Kato wieder auf dem hohen Roß sitzt. Hat alle möglichen privaten Treffen mit wichtigen Leuten. Männern mit schwarzen Herzen. Es macht die Runde, daß Orgien unter dem Einfluß von Sexzaubereien stattfänden. Und daß Novari der Mittelpunkt dieser Orgien sei. Ich hab nicht viel darauf gegeben, wenn ich die Wahrheit sagen soll. Ich wünschte, ich hätte es getan, Hauptmann. Ich wünschte, ich hätte es getan.«

Pip ließ seinen Blick nachdenklich durch die Kammer schweifen. Die kleine Mäusenase zuckte und zuckte.

Dann sagte er: »Sexzauber oder nicht. Diese Novari ist eine Intrigantin. Kato und sie haben einen ganzen Fluß von Öl verbrannt, während sie nachts über ihren Verschwörungsplänen saßen. Und einen weiteren Fluß von Gold, um Bestechungsgelder zu verteilen und Dickschädel aufzuweichen, wenn Ihr versteht, was der alte Pip meint.

Eines Tages wache ich auf, und man hat Kato zum obersten Ratsherren gewählt.«

Er sah mich an. »Es waren die anderen Ratsherren, die das angerichtet haben«, sagte er. »Es sind die Ratsherren, die in Orissa über solche Dinge abstimmen. Nicht die Bürger. Das habt Ihr Anteros sicher nicht bedacht. Da habt Ihr Euch dran gemacht, die Leute zu befreien. Nur habt Ihr nicht daran gedacht, ihnen die Macht zu geben, diese Freiheit zu bewahren. Habt auf die alten Familien vertraut. Die hehren Prinzipien der adligen Klasse.«

Ich errötete. Pip hatte recht.

Pip verzog das Gesicht, bereute seine Worte. Dann: »Kato lädt Palmeras und die obersten Geisterseher ein, ihm zu gratulieren. Wie es der neue oberste Ratsherr immer tut.

Nur, daß diesmal Soldaten auf sie warteten. Soldaten unter Katos Befehl. Sie trugen Abzeichen mit dem Symbol des Leierschwanzes darauf. Kato und Novari waren gut vorbereitet. Gleichzeitig marschierten andere Soldaten gegen den Palast der Geisterseher.

Sie haben sich auch Hermias geholt. Er wohnte in der Villa Eures Bruders, und ein Trupp der Kavallerie wurde geschickt, ihn abzuholen.

Damit wäre die ganze Sache zu Ende gewesen, nur bekam Hermias einen Tip. Er ist mit Quartervals losgeritten, um Palmeras aufzuhalten und kam eben noch rechtzeitig. Eine ungeheure Schlacht begann. Aber es waren zu viele.

Hermias und Palmeras kamen gerade noch mit heiler Haut davon. Neben einigen anderen Geistersehern. Trotzdem hätte er es nicht geschafft, wenn die Maranonische Garde nicht gewesen wäre.

Die bekam Nachricht, was geschehen war, und schloß sich Hermias und den anderen gleich draußen vor den Toren Orissas an. Und das war gut so, denn die Soldaten waren ihnen auf den Fersen.

Der ganze Haufen hat sich nach Galana durchgeschlagen, während Novari mit ihrer Zauberkraft zuschlug und Katos Truppen ihnen im Nacken saßen. Trotzdem haben sie es geschafft. Und sind umgekehrt und haben sich so heftig gewehrt, daß Kato zurückgeworfen wurde. Hab gehört, Novari wäre von etwas verletzt worden, was Palmeras getan hat. Aber es kann nicht schlimm gewesen sein, denn das Biest wurde immer besser.

Viele Burschen in der Armee waren mit Kato nicht einverstanden. Sie haben sich nach Galana geschlichen. Eine Zeitlang stand es für Kato nicht sonderlich gut, obwohl er noch immer den Harlekin in Händen hielt. Hat nur, wie sich herausstellte, den Augenblick abgewartet, bis es Novari wieder besser ging.

Wir wußten, daß sie wieder da war, als sich die Seuchen ausbreiteten. Viele starben. Dann kamen die Insekten. Der Himmel war schwarz von ihnen. Gerade zur Erntezeit. Viele Menschen hatten nichts zu essen.

Dann wurden das Gerede gegen die Anteros wirklich schlimm. Man hat sie für die Seuchen und Insekten verantwortlich gemacht. Sie haben gesagt, nur Novari könne uns retten. Haben gesagt, alle Anteros müßten sterben. Das Gerede kam von Ganoven, die für Kato arbeiteten. Aber nach einer Weile setzte es sich fest und breitete sich aus. Dann kamen die Schnüffler hinzu. Haben die

Leute ausspioniert und Katos Halunken Tips gegeben, wenn ihnen das Gerede nicht gefiel. Dann stießen den Menschen Dinge zu. Haufenweise Ausflüge zum Fluß.

Aber einige Leute haben sich gewehrt, statt nachzugeben. Lumpenarmeen tauchten auf dem Lande auf. Unter dem alten Otavi, wie sich herausstellte. Jemand hatte ihm erzählt, was los war und wo man ein paar Waffen auftreiben konnte, und er hat die Bauern aufgescheucht, sich Hermias anzuschließen.

Die haben sich bis vor die Tore Orissas durchgeschlagen. Nacht für Nacht stand der Himmel in Flammen.

Hab den Leierschwanz höchstpersönlich da oben gesehen, wie er vor dem Mond kreuzte, Blitze herabschoß und dem Feuer auswich, das man erwiderte.

Dann ist was passiert. Ich weiß nicht, was. Aber jemand ist an Hermias rangekommen. Hat ihn von hinten erstochen, sagt man. Hat sich an alle Kommandeure rangemacht. Otavi starb auf dieselbe Art und Weise. Hat sich auch an Palmeras rangeschlichen. Aber der konnte entkommen.

Danach brach alles zusammen. Quartervals mußte sich zurückziehen. Hat viele Männer und Frauen verloren. Aber er hat die Toten zurück nach Galana geschafft.

Alle haben den Mut verloren. Sind wie Würmer in sich zusammengesunken. Und da haben sie angefangen, die Anteros umzubringen. Es war eine schreckliche Zeit. Es schien, als verginge kein Tag, an dem wir nicht zu hören bekamen, daß irgendein armer Antero im Bett ermordet worden war.

Aber die Antero, die Novari anscheinend am dringlichsten wollte, war Emilie, Eure kleine Nichte. Hermias' süße kleine Tochter. Hat das ganze Land nach ihr durchstöbert. Ganze Dörfer niedergebrannt, um sie aufzuspüren. Aber die Leute haben sie von einem zum anderen weitergereicht, damit Novari sie nicht finden konnte.

Es dauerte etwas, aber endlich haben wir sie zu Käpt'n Kele gebracht. Die starb bei dem Versuch, Emilie den Fluß hinauf nach Galana zu schaffen. Und den Rest kennt Ihr.«

»Eigentlich nicht«, sagte ich. »So manches Geheimnis bliebe zu klären. Wie etwa Euer Anteil an dieser Geschichte, Pip. Wer hat Hermias und die Maranonische Garde gewarnt? Wer hat Emilie gerettet und sie zu Kele geschafft?«

Pip errötete tatsächlich. Er zog den Kopf ein und murmelte: »Das war ich, Hauptmann.«

»Das dachte ich«, sagte ich. »Es scheint, als schulde Orissa dem Armenviertel und dem König der Diebe mehr, als es jemals zurückzahlen könnte.«

Pip zuckte die Schultern. »Ich wollte es nicht«, sagte er. »Ich hatte genug beisammen, daß es für mein ganzes Leben reichte. Aber es war die einzige Möglichkeit, Kato und Novari zu bekämpfen.

Die Ganoven halten große Stücke auf den alten Pip«, sagte er. »Außerdem habe ich Familienbande, die es nur natürlich erscheinen ließen. Tatsächlich war es einfach, Hauptmann. Ich war im Armenviertel ein noch größerer Held als im Rest der Stadt. Weil ich ein Junge aus dem Viertel bin und so. Also hab ich hier geflüstert und da geflüstert, ein paar Arme umgedreht und ein paar Schädel angeschlagen, und bevor ich mich's versah, lief das Ding.«

Er kicherte in sich hinein. »Es hat geholfen«, sagte er, »daß Diebe nichts mehr fürchten als eine hartgesottene Bande wie unsere Regierung. Schlecht fürs Geschäft der ehrbaren Diebe, wenn man Druck auf normale Bürger macht. Sie halten ihre Börsen fester. Trauen Leuten nicht mehr wie sonst. Mißtrauisch gegen jeden.«

Dann hielt er inne und deutete auf das Stundenglas. Es war nur noch ein paar Körnchen von der Marke entfernt, die er gesetzt hatte.

»Ihr werdet bald einen Eindruck von dem bekommen, was wir hier getrieben haben, Hauptmann Antero«, sagte er.

Dann hörte ich aus der Ferne einen schweren Schlag. Die Kammer um uns bebte. Staub rieselte herab, dann war alles still.

Pip grinste böse. »Meine Jungs haben eben eine der Kasernen erobert«, sagte er. »Mit Glück haben vielleicht fünfzig Leierschwanz-Soldaten Abschied von ihren Ärschen nehmen müssen.«

»Eine Explosion?« staunte ich. »So schwer? Und ohne Zauberkraft, wie es scheint. Zumindest habe ich keine gespürt.«

»Keine Zauberei dabei, Hauptmann Antero«, kicherte Pip. »Nur Pferdedung und Teer. Hab die Idee von Otavi. Als Bauer wußte er so was. Laß den Pferdedung schön trocknen, hat er gesagt. Krümelig. Haufenweise von dem Zeug liegt in den Ställen von Orissa. Dann laß ihn sich mit Teer vollsaugen und stopf ihn fest in Fässer. Je mehr Fässer, desto größer das Loch im Boden.«

Er kratzte sich am Kopf. »Ich hab vergessen, wie viele wir diesmal genommen haben«, sagte er. »Aber es sollte groß genug sein, um ihnen zu denken zu geben.«

Er zwinkerte mir zu. »Tut mir nur leid, daß Novari nicht darüber stand, als die Bombe losging. Damit sie ihr Götterdasein woanders absolvieren kann.«

»Ich habe ihre Statuen gesehen«, sagte ich trocken. »Wann wurde sie zur Göttin?«

»Das haben sie gleich gemacht«, sagte Pip. »Kato hat sie zur Göttin erklären lassen. Hat die Truppen vereidigt. Hat eine ganze Viehherde geopfert und die anderen Tempel versiegelt, auch die von Te Date und Maranonia und so.

Sie baut sich selbst gerade einen neuen Tempel«, sagte Pip. »Hat eben erst das Fundament gelegt.« Er starrte mich einen Moment lang an, dann sagte er: »Sie baut ihn draußen bei der Villa Eures Bruders. Da wohnt sie. Bis der Tempel steht.«

Mein Magen rebellierte, wenn ich daran dachte, daß sie in Amalrics Haus residierte. Durch den Garten spazierte. Mit dem Schrein meiner Mutter anstellte, was sie wollte.

Pip tätschelte mich. »Wir schmeißen sie da raus, Hauptmann Antero«, tröstete er mich. »Nachdem Ihr jetzt hier bei uns seid, weiß ich, daß wir es schaffen können.«

Er lehnte sich zurück und nippte an seinem Wein. »So haben wir Spitzbuben aus dem Armenviertel uns jedenfalls beschäftigt. Sooft wir konnten, haben wir zugeschlagen.

Draußen vor der Stadt haben wir sämtliche Provinzganoven auf unserer Seite. Wobei eine Menge ehrlicher Leute sich mit ihnen verbündet hat. Wir haben sie benutzt, um die kleine Emilie zu verstecken und in Sicherheit zu bringen.

Aber die größte Hilfe leisten sie uns, indem sie Waffen und Proviant nach Galana schaffen. Wir rauben hier Kasernen und Lager aus und schmuggeln das Zeug zu den Landeiern raus. Die verstecken es in Bauernkarren. In ihren Kleidern. Sogar in ihren Ärschen. Und sie trotzen den Schnüfflern des Leierschwanzes und Katos Soldaten zu jeder Stunde, an jedem Tag, seit die ganze verdammte Sache losgegangen ist.«

Plötzlich zuckte sein Blick erneut zum Stundenglas auf. »Was ist?« sagte er. »Eine zweite Bombe sollte gleich nach der ersten hochgehen. Irgend was ist schiefgelaufen. Heute nacht sollten zwei Kasernen fallen.«

Pip fluchte und schlug mit der Faust in seine Hand. »Muß an den Pferdeäpfeln liegen«, knurrte er. »Ich hab der Qualität nie ganz getraut, Hauptmann. Nicht krümelig genug, hab ich den Jungs gesagt.«

Er seufzte. »Die Feinheiten sind es, die den Erfolg ausmachen, Hauptmann.

Wenn man sich nicht um die Pferdekacke kümmert, fliegt sie einem um die Ohren.«

Er sagte es so ernst, daß ich eine Lachsalve ersticken mußte, sie hinter einem lauten Räuspern verbarg und sagte, mein Vater habe ähnliches über den Handel geäußert.

Dann sagte ich: »Pip, ich glaube nicht, daß uns viel Zeit bleibt. Die Göttin Maranonia hat mir bis zum ersten Schneefall Zeit gegeben. Ich erinnere mich an ihre Worte, als wäre es erst gestern gewesen und nicht vor fast schon einem Jahr. ›Wenn der nächste Schnee auf Orissa niedergeht‹, das waren ihre Worte, ›wird das Kind Emilie die erste Stufe seiner Macht erreichen.‹

Und sie sagte, Novari sei entschlossen, dieses zu verhindern.«

Pips Augen wurden schmal. »Der erste Schnee dürfte in etwa einem Monat fallen«, sagte er.

»Es könnte schon früher geschehen«, hob ich hervor, »falls der Winter in diesem Jahr früh kommt.

Wie dem auch sei... bedenkt man, was wir vor uns haben, bleibt kaum noch Zeit. Ich fürchtete schon, es wäre unmöglich, als ich vor Hunderten von Tagen und Tausenden von Wegstunden nach Orissa aufbrach. Ich hebe meine Zweifel so hervor, damit Ihr unsere Lage völlig versteht. Unsere Chancen sind – gelinde gesagt – gering.

Als ich zuletzt gegen den Leierschwanz antrat, sah ich mich einer primitiven Macht gegenüber, mit nur geringem Wissen und nur der rohen Gewalt ihres Hasses, welcher sie antrieb. Jetzt hat sie das Wissen aller Werkstätten der Geisterseher zu ihrer Verfügung.

Der einzige Grund, warum sie noch nicht siegreich war, liegt darin, daß Palmeras und die wenigen, die mit ihm entkommen sind, dieses Wissen ebenfalls besitzen. Sie nutzen es, um sie abzuwehren. Doch wie lange können sie noch durchhalten?«

»Wenn ich mal so sagen darf, Hauptmann«, unterbrach mich Pip. »Ihr seht es nur von einer Seite. Wenn uns die Zeit davonläuft, dann geht es Novari ebenso. Wie Ihr schon sagtet, ist der erste Schneefall nicht mehr weit. Das bedeutet, daß Novari ebensowenig Zeit bleibt, die Festung zu stürmen, wie uns, sie aufzuhalten.«

Ich schlug ihm auf die Schulter. »Ich verstehe, wieso deine

schurkischen Freunde dich zum König ernannt haben, Pip«, sagte ich. »Das ist natürlich völlig richtig. Und es freut mich, dich das sagen zu hören.«

Pip wischte das Lob beiseite und konzentrierte sich auf unser Gespräch. »Novari wird dasselbe wissen wie wir«, sagte er. »Und wäre der alte Pip in ihrer Haut, würde er bald schon einen großen Durchbruch wagen. Ich würde alles, was ich habe, in die Belagerung von Galana stecken.«

»Wahrscheinlich hat sie damit schon angefangen«, sagte ich. »Ich habe herumgeschnüffelt, und Novari scheint mit ihren Gedanken definitiv woanders zu sein. Alle möglichen Zaubersprüche und magischen Fallen wurden überall in Orissa und auf dem Lande hin zum Delta aufgestellt. Nun war ich nicht nur in der Lage, ihnen leicht auszuweichen, sondern hatte sogar das Gefühl, sollte mir etwas entgleiten, ein Fehler unterlaufen, bliebe dieses eine ganze Weile unentdeckt.«

»Was bedeutet, daß sie sich auf Galana konzentriert«, sagte Pip.

»Genau.«

»Was also machen wir?« fragte Pip.

»Was jeder Dieb macht, der etwas auf sich hält«, sagte ich, »und das Haus eines reichen Mannes unbewacht vorfindet.«

»Nun, er ruft alle Gauner zusammen, die er finden kann, Hauptmann«, sagte Pip.

»Genau das hatte ich im Sinn, Pip«, sagte ich.

Pip lachte. »Ihr hättet keinen Besseren für diese Aufgabe finden können, Hauptmann Antero«, sagte er.

»Das wußte ich nicht, als ich mich auf die Suche nach dir machte, Pip.«

Ich sah mich in der Kammer um und betrachtete die erstaunlichen Schätze, mit welchen er sie vollgestopft hatte, damit sie wie eine Piratenhöhle wirkte.

Und ich sagte: »Aber jetzt bin ich mir meiner Sache sicher.«

Kapitel Siebzehn

# *Krieger aus dem Armenviertel*

Am Tag nach unserer Begegnung versammelte Pip seine Statthalter, um den ersten Teil unseres Feldzuges gegen Novari und den Minister Kato einzuleiten.

»Bevor der alte Pip hier große Reden schwingt«, begann er, »möchte ich wissen, ob einer von euch Triefaugen denkt, Hauptmann Antero hier wäre nicht, was sie zu sein behauptet. Nämlich Rali Antero, die von den Toten auferstanden ist, um dem Leierschwanz in den Arsch zu treten.«

Finster sah er in die Runde.

Es war eine bizarre Versammlung. Da war Queenie, Oberhaupt der Schlägergilde, ein großes, muskulöses Faß von einer Frau, die in teuren Pelz gekleidet war und ein edelsteinbesetztes Diadem auf dem Kopf trug. Daneben Garla, der große, gutaussehende Chef der

Bettlergilde. Pearl, die braungebrannte Verführerin, die der Dirnengilde vorstand. Palmer und Lammer, Baronin und Baron der Taschendiebe. Und Tink, Anführer der Rattenjungen, kleiner noch als Pip, doch kraftvoll präsent, zumal er sich mit Duftwässerchen und Ölen eingedünstet hatte, um den Geruch seiner Zunft zu übertünchen, welcher an ihm klebte, sooft er auch baden mochte. Noch andere waren da, nicht minder farbenfroh, doch an eben Genannte erinnere ich mich am deutlichsten, wahrscheinlich, weil Pip sie besonders hervorgehoben hatte, als sie eintrafen.

Es war eine Versammlung der gefährlichsten Männer und Frauen aus dem Armenviertel, doch so mörderisch sie auch erscheinen mochten, wichen sie doch alle Pips stierem Blick aus. Er ließ nicht nach, und das Schweigen wurde unruhig.

Schließlich räusperte sich Queenie. »Was haben wir getan, Pip«, fragte sie, »daß du meinst, wir würden dir nicht glauben? Sie ist, was immer du sagst, Pip. Rali Antero, wenn du willst. Sieht keinen Tag älter aus als sechsunddreißig, siebenunddreißig. Obwohl sie über fünfzig Jahre weg war. Und damals Mitte Dreißig war, nach den Geschichten zu urteilen, die wir schon als Gören gehört haben.«

»Aha!« donnerte Pip. »Du glaubst mir also nicht!«

Protestierend hob Queenie eine fleischige Hand. »Das hab ich nicht gesagt, Pip.«

»Aber fast«, knurrte Pip. Dann sagte er: »Hört mal zu. Ihr alle da. Spuckt es aus. Was ihr glaubt und was nicht. Der alte Pip rückt euch den Kopf zurecht.«

Betretenes Schweigen. Die Versammelten fürchteten Pip offensichtlich zu sehr, als daß sie zugeben wollten, was sie wirklich dachten. Daß er verrückter als ein Kaminvogel war, der gegen Steine flog und sich im Qualm verirrte.

Ich trat vor, hob meine goldene Hand, ließ sie leuchten wie eine Bake. Gab soviel Energie ab, daß sich ihnen die Nackenhaare aufrichteten. Ich lächelte, um ihre Angst zu lindern.

»Verzeiht mir, was ich gleich tun will, meine Freunde«, sagte ich. »Aber ich habe keine Zeit für Zweifel, Tricks oder Streitgespräche. Ihr müßt bis zum Ende zu mir halten, wie auch immer dieses Ende aussehen mag.«

Ich sang:

*Reißt den Schleier,*
*Teilt den Vorhang,*
*Seht die Lügenmär*
*Und das, was ist wahr.*

Ich durchschnitt die Luft mit der Ätherhand, und die Luft schwang auf wie ein großes Fenster. Kühler Wind wehte herein, und die Spitzbuben zuckten zusammen und schrien warnend auf.

Vor ihnen breitete sich ein Ödland von Eis und verwehendem Schnee aus. Oben auf der schwarzen Felsenküste, umspült von gefrierender See, hockte meine eisige Zitadelle. Ein geducktes Halbrund, so weiß, daß es ins Auge stach.

»Mein Zuhause«, sagte ich.

Die Ganoven schauderten und murmelten vor sich hin.

Wieder tat ich eine Geste, und der Ausblick wandelte sich. Jetzt blickten wir ins Innere der Zitadelle. Waffen hingen in der großen Halle. Man sah die leeren Holzschienen, auf welchen einst mein Silberschiff gestanden hatte.

Und in einem breiten Alkoven war der Sarg mit dem Deckel aus Eis, durchscheinend wie Glas.

Darin schlief Salimar. Das Herz tat mir weh, als ich sie sah, und ich schämte mich, daß ich die Fremden in unser Gemach gelassen hatte. Sie rührte sich, und ich meinte zu hören, daß sie meinen Namen flüsterte. Ich wollte ihr antworten, doch war sie zu weit entfernt. Und nur ein Traumbild.

Ich deutete auf Salimar.

»Meine Königin«, sagte ich. »Und die Frau, die ich mehr als alles andere liebe.«

Ich hörte die Strolche vor Staunen und Mitgefühl murmeln.

Dann rührte sich Salimar im Sarg. Ihre Lippen bewegten sich, und sie rief ganz schwach:

»Rali, meine Liebe. Bitte. Mir ist kalt. So kalt.«

Und streckte ihre Arme aus.

Ich konnte es nicht mehr ertragen. Ich griff in die Luft, und das Traumbild verschwand.

Queenie, Führerin der Schlägergilde, schniefte und wischte sich die Augen. Die anderen schienen gleichermaßen gerührt. Palmer und Lammer, das Prinzenpaar der Taschendiebe, hielten einander fest. Tink, der Rattenjunge, tröstete Pearl, die weinende Herrin über die Dirnen.

Nur Garla, der Meister der Bettlergilde, schien ungerührt. Ein wissendes Lächeln umspielte seine hübschen Lippen.

Auch Pip schien es aufzufallen. »Was ist dein Problem, Garla?« knurrte er. »Meinst du, was du gesehen hast, käme nur von Gasen verdorbener Speisen?«

Garla schüttelte den Kopf. »Ganz und gar nicht, Pip«, sagte er mit überraschend kultivierter Stimme. »Ich habe nur die Aufführung bewundert. Ich betrachte mich als Meister im Herzerweichen. Aber das ...« Er sah mich an, und sein sarkastisches Gesicht wurde immer breiter, »... war wahrlich das Werk eines Genies. Ich selbst habe eine Träne verdrückt, und es macht mir nichts, es zuzugeben, Lady Antero.«

»Sie mag es nicht, wenn man sie ›Lady‹ nennt«, herrschte Pip ihn an. »Sie ist Hauptmann Antero.«

Garla neigte seinen Kopf zu einer Verbeugung in meine Richtung. »Hauptmann also?« sagte er. »Wie ... *ebenbürtig* von Euch.«

Pip wollte schon wütend werden, doch winkte ich ihn zurück.

»Sagt, was Ihr denkt«, sagte ich. »Keiner wird Euch etwas tun.«

Garla zuckte mit den Achseln. »Oh, ich glaube Euch, Hauptmann Rali Antero. Wer will bestreiten, was er eben sah? Gepaart, weit wichtiger noch, mit Pips Wort. Welches ich von Anfang an niemals bezweifelt habe. Nein, ich bin ein unbedingter Anhänger des Königs der Diebe, der schließlich genug gesehen und gehört hat, daß es für ein Dutzend Lebensspannen reichen würde. Und der ganz sicher kein Narr ist. Ihr seid bestimmt Hauptmann Antero. Auch wenn es wie ein Wunder erscheint.«

»Wozu dann dieses höhnische Grinsen, mein Freund?« fragte ich. »Woher die Feindseligkeit mir gegenüber?«

»Nicht gegen Euch im besonderen, Hauptmann Antero«, sagte er. »Nur gegen das, was Ihr repräsentiert.« Er tat eine elegante Geste der Geringschätzung. »All diese Lords und Ladies, die es so eilig hatten, ihre orissanischen Mitbürger im Stich zu lassen, um sich ihre Bequemlichkeiten zu erhalten und noch größere Anteile zu sichern.«

Er deutete auf den Rest der Versammlung. »Wir hier sind allesamt Diebe. Wir geben nicht vor, irgendwas anderes zu sein. Aber wie kommt es, daß Orissas Ausgestoßene jetzt für die Stadt einstehen, nachdem sich alle anderen untergeordnet haben oder geflohen sind?«

»Das kann ich nicht beantworten«, sagte ich. »Und ich muß zugeben, daß es auch mich erstaunt.«

»Was wird geschehen, Hauptmann Antero«, fuhr Garla fort, »wenn wir diese Schlacht gewinnen?

Wer wird herrschen, wenn diese Bande fort ist? Eine andere Gruppierung vielleicht, wenn auch sicher von ähnlichem Schlag.«

»Was sollte denn Eurer Ansicht nach geschehen?« fragte ich.

Garla zog die Brauen hoch, gab sich überrascht. Dann nickte er und sagte: »Nun, wenn ich die Wahl hätte, wären die neuen Führer gewöhnliche Leute mit ungewöhnlicher Erfahrung und Kraft.« Er deutet auf Pip. »Der König der Diebe wäre ein solcher Mann.«

»Wenn es das ist, was Ihr wollt«, sagte ich, »arbeitet daran, es zu erreichen, wenn die Schlacht vorüber ist.

Ich habe danach keine Zukunft in Orissa. Macht es Euch zu eigen. Macht es gerecht für alle, und Ihr werdet mit mir keine Probleme haben.«

»Das war ein offenes Wort, Hauptmann Antero«, sagte Garla. »Und ich bin Euer Mann. Von nun an gilt Euer Wort. Nicht nur Pips.«

Er sah die anderen an. »Stimmen wir dem alle zu?« fragte er.

Der rauhe Chor ihrer Zustimmung klang ziemlich laut.

In jenen Tagen, die nun folgten, wurde Orissa von so vielen Gesetzesbrechern überschwemmt wie nie zuvor. Kein Lord, keine Lady, kein Handelsfürst konnte mehr unversehrt an Leib und Geldbeutel über öffentliche Straßen wandeln. Garla hob hervor, daß die Reichen die wahren Verbrecher seien. Und wir straften sie schwer.

Wir stahlen ihre Kutschen, plünderten ihre Läden, und wenn sie sich in ihre Häuser verkrochen, schickte Pip seine Rattenjungen durch die Aborte hinein und hielt sie als Geiseln, während wir sie aller weltlicher Güter beraubten und die Beute mit ihren eigenen Kutschen abtransportierten.

Der Angriff war so furios, daß die Adligen und Kaufleute sich auf Kato stürzten und lauthals bei ihm beklagten. Sie verlangten, daß Soldaten aufmarschieren sollten, so meldeten unsere Spione. Und Minister Kato hatte es nicht leicht, zu erklären, wieso er diese Soldaten nicht erübrigen konnte. Das war ein besonders wunder Punkt bei den reichen Familien, welche das Volk von Orissa verraten hatten. Die Unterdrückung der Bevölkerung und die Belagerung von Galana wurden ausschließlich aus ihrer Tasche finanziert. Erstens beklagten sie die hohen Kosten, und zweitens, daß sie selbst bei solchen Kosten keinen Gegenwert bekamen, wenn sie in ihren Häusern nicht mehr sicher waren. Kato versprach, etwas zu unternehmen, blieb jedoch nach Aussage unserer Spione so vage, daß unsere Noblen murrend und unzufrieden von dannen zogen.

Doch diese reichen Verräter zu piesacken, so befriedigend es auch sein mochte, war nicht mein einziges Ziel. Ganz und gar nicht.

Bis zu meiner Ankunft hatte der Kessel der Unzufriedenheit auf niedriger Flamme geköchelt, kaum von Pip und seinen Dieben erhitzt.

Bald schon erfuhr ich, daß der Kasernenüberfall mehr Lärm als Schaden hervorgerufen hatte. Ich sah mir die Gegend am nächsten Tag an. Vor dem Gebäude befand sich ein großer, qualmender Krater, und die Türen waren aus dem Portal gesprengt. Doch das war alles. Außerdem stellte sich heraus, daß nicht nur niemand verletzt worden war, sondern sich nur wenige Soldaten dort aufgehalten hatten. Irgendwie war bekannt geworden, daß das Gebäude angegriffen werden sollte, und es war leer gewesen, abgesehen von ein paar Männern, die so betrunken waren, daß sie kaum zu Schaden gekommen wären, wenn die volle Wucht der Explosion sie getroffen hätte.

Was Kato an Truppen fehlte, glich Novari mit einem feinen Netz von Spionen aus, oder »Schnüfflern«, wie die Ganoven aus dem Armenviertel sie nannten. Sie notierten jede verdächtige Tat, jedes verdächtige Wort, was Pips Pläne erheblich gefährdete. Die Explosion in der Kaserne war nur die letzte in einer Reihe von Übergriffen, welche die scharfsichtigen Schnüffler vereitelt hatten.

Ich mußte dieses Netz aus Spionen verknoten, wenn mein Plan gelingen sollte.

Mit der Reihe von Übergriffen auf die Reichen war ein guter Anfang gemacht. Die Schnüffler wurden von ihren sonstigen Aufgaben abgezogen und in die Bresche geworfen, um der verbrecherischen Überfälle Herr zu werden.

Zur selben Zeit schufen wir unser eigenes Netzwerk von Spionen. Die Bettler, Straßenhändler und Beutelschneider waren unser

Schlüssel zur Straße. Die Juwelendiebe und Rattenjungen unsere Schnüffler in ihren Heimen. Und während die Anspannung unter den Reichen zunahm, zeigten sich deutlich ihre Untugenden. Dirnen und Spieler hielten uns mit ihren Berichten über die dunkle Seite der Stadt auf dem laufenden.

Diese anfänglichen Gewinne fußten ebenso auf dem Einsatz von Zauberei als auch auf der Inbrunst, die Pips Ganoven an den Tag legten.

Ich schuf Beschwörungen, um den Taschendieben ihre Arbeit zu erleichtern. Gewöhnlich arbeiteten sie paarweise. Eine Frau wie Palmer, die wie ein obdachloses Kind mit großen, unschuldigen Augen aussah. Und ein Mann wie Lammer, der sich leichtfüßig bewegen konnte. Ich verlieh den Frauen Charme, der sie noch um so ansprechender erscheinen ließ, auf unschuldige Weise verführerisch. Und ich gab den Männern Amulette, welche die Gedanken der Opfer mit einiger Verwirrung umnebelten.

»Ich muß sie nur anstoßen«, kicherte Palmer. »Ich fall mit meinem besten mädchenhaften Quieken auf die Straße. Paß aber auf, daß ich auch bestimmt mehr herzeige, als eine Jungfer sollte. Und wenn sie mir aufhelfen, sorge ich dafür, daß sie meine Titten ordentlich zu fassen kriegen.«

Sie zwinkerte mir zu. »Es ist eine Tatsache, daß Männer weniger Hirn als Frauen haben. Gib ihnen noch eine Titte in die Hand, und schon verlieren sie auch davon noch die Hälfte.«

Lammer stöhnte protestierend. Er hatte das schon oft gehört.

»Wenn ich seine Börse nicht bekommen habe, als ich ihn angerempelt hab«, fuhr Palmer fort und ignorierte ihren Gefährten, »krieg ich sie ganz sicher dann. Und mit dem Zauber, den Ihr uns gegeben habt, schmelzen sie nur so dahin. Klopfen mich ab. Tasten mich ab. Versuchen, mir einen kleinen Schnaps zu spendieren, um ihre Ungeschicklichkeit wiedergutzumachen.«

»Während sie ihren weiblichen Charme spielen läßt«, ging Lammer dazwischen, »reibe ich das Amulett, das Ihr mir gegeben habt. Sage den Vers, den ich nicht verstehe. Aber er wirkt so gut, also wen interessiert's? Und sie kriegen glasige Augen und vergessen fast ihre Namen. Palmer steckt mir den Geldbeutel zu, und ich bin blitzschnell unterwegs, bevor einer was gemerkt hat.«

Palmer schob eine kleine Hand in ihr Leibchen, das gerade tief genug ausgeschnitten war, um ihre Beute zu schwächen, doch züchtig genug, um ihre jungfräuliche Kinderpose aufrechtzuerhalten. Sie zog zwei Blatt Papier hervor.

»Irgend jemand dürfte die hier bald vermissen«, sagte sie und reichte sie mir. »Hab sie vor kaum zwei Stunden einem Trottel abgenommen. War unvorsichtig von mir, aber dieser Zauber, den Ihr uns gegeben hat, macht einem die Sache so leicht, daß man davon schlechte Angewohnheiten bekommt.« Sie schnaubte, angewidert von sich selbst. Sie hatte einen Ruf zu verlieren.

»Jedenfalls hab ich seine Börse genommen, wie ich es immer tue, und der Trottel hat seine Gucker auf meinem Kleid, und seine Hände wandern auf der anderen Seite hoch und klopfen mir den Staub vom Hintern.

Sobald ich gesehen hatte, wer es war, bin ich fast so schnell verschwunden wie Lammer.«

»Es war Calin«, unterbrach Lammer. »Oberschnüffler auf dem Zentralmarkt. Was ihn zum größten Schnüffler in Orissa macht. Hatte diese Tintenklecksereien in seiner Tasche.«

Eilig faltete ich die Seiten auf. Es waren Dokumente des Meisterspions auf dem Zentralmarkt.

Das erste war eine Liste von Namen in einer kleinen Handschrift. Neben den Namen standen Zahlen ... Geldbeträge.

»Das ist eine Liste aller Schnüffler auf dem Markt«, sagte Palmer, und ihre Zähne glitzerten, als sie lächelte. »Und ihr Sold. Das hatte der alte Calin gerade gemacht. Ihnen ihr Geld gebracht und die Neuigkeiten eingesammelt.«

»Nach dem dicken Geldbeutel zu urteilen, den wir ihm abgenommen haben«, sagte Lammer, »ist er heute nicht allzuweit gekommen.«

Ich riß den nächsten Zettel auf. Es war ein offizielles Schreiben und trug das Siegel des Leierschwanzes. Das Dokument bestätigte, daß der Inhaber in Diensten der Göttin Novari stand und keinesfalls an seiner Arbeit gehindert werden durfte.

»Das ist ein Paß für Schnüffler«, sagte Palmer. »Zeig ihn einem Soldaten, und er läßt dich gehen.«

»Na, *das* war ein guter Fang«, sagte ich. »Und ihr könnt sicher sein, daß er in genau die richtigen Hände kommt.«

Ich gab die Namensliste an Queenie weiter. Und nach zwei Tagen waren sämtliche Schnüffler vom Zentralmarkt verschwunden. Ihre Schläger erledigten diese Aufgabe gut, ohne Blut und erstickte Schreie, die jemanden hätten alarmieren können. Sie verschwanden, ohne eine Spur zu hinterlassen.

Als zweites setzte ich einen Verdopplungszauber ein, schuf massenweise Dokumente, die Pip an seine Männer und Frauen verteilen konnte. Und Stück für Stück durchdrangen unsere eigenen Schnüffler die feindlichen Linien, als wären diese aus Käseleinen.

Außerdem fertigte ich Mittel für Dirnen, mit denen sie den Wein würzten, der ihre Freier zu willigen Opfern machen sollte. Ein solcher Trunk machte sie zu geilen Böcken und plappernden Narren, die liebend gern Geheimnisse in die parfümierten Ohren der Huren haspelten. Fast machte es sie zu Dauerkunden. Sie wurden impotent, nur nicht in den Armen ihrer Lieblingshure.

»Jede Dirnenschaukel im Armenviertel wippt die ganze Nacht auf ihren Federn«, sagte die schöne Pearl eines Tages, als sie einen Sack voller Juwelen und Münzen in eine ohnehin schon überquellende Eichentruhe schüttete.

Sie schüttelte den Beutel, um ein paar kleine, widerspenstige Gemmen zu lösen. Ihr üppiger Leib bebte unter dem dünnen Tuch, eine sinnliche Erinnerung daran, warum sie die Beste ihrer Gilde war.

»Hab das alles von einem einzigen Hechler«, sagte sie. »Zum Glück der letzte heute nacht, den Göttern sei Dank.« Sie seufzte und rieb sich den Nacken. »Hat mich fast bis zum Morgengrauen gerammelt und bettelte um mehr, da hab ich ihn aus der Kutsche geworfen.

Er sagt, er liebt nur mich und hat mir das gegeben.« Sie deutete auf den Beutel. Dann lachte sie. »Ich hab es ihm an den Kopf geworfen und ihn verflucht, weil er der Frau gegenüber, die er doch so liebt, so geizig ist. Aber mit diesem Trunk im Leib war er durch und durch dirnifiziert. Hat gebettelt, daß ich es zurücknehme, und gesagt, daß er heute abend doppelt soviel bringt, um alles wiedergutzumachen.«

Dann setzte sie sich, schlug die hübschen, langen Beine übereinander. »Aber mit diesem Trunk habe ich ihn nicht nur bei den Eiern«, sagte sie. »Er gehört zu Minister Katos Diplomaten. Prahlt gern damit, wie wichtig er ist, während er meinen armen Arsch in den Kutschensitz rammt.

Gestern abend hat er mir eine Menge über die neuesten Vorgänge bei König Solaros erzählt.«

Ich schoß von meinem Stuhl hoch. »Dem König von Tyrenia?«

»Das hat der Hechler mir gesagt«, gab Pearl zurück. »Anscheinend verliert der alte Solaros langsam die Geduld mit dem, was hier passiert. Auch wenn, nach allem, was der Hechler mir erzählt, Solaros nicht die Hälfte von allem weiß, was vor sich geht. Er weiß nur, daß Kato und Novari das ganze Zeug, das Euer Bruder und Janela Greycloak entdeckt haben, für sich behalten.

Solaros sagt, Orissa würde die Vereinbarung brechen, die er mit Amalric Antero getroffen hat. Daß nämlich Orissa alles mit den Königreichen in diesem Teil der Welt teilt, und er dasselbe dort tut, wo er ist. Nach dem, was der Hechler mir erzählt hat, wird Solaros sicher bald mißtrauisch, daß Kato und Novari ihn irgendwie übers Ohr hauen wollen. Daß sie alles in der Nähe von Orissa an sich reißen. Und dann vielleicht dumm genug sind, sich sogar mit Tyrenia anzulegen.«

Ich wandte mich Pip zu, der all dem aufmerksam lauschte. »Das ist nicht nur eine Möglichkeit«, sagte ich, »sondern zweifelsohne eigentlich Novaris Plan. Sie wird alles wollen. Nicht nur die Hälfte.«

Pip lächelte. »Mir gefällt, was ich hier höre«, sagte er. »Vielleicht bekommen wir Hilfe von König Solaros. Er hat ein gutes, ehrliches Herz, und ihm wird nicht gefallen, was geschehen ist. Besonders mit euch Anteros.«

»Er ist zu weit weg, Pip«, erinnerte ich ihn vorsichtig. »Er würde über ein Jahr brauchen, herzumarschieren und Truppen von den Königreichen der Nacht bis nach Orissa zu verschiffen. Und dann wäre es nicht nur für uns zu spät. Sondern auch für ihn.

Bis dahin wird der Leierschwanz so mächtig sein, daß Solaros keine Chance hat, so viele Soldaten er auch bringen mag.«

Pip seufzte. »Das mag wohl stimmen«, sagte er. »Aber es gibt dem alten Pip ein besseres Gefühl. Ich wäre bitterlich enttäuscht, wenn sich König Solaros abwenden würde, ohne etwas zu versuchen.«

Ich dachte ebenso. Und ich wünschte, es gäbe eine mächtige Beschwörung, die ich sprechen könnte, um König Solaros und seine Zauberer und Soldaten an diese Küste zu befördern.

Doch nicht einmal ein Gott war dazu in der Lage.

Ich unterstützte die Woge der Gesetzesbrecher mit einer Reihe von Bränden in den Läden, welche die Reichen besuchten, wie etwa die feinen Kleider- und Schmuckgeschäfte unten am Fluß und den Bädern und Parfümerien in der Nähe des Geisterseherpalastes. Dafür brauchte ich Queenies Schläger. Ich stattete sie mit kleinen

Kugeln von gewöhnlicher Watte aus, die um eine nicht ganz gewöhnliche Glut gewickelt waren. Sie mußten die Wattekügelchen nur an passendem Ort ablegen, ein Versteck suchen – nicht mehr als zwanzig Schritt entfernt, was das einzige Problem darstellte – und einen kleinen Zauber sprechen, den ich sie hatte auswendig lernen lassen. Dann wurde die magische Glut zu einer flammenden Kugel, die stundenlang brannte, soviel Wasser oder Sand man auch auf sie werfen mochte.

An manchen Tagen steckten sie so viele Stellen in Brand, daß die ganze Stadt voller Rauchsäulen und dem Lärm der Soldaten war, die diese Brände bekämpften.

Während all das vor sich ging, wartete ich noch immer darauf, daß Novari selbst erschien. Falls sie es täte und ich durch einen wilden Zufall in ihre Nähe käme, würde ich wohl alles auf eine Karte setzen und sie offen attackieren.

Doch schien sie etwas gespürt zu haben, denn nicht mal beim jährlichen Erntedankfest trat sie auf. Da sie doch die selbsternannte Göttin von Orissa war, schien es mir sehr seltsam, daß der Leierschwanz nicht kommen wollte.

Es war gut für sie, daß sie nicht da war, denn Pip und ich hatten dieses Fest zu einem ganz besonderen Tag des Diebstahls und der Gewalt gemacht. Überall in der Stadt schlugen wir zu. Legten Feuer, raubten Häuser aus und verbreiteten ganz allgemein Angst und Schrecken in den reichen Vierteln. Kato sah sich gezwungen, die Feierlichkeiten im Amphitheater abzusagen und Soldaten in die entsprechenden Viertel zu entsenden. Doch waren wir inzwischen längst in das Labyrinth der Kloake heimgekehrt.

Mehrmals sprach ich Beschwörungen, um meine Gegnerin zu suchen. Ich sandte meinen Geist in verschiedenster Form aus, um mich unerkannt an sie heranzuschleichen. Obwohl ihre Spuren überall waren, konnte ich sie durch die vielen Schichten der Verwirrung nicht ausmachen, die sie aufgeschichtet hatte, um sich vor einer solchen Suche zu schützen. Jede Schicht enthielt einen Warnzauber, den ich mit Leichtigkeit passierte. Doch hätte es Wochen gedauert, das ganze Ding zu durchdringen, ohne die Gewißheit, daß sie am Ende auch da wäre. Vorerst gab ich auf.

Der massive Mittelpunkt dieser Verwirrung lag, wie ich feststellte, außerhalb Orissas in der Nähe von Amalrics alter Villa. Man hatte mir bereits erklärt, daß sie ihr Hauptquartier dort aufgeschlagen habe, und so war das nichts Neues.

Doch lernte ich etwas aus diesen Versuchen. Der Schild der Verwirrung war nicht Novaris Werk allein. Ich hatte die Spuren von mindestens zwanzig Geistersehern gewittert, die ihr geholfen haben mußten. Ich fand es interessant, daß sie so viele Zauberer, die sie doch gegen Palmeras einsetzen konnte, für einen vergleichsweise unbedeutenden Zweck zusammenschloß.

Es ließ mich an all die anderen Zauberkräfte denken, die hier zum Einsatz kamen. All die Schilde und Beschwörungen und Spürzauber, die sie brauchte, um Orissa in der Hand zu haben. All die Geisterseher, die man brauchte, um die Straßen und Wasserwege auf Schmuggler und magische Schmuggelware hin zu bewachen.

Mir schien, die magischen Kräfte des Leierschwanzes waren schon ausgereizt gewesen, bevor ich eingetroffen war.

Und mit Freuden stellte ich fest, daß ich seither ihre Kräfte strapaziert hatte, als wären sie Segel im Sturmwind.

Sehr gut. Ich trieb sie in halsbrecherischer Geschwindigkeit vor mir her.

Jetzt mußte ich noch ihren Kurs ändern. Ich hatte eine hübsche Reihe von Riffen im Auge.

Schließlich kam der Tag, an dem ich es nicht länger hinausschieben konnte, zum zweiten und wichtigsten Teil meines Planes vorzustoßen.

Ich bat Pip, seine Statthalter zu versammeln, und einmal mehr kamen sie in seiner Kammer zusammen, die inzwischen mit noch mehr Beute vollgestopft war, und ich erhob mich, um ein paar Worte zu sagen.

Ich lobte sie für ihre Bemühungen, bemühte mich, jede Frau und jeden Mann einzeln anzusprechen und eine besonders gelungene Tat, die sie vollbracht hatten, hervorzuheben. Und dann, als sie voll guten Mutes waren, sagte ich:

»Wir haben Novari und Kato schwer getroffen, daran kann es keinen Zweifel geben. Und wie ihr alle wißt, fangen wir eben erst an, ihnen in den Arsch zu treten.«

Das rief lauten Jubel und einige Minuten der Prahlereien hinsichtlich dessen hervor, was noch zu erreichen sei. Das Kauderwelsch war derart undurchdringlich, daß ich es kaum verstehen konnte, und konnte ich es doch, war es so derb, daß ich zögere, so etwas weiterzugeben.

Als ich der Meinung war, sie hätten es nun lang genug getrieben, hob ich meine goldene Hand, und alles schwieg.

»Unglücklicherweise«, sagte ich, »kann ich nicht hier bei euch bleiben, um es mir anzusehen.«

Erschrockene Blicke waren überall um mich.

»Ich muß nach Galana«, sagte ich. »Ich muß ihnen helfen, die Belagerung zu durchbrechen. Sonst wird alles umsonst sein.«

»Wir alle haben gewußt, daß dieser Augenblick kommen würde, Hauptmann Antero«, sagte Pip. »Wir wußten nur nicht, daß er so bald schon da wäre. Heute zum Beispiel. So bald schon.«

»Es gibt noch etwas«, sagte ich. »Du mußt mitkommen, Pip.«

Seine erste Reaktion war ein Grinsen von der Breite eines Schlachtschiffs. Er blickte sich unter seinen Kameraden um, erhellte die Kammer mit seinem Lächeln. Ich wußte, was er dachte. Er wäre wieder unterwegs, würde sehen, was zu sehen wäre. Frei von allen Bürden, abgesehen von der unmittelbaren Abreise. Ach, Pip. Er hatte eine ebensolche Wanderlust in sich wie die Anteros.

Dann legte er die Stirn in Falten, als ihm klar wurde, was es bedeutete. »Aber Hauptmann«, sagte er. »Der alte Pip kann seinen Haufen doch nicht im Stich lassen. Er hat Verantwortung zu tragen. Als König der Diebe.«

»Ich brauche den König der Spitzbuben mehr als jeden anderen, Pip«, sagte ich. »Zauberei und Schurkerei. Wir sind ein gutes Paar. Komm eine Weile mit mir. Bring mich nach Galana. Wir sehen uns an, für wen sich das Blatt wendet. Dann kannst du heimkehren, um die abschließende Schlacht in Orissa zu schlagen.«

Niemand sagte ein Wort oder zog auch nur fragend eine Augenbraue hoch, als Pip lang und angestrengt nachdachte.

Dann wandte er sich Garla zu. »Kümmerst du dich um alles, solange ich weg bin?« fragte er.

Der hübsche Bettler verneigte sich leicht. »Es wäre mir eine Ehre, Pip«, sagte er. »Und keine Sorge. Ich spiele allen gegenüber mit offenen Karten. Achte drauf, daß sie ihren gerechten Anteil von Beute und Ehre bekommen.«

»Hoffentlich«, knurrte Pip. »Sonst wirst du dich vor dem alten Pip verantworten müssen.«

Dann blickte er in die Runde.

»Irgendwelche Einwände?« herrschte er sie an. »Wenn ja, sagt es jetzt. Oder haltet für immer die Klappe.«

Es gab keine.

»Nun, Hauptmann Antero«, sagte Pip. »Sieht so aus, als hättet Ihr einen Reisegefährten.«

Vor unserer Abreise bat ich Garla, mir bei den Vorbereitungen zu helfen. Ich brauchte eine neue Verkleidung. Meine Pose als pensionierte Gardistin wäre in der Kriegszone um Galana nutzlos. Wahrscheinlich würde es Katos und Novaris Truppen nur mißtrauisch machen, wenn man bedachte, daß zu ihren wichtigsten Gegnern die Maranonische Garde gehörte und daß es sich beim Objekt der Belagerung um eine ehemalige Zuflucht für alte Gardistinnen drehte.

Ich war mit Pip auf dem Markt, um irgend etwas zu erledigen, als der Termin unserer Verabredung näherrückte und ich mich beeilen mußte, um es noch pünktlich zu schaffen. In meinen Pensionistenrock gekleidet, eilte ich über den Markt zum Armenviertel hin. In Gedanken war ich bei den kleineren Details unserer Planung, so daß ich nicht sonderlich auf die Leute achtete, an denen ich vorüberkam.

Als ich auf die Hauptstraße einbog, die ins Armenviertel führte, schleppte sich eine armselige Erscheinung aus dem Schlund einer Gasse. Es war ein alter, beinloser Mann mit einer hölzernen Platte an seinem Rumpf, und er zog sich auf seinen Fäusten voran, die in dicken, fingerlosen Handschuhen steckten. Er trug die Kleidung eines Soldaten, was seine entsetzlich nässenden Wunden kaum verdecken konnte. Sein Gesicht war ein Alptraum von Furunkeln und schrecklichen Narben.

Er schleppte sich zu mir herüber, gackerte wie eine alte Henne über einen dicken Käfer. Er blieb stehen, versperrte mir den Weg und starrte mich mit mitleiderregendem Blick an.

»Gebt uns ein Kupferstückchen, Sergeantin«, sagte er. »Helft einem armen Bruder in der Not.« Und er hielt eine Bettlerschale hoch.

Eine Woge von Schuldgefühlen erfaßte mich. Hier posierte ich als notleidende Veteranin und vergaß, daß viele meiner Waffenbrüder und -schwestern wahrlich arme Schweine waren. Sie hatten keinen berühmten Namen. Niemanden, den es kümmerte, ob sie lebten oder starben. Den meisten Bürgern waren sie nur eine störende Last.

Ich fischte eine Handvoll Münzen hervor, unter denen mehr Silber als Kupfer war.

»Hier, nimm hin, Freund«, sagte ich und warf die Münzen in seine Schale. »Trink einen ordentlichen Schluck auf die alte Sergeantin Rali.«

Der Bettler schüttelte die Münzen in der Schale herum, und sie machten ein hübsches Geräusch.

Wäßrigen Blickes spähte er zu mir auf. »Es ist mir eine Freude, festzustellen, lieber Hauptmann«, sagte er, »daß Eure Taten so großherzig sind wie Eure Worte.«

Dann richtete er sich von der Plattform auf, wurde groß und immer größer, stand auf zwei kräftigen Beinen, machte eine wischende Bewegung mit der Hand und schälte blutige Haut und eitrige Schrecken von sich.

Und vor mir stand der ansehnliche Meister der Bettlergilde.

»Garla!« sagte ich.

Er verneigte sich tief und lüftete eine Perücke von schmutziggrauen Locken, als wäre sie ein Hut.

»Unverkennbar, lieber Hauptmann«, sagte er. »Unverkennbar.«

Ich lachte, daß man mir so mitgespielt hatte. Ich wußte eigentlich ganz gut, wie die Bettlergilde arbeitete. Oft schon hatte ich sie in den vergangenen Tagen in den beklagenswertesten Verkleidungen gesehen. Und selbst wenn ich es nicht gewußt hätte, besaß ich doch magische Kräfte, um diese Art der List zu durchschauen. Und dennoch war ich reingefallen. Der Impuls, all diese Münzen zu zücken, war allzu groß gewesen.

»Ich vermute«, sagte ich, »daß es sich hierbei um meine erste Lektion handelte.«

»Das vermutet Ihr ganz recht, meine liebe Hauptmännin«, sagte Garla. »Wollen wir uns nun bis in meine Unterkunft vertagen und dort weitersprechen?«

Er bot mir seinen Arm wie ein edler Freier, und sein Lächeln war so sanft und schmeichelnd wie das Janos Greycloaks.

Wieder lachte ich und schlug seinen Arm beiseite. »Verschwendet Euer Talent nicht an Frauen wie mich, Garla«, sagte ich. »Ich bin dem nicht so zugeneigt. Geschmeichelt, sicherlich, daß ich das Interesse eines so gutaussehenden Burschen wecke. Nur genügen Burschen, gutaussehend oder nicht, nicht eben Rali Anteros Vorlieben.«

»Na, das *wußte* ich doch, Hauptmann«, sagte Garla ernst. »Und in Fragen der Fleischeslust sind wir sexuelle Genossen. Schließlich bevorzuge ich Männer als Bettgefährten.«

Noch einmal bot er mir seinen Arm. »Aber kann ein Ehrenmann nicht trotzdem einer Frau gegenüber ein Ehrenmann sein?«

Er überraschte mich so sehr, daß ich wie ein Schulmädchen kicherte. Dann machte ich einen gespielten Knicks. Hübsch unbeholfen natürlich. Meine Erinnerung an solche Dinge war getrübt.

Ich nahm seinen Arm, sagte: »Führt mich, edler Herr.« Und dann: »Und ich hoffe, Ihr habt dort einen gottverdammten Trunk, wohin Ihr mich auch führt.«

Garla hatte mehr als nur Getränke in den unterirdischen Gemächern, wo die Bettler von Orissa regieren. Es gab viel Licht und fröhliche Musik und lachende und tanzende Menschen überall. Quiekende Kinder rannten durch die Menge, verwandelten die uralten, steinernen Kammern in einen Jahrmarkt. Jedermann war in farbigste Kostüme gehüllt, mit bunten Girlanden und Schals und Bändern von klingelnden Glocken behängt.

Es war ein Feiertag der Bettler, und alle hatten für diesen Anlaß ihre erbärmlichen Kleider abgelegt. Ich merkte wohl, daß unter ihnen reichlich wahre Krüppel und arme Hunde waren, es sich also nicht nur um Betrüger handelte. Diese Leute schienen mir jedoch so ausgelassen wie der Rest. Und man gab ihnen das Gefühl dazuzugehören.

Garla, der auch den Rest seiner Lumpen abgelegt und gegen eine weiche, seidene Robe getauscht hatte, rief alle zusammen, damit sie mich kennenlernten. Wie jeder gute Anführer nutzte er meinen Besuch, um die Moral seiner Leute aufzubessern.

Sie alle schienen erfreut, Rali Antero höchstpersönlich gegenüberzustehen, und applaudierten meinen kurzen Anmerkungen, als wäre jedes Wort ein Juwel.

Ich blieb noch ein wenig, trank mit ihnen und lauschte der Musik, die von den seltsamsten Musikern kam, die ich je gesehen hatte. Sie spielten das übliche Sortiment an Instrumenten ... Flöten, Trommeln, Glocken und Lauten. Doch hatte jeder Musiker ein Tier bei sich. Während der Flötist spielte, hob sich eine Schlange unter ihrer Decke aus dem Korb. Der Trommler hatte einen tanzenden Hund. Die anderen schienen Affen zu bevorzugen, die schnatterten, tänzelten, herumsprangen und allerlei komische Mätzchen machten. Wir wurden, so schien es, von den Tierdompteuren Orissas unterhalten. Und ich konnte mich nicht erinnern, wann ich mich zuletzt so gut amüsiert und so fröhliche Musik gehört hatte.

Schließlich zogen wir uns in Garlas Gemächer zurück. Sie waren kleiner als Pips und spärlich dekoriert, doch mit gutem, männlichem Geschmack, der mich an die Privaträume meines Vaters erinnerte, in denen alles poliertes Holz und weiches Leder war. Sie besaßen denselben heimeligen Duft, und augenblicklich fühlte ich mich wie zu Hause.

Ich sank in einen tiefen Ledersessel und nahm einen Kelch mit leichtem Wein entgegen.

»Eines muß ich Euch fragen«, sagte ich. »Und verzeiht mir meine Neugier.«

Garla hob eine Hand, bevor ich weitersprechen konnte. »Ihr wollt wissen«, sagte er, »wie ein Mann wie ich in solcherlei Gesellschaft gerät.«

»Offen gesagt«, fuhr ich fort, »sieht es so aus, als hättet Ihr Euch diese Manieren nicht beim Adel abgeschaut. Sie scheinen Euch im Blut zu liegen.«

Garla lachte. Es klang voll und tief. »Das ist kein großes Geheimnis«, sagte er. »Ich bin einer dieser unehelichen Söhne von unehelichen Söhnen, deren Väter unehelich aufwuchsen und durch die Betten der weiblichen Dienerschaft zogen.

Der einzige Unterschied zwischen mir und den anderen liegt darin, daß ich zu sehen bekam, daß mein Vater wie ein Hund litt. Es quälte ihn, daß man ihm ungerechterweise höfische Gesellschaft verwehrte. Der Trunk brachte ihn auf die Straße. Und ich bettelte für ihn, bis er starb.«

Vielsagend zuckte Garla die Schultern.

»Und so habe ich meinen Platz im Leben ziemlich bald gefunden.« Er hob seinen kristallenen Kelch. »Und bin gediehen.«

»Das erklärt einiges«, sagte ich.

»Falls Ihr meine Haltung gegenüber der Nobilität meint, welche ich zutiefst verachte«, sagte er, »dann habt Ihr es genau getroffen. Und ich kann auch keine Scheinheiligkeit darin erkennen. Ich will nicht, was die haben. Ich will nur, was sie anderen verweigern. Den Respekt, den jeder gewöhnliche Mensch verdient.«

»Wie *edel* von Euch«, murmelte ich. Und zwar mit demselben Tonfall und Grinsen, derer sich Garla bedient hatte, als er etwas Ähnliches zu mir gesagt hatte.

Garla lachte, erinnerte sich an seinen Kommentar. »Nun, das war ein ordentlicher Seitenhieb, lieber Hauptmann«, sagte er. »Und ein verdienter noch dazu.«

»Wollen wir es dann dabei belassen?« lachte ich.

Garla zuckte zusammen. »Ich bin schon zweifach verwundet, Hauptmann«, sagte er. »Und ich ziehe mich aus der Schlacht zurück.«

Gutgelaunt tranken wir aus, dann brachte mich Garla in einen kleinen Raum, dessen großer Schrank fast alles ausfüllte. Ein spiegelbewehrter Ankleidetisch nahm den Rest in Anspruch. Auf ihm standen viele seltsame Töpfe und Fläschchen und Krüge, wie auf der Werkbank eines Zauberers.

Garla betrachtete mich kritisch. »Welche Art von Bettlerin wollen wir aus Euch machen, Hauptmann?« überlegte er. »In jedem von uns steckt ein Bettler, müßt Ihr wissen.

Manche betteln um Barmherzigkeit, andere um Geduld, manche beten zu den Göttern, andere wieder zu den Teufeln, und mancher bittet um Verzeihung, während er einem anderen die Kehle durchschneidet.«

»Es fehlt die Gnade«, sagte ich. »Die habt Ihr bei Eurer Liste ausgelassen.«

»Oh, nein, lieber Hauptmann«, gab er zurück. »Wenn Ihr glaubt, es gäbe Gnade in dieser Welt, so seid Ihr traurigerweise einer Fehlinformation aufgesessen.«

Während ich mich noch an dieser Formulierung erfreute, betrachtete er mich. »Wir müssen herausfinden«, sagte er, »welche Art Bettlerherz in Rali Anteros Brust schlägt.«

Ich versuchte, an etwas anderes zu denken, doch wollte mir nichts einfallen.

Dann schnippte Garla plötzlich mit den Fingern. »Ich hab's!« sagte er.

Er beugte sich vor, hob eine Schulter an, bis sie sein Gesicht zum Teil verdeckte. Seine andere Hand kam vor, die Finger zur Kralle gebogen.

Und mit der hohen, zitternden Stimme einer alten Vettel jammerte er: »Soll ich Euch die Zukunft sagen, Hauptmann? Ein Kupferstück für Eure Träume.«

»Eine Markthexe?« sagte ich entgeistert.

Garla ließ die Verstellung fallen und richtete sich auf. »Könnte es eine bessere Rolle geben?« sagte er. »Ihr könnt reisen, wohin Ihr wollt. Von Markt zu Markt. Bettelt um Münzen, um Leuten die Lügen zu erzählen, die sie hören wollen. Außerdem scheint es mir ganz passend. Eine Geisterseherin, die sich als Markthexe verkleidet.«

»Eure Überheblichkeit scheint wieder durch, mein Freund«, warnte ich.

Garla lachte. »Ich muß zugeben, daß mir schon die bloße Vorstellung Freude bereitet«, sagte er. »Aber, mal ehrlich, wißt Ihr eine bessere Verkleidung?«

»Gut«, sagte ich. »Dann also eine Hexe.«

Garla nickte und fing an, in seiner Garderobe herumzuwühlen, auf der Suche nach passender Hexenkleidung.

»Wenigstens seid Ihr kein Bettler mit einem Affen«, sagte er. »Das sollte Euch trösten.«

»Eigentlich«, sagte ich, »hatte ich daran gedacht, Euch um einen solchen zu bitten.«

»Einen Affen?« sagte er. »Wozu denn? Es sind dreckige, kleine Viecher, die nur Ärger machen.«

»Dann wird es Euch nicht sonderlich viel ausmachen«, sagte ich, »wenn der Affe, den Ihr mir gebt, Schaden nimmt.«

Garla lachte schallend. »Ausmachen?« sagte er. »Ich habe mit einem Affen gearbeitet, als ich ein kleiner Junge war. Ich habe das Vieh gehaßt. Immer, wenn was schiefging, hat mein Herr mich anstelle des Affen gepeitscht.«

Ein Schauder lief ihm bei dieser Erinnerung über den Rücken. »Ich gebe Euch einen Affen«, sagte er. »Ein Glück, daß ich ihn los bin. Meinetwegen könnt Ihr ihn zum Teufel schicken.«

»Ich fürchte, genau da wird das arme Ding landen«, sagte ich. »Oder so ähnlich.«

Garla antwortete nicht. Er öffnete gerade einen dicken Krug.

Er schüttete etwas auf den Tisch, das wie kleine, schwarze Punkte aussah. Mit der Fingerspitze nahm er einen davon auf, wandte sich mir zu und sagte: »Nun haltet still. Ich will Euch zeigen, wie man eine Warze anbringt.«

Am Abend, bevor ich nach Galana fuhr, zog ich mich in ein kleines, dunkles Zimmer zurück. Ich hatte nach meinen Pferden und dem Rest meiner Vorräte gesandt, von denen ich einiges gebraucht hatte, um die Beschwörung vorzubereiten.

Ein Pentagramm war mit roter Kreide auf den Boden geschrieben. In der Mitte befand sich ein Viereck in Grün.

Ich stellte einen wackligen Käfig auf das Viereck. Darin saß ein kleiner, verängstigter Affe mit großen, traurigen Augen und scharfen Zähnen. Er schrie hysterisch und schnappte nach meinen Fingern, als ich den Käfig abstellte.

»Tut mir leid, kleiner Bruder«, sagte ich. »Ich werde alles tun, daß dir nichts geschieht.«

Mein Versprechen rief nur einen noch hysterischeren Ausbruch von Schreien und Schnappen hervor. Wie irrsinnig sprang er im Käfig herum.

Ich wußte, wie ihm zumute war. Ich selbst hatte ähnliche Versprechen von einem allmächtigen Wesen gehört ... das hatte ich nun davon.

Ich fütterte ihn mit Orangenstückchen, was ihn zu beruhigen schien. Doch die ganze Zeit über starrte er mich beim Fressen mit seinen riesigen Augen an.

Ich wurde es müde, ihnen auszuweichen, als ich den Käfig mit Ölen und Wässerchen besprenkelte.

Der Affe starrte mich an, als ich sang:

*Schlaues, kleines Biest*
*Mit schlauen, kleinen Zähnen*
*Und schlauen, kleinen Händen.*
*Kein Knoten soll dir trotzen*
*Kein Zauber soll dich binden!*
*Löse dich!*
*Denn das ist dein Befehl!*

Kalte Flammen schlugen um den Käfig auf, und der Affe kreischte vor Angst.

Ich stählte mein Herz und streckte meine Ätherhand aus, deutete mit einem goldenen Finger auf den Käfig.

»Löse dich!« rief ich.

Man hörte ein letztes Quieken, und der Käfig tat einen Ruck, als würde er vom Wind gestoßen.

Und der Affe war verschwunden.

Mit meinem Ätherauge suchte ich ihn in jenem Reich, in das ich ihn geworfen hatte. Ich spähte hierhin und dorthin, dann sah ich seine kleine Gestalt über rollende, schwarze Wolken tollen. Er tauchte in eine brodelnde Wolkenbank. An seinem Quieken reiner Freude erkannte ich, daß er gefunden hatte, wonach ich ihn schickte:

Novaris vielschichtigen Verwirrzauber.

Ich hörte ihn kreischen, als er den Knoten fand, der die erste magische Warnung enthielt. Das Kreischen wurde aufgeregter, als er sich daran machte. Geschickte, kleine Zähne halfen geschickten, kleinen Händen erst einen, dann den nächsten zu lösen.

Die Aufgabe würde ihn viele Tage beschäftigen, vielleicht sogar viele Wochen. Theoretisch sollte der Schutzzauber, in den ich ihn gehüllt hatte, Novari dem gegenüber, was hier vor sich ging, blind machen.

Und wenn ich wieder an diesen Ort zurückkehrte – darum betete ich – wollte ich den Affen gesund und den Weg frei vorfinden.

Pip und ich fuhren am nächsten Morgen, mischten uns unter die Menge, die in die Stadt drängte. Während die Leute herein wollten, kämpften wir uns schrittweise gegen den Strom. Und niemand schien zu merken, daß wir in die entgegengesetzte Richtung streb-ten.

Ich hatte einen kleinen Bollerwagen an die alte Mähre gebunden, mit dem wir unsere Habseligkeiten beförderten. Auf unserem Gepäck hatten wir welkes, altes Gemüse gestapelt, um dem Bild unschuldiger Armut noch besser zu entsprechen.

Pip und ich liefen vorn am Kopf der Stute, flüsterten Ermutigungen und entschuldigten uns für die Schmach des Wägelchens. Sie war ein Reitpferd. Ein Schlachtroß. Und zog nicht gerne Dinge hinter sich her, abgesehen vielleicht von der Leiche eines Feindes, die sich in ihrem Geschirr verfangen hatte.

Pip trug zerlumpte Hosen und ein Leinenhemd mit breitem Gürtel. Ich selbst trug einen schmutzigen, schwarzen Kapuzenumhang, der mich von Kopf bis Fuß einhüllte. Langes, graues Haar entfloh der Kapuze, und meine Nase, welche inzwischen durch kunstvoll angeklebten Lehm fast einem Schnabel ähnelte, stach hervor. Auf ihrer Spitze saß eine dicke Warze, auf die um der besseren Wirkung willen ein paar Härchen geklebt waren. Ich packte einen klobigen Wanderstock mit meiner Ätherhand, die leichengrau bemalt war, mit überlangen, angeklebten Fingernägeln.

Als wir ans Tor kamen, wo die Menge am dichtesten war, und die Wachen am überarbeitetsten, kehrten wir unseren Kurs um und taten, als würden wir kommen, nicht gehen.

Ein großer Wachmann ragte auf. Mißtrauische Blicke durchbohrten uns beide.

Ich gackerte ihn an und griff nach seiner Hand.

»Willst du deine Zukunft wissen, Liebchen?« sagte ich mit zittriger Stimme. »Gibst du einem armen Mütterchen ein Kupferstück, damit sie einen Blick in deine Hand wirft?«

Der Wachmann riß die Hand zurück. »Nimm deine Finger von mir«, knurrte er. »Dreckige, alte Hexe.«

»Heda«, sagte Pip. »So redet man aber nicht mit meiner armen Mutter.«

»Ich rede, wie ich will, mit wem ich will«, bellte der Wachmann. »Besonders bei Abschaum wie euch beiden.«

Wieder nahm ich seine Hand. »Dann ein halbes Kupferstück, mein Liebchen«, jammerte ich. »Für ein halbes Kupferstück sage ich dir, ob deine Süße in fremde Töpfe pißt.«

Das war selbst für die viehische Gefühlswelt dieses Wachmanns zuviel. Er schrie, wir sollten auf der Stelle verschwinden, und verbannte uns aus der Stadt.

»Und versucht nie wieder, hier reinzukommen«, brüllte er, als man uns eilig von dannen schickte, wobei ich so schnell humpelte, wie es ging. »Sonst schlag ich euch die Schädel ein!«

Ich blickte zurück und sah, wie er uns mit der Faust drohte. Umrahmt vom Bogen des großen Haupttores.

Hinter ihm lag der Palast der Geisterseher, dessen Fenster im neuen Licht erglühten.

Ich sah eine prächtige Kutsche zum Tor rollen, und Lakaien drängten die Menge zurück, um Platz zu schaffen. Sämtliche Wachen verneigten sich, als die Kutsche ohne anzuhalten durchfuhr.

»So war es schon immer, nicht, Pip?« sagte ich. »Selbst in den alten Zeiten. Vor Novari und Kato.«

»Das stimmt, Hauptmann«, sagte Pip. »Dem reichen Mann ist eine Sonderbehandlung vielleicht noch wichtiger als Gold. Er sieht den armen Mann gern zu seinen Füßen. Sieht die arme Frau gern auf dem Rücken. Gibt ihm irgendwie das Gefühl, größer zu sein. Vielleicht noch größer als der Tod.«

»Garla hat recht«, sagte ich. »Es muß sich etwas ändern. Aber vorher müssen wir es diesem Haufen zeigen.«

Und schon waren wir nach Galana unterwegs, kühne Helden. Eine krumme, alte Markthexe und ihr tölpelhafter Sohn.

Ich war eine Wahrsagerin, die nicht mal in ihrer eigenen Hand die Zukunft sehen konnte.

Ich wußte nicht, ob es mir gelingen würde oder nicht. Und falls ich siegte … was dann für Orissa zu erwarten stand. Die Reichen teilen ihren Reichtum nicht so gern. Die Mächtigen behalten ihre Macht.

Ein Trost jedoch blieb mir.

Bevor ich die Stadt verließ, hatte ich eine Orgie an Beschwörungen gefeiert.

Zwei Tage lang produzierte ich am laufenden Band magische Waffen und Beschwörungen und Zaubertränke und Amulette aller denkbaren Arten, wie ein Dieb sich keine besseren denken konnte.

Ich fertigte genug, daß sie den Kampf weiterführen konnten, wenn ich fort war. Und danach machte ich noch mehr, für den Fall der Fälle, und füllte mehrere große Kammern damit an.

Und diese gibt es heute noch. Genug, um viele Jahre Schurkereien zu ermöglichen.

Das war meine Art, die Dinge etwas ... gleicher zu machen.

Kapitel Achtzehn

# *Die Straße nach Galana*

Stundenlang liefen wir gen Osten, dann nördlich auf der Großen Erntestraße, die sich mitten durch das beste Ackerland und die Weinberge Orissas schlängelt. Es war der weiteste Weg nach Galana, doch würde er uns zumeist vom Fluß fernhalten, wo die meisten Patrouillen zu finden wären.

Wir würden fast zwei Wochen brauchen, um zu schaffen, was man zu Pferd in drei Tagen auf direktem Weg schaffen konnte. Ich hatte mich über die Verspätung ereifert, als Pip den Umweg vorschlug.

Doch er tippte an seine spitze, kleine Nase und meinte: »Manchmal muß man langsam sein, Hauptmann. Und manchmal wieder schnell. Wie man auch gehen mag: Der Weg ist das Ziel. Ob nun nach Galana oder in die Fernen Königreiche.«

Die Erntestraße war außerdem eine von mehreren Kernrouten, die Pips Schmuggler benutzten, um den Verteidigern von Galana die dringend benötigten Vorräte zu bringen. Am Wegesrand fanden sich Helfer der Rebellen, wenn auch nur wenige, die etwas für uns tun konnten.

Bei einer solchen Familie verbrachten wir unsere erste Nacht. Sie waren Bedienstete einer Taverne an einem Kreuzweg, in die reiche Landeigner auf dem Weg von ihren Anwesen in Orissa zur Inspektion ihrer Höfe einkehrten. Wir schliefen im Stall der Taverne auf frischem, duftendem Heu, das für ihre hochgezüchteten Pferde gedacht war. Wir ernährten uns von Delikatessen, den Resten von ihren Tischen. Und tranken mit der Familie einen feinen Wein, der aus dem Zimmer eines Lords entwendet war, da dieser schon zwei Tage lang soff und somit nichts merken würde.

Einmal wurden wir in dieser Nacht gestört, als die Tresenfrau mit den üppigen Hüften auf unseren Heuboden kam, um uns zu warnen, daß Männer kämen.

»Es sind Freunde«, flüsterte sie. »Ihr braucht Euch nicht zu fürchten. Sie kommen nur kurz rein und sind gleich wieder weg. Und bald könnt Ihr wieder auf den Sparren schnarchen.«

Von unserem Heuboden aus beobachteten wir, wie Männer in dunklen Umhängen mit trüben Laternen den Stall betraten. Pferde wurden bewegt, Heu beiseite geschoben und Bodenbretter angehoben. Darunter verborgen lagen Speere und Schwerter und Kisten voller Pfeilspitzen. Eilig sammelten sie die Beute zusammen und schafften sie fort, dann beseitigten sie sorgfältig sämtliche Spuren ihrer verstohlenen Aktion.

Einer der Männer hob seine Faust zum stillen Gruß, dann waren sie verschwunden.

Pip sagte, die Waffen würden aufgeteilt und zu örtlichen Bauernhöfen gebracht, von wo aus man sie nach Galana transportieren wollte.

»Sind erst gestern aus einem Arsenal in Orissa gekommen«, sagte Pip. »Scheint mir nur passend zu sein, diesen Laden als unser erstes Versteck zu nutzen. Katos Lieblinge schlafen oben, während wir unten im Stall Pläne gegen sie schmieden.«

Nicht immer hatten wir derart kommode Unterkünfte auf unserer Reise. Meist schliefen wir auf hartem Feld oder mitten im Wald. Einmal brachte man uns über einem Schweinestall unter. Die Strohmatratzen waren wohl bequem, doch Gestank und Lärm der Schweine bereiteten mir keine angenehmen Träume. Und als ich aufwachte, war der Gestank so schlimm, daß ich für einen Augenblick schon glaubte, ich befände mich im alten Pisidia, als noch Fliegen und Dämpfe aus den großen Gerbereien die Luft verpesteten.

So manchen Tag trabten wir die Straße entlang. Anfangs herrschte viel Verkehr . . . Wagen, Herden mit ihren Hütern, barfüßige Jungen und Mädchen, die Gänseherden oder Milchkühe zu Markte trieben. Sie banden ihr Schuhwerk an den Senkeln zusammen und trugen es um den Hals, damit die staubige Straße es nicht ruinierte. Und gab es in einem der größeren Dörfer ein Fest, machten die jungen Leute vorher Rast, um ihre Schuhe und die besten Marktkleider anzuziehen.

Diese jungen Leute verschafften mir eine Menge ungewollter Übung als Markthexe.

»Ist es ehrlich, Mütterchen?« fragte eine errötende Maid dann und drückte mir dabei ein Kupferstück in die Hand.

»Liebt sie mich?« fragte ein schlurfender Bauernbursche flehentlich, trat von einem Fuß auf den anderen oder grub seine Zehen in den Staub.

Ich murmelte, spuckte aus und kratzte um die falsche Warze auf meiner Nase herum, während ich überlegte, ihre Hand betrachtete und die Frage mit viel altweiberlicher Sorge bedachte. Die Betrachtung ihrer Hand war nur Beiwerk, denn mit meinem Ätherauge konnte ich die Dinge ganz deutlich in jener Aura sehen, die jeden von uns umgibt.

Bei meinen Antworten jedoch bedachte ich Garlas Anweisungen.

»Niemand will die Wahrheit hören, wenn sie schlecht ist, Hauptmann Antero«, hatte er gesagt. »Erfreut sie mit erlogener Gegenwart und laßt die Zukunft ihr Bestes geben.«

Pip hatte ähnliche Ratschläge für mich. »Sagt Gutes voraus«, sagte er, »und niemand wird mehr wissen, daß wir durchgekommen sind. Prophezeit Schlechtes, und jeder wird sich an uns erinnern. Ihren Freunden und der Familie von der Hexe erzählen, die düstere Zeiten vorausgesagt hat. Außerdem … egal, was Ihr sagt, da sie jung sind, werden sie Euren Rat ignorieren und stets dahin tendieren, wohin ihre Weichteile sie locken.«

Zauberern macht es nichts aus zu lügen, doch haben sie einen Stolz, was ihren Ruf angeht. Selbst wenn dieser Ruf in einer Verkleidung wandelt. Obwohl ich also den Rat der beiden annahm, mußte ich doch meine Antworten verhüllen.

Wenn die Antwort auf die beiden allzu typischen Fragen hinsichtlich wahrer Liebe und Treue »ja« lautete, so machte ich eine große Schau aus meiner Kunst.

»Aye, du Glückliche, mein Liebchen«, sagte ich dann, schniefte und plapperte, als sei mein altes Matronenherz von soviel jugendlicher Romanze ganz gerührt. »Von dem hast du nichts als Liebe zu erwarten. Und da kannst du mich Großmutter beim Wort nehmen. Und wenn du im Bett schön willig bleibst und zwischen euch kein harsches Wort die Nacht überdauert, so wird diese Liebe bis ans Ende eurer Tage leben.«

In meiner wilden Jugend hatte ich ähnliche Ratschläge von Großmüttern erhalten, und noch immer klangen sie vernünftig. Wenn nicht, so war es harmlos.

War die Antwort »nein«, machte ich nicht soviel Aufhebens

davon. Und ich verstellte meine Antwort. »Oh, ich sehe dort Liebe, mein Kind, die sehe ich wohl. Und treu ist sie auch, vermute ich. Doch sehe ich nur in dein Herz. Nicht in das deines Zukünftigen. Du wirst ihn mir bringen müssen, um sicherzugehen.«

Das stellte die meisten zufrieden. Und wenn nicht, so waren Pip und ich schon lange fort, bis sie ihr falsches Liebchen für einen zweiten Anlauf mitbrachten.

Doch waren die Antworten nicht immer so leicht zu verhüllen, und manchmal schmeckten die nötigen Lügen allzu bitter auf der Zunge.

Eines Tages, etwa auf der Hälfte unserer Reise, verweilten wir auf einem Jahrmarkt. Wir warteten auf jemanden, von dem Pip sagte, er wisse, welche Hindernisse auf der vor uns liegenden Straße lauerten.

Der Mann tauchte nie auf, und gegen Abend packte Pip unsere Sachen in den Blockwagen, damit wir aufbrechen konnten, als sich eine stämmige Bauersfrau von etwa vierzig Lenzen näherte. Sie hielt einen kleinen, hageren Burschen fest bei der Hand und zerrte ihn wie ein störrisches Füllen hinter sich her.

Sie schob ihn vor mich mit den Worten: »Ich will, daß du meinem kleinen Natt hier den Kopf zurechtrückst, Mütterchen.«

Und sie knallte zwei Silberstücke mit solcher Wucht auf den Wagen, daß das Pferd scheute.

Ich verzog das Gesicht, kratzte meine Nase, räusperte mich und spuckte in den Staub. Bis dahin hatte ich meine Rolle als Markthexe gut überstanden. Und fing sogar an, sie zu genießen.

»Worüber den Kopf geraderücken, Liebchen?« gackerte ich.

Die Frau warf mir einen Blick zu, als sei ich die ignoranteste Sterbliche, die je das Licht der Welt erblickt hatte. »Über das Soldatendasein!« herrschte sie mich an. »Krieg und Soldatenleben und vor der Zeit ins Grab gehen. Mein lieber Mann und ich – möge er bei den Göttern ruhen, Friede seiner Seele – haben ihn gewandet und aufgezogen, daß er ein guter Junge wird und sich zu benehmen weiß.«

Die Frau deutete auf die Silbermünzen.

»Ich will eine ganz besondere Prophezeiung, Muttchen«, sagte sie. »Und ich weiß, daß so was teuer ist. Kriegt man nicht für eine Kupfermünze. Aber ich bin bereit, alles zu zahlen, wenn ich diesen Knaben damit zu Hause halte.«

»Mama, bitte!« protestierte der kleine Natt. »Ich bin jetzt erwachsen. Ein Mann. Du mußt mich gehen lassen.«

Sie schlug ihm auf den Arm, und er jaulte. »Klar laß ich dich! Sobald du wieder bei Sinnen bist.« Wieder schlug sie ihn, rief das nächste Jaulen hervor. »Du wirst deine Mama noch ins Grab bringen. Aber lieber bin ich tot und begraben, als daß ich zusehen muß, wie mein Sohn sein Leben wegwirft!«

Und dann brach sie in Tränen aus, bebte und heulte wie eine alte Kuh, die keine Kälber mehr bekommen kann und ihr letztes Kind an die Wölfe verloren hat.

Der kleine Natt wand sich vor Verlegenheit. Er versuchte, seiner Mutter eine Hand auf die Schulter zu legen, doch die schüttelte sie ab und weinte nur noch heftiger.

Pip schlenderte heran, ganz beiläufig.

»Was ist los, Freund?« fragte er. »Was hast du getan, daß deine Mama so weinen muß?«

»Nichts, was nicht natürlich wäre«, sagte der kleine Natt, das Kinn stur vorgeschoben. »Minister Kato und die Göttin Novari bitten alle Männer Orissas um Hilfe.«

Er deutete gen Norden. »Sie brauchen mehr Soldaten, um die Rebellen in Galana zu bekämpfen«, sagte er. »Bieten einen guten Bonus. Ein Goldstück für jeden Freiwilligen.«

Der kleine Natt wandte sich seiner Mutter zu. »Ein Goldstück, Mama!« rief er. »Denk nur, was du mit all dem Geld anfangen könntest!«

Doch weinte sie nur um so mehr.

Der Junge seufzte und sprach Pip und mich an. »Die Zeiten waren schwer, seit Vater tot ist«, sagte er. »Der Ofen ist so alt, daß alles verstopft. Der Rauch ist dick. Wir mußten zuviel Land verkaufen. Jetzt können wir nicht mehr genug anbauen, um uns davon zu ernähren. Oder Saatgut fürs nächste Jahr zu kaufen. Aber dieses Goldstück, das sie bieten, wird alles richten. Ich bin jung. Bin kein Bauer. Ich bin Soldat. Und so was suchen sie.«

»Du scheinst Kato und Novari ja mächtig zu bewundern«, sagte Pip, »daß du deiner Mama so das Herz brichst.«

Der kleine Natt zuckte mit den Schultern. »Ich weiß nicht viel von ihnen«, sagte er. »Was macht es für einen Unterschied?«

»In Galana sterben Menschen auf beiden Seiten«, sagte Pip. »Das macht den Unterschied. Einen gewaltigen Unterschied.«

Der kleine Natt funkelte ihn an. »Du bist doch wohl nicht einer von *denen,* oder?« fragte er vorwurfsvoll. »Oder vielleicht ein Sympathisant?«

»Der einzige Mensch, für den ich momentan Sympathie empfinde«, sagte Pip, »ist deine arme Mutter, die sich die Augen ausweint, weil sie Angst hat, einen ihrer Söhne zu verlieren.«

»Meinen *einzigen* Sohn!« heulte die Frau. »Hab auch keine Tochter. Und die Götter wissen, daß ich nicht so trauern müßte, wäre ich mit einer Tochter gesegnet.«

»Mama, bitte!« protestierte der kleine Natt erneut. »Nicht vor all den Leuten. Du bringst mich in Verlegenheit!«

Ich nahm die beiden Silberstücke. »Dein Geld glänzt ganz enorm, mein Liebchen«, sagte ich zu seiner Mutter, »dafür, daß du eine Witwe bist.«

»Das ist alles, was ich habe«, sagte sie, schniefte und wischte sich die Augen. »Wir haben es für wirklich schlechte Zeiten gespart. Die nun gekommen sind, seit mein kleiner Natt hier es sich in seinen Dickschädel gesetzt hat, den Krieg eines Schurken auszutragen.

Ich sage euch, ich würde meinen fetten, alten Leib hier im Bordell verkaufen, wenn es ihn daran hindern würde. Das heißt, falls mich überhaupt einer ertragen könnte.«

»Du kannst nicht wissen, ob mir etwas geschieht, Mama«, sagte der kleine Natt. »Es wird mir gutgehen. Du wirst es sehen. Es kämpfen noch viele andere. Von denen wird es manchen erwischen, nur nicht deinen kleinen Natt, der dich doch liebt.«

Natürlich rief das nur den nächsten Tränensturm hervor.

So gackerte ich mein bestes Hexengackern, schnippte Pip die Münzen zu und nahm die Hand des jungen Natt.

»Dann laß mich sehen, Liebchen«, krächzte ich. »Sehen wir mal, ob den kleinen Natt Gräber oder Frauen erwarten.«

Er wollte sie zurücknehmen, doch grub ich meine langen Nägel hinein, so daß er in der Falle saß.

»Keine Sorge, kleiner Mann«, sagte ich. »Großmutter tut dir nichts. Süßes, kleines Ding wie du. Wird Mädchenherzen schmelzen wie Honig, das möchte ich mal wetten.«

Er wehrte sich noch weiter, doch seine Mutter schlug ihm an den Hinterkopf. »Halt still«, befahl sie. »Laß sie ran. Sie soll nachsehen, was passiert, wenn du zu den Soldaten gehst.«

»Was ist, wenn sie nichts sieht?« fragte Natt ganz plötzlich scharf. »Läßt du mich dann gehen?«

Die Frau zögerte. Sie sah mich an, und währenddessen schob Pip ihr die Silberstücke wieder in die Schürzentasche. Sie würde sie erst finden, wenn sie wieder zu Hause wäre.

Schließlich fragte sie: »Wirst du uns die Wahrheit sagen, Muttchen? Willst du mir zumindest das versprechen? Wenn du das zweite Gesicht nicht hast, sagst du es mir jetzt? Behalt das Geld, bei den Göttern. Sag mir nur die Wahrheit. Kannst du es, Muttchen? Kannst du tatsächlich Natts Zukunft erkennen?«

Ich spürte, wie auch in meinem Auge eine Träne aufstieg. Ich hustete und spuckte in den Staub.

»Großmütterchen kann sehen, meine Liebe«, versicherte ich ihr. »Sie kann ganz deutlich sehen.« Ich zog meine Kapuze fort, zeigte meine Augenklappe. »Ich habe das zweite Gesicht. Und auch das dritte ...«

Ich spreizte die Hand des jungen Natt und sang:

*Ein Auge, um auswärts zu blicken.*
*Eines, um inwärts zu blicken.*
*Und eines, um das Drumherum zu sehen.*
*Ich sehe Natts Geburt –*
*Noch gebunden an die Mutter –*
*Sehe, wie die Schnur durchschnitten,*
*Vom Messer seines Vaters.*
*Tief vergraben,*
*Damit die Götter es nicht finden.*
*Ziegenmelker*
*Und die Grillen singen.*
*Wird Natt leben?*
*Oder muß Natt fallen?*

Das Traumbild legte sich über mich wie der Umhang des Dunklen Suchers. Es war Nacht, und Feuer brannte auf den Hügeln. Ich saß rittlings auf einem Pferd, brüllte meinen Schlachtruf und stürmte durch eine Mauer von feindlichen Speeren. Männer und Frauen schrien und starben um mich herum, ich wurde verwundet und hatte Schmerzen und wedelte mit meinem Schwert herum, wandelte den Schmerz in Stärke. Gesichter sprangen auf, und ich hieb sie nieder. Hände griffen nach meinen Beinen, und ich stach sie fort. Dann wankte die Reihe der Speere und zerbrach, und ich jubelte voll Siegesmut, als mein Pferd diese durchdrang. Und die brennenden Hügel hinaufstürmte, wo Quartervals wartete.

Vor mir sprang jemand auf, stach mit einer langen Pike zu. Der

Augenblick gerann, und deutlich konnte ich ihn erkennen. Er war groß und so schmerzlich mager, daß seine rostige Brustplatte kaum halten wollte.

Es war der junge Natt mit einem dünnen, schwarzen Strich als Bärtchen und Furcht im Blick, und er rief nach seiner Mama, doch stürmte er mit seiner Pike auf mich zu, überzeugt davon, sterben zu müssen, wenn er mich nicht vorher tötete. Ich versuchte, an den Zügeln zu reißen, versuchte, den Schwung meiner Klinge zu bremsen, doch dann geriet der Augenblick ins Schwimmen, und mein Pferd stürmte voran, mein Schwert hieb abwärts, dann folgte ein dumpfer Schlag, ein Heulen, und schon hörte ich den letzten Schrei des kleinen Natt, als mein Pferd ihn überrannte.

Das Traumbild war so schnell und abrupt verflogen, wie es gekommen war, und keuchend sog ich reine Luft in meine Lungen, ohne den Gestank des Todes und der Schlacht. Noch immer hielt ich die Hände des kleinen Natt, und seine Mutter sagte: »Mach schon, Muttchen. Sag uns, was du siehst.«

Ich ließ die Hand des Jungen fahren, holte tief Luft, um meinen Sturmanker zu setzen. Als ich mich gefangen hatte, sagte ich: »Geh nicht, kleiner Natt. Geh nicht.«

Seine Mutter klatschte in die Hände und juchzte vor Freude.

Doch Natt gab sich damit nicht zufrieden. »Was hast du gesehen, Muttchen?«

»Ich habe dich sterben gesehen, Natt«, sagte ich. »Ich habe dich in Galana sterben gesehen.«

Schon wollte ich mich abwenden, doch packte er mich beim Ärmel.

»Ich glaube es nicht«, sagte er. »Du denkst dir das nur aus. Meiner Mama zu gefallen.«

»Sie hat uns die Wahrheit zugesagt, Natt«, sagte seine Mutter. »Und die haben wir gehört. Also, du hast es mir versprochen.

Und jetzt gehen wir nach Hause, wo du hingehörst.«

»Ich sag immer noch, sie lügt«, rief Natt.

Er deutete auf uns beide. Die Stimme laut und anklagend. »Die sind Rebellen«, sagte er. »Einen anderen Grund kann es nicht geben.«

Schnell war Pip bei dem Knaben. Kniff ihn in den Arm, daß er sich zusammennehmen sollte.

»Achte auf deine Worte, Söhnchen«, sagte er. »Du willst doch nicht, daß Unschuldige zu Schaden kommen.«

»Sie behauptet, ich müßte sterben«, sagte der kleine Natt mit einer Stimme voll jugendlicher Entrüstung.

»Nur wenn du nach Galana gehst, Liebchen«, sagte ich. »Nur dann. Geh heim, und dir wird nichts geschehen.«

»Ich sollte es der Wache erzählen«, sagte der kleine Natt. »Euch melden, weil ihr Knaben davon abhaltet, Novari zu unterstützen.«

»Nichts dergleichen wirst du tun«, sagte seine Mutter, zog ihn von Pip fort und zerrte ihn die Straße hinab. »Du wirst bei mir bleiben, wie du es versprochen hast. Und jetzt komm, kleiner Natt, und laß die beiden netten Leute in Frieden.«

Sobald sie außer Sichtweite waren, warfen wir unsere restlichen Dinge auf den Wagen und zogen so schnell wir konnten ab.

Eine Stunde später etwa glaubten wir uns in Sicherheit und verlangsamten unsere Schritte.

»Wäre vielleicht ein guter Zeitpunkt für eine kleine Lüge gewesen, Hauptmann«, bemerkte Pip trocken. »Der Knabe wird es sicherlich weitererzählen. Genauso wie er nach Galana ziehen wird. Egal, was seine Mama sagt.«

Und ich sagte: »Ich habe ihn dort sterben sehen, Pip.«

»Dann tut es mir leid um ihn«, sagte Pip.

Meine Antwort kam heiser heraus, da ich plötzlich einen Frosch im Hals hatte. »Aber *ich* werde es sein, die ihn erschlägt.«

Pip schwieg. Er sah mich an, dann die Große Erntestraße hinauf, wo Galana und unser Schicksal uns erwarteten.

»Nun, Hauptmann«, sagte er schließlich. »Wenn ich ihn da oben sehe, töte ich ihn vorher, um die Sünde von Euch zu nehmen. Und verfluche den Knaben, weil er mich dazu zwingt.«

Dann hörten wir hinter uns Pferde. Eilig verließen wir die Straße. Ich sprach einen Zauber, um uns zu verbergen, und kaum hatte ich das getan, als ein Dutzend Soldaten mit der Standarte des Leierschwanzes donnernd herankamen. Es war ein Jagdtrupp. Schnell unterwegs. Und keiner von uns beiden zweifelte daran, daß sie eine Markthexe jagten, die einmal zu oft die Wahrheit gesagt hatte.

Als sie vorbei waren, sagte Pip trocken: »Ich bin keine Hexe, Hauptmann. Aber im Augenblick fürchtet der alte Pip um die Zukunft des kleinen Natt.

Den Spitzel zu spielen, scheint mir kein sonderlich günstiger Einstieg in eine glückliche Zukunft zu sein.«

Die spätherbstliche Wärme sagte uns am nächsten Tag Lebewohl. Der Himmel überzog sich, stetig gab es Schauer, und einsetzende Kälte lag in der Luft.

Doch was für mich eine gewisse Kälte darstellte, war für Pip weit mehr.

Er stieg in einen Schaffellmantel und hielt ihn fest um sich geschlungen, während wir dahintrabten und unser Bestes taten, den großen Schlammpfützen in der Straße auszuweichen.

»Hab Kälte nie gemocht, Hauptmann«, sagte er. »Wenn wir noch die alten Zeiten hätten, würde ich jetzt Eurem Bruder was von Bonuszahlungen vorjammern, die mich für mein Leid entschädigen sollen.«

»Das bräuchtest du bei mir nicht erst versuchen, Pip«, sagte ich und warf mir einen Wollschal um den Hals, als einziges Zugeständnis an das Wetter. »Ich *weiß,* was Kälte ist. Das hier ist nicht kalt. Da, woher ich komme, ist so der Sommer. Jetzt pflügen wir das Eis und pflanzen die Berge.«

»Ihr habt ein hartes Herz, Hauptmann«, sagte er. »Witze auf Kosten des armen, alten Pip zu reißen. Aber es ist, wie es ist. Und es ist kälter als der Ochsenziemer eines Zauberers, das läßt sich nicht bestreiten.«

Er deutete auf eine niedrig hängende, schwarze Wolkenbank, die von Norden her hereinwehte. »Und es sieht aus, als würde es langsam immer schlimmer werden.«

Ich betrachtete die Wolken, fragte mich, ob sie Vorboten eines frühen Winters wären. Trotz meiner stichelnden Kommentare sorgte ich mich, daß dieses der erste Wintersturm sein könnte, den Maranonia mir als letzte Frist genannt hatte. Dann brach grellorangefarbenes Licht durch die Wolken, gefolgt von unheimlichen Lauten, die wie viele heulende Stimmen klangen. Die dunklen Wolken rollten über den Boden auf uns zu.

»Das ist kein Sturm, Pip«, sagte ich grimmig.

Die ersten Fühler erreichten uns, füllten unsere Lungen mit bitter ätzendem Gestank. Er erstickte uns, versengte unsere Kehlen und brachte uns zum Weinen. Das Pferd scheute, warf beinah den Wagen um. Wir rangen um Atem und kämpften gleichzeitig mit dem Pferd. Das Heulen war nun zu entsetzlichen Geschrei geworden, und es roch nach sengendem Fleisch. Dann drehte der Wind und blies die Wolken fort. Bebend holten wir Luft, tätschelten das Pferd und versuchten, beruhigende Worte zu hervorzukeuchen.

Die seltsame Wolkenbank war verschwunden, doch ebenso die Sonne. Der Himmel war bleiern, mit seltsam grellem Licht, das die grüne Landschaft plötzlich bedrohlich wirken ließ. Das Heulen war verschwunden, doch lag ein beharrliches Klirren in der Luft, wie das Feuer in einem überhitzten Ofen. Selbst Pip, der keine magischen Sinne besaß, wußte, daß es der grausame Schatten des Krieges war, dessen Zeugen wir hier wurden.

»Wir sollten uns beeilen, Hauptmann«, sagte er. »In Galana sterben die Menschen.«

Von hier an wurden die Zeichen einer langen Belagerung offensichtlich. Dörfer und Höfe waren verlassen, Weideland stand leer, Felder und Gärten waren aller Früchte beraubt, Wälder für Lagerfeuer gefällt. Alles, um Katos und Novaris Soldaten zu versorgen, während sie an die Tore Galanas hämmerten.

Der Himmel selbst war ein Spiegel dieses fernen Kampfes. Seltsame Lichter und furchterregende Schatten zeigten bei Tag einen todbringenden Tanz am Himmel. Und bei Nacht waren Mond und Sterne unfreiwillige Zeugen der magischen Schlacht, die zwischen den Geistersehern des Leierschwanzes und Palmeras wütete.

Dämonen auf Dämonenrössern rangen mit vielköpfigen Ungeheuern. Feuerspeiende Echsen krallten sich in riesenhafte, gepanzerte Krieger. Und Rudel von schakalgesichtigen Männern jagten über den nächtlichen Himmel, erfüllten die Luft mit ihrem Heulen, daß einem das Blut gerinnen wollte.

Ich sprach Beschwörungen, damit wir Novaris Zauberkriegern unwichtig erschienen, doch das Ausmaß der Schlacht war so gewaltig, daß wir uns ohnehin so unbedeutend fühlten, wie ich unsere Geister erscheinen ließ.

Wir stießen auf einige Patrouillen, doch waren die so sehr damit beschäftigt, Nahrung und Brennstoff zu ergattern, daß sie uns kaum beachteten.

Pip wandte einen alten Trick der Pferdediebe an, um unsere alte Mähre krank erscheinen zu lassen, was alle entmutigte, die sie als Essen auf Hufen ansahen. Und wir wirkten so arm, daß noch der habgierigste Soldat nicht daran dachte, uns nach Proviant zu durchsuchen.

Einmal versuchte eine Patrouille, uns den Wagen wegzunehmen, um daraus Brennholz zu machen. Doch ich spuckte und fluchte und drohte, ihre Schwänze in Schrubberborsten zu verwandeln. Gleichzeitig sprach ich einen echten Bann, der ihre Eier mit einem warnenden Frösteln durchziehen sollte. Sie eilten davon und wagten nicht, sich umzudrehen, als ich einen Schwall von Schmähungen heulte.

Je näher wir Galana kamen, desto schlimmer schien es uns. Die ganze Landschaft war eine qualmende Ruine, und der Himmel ein glühender Kessel von Schlachtenzauber.

Einen Tag vor Galana nahmen wir eine andere Straße, die einen weiten Bogen um die Siedlung beschrieb. Sie kreuzte den Fluß an einem kleinen Hafendorf, wenige Wegstunden oberhalb der Kämpfe. Unsere Absicht war es, von dort aus südlich vorzustoßen und damit aus einer Richtung zu kommen, von der wir hofften, daß wir dort eher Freund als Feind antreffen würden.

Von dem kleinen Hafen waren nur verkohlte Pfähle und geborstene Wege geblieben.

Anstatt die Straße zur Stadt hinaus und nach Galana zu nehmen, machte Pip einen Umweg zum Fluß. Die Anleger waren zerstört, und nur ein paar geborstene Pfähle ragten aus dem Wasser. Demolierte Lastkähne waren zu sehen, zu vollgelaufen, als daß sie brennen konnten.

Wir ließen das Pferd saufen und standen schweigend am Ufer, starrten die dunklen Wolken an, die dort vorüberrollten. Ein Gefühl unendlicher Trauer überkam mich. Ich hörte Stimmen, ganz schwach und in weiter Ferne, doch gleichzeitig schienen sie ganz nah. Nagten an den Rändern meines Geistes.

»Hier ist Kele umgekommen, Hauptmann«, sagte Pip leise.

Mir schnürte sich die Kehle zu. Ich hustete, versuchte, mich zu räuspern.

»Kurz unterhalb von Galana hatte sie Emilie abgesetzt«, sagte Pip.»Dann, während eine andere, tapfere Seele das Kind forttrug, zog sie sich flußaufwärts zurück. Kämpfte den ganzen Weg entlang. Lockte die Schurken hinter sich her.«

Er deutete auf den kleinen Hafen und die zerstörten Anleger. »Hier haben sie die alte Kele erwischt«, sagte er. Er deutete auf die

Ruinen des Ortes. »Sie hatten den Hafen schon eingenommen und niedergebrannt, so daß Kele zwischen Fluß und Land gefangen war. Es kam zur Schlacht. Und die war heftig.

Kele und alle anderen wurden getötet. Aber sie haben viele Schurken mitgerissen, Hauptmann. Kele hat es ihnen furchtbar heimgezahlt, das hat sie wirklich. Furchtbar.«

Er wandte sich ab. »Tut mir leid, Hauptmann«, sagte er. »Ich wollte nur einer alten Waffenkameradin den nötigen Respekt zollen.

Sie würde dasselbe für mich tun.«

An diesem Abend erreichten wir die Hügel, die Galanas Rückseite schützten. Der ganze Himmel glühte von den Kämpfen. Donner grollte jenseits der Hügelkette, und je höher wir stiegen, desto deutlicher wurde das Brüllen der Schlachtrufe und das Klirren der Waffen.

Dann riß der Himmel auf, und Regen prasselte herab, verwandelte die Straße in einen schlammigen Fluß. Es schien, als kämpften wir uns eine Ewigkeit voran. Immer wieder mußten wir anhalten, um den Wagen aus dem Morast zu ziehen oder dem Pferd über eine schwierige Stelle hinwegzuhelfen.

Schließlich kamen wir auf die Kuppe des Hügels. Im Schutz hochragender Felsen machten wir eine Pause und blickten auf das Dorf unter uns hinab. Blitze zuckten, und Kugeln von magischem Feuer explodierten über unseren Köpfen und beleuchteten die Szenerie.

Gleich unter uns, geduckt unter dem schweren Regen, lag Galana selbst. Im wechselnden Licht konnte ich die spitzen Bäume und die Wachtürme erkennen, wo man eine Festungsmauer errichtet hatte. Ich konnte die Kasernen sehen, die einst meinen Kriegerschwestern, die zum Kämpfen zu alt waren, eine Heimstatt geboten hatten. Ein Blitz zeigte mir den Turm des kleinen Tempels der

Maranonia, wo mir die Göttin zum ersten Mal erschienen war. Ich sah die leuchtenden Höhlen entlang des unteren Hanges, wo unsere Kameraden sich eingegraben hatten.

Pip packte mich beim Arm, um meine Aufmerksamkeit zu erregen, und als ich hinsah, schwangen die Tore der Festung auf, und Massen von Verteidigern schwärmten aus. Ihr trotziges Geschrei war noch durch den Lärm der Schlacht zu hören, und ich sah ihre Speerspitzen wie falsche Zähne glitzern, als sie einer Unmenge von Soldaten entgegenstürmten.

Die beiden Linien trafen aufeinander, stießen wie Wogen auf unterschiedlichem Kurs zusammen. Mir rauschte das Blut im Kopf, als ich die Linie der Feinde unter der Macht des furiosen Angriffs weichen sah. Auf den Seiten entdeckte ich feindliche Verstärkungstruppen, die sich durch den Schlamm schleppten, um einen Durchbruch zu verhindern.

Pip drückte meinen Arm noch fester. »Diese Söhne pockennarbiger Huren werden es nicht rechtzeitig schaffen, Hauptmann«, lachte er. »Heute abend kriegen Novaris Leute einen Tritt in den Arsch.«

Dann hörten wir Musik. Leierklänge. Sie begannen mit einem scharfen, einzelnen Ton, der Schlacht und Sturm durchschnitt. Dann folgte ein Schauer von Tönen. Der Schauer wurde zu einem Sturzbach, und dieser Sturzbach ein Strom von grimmiger Musik, die einem mit ihrer Macht die Sinne verrenkte.

Plötzlich hörte der Regen auf, doch die Wolken wirbelten weiter herum, jagten und trieben über den Himmel. Blitze zuckten herab, wenn sie einander berührten, gezackte Speere, die herabgeschleudert wurden, um zwischen den kämpfenden Truppen einzuschlagen.

Freund und Feind wurden gleichermaßen durch die Luft geschleudert, wenn die Blitze einschlugen. Ich hörte nur noch die Leierklänge, durchzogen vom Donner der Blitze.

Die Wucht trieb uns von der Hügelkuppe. Sie warf uns um, und wir mußten uns beide übergeben. Ich zwang mich auf die Beine, stöhnend unter der magischen Last. Ich hob meine Ätherhand und knurrte einen schützenden Zauber hervor.

Die Last ließ nach, das Hämmern verging, und ich konnte wieder leichter atmen. Ich half Pip auf, doch schenkte er mir keine Beachtung und rannte zum Rand zurück, um nachzusehen, was vor sich ging. Ich verschob den Schild, um Pip darunterzubehalten und rief ihm zu, er solle nicht zu weit gehen. Ich konnte nur ein gewisses Umfeld schützen, ohne meine Anwesenheit preiszugeben.

Dann ging ich selbst nach vorn, um mir das Blutbad anzusehen. Die Blitze hatten aufgehört, und ich konnte ausmachen, wie sich die Truppen neu formierten. Aber die feindliche Verstärkung nahte bereits, und unsere Truppen fielen bis zu den Toren Galanas zurück.

Ich sah die Verteidiger herausstürmen, um die Nachhut zu bilden, während sich die Haupttruppen durchs Tor zurückzogen. Doch das Drängen der Feinde – getrieben vom irrwitzigen Lied des Leierschwanzes – überwältigte den Rückzug. Einen Augenblick später würde alles verloren sein, und der Feind würde die Linien durchbrechen und in Galana einfallen.

Plötzlich platzten aus den Toren riesenhafte Hunde hervor, mit Zähnen so lang wie die der Höhlenechsen. Sie trugen mächtige, dornenbesetzte Kragen, von deren Stacheln Feuer sprühte, stürzten sich in die vorrückenden Feindeslinien und verwüsteten diese. Die Truppen taumelten zurück, um den geifernden Hunden zu entkommen, doch die Leierklänge wurden schrill, und bald schon sammelten und wehrten sie sich. Die Hunde wurden mit einer Reihe konzentrierter und wohlorganisierter Angriffe überwältigt.

Und dann wollte der Feind die Sache zum Ende bringen. Doch war es zu spät, und die Tore fielen krachend ins Schloß.

Sie griffen an, hofften, durchbrechen zu können, solange die

Riegel noch vorgeschoben wurden. Die Verteidiger Galanas waren jedoch bereit und gossen heißes Öl und geschmolzenes Metall auf den Feind. Da fielen die Angreifer zurück und schleppten ihre Verwundeten mit sich.

Die Musik hörte auf.

Und die Schlacht war vorüber.

Wir beobachteten, wie die feindlichen Truppen das Schlachtfeld verließen und sich breite Formationen von Soldaten oder Kriegsgeräten über jene Hügel verteilten, die Galana umgaben.

Und wir sahen die Verteidiger Galanas herauskommen und ihre Verwundeten und Toten bergen.

Die Wolken verwehten, ließen helles Mondlicht durch.

Ich sah eine leuchtende Gestalt über den Himmel schweben, unterhalb der flüchtigen, schwarzen Wolkenbänke auf dem Weg hin nach Orissa.

Mein Ätherauge erkannte die mächtige, flammende Aura, welche die fliegende Gestalt umgab. Ich sah die breiten Flügel und den graziösen Schwanz.

»Sie ist es, Pip«, sagte ich. »Der Leierschwanz.« Ich knirschte vor Zorn mit den Zähnen. »Wenn sie nur näher wäre! Bei den Göttern, ich wäre dumm, mich zu zeigen. Aber ich würde meine letzte Hand hergeben, wenn ich mich mit ihr messen könnte.«

»Ganz ruhig, Hauptmann«, sagte Pip. »Ihr habt selbst gesagt, hinter ihr stehen zweihundert Geisterseher oder mehr. Ihr hättet keine Chance.«

Beschwichtigend klopfte er mir auf die Schulter. »Wenn es Frau gegen Frau stünde, würde ich sagen, macht Euch zur Närrin. Aber Ihr würdet gegen zweihundert oder mehr antreten, Hauptmann. Und die Chancen stünden schlechter als bei jedem Würfelspiel im Armenviertel von Orissa.«

Ich ließ mich auf einen Felsen sacken ... so schwer, daß mir der Hintern schmerzte.

»Morgen früh gehen wir runter und sprechen mit Quartervals und Palmeras, Hauptmann«, sagte Pip. »Sehen mal, wie es steht.« Er fing an, ein Nachtlager einzurichten. »Sollten unsere Kameraden jetzt nicht überraschen. Sie dürften nervös sein. Vielleicht nicht mal in der Lage, Freund und Feind so schnell zu unterscheiden.«

»Sie sind in schlechterer Verfassung, als ich dachte«, sagte ich.

»Sie haben sich ganz gut gehalten«, sagte Pip.

»Es hatte sämtliche Anzeichen einer Verzweiflungsattacke«, sagte ich. »Sie haben versucht, die andere Seite zu überraschen, hatten jedoch weder die Kraft noch die Magie dafür. Diese Hunde waren ein guter Trick, aber eben nur ein Trick. Palmeras hat schnell gehandelt, nur verfügt er nicht über Novaris Mittel. Oder den großen Stall von Geistersehern, die ihr zur Seite stehen. Ich konnte den Unterschied spüren. Und er war groß, das könnt Ihr mir glauben. Sehr groß.«

»Ihr werdet bald dort sein, Hauptmann«, hob Pip hervor. »Sie werden doch auf Eure Kräfte bauen können, nicht?«

»Vielleicht wird das nicht reichen, Pip«, sagte ich. »Ich kann die Chancen verbessern. Mit Glück könnte ich sogar etwas bewegen. Aber wir werden mehr als nur Glück brauchen, um diese Schlacht zu gewinnen.«

»Damit könntet Ihr recht haben, Hauptmann«, sagte Pip. »Wie dem auch sei. In meinem langen Leben habe ich dem Glück niemals den Rücken gekehrt. Das allein hat den alten Pip so weit gebracht, nur das.«

Er tippte sich an den Kopf. »Natürlich hat es auch nicht geschadet, meinen Schädel zu gebrauchen. Denn das Glück ist eher mit den Schlauen als mit den Dummen, wie meine alte Oma zu sagen pflegte.«

Ich schlief in dieser Nacht nur ein paar Stunden, doch schlief ich tief, und als der Morgen graute, wachte ich erfrischt auf, bereit, mich allem zu stellen, was da kommen mochte.

Ich fand einen kleinen Tümpel mit klarem, kaltem Wasser. Ich nahm eine Creme, die Garla mir gegeben hatte, um die Farbe und Schminke der Markthexe abzuwischen. Ich schrubbte meine Haut, bis diese rosa war, dann packte ich das Kostüm aus, das ich mir aufgespart hatte, seit ich vor so langen Monaten von Salimars Seite gewichen war.

Es war die Paradeuniform der Maranonischen Garde: glänzende Stiefel, weiße Tunika, polierter Harnisch mit Schwert und Dolch, goldener Umhang und breites Goldband um den Kopf. Ich trug die Ohrringe mit Speer und Fackel zu Ehren der Göttin, auch wenn ich im Herzen nicht glaubte, daß sie es verdient hätte.

Pip stockte der Atem, als er mich sah.

Mit meiner goldenen Hand und der verwegenen Augenklappe war ich anscheinend ein so seltsamer Anblick, daß selbst der König der Diebe zurückschreckte.

»Ihr seht aus wie der Racheengel der Göttin höchstpersönlich«, sagte er.

»Wahrscheinlich bin ich genau das, Pip«, sagte ich.

Dann klopfte ich ihm auf die Schulter, um ihn zu beruhigen.

»Aber wenn ich anfange, auszuspucken und mir die Nase zu kratzen wie eine Markthexe«, sagte ich, »dann kneif mich. Wir Racheengel müssen den äußeren Schein wahren.«

Pip signalisierte Galana mit einem Handspiegel, wie ihn Schmuggler benutzen. Ein schneller Austausch von blinkenden Lichtern folgte. Sie waren überrascht, daß der König der Diebe höchstpersönlich gekommen war. Es wurde ein Trupp ausgesandt, der uns abholen sollte. Zwei feine Pferde wurden geschickt... Pip hatte gesagt, er sei in Begleitung noch wichtigeren Besuches, als er selbst einer war. Doch hatte ich Mitleid mit der alten Mähre, welche die Schmach, so lange einen Blockwagen für uns zu ziehen, auf sich hatte nehmen müssen.

Sie blickte auf eine lange, ehrenhafte Karriere auf Schlachtfeldern zurück, und ich fühlte mich schlecht, weil ich ihr Ehrgefühl verletzt hatte. Also striegelte ich sie, legte ihr den guten Sattel auf und das Zaumzeug an, welches ich im Blockwagen versteckt hatte, und stieg auf.

Sie warf ihren Kopf und hielt ihn aufrecht, als wir den Hügel hinunterkamen, schnaubend, stolz und abschätzig auf niedrigere Vierbeiner herabblickend, die mit uns trabten.

Man führte uns über einen verzweigten Weg bergauf und bergab, über Gräben hinweg, und wir nutzten jede verfügbare Deckung. Schließlich standen wir vor den Toren von Galana, und sie öffneten sich für uns.

Vier Leute führten die Menge an, die uns begrüßte.

Einer war ein großer, langgliedriger Soldat mit dunklem, von Grau durchzogenem Bart. Sein Gesicht war sonnengebräunt und von vielen Jahren in Wind und Wetter gezeichnet. Er trug die Rangabzeichen eines Generals.

Es konnte keinen Zweifel daran geben, daß es sich bei ihm um Quartervals handelte.

Der zweite war so groß wie der erste, doch so schlank, daß er größer wirkte. Er besaß ein langes Gesicht mit spitzem, schwarzem Bart. Er hatte gelbe Augen und trug Robe und Krone des obersten Geistersehers.

Das konnte nur Palmeras sein.

Als drittes – mit den Abzeichen einer Kommandantin der Maranonischen Garde – überragte diese beiden großen Männer eine Frau. Fast sieben Fuß mochte sie messen, hatte die Figur eines Stundenglases und trug ihre Rüstung mit Leichtigkeit. Ihr Haar war hellbraun, und erschrocken bemerkte ich, daß sie Polillo ähnelte. Etwas kleiner, das Haar ein wenig heller, doch hätten sie Schwestern sein können.

Ich glotzte sie an und fragte mich, wer sie wohl sein mochte.

Dann sank mein Blick herab.

Denn an der Hand der Frau stand ein kleines Kind, das neben dieser Riesin fast wie eine Puppe wirkte.

Sobald ich es sah, vergaß ich alle anderen, starrte die süße, kleine Gestalt verwundert an, die so zart geformt war, daß es schien, als hätte nur ein Künstler sie erschaffen können.

Ihre Haut war wie von Porzellan, umrahmt von dunkelrotem Haar, und die Augen waren von der Farbe sonnengeküßter Meere.

Amalrics Augen. Amalrics Haar.

Ich fühlte eine magische Berührung, wie den Kuß eines Schmetterlings. Ich roch Blumen und Unschuld und unbändige Neugier, als zarte, kleine Hände meine Aura erforschten.

Ich stieg ab, und das Kind ließ die Hand der Kriegerin fahren und kam mir entgegen.

Wir sahen einander an. Eine bestaunte die andere.

Dann kniete ich nieder. »Hallo, Emilie«, sagte ich. »Ich bin von weither gekommen, um dich zu sehen.«

Die Augen der Kleinen weiteten sich, als würde sie mich plötzlich nun erkennen. Sie lächelte und ließ mit diesem Lächeln die ganze Welt erstrahlen.

Und sie wandte sich den anderen zu und sagte: »Kennt ihr sie nicht? Das ist doch Tante Rali!

Meine Tante Rali!«

Kapitel Neunzehn

# *Emilie*

Ich will nicht von diesem Augenblick schwärmen. Ich will nicht das Korn in den Mühlen der Gefühle mahlen. Ich will diese Seiten nicht mit Tränen der Erinnerung an diese freudige Begrüßung besudeln. Oder Euch erzählen, daß ich in jenem Augenblick, als Emilie in meine Arme sank, spürte, daß sie die Tochter war, die ich nie gehabt hatte.

Ich bin Soldatin. Und Soldaten neigen zur Sentimentalität. Ich bin Zauberin. Und Zauberer sind den Hieben der Rührseligkeit weit eher ausgeliefert, als man gemeinhin denkt.

Sie war ein Kind eines Mannes, dem ich nie begegnet war. Meines Neffen Hermias. Doch war ihr Gesicht das des ersten und einzigen Kindes, das ich je geliebt hatte. Das meines Bruders Amalric.

Ich umarmte sie. Ich flüsterte ihr freudige Worte ins Ohr. Dennoch hütete ich die Tore zu meinen Gefühlen, denn dieser Flut freien Lauf zu lassen, konnte mich daran hindern, meine Aufgabe zu bewältigen.

Bei den Göttern, sie besaß die Macht! Die Kraft, die sich in Emilies schmächtigem Körper verbarg, war nicht zu bestreiten. Ich fühlte ihren magischen Puls unter meiner Ätherhand. Sah den Funkenschauer, der sie umwehte, mit meinem Ätherauge. Wir umarmten uns in dieser Welt, berührten magische Finger in der nächsten. Ich spürte die Angst in ihr. Darüber hinaus eine berstende Neugier, die bald schon ihre Ängste niederringen würde. Doch wußte ich, daß sie in diesen Zeiten und an diesem Ort sicher enttäuscht würde.

Denn mir blieb nichts anderes übrig, als Emilie zu meiner ersten Rekrutin im Krieg gegen Novari zu machen.

Die folgenden Stunden waren zu verworren, als daß man sie so einfach wiedergeben könnte. Es war ein einziges Durcheinander von zu vielen Leuten, die zu viele Dinge sagten.

Identitäten wurden klargestellt. Pip bestätigte die Erklärungen, die das Kind hervorsprudelte. Und Palmeras' Zauberei bestätigte Emilies Worte ebenfalls. Darüber hinaus gab es eine ganze Menge lautstarken Erstaunens und unverständlichen Gebrabbels hinsichtlich der wundersamen Rückkehr Rali Anteros.

Nach einer derart langen Belagerung hatte Galana endlich einen Anlaß zum Feiern. Alle strömten aus ihren Kammern, die man in die Hänge der Hügel gehauen hatte, um Wohnraum zu schaffen.

Viele der allzu knappen Vorräte an Speisen und Getränken wurden während dieser Feier, die bis in die späte Nacht dauerte, aufgebraucht. Freudenfeuer wurden angezündet, Musik gespielt, Tänze getanzt, alles draußen unterm Sternenzelt, und das trotz des Feindes, dessen Lagerfeuer auf fernen Hügeln leuchteten, so zahlreich, daß ich erst dachte, es handele sich um geheimnisvolle, besonders tiefhängende Sterne.

Ich fühlte mich besser, als Quartervals sagte, die Feier sei laut und freudig genug, unserem Feind eine schlaflose Nacht zu bescheren. Alle würden sich fragen, wieviel Kampfgeist unsere Armee wohl noch besäße, von der die Anführer doch behaupteten, sie stünde kurz vor der endgültigen Niederlage.

Die ganze Zeit über hielt Emilie meine Hand und ließ nur los, wenn die Natur ihr rüdes Antlitz zeigte. Selbst da mußte ich sie noch auf die Latrine begleiten und draußen stehen, bis sie fertig war.

Als sie müde wurde, trug ich sie in ihre Unterkunft, die tief im Hügel, am Ende eines langen, gewundenen Korridors lag. Ich trug sie an Frauen mit stahlfarbenem Haar, stählernen Blicken und Schwerten in grobknochigen Händen vorbei. Frauen, die sich Maranonia verschrieben und darüber hinaus einen zusätzlichen Eid geleistet hatten, daß sie den siebten Winter seit ihrer Geburt erleben würde.

Emilie wurde noch einmal ganz aufmerksam, als ich sie in ihre Decken wickelte.

»Ich wußte, daß du kommen würdest, Tante Rali«, sagte sie. Ein Schauer durchfuhr sie, und sie zog das Federbett noch fester. »Du warst an einem kalten Ort. Die Frau hat ihn mir gezeigt. Sie war sehr schön. Aber sie hat mir angst gemacht.

Sie hat mich aufgeweckt. Und gesagt, ich sollte ihr helfen, dich zu wecken. Und dann hat sie es mir gezeigt.«

»Was hat sie dir gezeigt, Liebes?« fragte ich.

»Erst warst du an einem warmen Ort«, antwortete Emilie. »Und du warst glücklich. Ich habe dich mit jemandem gesehen. Jemandem, der dir wichtig ist, glaube ich.«

Verlegen kratzte das kleine Mädchen an dem Federbett herum. »Und hast sie geküßt . . . und so was. Und ich hab gespürt, daß du glücklich warst. So glücklich, daß ich bei dir sein wollte.

Aber dann hat die schöne Frau gesagt, daß du da nicht wirklich lebst. Daß es nur ein Traum war. Ein sehr langer Traum.

Und dann hat sie ihn mir gezeigt. Einen kalten Ort. Eis überall. Und ein Sarg. Und du lagst darin. Neben der Frau, bei der ich dich glücklich gesehen hatte.«

»Sie heißt Salimar«, sagte ich. »Und sie ist eine Königin.«

Tränen traten in Emilies Augen.

»Wenn sie eine Königin ist«, sagte sie, »hätte sie der Frau sagen sollen, daß sie aufhören soll.«

Sie ließ den Kopf sinken. »Ich habe ihr gesagt, daß es nicht richtig wäre, dich zu wecken. Du warst so glücklich.«

Ich strich über ihre Finger und benutzte dabei bewußt meine menschliche Hand.

»Ist schon gut, Emilie«, sagte ich. »Es war nicht dein Fehler. Außerdem war ich die einzige, die noch helfen konnte.«

»Hast du mich *gesehen*?« fragte sie, die Augen so groß wie die Trugbilder, die nur Karawanen zu sehen bekommen. »Gleich nachdem ich wieder wach war, hat dieses ... *Ding* ... dieses ... Frauding ... versucht, mich zu kriegen. Es gab einen Kampf. Leute wurden verletzt. Und totgemacht. Und anderes ... ich weiß nicht ... Zeug eben. Böses Zeug. Wie Träume, die wirklich sind und weh tun können.«

Ihr besorgtes kleines Gesicht hellte sich plötzlich auf. »Ich habe mich nicht sehr lange gefürchtet«, sagte sie.

Sie winkte mit einer Hand, und ich spürte einen Schub von Energie.

»Manchmal kann ich machen, daß Sachen, die ich nicht will, weggehen. Und so hab ich gemacht, daß sie weggehen. Dem Frauding hat das nicht gefallen. Und das hat mich froh gemacht.«

Sie runzelte die Stirn. »Aber trotzdem mußte ich dich wecken. Und dafür sorgen, daß du weggegangen bist, wo du doch so glücklich warst.«

Mit ihren klaren, sonnigen Augen blickte Emilie zu mir auf. »Kann ich eines Tages auch dahin?«

Ich mußte ehrlich antworten. »Ich weiß es nicht, Emilie«, sagte ich. »Aber ich glaube nicht. Zumindest für sehr lange Zeit nicht.«

»Meine Mutter fehlt mir«, sagte sie ganz ruhig. Eine Feststellung, keine Klage. »War sie da?«

»Nein, Liebes«, sagte ich. »Wahrscheinlich ist sie bei *meiner* Mutter. Es gibt einen besonderen Ort für Mütter, mußt du wissen.«

Emilie schüttelte den Kopf. »Nur für *manche* Mütter«, sagte sie. »Ich weiß, wo deine Mutter ist. Sie ist einmal zu mir gekommen. Palmeras sagte, sie wäre ein Geist. Aber das glaube ich nicht. Geister sind unglücklich. Die sehe ich andauernd. Deine Mutter war nicht unglücklich. Aber sie hat sich Sorgen gemacht.

Sie ist gekommen, nachdem die schöne Frau da war, weil ich dich wecken sollte. Sie sagte, ich sollte mich nicht fürchten. Und daß meine Tante Rali kommen würde.

Und daß dein Name – Rali – Hoffnung bedeutet. Hoffnung für alle. Aber besonders für mich, weil ich nach ihr benannt bin. Emilie. Das ist der Name deiner Mutter, nicht? Emilie?«

»Ja, das stimmt, Liebes«, sagte ich. »Und weißt du, wer sie war? Abgesehen davon, daß sie meine Mutter war, meine ich?«

»Nein. Sag es mir doch, bitte.«

Also erzählte ihr die altbekannte Geschichte, die ich schon Amalric im Laufe der Jahre mit vielen Ausschmückungen erzählt hatte. Sie war gestorben, als er noch ein Säugling war ... ganz wie die Mutter der kleinen Emilie. Und daher mußte die Geschichte oft wiederholt werden, damit sie für einen so kleinen, einsamen Jungen wahr wurde.

Ich erzählte ihr von dem Dorf, in dem meine Mutter geboren war. Dem Ort, den das Panthermädchen rettete, obwohl sie von eben jenen Leuten verschmäht worden war, denen sie später half. Ich erzählte ihr von der weisen und schönen Frau, die Geduld mit meinem jugendlichen Zorn gezeigt und diesen auf festeren Boden gelenkt hatte. Sie hatte mir geholfen, eine bedeutende Frau zu werden, und das inmitten von Leuten, die unserem Geschlecht nur wenig Wert beimessen. Ich erwähnte die anderen – allzu erwachsenen – Sehnsüchte nicht, die sie mich als normal anzuerkennen gelehrt hatte. Falls irgend etwas Menschliches je diesen Zustand erreichen kann. Emilie war zu jung, so dachte ich, um in das sumpfige Reich geschlechtlicher Liebe vorzudringen.

Doch die kleine Emilie sagte: »Du denkst an ... schmusen. Wie als ich gesehen habe, daß du Salimar ... küßt. Du mußt nicht darüber reden. Ist schon gut. Auch wenn es irgendwie komisch ist.«

Sie verzog das Gesicht. »Küssen ist in Ordnung. Glaub ich. Und schmusen auch. Glaub ich. Derlina sagt, ich werd schon noch alles darüber erfahren, wenn die Zeit reif ist. Und vielleicht werde ich einen Jungen am liebsten haben. Oder vielleicht werde ich ein Mädchen am liebsten haben. Aber Derlina sagt, beides wäre schreckliche Zeitverschwendung. Und daß ich immer, wenn ich daran denke, Schwertübungen machen soll. Weil das Schwert der einzig wahre Freund ist, den ich habe. Und ich schätze, sie müßte es wissen, denn Derlina ist die beste Soldatin weit und breit. Kommandantin der Maranonischen Garde.«

Hauptmann Derlina, so vermutete ich, war die riesenhafte Frau, die Polillo ähnelte.

Emilie verzog den Mund zu einem Lächeln. »Ich denk nicht oft ans Schmusen«, sagte sie. »Deshalb bin ich mit dem Schwert auch nicht so gut.«

Sie berührte meine Ätherhand, und ich fühlte, daß ein Energieschub diese durchdrang.

»Aber manchmal bin ich mit anderen Sachen gut«, sagte sie. »Manchmal lasse ich eklige Sachen gut schmecken. Wie wenn die Rationen alt und verrottet sind. Wenn ich das tu, mach ich alle froh. Und manchmal kann ich gute Sachen auch verderben. Wie wenn Derlina zuviel trinkt und böse wird. Ich lasse sie aufhören.

Lasse das Zeug schmecken wie...«, und sie rümpfte ihre Nase, »... toten Fisch.

Ich kann noch andere Sachen machen. Ich kann die Sonne ein bißchen abkühlen.« Sie seufzte. »Das ist schwer. Aber ich kann es schaffen, wenn ich will. Ich mache einen Schatten. Und der ist kalt. Dann lasse ich den Schatten verschwinden. Und es ist wieder warm.«

Sie hob ihre Schultern. »Es ist langweilig«, sagte sie. »Aber es macht Palmeras froh. Er ist mein Lehrer. Und wenn er froh ist, bin ich auch froh.«

Emilie gähnte, als der ereignisreiche Tag seinen Tribut einforderte.

»Hast du wirklich die Archonten besiegt?« fragte sie.

Ich sagte, das hätte ich.

»Und dieses... Frauding hast du auch besiegt. Vor langer Zeit. Oder?«

»Ja«, sagte ich. »Das habe ich. Sie heißt Novari. Das solltest du wissen.«

Emilie gähnte noch heftiger. »Oh, ich weiß, wie sie heißt. Ich spreche ihren Namen nur nicht gern aus. Ich glaube, es gibt ihr... Macht... wenn ich ihn sage. Also tu ich es nicht oft.

Manchmal sieht sie aus wie eine Frau. Manchmal wie ein großer Vogel. Und sie spielt diese Musik. Alle sagen, es wäre wunderschöne Musik. Aber ich finde sie schrecklich. Und eines Tages, wenn sie sie spielt, werde ich die Leier packen und ihre Saiten zerreißen. Dann werden die Leute sie nicht mehr so großartig finden.«

Schon schlossen sich ihre Augen, wenn sie auch noch weiter murmelte. Also bald war das Gemurmel nur noch ein Hauchen.

Bevor ich mich zurückzog, flüsterte sie noch in ihrem Kindertraum: »Tut mir leid, daß ich dich geweckt habe, Tante Rali.«

Derlina wartete vor Emilies Kammer auf mich. Sie schniefte und wischte sich mit den Knöcheln eine Träne aus dem Auge.

»Ich mußte einfach einen Blick in die Kammer werfen, Hauptmann«, sagte sie mit heiserer Stimme.

»Nenn mich Rali«, sagte ich.

Sie nickte. »Dann also Rali. Jedenfalls habe ich einen Blick reingeworfen und Euch mit der kleinen Emilie gesehen. Und das arme, kleine, mutter- und vaterlose Ding sah so glücklich aus, ihre Tante Rali zu sehen, daß ich regelrecht in Tränen ausgebrochen bin.«

Sie wischte noch eine Träne mit den Knöcheln fort. Vom Gang her war etwas zu hören, und eilig riß sie den Kopf herum. Es war nur eine Wache, die vorüberschlurfte, so daß sie sich wieder zu mir umdrehte. Sie machte einen etwas betretenen Eindruck.

»Ich würde es als einen Gefallen zwischen Schwestern ansehen«, sagte sie, »wenn Ihr … äh … vergessen würdet, meine Heularie zu erwähnen.«

Und dann bedachte sie mich mit ihrem strahlendsten Lächeln.

»Die Rekruten nennen mich hinter meinem Rücken ›Die hartherzige Derlina‹«, sagte sie. »Und diesen Ruf möchte ich mir nicht verderben.«

»Dein Ruf ist bei mir in guten Händen«, sagte ich. »Ich hatte einmal eine Freundin, die dir sehr ähnlich war.«

Wir gingen den Korridor hinab. Derlina eskortierte mich zu einem späten Treffen mit den führenden Köpfen Galanas.

»Ich meinte, etwas Ähnliches gehört zu haben, als wir uns begegnet sind«, sagte sie mit gerunzelter Stirn. »Polillo, sagtet Ihr. Und ich sagte: Nein, ich bin Derlina. Ihr meint sie, von der man Statuen aufgestellt hat. Meine Großtante Polillo. Manche Leute sagen, wir sähen uns ähnlich.«

Ihr Stirnrunzeln wurde angestrengter. »Für gewöhnlich kommt es von Rekrutinnen, die sich vermutlich damit bei mir einschmeicheln wollen.«

»Du siehst nicht nur aus wie Polillo«, erwiderte ich. »Du klingst auch wie sie. Dieselbe harte Schale mit weichem Kern.«

Wieder strahlte ihr Lächeln.

»Tu ich das, ja?« donnerte sie und versetzte mir einen Hieb auf den Rücken, der eine Herde Ochsen umgehauen hätte, wenn sie sich nicht noch rechtzeitig ihrer Kräfte erinnert und ihn abgefangen hätte.

»Tut mir leid«, sagte sie. Dann: »Sehe ich wirklich aus wie meine Großtante?«

»Fast genau«, sagte ich. »Und keiner könnte es besser wissen als ich. Polillo und ich sind praktisch zusammen aufgewachsen. Haben uns am selben Tag der Garde verschrieben.«

»Gemeinsam mit Corais«, sagte Derlina nickend. »Es waren Rali, Polillo und Corais. Die großartigsten Drei in der großartigen Geschichte der Maranonischen Garde.«

Sie lachte. Das gleiche volle, erdige Lachen wie Polillo. Ein Schauer lief mir über den Rücken. Es war unheimlich.

»Es war schwer, Euch zu nachzufolgen«, sagte sie. »Ich weiß nicht, wie viele Frauen von zahllosen Sergeantinnen als Trödelliesen verflucht und gefragt wurden, wie sie es wagen konnten, die Maranonische Garde mit ihrer wurmgleichen Gegenwart zu beleidigen. Den Platz zu besetzen, an dem einst die drei größten Kriegerinnen – Rali, Polillo und Corais – gestanden hatten.«

Ich kicherte. »Zu unseren Zeiten nannte man uns die drei Schlimmsten, die je den Namen der Garde besudelten. Und ich muß zugeben, daß wir als grüne Rekrutinnen mehr Schädel in den Tavernen des Armenviertels als auf dem Schlachtfeld eingeschlagen haben.«

»Auch das habe ich gehört«, sagte sie und lachte leise. »In einigen eben jener Tavernen. Manche tragen eure Namen. Und es gibt Friese von euren berühmtesten Schlachten an den Wänden. Die Weinflecken am Boden, so schwört ein Besitzer, stammen noch von Schlägereien, die ihr in seinem Laden hattet.«

»Ich schwöre, ich habe diesen Weinkrug nicht selbst zerbrochen«, sagte ich. »Es war Polillo. Auf dem Schädel eines Wachmanns, wenn ich mich recht erinnere. Er hatte den Fehler gemacht, sie anzumuhen und sich über ihre Brüste zu mokieren. Bei so was war sie sehr empfindlich.«

»Ich hab gehört, sie hätte ihn erstickt«, sagte Derlina. Zur Illustration umarmte sie die Luft mit ihren langen, wohlgeformten Armen und drückte sie an ihre eigene, üppige Brust. »So etwa. Hat ihn mit ihren Titten erdrückt.«

»Vielleicht war es ein anderer Bursche, dem sie eins über den Schädel gegeben hat«, sagte ich. »Es waren so viele, daß ich sie manchmal durcheinanderbringe.«

Derlina lächelte, wenn auch nur schwach. Ihre Gedanken drängten voran. Ich konnte so mühelos in ihrem offenen Gesicht lesen, als wäre sie meine alte Freundin. Und ihre Miene war voll Sorge.

»Ich gehöre nicht zu denen, die traurige Lieder singen, Rali«, sagte sie. »Aber wir sitzen in der Klemme. Und das ist so klar wie Kloßbrühe, bei den Göttern.«

Derlina legte zwei mächtige Fäuste aneinander, als wäre sie dabei, einen unsichtbaren Feind zu würgen.

»Ihr werdet uns beim Kragen packen müssen, verdammt noch mal.« Dann schüttelte sie den unsichtbaren Feind wie eine Ratte.

»Und ihr werdet uns auf Zack bringen müssen. Uns Vernunft beibringen. Bei den Göttern, Eierstöcke in die Bäuche pflanzen. Oder Hoden für die armen Dinger, die so was brauchen.«

»Mir scheint, Derlina«, sagte ich, »du glaubst, deine Waffenkameraden hätten etwas weniger Kampfgeist, als dir recht wäre.«

»Nicht ein Viertel davon«, sagte sie, überhörte meinen trockenen Unterton. »Nicht mal die Hälfte.«

Sie schlug so fest an ihre Stirn, daß ich schon um ihre Gesundheit fürchtete. Dann schlug sie noch einmal fest daran, und ich wußte, daß sie es überleben würde.

»Nimm gestern abend beispielsweise«, sagte Derlina.

»Ich habe gestern abend *gesehen*«, sagte ich.

Augenblicklich blieb sie stehen. Stemmte ihre Fäuste in die glokkenförmigen Hüften. »Gut!« donnerte sie. »Ich bin froh darum! Dann weißt du, was ich meine.«

Wieder ein Hieb an die Stirn. »Bei allen im Himmel, die sich hinhocken wie reinliche Leute … hast du je so was gesehen?

Sicher, dieses Biest Novari hat uns mit Zauberkraft bedrängt! Na und? Damit hat sie auch ihre eigenen Soldaten getötet. Wir hätten sie kriegen können, verdammt! Wir mußten uns nur zusammenreißen und kämpfen! Damit hätten wir eine Menge pockennarbiger Huren zum Heulen gebracht, zum Trauern um all diese schwarzherzigen Mistkerle, die wir zum Teufel geschickt haben, wohin sie auch gehören.«

Dann ging sie weiter, schnelleren, wütenden Schrittes. Ich mußte mich beeilen, um mitzuhalten.

»Wenn ich dagewesen wäre«, knurrte Derlina, »wäre es anders gekommen. Aber Palmeras und Quartervals haben sich zusammengetan und mich überstimmt. Sie sagten, es wäre dumm, die Kommandantin der Garde in einem solchen Kampf aufs Spiel zu setzen. Wenn man die Kraft des Feindes auf die Probe stellt. Na, ich brauchte keine albernen Versuche mehr. Tun wir es einfach! Gehen wir runter und fegen sie von den Hügeln!«

Ich antwortete nicht. Der Weg, den sie beschritt, war eindeutig falsch. Und während des kurzen Schweigens konnte ich sehen, daß sie ihre Worte überdachte und zum selben Schluß kam. Wir waren zahlenmäßig derart unterlegen, daß eine solche Taktik, wenn auch tapfer, in eine kurze, aber sichere Katastrophe führen würde.

Sie seufzte schwer. »Hört nicht auf mich, Rali«, sagte sie. »Ich hab nur … Ihr wißt schon …«

»Den Deckel vom Topf genommen«, bot ich an. »Und Dampf abgelassen.«

Derlina zog eine Grimasse. »Ja. So ähnlich.«

Dann schüttelte sie den Kopf. »Trotzdem«, sagte sie. »Trotzdem. Wir müssen etwas tun. Und meine Magengrube sagt mir, es läuft nur auf eines hinaus: Friß oder stirb. Ein großer Wurf der Würfel. Und scheiß auf die Götter, die uns erschaffen haben!«

Wiederum antwortete ich nicht. Obwohl sie diesmal recht hatte.

Sie führte mich in einen Raum mit gewölbter Decke, so groß, daß er natürlichen Ursprungs sein mußte, denn eine sterbliche Hand hätte Jahre gebraucht, ihn aus dem Stein zu hauen. Beleuchtet wurde er von hellem, blauem Licht, das jede Mulde erfüllte, alle Schatten ausmerzte. Der halbe Raum war mit allerlei seltsamen und wundersamen Maschinen vollgestellt, die allesamt vor Zauberkräften knisterten.

Manche waren hoch und wuchtig, mit laufenden Riemen, surrenden Rädern und glühenden Fenstern, die magische Feuer preisgaben. Andere waren klein und zart geformt. Gläserne Netze, an deren Strängen flammende Tropfen auf und ab liefen. Ein kristallenes Rohr, das purpurrote Wolken von qualmendem Weihrauch abgab.

Dazwischen waren müden Blickes ein paar Geisterseher beschäftigt, und die geflickten Roben rauschten, wenn sie hin und her gingen und kleine Veränderungen vornahmen: Beschwörungen flüsterten, Kräuter beigaben oder Knöpfe und Rädchen drehten. Und die Maschinen surrten oder zischten – je nachdem – ohne Unterlaß. Sie riefen so viele Beschwörungen hervor, daß mir ganz schwindlig wurde, wenn ich den irrsinnigen Trubel mit meinem Ätherauge betrachtete.

Hinter den Maschinen befand sich eine freie Fläche mit einer Grube in der Mitte, von einem Geländer umgeben. Die Grube glühte gespenstisch. Und auf der gegenüberliegenden Seite dieses Geländers konnte ich drei vertraute Gestalten erkennen.

Wir gingten zu dieser Grube, schlängelten uns durch die Gänge wundersamer Maschinen. Vage erkannte ich das dahinterstehende Prinzip. Manche Geräte waren sogar der Maschine des Archon nachempfunden, mit welcher er beinahe Orissa zerstört hätte. Ich hatte die Entwürfe damals mitgebracht, und nach dem zu urteilen, wie die Wunderdinge hier aussahen, hatten unsere Geisterseher das Wissen soweit vorangetrieben, daß ich nur noch leichte Anleihen beim Original erkannte.

Einige verstand ich ganz und gar nicht und vermutete – zutreffend, wie sich herausstellte –, daß sie auf dem neuen Einheitsprinzip basierten, das mein Bruder und die Greycloaks entdeckt hatten.

Als wir uns der Grube näherten, zuckten darin Blitze auf. Einen Moment später hörte ich Donner, doch dieser kam nicht aus der Grube. Er kam von hinter mir. Von dort, wo ich eben noch gewesen war. Der Donner kam von draußen vor der Höhle. Und dennoch hatte der Blitz in der Grube eingeschlagen.

Eilig rannte ich ans Geländer und blickte in die Grube hinab.

Unten befand sich ein Simulakrum des Schlachtfelds von Galana und der umliegenden Gegend. Es war, als blickte man in einen Tümpel. Die Oberfläche dieses Tümpels bildete der Nachthimmel mit einem dicken Knoten von Sturmwolken auf der einen Seite. Darunter flackerte ein perfektes, verkleinertes Duplikat von Galana und seinem Umland. Von den leuchtenden Höhleneingängen, die ins Herz unseres Lagers führten, bis hin zu den blinkenden Lagerfeuern unserer Feinde auf den fernen Hügeln. Ich konnte sogar die kleinen, dunklen Gestalten von Wachen erkennen, die dort herumliefen.

Ich sah das Zucken eines Blitzes noch im Augenwinkel. Er brach aus dem drohenden Wolkenknoten hervor. Der Blitz schlug nahe dem Eingangstor unserer Festung ein. Wiederum war aus der Grube kein Donner zu vernehmen. Und wiederum konnte ich – einen Atemzug später – den Donner von draußen vor der Höhle hören. Was Beweis genug war, daß der Sturm, der sich über dem Simulakrum zusammenbraute, sich in Wahrheit über meinem Kopf befand.

Ein Gerüst zog sich um den Rand der Grube, damit die Geisterseher gehen konnten, wohin immer sie wollten. In normalen Zeiten, so dachte ich, würden sie Beschwörungen sprechen, damit das Wetter sich besserte, um das Wachstum des Getreides zu fördern und vielleicht sogar die wilderen Ausbrüche des Flusses zu bändigen. Mein Bruder hatte solche magischen Ebenbilder in Irayas und Tyrenia gesehen.

Ich selbst hatte etwas Ähnliches gefunden, das der Archon erschaffen hatte. Es war Teil seiner Vernichtungsmaschine gewesen. Er hatte sie benutzt, um ein falsches Orissa zu schaffen, welches mir zur Falle werden sollte. Doch sein unvollständiges Wissen um unsere Stadt hatte ein nur unvollständiges Duplikat hervorgebracht, was am Ende sein Verderben war.

Nachdem ich mein Staunen überwunden hatte, begann ich, die Einzelheiten dieses umgekrempelten, magischen Globusses zu betrachten. Niemand kümmerte sich um das Simulakrum, und es drehte sich langsam und ohne Unterlaß auf seiner unsichtbaren Achse. Ich sah, daß sich der Blick automatisch änderte, manchmal unsere Festung aus der Nähe zeigte, manchmal die Gegend jenseits der Barrikaden. Einmal drehte es sich so, daß es den Hügel vorführte, auf dem Pip und ich in der Nacht zuvor gekauert und die Schlacht mitangesehen hatten. Hinter diesem Hügel sah man die dunklen, gewundenen Umrisse der Straße, die zurück zu dem zerstörten Hafen führte.

Das Bild zerrte an mir, ich fühlte meine magischen Muskeln zucken, sich spannen, und es kam Leben in die knarrenden Gelenke.

Versuchsweise richtete ich mein Ätherauge auf die Straße. Augenblicklich hielt das Simulakrum an. Dann neigte es sich leicht, holte das Bild, das ich suchte, deutlicher heran. Mit meiner Ätherhand deutete ich die Straße hinab, zwang den Hafen zu mir herüber. Das Bild kam so schnell, daß ich fast auswich, um dem Aufprall zu entgehen. Dann beruhigte es sich, und ich konnte ganz deutlich die Hafenruinen erkennen, zwischen denen Kele ihre letzte Schlacht geschlagen hatte.

Ich hörte Stimmen hinter mir. Ich war derart in mein Experiment vertieft, daß ich nicht gemerkt hatte, wie Derlina von meiner Seite gewichen war. Und nun war sie mit den anderen zurückgekommen, die wahrscheinlich schon minutenlang dort standen und sich fragten, ob die große Rali Antero im Laufe der Jahre etwas schlapp in den Segeln geworden war.

Schon wollte ich mich entschuldigen. Statt dessen fand ich vier Leute vor, die mich angafften, als sei ich ein komisches Genie. Pip kratzte sich am Kopf, Derlina glotzte mit großen Augen, während Quartervals und Palmeras erstaunte Blicke tauschten.

Der oberste Geisterseher sprach zuerst. »Wie habt Ihr das gemacht, Rali?«

»Was gemacht?« fragte ich.

Quartervals ging dazwischen. »Das Simulakrum bewegt...«

»Tut mir leid«, sagte ich. »Ist es nicht erlaubt? Habe ich was falsch gemacht?«

»Erlaubt?« polterte Palmeras, und in seinen gelben Magieraugen brodelte etwas, das hoffentlich Vergnügen war. »Meine liebe Antero«, sagte er. »Was Ihr getan habt, war bisher unmöglich. Wie also könnten wir daran denken, es nicht zu erlauben?«

»Gewöhnlich brauchen wir Palmeras und ein halbes Dutzend Geisterseher, um es zu schaffen«, sagte Quartervals. »Und die verbringen fast einen ganzen Tag damit.«

»Und dann kamt Ihr, meine Freundin«, sagte der Geisterseher, »und habt das Simulakrum nach eurer Pfeife tanzen lassen, seine Perspektive bestimmt, und das ohne erkennbare Anstrengung.«

»Ich weiß nicht, wie ich es gemacht habe«, sagte ich. »Ich wußte einfach, daß ich es konnte. Es schien mir harmlos, also habe ich es versucht. Und es ging. Aber ich glaube nicht, daß es mir in jedem Fall gelingt.«

Mit meiner Ätherhand deutete ich auf die Grube. Das Simulakrum war zu seinem vorherigen Anblick von Galana und den feindlichen Lagerfeuern auf den umliegenden Hügeln zurückgekehrt. Auf diese Lagerfeuer deutete ich.

»Ich weiß auch, ohne es versuchen zu müssen«, sagte ich, »daß ich keinen näheren Blick auf den Feind werfen kann, um seine Aktivitäten ausspionieren zu können. Das hat Novari abgeblockt.«

Ich konzentrierte mich, dann flog ein Funke im Bogen von der Spitze meiner Ätherhand. Er raste dem Lager der Feinde entgegen. Kurz bevor er einschlug, gab es einen Blitz, und der Funke war erloschen.

»Da ist ihr Schild«, sagte ich. »Und er ist stark. Sehr stark. Ich kann ihn nicht durchdringen.«

Palmeras seufzte und strich über seinen abstehenden Bart. »Einen Moment lang hatte ich die Hoffnung«, sagte er, »daß Ihr allein erreichen könntet, was wir anderen nicht mal gemeinsam geschafft haben.«

Instinktiv sträubten sich mir die Nackenhaare. Dann beruhigte ich mich.

»Entschuldigt mich, mein Freund«, sagte ich. »Ich bin Euer Gast und möchte keineswegs unhöflich sein. Aber ich muß Eure Bemerkungen ins richtige Verhältnis setzen.

Diese ganze Heldennummer wird reichlich überbewertet. Kein Mensch, der so unglücklich war, sich dieses Mäntelchen umzulegen, würde mir widersprechen. Meine Taten waren nicht allein mein Werk, sondern das vieler im Zusammenspiel. Es ist ein schlechter Scherz der Götter, daß die Bemühungen eines einzelnen

Menschen herausgehoben und die weit tapfereren Leute schlicht vergessen werden.« Mit einer Geste deutete ich auf den Raum. Zeigte auf die wundersamen Maschinen und die Grube.

»So unglaublich diese Zauberei auch scheinen mag«, sagte ich, »weiß ich doch – ohne nachzufragen –, daß sie nichts ist, verglichen mit dem, was Novari gegen Euch aufgestellt haben muß. Sie hat hundertmal mehr Maschinen und Geisterseher, die diese Stunde um Stunde bemannen. Und sie hat ihr männliches Spielzeug, Minister Kato, mit Armeen, die weit größer sind als unsere, draußen vor diesen Toren.

Dennoch seid Ihr dem Leierschwanz schon seit Monaten entkommen. Egal, wie hart sie zugeschlagen hat, habt Ihr es doch nicht nur geschafft, Euch wieder zu erholen, sondern im Gegenzug tödliche Hiebe auszuteilen.

Und das, mein weiser Freund«, sagte ich, »ist eine Leistung, die sich jede Frau, jeder Mann und, ja, auch jedes Kind, das innerhalb der Mauern von Galana kämpft, gutschreiben kann.

Alles, was ich Euch bieten kann, ist ein frischer Geist und frische Kraft, mich dem Problem zu stellen. Doch am Ende, was auch immer getan werden muß... wir müssen es gemeinsam tun.

Und nicht *ein* Individuum wird zum Helden gemacht, sondern alle, die kämpfen.«

Palmeras hatte aufmerksam zugehört. Ich war froh zu sehen, daß er nicht gekränkt war, sondern während meiner Worte nickte. Quartervals und Pip grinsten. Als verbriefte mutige Männer wußten sie, was ich mit der »Heldennummer« meinte.

Und wieder sah ich, wie Derlina eine Träne mit den Knöcheln fortwischte. »Es geht doch nichts über einen kleinen Tritt in den Arsch«, sagte sie später, »um mein Herz zu erfreuen.«

Dann sagte ich: »Wieso sehe ich mir nicht morgen alles an? Und dann setzen wir uns zusammen und überlegen, ob sich irgendwelche Eier finden, die wir ausbrüten können.«

Bald schon sollte ich Grund haben, diesen Vergleich zu bereuen. Denn wie sich herausstellte, war für das Ei, das ich fand, mein eigener Hintern zum Brüten nötig.

Kein anderer kam in Frage.

Ein schwerer Regen ging am folgenden Tag auf uns nieder. Der Guß war so heftig, daß er uns eine willkommene Ruhepause von den Kämpfen bescherte. Truppen und Kriegsgerät versanken im Schlamm oder verirrten sich aufgrund der schlechten Sichtverhältnisse. Somit blieb der Feind auf den Hügeln, während die Verteidiger Galanas ihre Waffen und Wunden pflegten.

Ich machte eine Runde durch das Lager, Derlina an meiner Seite, und versuchte, ein Gefühl für die Stärken und Schwächen Galanas zu bekommen.

Oberflächlich betrachtet bot sich ein deprimierender Anblick. Kaum zweitausend Seelen lebten hier und trotzten einer feindlichen Macht von – nach Derlinas Worten – fast fünfmal so vielen.

Zweihundertfünfzig unserer Soldaten zählten zur Maranonischen Garde, viele grauhaarig und jenseits ihrer besten Jahre, wie etwa die Frauen, die Emilie bewachten. Ursprünglich waren sie fünfzehnhundert gewesen – die normale Stärke der Garde, Pensionistinnen nicht mitgerechnet. Ein weiteres Mal in ihrer bemerkenswerten Geschichte stand die Maranonische Garde kurz davor, ausgelöscht zu werden. Bis auf die letzte Glucke, die noch ein Messer halten konnte.

Der Rest war ein gemischter, wenn auch gut ausgebildeter Haufen von ehemaligen Gardistinnen, Grenzkundschaftern und Berg- und Wüstenkämpfern. Als sie den großen Rückzug nach Galana angetreten hatten, gab es noch dreitausend von ihnen. Jetzt waren sie keine siebzehnhundert mehr.

Derlina versicherte mir, daß Novaris Truppen weit größere Verluste zu beklagen hatten. Sicher im Verhältnis drei zu eins, sagte sie.

»Nur kann Novari Kato befehlen, mehr Leute heranzuschaffen, wann immer sie will«, sagte ich. Und in Erinnerung an mein Erlebnis mit Natt fügte ich hinzu: »Sie zahlen jedem Knaben, der einrückt, einen Bonus von einem Goldstück.

Und das bedeutet, daß sie nicht nur einen unerschöpflichen Vorrat an jungem Blut hat, das sich vergießen läßt, sondern daß wir unsere eigenen Leute töten. So verdreht deren Köpfe auch sein mögen, sind diese Soldaten doch Orissaner wie wir.

Novari ist wie ein Dämon mit vielen Köpfen. Jedesmal, wenn man einen abschlägt, wächst er nach, nur trägt er dann das Gesicht deines Freundes.«

Und Derlina knurrte: »Gib mir nur Gelegenheit, ihr eins zu verpassen. Wenn ich mit meiner Axt einen Schädel bearbeite, *bleibt* er ab.«

Ihre beherzte Antwort war Beweis für die positive Seite Galanas. So dezimiert die Verteidiger zahlenmäßig sein mochten, sah ich doch keine Anzeichen dafür, daß ihr Kampfeswille nachgelassen hatte. Wenn es sein mußte, würden sie kämpfen, bis der letzte Tropfen Blut vergossen war.

Keine Hand blieb an diesem Tag der Ruhepause müßig. Die Küchen wimmelten von Köchen, die so viele Mahlzeiten wie möglich im voraus zubereiten wollten, wie sie konnten. Die Waffenkammern hallten vom Klang der Hämmer auf Kettenpanzern wieder. Alle Ställe wurden geputzt, die Pferde beschlagen. Klingen geschärft, frische Pfeile gefertigt, Wagen und Kriegsgerät bereitgemacht. Selbst die Verwundeten reparierten die Kleider und Harnische der anderen.

In den Zauberwerkstätten pflegten Palmeras und seine Geisterseher ihre Maschinen, nutzten freie Momente, um neue Beschwörungen zu erschaffen, während sie den magischen Krieg gegen Novaris Zauberer kämpften. Denn dieser ging ohne Pause weiter. Es war eine stetig sich wandelnde Schlacht von Angriffen und Gegenangriffen und Gegengegenangriffen. Und keine Seite gab der anderen auch nur um Daumesbreite nach.

Es gab an diesem verhältnismäßig friedlichen Tag noch andere, menschlichere Aktivitäten. Da waren die üblichen Plänkeleien zum Test von Verteidigungslinien und Entschlossenheit der anderen Seite. Und der Regen entpuppte sich als Segen für die Schmuggler, die uns versorgten. Es stellte sich heraus, daß es im Umland große Verstecke für die nötigen Vorräte gab. Und der Sturm lieferte nun die Gelegenheit, sie auszugraben und über die letzten Wegstunden hin zu transportieren, ohne fürchten zu müssen, von feindlichen Patrouillen aufgespürt zu werden. Pip zog früh mit einem solchen Trupp hinaus und kam besorgt zurück.

Er fand mich beim Simulakrum, wo ich Palmeras und seinen Geistersehern bei der Arbeit zusah.

»Irgendwas ist da im Busch, Hauptmann«, sagte er. »Die Leute, die gerade reingekommen sind, sagen, die Straßen wimmeln nur so von Wagen und Arbeitern und Soldaten, die sie beschützen. Den ganzen Tag mußten sie den Patrouillen ausweichen.«

Ich blickte auf das Simulakrum hinab, betrachtete die fernen Hügel, auf denen der Feind lagerte. Sie waren zum Teil von schwerem Regen verhüllt, doch konnte ich dennoch viele Lichter blinken sehen. Und diese Lichter bewegten sich.

»Die Ganoven sagen, ganz Orissa rumort von ängstlichem Gerede über Novari. Sie hat sich in der Villa verschanzt und will nicht rauskommen. Und alle Geisterseher arbeiten da an irgendwas. Bauen was. Ein großes Etwas. Sie setzen es zusammen, Stück für Stück. Dann nehmen sie es auseinander und fangen wieder von vorn an.

Man sagt, sie wären fast fertig. Die Leute, mit denen ich gesprochen habe, nannten es ›Das Böse Ding‹. Muß wohl böse sein, wenn Novari es macht. Jedenfalls sagen sie, sie glauben, etwas von diesem Apparat sei noch nicht fertig, sondern werde auf Wagen verladen.

Und zwar auf die Wagen, die sie gesehen haben. Auf dem Weg über die Hügel.«

Er deutete auf die blinkenden Lichter auf dem Simulakrum.

»Irgendwo da oben«, sagte er, »wird sie hinstellen, was immer es auch sein mag. Soviel würde der alte Pip mal vermuten.«

Ich dachte über seine Worte nach. Dann sagte ich: »Mir scheint, eine kleine Erkundung wäre angebracht.«

Pip runzelte die Stirn. »Ihr denkt doch nicht daran, persönlich nachzusehen, oder, Hauptmann?«

»Ich sehe keine andere Möglichkeit«, seufzte ich.

Pip war gegen diese Idee. Wie auch die anderen, als sie davon hörten.

»Stundenlang könntet Ihr über die Hügel wandern«, sagte Quartervals. »Sogar tagelang. Und dennoch nicht finden, was Ihr sucht. Teufel auch, Hauptmann Antero, wir wissen nicht mal, was es ist. Geschweige denn, ob es tatsächlich existiert.«

»Ich glaube, wir müssen davon ausgehen, daß es existiert«, sagte ich. »Und es wäre auch nicht gänzlich unmöglich. Neben den physischen Anzeichen muß es ein magisches Herz geben. Ein Zentrum.

Wäre da nicht Novaris Schild, könnten wir es auf dem Simulakrum orten und Zauber sprechen, um Einzelheiten auszuspionieren. Sollte es mir gelingen, unter dem Schild durchzuschlüpfen und nah heranzukommen, könnte ich meine Kräfte frei entfalten und soviel erkunden, wie wir wissen müssen.«

Palmeras schäumte. »Ihr seid ganz wie Euer Bruder«, sagte er. »Hübsche Reden sind der Fluch der Anteros. Gestern abend habt Ihr uns höchst edelmütig einen Vortrag über den trügerischen Heldenmythos gehalten. Daß große Taten vom Geiste vieler erreicht werden, nicht nur weniger.

Und dann zieht Ihr schon bei der nächsten Gelegenheit allein los, um es den Günstlingen unserer Feinde zu zeigen. Was genau das ist, was Amalric getan hätte, und ich könnte mir einen Tritt verpassen, daß ich Eurem Theater auf den Leim gegangen bin.«

Ich grinste ihn an. »Wer sagt, daß ich es allein tun will?« sagte ich.

Ich deutete auf Quartervals, Derlina und Pip. »Ich werde ein paar Halsabschneider brauchen, damit mein eigener Hals in einem Stück bleibt«, sagte ich. Dann deutete ich auf ihn. »Und ich werde den verschlagensten Geisterseher ganz Orissas brauchen, damit er uns Deckung gibt.«

Augenblicklich war ich von Lächeln umringt.

Ist es nicht merkwürdig, wie schnell ihr Widerstand verflog, sobald sie wußten, daß auch ihr eigenes Leben auf dem Spiel stand?

So waren die Helden von Galana.

»Mit Schmeicheleien kommt Ihr bei mir immer weiter«, sagte Palmeras. »Das hat Euer Bruder schon gewußt.«

Die für diese Dinge zuständigen Geisterseher sagten, das Wetter werde nach Einbruch der Nacht aufklaren. Sie behaupteten, sie könnten es wohl eine Weile stabilisieren. Einige Stunden vielleicht. Bis Novaris Zauberer den Zauber witterten und abwehrten. Palmeras erklärte, er wollte dafür sorgen, daß der Himmel bedeckt bliebe, um uns zu verbergen, wenn wir zu den feindlichen Linien schlichen.

»Dann werde ich den ersten Ablenkungszauber sprechen«, sagte er. »Dieser sollte Euch mit heiler Haut durchbringen. Ihr werdet mir kein Zeichen geben können, wenn Ihr umkehren wollt, daher sollten wir besser jetzt schon eine Zeit vereinbaren. Dann kann ich den zweiten Zauber sprechen, um Euch heil zurückzuholen.«

Er dachte einen Augenblick lang nach. »Es läuft auf bloße Schätzungen hinaus«, sagte er, »selbst in dieser Zeit der Wunder. Das Wetter müßte etwa drei Stunden halten. Besser können wir es von hier aus nicht sagen. Was glaubt Ihr, meine liebe Antero? Wie lange werdet Ihr brauchen?«

Ich sah die anderen an. Achselzucken überall. »Sagen wir drei

Stunden«, meinte ich. »Mit einer solchen Schätzung läßt sich leben.«

Wir kamen überein, daß die verläßlichste Methode die Zeit zu messen, darin bestand, Galana selbst zur Uhr zu machen. Leuchtsignale sollten abgegeben werden, kurz bevor Palmeras seinen Ablenkungszauber sprach. Sie sollten die erste Stunde anzeigen. Weitere Leuchtsignale sollten folgen, jeweils im Abstand von einer Stunde. Wenn wir das letzte Leuchtsignal sähen, sollten wir alles stehen und liegen lassen, was wir gerade taten, und – so schnell es ging – zur Front eilen. Palmeras' zweiter Zauber sollte gesprochen werden, kurz nachdem das letzte Leuchtsignal gegeben war.

Wenn das geschah, mußten wir an Ort und Stelle sein, sonst wäre es ausgesprochen schwierig zurückzukommen.

Nachdem wir den Plan in Einzelheiten durchgegangen waren und uns bereit gemacht hatten, stahl ich mir ein paar Augenblicke für meinen versprochenen Besuch bei Emilie.

Sie war ganz aufgeregt, mich zu sehen, und sagte, sie habe eine wundervolle Überraschung für mich.

»Du mußt gleich kommen, Tante Rali«, sagte sie, nahm mich bei der Hand und zog daran. »Ach, sag doch, daß du kommst. Bitte!«

Ich wußte, ich sollte mich ausruhen, doch ihr Lächeln war so sonnig. Wie hätte ich mich ihr verweigern können?

Sie führte mich hinaus, gefolgt von zwei großen Pensionistinnen, ihrer stets präsenten Wache. Beide waren ehemalige Sergeantinnen, deren Narben für fünf Karrieren gereicht hätten. Sie hießen Torvol und Weene. Es waren große, scheue Frauen mit wilden Mienen und Augen, die sanft wurden, sobald sie Emilie sahen.

Der Regen hatte eben aufgehört, und das Kind lief voran, tanzte durch die Pfützen, glücklich, frei und an der frischen Luft zu sein. Sie trug kleine Stiefel zum Schutz ihrer Füße und einen blauen Kapuzenumhang, den sie in die Hände nehmen konnte, wenn sie wie ein Vogel flattern wollte.

»Sie ist es, für die wir kämpfen, Hauptmann«, sagte Torvol, und ein Lächeln zerfurchte ihre groben Züge.

»Früher war es –«, fügte Weene hinzu. »Hab geschworen, es zu verteidigen, als ich noch ein junges Mädchen war. Dann haben sie uns Orissa genommen. Und jetzt kämpfen wir für Emilie.«

»Das, wofür sie steht, meinen wir«, unterbrach Torvol. »Die letzte Antero. Wenn sie stirbt, wird Orissa nie mehr auferstehen, sagt man. Und das glaube ich.«

Ich wies die beiden nicht darauf hin, daß Emilie die *vorletzte* Antero war. Schließlich gab es noch mich. Rali Antero höchstpersönlich. Aber ich glaube nicht, daß irgendwer in Orissa wirklich wußte, was er von mir halten sollte. War ich Geist oder Mensch? Und wenn ich die Wahrheit sagen sollte, wußte ich es selbst nicht so genau.

Und auch jetzt, da ich dies niederschreibe, bin ich mir nicht sicher.

Emilie führte uns durch den Wald, der den Tempel umgab. An der entspannten Art und Weise, wie die Wachen ihr folgten, sah ich, daß sie diesen Weg hier öfter nahmen. Die Luft war schwer von Feuchtigkeit und roch nach dem müden Wachstum des Herbstes. Als wir zum Tempel kamen, fielen die beiden Gardistinnen zurück, um den Eingang zu bewachen, während Emilie und ich weitergingen.

Erinnerungen kamen hoch, als ich eintrat. Der Tempel war noch dasselbe kleine Steingebäude, das ich fünfzig Jahre zuvor besucht hatte.

Ich passierte den vertrauten Spendenkasten beim Eingang, schritt über den steinernen Boden zum Altar und der dort aufragenden Statue der Göttin Maranonia hin. Über ihr schimmerte das bunte Fenster in der hohen Decke. Als ich zuletzt hier gewesen war, hatte die grelle Sommersonne hereingeschienen. Nun war das Licht kalt und schwach, was die Statue irgendwie unnahbar wirken ließ, als sei die Göttin mit ihren Gedanken keineswegs bei der Misere ihrer treuen Anhänger.

Dieselben Fresken, die von den Triumphen der Maranonischen Garde kündeten, zierten noch immer die Wände, darunter auch meine eigene Schlacht gegen den Archon. Als ich dieses Fresko zuletzt gesehen hatte, war es frisch gemalt. Nun schien es so blaß und alt wie alle anderen.

Emilie führte mich zu dem erhöhten Becken nahe des Altars.

»Zuerst brauchen wir etwas Wasser«, erklärte sie. »Besonderes Wasser. Für die Überraschung.«

Sie nahm einen Becher aus ihrer Umhängetasche und tauchte ihn ins Becken. Als sie den Becher wieder aus dem Wasser nahm, gab dieses eine schwache Duftwolke ab. Da Emilie den Becher hob, liefen Tropfen an den Seiten herab, die wie kleine Diamanten glitzerten und wieder in das Becken fielen, zischend wie heiße Funken, und dann verschwanden, als seien sie erloschen.

»Es war schon vorher magisch«, sagte Emilie und deutete auf das Becken. »Aber nur ein bißchen.«

Sie hielt zwei leicht gespreizte Finger hoch, um das Ausmaß von »ein bißchen« zu zeigen.

»Also habe ich etwas rumgespielt und es noch magischer gemacht. Und weißt du was?«

»Was?«

»Es war gut, daß ich es getan habe«, sagte sie feierlich. »Ich glaube nämlich, daß ich noch viel mehr magisches Wissen brauche.«

Da sie ein höchst präzises, kleines Mädchen war, breitete sie die Arme zur Erklärung weit aus. »Eine ganze, große Menge!«

Dann führte sie mich hinter die Statue der Göttin, und dort – zerbrechlich und nackt unter dem kalten Licht, das von oben hereinfiel – stand ein kleiner Baum in einem kleinen Topf.

Er reichte mir bis an die Hüfte, war grau, mit einem halben Dutzend zerbrechlicher Zweige, die kaum größer waren als mein kleiner Finger. Ein einziges, silbriges Blatt hing an dem Baum. Es war übergroß, doch zartgeformt mit feinen Äderchen, die ein weitverzweigtes Muster über seine Oberfläche zogen.

»Ist er nicht wunderbar, Tante Rali?« rief Emilie. Dann rannte sie zu ihrem Baum und fiel auf die Knie.

Sie goß Wasser in den Topf und sang:

*Ich hab gesucht*
*In einem Buch.*
*Da sah ich einen Baum.*
*Und dieser Baum, er lebte hier,*
*Und dieser Baum, er lebte dort,*
*Und überall in einem fort.*
*Sieh an, den Traum,*
*Emilies Baum!*
*Und du wirst sein*
*So frei wie eine Lilie*
*So frei wie die Emilie.*

Das Wasser kam als leuchtender Strahl aus dem Becher. Und die Menge schien für ein so kleines Gefäß enorm. Es floß und floß, während sie sang, umspülte den Fuß des Baumes, ließ den Topf überquellen und ergoß sich über den Steinfußboden.

Als sie ihren Singsang beendete, hörte sie auch auf zu gießen. Setzte den Becher vorsichtig ab. Dann klatschte sie in die Hände und rief:

*»Emilie sagt!«*

Der kleine Baum schimmerte, das Silber des Blattes leuchtete heller. Ich konnte spüren, wie sich in der Ferne magische Energien rührten. Die Baumwurzeln bedienten sich der Kräfte der Anderwelten, und tatsächlich fühlte ich, wie das hölzerne Leben pulsierte und an Kraft gewann.

»Der Baum war in Onkel Amalrics Buch«, sagte Emilie. »Ich hab es nicht wirklich gelesen. Ich kann ein bißchen lesen. Aber Onkel Amalric benutzt manchmal ziemlich schwere Wörter. Deshalb hab ich es mir von anderen vorlesen lassen. Alles über die Abenteuer auf der Suche nach den wahren Fernen Königreichen. Meine Lieblingsstelle ist die, wo sie den Zauberbaum finden. Mit den silbernen Blättern.«

Sie deutete auf den Topf. »Also hab ich mir selbst einen gemacht.« Sie schnitt eine Grimasse. »Er ist ziemlich klein, und in diesem Licht wächst er nicht gut. Aber mit dem magischen Wasser habe ich ein Blatt wachsen lassen.«

Emilie berührte das Blatt, und es bewegte sich unter ihren Fingern, schien sich an ihnen zu reiben wie ein Kätzchen.

»Vielleicht kannst du mit dem Blatt den Krieg gewinnen, Tante Rali«, sagte sie feierlich wie eine Tempelpriesterin. »Das ist meine Überraschung. Ich hoffe, es geht auch. Schon so lange gieße ich ihn und spreche Beschwörungen und arbeite hart daran.«

Darüber wurden meine Augen feucht. Wenn ich daran dachte, daß ein Kind von nicht einmal sieben Jahren sich um derart furchtbare Dinge kümmern mußte! Und tagtäglich Pläne schmiedete, um die Erwachsenen zu retten. Nur wollte mir nicht einfallen, wie ein Blatt selbst des magischsten Baumes helfen sollte.

Ich sagte: »Es ist wunderbar, Emilie. Und ich bin stolz, daß du so etwas machen konntest. Ich glaube kaum, daß Palmeras einfach einen Baum aus einem Buch nehmen und pflanzen könnte. Ich könnte es ganz sicher nicht.«

»Er ist nicht aus dem Buch«, protestierte Emilie. »So bin ich nur auf die Idee gekommen. Ich habe mir den Baum einfach vorgestellt. Ich habe mir einen Wald vorgestellt, in dem sie wachsen, aber sie waren zu groß, als daß ich sie hätte mitbringen können. Also habe ich ein Saatkorn genommen und es eingepflanzt.«

Ihre Geschichte war erstaunlich. Sie war nur ein Kind und ging doch mit einer Leichtigkeit in den Welten ein und aus, als wäre sie der weiseste aller Geisterseher.

»Das Blatt ist noch nicht fertig«, sagte sie. »Es muß noch ein bißchen wachsen. Ich glaube, es fällt ab, wenn es zu schneien anfängt. Dann erst ist es fertig.«

»Woher weißt du das?« fragte ich.

Sie hob die Schultern. »Weiß ich eben. Und weißt du was? Ich glaube, in diesem Jahr wird es an meinem Geburtstag schneien. Da wird das Blatt runterfallen und fertig sein. Ist das nicht ein wunderbares Geschenk, Tante Rali?«

»Warte einen Augenblick, meine Kleine«, sagte ich. »Deiner armen Tante Rali platzt der Schädel. Erst zeigst du mir einen verwunschenen Tümpel, denn einen gezauberten Baum. Und jetzt sagst du das Wetter voraus. Gib einer alten Soldatin Gelegenheit, da mitzukommen!«

Ich setzte mich neben den Topf und zog sie auf meinen Schoß. Sie kuschelte sich an mich.

Dann sagte sie: »Bist du soweit?«

»Ich bin soweit«, sagte ich. »Jetzt erzähl mir vom Schnee. Das ist wichtig.«

»Was willst du wissen?« fragte Emilie, während sie mit ihren Fingern spielte.

»Kannst du mir wirklich sagen, wann es schneien wird?«

Sie sah mich fragend an, dachte nach. Dann schüttelte sie den Kopf. »Nicht genau, aber bald. Kannst du ihn spüren? Er ist da draußen.«

Emilie deutete gen Süden. »Weit, weit fort.«

Und dann drangen wir gemeinsam in die Anderwelten vor, bis wir an einen Ort kamen, den ich nur als kalt und unwirtlich bezeichnenkann.

»Da ist er, Tante Rali«, hörte ich die Stimme des Kindes flüstern. »Da ist der Schnee.«

Ich konnte ihn riechen. Seinen metallischen Duft wittern. Die ruppigen Winde gleich dahinter hören.

»Gehen wir heim, Emilie«, sagte ich.

Ich spürte, wie sie sich in meinen Armen regte, und plötzlich waren wir wieder im Tempel.

»Danke, daß du mir den Schnee gezeigt hast, Emilie«, sagte ich. »Allein hätte ich ihn nicht finden können.«

Emilie zuckte die Achseln, unbeeindruckt von ihren eigenen Kräften. »Ist schon in Ordnung«, sagte sie. »Das war leicht.«

»Der Schneesturm scheint nicht mehr viele Wochen hin zu sein«, sagte ich.

»Ich hab es dir gesagt«, erwiderte Emilie. »Der erste Schnee des Winters. Gerade rechtzeitig zu meinem Geburtstag. Dann werde ich stärker sein. Das hat die schöne Frau jedenfalls gesagt. Aber ich weiß nicht. Ich bin noch ziemlich klein, Tante Rali. Ich glaube nicht, daß ich mit einemmal so stark werden kann, oder?«

»Das kann ich nicht beantworten, Liebes«, sagte ich. »Wir werden es abwarten müssen.«

»Selbst wenn nicht«, sagte sie, »kannst du das Blatt benutzen. Genau wie Janela und Onkel Amalric. Denn sobald es schneit, wird das Blatt soweit sein. Und es wird abfallen, und ich werde diesen ... diesen ... riesengroßen Zauber sprechen. Und dann ist der Krieg vorbei. Und vielleicht läßt die schöne Frau meine Mutter und meinen Vater zurückkommen, damit sie wieder bei mir leben können.«

Ich blickte zur Statue der Göttin auf. Sie hatte mir den Rücken zugewandt. Und ich dachte: »Das sieht dir ähnlich. Dreh dich um, o große Göttin, die wir alle wie Narren verehren. Dreh dich um und antworte dem Kind. Erkläre ihr, wieso ihre Eltern nicht wiederkommen können. Erklär ihr, wieso jeder einzelne aus ihrer Familie ermordet wurde. Und wenn du schon dabei bist, erkläre es auch mir.«

Glücklicherweise wurde Emilie unruhig und kletterte von meinem Schoß. Sie ging hinüber zu dem eingetopften Baum.

»Ich kann es auch ohne Sturm schneien lassen, Tante Rali«, sagte sie. »Willst du es sehen?«

Ich nickte, und sie umspielte den Baum mit ihren Fingern, flötete: *»Emiliesagt!«*

Plötzlich flatterten Schneeflocken unter ihrer Hand hervor und trieben auf das Blatt hinab.

Emilie kicherte, wackelte schneller mit den Fingern, ließ noch mehr Schnee fallen.

Einige Flocken fielen auf das Blatt, ließen es zittern und zappeln wie die Glöckchen an einem Pferdeschlitten. Die Flocken schmolzen nicht, sondern fielen in einem Stück zu Boden. Ich sammelte sie mit meiner Menschenhand auf, und sie zerkrümelten wie Staub.

Schon wollte ich den Schneestaub in Emilies grinsendes Gesicht blasen, doch hielt ich inne.

»Könntest du noch etwas mehr davon machen, Emilie?« fragte ich. Ich deutete auf den Becher. »Bis der da voll ist?«

»Willst du einen Zauber sprechen, Tante Rali?« fragte sie.

»Ja, Liebes«, sagte ich. »Und ich werde etwas *Emiliesagt*-Staub dafür brauchen.«

Darüber lachte sie und wackelte wieder mit den Fingern, um noch mehr Schnee zu machen, sang immer und immer wieder *Emiliesagt.*

Und später, als Quartervals den Kundschaftertrupp zum Tor hinausführte, hatte ich ihren Becher bei mir und einen Kuß, die mich vor dem beschützen sollten, was uns erwartete.

Der Regen war dichtem Dunst gewichen, der uns wie ein wäßriger Umhang einhüllte, als wir über den schlammigen Sumpf des Schlachtfeldes stapften. Morast und Nebel erschwerten unser Vorankommen. Aufgeweichte Baumstämme und zerstörte Kriegsmaschinen ließen uns stolpern und drohten mit armlangen Holzsplittern. Verlassene Löcher und Schützengräben waren zu unsichtbaren Jauchegruben geworden, die uns in die Tiefe zogen. An einer Stelle trieben Leichen aus ihren Gräbern hoch, die modernden Arme ausgebreitet, um uns zu umarmen.

Quartervals ging voraus und bewies sein vielgerühmtes Talent als Spurensucher, indem er uns an allen Gefahren vorbeiführte. Wir müssen wie ein riesenhafter Tausendfüßler ausgesehen haben, als wir durch den Morast stapften und uns hierhin und dorthin wandten, blindlings Quartervals' Signalen folgten. Manchmal machte er eine Pause, tippte mir an die Hand, daß ich warten sollte. Ich tippte dann Pip an, der wiederum Derlina Zeichen gab. Und wir alle blieben stehen, als wären wir ein und dasselbe Tier. Wenn die Gefahr vorüber war, tippte Quartervals mich erneut an, ging weiter, und wieder waren wir unterwegs.

Auf diese Weise bewegten wir uns lange Zeit voran, dann kamen wir auf festeren Boden von niedergetrampeltem Gras. Ich spürte größeres Gewicht an meinen Beinen und wußte, daß wir eine Anhöhe nahmen. Dann lichtete sich der Nebel, und ich konnte die aufgeschichteten Stämme und Steine einer Barrikade sehen. Dahinter lag das Feindesland.

Dort erwartete uns eine unserer Patrouillen. Es war ihre Aufgabe gewesen, etwaige Hinterhalte aufzuspüren und auszuräuchern, die man möglicherweise eingerichtet hatte. Nun, da wir an unserem Ausgangspunkt angekommen waren, würden sie eiligst zurücklaufen und Palmeras Meldung machen, damit die Leuchtuhr angestellt wurde und die ersten Ablenkungsmanöver stattfinden konnten.

Hastig tauschten wir Handsignale. Hinter uns war niemand gesehen worden. Auch direkt vor uns warteten keine feindlichen Patrouillen.

Dann reichten unsere Kundschafter uns die Hände, um uns Glück zu wünschen, und eilten zurück nach Galana.

Während wir warteten, kletterte ich auf die Barrikade und spähte mit meinem Ätherauge den Hügel hinauf. Ich sah den Schimmer an Novaris erstem Schild und suchte an dessen Rand nach einem Makel. Der Schild war dazu gedacht, nicht nur magische Attacken abzuwehren, sondern auch Alarm zu geben, falls jemand durchbrechen wollte. Doch wußte ich, daß er ein so großes Gebiet abdecken mußte, daß er nicht ohne Makel sein konnte. Es mußte Hohlräume und Dellen geben, die groß genug waren, darunter durchkriechen zu können.

Ich fand eine Stelle, die nicht allzuweit entfernt war. Mit einem goldenen Finger deutete ich darauf, hielt ihn still und schickte einen Fühler hindurch. Da ich Novari kannte, tat ich es vorsichtig. Ich schlängelte den Fühler umher, prüfte das Alarmnetz. Ich spürte ein vertrautes Prickeln, als ich den ersten Strang berührte, und riß den Fühler zurück.

Nichts geschah. Meine Berührung war zu leicht gewesen, als daß sie den Alarm hätte auslösen können.

Ich sammelte Mut und versuchte es erneut, ortete den Strang. Von dort aus tastete ich weiter, die Nerven zum Zerreißen gespannt, als ich einen zweiten und einen dritten fand, und dann so viele, daß ein Summen der Entdeckung in meinem geistigen Ich nachhallte. Wo immer ich auch suchte, fand ich einen Alarmstrang. Und nirgendwo war Platz genug, um durchschlüpfen zu können.

Das Netz war riesig und reichlich komplex, doch nicht so groß oder kompliziert wie der persönliche Schild, den Novari in Orissa erschaffen hatte und in den ich den Affen aus dem Armenviertel gesetzt hatte. Offensichtlich widmete Novari ihrer eigenen Sicherheit weit mehr Aufmerksamkeit als der Katos oder seiner Soldaten.

Dennoch war – für die kurze Zeit, die ich zur Verfügung hatte – das Netz, dem ich mich hier gegenübersah, gut genug, mich abzublocken. Stolz trieb mich an, doch schließlich gab ich auf. Ich wischte meine Gedanken fort und richtete mich im kalten Trost der Soldaten ein. Jetzt war es an einem anderen.

Jetzt war Palmeras an der Reihe.

Dann flammte das Leuchtzeichen auf. Ein heißes Bersten magischen Feuers, das aus dem Tal heraufschoß, lange über uns schwebte und Funken in die Nacht sprühte.

Wir alle standen auf. Meine Kameraden sahen mich an, warteten auf mein Signal. Ich schüttelte den Kopf, streckte einen Finger aus, der ihnen sagte, daß sie warten sollten. Ich deutete nach oben, dann nach vorn, was hieß, daß wir ziehen würden, sobald das Ablenkungsmanöver begann.

In diesem Moment hörte ich ein großes Horn von oben gellen. Wir blickten auf. Über Galana sahen wir den Mond, der trübe hinter all dem Dunst schien. Wieder gellte das Horn, und der Mond schien heißer zu brennen, dann rollte sich eine breite, flammende Straße am Himmel aus, wischte den Nebel beiseite, pflügte ihn zu großen, brodelnden Hügeln und Ufern.

Dann hörten wir das Dröhnen mächtiger Hufe und das Rasseln von Rüstungen wie Donner. Eine gespenstische Kavallerie brach hervor, mit Palmeras an der Spitze, und stürmte über die Straße der Anderwelten. Es waren gigantische, geisterhafte Gestalten aus Nebel und Magie. Ihre Panzer und Waffen glühten wie die Esse der Götter. Und ihre Schlachtrufe prallten auf die Hänge der Hügel wie der dazugehörige Schmiedehammer.

Palmeras' Gebrüll übertönte alles andere, und er schwenkte sein Schwert, schrie, sein Feind solle nur kommen, sich mit ihm zu messen.

Bei diesem Schrei tat mein Herz einen Sprung, und ich glaubte, nichts könne uns aufhalten. Doch kaum hatte sich dieser Gedanke geformt, hörte ich die Saite einer Leier, die Alarm schlug. Dann folgte ein ganzer Strom von güldenen Harfentönen, die sich um das feindliche Lager bildeten. Aus diesem Strom brodelte eine zweite gespenstische Kavallerie hervor. Schwarze Rüstungen, goldene Schwerter und gepanzerte Pferde mit dornenbesetzten Hufen. Auf ihren Schilden sah man das Symbol des Leierschwanzes.

Ein gigantischer Zauberer in silberschwarzer Rüstung führte die Attacke an. Sein mächtiger Bart und das wallende Haar wurden von flammenden Bändern gehalten, und er bot einen ehrfurchtgebietenden Anblick, als er Palmeras' Attacke entgegenstürmte und brüllte:

»Für Novari!«

Und seine Zauberkrieger donnerten zur Antwort:

»Für Novari!«

Pip zupfte an meinem Ärmel und flüsterte mir ins Ohr: »Das muß Kato sein, Hauptmann.«

Dann stießen die beiden geisterhaften Armeen aufeinander. Die Pferde scheuten und wieherten. Zaubererkrieger schwenkten ihre Schwerter.

Während die gespenstische Schlacht über uns tobte, sprang ich von der Barrikade und rannte den Berg hinauf, die anderen auf meinen Fersen.

Ich führte sie zur großen Höhlung unter dem ersten Schild. Dort blieb ich stehen, zeigte, wie sie gehen sollten, dann schob ich mich hindurch. Zwanzig Schritte dahinter hielten meine Sinne am zweiten Schild inne... eher ein immens großes, engmaschiges Zaubernetz. Jetzt sorgte ich mich nicht mehr darum, ob ich Alarm auslöste. Darum hatte sich Palmeras gekümmert. Dennoch mußte jeder Riß sofort repariert werden, denn sonst würde man die Lücke entdekken, sobald das Ablenkungsmanöver beendet war. Sorgsam nahm ich den magischen Zaun auseinander, schuf Raum für die größte unter uns – Derlina. Nachdem wir hindurchgeschlüpft waren, richtete ich alles wieder ein, wie es gewesen war. Und ich bestäubte die Umgebung mit *Emiliesagt*-Staub, um meine Spuren zu verwischen.

Derlina führte uns auf die Kuppe des ersten Hügels. Jeder Gegner, dem wir hier begegneten, würde augenblicklich überwältigt werden müssen. Sie hatte ihre Axt bereit, das Kinn gespannt, und ihre langen Beine bewältigten die Distanz mit wütendem Schritt. Ich bedauerte jeden Sterblichen, der ihr im Weg stand.

Kurz bevor wir oben waren, nahmen Blitz und Donner der Schlacht ein Ende. Die plötzliche Stille kam so überraschend, daß der Lärm meiner Stiefel erschreckend laut klang.

Dann waren wir oben, kauerten zwischen niedrigen Felsen, schnappten nach Luft und orientierten uns. Wir alle, das fiel mir auf, blickten verstohlen auf. Bestaunten den leeren Himmel. Fragten uns, ob wir uns Palmeras' großes Ablenkungsmanöver nur eingebildet hatten.

Dann erhellte das zweite Leuchtzeichen den Himmel und erinnerte uns daran, wie real das alles war. Uns blieben noch zwei Stunden.

Der Dunst, den Palmeras versprochen hatte, zog sich zusammen, und mir blieb nur wenig Zeit, unsere Umgebung zu studieren, bevor wie wir blind sein würden. Hinter unserem Hochsitz erstreckte sich eine düstere, hügelige Landschaft mit Hunderten von Lagerfeuern.

Irgendwo in der Weite dieser Hügel errichtete Novari ihre Geheimwaffe. Ich wußte genau, was sie tat. Nachdem ich all die magischen Maschinen in Galana gesehen hatte, blieb nur ein logischer Schluß. Ich kannte Novaris Vorliebe für solche Maschinen. Ich hatte in ihren Minen geschuftet, um eine solche anzutreiben.

*Zähne und Gift.*
*Gift und Gesang.*
*Der Leierschwanz singt,*
*Die Schlange dann beißt.*
*Doch Schlange und Vogel sind eins.*
*Schwester, finde dein Nest.*
*Bruder, finde den Freund.*

*Zähne und Gift.*
*Gift und Gesang.*

Die Schlange aus *Emiliesagt*-Staub zuckte dort am Boden, weiße, pulverige Schuppen glitzerten an ihren Seiten. Dann kam leuchtend Leben in das silbrige Auge, und ich hörte Derlina stöhnen, als der glitzernde Kopf sich plötzlich hob. Das Reptil wand sich vor und zurück, wohl eine Handbreit über dem Boden, das Auge suchte im Nebel, die schimmernde Ätherzunge zuckte, um die Luft zu schmecken.

Dann nahm die Schlange Novaris Witterung auf und erstarrte. Die Zunge zuckte ein und aus. Langsam erhob die Schlange sich, sah noch immer in dieselbe Richtung, kam hoch, bis ein Drittel ihres leuchtendweißen Leibes sich vom Boden gelöst hatte.

»Macht euch bereit«, warnte ich die anderen.

»Worauf Ihr Euch verlassen könnt!« platzte Pip im Flüsterton heraus.

Und als wäre sein Flüstern ein Signal, schoß die Ätherschlange vor, glitt zwischen den Beinen des erstaunten Pip hindurch und verschwand um einen Felsen.

»Gehen wir«, zischte ich, und wir alle eilten der kleinen Jägerin nach.

Ich brauchte ein paar Minuten, um Kontrolle über die Schlange zu bekommen und sie so zu verlangsamen, daß wir sicher folgen und uns verstecken konnten, falls wir dem Feind begegneten. Zu jedem anderen Zeitpunkt wäre es vielleicht eine amüsante Hatz gewesen. Das glitzernde, kleine Ding hielt auf gedachten Befehl hin an, dann wandte es sich um und nickte ungeduldig in meine Richtung, ließ zum Protest ob der Verzögerung die silbrige Zunge hervorzucken. Ganz wie Emilie selbst, so vermutete ich, wenn sie beim Spielen aufgehalten wurde.

Der Duft, den das Nest des Leierschwanzes ausströmte, lockte die Ätherschlange über neblige Pfade, welche sich an Hügeln vorbeiwanden und durch Schluchten fädelten. Je tiefer wir in die Hochburg des Feindes eindrangen, desto öfter mußten wir in Deckung gehen. Wir warfen uns zu Boden, wenn Soldaten vorüberwanderten, den einen Grüße zuriefen, die anderen leise verfluchten. Dann wirbelte eine frische Brise die Luft auf, verwehte den Nebel, und es wurde leichter, der unheimlichen Jägerin zu folgen. Außerdem war es leichter, entdeckt zu werden, weshalb wir schmerzlich langsam vorwärtskamen.

Schließlich gelangten wir zu einem flachen Hügel, breit und rund wie eine Kuppel. Eine von Wagenrädern zerfurchte Straße kreuzte den Hügel und erklomm dessen Hang zur Kuppe hin. Am Fuß lag ein baufälliges Lager. Männer liefen zwischen Zelten und Lagerfeuern umher, einige in Uniformen und Waffen, andere in zerlumpter Arbeitskleidung mit schweren Stiefeln und Gürteln, an denen Hämmer und Äxte hingen. Sie alle ächzten und streckten sich und ließen die Gelenke knacken, als hätten sie eben erst Stunden harter Arbeit hinter sich. Einige Ochsenkarren, beladen mit Materialien, wurden den Hang hinaufgeschoben, und ich hörte von der Kuppe her Hämmern und das Kreischen von Metall, das man bearbeitete.

Die Ätherschlange hielt ganz still, starrte mit ihrem silbrigen Auge zur Kuppe hinauf. Nur die Zunge bewegte sich, zuckte aufmerksam, als sie Novari witterte.

Der Ort, den wir suchten, lag oben auf diesem Hügel.

Ich nahm den Becher hervor und schlich zur Schlange hin. Sie wandte ihren Kopf, das Auge glänzte, die Zunge zuckte, als wollte sie sagen: »Siehst du? Das war nicht schwer.« Dann sank sie in sich zusammen, erschöpft, wurde zu Staub.

Ich sammelte den Staub auf und streute ihn in den Becher zurück. Dann wickelte ich den Silbersplitter, der das Auge gewesen war, in einen Fetzen von Seide und schob ihn in meinen Stiefel.

Wir versteckten uns in einem Wassergraben gleich neben der

Straße und beobachteten Arbeitslager und Hügel lange Zeit, suchten einen Weg nach oben. Quartervals und Derlina schlichen in verschiedene Richtungen los, um die Gegend zu erkunden, während Pip und ich warteten, schweigend und frierend.

Gemeinsam kehrten unsere Kundschafter zurück. Lächelnde Blicke und Handzeichen wurden getauscht. Es gäbe einen Graben, so sagten sie, auf der anderen Seite. Dieser reiche bis zur Kuppe und würde uns auf dem Weg dorthin vollständig verbergen.

Als wir uns bereit machten, erstrahlte der Himmel über Galana. Das nächste Leuchtzeichen. Die Zeit wurde knapp.

Den ganzen Weg um den Hügel herum blieben wir im Wassergraben, und auf unserer ersten Etappe mußten wir durch rauschendes, knietiefes Wasser waten. Dann wurde das Wasser zu einem kleineren, wenn auch noch immer schnell fließenden Bach in der Mitte der Klamm. Wir hielten uns am Rand und blieben größtenteils trocken. Abgesehen von Knöcheln und Knien, die wir uns an den Felsen aufschlugen, wurde das Vorankommen immer einfacher. Dann flachte die Klamm ab, und der Bach wandelte sich zu einem langsamen Tröpfeln, dann verschwanden Bach und Klamm, und wir erkletterten ein kleines Felsenkliff, eilig, mit Quartervals an unserer Spitze, der uns die zahlreichen Haltepunkte auf der wetternarbigen Fläche zeigte.

Licht und Lärm stürzten auf uns ein, als wir zur Kuppe kamen. Das Licht schien von tausend Fackeln und Feuerperlen zu stammen, und der Lärm der Baustelle tönte in unseren Ohren.

Für einen Moment waren wir alle benommen und demzufolge bei der Suche nach Deckung eine Sekunde zu langsam.

Als ich endlich am Boden lag, hörte ich, wie ein Soldat Alarm auslöste. Etwas Schweres traf mich zwischen den Schultern, nahm mir den Atem. Doch zwang ich mich auf die Beine, streckte blindlings meine goldene Hand aus. Ich packte Stoff, doch riß er ab, und ich stolperte umher, auf der Suche nach dem Feind. Ich sah, daß auch Quartervals mit einem Soldaten in zerrissenem Umhang kämpfte.

Ein lautes Knacken war zu hören, als das Genick des Mannes brach und er in sich zusammensackte... tot.

Ein weiterer Soldat ragte hinter Quartervals auf, doch ein kleiner Schatten sprang von einem Felsen. Es war Pip – ein Messer in der Hand –, der wie ein todbringender Vogel heranflog. Auf Kopfhöhe traf er den Soldaten und riß sie beide zu Boden. Sein Messer blitzte, und der Soldat rührte sich nicht mehr.

Dann hörte ich schnelle Schritte und drehte mich um, sah einen weiteren Soldaten vor uns flüchten. Hin zu Licht und Lärm.

Derlina sprang über Pip und sein Opfer hinweg, zückte ihre Axt.

Sie hielt inne, holte aus – ihre Technik kampferprobt – und schleuderte die Axt dem fliehenden Soldaten nach.

Sie traf ihn im Rücken, und er ging zu Boden. Die Axt ragte aus seinem Rückgrat auf.

Und dann war es vorbei, und wir alle keuchten und zitterten vor Schreck nach diesem Gemetzel. Zu unserem Erstaunen war der ganze Zwischenfall unbemerkt geblieben.

Erleichtert, wenn auch besorgt, daß wir unser Glück vielleicht verbraucht haben mochten, nahmen wir die drei Leichen und warfen sie über das Kliff. Dann fanden wir Würfel und Geld am Boden liegen. Offenbar hatten sich die Soldaten bei einem kleinen, privaten Spielchen entspannt, als wir auf sie gestoßen waren.

Pip warf die Würfel übers Kliff, den Leichen hinterher. »Diese Unglücksknochen würde ich nicht mal meinem ärgsten Feind wünschen«, sagte er später.

Dann krochen wir voran, dorthin, wo das Licht am hellsten und der Lärm am lautesten war, wobei wir sorgsam darauf achteten, daß wir nicht noch einer solchen Gruppe Unglücklicher begegneten.

Das letzte Leuchzeichen glühte über Galana auf, als wir eben in den Schutz eines großen Vorratszeltes krochen.

Wir hatten zu lange gebraucht.

Die Zeit war um.

Ich sah meine Freunde an. Derlina schüttelte entschlossen den Kopf. Quartervals zögerte, dann willigte er ein. Pip pumpte seine Hand auf und ab, zeigte uns: »Gehen wir weiter!«

Und so ignorierten wir Leuchtzeichen und hämmernde Herzen und schlichen um das Zelt herum, hielten uns sorgsam in dessen dunklem Schatten.

Licht blendete uns über die Ebene hinweg.

Und dort – aufragend über einem Schwarm von Arbeitern und Knäueln von Wachleuten – stand Novaris noch im Entstehen befindliche Geheimwaffe.

Es handelte sich um eine gigantische Leier, die auf einem breiten Steinsockel ruhte. Gerüste waren zu beiden Seiten des metallenen Gebildes aufgebaut. Männer arbeiteten auf allen Ebenen, benutzten Flaschenzüge, um Teile von den unten stehenden Wagen hochzuziehen. Hämmerten sie an Ort und Stelle oder feilten und schnitten sie zurecht, damit sie besser paßten. Auf den einzelnen Ebenen waren Essen aufgebaut, und Schmiede mit Schürzen mühten sich an Blasebalgen.

Ich konnte die Löcher sehen, durch die man Saiten ziehen würde, sobald die Leier fertig wäre. Ich fragte mich, welches Lied Novari auf derart gigantischen Drähten spielen wollte. Und ich fragte mich, *wie* sie es spielen wollte.

Dann kam Wind auf. Irgendwo in der Ferne zuckten Blitze, und Donner grollte.

Plötzlich wußte ich die Antwort.

Ich gab den anderen ein Zeichen.

Und wir kehrten um und stürmten den Weg zurück, den wir gekommen waren.

Kapitel Zwanzig

# *Der Leierschwanz singt*

Der Rückweg ging zügig und ohne Blutvergießen vonstatten.

Palmeras unternahm einen zweiten Geisterangriff und traf erneut auf Kato und dessen magische Horden. Wir rannten heimwärts, während über uns die Schlacht noch tobte, und begneten auf dem Weg niemandem. Die Tore kamen in Sicht, als das Ablenkungsmanöver endete, und während wir hindurchtrabten, begrüßte uns ein zerlumpter Chor von Jubelvolk.

Emilie löste sich von ihren Wachen und sprang in meine Arme, überhäufte mich mit Küssen und Tränen.

»Ich hatte solche Angst, Tante Rali«, sagte sie. »Ich dachte, Novari könnte dich fangen. Und ... und ... dann hätte sie alle aus unserer Familie.

Dann wären alle totgemacht.

Und ich hätte keinen mehr.«

Ich streichelte ihr Haar mit Worten wie: »Na, na«, »Alles wird noch wieder gut, Liebes« und noch weiterem Unsinn, den Erwachsene von sich geben, wenn sie versuchen, ein Kind zu trösten.

Sie umarmte mich und sagte: »Es wird noch mehr geben, Tante Rali! Habe ich nicht recht?«

»Ja, kleine Emilie«, sagte ich. »Novari ist noch nicht mit uns fertig.«

Wir hatten keine Zeit, uns auszuruhen. Torvol und Weene brachten Emilie fort. Eilig wusch ich mich und zog mich um, in der Hoffnung, Wasser und Seife und saubere Kleidung würden mir helfen, die Dämonen der Müdigkeit zu narren.

Ich sprenkelte etwas Parfum auf mich, um sie noch weiter in die Irre zu führen, doch statt dessen ließ mich der sanfte Duft an samtene Kissen und seidige Laken denken. Ich dachte an Salimar, die in unserem Sarg schlief, das goldbraune Haar einladend ausgebreitet. Trauer tropfte langsam in einen Hohlraum tief in meinem Inneren. Es war unwahrscheinlich, daß ich ihr Haar noch einmal berühren würde.

Und in diesem Teich der Trauer sah ich die Lösung. Ein wankendes Bild trieb auf dunklen Wassern. Ich wollte mich abwenden, es aus meinem Kopf verbannen, doch konnte ich es nicht. Denn es war die Wahrheit.

Diese Erkenntnis ließ einen Klumpen des Selbstmitleids in meiner Kehle wachsen.

Ich weinte ein wenig. Dann trocknete ich meine Tränen und radierte ihre Spuren aus.

Wir trafen uns in Quartervals' kärglichen Gemächern. Sie waren militärisch ordentlich. Alles, was schnell gebraucht werden mochte, war zur Hand, und alles, was nicht gebraucht wurde, war in ein paar großen Truhen verstaut, die er in die Mitte gestellt und mit einem Tuch verhüllt hatte, um daraus einen Tisch zu machen. Meine Freunde, die ein unterschiedliches Maß an Erschöpfung zeigten, lümmelten sich auf Klappstühlen um den Tisch herum.

Palmeras war ganz blaß vor Müdigkeit, doch seine gelben Augen leuchteten, zufrieden über das gelungene Ablenkungsmanöver. Derlina hielt einen Becher mit starkem Branntwein an ihre Brust. Quartervals half Pip, eine kleine Wunde zu verbinden, die er im Kampf mit diesem unglückseligen Soldaten davongetragen hatte.

Dankbar nahm ich einen vollen Becher mit Branntwein entgegen und sank auf einen Stuhl neben Palmeras.

Ich schwenkte den Becher zum Gruß in seine Richtung. »Selbst Lord Gamelan konnte keine besseren Ablenkungsmanöver inszenieren«, sagte ich. »Es muß Kato ordentlich erschreckt haben.«

Palmeras nickte, zufrieden mit sich, wozu er alles Recht hatte.

»Wahrscheinlich kratzt sich Kato noch immer den Schädel«, sagte Pip, »um rauszufinden, was da eigentlich los war.«

»Ich kann nur beten«, sagte Palmeras, »daß Novari ihm hinsichtlich der Verwirrung in nichts nachsteht.« Er trank, dann sagte er: »Man hat mir von der großen Leier erzählt, die ihr gesehen habt. Ich kenne ihren Zweck nicht, aber es steht außer Frage, daß wir sie augenblicklich zerstören müssen.«

»Es wird uns nicht gelingen«, sagte ich. »Das schlagt euch aus dem Kopf. Nur weil ein paar von uns so nah herangekommen sind, bedeutet es nicht, daß ein größerer Trupp es uns nachmachen könnte. Diese Leiermaschine ist ihr zu wichtig. Sie wird auf alles vorbereitet sein, was wir ihr entgegenschleudern könnten.«

»Dann sollte uns die Maschine, falls es eine solche ist, gar nicht kümmern, meine liebe Antero?« sagte Palmeras.

»Ganz im Gegenteil«, sagte ich. »Hat Novari dieser Leier erst Leben eingehaucht, bezweifle ich, daß es eine Armee gibt, die sich ihr in den Weg stellen könnte.«

Ich erzählte ihnen von dem Sturm, der mich vor fünfzig Jahren an der Antero Bay überrascht hatte. Wie der Leierschwanz die natürliche Gewalt dieses Sturms benutzt hatte, um alles magische Leben zu vernichten. Und die tödliche Macht der Legionen des Eisbärenkönigs, um alles andere zu vernichten.

»Genau das hat sie auch jetzt vor«, sagte ich. »Nur in viel größerem Maßstab.«

Ich erzählte ihnen von dem nahenden Wintersturm – dem ersten des Jahres –, den Emilie mir gezeigt hatte.

»Bis dahin sind es keine zwei Wochen mehr«, sagte ich. »Das wird Novari wissen. Und sie wird bereit sein. Ich habe heute nacht gesehen, wie ihre Arbeiter dicke Drähte von den Wagen gehievt haben. Die Leier wird bespannt und bereit sein, bevor der Sturm kommt.

Wenn der Wind erst weht, wird Novaris große Leier zu spielen beginnen. Und mit zunehmender Wucht des Sturmes wird auch ihre Zauberkraft an Macht gewinnen.«

Ich erinnerte mich an die Prügel, die ich – dank Novari – an der Antero Bay hatte einstecken müssen. Ohne es am eigenen Leib erfahren zu haben, konnte sich kein Geisterseher, nicht einmal Palmeras, die Heftigkeit eines solchen Ansturms vorstellen. Und ich wußte, daß es diesmal nur noch schlimmer werden würde.

»Sobald der Sturm ein Ende hat«, sagte ich, »wird sie Kato befehlen, mit aller Gewalt anzugreifen. Obwohl bis dahin von uns wahrscheinlich nur noch so wenige übrig sind, daß kaum mehr als ein Zusammenfegen unserer Reste nötig sein wird.

Ihre größte Sorge wird Emilie gelten. Sie wird sie lebend haben wollen. Und unverletzt.«

Quartervals nickte. »Dann wird wahrscheinlich«, sagte er, »Minister Kato diese Mission höchstselbst befehligen. Ihre Soldaten sind zu ungeschlacht, als daß man ihnen mehr als nur die grundlegendsten Befehle zutrauen könnte.«

»Die höchstwahrscheinlich lauten, alles zu töten, was sie sehen«, brummte Derlina.

Dann sagte sie: »Zum Teufel mit Novari! Zum Teufel mit ihrer verfluchten Maschine! Zum Teufel mit ihnen allen! Ziehen wir in die Schlacht, verdammt! Bekämpfen wir sie, bevor sie Gelegenheit bekommt, an Boden zu gewinnen.«

»Genau das hatte ich vor«, sagte ich. »Aber ihr müßt wissen, daß wir, bevor wir damit beginnen können, den Leierschwanz zu besiegen...

... zuallererst verlieren müssen.«

Es war ein verrückter Plan. Ein allerletzter Ausweg. Keiner willigte leichten Herzens ein. Und ich glaube nicht, daß irgendwer ihn als einzige Möglichkeit ansah. Nur war keine Zeit, sich irgend etwas anderes auszudenken. Derlina war – wie zu erwarten – am schwierigsten zu überzeugen. Am Ende mußte ich ihre eigenen Worte gegen sie verwenden.

»Du hast mir selbst erzählt«, sagte ich, »du wüßtest im Grunde deines Herzens, daß es am Ende ›friß oder stirb‹ heißen würde. ›Ein großer Wurf der Würfel‹, hast du gesagt. ›Und scheiß auf die Götter, die uns erschaffen haben!‹«

Schließlich wurden wir uns einig. Es sollte einen großen, gemeinsamen Ausfall geben. Pip wollte ins Armenviertel von Orissa eilen. Er würde einen allgemeinen Aufstand organisieren und befehligen. Dieser Aufstand sollte gleichzeitig mit unseren Angriffen auf Katos Truppen vor Galana erfolgen. Wir wollten alles, was wir hatten, einbringen.

Derlina knirschte mit den Zähnen. »Und dann lassen wir das Biest gewinnen!«

»Ja«, sagte ich. »Dann lassen wir das Biest gewinnen.«

Alle wissen um die großen Taten, die nun folgten.

Alle wissen um Pips verwegenen Ritt nach Orissa, als er mit einer Schwadron Gardistinnen die Straße hinunterfegte und jeden überwältigte, der sich ihm in den Weg stellte. Zwei Tage brauchten sie, hielten nur, um in wohlgesonnenen Ställen Pferde zu wechseln und die Nachricht von der bevorstehenden Schlacht zu verbreiten.

In Orissa angekommen, rüttelte der König der Diebe seine Vasallen auf, und die Spitzbuben des Armenviertels entstiegen der Kloake und bedrohten die hohen Herren von Orissa.

Alle wissen, wie Queenie und die Raufbolde der Schlägergilde sich bei Attentaten austobten, wichtige Offiziere und führende Persönlichkeiten töteten.

Und wie Pearl und die Huren der Dirnengilde ihnen bei diesem gräßlichen Werk halfen, ihre Verführungskünste einsetzten, um Türen zu öffnen, welche vor Attentätern schützen sollten.

Die Ganoven kämpften furios, manchmal mit kleinen Überraschungsangriffen aus Gassen oder Abwassergruben heraus. Manchmal auch Mann gegen Mann. Auge um Auge.

Die Taschendiebe verloren fähige Anführer, als Palmer und Lammer bei einem Scharmützel auf dem Zentralmarkt umkamen.

Garla, der gutaussehende Häuptling der Bettlergilde, starb bei einem Angriff auf den Palast der Geisterseher.

Das waren nur einige der zahlreichen Ganoven, die sich für Orissa opferten.

Und Pip! Welch ein Phänomen er war! Er schien überall gleichzeitig zu sein. Ersann neue Strategien. Füllte Lücken, wenn andere Anführer fielen. Und schließlich zeigte sein Funke Wirkung, breitete sich vom Armenviertel über die ganze Stadt aus.

Endlich wehrten sich die Bürger von Orissa.

In der Stadt selbst gingen sie auf die Straße, griffen Soldaten mit den wenigen Waffen an, die sie noch hatten, warfen sich den Truppen mit Radspeichen oder Pflastersteinen entgegen.

Zur selben Zeit brach das gesamte Umland in Flammen aus, als sich die Bauern dem Kampf anschlossen. Langsam erst, doch als unsere Verbündeten den Feind mit ihrer Entschlossenheit verblüfften, eilten immer mehr Leute heran, um die Zahl der Rebellen zu vergrößern.

Inzwischen hielten wir den Großteil von Novaris und Katos Truppen in Galana fest.

Wenn sie den Aufstand niederwerfen wollten, mußten sie erst uns besiegen.

Immer und immer wieder gingen die Tore von Galana auf, und wir stürmten zum Kampf hinaus. Wir wendeten jede Taktik an, sofern sie uns auch nur die leiseste Chance gegen die übermächtige Menge bot, welche uns bedrohte.

Derlina führte einen scheinbar selbstmörderischen Angriff gegen die feindlichen Linien an. Sie und die Gardistinnen kämpften mit unbändiger Wildheit, drangen so tief in die Menge der Feinde ein, daß es keinen Weg zurück gab. Als alles schon verloren schien, kam Quartervals von den Flanken her, drang mit Speeren vor, um sich mit ihr zu treffen. Sie verbündeten sich, dann zogen sie sich geordnet zurück und verließen ein Schlachtfeld voll feindlicher Leichen.

Mit jedemmal wurde unsere Zahl geringer. Bis nur noch zwei Drittel von uns auf den Beinen standen.

Ich weiß nicht, was mich trauriger machte. Der Anblick meiner toten Kameraden oder die Leichen der Feinde auf dem Schlachtfeld. Von denen alle, wie ich schon Palmeras erklärt hatte, orissanische Gesichter besaßen.

Dieser Punkt traf mich am heftigsten, als ich Derlina eines Nachts bei einem Scheinangriff der Kavallerie auf jene Hügel begleitete, wo die Leiermaschine stand.

Quartervals hatte einen nahen Hügel eingenommen. Der Plan lautete, die Leiermaschine anzugreifen, so viele Feinde wie möglich in die Kämpfe zu verwickeln, dann zu wenden und sich Quartervals bei einem weit ausholenden Angriff auf die Flanken anzuschließen.

Ich verfolgte mehrere Absichten. Erstens konnte ich Derlina an dem Alarm vorbeiführen, damit wir so nah wie möglich herankamen. Zweitens konnte ich Palmeras vom Boden aus beistehen, während er und seine Geisterseher es mit Kato und seiner Armee von Zauberern aufnahmen.

Wie sich herausstellte, wurden unsere Pläne zunichte gemacht. Statt den Feind zu überraschen, tappten wir in seine Falle.

Plötzlich prasselten Pfeile auf uns herab. Warnungen waren zu hören, Schmerzensschreie. Etwas Heißes traf mich in die Seite. Ich grunzte, griff danach, und meine Hand löste sich blutig von der Wunde, die mir ein Streifschuß eingebracht hatte. Dann schwärmten aus der Dunkelheit von überallher Männer auf uns zu.

Derlina bellte Befehle, und wir stürmten in die Mitte der Feinde. Es war der einzige Weg hindurch. Dahinter sahen wir die Feuer auf den Hügelkuppen, wo Quartervals uns erwartete.

Was folgte, glich exakt der Vision, die ich auf dem Weg nach Galana gehabt hatte. Der Vision, in welcher sich meine Zukunft auf tragische Weise mit der eines Bauernburschen namens Natt kreuzte. Der kleine Natt hatte uns verraten, doch wollte er sich diesen Verrat ganz sicher nicht in Blut vergelten lassen. Er war so jung, und seine Mutter so panisch um seine Sicherheit besorgt.

Aber das galt für die meisten Jungen, denen ich in dieser Nacht begegnete.

Meine Wunden, wenn auch nicht ernster Natur, schmerzten höllisch. Vor mir stand eine Mauer von Pikenieren. Ich hörte die Schreie der Sterbenden. Soldaten bedrängten mich, und ich nahm meinen Schmerz, machte ihn zur Wut und hieb mit meinem Schwert um mich. Hände griffen nach mir. Ich schlug sie beiseite. Gesichter tauchten auf. Und ich stach sie nieder.

Doch jedesmal fürchtete ich, Natt gegenüberzustehen. Und ich zögerte ... für nur einen Atemzug. Mehrmals wäre ich aus diesem Grund beinah umgekommen.

Ich gab meinem alten Schlachtroß die Sporen, und es wieherte und durchbrach die Mauer der Speere.

Da kamen die Speere ins Wanken, und die Mauer zerbrach.

Ich rief, froh, wieder frei zu sein, als mein Pferd hindurchstürmte.

Dann kam der Augenblick, den ich gefürchtet hatte.

Eine Gestalt sprang vor mich, stach mit ihrem Speer nach mir. Das Bild meines Feindes erstarrte, und ich konnte ihn ganz deutlich sehen. Er war groß und derart schmerzlich mager, daß sein verrosteter Brustpanzer kaum halten wollte.

Es war Natt – mit einem schwarzen Strich als Bärtchen auf der Oberlippe. Seine Augen waren groß und weiß und voller Angst, und ich hörte ihn nach seiner Mama rufen.

Dann löste sich meine Erstarrung, und ich rief ihm zu, er solle aus dem Weg gehen.

Doch kam Natt immer näher – seine Pike suchte mein Gedärm –, überzeugt davon, daß er verloren wäre, wenn er mich nicht vorher tötete.

Ich riß an den Zügeln, versuchte, den Kurs meines Pferdes zu ändern. Doch es war aus dem Gleichgewicht geraten, beschrieb einen Bogen, trug mich Natts Speer entgegen.

Instinktiv schwang ich das Schwert, um ihn niederzumachen. Doch zwang ich im letzten Augenblick die Klinge fort und traf ihn mit der flachen Seite.

Er ging zu Boden, besinnungslos.

Und ich stürmte den Hügel hinauf, wo Quartervals schon wartete.

Derlina hatte die Sache gesehen und erklärte später, ich sei eine Närrin. Sie sagte, ich hätte ums Leben kommen können – für nichts. Und nachdem ich ihr die Geschichte erzählt hatte, schnaubte sie und sagte, es sei nicht eben wahrscheinlich, daß der kleine Natt noch lange weiterleben werde. Daß ich nur das Unausweichliche hinausgezögert hätte. Es sei denn, er würde desertieren und sich unter den Rücken seiner Mama verkriechen.

Sie hatte recht.

Doch schlief ich in jener Nacht ein wenig ruhiger.

Im Krieg muß man lernen, selbst die kleinsten moralischen Siege in Ehren zu halten, sonst verliert man jenen Teil von sich, der einen menschlich macht.

Trotz aller Mühen und Opfer und Menschenleben wurde bald deutlich, daß der Aufstand keine Basis hatte. Novari war einfach zu mächtig. Sie und Kato rangen uns langsam nieder. Und wenn die Zeit reif wäre, würden sie uns mit dem nahenden Sturm den Rest geben.

Doch, wie ich Derlina schon gesagt hatte, mußten wir verlieren, um zu siegen.

Außerdem verfolgte ich mit diesem Sturm meine ganz eigenen Pläne.

Als Emilie und ich den Tempel zum letzten Mal besuchten, war der Boden gefroren, eine scharfe Brise lag in der Luft, und ich konnte hören, wie die Saiten der großen Leier auf den feindlichen Hügeln vibrierten. Emilie trug ihren kleinen, blauen Umhang und hatte die Kapuze aufgesetzt, um der Kälte zu trotzen.

Eine kleine Versammlung wartete schon, als wir ankamen: Derlina, Quartervals und ein Dutzend weiterer Offiziere, Unteroffiziere und Geisterseher.

Beim Aufwachen hatte uns ein leuchtendes Morgengrauen begrüßt. Der gesamte östliche Himmel stand im Flammen, mit mächtigen, schwarzen Sturmwolken und einem Vorhang von roter und ofenfeuergelber Glut. Es bedurfte keiner Zauberkraft zu wissen, daß uns der Sturm gegen Ende des Tages mit seiner ganzen Wucht treffen würde. Ein Schiffsjunge hätte die warnenden Zeichen lesen können, während er den Latrineneimer über Bord kippte.

Sofort wußte jeder, was zu tun war, und ganz Galana setzte sich in Bewegung, machte sich bereit, ein allerletztes Mal zuzuschlagen.

Wir wollten ausrücken, bevor der Sturm kam.

Die kleine Gruppe hatte sich im Tempel versammelt, um die Göttin Maranonia um Hilfe zu bitten.

Emilie stand neben mir und hielt meine Hand, während Palmeras den Opfergang beaufsichtigte. Sie zitterte, als er das Lamm schlachtete, und wandte sich ab.

Palmeras reinigte das Messer in der heiligen Flamme und trat vor Maranonias Ebenbild. Er hob die Hände, um die Göttin in unser aller Namen anzuflehen.

»Oh, große Maranonia«, intonierte er. »Gütige Maranonia. Liebende Maranonia. Wir stehen hier vor dir als gehorsame Kinder, ersuchen dich um deine Hilfe.«

Palmeras' Stimme war sonor und so voll tiefempfundener Gefühle, daß er uns allesamt anrührte.

»Orissa steht am Rande von Katastrophe und Ruin, o süße Göttin«, fuhr er fort. »Der Abgrund, in den wir blicken, ist breit und tief.

Ohne dein göttliches Eingreifen werden wir ganz sicher in diesen Abgrund stürzen.

Und dein herrliches Licht wird uns nie mehr erleuchten. Ausgetilgt von der bösen Novari. Dem Leierschwanz. Der schlimmsten Bedrohung, der sich dein geliebtes Volk je stellen mußte.

Gib uns Kraft, o Göttin. Erfülle unsere Herzen mit Mut. Unsere Glieder mit deinem Feuer einer Kriegerin. Unsere Seelen mit deinem erhabenen Geist.

Segne uns, o große Göttin, erhöre unsere Gebete.«

Keiner von uns erwartete, daß viel geschehen würde. Wir würden unser Gebet aufsagen und fortfahren, uns unserem Schicksal zu stellen. Wenn wir überlebten, würde man es der Göttin anrechnen. Wenn nicht, würde man die üblichen theologischen Ausreden erfinden, um ihre Würde und Heiligkeit zu erhalten.

Dennoch spürte ich, wie Palmeras' sanfter Tonfall mich mit sich forttrug, und ich erwartete, daß jeden Augenblick ein greller Lichtstrahl durch das Glas dort oben brechen und die Statue zur Göttin selbst werden würde.

Die ruhmreiche Maranonia würde ihre Fackel erheben und ihren Speer schwingen, und unsere Feinde würden ohne weiteres Aufhebens ausgelöscht.

Ich merkte, wie ich mit den Zähnen knirschte, dachte: »Wann immer du willst, Göttin.«

Dann hörte ich die kleine Emilie flüstern: »Sie kommt nicht, Tante Rali.«

Und der Augenblick verstrich.

Draußen hörte ich Wind aufkommen und das leise Lied einer Leier.

Quartervals sagte, es sei Zeit zu gehen, und wir verabschiedeten uns.

Zuerst umarmte ich Palmeras, wünschte ihm das Glück der Zauberer für diese Schlacht. Ich roch den Weihrauch in seiner Geisterseherrobe, was mich an Gamelan denken ließ, und beinahe hätte ich geweint.

Quartervals klopfte mir soldatisch unbeholfen auf den Rücken und sagte, ich solle mir keine Sorgen machen. Wir würden uns bald wiedersehen, und sei es in der Hölle.

Als Derlina herantrat, machte ich mich bereit, zermalmt zu werden. Doch die riesenhafte Kriegerin war ganz sanft. Sie küßte mich auf die Wange und flüsterte: »Grüß Polillo von mir.« Und dann ging sie.

Die anderen zogen vorbei, umarmten mich oder reichten mir die Hand.

Schließlich waren wir nur noch zu viert. Emilie, ich selbst und die beiden alten Sergeantinnen, die sie bewachten.

Die Frauen wischten sich die Augen und zückten ihre Schwerter.

»Ihr wißt, was zu tun ist«, sagte ich. »Wir haben es schon oft geübt.«

»Keine Sorge, Hauptmann«, sagte Torvol.

Weene nickte mit angespanntem Unterkiefer. »Wir wissen, was unsere Pflicht ist, Hauptmann.«

»Dann wartet hier mit Emilie«, sagte ich. »Ich komme gleich zurück.«

Ich ging hinaus, stand im Eingang des Tempels, sah mir den aufkommenden Sturm an, machte mich für den eisigen Wind bereit. Es war so kalt, daß die Rüstung meine Haut versengte, wo die eine die andere berührte. Am Himmel wirbelten schwarze Wolken herum, vom Schnee ganz angeschwollen. Die Leierklänge waren noch immer leise, nur wurden die Tönne immer deutlicher, je mehr der Wind zunahm und an den riesigen Saiten zupfte.

Bald schon würde Novari kommen, um das Lied zu lenken.

Ich drang in die Anderwelten, streckte mich, so weit ich konnte. Ich fand den Rand von Novaris Schild, suchte ihn ab, bis ich einen kleinen Riß in seiner magischen Substanz entdeckte. Ich hörte genau zu, und weit drinnen konnte ich den kleinen Dämonenaffen eifrig bei der Arbeit hören.

Keckerkeck. Keckerkeck.

Immer noch damit beschäftigt, Novaris Verteidigungsanlagen Knoten für Knoten aufzuzupfen. Einen nach dem anderen.

Keckerkeck. Keckerkeck.

Ich schob einen Fühler durch die Öffnung. Sie war größer als erhofft, und mein Herz tat einen Freudensprung, als ich durch das Loch immer tiefer und tiefer eindrang, bis ich den Affen fand. Er freute sich, mich zu sehen, sprang herum und schnatterte hysterisch. Ich beruhigte ihn, wiederholte mein Versprechen, dafür zu sorgen, daß ihm nichts geschähe, dann sah ich mir seine Fortschritte genauer an.

Das freudig springende Herz wurde zu einem tanzenden Derwisch, als ich sah, wie weit der Affe schon gekommen war. Der Schild war fast schon durchgeknabbert und -geschabt, und gleich dahinter spürte ich das vertraute Summen Novaris.

Eine plötzliche Windbö und sich aufschwingende Leierklänge zwangen mich, zurückzuweichen.

Im selben Augenblick öffnete sich der Himmel, und Palmeras führte seine Kavallerie der Zauberer zur Schlacht. Ich hörte sein Kriegsgeheul und Katos Gebrüll zur Antwort.

Jenseits des Waldes begann die tödliche Schlacht. Die Tore gingen auf, um Quartervals' und Derlinas letzte Attacke loszulassen.

Die ersten Schneeflocken fielen, und eilig nahm ich meinen Umhang und hielt ihn ausgestreckt dem Wind entgegen, bis er mit feinem weißem Staub überzogen war.

Dann wandte ich mich vom Schlachtenlärm ab und hastete in den Tempel zurück.

Ich fand Emilie kauernd bei ihrem kleinen Baum mit seinem Silberblatt. Es hing nur noch an einem Faden, zitterte in der zunehmenden Kälte.

»Es ist fast soweit, Tante Rali«, sagte sie mit bebender Stimme.

Ihre Augen waren groß, und ich bemerkte die Angst in ihnen. Doch sah ich außerdem den Mut der Anteros, der diese Angst bekämpfte. Ich setzte mich neben Emilie, schob die kleine blaue Kapuze zurück, küßte sie und streichelte die Locken des Kindes, um ihr bei diesem Kampf zu helfen.

Als sie sich beruhigt hatte, sagte ich: »Laß es schneien, kleine Emilie.«

Emilie stieß einen leisen Seufzer aus und stand auf. Sie stand über den Topf mit dem Baum gebeugt und wackelte mit den Fingern, wie sie es schon einmal getan hatte. Erneut fiel Schnee unter ihrer Hand hervor, berührte das silbrige Blatt und verwandelte sich in glitzernden, magischen Staub.

Diesen Staub fing ich in einer steinernen Schale und verrührte ihn mit Novaris Schneeflocken, die ich von meinem Umhang gebürstet hatte.

»Das müßte genügen«, sagte ich schließlich.

Ich stellte die Schale auf den Boden und winkte Emilie, sie solle sich auf meinen Schoß setzen. Wir kuschelten eine Weile, beide in eigene Gedanken versunken.

Dann sagte das Kind: »Ich hoffe, Derlina kommt heil zurück.« Dann eilig, als wären sie anwesend und sie wolle sie nicht verletzen: »Und Palmeras und Quartervals auch.« Sie winkte mit einer Hand. »Ich hoffe, sie kommen *alle* heil zurück.«

»Das werden sie, Emilie«, sagte ich. »Mit deiner Hilfe.«

»Ich bin froh, daß du nicht denkst, ich wäre zu klein, Tante Rali«, sagte sie.

»Natürlich nicht«, sagte ich. »Ich weiß, daß du groß genug bist, alles genau richtig zu machen.«

Freudig räkelte sie sich auf meinem Schoß. Sie versuchte, eine finstere Miene zu ziehen. »Ich werde es dieser ... dieser ... dieser ... Novari schon zeigen. Ihr werdet es schon noch sehen!«

»Ich weiß, daß du es kannst, meine Kleine«, sagte ich.

Eine Weile schwieg sie. Ich hörte, wie draußen die Leierklänge lauter wurden. Zugleich dröhnte der Lärm der tosenden Schlacht.

Bald schon würden unsere Truppen so tun, als wankten sie, und in scheinbarer Unordnung zurückweichen. Novari und Kato würden ungeduldig den Sturm erwarten, wenn sie unsere Schwäche sahen. Sie würden mit allem auf uns einschlagen, was ihnen zur Verfügung stand. Die Truppen würden in Panik geraten, Quartervals und Derlina darum kämpfen, die Ordnung wiederherzustellen, doch würden sie am Ende alle fliehen, Palmeras und seine Geisterseher eingeschlossen.

Und uns hier im Tempel zurücklassen.

»Glaubst du, ich werde eine ebenso gute Soldatin wie du, wenn ich einmal groß bin, Tante Rali?« fragte Emilie.

Ich lächelte. »Besser noch«, sagte ich.

»Und auch so schön?«

Ich streichelte sie und dachte: Segnet dieses Kind.

Ich antwortete: »Schöner noch.«

Sie wandte sich um und sah das Silberblatt an, das von seinem dünnen Faden noch am Baum hing.

»Fast habe ich schon Geburtstag«, verkündete sie. Sie deutete auf das Blatt. »Wenn es fällt, bin ich sieben Winter alt.«

Sie zählte ihre Finger ab: »Eins, zwei, drei, vier, fünf, sechs... und sieben.« Sie streckte die Finger auf. »Und dann bin ich *wirklich* stark!«

Emilie spannte ihren winzigen Arm, verzog das Gesicht, als sie versuchte, ihre Muskeln zu zeigen.

Dann sanken ihre Schultern herab. Ein weiterer Seufzer. »Nicht so stark wie Novari.«

»Sie hat mehr Hilfe auf ihrer Seite«, sagte ich. »Es ist kein gerechter Kampf.«

»Aber ich werde immer stärker, oder, Tante Rali?«

»Alle sieben Winter«, sagte ich. »Weißt du noch, wie wir es ausgerechnet haben? Mit den Geisterseherknochen?«

Emilie nickte. »Sicher«, sagte sie. »Alle sieben Geburtstage komme ich auf eine neue Ebene. Und jedesmal werde ich stärker. Bis ich so stark bin, daß ich ihr die Zehen mit einem Blitz abhauen kann! Dann sind ihre Zehen ab.«

Emilie kicherte. »Dann fällt sie um, wenn sie geht.«

Beide lachten wir.

Schon hörten wir etwas, das wie ein Glockenspiel klang. Und wir wandten uns um und sahen, wie sich das Silberblatt löste und auf die Steine flatterte.

Ich fing es mit meiner goldenen Hand und hielt es Emilie vor die Augen.

»Herzlichen Glückwunsch, Emilie«, sagte ich. »Jetzt ist es offiziell. Du bist sieben Winter alt.«

Ihre Augen waren voll unschuldigem Erstaunen. Sie streckte eine Hand aus, um das Blatt zwischen die zitternden Finger zu nehmen.

Sobald sie es berührte, spürte ich einen Schwall von magischer Energie aus den Anderwelten herüberwehen.

Emilie schrie: »Es tut mir weh, Tante Rali! Mach, daß es aufhört!«

Ihr ganzer Körper bebte, und ich hielt sie fest. Feuer entströmte ihren Adern und flutete in die meinen. Kraft und Schmerz waren eins, richteten uns beide fast zugrunde. Ich versuchte, soviel wie möglich aufzufangen.

Doch war es Emilies Kraft. Und Emilies Schmerz. Und sie hatte am meisten zu leiden.

Dann endete die Qual, und schluchzend sank sie in meine Arme.

»Ist es vorbei, Tante Rali?« weinte sie. »Ist es jetzt vorbei?«

»Fast, Liebes«, sagte ich.

Ich wischte ihr die Tränen aus den Augen und drehte sie um, damit wir die Schale mit dem Staub auf den geschmolzenen Schnee von Novaris Sturm treiben sahen.

Ich hörte Schlachtenlärm ganz in der Nähe, dann fielen Tempeltüren krachend zu, und der Riegel wurde vorgeschoben.

»Sie kommen, Hauptmann«, rief Weene.

Emilie schniefte ihr letztes Schniefen und stand so aufrecht, wie sie konnte.

»Jetzt tu ich es«, sagte sie.

Sie tunkte das Blatt in die Schale und rührte den *Emiliesagt*-Staub, wobei sie sang:

*»Klein ist klein*
*Und groß ist groß.*
*Das ist egal,*
*Nur nicht dem Schwein.*
*Regen kann scheinen,*
*Doch Sonne nie naß sein.*
*Nun sorge dich nicht, Emilie ist da.«*

Die Schale mit der Flüssigkeit und dem glitzernden Emilienstaub schmolz darin, silbrig, dickflüssig wie Quecksilber.

Sie schöpfte etwas davon mit dem Blatt auf und sprenkelte es herum, sang:

*»Osten ist Osten,*
*Und ebenso der Westen.*
*Die Welt steht kopf,*
*Emilie ist am besten.«*

Dann richtete sie sich auf, breitete ihre kleinen Arme in unbewußter Parodie von Palmeras aus und rief:

*»EMILIESAGT . . . HALT!«*

Draußen ließ der Wind nach, und die Leierklänge hielten inne. Ich hörte lautes Schreien und den Lärm unserer Soldaten auf dem Rückzug.

Dann dröhnte ein Klopfen an den Tempeltüren.

Und eine gebieterische Stimme donnerte:

»Öffnet dem Minister Kato!«

Schweigend reichte Emilie mir das Silberblatt, welches vom getrockneten *Emiliesagt*-Staub glänzte. Ich rollte es zu einem Röhrchen, schob den Metallsplitter von meinem Schiff in dessen Mitte und gab es ihr zurück. Mit großer Sorgfalt steckte Emilie das Röhrchen in die Innentasche ihres blauen Umhangs.

Dann gab ich ihr einen Kuß. Einen Moment lang hielten wir einander.

Dann dröhnte die Stimme erneut: »Gebt sofort das Kind heraus!«

Ich trat von ihr zurück. Torvol und Weene kamen angelaufen, um ihr zur Seite zu stehen.

»Lebewohl, Tante Rali!« sagte Emilie.

»Lebewohl, Emilie«, antwortete ich.

Dann klatschte sie in die Hände.

Es klang wie ein mächtiger Donner, dann wurde die Stimme des Kindes zu der einer Riesin, als sie rief:

*»EMILIESAGT: LOS!«*

Und Novaris Sturm – gelenkt von Emilies Willen – hieb seine eisige Faust gegen Galana.

Alle anderen Geräusche brachen unter dem Gebrüll zusammen. Alle Gefühle beugten sich seinem Gewicht. Ich spürte das Sengen von Novaris Zauberkräften überall im Äther um mich.

Emilie und ihre Wachen verschwammen im Nebel. Die Kleine streckte ihre Hand nach mir aus. Ihre Lippen bewegten sich, doch konnte ich nichts hören.

Dann winkte sie.

Ich stach mit einem Finger nach den verschwommenen Gestalten, und sie und die Frauen verschwanden.

Dann hörte ich aus weiter Ferne Novaris Stimme rufen: »Emilie... Emilie.

Wo bist du, Emilie?«

Und aus der Nähe hörte ich: »Hier bin ich, Novari.«

Novaris Stimme schwebte heran, belebt von Wogen wundersamer Leierklänge. »Emilie... Emilie...«

Und ich hörte eine Kinderstimme flehen: »Ich bin hier, Novari. Bitte. Ich fürchte mich!«

Dann bewegte sich die Luft gleich neben mir. Und ich witterte ein vertrautes Parfum.

Novaris Stimme war direkt an meinem Ohr.

»Da bist du ja, mein Kind! Komm mit mir.

Novari bringt dich in Sicherheit.«

Der Tempel um mich löste sich auf. Ein mächtiger Wind hob mich an und trug mich fort. Ich tänzelte auf schnellen Strömungen wie ein Insekt, das sich an einen Stecken klammert. Ich stieß auf Wolken, sprang von Ufer zu Ufer, dann packte mich wieder die Strömung des Windes und schleuderte mich weiter Novaris magischen Fluß hinauf.

Plötzlich ließ der Wind nach, und ich fiel aus großer Höhe, daß mir der Boden langsam entgegenkam.

Dann hörte ich den freudigen Schrei eines Raubvogels, und der Schatten des Leierschwanzes fiel über mich. Er fing mich mit den Klauen, wie ein Falke einen Fisch schnappt. Mächtige Schwingen bremsten meinen schnellen Fall. Dann schlugen die Flügel einmal, zweimal, und wieder löste sich alles auf.

Und ich stand nun in Amalrics Garten.

Die Sonne schien, die Blumen blühten, und der Brunnen spielte liebliche Musik auf dem Schrein meiner Mutter.

Eine schöne Frau trat aus den Schatten der Bäume.

Sie trug ein Kleid von jungfräulichem Weiß, mit langen, losen Ärmeln und einem Schleier so zart wie Nebel, der hinter ihr im Wind verwehte.

Die Frau kam zu mir, schien sehr groß zu sein.

»Hallo, Emilie, süßes Kind«, sagte Novari mit einer Stimme, so lieblich wie ein Quell in den Bergen.

»Hallo«, flötete ich, streckte meine Hand aus, die sehr klein war. So klein wie meine Kinderstimme.

Dann ließ ich sie zittern. »Du wirst mir doch nichts tun, oder?«

»Natürlich nicht, süße Emilie«, sagte Novari und nahm meine Hand. »Nicht mal im Traum würde ich einem hübschen, kleinen Mädchen wie dir etwas antun.«

»Wirklich?« sagte ich, und Tränen stiegen mir in die Augen. »Schwörst du es?«

»Ich muß nicht schwören, Herzchen«, sagte der Leierschwanz. »Ich bin Novari. Der Leierschwanz.

Und das erste, was du von mir wissen solltest, ist . . . daß ich nicht lügen kann.«

Kapitel Einundzwanzig

# *Emilies Rache*

Novari sah auf mich herab, und ein liebliches Lächeln umspielte ihre makellosen Züge.

Äußerlich war ich Emilie, zart wie eine Wiesenblume. Ich besaß Emilies unschuldige Augen. Ihre perlweißen Milchzähne. Ihre helle Kinderhaut. Doch innerlich war ich Rali Antero. Mit einer künstlichen Hand, nur einem Auge und ausgebrannter Seele.

Doch der Leierschwanz sah nur Emilie, als sie sagte: »Ich warte schon *so* lange darauf, dich kennenzulernen, Herzchen.«

Sie baute sich vor mir auf, das weiße Kleid grellschimmernd in der Sonne. Sie trug ein Diadem aus Gänseblümchen, das in ihr goldenes Haar geflochten war, und Armbänder aus Gänseblümchen lagen auch um ihre Handgelenke. Ihre sonnengeküßte Haut war vom zarten Aroma von Limonen und Moschus umweht.

Doch erinnerte ich mich an die Verführerin und sah, wie das Kleid ihre üppige Figur umfing und jede weiche Rundung streichelte. Ich erinnerte mich an Novaris Versuch magischer Verführung. Heiße Hände und Lippen versengten meinen Leib, während ich auf meine Gelegenheit wartete, sie zu töten.

Und wieder war ich bei Novari.

Und wartete.

Mit kindlicher Neugier sah ich mich um. Noch Augenblicke zuvor war ich im Zentrum eines Wintersturms gefangen gewesen, doch hier, in der Villa meiner Kindheit, hatten Zauberkräfte alle Sorgen des Winters vertrieben.

Im Garten war es frühlingshaft, und die Blumen nickten unter glückstrahlender Sonne. Insekten klammerten sich an die Blüten und tranken ihren Nektar. Singvögel flatterten zwischen den Bäumen umher, jagten die lebenden, honigschweren Leckerbissen, während ein alter, grauer Kater unter Minzezweigen kauerte und lauerte. Er hatte nur ein Auge, das fiel mir auf, ganz wie Rali Antero.

Dann sagte Novari scharf: »Nun, Emilie. Was hast du mir zu sagen?«

Ich duckte mich, zog den blauen Kapuzenumhang fester, als wäre mir plötzlich kalt.

»War ich sehr unartig?« fragte ich.

Novari stemmte eine Hand in ihre runde Hüfte und sah mich mit scheltendem Blick an. »Na ja, du *hast* dich in meinen Sturm eingemischt.«

»Ich habe ihn zurückgeschickt, woher er kam«, flötete ich zur Verteidigung.

»Nein, *wirklich,* Herzchen«, sagte sie, »du hast alles verdorben.« Vage winkte sie in Richtung Galana. »Deinetwegen ist der Sturm zu früh erlahmt. Er hat nur ein paar Stunden gedauert, anstatt Tage. Ich wünschte, du hättest nicht eingegriffen, Emilie. Das war wirklich naseweis von dir.«

»Leute sind totgegangen«, sagte ich. »Deswegen hab ich einge–, na, was du eben gesagt hast.«

»Ich vermute, das ist wohl verständlich«, sagte Novari, und ihre Miene entspannte sich. »Du hast ein so zartes Wesen. Das muß ich wohl in Rechnung stellen. Und diese ... Leute ... *waren* schließlich deine Freunde.«

»Sind sie eigentlich alle totgegangen?« sagte ich mit bebender Unterlippe.

»Nein, meine Süße«, sagte Novari. »Sie sind nicht alle ... totgegangen. Deine Freunde leben. Aber ich kann nicht viel über ihre Zukunft sagen. Meine Truppen jagen sie in diesem Augenblick.«

»Warum läßt du sie nicht einfach gehen?« fragte ich. »Ich werde ihnen sagen, daß sie nicht mehr ungezogen sein sollen.«

»Oh, das kann ich nicht machen, Herzchen«, erwiderte Novari. »Ich möchte dir den Gefallen wohl tun. Aber ich kann nicht. Selbst wenn ich es wollte, könnte ich nicht. Besonders nicht, nachdem sie Kato, den armen Mann, getötet haben.«

»Kato ist totgegangen?« staunte ich. »Wie das?«

Novari zuckte mit den Schultern. »Ich glaube, eine deiner Freundinnen hat ihm den Schädel abgeschlagen. Mit einer Axt. Eine große Frau, wie man mir sagte.«

Ich mußte mich zwingen, nicht zu grinsen. Die große Frau mit der Axt konnte nur Derlina gewesen sein.

»Ich finde es eigentlich nicht so schlimm, Herzchen«, sagte Novari. »Kato war kein Freund von mir. Er dachte anders. Aber Männer denken alles *mögliche*. Und ihre Vorstellung von der Freundschaft zu einer Frau beginnt und endet in ihren Lenden.

Aber Kato war mir nützlich. Das muß man ihm lassen. Schließlich war er Kriegsminister von Orissa. Und obwohl es reichlich Kandidaten gibt, die an seine Stelle treten könnten, kann ich den Tod des armen Kato nicht ungesühnt lassen.«

Dann lächelten sie kokett. »Aber ich will dir was sagen«, sagte sie.

»Was?«

»Ich verspreche dir, wenn sie deine Freunde fangen, werde ich keine Folter zulassen. Sie werden einen schnellen Tod haben. So schmerzlos wie möglich.«

Sie klatschte in die Hände, hocherfreut, als hätte sie mir eben das größte aller Geschenke gemacht.

»Siehst du? Fühlst du dich nun nicht schon viel besser?

Können wir jetzt Freunde sein?«

Ich legte meine Stirn in Falten, als dachte ich darüber nach.

Dann lächelte ich und sagte: »Ich habe Hunger.«

Novari platzte vor Lachen heraus. »Was für ein entzückendes Kind«, sagte sie. »Ich weiß genau, daß wir wunderbar miteinander auskommen werden.«

Dann sagte sie: »Komm, Emilie« und streckte mir eine Hand entgegen.

Ich starrte sie an, zögerte, als wägte ich eine schwere Entscheidung ab.

»Ich beiße kleine Mädchen nicht«, sagte sie.

Ich stieß ein nervöses Kichern aus. Dann tat ich, als sei ich beruhigt, nahm ihre Hand und hüpfte neben ihr den Weg entlang. Sie führte mich zu der altvertrauten Gartenbank, auf welcher ich gesessen hatte, als ich zuletzt mit Amalric und Omerye zu Abend gegessen hatte – vor mehr als fünfzig Jahren.

Kleine Tabletts mit Köstlichkeiten warteten, mit Süßigkeiten und Kuchen und Keksen. Es gab Karaffen mit kalter Milch und Fruchtsäften. Frisches Obst und Käse und kleine Töpfe mit Sorbets, die auf einem Eisbett standen.

Ich flitzte zu einer Bank neben einem klebrigen Haufen von Süßigkeiten. Ich achtete darauf, daß ich meiner Rolle gerecht wurde und wählte mit größter Sorgfalt eine gefrorene Dattel. Dann knabberte ich vorsichtig daran herum und wischte Zuckerkrümel von meinem Umhang, so pingelig, wie die kleine Emilie nur sein konnte.

»Das ist gut«, sagte ich.

»Warum legst du nicht deinen Umhang ab, Emilie?« schlug Novari vor. »Es muß doch furchtbar warm darunter sein.«

Mein Rali-Ich lachte leise... du hast ja keine Ahnung, Frau. Doch mein Emilie-Ich zog den Umhang fester. Ich streichelte ihn, als wäre er ein alter Freund, ertastete den Klumpen in der Innentasche. Die Tasche, in der Silberblatt und Splitter fest eingerollt waren.

»Ist schon gut«, sagte ich. »Ich friere so leicht.« Und dann sagte ich so altklug, wie ich mir vorstellte, daß ein Kind es sein konnte: »Ich hoffe doch sehr, daß ich nicht unhöflich wirke.«

Novari lachte. »Welch kleine Prinzessin«, sagte sie. »So schicklich. So feinfühlig und süß.

Ich liebe dich. Emilie. Das tue ich wirklich.«

Und ich dachte – du warst schon immer vorschnell, Novari. Du bedrängst die Mädchen wirklich, was?

Doch in Emilies hoher Stimme sagte ich: »Warum machst du alle tot, Novari?«

Die sanfte Stirn des Leierschwanzes legte sich in süße Falten großer Sorge.

»Du hast zuviel auf meine Feinde gehört«, sagte sie. »Ich mache nicht alle... tot. Nur die, die es verdient haben. Und selbst dann nur, wenn es nötig ist.«

Plötzlich verzog ich das Gesicht, und Tränen schossen hervor.

»Du hast meinen Vater totgemacht!« klagte ich.

»Und es tut mir sehr leid, daß ich es getan habe, mein Herz«, sagte Novari, und auch in ihre Augen traten Tränen des Mitleids. »Ich fand mich sehr grausam, dir so weh zu tun.

Aber ich habe es nicht getan, weil ich böse sein wollte. Novari ist nicht böse. Sie fügt nicht aus Freude Schmerzen zu. Sie haßt es, Menschen Schmerzen zuzufügen. Aber manchmal sieht sie sich dazu gezwungen.

Und das macht sie wütend. Wirklich, wirklich wütend.«

Mit bebender Unterlippe sagte ich: »Warst du auch wütend auf meinen Vater? Hast du ihn deshalb totgemacht? Und all die anderen Anteros?

Warst du auf die auch wütend?«

»Ich nehme an, das war ich wohl, süße Emilie«, sagte sie. »Ich habe dir gesagt, daß ich nicht lügen kann. Was bedeutet, daß ich mir manchmal Dinge eingestehen muß, bei denen mir nicht wohl ist.«

Sie seufzte. »Welch Schmerz die Wahrheit bringt!« sagte sie. »Sie ist eine schwere Last. Du hast ja keine Ahnung.«

»Warum warst du böse auf sie?« fragte ich. »Was haben sie dir getan?«

»Ich möchte nicht schlecht von deiner Familie sprechen, Herzchen«, sagte Novari. »Aber die Wahrheit ist, daß eine deiner Ahninnen vor langer Zeit versucht hat, mich zu töten. Ihr Name war Rali Antero. Deine Tante, glaube ich.«

Ich nickte. »Ich habe Geschichten über Tante Rali gehört«, sagte ich. »Sie war eine große Kriegerin. Und Geisterseherin.«

»Genau die Rali Antero«, sagte Novari mit bitterem Lächeln. »Für alle eine Heldin.« Dann leise: »Sogar für mich.«

»Wieso hat sie versucht, dich totzumachen?« fragte ich. »Warst du böse zu ihr? Warst du böse zu meiner Tante Rali?«

Ich war erstaunt, Novari schluchzen zu hören. Ich blickte auf und sah, daß sie um eine Antwort rang. Plötzlich liefen ihr Tränen über die Wangen.

»Böse zu ihr?« fragte sie. »Aber ich habe ihr doch alles geboten! Ich habe sie geliebt, Emilie. Sie war die stärkste und schönste Frau, der ich jemals begegnet bin. Rali war sich ihrer selbst so sicher. Absolut sicher. Selbst noch, als ich sie ins Verlies geworfen hatte.«

Novari hob die Schultern.»Das kam, weil ich einen kleinen Fehler begangen habe. Und ich kann ihr keinen Vorwurf machen, daß sie über diesen Fehler böse war.« Vage winkte sie ab. »Menschen sind umgekommen. So was in der Art. Aber ich habe versucht, es wiedergutzumachen.

Ich wollte sie zu meiner Königin machen. Zu meinesgleichen.« Sie zögerte, dann: »Na ja, fast zu meinesgleichen. Auf jeden Fall nah dran.

Und alles, worum ich sie gebeten habe, war, daß sie ihre Macht mit mir teilte. Die Macht der Anteros.«

»Wenn du so nett warst«, fragte ich, »wieso hat Tante Rali nein gesagt?«

Die Tränen verebbten, und Novari bebte vor Zorn.

»Weil sie dumm war«, knurrte sie. »Dumm!

Wie konnte sie *mich* verschmähen ... mich, den Leierschwanz? Ich habe alles Leid erfahren, das die Frauen dieser Welt je erlitten haben. Wer konnte Ralis Schmerz besser verstehen als ich? Wie konnte sie sich von meinem Schmerz aller Frauen abwenden? Ich bin die Verkörperung all dieses Leids. Das wußte sie. Ich habe ihr alles erzählt, Emilie. Alles!

Es gab keine Entschuldigung.«

Sie beugte sich vor, und ihr Parfum umwehte mich. Und sie sagte: »Ich bin ein Geschöpf aus Hunderten und Aberhunderten junger Mädchen ganz wie du, Emilie. Mädchen, die zum Vergnügen böser Männer erniedrigt und gefoltert wurden.«

Sie tippte sich an die Brust. »Sie alle sind in mir, Emilie. Die Seelen all dieser armen Mädchen. Und sie weinen die ganze Zeit.

Du kannst dir nicht vorstellen, was es heißt, sie ständig weinen zu hören. Ständig. Sie weinen auch jetzt. Nur, wie kann ich sie herauslassen? Und dennoch ... Leierschwanz sein?«

»Also hast du sie totgemacht«, sagte ich ausdruckslos. »Du hast meine Tante Rali totgemacht.«

Novari beruhigte sich. Dann nickte sie.

»Ja, das habe ich getan, Emilie. Ich habe sie getötet. Aber sie hat zweimal versucht, *mich* zu töten. Beim zweiten Mal ist es ihr fast gelungen.«

Sie zuckte mit den Achseln. »Ich sterbe nicht so leicht. Ich bin mir nicht mal sicher, *ob* ich sterben kann. Vermutlich werde ich es wohl eines Tages herausfinden.«

»Du kannst *ewig* leben?« fragte ich mit einer Stimme voll kindlichem Erstaunen.

»Ich glaube schon«, sagte Novari. »Und das biete ich auch dir, Emilie. Auch du kannst ewig leben. Und eines Tages, wenn du stark und schön bist, kannst du meine Königin sein.«

»Wenn ich nein sage«, fragte ich, »machst du mich dann tot? Wie du Tante Rali totgemacht hast?«

Meine Frage ließ sie aufschrecken. Lange starrte sie mich an.

Dann lachte sie, versuchte, es auf die leichte Schulter zu nehmen, und sagte: »Was für eine Frage aus dem Munde eines hübschen Kindes.«

Sie stand auf und setzte sich neben mich auf die Bank.

»Du bist ein solcher Schatz, Emilie.« Ihre Augen waren feucht. »So intelligent und scharfsichtig.«

Dann umarmte sie mich, und ich drückte mein Gesicht an ihre weichen Brüste. Zärtlich und gedankenverloren strichen ihre Finger durch mein Haar.

Doch als sie weitersprach, merkte ich, daß sie versuchte, meiner Frage auszuweichen.

»Wir haben noch viel Zeit, über alles zu sprechen, Herzchen«, sagte sie. »Du bist jetzt aufgeregt und sorgst dich um deine Freunde. Ich erwarte nicht, daß du gleich schon überzeugt bist.

Und wir werden viel Spaß zusammen haben. Ich zeige dir ein paar Zauberspiele, die du spielen kannst. Und du wirst Unmengen Kleider und Spielzeug und Geschenke bekommen. Mehr als sich jedes kleine Mädchen je erträumen könnte.« Novari hatte solche kindlichen Freuden nie gekannt, und so war ihre Stimme voller Wehmut.

»Und die Menschen müssen tun, was du sagst, Emilie«, fuhr sie fort. »Weil du eine echte, kleine Prinzessin sein wirst. Novaris Prinzessin. Und was Emilie auch befiehlt ... sie alle werden gehorchen.«

»Außer dir«, hob ich hervor.

Novari lachte. »Was für ein Kind!« rief sie aus. »Trifft direkt ins Ziel.«

Sie streichelte mich. »Wir werden uns ganz wunderbar verstehen, Herzchen«, sagte sie. »Wir werden eine wunderschöne Zeit haben. Jeden Augenblick wirst du genießen.«

»Was, wenn nicht?« fragte ich.

»Was nicht, Herzchen?«

»Wenn ich nicht jeden Augenblick genieße?«

Novari hielt inne, dann sagte sie leise: »Dann werde ich ohne dich auskommen müssen, Kind. Wie ich ohne deine Tante Rali auskommen mußte.«

Da hatte ich meine Antwort.

So verschlungen der Weg gewesen sein mochte, war Novari schließlich doch gezwungen gewesen, die Wahrheit zu sagen.

Plötzlich umarmte ich sie wild und sagte: »Ich will ein braves Mädchen sein. Ich verspreche es.« Und ich brach in Tränen aus.

Im Gegensatz zu Novari konnte ich lügen.

Sie tröstete mich und gab beschwichtigende Töne von sich. Ich umarmte sie noch fester, verbarg den magischen Fühler, den ich aussandte, um die Anderwelten auszukundschaften. Auf der Suche nach dem kleinen Dämonenaffen, den ich dort abgesetzt hatte.

Und ich hörte ihn ganz in der Nähe:

Keckerkeck. Keckerkeck.

Er hatte den Schild des Leierschwanzes durchbrochen.

Keckerkeck. Keckerkeck.

Ich befreite ihn von meinem Bann, und er schnatterte vor wilder Freude und hastete fort in sein Affenparadies.

Dann löste ich die Umarmung und rangelte auf Novaris Schoß, als wäre mir plötzlich rastlos zumute.

Sie ließ mich los, und ich sprang herunter und hopste zum Brunnen und dem Schrein meiner Mutter.

»Wohin willst du, Kind?« rief sie, stand auf, um mir zu folgen.

»Da rüber«, sagte ich. Was einem Kind Antwort genug ist.

Vor dem Schrein meiner Mutter blieb ich stehen.

»Ich habe immer in diesem Garten gespielt«, sagte ich, als Novari näher kam, so leicht und anmutig, daß sie über dem Pfad zu schweben schien.

»Das nehme ich wohl an«, sagte sie. »Schließlich war es dein Zuhause. Und jetzt wird es wieder dein Zuhause sein. Nur mit mir. Und du kannst hier alles spielen, was du willst.«

»Ich habe immer mit Amalric und Halib gespielt«, sagte ich. »Das waren meine Brüder.«

Novari sah mich fragend an. »Wie könntest du, Emilie. Ich weiß nicht, wer Halib war, aber Amalric Antero war dein Großonkel. Nicht dein Bruder.«

Ich zuckte mit den Achseln. »Vielleicht waren sie Geister«, sagte ich.

Ich deutete auf den Schrein. »Das war der Lieblingsplatz meiner Mutter.« Ich deutete auf den Brunnen. »Und das ihr liebster Brunnen.«

Novari wurde ungeduldig. »Nun komm. Du weißt sehr gut, daß es der Schrein Emilie Anteros ist, deiner Urgroßmutter. Nach der du genannt worden bist.

Welches Spielchen spielst du, Kind?«

»Es ist kein Spiel«, sagte ich. »Es ist die Wahrheit.«

Dann machte ich ein fragendes Gesicht. »Oder vielleicht ein Geist«, sagte ich. »Es gibt viele Anterogeister.

Ganz, ganz viele Geister.«

Dann wandte ich mich ab und zog das eingerollte Blatt aus meiner

Umhängetasche. Ich entrollte es, verbarg den Splitter in meiner Hand. Dann tunkte ich das Silberblatt ins Wasser.

Glitzernd und frisch kam es heraus, als wäre es eben erst vom Ast gefallen. Leuchtende Tropfen fielen auf das Pflaster.

Ich drehte mich zu Novari um, plötzlich errötend und scheu.

»Was ist das, Emilie?« fragte Novari.

So scheu ich konnte, sagte ich: »Ein Geschenk. Für dich.«

Novari machte einen hocherfreuten Eindruck. »Wie hübsch«, sagte sie. »Dein erstes Geschenk für mich.«

Dann zögerte sie, berührte es nicht.

Sie untersuchte es. »Ein silbernes Blatt«, sagte sie schließlich. »Wie hübsch. Woher hast du es?«

»Ich habe es selbst aufgezogen«, sagte ich stolz. »Ich habe hart gearbeitet, um es großzuziehen. Denn um ein Blatt zu bekommen, muß man vorher einen Baum pflanzen. Ich mußte den Baum jeden Tag gießen, über Wochen und Wochen und Wochen.

Und dann kam ein Blatt raus.«

Ich hielt einen Finger in die Luft. »Es ist das einzige.«

Ich schob das Blatt zu ihr hinüber.

»Du kannst es haben, wenn du willst.«

Ich zuckte die Achseln, gab mich gleichgültig. »Ich kann jederzeit ein neues großziehen.«

Ihre Hand näherte sich dem Blatt.

Ich hatte den Splitter darunter verborgen und gab ihm einen kleinen Stoß, als sie das Blatt berührte, stach sie mit der Spitze.

»Au«, sagte sie, riß ihre Hand zurück.

Fragend betrachtete sie den Tropfen Blut an ihrem Finger.

»Tut mir leid«, sagte ich.

Ich hielt ihr den Splitter hin. »Der war auch in meiner Tasche«, sagte ich. »Er muß am Blatt geklebt haben.«

»Du solltest vorsichtiger sein, Emilie«, sagte Novari ein wenig gereizt.

Ich spürte, wie sich meine Augen mit Tränen füllten.

»Ich wollte das Geschenk doch nicht verderben«, sagte ich zitternd. »Du wirst doch nicht böse, oder?«

Meine Stimme bekam einen hysterischen Unterton. »Du machst mich doch nicht tot, oder?

Nur weil ich einen kleinen Fehler gemacht habe.«

»Natürlich nicht, Kind«, sagte Novari ungeduldig. »Hier. Gib mir das Blatt. Ich freue mich über dein Geschenk. Vielen, herzlichen Dank.

Und dann mache ich dir ein Geschenk. Und wir werden die allerbesten Freundinnen sein.«

»Für immer und ewig«, sagte ich.

»Ja, Kindchen. Jetzt gib mir das Blatt.«

Ich gab es ihr, stellte mich ungeschickt an, damit sie es mit ihrem verletzten Finger berührte und sich ihr magisches Blut mit dem Zauber des Silberblattes mischte.

Novari heulte auf, als hätte sie ihre Hand eben in ein Säurefaß gehalten.

Sie sprang zurück, fuchtelte mit den Armen, versuchte, das Blatt loszuwerden. Doch es war geschmolzen, klebte fest und versengte sie mit seiner Zauberkraft.

»Geh weg, geh weg«, schrie sie und schüttelte wütend ihre Hand.

Dann fand sie ihre Sinne soweit wieder, daß sie einen Zauber sprechen und rufen konnte: »Hinfort!«

Und das geschmolzene Blatt verschwand. Doch die Haut an ihrer Hand war feuerrot.

Sie stürmte zu mir herüber, und ihr Zorn sengte die Luft mit einer Hitze, die ebenso heiß war wie das brennende Blatt.

Und ich roch das schwefelige Gift des Todeszaubers, der sich in ihren Gedanken formte.

Ich tat, als duckte ich mich, doch griff ich nur nach meinen eigenen Zauberwaffen. Meine Sinne fanden den Schwachpunkt ihres Schildes und zielten darauf.

»Was hast du getan, Emilie?« schrie sie. »Was hast du getan?«

Blitze zerteilten den Himmel.

Und die Stimme eines Riesenkindes war zu hören.

»EMILIE?

DU SUCHST EMILIE?

WO, OH, WO NUR KANN SIE SEIN?«

Es folgte ein Kichern, und der Himmel leuchtete von der Freude des Kindes wider. Und dann sang es:

*Emilie hier.*
*Emilie dort.*
*Emilie, Emilie in einem fort.*
*Auf und ab.*
*Und rundherum.*
*Nun suchet drum*
*Emilie, Emilie, Emilium.*

Wieder sah man einen Blitz, und eine große, weiße Wolke war zu sehen.

Die Wolke trug Emilies Gesicht.

Novari starrte erst mich an, dann die Wolke. Ihr Mund stand weit offen. Es war das erste Mal, daß ich ihre Miene in nicht ganz makellosem Zustand sah.

Und dann hörten wir:

»EMILIE SAGT: HALT!«

Es schien, als wollte der Himmel bersten. Erst splitterte ein langer, gezackter Riß das Blau. Dann bildeten sich weitere Risse. Schneller und immer schneller.

Und dann zerbrach er, und Stücke von Blau und dem Grellgelb der Sonne taumelten vom öden Winterhimmel herab.

Scharfer Wind durchwehte den Garten. Blüten erfroren an den Stengeln. Insekten fielen zu Boden. Das Wasser im Brunnen knackte und knirschte, dann fror es mitten in der Luft.

Und der graue, einäugige Kater fauchte und suchte eilig Schutz.

Dann hörte ich – ein Echo, weit von Galana her – die Klänge einer Melodie von Novaris gigantischer Leiermaschine.

Doch war es nicht Novari, die spielte.

Eine Kinderstimme begleitete die Klänge und sang ein frohes Lied:

*Emilie hier.*
*Emilie dort.*
*Emilie, Emilie in einem fort.*
*Auf und ab.*
*Und rundherum.*
*Nun suchet drum*
*Emilie, Emilie, Emilium.*

Es fing an zu schneien. Hell glitzernde Flocken trieben aus der Wolke herab und wirbelten überall um uns herum.

Ich machte einen Schritt zu Novari hin. Meine schweren Soldatenstiefel knirschten im Schnee.

Novari starrte mich an, die Miene vor ungläubiger Überraschung wie geronnen.

Nun war ich groß und stark. Eine kettenhemdbewehrte Kriegerin mit einer Piratenklappe, einem einzigen, glühenden Auge und einer goldenen Hand, die vor Kraft leuchtete.

In dieser Hand hielt ich einen silbernen Speer, den verwandelten Splitter von meinem Schiff.

»Rali!« sagte sie.

Ich sah den Widerstreit der Gefühle in ihrem Gesicht. Die Überraschung wandelte sich zu Zorn, und der Zorn wurde zu Haß. Dann verflog der Haß, und ein seltsam weiches Licht umspielte sie.

Und sie sagte sanft und leise, sogar mit einem Anflug von Zärtlichkeit: »Rali...«

Oft hatte ich an diesen Augenblick gedacht. In zahllosen Träumen hatte ich die Konfrontation gesehen. Selbst auf rollender See und in wogenden Wolken, als ich vom Ende der Welt auf diese Begegnung zufuhr.

Tausend Dinge wollte ich ihr sagen. *Hatte* ich bei jenen imaginären Bewegungen gesagt. Sie alle waren verletzend. Sie alle waren haßerfüllt.

Doch nun, da ich ihr gegenüberstand, war der Zorn schließlich verraucht.

Es überraschte mich.

Dann nickte Novari. Ein Einvernehmen herrschte zwischen uns.

Und ohne jeden Ausdruck sagte sie erneut: »Rali.«

Ich machte den Mund auf, als wollte ich sprechen. Ein Lächeln zuckte am Rande ihrer Lippen, und sie beugte sich ein wenig vor, um meine ersten Worte zu hören.

Doch sprach ich nicht.

Statt dessen schleuderte ich meinen Speer.

Meine Ätherhand verlieh ihm eine solche Wucht, daß sein Flug durch die Luft zur ohrenbetäubenden Explosion wurde.

Novari warf einen Arm hoch, um ihn abzuwehren, doch lenkte ich den Speer mit meinem Ätherauge, trieb ihn durch ihren Bann und hieb ihn tief in die Wunde an ihrem Schild.

Mit meinem Willen zwang ich ihn immer tiefer, bohrte ihn ganz hindurch, bis er ihr magisches Herz fand.

Novari wurde quer durch den Garten geschleudert, hielt sich die Brust und schrie vor Schmerz. Sie sank in den Schnee, färbte ihn mit ihrem Blut.

Wieder schrie sie, und ich stürmte vor.

Denn entgegen aller Überzeugung war die Wunde keineswegs tödlich gewesen.

Ich packte den Schaft des Speeres, wollte ihn ganz bis in die Erde bohren.

Doch als ich ihn berührte, löste Novari sich in Luft auf, und meine Hand schloß sich ums Leere, als der Speer klappernd zu Boden fiel.

Ich fuhr herum, um sie zu suchen, zückte mein Schwert.

Am Schrein meiner Mutter lag sie in sich zusammengesunken. Blut lief in Strömen über ihr weißes Kleid.

Novari sah, wie ich ihr entgegenstürmte, und schrie abermals. Ihr Schrei wurde zu dem eines wilden Wesens der Lüfte, und ich sah, wie sie sich in den großen, goldenen Leierschwanz verwandelte.

Eine magische Klaue riß mir das Schwert aus der Hand und warf es weit fort. Licht explodierte, und ich stieß gegen eine harte, glanzlose Fläche.

Gleich hinter diesem unsichtbaren Schild sah ich, wie goldene Flügel aus Novaris Rücken wuchsen.

Dann folgte ein Schrei aus anderen Welten, als sie den Äther um mehr Kraft anzapfte, und diese ihr entgegenströmte wie ein gestauter Fluß, der plötzlich losgelassen wurde.

Ich hieb mit meiner goldenen Hand auf den Schild ein, versuchte, sie zu packen. Ich spürte, wie der Schild nachgab, dann wieder fest wurde.

Jeden Augenblick konnte es zu spät sein. Und alles wäre verloren.

Dann hörte ich ein Kind rufen:

»EMILIESAGT: NEIN!«

Es klang wie ein Donnerschlag. Die Luft brannte von der Macht des Bannes, den Emilie gesprochen hatte. Der Schnee schmolz und lief in kleinen, leuchtenden Bächen über die Erde. Die Bäche sammelten sich zu einem großen Strom, der zwischen meinen Füßen hindurch und unter Novaris Schild floß.

Er berührte den Schrein meiner Mutter, und Licht schimmerte überall auf der steinernen Fläche.

Ich roch den Duft von Sandelholz, dem liebsten Parfum meiner Mutter.

Dann hörte ich, wie ihre geisterhafte Stimme mir ins Ohr flüsterte: »Ich bin hier, Rali.«

Und wieder hieb ich auf den Schild ein.

Der barst unter meiner goldenen Hand, und ich trat hindurch, zückte meinen Dolch.

Der Leierschwanz – nun vollständig verwandelt – erhob sich vom Boden, und die mächtigen Flügelschläge klangen wie Trommeln in einem Dorf von Riesen.

Lange, gezackte, blitzähnliche Sporen hielt er in den Klauen und spuckte damit magisches Feuer.

Und er fuhr herum, mich anzugreifen.

Ich machte mich bereit, ihm zu begegnen, den Geist meiner Mutter an meiner Seite.

Dann schien alle Zeit stehenzubleiben, und ein seltsamer Friede legte sich über mich. Meine Gedanken waren leergefegt, und ich wußte, ich war zum Sterben bereit. Ich mußte an all die anderen Anteros denken, die gekämpft hatten und gestorben waren. Manche nicht so heldenhaft. Doch waren sie dennoch Anteros. Ich fühlte mich mit allen wie eins. Ich dachte an Emilie, die einzige Hoffnung der Familie auf eine Zukunft. Falls es denn eine Zukunft geben sollte.

Und der Geist meiner Mutter flüsterte: »Rali heißt Hoffnung.«

Und der Wind seufzte: »Rali heißt Hoffnung.«

Ich hörte noch andere Stimmen, geisterhafte Stimmen. Stimmen von Anteros. Erst Halib und Hermias. Dann andere, Männer und Frauen und Kinder, die alle meinen Namen riefen.

Und dann hörte ich Amalric sagen: »Nimm unsere Kraft, Rali. Nimm unsere Macht.

Schlag zu, Rali! Schlag zu!«

Und ich tat es.

Ich fühlte mich so stark wie die Göttin selbst. Ich stampfte, die Erde tat sich auf, und ich griff nach der Macht der Hölle. Greycloaks Gesetze wurden zu den meinen. Alles, was Gewicht und Hitze und Licht und auch die Stürme macht, die uns durchrütteln, wurde mein. All dem fügte ich Ralis Gesetz hinzu. Den Willen zum Leben. Und ich formte ihn zu einer großen, geschmolzenen Kugel, die ich dem heranstürmenden Leierschwanz entgegenschleuderte und schrie:

»EMILIESAGT!«

Ein wildes Kreischen berstender Harfensaiten war zu hören. Und der Vogel sank zu Boden.

Als ich zu ihm lief, verwandelte er sich in Novari.

Die schöne Novari nahm Form an, während Musik Ströme der Trauer weinte.

Ich stand über sie gebeugt, als sie ihr Leben aushauchte. Sie lag ganz still. Dann entspannte sich ihr Gesicht zu einem Ausdruck großen Friedens, und ihre Lippen teilten sich.

Und ich hörte ein Flüstern: »... frei!«

Das Flüstern erhob sich auf duftendem Atem, und staunend trat ich zurück, als schimmernde Gestalten schemenhaft von Novaris Leib aufstiegen. Sie schwebten dem kalten Himmel entgegen, segelten auf den Strömen der Leierklänge.

Es waren die Geister von Jungfrauen, Hunderte von ihnen. Manche noch Mädchen. Andere junge Frauen. Alle so schön, daß die Götter selbst sie bewundert haben müssen.

Und dann waren sie fort, und die Musik brach ab.

Alles war still. Plötzlich fühlte ich mich ganz allein und wußte, daß die Geister Abschied genommen hatten.

Ich sah hinab, und dort lag nur noch ein Kleid von jungfräulichem Weiß, wo eben noch Novari gewesen war.

Meine Kraft verließ mich, und ich taumelte, als ich mich umdrehte und mich im Garten umsah. Es war kalt, und der geschmolzene Schnee war schon zu kieseligem Eis gefroren, welches Licht wie Juwelen in allen Farben des Regenbogens reflektierte.

Und ich dachte an Salimar, die in weiter Ferne auf mich wartete, jenseits eisiger Meere und erfrorener Länder, wo die Erde endet und die Liebe beginnt.

Ich weinte vor Freude.

Aber einige Tränen, die ich vergoß, schmeckten salzig nach Trauer.

Trauer um das tragische Wesen mit Namen Leierschwanz.

Und um die bedauernswerte Frau, die ich als Novari gekannt hatte.

Kapitel Zweiundzwanzig

# *Die Letzte Antero*

Da habt ihr es nun.

Das letzte Testament der Rali Antero. Und aller Anteros, die vor ihr waren. Nur eine von uns wird bleiben … Emilie.

Gestern kam sie zu mir ins Arbeitszimmer meines Bruders, den alten, einäugigen Kater fest an ihre Brust gepreßt. Das Tier lag in ihren Armen wie ein graues, weiches Badetuch, und sein Kopf hing beinah so tief wie sein Schwanz.

»Weißt du was, Tante Rali?« flötete sie. »Ich will Freibeuter wieder gesund machen.«

Das Tier blickte mit seinem einen Auge zu mir auf und stieß einen schweren Seufzer endloser Katzengeduld aus.

»Was fehlt ihm denn?« fragte ich. »Vom Auge einmal abgesehen, meine ich.«

»Das will ich reparieren«, sagte sie und hob Freibeuter auf meinen Schreibtisch. Der Kater schnurrte laut, als Emilie ihn streichelte. »Sein Auge.«

»Ich weiß nicht, ob das möglich ist, Liebchen«, sagte ich. Ich berührte meine Augenklappe. »Ich glaube, wenn ein Auge erst mal weg ist, ist es für immer weg.«

»Vielleicht schon, Tante Rali«, erwiderte Emilie. »Aber ich dachte, ich versuch es mal.«

Mit diesen Worten tat sie eine große Geste und sang: *»Emiliesagt: Komm Spinne, komm!«*

Ein leichtes Schimmern lag in der Luft, und dann fiel eine riesige Spinne auf meinen Tisch, die drohenden Beißwerkzeuge klappernd vor Angst. Ich schreckte zurück. Und der Kater fauchte, machte einen Buckel und fuhr bei dieser plötzlichen Gefahr die Krallen aus.

»Bleib da, Freibeuter!« befahl Emilie. Doch der Kater achtete nicht auf sie, wollte weg.

Emilie packte ihn, platzte instinktiv heraus:

*»Emiliesagt: Bleib!«*

Freibeuter erstarrte. Wie auch dic Spinne. Und plötzlich war auch ich unbeweglich, als hielte mich eine riesige Hand.

Gleich sah Emilie, was sie getan hatte. »Tut mir leid, Tante Rali«, sagte sie. »Ich wollte, daß Freibeuter bleibt, nicht *du*!« Und schnell kehrte sie den Bann mit einem *»Emiliesagt: Los!«* wieder um.

Eine Last wurde mir von den Schultern genommen, und plötzlich war ich wieder frei.

Gleichzeitig stürzte Freibeuter vom Tisch und schoß durch die offene Tür, und die Spinne sprang zu Boden und fand eilig ein Versteck unter dem alten Ledersofa meines Vaters.

Emilie stampfte vor Enttäuschung mit dem Fuß auf. »Jetzt muß ich alles wieder von vorn anfangen«, klagte sie. »Freibeuter holen.

Die Spinne fangen.« Sie breitete die Arme aus. »Einfach alles!« Emilie stieß einen theatralischen Seufzer aus. »Ich hab *so* hart daran gearbeitet«, sagte sie.

Ich fragte sie nicht, wieso sie die Spinne brauchte, um Freibeuters fehlendes Auge zu »reparieren«. Was immer sie vorhaben mochte, würde sicher Wirkung zeigen. Auch wenn das Ergebnis vielleicht nicht das wäre, was sie erwartet hatte.

Statt dessen sagte ich, so sanft ich konnte: »Ich weiß, daß du zu helfen versuchst, Emilie. Aber vielleicht solltest du es diesmal lassen. Vielleicht würde es Freibeuter gar nicht so gefallen, wie du denkst. Er ist schon so lange ohne dieses Auge. Wahrscheinlich hat er sich daran gewöhnt, daß es ist, wie es ist.«

Emilie knabberte nachdenklich an einem Finger herum. Dann warf sie mir einen traurigen Blick zu. »Bist du sicher, Tante Rali?« fragte sie. »Denn wenn ich Freibeuter gesund machen könnte, könnte ich vielleicht auch dich gesund machen.«

Ich dachte: Darum geht es also. Ich nahm sie in den Arm. »Ich danke dir, süße Emilie«, sagte ich und spürte, wie eine Träne mein menschliches Auge vernebelte.

Emilie wurde noch trauriger. »Das heißt, du möchtest nicht, daß ich es tue?« sagte sie.

Ich streichelte ihre roten Locken. »Nein, ich möchte es nicht«, sagte ich. »Ich bin wie Freibeuter. Ich bin daran gewöhnt, wie es ist. Und manchmal sieht die Welt sogar etwas besser aus, wenn man sie mit nur einem Auge betrachtet.«

Ich zog sie auf meinen Schoß und küßte sie.

»Es sollte ein Geschenk sein«, sagte sie stockend. »Ein Abschiedsgeschenk.«

Mein Herz tat einen Ruck. Woher wußte sie, daß die Zeit nahte?

»Ich spüre, daß die hübsche Dame ganz in der Nähe wartet, Tante Rali, als könnte sie meine Gedanken lesen. Sie wird dich mir wegnehmen, wenn du mit dem Buch da fertig bist, oder?«

»Das hat die Göttin mir versprochen«, sagte ich ganz leise.

»Salimar vermißt dich«, sagte Emilie. Sie schniefte. »Auch *das* kann ich spüren. Obwohl sie so weit weg ist. So sehr liebt sie dich, Tante Rali.«

»Und ich sie«, sagte ich.

»Aber du bist nicht glücklich, oder, Tante Rali? Du willst gehen. Gleichzeitig aber willst du bleiben.« Ihre kleinen Arme umschlangen mich. Und sie flüsterte: »Du möchtest bei *mir* bleiben.«

Ein Knoten saß in meinem Hals. Ich schluckte ihn herunter. »Das möchte ich sogar sehr, Emilie«, sagte ich.

»Du liebst uns beide«, sagte Emilie. »Aber du kannst nicht bei uns beiden sein.«

Ich konnte nicht antworten. Nicht, ohne die Kontrolle zu verlieren. Also hielt ich sie einfach fester. Wir hielten uns eine Weile, und dann zog Emilie sich zurück, das Gesicht für ein so kleines Kind sehr fest und ernst.

»Du kannst nicht bleiben«, verkündete sie. »Es würde Salimar wirklich, *wirklich* weh tun. Und sie braucht dich, Tante Rali. Sie braucht dich ganz furchtbar. Sie könnte vielleicht sogar... totgehen.« Sie legte ihre Hand auf meine. »Wir wollen doch nicht, daß sie totgeht, oder?«

»Aber was wird mit dir, Emilie? Ich will auch dir nicht weh tun. Wer wird sich um dich kümmern? Wer wird dich all die Dinge lehren, die du wissen mußt?«

Gleichgültig zuckte sie die Schultern. »Da gibt es viele Leute«, sagte sie. »Sie haben sich die ganze Zeit schon um mich gekümmert. Und mir alles mögliche beigebracht. Manchmal bringen sie mir so viel bei, daß ich schon schreien will, sie sollen aufhören. Und sie alle lieben mich, Tante Rali. Palmeras. Quartervals. Und *alle* Frauen der Garde.«

Sie breitete die Arme aus, erklärte: »*Jeder* liebt Emilie!«

Immer, wenn ich an Emilie denke, erinnere ich mich daran, wie sie in diesem Moment ausgesehen hat. Das rote Haar leuchtend im Licht, das durch die Fenster fiel. Das Gesicht strahlend vor Zuversicht. Die zarten Ärmchen ausgestreckt wie die Flügel eines Schmetterlings, bereit, sich in die Lüfte zu erheben.

Selbstherrlich verkündend: »*Jeder* liebt Emilie!«

In diesem Augenblick gab sie mir die Kraft, den richtigen Kurs einzuschlagen.

Ich habe alle Vorkehrungen für Emilies Zukunft getroffen. Sie wird von unseren Freunden aufgezogen, welchen der Reichtum in den Schatzkammern meiner Familie zur Verfügung steht, um sicherzustellen, daß es ihr niemals an etwas mangelt. Palmeras wird sie die Zauberkünste lehren, ihr aufblühendes Talent lenken. Derlina und Quartervals werden sie das Leben lehren und wie man sich gegen das Schlimmste wappnen kann. Und Pip wird sie schlau machen, ihr beibringen, um Ecken und in falsche Herzen zu blikken.

Emilie ist ein prächtiges Kind. Die letzte Gabe der Anteros an das Volk von Orissa.

Sie besitzt gewaltige Mächte, die immer größer werden, und man wird sie sanft behandeln müssen. Wie ein Gotteskind, das unter Wilden lebt und Schaden aus Unbeholfenheit oder Übermut anrichtet, nicht um jemandem weh zu tun.

Ich habe Vertrauen in Emilie. Ich weiß, daß sie irgendwann eine Frau von großer Macht und Schönheit sein wird.

Was immer jedoch aus ihr werden mag... alle sollten sich daran erinnern, daß alles, was Emilie sagt, bedeutet »*Emiliesagt!*«.

Was mich angeht... sobald ich die letzten Zeilen dieses Buches geschrieben habe, werde ich meine Nichte suchen und ihr einen Abschiedskuß geben.

Dann wird mich die Göttin Maranonia zu Salimar forttragen.

Einmal mehr werden wir in einem Kristallpalast zusammensein, mit plätschernden Fontänen und Rosengärten, ganz rosa und rot und gelb. Wir werden ein Leben voller Tage des Lachens und Nächten süßer Seufzer haben.

Und bei den Göttern ... ich würde es hassen, wenn ich sie verlassen müßte!

Mein alter Schreiberling hätte mir erklärt, daß ich an dieser Stelle meines Buches über Orissas Zukunft sprechen sollte. Er würde wollen, daß ich den Seher spiele wie mein Bruder.

Ich will es gar nicht erst versuchen. Weise, wie er war, war Amalric auch ein allzu freundlicher Mann, als daß er eine Zukunft gesehen hätte, die anderes als ruhmreiches Licht werfen würde. Ich habe nur noch ein Auge, und das ist nicht eben wohlgesonnen, und ich will nicht in die Herzen jener blicken, welche diese Welt bewohnen, die ich nun bald verlassen werde. Ich will nicht die Finsternis suchen und sie ob ihrer vergangenen, gegenwärtigen oder zukünftigen Sünden denunzieren.

Macht aus der Welt, was ihr wollt. Es steht mir nicht an zu richten.

Doch will ich euch eine Warnung mit auf den Weg geben. Wie ich schon zu Anfang sagte, war das der eigentliche Zweck meines Buches.

Hört meine Worte:

Ich lasse ein Kind zurück, das mir der größte Schatz ist.

Tut ihr kein Leid an, sonst werdet ihr meine Rache zu spüren bekommen.

Es kümmert mich nicht, ob ihr Reichtümer besitzt, die größer sind als alles, was Könige seit Urzeiten besessen haben. Oder Legionen von Tausenden unter eurem Befehl. Oder Zauberer selbst mit der Macht der Archonten.

Sollte Emilie etwas zustoßen, *werde* ich wiederkehren.

Und wenn ich wiederkehre, dann mit einem Feuer, das eure Paläste zerstört.

Ich komme mit einer Kälte, die eure Kammern einfriert.

Ich komme mit Schädlingen und Seuchen und Krieg.

Und jene, die überleben, werden euren Namen bis ans Ende aller Zeiten verfluchen, weil ihr mich geweckt habt.

Das schwöre ich hiermit.

Ich, Hauptmann Rali Emilie Antero.

Einst bei der Maranonischen Garde.

# GOLDMANN

## *Der phantastische-Verlag*

*Phantastische und galaktische Sphären, in denen Magie und Sci-Tech, Zauberer und Ungeheuer, Helden und fremde Mächte aus Vergangenheit und Zukunft regieren – das ist die Welt der Science Fiction und Fantasy bei Goldmann.*

Die Schatten von Shannara 11584

Das Gesicht im Feuer 24556

Raistlins Tochter 24543

Die Star Wars Saga 23743

*Goldmann · Der Taschenbuch-Verlag*